世界名人名传典藏系列

[英]马丁·吉尔伯特——著　马昕——译

丘吉尔传

长江出版传媒　长江文艺出版社

　　马丁·吉尔伯特，1936 年出生于伦敦。著名历史学家，著有 81 部作品，代表作品有《丘吉尔传》《第一次世界大战》《第二次世界大战》《二十世纪史》《大屠杀：犹太人的悲剧》《英国历史地图》《美国历史地图》《俄国历史地图》等。他是牛津大学默顿学院研究员、密歇根希尔斯代尔学院荣誉研究员、丘吉尔传记的权威作者。

　　1962 年，他成为牛津大学默顿学院的研究员，同年成为温斯顿·丘吉尔的助手之一，撰写了丘吉尔官方传记的前两卷。1965 年，丘吉尔去世，吉尔伯特受邀完成这部传记。传记的最后一卷，即第八卷，于 1988 年出版。除了传记，吉尔伯特还继续编辑了丘吉尔的信件和文件集。1995 年，由于对英国历史和国际关系所做出的贡献，吉尔伯特被授予爵士爵位。

内容简介

本书是丘吉尔八卷本的官方传记的单卷本。

温斯顿，伦纳德·斯宾塞·丘吉尔（1874 年 11 月 30 日—1965 年 1 月 24 日），政治家、画家、演说家、作家以及记者，1953 年荣获诺贝尔文学奖，曾于 1940-1945 年及 1951-1955 年期间两度任英国首相，被认为是 20 世纪最重要的政治领袖之一，带领英国获得第二次世界大战的胜利。

了解第二次世界大战，就必须了解温斯顿·丘吉尔。这部长篇传记是耗时 25 年撰写的八卷本丘吉尔传记的单卷本。马丁·吉尔伯特为我们生动描述了丘吉尔的一生，探究了我们这个时代最激烈、最吸引人的政治事件背后的故事。本书突出体现了丘吉尔在二战期间的功绩，在英国最黑暗的时刻，丘吉尔展现出了无与伦比的勇气，领导英国走出黑暗。

作者马丁·吉尔伯特是温斯顿·丘吉尔的助手之一，撰写了丘吉尔官方传记的前两卷。1965 年，丘吉尔去世，吉尔伯特受邀完成这部传记。传记的最后一卷，即第八卷，于 1988 年出版。甫一出版，其权威性即得到了各方面认可，被公认为丘吉尔的官方传记，前首相玛格丽特·撒切尔夫人盛赞这部传记是我们这个时代最伟大的历史记录之一。

图书在版编目（CIP）数据

丘吉尔传 /（英）马丁·吉尔伯特著；马昕译. --
武汉：长江文艺出版社，2024.3（2024.12 重印）
（世界名人名传典藏系列）
ISBN 978-7-5702-2218-6

Ⅰ.①丘… Ⅱ.①马… ②马… Ⅲ.①丘吉尔（
Churchill, Winston Leonard Spencer 1874-1965）—传记
Ⅳ.①K835.617=5

中国国家版本馆 CIP 数据核字(2023)第 031732 号

Copyright © 1991 by Martin Gilbert

图字 17-2019-270 号

丘吉尔传
QIUJIER ZHUAN

责任编辑：雷 蕾　　　　　　　　责任校对：程华清
整体设计：壹诺设计　　　　　　　责任印制：邱 莉　胡丽平

出版：长江出版传媒　长江文艺出版社
地址：武汉市雄楚大街 268 号　　邮编：430070
发行：长江文艺出版社
http://www.cjlap.com
印刷：中印南方印刷有限公司

开本：710 毫米×970 毫米　　　1/16　印张：25
版次：2024 年 3 月第 1 版　　　2024 年 12 月第 2 次印刷
字数：462 千字

定价：59.00 元

丘吉尔的父亲，伦道夫·丘吉尔勋爵。

丘吉尔的母亲，伦道夫·丘吉尔夫人；丘吉尔曾说过："她像晚星一样照亮我。"

丘吉尔的保姆埃佛勒斯夫人。

身着水兵服，7岁。

加入骑兵团，成为少尉，1895年2月20日。

在印度担任骑兵军官，照片是丘吉尔在马拉坎德野战军服役后拍摄的，在野战军服役期间，他于1897年9月16日经历首次战斗。

杰克·伦道夫夫人和温斯顿，1889年，当时丘吉尔15岁。

一份德国报纸刊载的图片，庆祝温斯顿和克莱门蒂娜共结连理。

时任商务大臣，1908年。

与德国皇帝一起观看德军演习，1909年9月17日，乌兹堡。

与克莱门蒂娜一起，1909年12月11日。

德国吞并奥地利后，与外交大臣哈利法克斯勋爵一起步行前往下院，1938年3月29日。

离开唐宁街10号，捷克危机期间，1938年9月10日。

1939年2月3日，查特韦尔庄园。

书桌前，1939年2月3日，查特韦尔庄园。

担任飞机副驾驶,走下飞机,1939年4月16日,肯利。

与安东尼·艾登一起步行前往下院,1939年8月29日。

时任海军大臣,与秘书凯瑟琳·希尔一起离开莫佩斯公馆,前往海军部,1939年9月4日。

首次战时广播讲话,1939年10月1日。

德黑兰会议期间，与斯大林和罗斯福一起，1943 年 11 月 28 日。

诺曼底登陆之前，与艾森豪威尔一起视察英国境内美军的备战情况，1944 年 3 月 23 日。

1944 年 7 月 22 日，诺曼底。中将奥康纳、丘吉尔、陆军元帅斯穆茨、蒙哥马利将军和布鲁克将军。他们正在观看英军飞机出发去轰炸敌军。

与英军士兵一起，身旁是蒙哥马利将军，1944 年 7 月 22 日，诺曼底。

1944年7月21日，诺曼底，英军炮兵观察哨。

与铁托一起，1944年8月12日，那不勒斯，里瓦尔塔别墅。

与罗斯福一起，雅尔塔会议期间，1945年2月4日。

与亚历山大将军一起，1944年8月26日，意大利。

与罗斯福和斯大林一起，雅尔塔会议期间，1945年2月9日。丘吉尔身后是空军上将波特尔。

目 录

● 第一章 ●
儿童时代

温斯顿·丘吉尔出生于 1874 年，此时的英国正值维多利亚时代。这年 11 月，丘吉尔的母亲伦道夫·丘吉尔夫人在参加布伦海姆宫的一次射猎会时滑倒了，当时她怀孕快 7 个月了。几天后，当她乘坐一驾马车在起伏不平的路面上颠簸前进时，分娩的阵痛开始了。她迅速赶回布伦海姆宫，11 月 30 日凌晨，孩子降生了。

布伦海姆的这座宏伟宫殿是孩子的祖父马尔巴罗公爵七世的家。从父亲的谱系看，这个孩子是英国贵族后裔；其先人可以追溯到斯宾塞伯爵一世以及杰出的战士约翰·丘吉尔，即马尔巴罗公爵一世，他曾在 18 世纪初指挥联军击败法国。从母亲的谱系看，这个孩子拥有美国人的血统；他的外公伦纳德·杰罗姆当时居住在纽约，是成功的股票经纪、金融家和报业大亨，一个世纪前，他的先人曾在华盛顿的军队中为美国独立而战。

丘吉尔出生一年前，他的父亲伦道夫·丘吉尔勋爵作为伍德斯托克议会议员当选为英国下院议员。伍德斯托克区不大，只有一千余名选民，布伦海姆隶属于这个区；长期以来，公爵家庭的成员或他们提名的人选进入议会已经成为传统。1877 年 1 月，丘吉尔的祖父马尔巴罗公爵七世被任命为爱尔兰总督，伦道夫勋爵担任他的私人秘书。两岁大的温斯顿·丘吉尔跟随父母来到都柏林，同行的还有孩子的保姆埃佛勒斯夫人。

丘吉尔 4 岁的时候，爱尔兰因土豆歉收经历了一场严重的饥荒，芬尼亚会成员掀起的民族起义愈演愈烈。"我的保姆埃佛勒斯夫人对芬尼亚会成员十分紧张，"丘吉尔后来写道，"我断定这些人很邪恶，如果他们得道，不知道能做出些什么来。"一天，丘吉尔在外面骑驴，一队人马走了过来，埃佛勒斯夫人以为这些是芬尼亚会的人。"我现在肯定，"丘吉尔后来回忆道，"那一定是来复枪旅。我们都很紧张，特别是那头驴，它尥着蹶子以示不安。结果我被掀了下来，摔成了脑震荡。这是我和爱尔兰政治的第一次接触！"

在都柏林的时候，除了保姆，丘吉尔还有一名家庭教师。她的任务是教丘吉尔阅读和算术。"这些复杂的东西给我每天的生活投下大片阴影。它们让我远离儿童房或花园里一切有趣的事情。"丘吉尔还回忆道。尽管他的母亲没有"参与这些强制学习"，但是她对这些行为是认可的，而且"几乎总是和家庭教师站在同一边"。

50 年后，丘吉尔写到母亲时说："她像晚星一样照亮我。我深爱她——不过是在远处。"和保姆一起时，他发现了父母不曾给过他的慈爱。"保姆是我的知己，"他后来写道，"埃佛勒斯夫人照顾我，关心我所有的需求。我向她倾吐了很多烦恼。"

1880 年 2 月，丘吉尔的弟弟杰克出生。杰克出生后不久，丘吉尔一家人返回伦敦，住在圣詹姆斯宫 29 号。在那里，丘吉尔得知患病的前英国首相、保守党人迪斯雷利将不久于人世。"我想比肯斯菲尔德勋爵快要死了，"他后来写道，"最后的日子来临的时候，我看到来来往往的所有人都满脸哀伤，就像他们所说的，这位卓越伟大的政治家深爱着祖国，抵抗俄国人，激进派的忘恩负义让他幽然离世。"

1881 年圣诞节的时候丘吉尔在布伦海姆，他刚刚过完 7 岁生日。现存的丘吉尔的书信中，第一封信就是在这里写的，邮戳日期是 1882 年 1 月 4 日。"我亲爱的妈妈，"他在信里写道，"希望您身体健康。谢谢您送给我那些漂亮的礼物，士兵、旗子还有城堡，它们太棒了，您真好，亲爱的爸爸，奉上我的爱和许许多多的吻。爱你们的温斯顿。"这年春天丘吉尔回布伦海姆住了两个月。"住在乡下很舒服，"4 月他给母亲写信说，"在这里的花园和公园里散步比在格林公园和海德公园好多了。"不过他想念父母，在祖母去伦敦时，他写信给父亲说："我希望能和她一起，这样我就能吻您了。"

在布伦海姆，埃佛勒斯夫人照顾丘吉尔两兄弟。"礼拜五我们到瀑布旁边玩，"丘吉尔在复活节前给母亲写信说，"我们看到一条蛇从草丛里爬过。我想杀死它，可是埃佛勒斯不让。"复活节，埃佛勒斯夫人带着两个男孩子到怀特岛游玩。

这年秋天，丘吉尔被告知他马上要被送入寄宿学校了。他后来写道："我是这种人，就是大人在把我交出去时会说我是'麻烦孩子'。看起来我要离家好几个礼拜，跟着老师学功课。"不过并非所有人都觉得他"麻烦"，他待在姨妈莱奥妮身边时，莱奥妮就觉得他"非常有趣，一点都不扭捏"。

丘吉尔要去的是圣乔治寄宿学校，在阿斯科特附近。丘吉尔被送到那里时，距离他的 8 岁生日还有 4 周时间。当时学期已经过半，一天下午，母亲把他带了过去，两人和校长一起喝茶。将近 50 年后他回忆说："我十分紧张，担心会把杯子里的茶洒出来而没'开好头'。想到我要被独自留在这个令人生畏的地方，在一群陌生人当中，我也很难受。"

学校生活从一开始就不开心。"毕竟，"丘吉尔后来写道，"我当时才 7 岁，之前我一直开心地玩玩具。我有那么多好玩的玩具：一台真正的蒸汽机、一盏魔术灯，将近 1000 个士兵玩偶。现在都变成功课了。"严格，甚至有时严酷，是圣乔治生活的一部分。"和伊顿一样，用桦树条鞭打学生是课程的一大特色。"其严厉程度超过了在内政部设置的感化院里可能受到的任何处罚。

罗杰·弗莱是目睹过这些鞭打的孩子中的一个。"桦树条打下来的时候嗖嗖作响，老师使尽了全力，"他后来写道，"只两三下就血滴四溅，连续打过十五到二十下后，那个倒霉孩子的屁股就血肉模糊了。"丘吉尔自己后来回忆，在被打时，其他孩子"一边听着他们的惨叫，一边坐在那里瑟瑟发抖"。

"我太恨这所学校了，"他后来写道，"在那里生活了两年多，我一直焦虑不安。在功课上我几乎没什么进步，我完全没有娱乐。我计算着离每个学期结束还有多少日子，多少小时，什么时候我才能脱离这种可恨的苦役，回到自己家里，在儿童房里给我的士兵们排兵布阵。"

在学校里待了一个半月后，丘吉尔在圣乔治的第一个假期开始了，那是 1882 年的圣诞节。丘吉尔家搬到了伦敦的另外一处房子，海德公园北边的康诺特广场 2 号，接下来的 10 年里他的父母都住在这里。"关于温斯顿的进步，"他的母亲在 12 月 26 日给他父亲的信里写道，"我得很遗憾地说，我完全没有看到。也许时间还不够长。他能很好地阅读，不过没有其他了，回家来的头两天里，他粗话很多，而且很吵闹。总体来说，我很失望。不过他们告诉埃佛勒斯，下个学期他们打算更加严格地对待他。"

丘吉尔的第一份学校成绩报告单很糟糕。在 11 个学生里，他排名第十一。语法一栏的评语是："他刚入门。"勤奋一栏的评语是："他会做得很好，不过下学期必须更加认真地对待功课。"校长在报告单结尾写道："很诚实，不过目前看是个平常'顽皮的孩子'——还没有步入学校的轨道，不过以后肯定不会继续这样。"

糟糕的健康状况伴随着学校里的焦虑不安一同到来，这是让他父母担心的另一个原因。"我很遗憾，可怜的小温斯顿一直身体不好，"1883 年新年伦道夫勋爵给妻子写信说，"不过我不明白他出了什么问题。似乎我们家被疾病缠身，没办法摆脱医生。"4 天后，他又写信说："听到温斯顿再次痊愈，我很高兴。帮我吻他一下。"

回到圣乔治后，丘吉尔再三请求母亲去看他，但都是徒劳。学期结束前有运动日。"请让埃佛勒斯和杰克来看比赛，"丘吉尔在信里写道，"也请您亲自来。我希望看到您和杰克跟埃佛勒斯。"伦道夫夫人没有接受儿子的邀请，不过还是给了丘吉尔些许安慰。"亲爱的妈妈，"丘吉尔在运动日结束后给母亲写信说，"让埃佛勒斯来这里，您真是太好了。我想她很开心。"他还说："只剩 18 天了。"

　　这个学期丘吉尔的成绩报告单上，他的历史、地理、翻译和总体操行受到了褒奖。其他栏目的评语就没那么好了：作文"十分薄弱"，书写"良好，不过太慢了"，拼写"很糟糕"。对勤奋这一项的评语是："不十分明白勤奋刻苦的意义——下学期必须让他下决心做到这一点。"他在同学里的排名总是最后一名。

　　当年夏天，丘吉尔在学校时，他的祖父马尔巴罗公爵七世去世了。伦道夫勋爵十分悲痛，出门旅行散心。丘吉尔后来在父亲的传记里写道："伦道夫勋爵跟夫人和儿子一起匆匆离开，前往加斯坦。"他们去的地方是奥匈帝国最流行的一处温泉疗养胜地，这也是丘吉尔第一次到欧洲。在途中，父子两人途经巴黎。"我们开车穿过协和广场，"63 年后，他对梅斯的市民说，"作为一个感觉敏锐的孩子，我注意到有一座纪念碑堆满了花圈和绸带，我当即问他是为什么。他回答说：'这些是法国各省的纪念碑。其中两个，阿尔萨斯和洛林，在上一次战争中被德国从法国手中夺走。法国人很难过，希望有一天能把它们夺回来。'我清楚地记得当时我在心里想：'我希望他们把这两个地方夺回来。'"

　　返回圣乔治后，丘吉尔的功课水平和行为形成了鲜明对比。"学期开始时不错，"他的成绩报告单上写着，"不过后来非常淘气！总体来说，他进步了。"根据下个学期的成绩报告单，他的历史和地理"有时非常优异"。校长评价说："我希望他开始认识到学校意味着功课和纪律。"校长还说："他很贪吃。"

　　1884 年 2 月，因为伍德斯托克属于将要被废除的区之一，伦道夫勋爵宣布自己打算作为伯明翰议会的代表。他打算通过进入这个异常激进的地区来表明"保守党民主运动"不只是口号。3 月，校长夫人访问英格兰中部地区。丘吉尔在信里对母亲说："她听说他们 2∶1 赌爸爸会到伯明翰。"

　　丘吉尔的下一份学校成绩报告单显示他的确聪明，但是他也极度不快乐。他的历史和地理都"非常优秀，特别是历史"。不过操行"非常差，无法放心让他做任何事"。在这个学期的全部 40 天里，有 20 天他上午上课迟到，报告单里称之为"可耻"。成绩报告单说明了丘吉尔的烦恼，"他是所有人的麻烦，不是和这个吵架，就是和那个吵架"，而且"无法相信他能在所有地方都举止得当"。不过甚至圣乔治的校长也无法不注意到这个 9 岁的男孩子确实"非常有能力"。

　　接下来的一个学期里，丘吉尔给母亲的信显示出他在这个显然充满敌意的世界里是多么孤独。"您真无情，"6 月初他在信里写道，"在这之前都没有给我写信，这个学期我只收到了您的一封信。"这个学期他的功课再次得到了褒奖：语法、音乐和法语都是"优秀"，历史和地理"非常优异"。他的总体操行"变好了，不过还是会惹麻烦"。校长的评语是："他没有野心——如果他真的让自己尽全力，在学期末也许能得第一。"

　　丘吉尔 9 岁半的时候，他的父亲送给他一本罗伯特·路易斯·史蒂文森的

《金银岛》。"我记得自己投入地阅读这本书时的喜悦,"他后来写道,"老师立刻发现了我的退步和早熟,我在读超越自己年龄的书,而且还是最低层次的那种。他们很生气。虽然他们有大把任由他们使用的强制手段,但是我很顽固。"那年夏天他的学校成绩报告单也继续显示他在纪律方面的问题,报告单上勤奋一栏的评语是:"总体来说还好。偶尔会惹大麻烦。"

至于是什么麻烦,报告单上没有说,不过圣乔治的另一个学生,在丘吉尔离校后不久入学的莫里斯·巴林,在他的回忆录里写到丘吉尔曾遭受鞭打,因为他"从食品储藏室里拿糖,而且那时他还在悔过期,之前他把校长挂在门上的草帽拿走而且踢坏了"。这一挑衅行为成了学校的传奇。

这年秋天,丘吉尔再次遭遇健康问题。丘吉尔家的家庭医生罗布森·鲁斯在伦敦和布莱顿两地行医,他建议让丘吉尔去海边的学校就读,这有益于他的身体健康,并提议让丘吉尔去布莱顿的一所学校,他自己的儿子就在这所学校就读。鲁斯提出由他照看丘吉尔。"大家认为我很羸弱,"丘吉尔后来回忆说,"觉得由他照顾我很合适。"这所寄宿学校是汤姆森两姐妹经营的。1884年9月,新学期开始。10月底,丘吉尔给母亲写信说:"我在这里很快乐。"两天后他又写了一封信说:"我很奢侈,买了漂亮的集邮册和邮票,多给我寄点钱行吗?"

这年冬天,丘吉尔的姨妈克拉拉给丘吉尔在美国的外婆写信说:"温斯顿长成了一个英俊、迷人的男孩。"不过,12月中旬,他的新学校给他的母亲寄了一封警告信,信是汤姆森姐妹之中的夏洛特写的。她刚去看过丘吉尔,她写道:"他出了点问题,这个问题原本可能会很严重。"夏洛特·汤姆森接着解释说:"他在参加绘画考试,但是似乎因为老师借给他们的一把削笔用的小刀和坐在旁边的一个学生起了争执。整个事件很快平息了,可是温斯顿中了一刀,胸部受了点轻伤。"

鲁斯医生向汤姆森小姐保证,丘吉尔"伤不重,不过原本可能会很严重"。汤姆森小姐还说,肇事学生已不是第一次被投诉了,他的脾气很暴躁,学校会通知其父母把他带离学校。在给丈夫写信说到丘吉尔被刺的事情时,伦道夫夫人的评论显得十分冷漠:"我肯定是温斯顿狠狠地激怒了那个孩子,这对他来说应该是一次教训。"丘吉尔和鲁斯医生一起回伦敦住了几天。伦道夫夫人这时才知道那把扎了她儿子的削笔刀当时扎进了"大约1/4英寸深',不过在给伦道夫勋爵的信里她接着写道:"当然,以我看来,一开始是他揪了那个孩子的耳朵。"

圣诞节前一周,丘吉尔在布莱顿的第一个学期结束了。由于被刺事件带来了功课上的中断,丘吉尔表现不佳,他的法语、英语和算术在全班垫底。但是成绩报告单显示他"在后半学期表现出在学习注意力上的进步"。丘吉尔后来写道:"这所学校比我原来所在的学校小。这里也更便宜,而且没那么虚伪做作。这里有善良和同情，我发现这些显然是我的幼年经历里缺乏的东西。"

1884 年的圣诞节丘吉尔是在伦敦度过的。他的母亲发现应付自己的儿子很难。"我要让杰克在圣诞节前回来，"她在假期前给妹妹克拉拉写信说，"埃佛勒斯不在，我没办法应付温斯顿——我担心甚至连她都应付不了。"1885 年 1 月 20日，丘吉尔返回布莱顿，他在第二天给母亲写信："我不在您一定很高兴，没有杰克的尖叫或者抱怨，一定是人间天堂。"3 天后，他对母亲汇报了在学校里的一次成功之举："我今天出门骑马了，骑马的时候没有人牵缰绳，我们慢跑来着。"

和在阿斯科特时一样，如今在布莱顿，丘吉尔仍然渴望母亲来看他。学校的戏剧演出是一个机会。"我希望能看到您，"他在 1 月底写信说，"如果没见到您，我会非常失望的，所以请一定要来。"伦道夫夫人的确去了，跟她同去的还有 5 岁大的杰克。"他们在一起很开心，"第二天她给丈夫写信说，"温斯顿兴奋极了，不过我觉得他看起来面色苍白，身体虚弱，这孩子真让人担心。"她在信里还说："他告诉我他很高兴，我觉得他喜欢这所学校。"

这个学期的成绩报告单说丘吉尔取得了"十分可喜的进步"。丘吉尔的英语、法语和经典著作在全班 10 个人里排第四。不过他的操行在 29 个人里排在最后。假期返校后，很多迹象显示伦道夫勋爵越来越有名了。5 月，丘吉尔写信给父亲说："我和一位先生一起骑马，他认为格莱斯顿是个野蛮人，'留着卷曲胡须的那个人应该当首相'。"沿海铁路的司机也说"伦道夫·丘吉尔勋爵应该当首相"。

这年夏天，当在报纸上读到一篇关于父亲的文章时，10 岁的丘吉尔很兴奋。他告诉母亲这"真是太好了"。6 天后，自由党政府在下院落败，首相格莱斯顿辞职。保守党领袖索尔兹伯里勋爵组建新政府，丘吉尔的父亲被任命为印度事务大臣。

7 月，丘吉尔在布莱顿学习的第三个学期结束了。在操行方面，他仍然在班里垫底，30 人里排最后，不过他在各学科的成绩排名都很靠前。经典著作课程，他在 9 个人的班里排名第一，法语排名第三。"这个学期有非常显著的进步，"夏洛特·汤姆森写道，"如果将来在踏实和勤奋方面像这个学期一样继续进步，他会取得很好的成绩。"这年夏天，丘吉尔和弟弟在北海边的克罗默度假。他们的父母在其他地方度假。丘吉尔在 8 月中写信给母亲说："一定要早点来看我们。"6 天后，他再次写信问："你们会来看我吧？"

伦道夫夫人没有对儿子的请求做出反应，不过她安排了一个家庭教师在假期里给丘吉尔上课。这不是丘吉尔喜欢的。他在 8 月 25 日给母亲写信说："总是被功课拴住，我一点都不高兴。"8 天后，他再次写信说："天气很好。不过我很不高兴。家庭教师一点都不好，太严厉，太死板，我完全高兴不起来。"唯一的安慰是几天后他的母亲会来这里住 10 天。"到那时我就能告诉您我所有的烦恼了。"健康问题毁掉了丘吉尔的这个假期。一开始，他的腿上起皮疹，他不得不坐驴车出门。他还说最近自己的脾气"不太好，我认为是因为肝脏的问题，胆病发作让我非常沮丧"。

秋季开学后，丘吉尔返回布莱顿，他在当地报纸上看到父亲在当地发表了一次演讲。"我想不到您在布莱顿的时候为什么不来看我，"他写道，"我很失望，不过我想您是因为太忙了。"作为印度事务大臣，伦道夫勋爵批准派远征军到缅甸作战，推翻缅甸国王，因为缅甸国王对一家英国贸易公司征收海关罚款，而且长期以来一直拒绝停止对英国商人和商船的攻击。10 天后，曼德勒被占领，缅甸国王被俘。缅甸的未来现在不得不在唐宁街 10 号内阁会议室内决定。丘吉尔后来写道，伦道夫勋爵"支持直接吞并"。虽然索尔兹伯里勋爵有所犹豫，可是伦道夫勋爵的观点占了上风。1886 年 1 月 1 日，缅甸作为"献给女皇的新年礼物"被大英帝国吞并。

当年 3 月，肺炎差点要了丘吉尔的命，这一年他 11 岁。他高烧到 40 度。伦道夫夫人匆忙赶往布莱顿，她的丈夫也随后赶到。"我在隔壁房间，"鲁斯医生在 3 月 14 日晚上给伦道夫勋爵写信说，"我会整晚照看病人。"当晚午夜，持续的高烧让医生非常担心，第二天早上 6 点，他告诉伦道夫勋爵这"预示着衰竭"。"我使用了刺激剂，通过口服和直肠给药，凌晨两点一刻，他的体温降到了 38.3度，现在降到了 37.7 度，感谢上帝！"鲁斯还说："今天我会放下伦敦的工作，待在这个孩子身边。"

3 月 15 日中午，丘吉尔的体温再次升高。"我们仍然在为您的儿子战斗，"鲁斯在当天下午 1 点的时候给伦道夫勋爵写信说，"现在他的体温是 39.4 度，不过他食欲好了，肺部问题也没有增加。只要一直控制他的体温在 40.5 度以下，我就不担心了。"病情仍旧危重，不过鲁斯相信能够解除危险。他在下午 1 点的报告里写道："营养剂、刺激剂和密切的看护能救您儿子的命。"他还说："我对此很乐观。"

到了 3 月 17 日早上，丘吉尔度过了最危险的阶段。"温斯顿安静地睡了 6 个小时，"鲁斯报告说，"现在他不再说胡话了。体温 37.2 度，脉搏每分钟 92 下，呼吸每分钟 28 次。他向您和夫人问好。"丘吉尔也很想看到埃佛勒斯夫人，她正等着在第一时间和他见面。不过医生对此表示反对。"说这些话会让您感到困扰，请原谅，"当天晚些时候，鲁斯给伦道夫夫人写信说，"我得让您知道安静和睡眠对温斯顿是绝对必要的，埃佛勒斯夫人今天不能进入病房——甚至见到她时的高兴引起的兴奋也可能带来危害！我很害怕病情复发，因为我知道他还没有脱离危险。"

丘吉尔恢复得很慢。他的父亲到布莱顿来看望了他两次，一次在 3 月，给他带来了葡萄，一次在 4 月，给他带了一辆玩具蒸汽机车。此时，格莱斯顿许诺自由党政府实施自治法案，目标是在爱尔兰建立议会，该议会有权独立处理所有的爱尔兰事务。伦道夫勋爵全力反对这项法案，强调爱尔兰新教徒担心该法案会带来一个由天主教支配的政府。

7 月，丘吉尔的身体康复，已经可以返回学校上学了。对即将到来的大选他感到异常激动。"希望保守党能够获胜，"他给母亲写信说，"您觉得他们能获胜吗？""爸爸以超高的多数票当选南帕丁顿代表，我太高兴了。我想这是一场胜利！"伦道夫勋爵赢得了 2576 票，而他的对手只有 769 票。大选结果显示选票集中投给了由约瑟夫·张伯伦和其他 77 名脱离组织的自由党人同人代表的派别，他们反对爱尔兰自治，称自己为自由统一党人。索尔兹伯里勋爵与之结盟，第二次组阁。此时，一个新的党派，保守与统一党，正在建立之中。53 年后，丘吉尔将成为该党领袖。

伦道夫勋爵之前曾大力主张自由统一党人脱离自由党。37 岁这一年，他成为新政府的财政大臣。丘吉尔密切关注着选举和选举结果，为父亲的成就感到自豪。他在布莱顿过得也很开心。"我在令人振奋的空气和友善的环境里渐渐强壮起来，"他后来写道，"我被允许学习我感兴趣的东西，法语、历史，熟背了很多诗句，还有最重要的，骑马和游泳。那几年的经历在我的头脑里留下了愉快的画面，和我对最初学校经历的记忆截然相反。"

1886 年的夏天，丘吉尔在一封信里对母亲说："很遗憾地说，我破产了，请快寄点现金来。"这不是他第一次要钱，也不是最后一次。随着他开始越来越多地要钱，母亲的回信里也开始充满对他铺张浪费的抱怨。他对学校外面的世界也越来越感兴趣。9 月，他在信里告诉母亲，布莱顿当地政府要花 19000 英镑扩大游行规模，"我认为这是对金钱的极大浪费"。这笔钱相当于 1990 年的 75 万英镑。

这年冬天，丘吉尔的父亲再次让祈求父爱的儿子失望。11 月 10 日，距离丘吉尔 12 岁的生日还有 3 周，丘吉尔给父亲写信说："您在布莱顿的时候，周日却没来看过我。"这是第二次父亲到布莱顿却没有去看他。

在制定第一份预算的时候，为了推动更加合理的税收制度，阻挠后来丘吉尔所说的"不断扩张的军备支持下的野心勃勃的外交政策"，伦道夫勋爵试图劝说海军大臣和陆军大臣削减他们来年的开支。12 月 20 日，两位大臣显然都不愿意削减各自部门的开支，伦道夫勋爵给索尔兹伯里勋爵写信说："我不想在内阁里争执，请允许我放弃职务，从政府辞职。"索尔兹伯里一收到这封信就把它当成了辞呈，并且接受了这份辞呈。伦道夫勋爵失败了。他本来想让这封信成为他与海军部与陆军部斗争中的一记警告或者说致命一击，而不是让自己的事业戛然而止的辞呈。

伦道夫勋爵不再是财政大臣了。他再没有提出过预算，也再没有返回过内阁。20年后，丘吉尔发表了一段详细叙述父亲辞职过程的文字。"父亲当然希望其他人能够让步，"丘吉尔写道，"毋庸置疑，他期望取胜。"他父亲的错误是"因为自己突然踏上权力宝座而忽视了他人由此而生的愤怒和嫉妒"。

12岁的丘吉尔很快体会到了公众的不满情绪。1887年2月，伦道夫夫人给当时在摩洛哥的丈夫写信说："温斯顿被带去看一场哑剧，观众朝着你的画像发出嘘声——温斯顿突然哭了起来，然后愤怒地转头向背后正在发出嘘声的人说：'别吵了，你这个短鼻子激进分子！！！'"伦道夫勋爵对儿子的忠心非常高兴，他送给丘吉尔一枚金币。"我们当然都企盼他夺回权力，"丘吉尔后来写道，"我们小孩子看到，当看到他大大的八字胡的时候，路人脱帽致意，工人咧嘴微笑。"

这年夏天，丘吉尔竭力想要获准在维多利亚女王登基五十周年庆典的时候到伦敦去。为此他给母亲写了3封信，强烈要求母亲写信给校长允许他去伦敦。丘吉尔的坚持得到了回报。伦道夫夫人让儿子如愿了，丘吉尔到伦敦参加了维多利亚女王登基五十周年庆典。这次伦敦之行显然吵吵闹闹，缺乏约束。"我希望您能很快忘记我在家里的糟糕表现，"他在返回布莱顿给母亲写信说，"不要让它影响我暑期的快乐心情。"他还指出另外两个去伦敦的同学甚至比他还晚返校。

丘吉尔希望在巴黎"或者欧洲大陆的某地"度暑假。他猜想母亲已经给自己安排了额外计划。"亲爱的妈妈，"他放假前给母亲写信说，"我希望您不要安排家庭老师把我的假期变得痛苦不堪。"然而她还是这么做了。这个家庭教师是24岁的詹姆斯·贝斯特，他要教丘吉尔希腊语。丘吉尔表现得比较镇静，他表示从来没在假期里学习过功课，这次也不会。

伦道夫夫人下定决心要让儿子在假期里学习。虽然丘吉尔一再请求，假期里还是安排了家庭教师授课，不过丘吉尔跟杰克和埃佛勒斯夫人再次到怀特岛游玩。回到布莱顿后，丘吉尔得知父母要送他去哈罗公学，而不是自己一直准备去的温彻斯特。他之前糟糕的健康状况让哈罗显得更具吸引力，因为哈罗在山上。这年秋天，哈罗的校长韦尔登博士给伦道夫勋爵写信说："您可以放心，我会给他安排好房间，让他的健康状况得到密切的关注。"

得知这个决定，丘吉尔很高兴。"听说我要去的是哈罗而不是温彻斯特，我十分高兴，"他给父亲写信说，"我觉得自己会通过入学考试，哈罗的考试没有温彻斯特那么难。"算术课"在学'平方根'，我们已经熟练掌握了小数和比例法"。他正在学习希腊语第二组动词。学期末他会在莫里哀的《屈打成医》里扮演角色。他也在学习阿里斯托芬的希腊剧《骑士》选段中他将要扮演的部分，"这段戏里只有两个角色，我是其中一个"。

在为哈罗的初试做准备的时候，丘吉尔坚持不懈学习希腊语动词，取得了稳步进步。考试将近，他的情绪高昂。杰克和埃佛勒斯夫人此时在布莱顿，这也鼓舞了他的士气。考试成绩很优秀：在前6门考试里，英国史、代数、古代史和圣经史他都排名第一，地理排名第二。两周后的算术考试他也排名第二。

考试还在继续之中，伦道夫勋爵来到布莱顿，带儿子出来喝茶。13岁的丘吉尔已经在计划圣诞节的娱乐节目了。"今年我们不会有圣诞树，"他在12月13日给母亲写信说，"不过我觉得三个魔术师、一场茶会，茶会后进行些娱乐活动和游戏会更好。"

第二天，丘吉尔的圣诞聚会泡汤了。他的父母要在5天后出发去俄国，而且要到2月才回来。返回伦敦后，丘吉尔度过了没有父母陪伴的圣诞节假期。他在12月26日给母亲写信说："你们不在真的很没意思。"

在伦敦等候母亲时，丘吉尔在一封信里提出要"一本拉丁语、一本英语字典和一本英语——拉丁语字典"。一周后，他还提出要一本希腊语词典。他已经开始读维吉尔①的希腊原文作品了，"我很喜欢"，他也在读希罗多德②的原文作品。他自信能在哈罗的入学考试中取得好成绩。在哈罗入学考试前9天，丘吉尔对父亲说："我希望能通过，我一定能通过。"

丘吉尔不是盲目自信。3月25日，他参加了哈罗的入学考试并且顺利通过。"我通过了，"3月16日丘吉尔在布莱顿写信告诉母亲，"不过比我预期的难得多。"他"很累，但是现在没关系了，我已经通过了。我盼着去哈罗，那是个很棒的地方——有优美的景色、良好的环境、很好的室内游泳池和体育馆，还有一座木工商店和很多其他有趣的东西"。哈罗还有另外一个吸引人的地方，"夏天您可以常来看我，这里离伦敦很近，从维多利亚开车过来只需要大约1小时15分钟"。

---

① 译者注：维吉尔（Virgil，公元前70—前19），古罗马伟大的史诗诗人。
② 译者注：希罗多德（Herodotus，约公元前485—前425），伟大的古希腊历史学家。

第二章

哈 罗

1888年4月，丘吉尔进入哈罗公学。跟在圣乔治和布莱顿时一样，他是寄宿生，只能在假期看到父母。"一切我都非常喜欢。"这是他在抵达3天后写回的第一封信里给出的评价。

在哈罗的第一个月，丘吉尔参加了军训，他告诉母亲自己"准时参加操练"。他还跟着军训队伍去里克曼斯沃斯和黑利伯瑞学校进行模拟对战。"因为没有制服，我只能背弹药筒，"他给家里写信说，"我背了100发子弹，要在战斗最激烈的时候使用，我的工作让我可以有很好的视角观看整个战场。这是最让人兴奋的，你能透过烟雾看着敌人越靠越近。"不过哈罗的队伍战败了，"被迫撤退"。

丘吉尔学习使用马蒂尼-亨利步枪，这款步枪是军队使用的。他也学习了麦考利①的诗句，并且因为背诵了千余行的《古罗马之歌》而获得年级嘉奖。

演讲日那天演唱的校园歌曲激起了丘吉尔的热情。丘吉尔的儿子伦道夫后来写道："那些词句激发的振奋人心的爱国情绪从此以后留在他身上，也成为他政治行为的主要推动力。"1940年在闪电战进入高潮的时候，伦道夫陪同父亲丘吉尔到哈罗聆听每年一度的校园歌曲表演，丘吉尔对伦道夫说："听着这些孩子演唱所有这些熟记在心的歌曲，我能看到50年前的自己，一边吟唱这些丰功伟绩和英雄伟人，一边心潮澎湃地想着如何能做到让祖国荣耀的事情。"

丘吉尔希望能在7月的一个周末回家。不过他被迫留在学校，助理教员亨利·戴维森对伦道夫夫人解释说，不是因为他"调皮捣蛋"，"而是因为他健忘、粗心、不守时、任何事情都不守规矩，这些问题太严重了，所以我写信请求您，他在家里的时候要严肃地跟他谈谈这个问题"。

更多的意见接踵而至。"我很遗憾地说，这个学期过去了，温斯顿各方面都更糟糕了，"戴维森解释说，"他常常上学迟到，把课本、卷子和其他各式各样的东西丢到我不会去的地方——他不守规矩成性，我真的不知道怎么办，有时我觉得他是忍不住要这么做。"戴维森警告说，如果不能"克服散漫的个性"，"他

---

① 译者注：麦考利（Thomas Babbington Macaulay，1800—1859），英国史学家，自由党人，历任下院议员，东印度公司官员，陆军大臣。

永远不可能在公学取胜"。他"异常散漫"，问题确实十分严重。他"能力很强"，不过"习惯性地懒散疏忽"会让这些能力"无用武之地"。不过戴维森还说："在结束这封信之前我还要告诉您，他做的历史方面的一些研究让我很满意。"这个学期丘吉尔因为英国史成绩优异而获得了年级嘉奖。

秋季学期的一项新的挑战是背诵千余行莎士比亚的诗句赢得全校嘉奖。丘吉尔给父母的信里显示出他是多么想赢得这个奖，不过他以27分之差与奖励失之交臂，他对父母说："我相当吃惊，我击败了20个左右比自己年纪大得多的同学。"随后，就在14岁生日之前，他骄傲地写信汇报说，在第二个学期里自己赢得了历史课的嘉奖。他的罗马史名列第一，希腊语和拉丁语也学得不错。

丘吉尔的禀赋得到了注意。4月，韦尔登决定带丘吉尔到自己家里住，他写信给伦道夫勋爵说："我认为他有很好的天分，在功课上也正在进步。"伦道夫勋爵送了一辆自行车给儿子。"我每天骑8英里，"5月，丘吉尔写信给父亲说，"它是件漂亮的小机器。"他喜欢新住处。不过他又一次被病痛侵袭，他从自行车上摔了下来，头部受到震荡，不得不卧床一周。埃佛勒斯夫人匆忙赶往哈罗，不过丘吉尔想要母亲来陪他。"不能换您来吗？"他问道，"没有看到您我很失望，我满心希望能见到您。"

在恢复期间，丘吉尔请求父亲在演讲日那天到学校来。"我想他们不会让您发表演讲的，"他设法打消父亲的顾虑，"事实上，我认为那是不可能的。"他接着说："您从没过来看过我，所以一切对您来说都很新鲜。"丘吉尔此时在哈罗已经就读了一年多了。伦道夫勋爵最后确实去了学校；在到学校的时候，他对韦尔登说想让儿子进军事班而不是常规班。军事班要另外学习考军校所需的军事课程，而这样丘吉尔就没机会继续学习考大学要学的课程了，他本来想要考大学的。

从丘吉尔这个学期的成绩来看，他最终应该能够通过大学入学考试。不过伦道夫勋爵十分肯定，要让儿子进入军队，因此让他进入军事班学习。多年后，丘吉尔思考为何父亲做出这个决定时，想起父亲曾经在一次假期看到他摆弄1500个玩具兵。"所有的队伍都按照正确的攻击阵形排列。他面带热切迷人的笑容，花了20分钟研究眼前的场景，那个场景真的让人难忘。最后他问我以后是否想当兵。我想指挥军队一定很棒，于是我立刻回答说'是'，而我的话立即被他记住了。"

丘吉尔接着还自嘲地说："多年以来我一直以为父亲凭经验和眼力看出了我身上的军事天分。不过后来我才知道他只是得出结论，认为我不够聪明，当不了律师。"韦尔登安排丘吉尔参加军事班的考试。丘吉尔的数学成绩不佳，进培养皇家炮兵和工程兵的伍尔维奇有困难。于是，丘吉尔准备投考培养步兵和骑兵军官的桑德赫斯特。

密尔本克是丘吉尔的学长。"父亲来看我时,"丘吉尔后来回忆说,"他常常带我们俩去王首酒店吃午餐。听他们谈话会让我兴奋,他们两人好像是平等的,带着世上一个人对另一个人的肯定。我很羡慕他。我多想和父亲有这样的关系!不过,唉,我只是个迟钝的中学生,他们交谈时,我的插话几乎总显得愚蠢尴尬。"

单独和朋友一起的时候,丘吉尔一点不拘谨,也不会被别人盖过风头。"和其他哈罗的孩子一样,"他的另一个学长默兰德·埃文斯后来回忆说:"我被这个出色的孩子深深吸引了。他的智慧、勇敢、魅力、对恶劣环境的漠视、旺盛的想象力、叙述能力、世界和历史知识——没人知道他是怎么学到的,不过这些从来无可争议——最重要的是,即使是在我们这所公学严格制度的压抑下,从他眼中闪现出来、从他人性中辐射出来的魅力和共鸣仍俘获了他身边的很多人,其中不少人比他更年长,能力更强。"

说到未来,丘吉尔对舅妈罗德尼夫人说:"如果我有两次生命,我会做军人和政治家。不过如果有生之年没有战争,我一定会做政治家。"

这年冬天,丘吉尔被韦尔登"盯"上了;老师每周都要汇报他的进步情况。即使他的进步十分喜人,而且老师们"没有任何投诉"的时候,韦尔登仍然对他紧盯不放。"他这样紧紧盯着我,是让人最最难堪的事,"丘吉尔给母亲写信,想让她来直接跟校长谈谈,"请不要怕他,因为他总是说一套做一套。您必须给我出头,因为如果您不这么做,就没人会这么做了。"

15 岁生日一周后,丘吉尔骄傲地给母亲写信说:"我很用功。"事实上,除了军事班的额外课程,他已经升级到了更高的四年级班。

丘吉尔开始跟着一位充满教学激情、技巧高超的老师学习英语,这位老师叫罗伯特·萨摩维尔,他让无聊的造句变得生动有趣。丘吉尔回忆说,萨摩维尔的办法是用"黑色、红色、蓝色和绿色的墨水笔"把长句分解成分句,每天反复训练,这种方法让"日常英语句子的基本结构深深地刻入了我的骨髓——这是件高尚的事"。

"在新年级里我进步很快,"1890 年 1 月,丘吉尔对母亲报告说,"爸爸认为唱歌是浪费时间,所以我退出了唱歌班,开始画画。"5 月,丘吉尔开始学习德语。

1890 年夏季学期过半的时候,丘吉尔的父亲给他寄了 5 英镑,可是一周后才收到他的致谢信,而他的学期中期成绩报告又很让人失望。这两件事招致了他母亲的严厉批评。他努力解释才化解了危机,成绩的进步也渐渐抚平了父母的怒气。

16 岁生日临近的时候，丘吉尔正在为军校初考做准备。在地理考试中，丘吉尔必须回答有关某个国家的问题，而事先没人知道自己将要回答关于哪个国家的问题。在考试前一天晚上，丘吉尔把 25 个可能出现的国家的名字写在纸片上，然后把所有纸片放在帽子里，闭上眼睛，抽出一张。"抽中的是新西兰，"他给母亲写信说，"新西兰正是考卷上的第一个问题。"好运加上丘吉尔数月以来的勤奋用功起作用了，他通过了所有科目的考试。

返回哈罗后，丘吉尔继续被糟糕的身体所扰。5 月，他写信告诉母亲自己伤到了腹部，而且牙齿也不好。对在南非的父亲，他提到和其他 4 个同学在外面散步时发现了一座废弃的工厂。"一切都荒废衰败了，不过有些窗户还没被打破；我们在这里多花了些时间，结果守卫向韦尔登告了状，在质问了我们一通后，他用鞭子打了我们一顿。"不过，引来父母不满的不是这件事，而是丘吉尔犯的另一个错误。"你妈妈对你花了那么多的钱感到失望，"6 月第二周，埃佛勒斯夫人写信说，"她对此深感不安，她说你总是向她要更多的钱。"丘吉尔向母亲解释说，他必须再三支付牙医的账单和去看牙医所需的出租车费，还有一笔自行车欠款和打破玻璃的赔款。

丘吉尔已经是学校军事学员队伍里的一等兵了。他告诉父亲他很喜欢"模拟战"。"我带上您给的望远镜，用它来观察敌军。"这年夏天，牙床肿痛让他受了不少罪。"我不能出门，"他给父亲写信说，"因为我正受牙疼的折磨，现在已经化脓了，我的脸肿得有原来两倍大。"后来他不得不到伦敦拔掉一颗牙。

新学期丘吉尔放下德语，开始学化学。"这很有意思，"他告诉弟弟，"等我回家，我会给你看很多奇妙的东西。"他的母亲很想找一个能在接下来的假期里陪他去国外的家庭教师。"总的来说，他是很好的孩子，"她对伦道夫勋爵解释说，"不过实话说，他已经太大了，女人已经没办法应付他了。毕竟两个月后他就 17 岁了，他确实需要和男人待在一起。"伦道夫夫人所说的"女人"指的是埃佛勒斯夫人。

丘吉尔并不只靠母亲获取奢侈品。"我要卖掉自行车，买一只牛头犬，"他写信给母亲说，"我已经认识它一段时间了，它很温顺，很友好。"他的父亲曾经在伊顿养过一只狗，"那么为什么我不能在哈罗养一只呢？"

这个学期丘吉尔的学习进展顺利。10 月，伦道夫夫人告诉丈夫："韦尔登先生告诉我，返校后，他一直很用功。"不过埃佛勒斯夫人对他提出了异议，她认为丘吉尔花钱太大手大脚："你把它们挥霍掉了，你越有钱，就越需要钱，也越会花钱。"她还在信里说："你做任何事都没有计划、不假思索，我的小东西，这种行为是不断增长的恶魔，除非你想办法控制自己，否则将来一定会吃苦的。"

在 17 岁生日一周前，丘吉尔返回伦敦过生日。他在接下来写给家里的信的附言中提到了异性。"不得不离开真是太不走运了，"他在信里对母亲说，"我刚刚给可爱的维斯莱特小姐留下点印象。再有 10 分钟……"

在伦敦的时候，丘吉尔得知埃佛勒斯夫人马上要被伦道夫夫人解雇了。杰克现在 11 岁，不再需要保姆照顾了。埃佛勒斯夫人给丘吉尔写信说："我觉得很不好受，无法入睡。"她还叫他一定要记得在"这样的雨天"必须穿外套。而对他的弟弟，她说："请别告诉杰克我要走了，他会很难过的，可怜的孩子。多么残酷的世界啊。"埃佛勒斯夫人即将离开让丘吉尔很难过，他以杰克的名义提出了强烈的反对。最后，埃佛勒斯夫人被安排去格罗夫纳广场为他们的祖母范尼公爵夫人工作，两个孩子今后仍然可以在那里见到她。

17 岁生日一周后，丘吉尔写信给母亲，再次拒绝去法国，这一次他被安排在圣诞节期间住在鲁昂的一户人家学习法语。这户人家是韦尔登挑的。丘吉尔解释说，如果去法国，他就会错过从南非回来的父亲。虽然丘吉尔努力抗争，但是韦尔登和伦道夫夫人坚持让他在假期里到法国学习法语。最后，他们安排哈罗新上任的现代语言老师伯纳德·蒙桑陪着他，他到凡尔赛和蒙桑的父母一起住了一个月。

丘吉尔赢得了校击剑比赛冠军，他开始为公学击剑锦标赛做准备。最终，他赢得了锦标赛冠军。哈罗的校刊《哈罗校友》上写道："他的成功主要归功于凌厉勇猛的进攻，他的进攻让对手大感意外。"丘吉尔还在继续为军校考试做准备。他十分用功，不过没有成功，在 7 月的桑德赫斯特入学考试中他失利了。进入骑兵部队的最低分数线是 6457 分，丘吉尔得了 5100 分，在 693 名考生中排在第 390 名。不过结果并没有让人彻底失望，丘吉尔在 400 多名参加了英国史考试答题的考生中排名第十八。丘吉尔的军事班导师路易斯·莫里亚蒂写道："我认为对于第一次尝试来说，你的成绩和排名值得表扬。"

丘吉尔必须再考一次。"如果他再次失败，"伦道夫勋爵给范尼公爵夫人写信说，"我考虑让他进入商界。"利用和罗特希尔德家族的关系，"我可以让他有一份很不错的工作"。

这年秋天，杰克也进入哈罗就读，此时丘吉尔正在准备再次参加军校考试。考试时间是 11 月底，就在丘吉尔 18 岁生日的前一天。"他这个学期的成绩很好，"韦尔登对伦道夫勋爵说，"现在他知道努力的必要性了，知道要如何努力了，不管他发生什么，我认为他在过去一年里学到了能让他毕生受用的经验。"

考试成绩公布了，丘吉尔得知他再次失利，非常沮丧。他的所有成绩都进步了，不过进步得不够多；他得了 6106 分，离分数线只差 351 分。他的化学成绩在 134 个考生中排名第八。就像韦尔登事先给伦道夫勋爵提醒过的一样，因为准考年龄提高了，所以考试标准"很可能非常高"。数学老师的话比较振奋人心：

"在这么短的时间里拿到 900 分是相当让人满意的成绩，这一定能让你对 6 月的考试感到自信。"

　　丘吉尔现在 18 岁了。要进入军队，他必须通过第三次考试，不过这次不是在学校参加考试，而是在补习班。9 年来先后在圣乔治、布莱顿和哈罗的寄宿生活对丘吉尔来说基本上并不快乐，他后来回忆道，这"是我人生历程画面中一块醒目的灰色补丁"。所有的同龄人，甚至比他小的孩子，"看上去在各个方面都很适应我们这个小世界的环境。不论在比赛还是在功课上，他们都出色得多。感到自己比别人落后很多，而且是在比赛最开始时就落后，让人很不舒服"。

　　"我一直上寄宿学校，"丘吉尔在 1930 年评论道，"可是我再也不想去寄宿学校了。"

第三章

向军队迈进——新的开始

1893 年 1 月 11 日，细心的读者从《泰晤士报》上的一小则新闻上得知伦道夫·丘吉尔勋爵和夫人的大儿子在前天下午"遭遇事故"。"没有骨折，"报纸报道说，"不过他受到很大惊吓，而且有多处瘀伤。"实际上他的大腿骨折了，不过 x 光在一年后才被应用，所以没人知道这件事；事实上，这件事在 70 年里都不为人知，直到 1963 年丘吉尔在蒙特卡洛跌倒后照 x 光时，人们才发现他的这条腿当年骨折过。

丘吉尔是在和弟弟、表弟在祖母的别墅（博内茅斯）玩追逐游戏时摔伤的。他被困在了峡谷的一座桥上，为了不被抓到，他想从桥上跳到一棵杉树顶上。结果没成功，落入峡谷中，从 29 英尺（约 8.84 米）高的地方跌落在坚硬的地面上。他失去意识 3 天，随后，忍受着剧痛被送往伦敦。"医生说我 2 个月都好不了，"他在 2 月的第一周给杰克写信说，"我大部分时间都在床上。"

3 月初，丘吉尔开始在伦敦西部莱克斯哈姆花园的詹姆斯上尉补习班上课。"我已经下达命令，"詹姆斯给伦道夫勋爵写信说，"让您的儿子坚持学习，他将会全天上课。前几天我不得不跟他谈了他散漫的态度。我认为这个孩子的用意是好的，不过显然容易注意力分散，他太倚重自己的天分了。"詹姆斯还说，丘吉尔"现在更像是要教他的老师，而不是从老师那里学东西，这种心态是无法获得成功的"。

7 月底，丘吉尔参加了第三次桑德赫斯特的考试。8 月 3 日，在知晓成绩之前，他准备跟弟弟杰克和家庭教师约翰·利特尔一起前往瑞士和意大利。他们在车站碰头，让丘吉尔意外的是，利特尔见面时恭喜他考试成功。他终于成了一名士兵。

丘吉尔的成绩提高了 163 分，总分达到了 6309 分。这个成绩不足以让他进入步兵团，不过他在骑兵团名单上排名第四。他从多佛发电报向父母、亲戚和从前的校长报告他成功的消息。"今天收到你的电报，得知你'考上了'，我太高兴了！"莉莉公爵夫人当天回信说，"别在意步兵团，你会爱上骑兵团的。"

8 月 14 日，身处米兰的丘吉尔收到一封父亲的来信。这封信是关于他的桑德赫斯特考试成绩的，既没有祝贺，也没有夸奖。丘吉尔并不知道，伦道夫勋爵此时正被疾病所扰，医生诊断他得了梅毒，疾病腐蚀了他的身体和心智。他批评了丘吉尔一顿，言辞激烈到几乎刻薄的程度。因为不知道事情原委，父亲的斥责让丘吉尔十分难过。"当他给我看您的信时，"利特尔给伦道夫勋爵写信说，"我们进行了一次长谈，他对我讲了很多他对人对事的看法。他很沮丧。"利特尔先生想帮丘吉尔克服父亲的信带给他的困扰，他对丘吉尔说，进入桑德赫斯特，他就将开始"生命中崭新的一页了"，而这样重新开始的机会"在一生中至多有一两次"。

假期继续着，他们在米兰游历，参观大教堂。随后，三人向北前往巴维诺，在马焦雷湖乘坐划艇探险。然后他们返回瑞士，前往策马特，之后返回英国。得知自己最终进了步兵团，丘吉尔很高兴。实际上伦道夫勋爵利用他的影响，为儿子在第60步枪团谋了一份专职。"未来现在掌握在你的手中了，"9月，伦道夫勋爵写信说，"成功还是失败由你决定。我相信你能成功。"

从丘吉尔最开始由桑德赫斯特皇家军事学院寄出的信可以看出，他决心为自己的新职业倾尽全力。"当然这里很不舒服，"在给父亲的信里他提到自己的房间，"没有地毯，没有窗帘，没有任何装饰品。没有热水，只有很少一点冷水。"纪律"比哈罗严格多了。在最初几个小时过后，任何辩解都不会被接受——甚至辩解说'不知道'也不行，像不守时或者不整洁这类事情当然也是不能容忍的"。丘吉尔写道，不过"军队作风里有些东西让人感到振奋，一切事物都在这样的作风之下运转；我想我会喜欢接下来一年半在这里的生活的"。

丘吉尔很快投入了士兵的职业生活。他写给父母的信激情洋溢。"今天，"9月20日，他给父亲写信说，"我们学习各种打结的方法，把梁柱绑在一起。我们也外出学习绘制地图。"他还用左轮手枪和步枪射击。"星期一，我们用刚刚给炮兵团配发的12磅炮射击。"一个月后，他骄傲地写信给母亲说："到目前为止，任何事情我都没迟到过。"和在哈罗时一样，他还收到了埃佛勒斯夫人充满关爱的忠告，"亲爱的，在这么热的天气里，不要让自己在太阳下暴晒"，"不要欠债，不要结交坏朋友"。

糟糕的健康状况仍然是丘吉尔的负担和烦恼。10月，在一次携带"步枪和装备"跑步3/4英里后，丘吉尔不得不被人从场地抬走，他告诉母亲，"这是最糟糕的一次"。他去看了医生，医生说"除了心脏看起来不太健壮以外"，没有什么问题。

这年秋天，伦道夫勋爵的身体暂时好转，丘吉尔和父亲的关系有所改善。

1893年11月30日，丘吉尔度过了19岁生日。10天后，他参加了入学后的第一次考试，总共有5门课。"我两边的牙齿都受了凉，"他对父亲说，"疼得厉害，让我在考试里多丢了几分。"不过他通过了考试，1500分满分他得了1198分。战术考试的成绩最好，300分满分他得了278分。

次年 2 月，丘吉尔在骑马的时候又遭遇了一次事故。回到桑德赫斯特之后，丘吉尔又病倒了。他的父亲写信安慰他。"染上流感是最倒霉的。""少抽烟，少喝酒，尽可能早点上床睡觉。"伦道夫勋爵希望儿子能够得到好成绩和好名次。"你做得越好，我越愿意帮你。"

丘吉尔在重新进入常规的骑马和绘图训练之前，到帝国剧院看了一场晚会。他还参加了志愿信号班。不过在给父亲写信说到他接下来想回伦敦的时候，他也遇到了麻烦。"如果每周你总是用这个或那个借口到城里来，"伦道夫勋爵写道，"你就不能专心学习，而且会产生不必要的开支。"伦道夫勋爵还说："你 20 岁了，你必须牢记，你现在是军校学生，不是哈罗的中学生。"事实上，丘吉尔还是 19 岁，到 11 月才 20 岁；伦道夫勋爵犯这样的错误是因为他的病情不断反复而且日趋严重。他甚至无法完成自己的演讲，说话时他的声音含混不清，甚至还会忘记思路。

丘吉尔现在很怕让父亲失望。他的表不小心掉进一条小河，小河旁边有一个很深的池塘，他立刻脱掉衣服，潜进水里寻找。他担心这块表是有原因的，这是一块金表，背面有珐琅彩的丘吉尔家族徽章装饰。他上一次把表摔落在人行道上，表壳上摔出了凹痕，让父亲很不高兴。所以这次他一头扎进池塘想找回金表，然而没找到。第二天他让人把池塘掏了一遍，还是没找到。后来，他从一支步兵分队借了 23 个人，付钱让他们给那条河挖了一个新的河道，还借来了学校的消防车，把池塘抽干。表找到了。丘吉尔立刻把表寄给父亲在伦敦的钟表师傅登特先生修理。可不巧的是，伦道夫勋爵刚好在那个礼拜去找登特，登特告诉他这块表再次受损的事情，他勃然大怒。

对儿子为找回这块表而历经的曲折他并不知情，他写信斥责丘吉尔，认为他不值得信赖，并且表示表修好后会把它交给杰克。丘吉尔回信讲述了自己找回表的整个过程，为自己辩解。然而伦道夫勋爵还是把表给了杰克，而且这块表之后一直由杰克保存。伦道夫勋爵的病情再次恶化，鲁斯医生建议他"至少暂时"放弃公职，因为他出现了神经质的症状，他需要休息。

伦道夫勋爵准备和妻子一起环游世界，陪同他们的还有乔治·基思医生。丘吉尔想申请离校到伦敦给父母送行。因为当时是星期三，他的申请被拒绝了。伦道夫勋爵立刻发电报给陆军大臣，说这是他待在"英格兰的最后一天"。丘吉尔的申请被批准了，可是当获准的消息传来时，丘吉尔不在桑德赫斯特，他正在乔巴姆绘制公路地图。

信使立刻带着命令从桑德赫斯特出发，让丘吉尔"立刻出发去伦敦"。第二天，伦道夫勋爵准备出发。当时的首相罗斯伯里勋爵也来车站为他送行。丘吉尔后来回忆送行的情景："除了 4 年前在南非旅行时留起来的大胡子，他看起来面容枯槁，被精神上的痛苦折磨得筋疲力尽。"丘吉尔不知道父亲到底病得有多重。"如果爸爸健康地回来，"7 月他给母亲写信说，"我就不会为你们的离开感到难过。"

伦道夫勋爵和夫人已经抵达日本，在那里伦道夫勋爵的情况开始恶化。此时，丘吉尔正在伦敦初次涉足公共论战。由于年轻人总是聚集在帝国剧院，帝国剧院将要被关闭，他参加了反对剧院关闭的抗议活动。他后来回忆说，聚集在剧院的年轻人"不仅在表演和表演间歇的时候聊天，还时不时地喝酒"。剧院休息室也是"帝国剧院的女士们"最喜欢去的地方。

丘吉尔以他名字的首字母缩写"WLSC"为署名给《威斯敏斯特公报》写了一封信，他在信里说"公共道德标准的提高更应该取决于社会环境的改善以及教育的普及，而不是对故作正经之人的四处指点"。丘吉尔还写道："大自然给'放浪和享乐之人'可怕的惩罚比任何文明国家能够给予的惩罚都大得多。这些惩罚从这个世界形成之初就已经有了，然而不道德之事仍然十分普遍。国家干预，不管是以政令的形式还是授权委员会裁决的形式，都无法根除罪恶。"

丘吉尔认为关于帝国剧院的争论双方都渴望看到英国"更好、更道德"，不过他强调说，"支持法治的人士希望通过议会法案消除罪恶，愿意牺牲主体自由达成目的，而'假道学的反对者'却更愿意采取更加柔和的非强制性方式"。

报纸在 10 月 18 日发表了这封信。11 月 3 日，丘吉尔做了最后的努力，召集"假道学反对者"集会。"你看到关于上周六帝国剧院骚乱的报纸报道了吗？"他给弟弟写信说，"领导人是我——我还对着人群发表了演说。"那天晚上他喊出了"帝国剧院的女士们，我支持自由"的口号。然而他们的斗争失败了，剧院被关闭了。

此时丘吉尔的父亲正在从中国香港到印度的路上，基思医生在 11 月初的信里说他出现了暂时性的幻觉，而且无法正常说话。丘吉尔很惊慌，他说服鲁斯医生告诉他父亲的情况到底有多糟，医生讲述了他父亲的症状，但是没有说病因。"我从未意识到爸爸的病有多严重，"他立刻写信给母亲，"直到现在才相信情况很严重。"

丘吉尔想方设法不让祖母知道这个消息，她似乎已经听到一些风吹草动了。"我建议，如果容许我的话，"他给母亲写信说，"您和基思给公爵夫人写信的时候只写好话。"坏消息让她深受打击。"她活着、想着、关心着，不为别的，就是为了再见到爸爸——在收到一份让人失望的报告后，一整个礼拜她都在痛苦中度过。"

11 月底，伦道夫勋爵抵达印度的马德拉斯，基思医生发电报给鲁斯医生，告诉了他一个糟糕的消息，他的病人只能活"大概 6 个月"的时间了。鲁斯给丘吉尔看了电报，丘吉尔想立刻动身去印度。他建议父母返回埃及或者法国的里维埃拉，他和杰克可以在那里跟他们会合。"对您来说，情况一定很糟，"他给母亲写信说，"对我来说也一样。您至少还在那里，在现场，在他的身边。"

伦道夫勋爵越来越精神错乱、语无伦次，伦道夫夫人决定把他带回法国南部。11月29日，丘吉尔20岁生日前一天，他写信给杰克："爸爸和妈妈要回家了，他们会在12月底抵达蒙特卡洛——这样我们就能去那儿与他们见面。医生们认为如果能彻底保持安静，他会好起来的——否则他就再也无法涉足政治了。"

丘吉尔在桑德赫斯特的日子也快结束了。让他高兴的是，在马术考试中他在127名学员中排名第二。他给父亲写信说："我希望您能感到高兴。"不过伦道夫勋爵已经无法理解周遭发生的事情了；到科伦坡（斯里兰卡首都）的时候，他不得不穿上约束衣。之后他被带到开罗，因为病情太严重，所以又被带回伦敦。

12月24日，伦道夫勋爵回到格罗夫纳广场。几天后，他非常痛苦，家人觉得他快要死了。得知这个消息，威尔士亲王让自己的医生理查德·奎恩爵士向伦道夫勋爵的精神病医生巴扎德医生询问病因。巴扎德回答说："伦道夫勋爵得的是'全身麻痹'，舌头抖动和吐词不清这些早期症状在两年前的一次问诊中就很明显了，之前我有很长一段时间没有见过他——我想有一两年，所以我没办法说他感染这个病有多长时间。"在普通人口中，"全身麻痹"指的就是梅毒，这种病通常在初次感染10~20年后才会发作。

巴扎德并没有彻底放弃希望，他对奎恩说："在正常的进食和休息下，勋爵先生已经恢复了不少，现在能与人交谈，认出别人，认出他的房间，而且想起了相当多过去的事情。但是他的发音有时让人很难听出他究竟说了些什么。他没有出现幻觉，只是有精神衰弱的状况。我认为如果他的命保住了，神志很可能会慢慢清醒。他的心脏十分脆弱。伴随身体上的问题，他也可能智力衰退，慢慢走向死亡。"

"他的身体好些了，"1895年1月3日伦道夫夫人给妹妹莱奥妮写信说，"不过他的精神状况恶化了1000倍。"几天后，从沉睡中醒来的伦道夫勋爵问身边的人，他们何时出发去蒙特卡洛。他被告知第二天就出发。他说"很好"，随后他看着儿子，问他什么时候参加桑德赫斯特的考试，考得怎么样。

伦道夫勋爵在1月24日上午逝世，再过三周，就是他46岁的生日了。3天后，他被安葬在布伦海姆宫围墙外的布拉顿墓地。

丘吉尔不清楚父亲真正的死因，他认为这更加证明了丘吉尔家的成员都会死得很早。他和杰克都是早产儿。杰克出生的时候，大家都以为他死了。伦道夫勋爵有3个兄弟也是幼年夭折；伦道夫勋爵的哥哥马尔巴罗公爵八世和他一样，在40多岁的时候就去世了。丘吉尔自己一直身体不好。

这些事让人心惊；丘吉尔迫切地想证明自己并非父亲所说的废物，也一直被可能早死这件事所困扰。"40 岁就结束了？"他在 20 年后问道。1967 年他的儿子伦道夫发现并公布了巴扎德给奎恩的信，丘吉尔从未看到过这封信，因此也从来不知道担心自己会早逝是他想错了。

1895 年夏天，在父亲去世 6 个月后，丘吉尔返回布拉顿扫墓。"小教堂里的仪式继续着，"他给母亲写信说，"孩子们的歌声让这里更显优美宁静。过去几天的暴晒让草地有点干——不过蔷薇丛结满了花蕾，让墓地生机勃勃。我被这里的宁静安详和古朴气氛打动了——这让我的悲伤中夹杂着慰藉。这就是他会选择的地方。我想如果您看到的话会感到高兴的。"

第四章

少尉——"我没法坐着不动"

1895 年 2 月 20 日，父亲去世 4 周后，丘吉尔加入骑兵团，成为第 4 轻骑兵团的一名少尉，驻扎在奥尔德肖特。

奥尔德肖特的日常工作比较轻松；早上从 7 点 45 分开始，丘吉尔在第一周给弟弟写信说他"在床上吃早餐"。每天有一小时他负责一支 30 人的队伍，"清洁马匹，给马匹喂水喂食，打扫人员房间等"。每天早上有两小时的马术训练，下午有一次操练。随后是"热水浴"，晚饭，打台球和打纸牌。他还去过伦敦，舅妈莉莉公爵夫人同意为他支付马匹的费用。

仅仅在奥尔德肖特待了两周，巴恩斯伯里选区的选民就请求丘吉尔给他们发表演说。这是丘吉尔第一次受邀发表政治演说。"不过想了很久之后，"他对弟弟说，"我写信对他们说这份殊荣太重了——就是表达这类意思的话。"

丘吉尔仍然被事故所扰。3 月，他写信给母亲说："我很倒霉，在障碍赛道上试一匹马的时候受伤了。那匹马不听话，突然转向——我想要控制住它——它起跳了。我的腿差点断了——不过我只是有些瘀伤，肌肉有些僵硬。"他对杰克说，自己的膝盖挨了"很重的一下"，"不过现在好多了，可以拄拐跛着走了"。

虽然向母亲保证再不会冒险骑马进行障碍跑，丘吉尔还是用"斯宾塞先生"的名字参加了骑兵旅的一场障碍赛。"比赛很刺激，当然也有危险，"他对杰克说，"我以前从没跳过正规栏杆，你知道，它们真是大家伙。"他的马跑了第三。不过后来传出丑闻，获胜者不应该是宣布获胜的那匹马；比赛被宣布作废，所有参加比赛的马匹都终身不能再参赛，其中也包括丘吉尔骑的那匹。

7 月 2 日傍晚，丘吉尔在奥尔德肖特收到一封电报，上面说埃佛勒斯夫人的病情"危重"。他立刻出发前往她在伦敦北部的家。"她知道自己生命垂危，"他后来回忆说，"不过她唯一的愿望是要见到我。那天的雨很大，我的外套被淋湿了。她摸到的时候十分担心，怕我着凉。我脱掉了外套，把它完全晾干，她才恢复平静。"

丘吉尔从伦敦北部匆匆赶往中部，雇了一名护士，还去见了基思医生，医生当即同意去陪在埃佛勒斯夫人身边。为了不耽误早上出操，丘吉尔乘坐午夜的火车返回奥尔德肖特。出操一结束，他就立即回到伦敦，陪在埃佛勒斯夫人身旁。尽管他希望埃佛勒斯夫人能够恢复过来，可她还是"陷入了昏迷"，丘吉尔对母亲说，"她在今天凌晨两点一刻的时候去世了"。护士在最后一刻才赶到。"这太让人伤心了，她的死对我打击很大——不过我觉得她没受太多苦。"

丘吉尔在凌晨时分从伦敦乘火车前往哈罗，把这个消息告诉给杰克。"他很吃惊，"丘吉尔对母亲说，"不过努力不表现出来。"回到伦敦后，丘吉尔为埃佛勒斯夫人的后事做了一些必要的安排。他也以母亲的名义订了一个花圈。关于埃佛勒斯夫人，他对母亲说："我再不会认识这样一位朋友了。"

7月5日，埃佛勒斯夫人被葬在伦敦东部的伦敦市公墓。葬礼结束，丘吉尔返回奥尔德肖特。后来他为埃佛勒斯夫人的墓安上了墓碑，墓碑上的铭文说明竖这块碑的是"温斯顿-斯宾塞·丘吉尔和约翰-斯宾塞·丘吉尔"。

"我觉得很消沉，很低落，"丘吉尔对母亲说，"又一个跟从前相关的联系消失了。"伦道夫夫人现在连一个自己的家都没有了，她住在旅馆或者亲戚的家里。"我渴望有一天您能拥有自己的一个小家，"丘吉尔写道，"有一天我能真正感觉到有一个像家一样的地方。"对他而言，现在奥尔德肖特就是家。他在这里有很多朋友，有很多可做可看的事情。

丘吉尔在奥尔德肖特的生活主要被骑马占据。"我们现在正在进行演习，"8月，他给母亲写信说，"每天骑马8个小时，然后在马厩里待2小时，之后不知疲倦地打马球。"他还对母亲说，他被政治吸引："玩弄政治是一种极好的游戏，在真正投身其中之前高手值得磨炼等待。不管怎么说，这4年在责任感和纪律约束下的健康快乐的生活，对我有益无害。"对军事研究得越多，"我越喜欢它，也更加确信，这不会是我的职业。好吧，我们等着瞧"。

一周后丘吉尔对母亲说，军队生活让他的思想呆板，这和军队精神是"相当一致"的。"我试图通过反复阅读爸爸的演讲让自己从这种'消沉的泥沼'中脱身出来，其中很多篇演讲我几乎背了下来。"如果他被派驻伦敦，他考虑跟家教每周学习一两个小时，学习经济学和现代史。

伦道夫夫人并不完全清楚儿子的想法，她建议儿子学习"军马补给"。他回信说，这门课只有骑兵军官有兴趣，"更会限制和规范人的思想，而不是拓展人的思想"。"多点文学性、少点物质性的东西是我所需要的精神药剂。"他解释说，一直以来，先是在哈罗，随后在桑德赫斯特，最后在詹姆斯上尉补习班，他接受的都是"纯技术性"的教育，目的就是通过考试。"因此，我的思想从来没有得到过牛津或者剑桥那样的打磨。在这些地方，人们研究问题和科学是为了更高的目标，而不仅仅是为了实用的目的，人们实际上接受的是自由的教育。"

21岁生日前3个月，丘吉尔开始进行这种自由教育的自学。尽管他是骑兵军官，有很多职责，要骑马，还有其他种种乐子，可是他成了独立大学生，在自己的大学里学习。他的第一个老师是30年前出版的福西特的《政治经济学指南》。福西特之后，他计划阅读吉本的《罗马帝国衰亡史》和莱基的《欧洲道德史》。"这些比单单堆积采购数据有趣得多。"

1895 年秋天，伦道夫夫人在伦敦购买了一栋房子，位于大坎伯兰广场 35 号。丘吉尔给母亲写信说，如果他在伦敦附近驻扎，"我就能和您一起住在 35 号了"。

1895 年 10 月，丘吉尔决定和朋友雷金纳德·巴恩斯一起去古巴，西班牙军队正在镇压当地岛民的叛乱。伦道夫夫人对他的古巴之行犹豫不决，他给母亲写信说："事实是我已经决定要去了。"伦道夫夫人立刻回信说："鉴于是由我提供资金，我想相对于'我已经决定要去了'，也许一开始咨询一下我的意见应该更合人意、更明智。"她不会给他设置什么障碍，"我想生活历练会及时地教会你在做任何事时都要机智老练，这非常必要。"

在准备出发的时候，丘吉尔拜访了英国陆军总司令，陆军元帅沃尔斯利勋爵。在得到沃尔斯利的批准后，丘吉尔和巴恩斯与军事情报部主管查普曼将军见了面，他为他们提供了地图和情报。丘吉尔对母亲说，情报部要求他们收集各类情报和数据，'特别是新式子弹的效果——它的穿透能力和打击能力'。丘吉尔接着说，这个要求"给我们这次出行赋予了一种准官方色彩，将来一定会对我们有所帮助"。这次旅程也有不那么官方的一面，"我会带很多哈瓦那雪茄回来"。在出发前，他说服《每日画报》，由他为报纸定期发回起义的现场报道。

丘吉尔离开英国的时候距离他 21 岁的生日还有一个月。和巴恩斯一起登船出发后，他骄傲地告诉母亲，他们没有晕过一次船，没有错过一餐饭。

纽约是个让丘吉尔高兴的地方。母亲的表亲十分友好，帮了他们很多忙。他们参观了美国陆军总部和西点军校。西点军校相当于英国的桑德赫斯特。丘吉尔这个年轻的桑德赫斯特毕业生对西点军校的纪律感到震惊。在纽约，丘吉尔还参观了"纽约号"巡洋舰。

11 月 23 日，丘吉尔抵达古巴岛的中心地带。"我在古巴看得越多，"他在当天写道，"我越肯定要求独立是全国民众的一致意见。叛军队伍里包含了古巴的精英，说真的，他们决不能被定义成匪徒。事实上，这不是叛乱，而是战争。"

11 月 30 日是丘吉尔 21 岁的生日。当天，巴尔德斯将军带领队伍搜寻叛军主力。丘吉尔和巴恩斯跟他一起在晚上露天扎营。第二天，在行军到新的露营地点后，两名西班牙军官说服两个英国人和他们"一起到河里游泳"。游完泳后，4 个人在岸上穿衣服，"突然间，我们听到了一声枪响。一声又一声，随后子弹齐发。子弹从我们的头上呼啸而过。显然某种进攻正在进行之中"。他们飞快地穿好衣服，其中一名西班牙军官跑去集合了 50 人，击退了进攻。

丘吉尔和巴恩斯回到半英里以外巴尔德斯的总部，那里正进行着一场规模更大的交火。这里的攻击也被击退了。丘吉尔报道说，在午夜前，"他们又回来，交火持续了大概一小时"。几名西班牙战士阵亡。

第二天，12 月 2 日，一年后丘吉尔称这一天为"我人生中最不寻常的纪念日"，天一亮，西班牙军队就开拔了。丘吉尔在给《每日画报》的通讯里写道，薄雾"让叛军射手有了掩护，我们一过河，他们就向我们开火，射击方向很准"。这天上午晚些时候，这支纵队被迫停下来。在停下来的时候，"敌人的子弹从我们头上嗖嗖掠过，钻进脚下柔软的泥土里"。骑兵向前推进。"我们攻向敌人的阵地，"丘吉尔对母亲说，"在猛烈的火力下，在开放地带推进。"

在最后一篇通讯里，丘吉尔思考了古巴叛军斗争的正义性。西班牙攫取了大量金钱，"工业瘫痪，不可能有所发展"。贪污受贿在政府中甚嚣尘上。"这样的体制只可能带来全国性的叛乱，无可争议。"然而叛军采取的是纵火犯和土匪的手段——"放火烧甘蔗地，在篱笆后开枪，向沉睡中的营地开火，毁掉房屋，破坏火车，乱扔炸药"。丘吉尔总结说，这些"在战争中当然是无可厚非的，但是无法在这种行为的基础上建立国家"。

当时在古巴有传言说，一名英国记者给丘吉尔写信说"你是在同情叛军"。但是丘吉尔和巴恩斯得到了西班牙红十字勋章，谣言被消除了。然而就像在通讯里写的，丘吉尔很肯定，古巴人永远不会被赶出广袤的农村；人们需要的是古巴"自由而繁荣，有公正的法律和爱国的政府，向世界贸易开放港口，把马匹送往英国马球总会，把板球球员送往诺斯，用哈瓦那雪茄交换兰开夏的棉花，用马坦萨斯的蔗糖交换设菲尔德的餐具。至少让我们抱有这样的希望"。

12 月的第二周，丘吉尔从古巴出发，途经美国，返回英国。在纽约和《纽约世界报》的记者聊天时，丘吉尔提到，美国作为调解人介入后，古巴叛乱将得以解决。美国不久后与西班牙宣战，打败了古巴岛上的西班牙人，最终带来 1901 年的古巴独立。

丘吉尔的社会生活非常丰富。阿斯奎斯和巴尔福是罗特希尔德勋爵家的座上宾。"聚在一起，就如你能想象的，"丘吉尔对母亲说，"我很喜欢见到这样的聪明人，倾听他们交谈。"

1896 年 2 月，美国开始敦促西班牙放弃古巴。丘吉尔给在美国招待过他的伯克·科克兰写信说："我希望美国不要强迫西班牙放弃古巴——除非你们已经准备好为这个行动的结果负责。"不过，如果美国要吞并古巴，"虽然这对西班牙来说很难接受，但是这对古巴岛和全世界而言是最好最合适的做法"。不过他认为，如果美国只是要"建立另一个南美共和国"，而"不对其掌握某种控制权"，事情会变得很可怕。丘吉尔对科克兰说，最重要的是，英国和美国一定要避免纷争。

丘吉尔给科克兰留下了很深刻的印象，科克兰劝丘吉尔学习社会学和政治经济学。"你很有天分，语言表达清晰易懂、富有感染力，"科克兰写信说，"利用从这些科目学到的知识，我坚信，只要机会出现，你就会在政界占据领导地位。"

2月，《星期六评论》发表了丘吉尔关于古巴的一篇文章。伦道夫夫人把文章的副本寄给了约瑟夫·张伯伦，张伯伦称"这是我看过的关于西班牙人必须解决的问题的最好的一篇文章，和我自己的结论一致"。张伯伦还说："显然温斯顿先生（对这方面）很关注。"

1896年夏，丘吉尔决定去埃及，当时英军总司令赫伯特·基钦纳爵士正在为夺回苏丹作战，丘吉尔希望担任他的传令官。这个计划没成功，之后，丘吉尔询问《每日纪事报》，是否可以让他作为特派记者前往克里特岛，当地的希腊人正为反抗土耳其统治、争取独立而起义。他还请求母亲运用她对陆军大臣兰斯顿勋爵的影响力帮自己前往南非加入当地的英军，当时英军正在马塔贝莱兰镇压当地人的起义。

然而兰斯顿建议温斯顿不要在此时离开英国。因为丘吉尔正被一件丑闻缠身。和丘吉尔在桑德赫斯特同期的一个军官学员的父亲控告丘吉尔有同性恋行为；丘吉尔为此向此人提出诉讼。一个月后，这个人正式撤销控告，而且给了丘吉尔400英镑的损失赔偿。然而丘吉尔仍然想去马塔贝莱兰。他自己所在的部队不久后要出发去印度，但是第9枪骑兵团要在8月底前往马塔贝莱兰。虽然他再次恳求母亲，但还是没去成马塔贝莱兰。

9月11日，丘吉尔跟随第4轻骑兵团乘船前往印度。10月1日，他抵达孟买；3天后，他来到位于浦那的营地。接着他又前往班加罗尔，他将在这里待上6个多月的时间。这座城市海拔3000英尺，以气候宜人著称。丘吉尔与朋友雷金纳德·巴恩斯和雨果·巴林一起合住一座带有花园的宽敞平房。三个人各自有一个管家、一个贴身男仆、一个助理，每匹马还配有一个马夫。另外，三个人共用两个园丁、四个洗衣工和一个守夜人。

班加罗尔的生活非常清闲。丘吉尔对母亲说，早上5点吃早饭，6点出操，8点吃第二顿早饭和写写家信，接下来在马场待一个小时，之后就没有其他安排了，直到下午4点15分打马球。在晚饭后上床前，他会"睡觉、写东西、读书或者抓蝴蝶"。

11月初丘吉尔在锡康达腊巴德打马球的时候结识了当地殖民总督的女儿帕梅拉·普劳登。"我必须要说，她是我见过的最美的姑娘，"他对母亲说，"我们要一起去海德拉巴骑大象。"骑象之行如约进行，两个人也从此开始了延续一生的友谊。

11月30日，丘吉尔22岁了。他请求母亲想办法让他去埃及，加入基钦纳的队伍。"我听说已经决定了，"他写道，"今年要进一步推进。"伦道夫夫人的任务是直接给基钦纳写信。"在埃及待两年,"丘吉尔在 3 周后对她说,"加上一场战役,我想就能有资格让我的军刀变成裁纸刀,让军刀挂套变成选举的演讲词。"

同时,丘吉尔从班加罗尔给杰克写信说,自己种的玫瑰盛开了,现在他有250 株玫瑰,"所以每天早上我都能切下满满三盆大自然滋养的最美丽的花朵"。然而他颇为珍视的蝴蝶标本收藏被一只爬进柜子的老鼠毁了。他抓住并杀死了老鼠,重新开始收藏。

丘吉尔反对政府提高军队开支,对于一个渴望看到军事行动的年轻士兵来说,这很不寻常。丘吉尔给母亲写信说,兰斯顿提高军费的提议会带来税收压力,"会影响国家的繁荣安宁"。在丘吉尔看来,英国需要的是一支强大的舰队,足以"让我们胜过两大强国的联手,同时有足够的能力对付意外事件"。为了达到这个目的,他认为税收提高到任何程度他都支持。

杰克正在考虑去上大学。"我羡慕你能享有经典教育,"丘吉尔写道,"享有欣赏经典著作的能力。"他没有中断自己的阅读。伦道夫夫人给他寄去了 12 卷本的麦考利作品集,"我马上就会开始读"。他已经读完了几本,被柏拉图的《共和国》和温伍德·里德的《人类殉难记》所"诱惑"。"如果我懂拉丁语和希腊语,"他给母亲写信说,"我想我会离开军队,读取历史、哲学和经济学的学位。不过我没办法再次面对语法分析和拉丁散文了。"

1897 年 2 月,丘吉尔成为副旅长,他对母亲说,这是"最重要的职务"。团长"几乎什么事"都来和他商量。他在军队里已经两年了。他对母亲说,有一件事他"很肯定","除非让我进入下院的好机会自动出现,否则我会在军队里再待两年。"同时,他正在读哈勒姆的《宪法史》和亚当·斯密的《国富论》。

2 月,克里特岛上希腊人对土耳其统治者的反抗升级了。英国支持土耳其人,索尔兹伯里政府派英国军队前往地中海,阻止希腊的援兵前往克里特。丘吉尔同情克里特岛的起义者,就像一年前同情古巴起义者一样。他的母亲说帮助土耳其当局是正确的,他回信说:"我们向克里特岛起义者开火、封锁希腊让其无法援助克里特,这是非常不道德的。"他承认从反面讲"物质论"观点更加合理;然而"就这件事看",除了物质利益,还有其他更多的东西。"我从对和错的角度看待这个问题,索尔兹伯里勋爵从利益和损失的角度看待这个问题。"

伦道夫夫人给他寄来了更多的书。丘吉尔开始读《世界大事年鉴》,从 1880年开始。在读的时候,他对议会辩论小结做了自己的评注,写出了自己的想法和意见。他对母亲说,他使用的方法是在阅读具体辩论前,"先在纸上写下对主题的看法,我的看法不仅仅只关注整体原则。在读完后,我再重新思考一遍,最后写出来"。他把自己对每个主题的观点用铅笔写在纸条上,贴在书里。他希望通过这种方法"建立一整套符合逻辑的一致观点,它们也许能形成符合逻辑的一致思维"。他对母亲说，年鉴里的史实会成为"武装我的利剑"。麦考利、吉本、柏拉图和其他人"会训练我的肌肉，让我在挥剑的时候发挥最大的威力"。

4月中，土耳其向希腊宣战。丘吉尔现在有了新目标：他要去前线做战地记者。他的母亲必须找到一家报纸刊登他的报道。"罗特希尔德勋爵是能帮我安排这件事情的人，"他对母亲说，"因为他什么人都认识。"至于他要去哪一方的阵地，他说："我最亲爱的妈妈，这件事必须要靠您。我当然完全同情希腊人，不过另一方面，土耳其人肯定会赢——他们实力强大，而且会一直采取进攻。去这一边的话不那么光彩，不过会安全得多，而且我不希望卷入混乱的败军之中。我想他们更适合，您必须做决定。如果您能让我拿到给土耳其人的推荐信，我就去土耳其。如果能让我拿到给希腊人的推荐信，我就去希腊。"

在等待母亲的回信时，丘吉尔从孟买乘船出发，希望在到达意大利的时候，母亲已经安排好了一切。他预期这场战争会"短促而激烈"。很可能"我到的时候已经太晚了"。他的确太晚了；他的船还没有到意大利，土耳其人就已经打败了希腊人。所以他继续前进，抵达伦敦。他到保守党中央总部请求工作人员帮他在休假期间安排演讲的机会。他们做到了，于是6月26日他在巴斯城外"樱草会"的会议上发表了第一次政治演讲。他的演讲很成功，赢得了人们的掌声和欢呼。

"我的演讲发表得很顺利，"丘吉尔给弟弟写信说，"《晨邮报》登了一篇很棒的报道，看起来所有人都很满意。"离开巴斯后，丘吉尔去古德伍德参加赛马会。"我在古德伍德的草地上，"他后来回忆说，"天气宜人，我正在赢钱，这时帕坦人在印度边境发动了叛乱。"他在报纸上读到将要组建一支三个旅的野战军前去镇压叛乱。这支部队将由宾登·布拉德将军带领，丘吉尔在莉莉公爵夫人的家里见过布拉德将军，将军曾经答应过他，如果下一次指挥边境远征战役，会让丘吉尔跟他一起去。丘吉尔立刻给将军发电报，提醒他曾经答应过自己的事情。在收到回信前，他乘火车离开伦敦前往布林迪西，在那里他登上了印度邮船"罗马号"。在船靠近亚丁的时候，他写信给母亲，让她把自己的马球棍以及格莱斯顿和迪斯雷利的演讲集寄出来。

在巴斯发表演讲3周后，丘吉尔回到班加罗尔。他对母亲说，这里的人很欣赏他在巴斯的演讲，"每人都看《晨邮报》"。他还说："再帮我个忙。把您听到的所有正面评论都发给我。"他决定要写一本小说，在英国的时候，他给母亲大致描述了小说的情节。"我每天都在写小说，"8月24日他从班加罗尔给母亲写信说，"这绝对是我做过的最棒的事情。"他已经写了80页，这是一篇政治小说，背景是一个虚构的共和国。"我对它满怀热情。我所有的想法都借主人公的口说了出来。"丘吉尔给母亲写信的时候收到了宾登·布拉德爵士的来信，信上说他的人员安排满了，不过建议丘吉尔去西北边境做战地记者，"如果你到那里，我会在第一时间把你列入编制"。布拉德将军说丘吉尔的一个朋友已经这么做了；他现在加入了战斗队伍，顶替一位在作战中丧生的军官。

丘吉尔立刻发电报，让母亲找一家愿意让他担任战地记者的英国报纸。他"费了很大周章"请了一个月的假，把小说放到一边，让母亲把吉本通信集的第一卷寄给他，然后为 5 天骑马北上的路程做准备。他对母亲说，如果上不了火车，他会骑马去战场。"我已经考虑了一切，"在开始这趟 2000 多英里的列车旅程时，他给母亲写信说，"我觉得在年轻的时候拥有参与英军作战的经验，一定会在政治上给我加码——一定会让更多人听取我的主张，也许将来会让我更受国人的欢迎。"

这封信是在 8 月 29 日深夜写的。第二天，丘吉尔在班加罗尔的长官写信告诉伦道夫夫人，她的儿子在前一天晚上出发去前线了。

第五章

参与作战

9月的第一周，丘吉尔抵达位于马拉坎德的西北边境。在那里他得知母亲已经说服了颇有影响力的《每日电讯报》刊登自己从战地发回来的信。她得做出决定，这些信是否署上丘吉尔的名字。"我自己很赞成署名，"他对母亲说，"否则我无法从这些文章得到任何荣誉。这么做会对我走向政坛、面对公众有所帮助。"

丘吉尔还说服《阿拉哈巴德先驱报》，每天从边境给他们发一篇300字的电报；正是这份工作让他能够继续进入宾德，布拉德爵士的指挥部。"至于战斗，"9月5日他对母亲说，"我们明天开拔。"在这个星期将有一场战斗，"是本年度在边境上最大的一场战斗"。

在等待战斗开始的这段时间里，丘吉尔给《每日电讯报》发回了9封信，讲述边境的情况。这些信发表的时候没有署他的名，它们的署名是"一名年轻军官"。

丘吉尔骑马穿越莫赫曼德山谷，赶往那瓦盖。他后来在信里对母亲解释说，他很想"及时赶上战斗"，所以骑马走在骑兵分队的最前面，他们与"将近50名持有武器的部落民相遇。幸运的是，他们显得很友好，而且对我拿着手枪从他们中间疾驰而过感到很惊讶。可是我能怎么办呢？我跟他们挨得那么近，没别的办法只能冲过去"。

路上没有再出现什么意外，丘吉尔抵达那瓦盖。按照布拉德将军的命令，他被编入马拉坎德野战军第二旅，这支队伍刚刚受命加入战斗。丘吉尔这个临时记者再一次成为正式在役军人。9月16日，在被编入野战军后的第二天，他经历了想要的战斗。战斗发生在边境村庄马克哈奈。他对母亲说，那天早上他6点半起来，跟随1300人的骑兵队伍骑行，然后"看到有人开了第一枪"。在开火一个小时后，他骑马和一个锡克步兵团沿山坡一条小路前进，"直到火力实在太猛，我的灰色小马不再安全为止"。他继续步行前进。随后收到撤下山坡的命令。"我一直留到最后。撤退是一场令人毛骨悚然的溃败，伤员们被丢下，被这些残忍的畜生切成肉块。"

两个站在丘吉尔身旁的英国军官加塞尔斯和休斯被阿弗利迪人的步枪击中。一个阿弗利迪士兵随后冲到休斯跟前，想要切开他的身体。丘吉尔从30码外向他开枪。"他倒下了，可是又一次冲了上来。"休斯被杀，加塞尔斯活了下来。他们和另一名中尉聚到一起，丘吉尔背着一名受伤的锡克士兵返回到撤退的队伍当中。

阿弗利迪人冲了上来，离他们只有 40 码远。丘吉尔和另一名年轻军官用手枪射击，阿弗利迪人冲他们扔石头。随后双方再次交火。在一个多小时里丘吉尔一直身处险境，因为阿弗利迪人再次发动了攻击。后来丘吉尔用一个伤员丢下的步枪换掉了自己的手枪，他对巴恩斯说，"开了 40 枪，在近距离产生了点效果。我不能肯定，不过我想我打中了 4 个人。不管怎样，他们倒下去了"。

在这场战斗中，1300 名英国及锡克士兵中有 50 人丧生，100 人受伤，丘吉尔在 3 天后回忆这场战斗时对母亲说，说到勇敢，没人能够说他的坏话。在从山坡撤退下来的时候，第 35 锡克兵团的英国指挥官注意到了丘吉尔和他的马，他在此次战斗的报告中建议对丘吉尔进行传令嘉奖。

9 月 16 日的战斗过后，宾登·布拉德爵士任命丘吉尔为他的传令官。丘吉尔对母亲说："我会得到一枚勋章和一对勋扣。"那一周他又参加了两次战斗，第一次在多马多拉，第二次是 9 月 23 日在扎盖，这一次他再次骑马沿散兵线穿行。随后他申请调去另一支正要前往提拉的队伍。"这样的话，"他对母亲说，"就意味着我的勋章要再加上一枚勋扣。"

"我遭遇了危险的几个小时，"9 月 27 日，丘吉尔给母亲写信说，"不过我很肯定我的运气够好，能够让我渡过难关。"3 天后，一支印度步兵团，即第 31 旁遮普步兵团，在战斗中受到重创。宾登·布拉德立即将丘吉尔派到这个团任职，顶替那里阵亡军官的空职。"我派他去了，"布拉德对第 4 轻骑兵团的布拉巴松上校解释说，"因为他是这里唯一空闲的军官，而且行动起来他一个人能顶两个普通中尉。"

9 月 30 日，第 31 旁遮普步兵团在阿格拉作战，伤亡 60 人。丘吉尔在阿格拉已经经历了 5 个小时的交火，不过在战斗后不久他给母亲写信说，"还没有到达最白热化的程度"。他没有告诉母亲的是，他骑马第三次穿行散兵线。在下一次战斗中，他希望能指挥 100 人作战。这样，他就"有更多冒险的动机，而不仅仅是爱冒险了"。

丘吉尔 10 月 2 日写信说："敌方杀死抓住的每个人并且切掉他们的手脚，我们毫不犹豫地干掉敌方的伤员。自从我到这儿来以后看到了几件不那么光彩的事情——可是如你所想，我没有让任何肮脏的事情弄脏我的手——尽管我意识到有些事情是必要的。"

在接下来的 10 天里，丘吉尔经历了几次交火。"如果他有机会，"宾登·布拉德爵士写信给布拉巴松上校说，"他会得到维多利亚十字勋章和优异服务勋章。"布拉巴松对此评价道："我认为这个孩子十分勇敢。"10月12日，丘吉尔对母亲说，在过去的4周里，自从第一次作战后，他已经经历了15次交火。"对政治生涯来说这是相当好的基础。"他打算写一本关于马拉坎德野战军的书，在书里他要把对战斗的描述和对政府政策的评论和批评结合在一起。

10月的第三周，丘吉尔受命返回班加罗尔。他给母亲写信说，在边境的这段时间是"我生命中拥有的最荣耀、最快乐的时光。不过它很可能突然中断，这种可能性一直存在。我看到很多人被杀、受伤，听到无数子弹四处飞舞或者从身边呼啸而过——数量太多了，如果我数得出有多少，你可能都不会相信"。没有一颗子弹射入离他"一尺以内的距离——在上一封信里我说的是一码，不过从那以后这个距离缩短了。我的运气一直格外好。"在交战中，丘吉尔就是这样冷静；除了因为参加战斗获得战斗勋章，他还因为"勇敢和坚毅"受到传令嘉奖。

《每日电讯报》发表了丘吉尔寄给他们的信。在信里，丘吉尔不仅对战斗加以描述，还陈述了自己的观点，他认为政府允许部落民控制英属印度和阿富汗之间的缓冲地带的政策是愚蠢的，应该尽快吞并这块缓冲地带。这样，袭击就会停止。这些"缓冲国"政策只是权宜之计，只会带来更多的麻烦。

让丘吉尔懊恼的是，尽管《每日电讯报》发表了他的信，但还是没有署上他的名字。伦道夫夫人希望儿子进入政界，她保证说尽可能让更多有影响力的人知道这些文章是他写的。可是他仍然不满意。"尽管我重视您的伦敦朋友们的意见，"他写道，"但那个小圈子里的人并不是我想要吸引的听众。"

在班加罗尔，丘吉尔继续撰写小说。11月初，他已经写了9章了。不过几周后，他把小说放到一边，开始动手写有关马拉坎德野战军的书。他让母亲从英国给他寄一些公开发表的资料以及要人对这场战争的政治观点。他已经给在边境认识的"所有上校和博识之士"写了信，请他们提供资料。"我相信一定会收到大把的回信。"丘吉尔每天花6个小时写书，他对母亲说："我的食指被磨出了一个洞。"写作远远不是那么容易的事情，"每句话都是花很大力气和反复润色才写出来的"。

在23岁到来之际，丘吉尔决心要进入下院。他决定，如果帕丁顿选区的议员空缺，他就立刻乘船返回英国，他还请求母亲劝说已经60多岁的现任帕丁顿议员辞去职务。"我已经催问过法戴尔了，"她在12月10日写信说，"不过他还不准备辞职！"法戴尔一直到1910年才辞职。丘吉尔后来说，他十分感谢母亲为了他到处应酬，"她翻遍了所有的石头，烹熟了每块肉饼"。

12月，丘吉尔再次让母亲给基钦纳写信，"趁热打铁"。他想让母亲相信在埃及比在印度边境要安全得多。在9月16日的战斗中，"我们1000人死了150人，我们称之为战斗"。在埃及弗基特，"他们10000人死了45人，他们称之为战役。那一定更像在贫民窟里打架"。

1897 年的最后一天，丘吉尔把《马拉坎德野战军纪实》的手稿寄给母亲。他的母亲对巴尔福说起过这本书，巴尔福答应帮忙找一家好的出版商。他把伦道夫夫人介绍给自己的出版经纪人 A．P．瓦特，瓦特对《每日电讯报》发表的丘吉尔的信印象深刻，一周后，他联系好了出版商。

1 月中，丘吉尔给母亲写信，表示他仍然想去埃及，随后他会"从战争转向和平和政治。如果这样，也就是说我能安然渡过。我想我会的，不过人们只能看老天爷的，看看它安排的生命储备有多少。其神圣完全是人类的臆想。你可以想像一只美丽的蝴蝶——翅膀上有 1200 万片鳞片，眼睛上有 16000 只复眼——可对鸟来说就是一口而已。让我们对命运发笑吧，这样也许会让它高兴"。

丘吉尔的两个朋友也在印度边境做战地记者。一个是芬卡斯尔勋爵，他获得了维多利亚十字勋章；另一个是 R．T．格里夫斯中尉，他在战斗中丧生。"一点点运气，"丘吉尔对母亲说，"就可能给我带来最高的奖励或者让游戏终结。"

第六章

乌姆杜尔曼

1898年1月，丘吉尔前往加尔各答。他待在总督埃尔金勋爵身边，和总司令乔治·怀特爵士一起用餐，就像他对杰克说的，"在达官显贵的圈子里活动"。8年后，他将在殖民事务部为埃尔金工作。甚至那时政治生活也从未脱离他的计划；1月，他给保守党总部发去了一份竞选演说，以备帕丁顿的议员席位出现空缺，或者突然召集大选。1月底，他在班加罗尔给母亲写信说，"我认为一个人在政治上取得进展不是看他做了什么，而要看他是什么样的人。这不是头脑的问题，而是性格和创造力的问题"。正是因为这些原因，"我不允许别人提意见，在某种程度上，我对别人对我步入政界的意见很不耐烦"。

引荐、关系、有权势的朋友、名字、遵从好的意见，"这些东西都有用，"丘吉尔对母亲说，"不过它们只能帮助你达到某一点。它们能确保你'上秤'。最终每个人都要被称称分量，如果发现不够格，任何东西都无法让他得到大众的信任。"如果他不够优秀，人们会欢迎其他人占据他的位置。"我永远不在意维持虚假的名誉，为保住位置而伪装个性。当然——就像你已经知道的——我相信自己。如果不相信，我很可能会听取他人的意见。"

在印度期间，丘吉尔一直担心家里的经济情况。他认为母亲在服装、旅行和娱乐上过于挥霍，这让他很恼火。"坦率地讲，在这个问题上，"他给母亲写信说，"我们两个无疑一样欠考虑，一样挥霍和浪费。我们都知道什么是好东西，我们都喜欢拥有好东西。"两天后他又写了一封信："父亲去世后的3年里，你已经花掉了所有财产的1/4。我也很铺张，不过跟您比起来微不足道。"

对丘吉尔来说，一个新的赚钱渠道出现了：《马拉坎德野战军纪实》让他得到50英镑稿费，在1990年这笔钱相当于2000英镑。另外，每卖出2000本他还可以得到100英镑。3月14日，这本书在伦敦出版。"这是我有生以来做得最引人注目的事情了，"他对母亲说，"（当然）是到目前为止。"一开始印了2000册，10个月后，又加印了4500册，这让他又赚了250英镑。对他而言，显然已经可以凭写作谋生了。他骄傲地告诉祖母，《每日电讯报》为他的战地来信支付了100英镑稿费，《阿拉哈巴德先驱报》为他的电报支付了25英镑稿费。

伦道夫夫人在夏天的时候告诉儿子，高级军官们认为他是最"有前途的年轻人"，不过"你的文章写得太好了，你不该待在军队里，在那里你的天分会被浪费，而且你写的东西迟早会带来麻烦"。威尔士亲王在冬天的时候写信给他："你很有写作天分，这是很大的优势。我只希望你评论的时候要谨慎，要避免尖刻的评语，否则会被当权者记恨。"丘吉尔的名声引起了艾尔默-霍尔丹上尉的兴趣，他帮助丘吉尔进入提拉远征军，当时这支队伍的基地位于白沙瓦。

丘吉尔在白沙瓦等着移师提拉的命令。"我当然希望打一仗，"他对母亲说，"不过我不会骗自己，双方都厌倦对战了。"3月底，丘吉尔在一封写给朋友的信里为驻扎在西北边境的英军辩护，一个月后《泰晤士报》刊登了这封信。丘吉尔对母亲说，这封信让他在印度军队高层的心目中树立了"不可撼动"的地位。那些高层"对媒体的批评非常敏感，对哪怕最微小的支撑性评论都表示欢迎"。

提拉没有发生丘吉尔盼望的战役。在最后一次冲突后，一直作战的那个部落停战了。"他们不能容忍一点点恶意，"丘吉尔对母亲说，"如果能杀，他们会杀死你，不过其他情况下，他们是相当友好的。我承认我喜欢他们。上个月我在加姆鲁德看到了很多部落民——尽管我们在他们的山谷大肆破坏，但他们脸上永远带着欢快的笑容。"

有人呼吁英军应该在这一年的夏天对俄国采取行动，甚至发动战争，当时俄军正在中国作战。丘吉尔反对这样的行动。他对母亲说："我们不能伤害俄国。"不过俄国可能迫使英国调动10万人的军队到印度边境，并且对英国海上贸易进行打击，从而"让卑鄙的德国人最终有机会掌握世界的贸易霸权"。

丘吉尔意识到自己反对反俄政策的观点在"侵略主义时代"是不受欢迎的。这是"情感旺盛"的错，他对母亲说，它们使得人们走得太远，带来了反作用。"黩武主义催生野蛮无情，忠诚助长暴政和谄媚，人道主义成了脆弱和荒谬，爱国主义逐渐变成伪善，帝国主义堕落为侵略主义。"

6月初，丘吉尔准备休假，他请母亲为他组织两三场政治聚会，特别是在布拉德福，他希望有朝一日能够在那里竞选议员。丘吉尔想要一场"至少2000人参加的真正的大型集会"。他对母亲说："一定要让他们来。我保证我能留住他们。我有充足的材料，至少够做3篇演讲，都已经写好了，而且做好了摘要。"伦道夫夫人按要求照做了。同时，丘吉尔从孟买乘船出发返回伦敦。

7月2日，丘吉尔抵达伦敦。12天后，他在布拉德福发表演说，听众的欢迎让他十分激动。"我的演讲听众全神贯注听了55分钟，"他对母亲说，"到最后，大家一致高喊'继续讲'。他们鼓掌有五六次长达两分钟之久，而且不曾间断。"在他讲完后，"很多人站到椅子上，真的是群情激昂"。

现在丘吉尔铆足了劲要进入基钦纳在苏丹的部队。首相索尔兹伯里勋爵刚刚读完《马拉坎德野战军纪实》，他让私人秘书安排这本书的年轻作者也是他从前同事的儿子与他见面。这是丘吉尔第一次踏进唐宁街10号。

索尔兹伯里对丘吉尔说，与案头文件相比，丘吉尔的文字更能让他想象边境山谷中战斗的真实情景。20分钟后，丘吉尔站起来准备离开，索尔兹伯里又留他谈了10分钟。索尔兹伯里在带丘吉尔走向门口时说："请允许我这么说，你让我想起了你的父亲，我和他曾一起度过了政治生涯许多重要的时刻。如果任何时候任何事我能帮得上忙，请一定告诉我。"

有了这句话，丘吉尔问索尔兹伯里的私人秘书是否能给基钦纳发份电报，请他考虑让自己加入远征军。索尔兹伯里答应帮忙，不过基钦纳的回信很冷淡。他已经有足够的军官了，如果有空缺，也有其他比丘吉尔更好的人选顶替这些位置。丘吉尔没有被吓退，他去拜访了克罗默勋爵，勋爵答应他直接给基钦纳写信。伦道夫夫人也直接给总司令写了信，她的朋友朱娜夫人也大胆地发了一份电报："希望您能录用丘吉尔。我保证他不会写文章的。"

朱娜夫人的保证没有打动基钦纳。不过她和伊夫林-伍德爵士是好朋友，伍德是陆军副官，他在一次私人晚宴上曾表示对基钦纳不愿接受陆军部推荐的人选感到不安。得知此事，丘吉尔让朱娜夫人告诉伍德：首相有意推荐他。朱娜夫人照做了，于是伍德发电报给基钦纳为丘吉尔说话。两天后，丘吉尔被要求立刻动身去埃及，到第21枪骑兵团报到。

动身前，丘吉尔在伦敦联系了家族的一个朋友，奥利弗·博思威克，他是报业老板。博思威克同意委托丘吉尔在"适当的时候"给《晨邮报》的专栏发去系列报道，每栏的稿费是15英镑。7月27日早上，丘吉尔离开了伦敦。3天后，他在马赛上船出发。8月2日晚上抵达埃及后，他立刻前往第21枪骑兵团的驻地。他所在中队的9名军官里，有6名是他在哈罗和班加罗尔的朋友，因此"这一次，我不会像在莫赫曼德山谷时那样身处一群陌生人之中了"。

丘吉尔到开罗正是时候。第二天，他的中队乘船出发，沿尼罗河逆流而上。同行的人中有丘吉尔的朋友休伯特·霍华德，他受到《泰晤士报》的聘请撰写战地报道。5天后，船仍然行驶在尼罗河上，丘吉尔给母亲寄去了给《晨邮报》的头两篇报道。"它们会成为我下本书的基础和框架。"

3天后，第21枪骑兵团抵达阿特巴拉，他们在此地扎营，随后骑马沿尼罗河岸前行。8月26日，当基钦纳25000人的队伍靠近乌姆杜尔曼的时候，丘吉尔做了最后努力，想要从枪骑兵团调到埃及骑兵团。指挥埃及骑兵团的上校曾经点名要过他，不过他自己的上校不愿意放人。"他做得对，"丘吉尔承认，"不过很可惜，我本来会有大好机会了解更多关于埃及人的事情。"

丘吉尔得知当天基钦纳提到了他，不过口气并不好，基钦纳认为丘吉尔"不会继续待在军队里——他只是在利用这个机会"。但丘吉尔对母亲说，基钦纳也说过，"我尽力而为是非常正确的"。基钦纳并不想见到这位年轻的中尉。

苏丹的托钵僧兵团决定在乌姆杜尔曼发动进攻。9月1日中午，托钵僧兵团迅速从乌姆杜尔曼出动，可能在黄昏前与英军遭遇。丘吉尔的中队和另一支骑兵队伍走在远征军主力的前面，丘吉尔被告知指挥官要他探听托钵僧先遣部队的规模并且把这个消息报告给基钦纳。"我爬上了黑黢黢的索加姆山，"他后来写道，"向四周看了看。在一大片背景中，托钵僧大军缩小了，像是褐色平原上的小块阴影和污渍。向东看去，还能看到另一支队伍——是英埃联军。"

丘吉尔回忆说，两支队伍都看不到对方，"不过他们之间的距离只有5英里。我轮流看了两边的队伍。毫无疑问，敌人的队伍更长更大。他们紧密的队伍中似乎有一种至高无上的力量，队伍非常直，就像是用尺子画出来的"。托钵僧兵团在推进。丘吉尔匆忙骑马返回英军大营报告他看到的一切。在靠近营地的时候他看到基钦纳和一群参谋正骑马向他的方向走来。他们正要到索加姆山观察敌情。

丘吉尔写道，尽管基钦纳要亲自上山，他还是"请我描述从先遣队看到的情况，我照做了"。基钦纳在听的时候没有说话，"我们并排骑行的时候，我们的马踩得沙子嘎吱嘎吱地响"。

"你说托钵僧的队伍正在推进，"基钦纳说，"你认为我还有多长时间？"

"您至少还有一个小时，"丘吉尔回答说，"也许一个半小时，先生，就算他们以现在的速度前进。"

"总司令很沉着，"丘吉尔回忆说，"他的自信传达给了参谋们。"

托钵僧的队伍停下了，他们没有到达英军所在位置，索加姆山隔在了两支队伍之间。丘吉尔和他的队友现在加入到基钦纳的主力部队中，在靠近尼罗河的侧翼。

晚上，索加姆山被埃及骑兵团的一个小队占领。天亮的时候，其他骑兵巡逻队骑马出去侦察。丘吉尔和其中一支队伍同行。他跟同行的7名枪骑兵团战士的任务是返回索加姆山，报告托钵僧的军力和位置。"我们飞驰前进，"丘吉尔后来写道，"我们不知道埃及中队和他们的军官已经察看过这道山脊，我们尽情享受着兴奋的感觉，不担心任何危险，我们会是最先看到前面情况的人，这让我们很得意。"

展现在他们前面的情景令人生畏。丘吉尔不知道已经有其他骑兵在他之前上了那座山。两周后，丘吉尔给军中的朋友伊恩·汉密尔顿写信说："我想，我是第一个见到敌人的——当然是第一个听到他们的枪声的。"他在信里继续说："我以后不会再看到这样的场面了。至少有4万人——绵延5英里长的队伍，中间是大块的方阵——我可以向你保证，我从西里奥格拉夫山上所在的有利地势听到他们齐声高唱战歌的时候，我和我的小队成员感到分外孤独。"丘吉尔还说，尽管他"从没有考虑过后果"，可是"我当时非常恐惧"。

还有一刻钟就到 6 点了。丘吉尔立刻用铅笔给基钦纳写了一封短信报告托钵僧兵团的情况。基钦纳大营周边 3 英里内没有托钵僧的队伍，不过随着日光渐强，丘吉尔看到托钵僧兵团在向前推进。6 点 20 分，丘吉尔写了第二封短信，报告托钵僧兵团正在向基钦纳靠近，大部分托钵僧骑兵陪同在前进的队伍左右。

丘吉尔留在山上。"他们的骑兵巡逻队，"两周后他对汉密尔顿说，"每队有五六个骑兵，他们没想把我打退，我一直等到一个大概 2000 人的旅到达离我 400 码的地方。我没意识到他们可能开枪，我以为他们都是枪兵。"在一刻钟的时间里，托钵僧士兵似乎完全没有留意丘吉尔和他的 7 名枪骑兵战士，对他们采取完全藐视的态度。然而随后，丘吉尔对汉密尔顿说，"我们愚蠢地把 4 个人打落马下，向他们胡乱射击。于是他们派出了步兵，开始近距离作战。最后我们不得不飞快撤离，在撤离的时候，我听到了 30 多发枪声。幸运的是，我们没有人中枪"。

丘吉尔让 7 名士兵躲到山后，他自己"爬到山上"。他在那里下了马，"尽管当时的场面很值得一看，不过那里太热了，没法待下去"。第二次巡逻，丘吉尔和他的人没有遭遇任何意外。

当托钵僧兵团进入英军的步枪射程内时，基钦纳命令步兵投入战斗。骑兵中队被派回大营。马匹补充水分粮草。8 点半，托钵僧的攻势减弱。骑兵立刻冲出大营，占据英军战线左翼，在山脊上停下。"山脊那边能看到数千名托钵僧士兵，如我所想，是逃兵——'见到就会被砍杀。'"

8 点 40 分，骑兵上马，"慢慢地向人群骑行"。这是丘吉尔第一次战斗中的骑兵冲锋。他对汉密尔顿说他"很自信"，"我们用枪刺向他们，直到无法在马上坐稳。我们和远处的逃兵之间有一条 150 人的战线"。在骑兵军官看来，这 150 名托钵僧士兵是枪兵。他们让英国骑兵靠近到距离他们 250 码的地方。"我们打算，至少我是这么想的，从他们的侧翼迂回，让一个骑兵中队插进他们当中，然后就好说了。"

骑兵们在 150 名托钵僧士兵前面从右到左穿过，寻找地方转弯冲刺。不过实际上这些人并不是被围困的枪兵，而是步兵。当英军骑兵从他们面前冲过时，他们跪下来开始射击。"步枪射击的爆裂声又响又脆，"丘吉尔写道，"距离太近了，这么大的目标不可能不造成丝毫伤害。"

惊讶的骑兵们有两条路。一条路左转排成一线，快速撤离，"转回头救伤员"。另一条路向右转，向托钵僧的战线冲锋。"不管怎样，冲锋号吹响的时候，我们都在骑马向他们飞奔。火力太猛烈了，没办法组成第二条战线——侧翼支队或者类似的阵形。唯一的命令是'右转排成一线'。"

23 岁的丘吉尔参与了骑兵冲锋，不过不是冲向预想中意志消沉的枪兵，而是冲向不屈不挠的步兵。在冲锋的最初 100 码里，丘吉尔反复向左看，看对方的火力给他的人造成了多大影响。"看上去不大。然后我掏出了我的毛瑟枪——扣动扳机。随后我向前看。前面不再是 150 个连续射击的步兵，我看到一条战线，深度差不多有 12 排，略少于我们自己的阵线，密密匝匝地挤满了枪兵。"

这些之前他们没见过的人马位于一个有陡坡的峡谷里。这是完全没有料到的威胁。不过在经历过西北边境的战事后，丘吉尔对汉密尔顿说："我想——这太好了——越多越好。"于是他的队伍从对角线方向攻击托钵僧的队伍，不是横跳过峡谷，而是纵穿过峡谷。

"我对面大概有 4 排敌人，不过他们都摔成了倒栽葱。我们纵穿过去，一点都不慌乱。我的队伍里有一个人摔了下来，他被砍碎了。有五六匹马受伤。不过除此之外就没有其他伤亡了。"

骑兵冲锋结束，队伍分散开来。丘吉尔对汉密尔顿说："我想，这是我有生之年见过的最危险的两分钟了。"在 310 名参与冲锋的官兵中，1 名军官和 20 名士兵阵亡，4 名军官和 45 名士兵受伤。"这些都是在 120 秒内发生的！"丘吉尔开了"10 枪"，把手枪里的子弹打光了，"不过我的马毫发未伤，我的衣服也完好无缺。很少人能和我一样"。

环顾现场，丘吉尔看到"人马四散，短兵相接"。他立刻骑马冲向前，开枪杀死了几个敌人。然后"我查看四周，托钵僧正在重新组队。冲锋过后，敌方将近一半人跌倒。他们正重新站起来，敌方首领正设法将队伍重新聚集起来"。丘吉尔在马上看托钵僧重新编队的时候，突然意识到这群人距离他只有 20 码远。"我傻傻地看他们要做什么，看了两秒钟。然后发现两个人跪了下来，用步枪瞄准——危险第一次直冲我而来。"

丘吉尔从托钵僧面前掉头，决定飞速回到他的人身边。就在他转向的时候，那两名步兵开枪了。"在这么近的射程里，我极度不安，"他对汉密尔顿说，"不过我没听到子弹的声音——天知道它们飞到哪儿去了。于是我跑着回到我的队伍当中。"没过多久，一个托钵僧士兵突然从队伍中跳了出来。丘吉尔后来写道："我不知道他是怎么到这儿的。他一定是从灌木或者山洞里跳出来的。所有的队员都用长枪对着他，不过他来回地跑，造成了暂时的混乱。他多次被打中，举起长枪摇摇晃晃地朝我走来。我在不足一码远的地方向他开枪，他摔倒在沙地上，死掉了。"

丘吉尔集合了 15 个人，重新编排好队伍。他对他们说，可能必须再次冲锋，也许之后还要再冲锋一次。听到这话，队伍中的一个人大声喊道："好的，先生——我们准备好了——您想要多少次都行。"丘吉尔问一个中士"他是否喜欢冲锋"，这个人回答说："我并不想说我喜欢冲锋，先生，不过我想下一次我会更习惯冲锋。"

9点15分，托钵僧的队伍撤退了。丘吉尔很希望再组织一次冲锋。步兵仍然在作战，场面相当惨烈。最终没有再次发动冲锋。

轻骑兵团现在走到一个可以让他们下马的地方，他们用步枪向托钵僧侧翼射击。在密集射击了几分钟后，托钵僧队伍撤退了。轻骑兵团随后转回头进入他们之前冲锋的山谷，在那里停下来吃早饭。丘吉尔后来回忆说，山谷里有三四十具托钵僧士兵的尸体。"这些尸体当中混杂着20多具轻骑兵团士兵的尸体，被砍得七零八落，几乎都认不出来了。"

这天上午，英军步兵向喀土木成功推进，数千名托钵僧伤兵被英军杀死。丘吉尔没有参与这场屠杀，他为之胆寒。后来他对母亲说，"毫无人性地屠杀伤兵让乌姆杜尔曼的胜利蒙羞，"而"基钦纳要对此负责"。

丘吉尔从喀土木发了一封非常短的电报给母亲："一切都好。温斯顿。"

在战斗中，丘吉尔的两个朋友受伤，休伯特·霍华德丧生。当得知霍华德丧生而第二名战地记者又受伤，因此没人为《泰晤士报》做战地报道的时候，丘吉尔到陆军总部问他的一位朋友温盖特上校，他是否可以发一封电报。温盖特同意了，于是丘吉尔以《泰晤士报》驻开罗记者的名义写了一篇很长的电报，描述整个战斗场面和骑兵队的冲锋。尽管电报通过了审查，可是基钦纳拒绝批准发出。丘吉尔两周后给《泰晤士报》的编辑写信说，显然基钦纳"不允许任何军官担任报纸的记者——不过没有别的军官比我更合适了"。

战斗两天后，丘吉尔从喀土木骑马到战场。他写信给母亲说："我希望找到一些长枪什么的。""我会写一本关于这场战争的历史书。"超过1万名托钵僧士兵被杀，15000人受伤。受了重伤的托钵僧士兵被留在战场上等死。现场的场景令人毛骨悚然。丘吉尔看到3天里数百名重伤伤兵向尼罗河岸边慢慢爬行，然后死在水边，或者绝望地躺在灌木丛中。在自己的书《河上的战争》里，丘吉尔描述完这幅场景后写道："神禁止向人复仇，也许是因为他们要给自己留下这样一杯醉人的佳酿。不过这杯酒不应该喝到底，杯底的渣子往往污秽不堪。"

在这本书里，丘吉尔尤其坦言对基钦纳的批评。丘吉尔的直言不讳将在职业生涯的各个阶段给他树敌，不过他的个性赢得了战友弗兰克-亨利·伊登上尉的好感，伊登在那个礼拜给家里写信说："他是个善良快活的小伙子，我很喜欢他，我想他遗传了他父亲的一些才能。"

在准备离开喀土木的时候，丘吉尔得知一位受伤的战友，理查德·莫利纽克斯，急需植皮。他当即提供了自己的一块皮肤，这块皮肤是从他的胸口切下来的，他后来回忆说："疼得要死。"

克里特危机很快结束了，丘吉尔没有赶上，他回到了伦敦。返回后，丘吉尔在伦敦罗瑟希德和多佛先后发表公开演讲。报纸对他的演讲大肆报道，而且言辞友好。

丘吉尔的财务状况也有所改善。他从苏丹发回的信件报道让他得到了《晨邮报》的 220 英镑稿费，他在《晨邮报》上连载的小说也让他得到 100 英镑。他骄傲地对母亲说："只有成功的小说才会连载。"这两笔钱加起来的价值差不多相当于 1990 年的 13000 英镑。

24 岁生日刚过，丘吉尔就离开伦敦，前往印度。丘吉尔决定在 6 个月后离开军队，进入政界。"我想知道艾尔斯伯里是否合适，"他从班加罗尔给母亲写信说，"他们请我在这个月的年度晚宴上发表演讲。"他把大部分的时间都花在了新书写作上，这本书会有两卷。

1899 年年初，丘吉尔从印度给母亲寄回了新书的部分稿件。这个部分是关于托钵僧领袖马赫迪的，马赫迪在年幼的时候就成了孤儿。丘吉尔写道："单棵的树木若最终长大，会长得很粗壮；没有父爱的男孩子若逃过幼年的危险，往往能培养出独立性和思维能力，而这些在以后的生活中将弥补他在幼年时期的重大损失。"

3 月的第三周，丘吉尔离开印度回到伦敦，他从此再也没有踏上过次大陆的土地。他相信自己放弃军队生涯是对的。

在返回英国的途中，丘吉尔在埃及停留了两周，写书，与能给他提供事实和背景材料的人聊天。在开罗的时候，英国领事克罗默勋爵跟他长谈了 3 次，每次都超过 1 个半小时，丘吉尔由此得知英国是如何丢掉苏丹的以及戈登是怎么死的。他还把丘吉尔介绍给埃及总督阿巴斯·希尔密。

4 月中旬，丘吉尔返回伦敦。祖母在他回来不久后去世了。不过他没有让服丧期妨碍自己刚刚起步的政治活动。祖母去世一周后他给身在奥海姆的罗伯特·阿斯克罗夫特写信说："我一定会参加下个月的公众集会。"他不仅在奥海姆发表演讲，还在帕丁顿和加的夫发表演讲。

丘吉尔希望在一年后的下届大选中成为奥海姆的代表。不过阿斯克罗夫特在 6 月 19 日去世，因此要举行补缺选举。6 天后，丘吉尔发布了选举讲词。在选举活动的最后一周里，他每天最少要发表 8 次演讲。7 月 6 日，选举计票。丘吉尔和他的保守党同伴被击败，不过选票结果很接近。两名自由党候选人分别得到 12976 票和 12770 票。丘吉尔赢得 11477 票，而他的竞选搭档，一位地方工会的领导人，赢得 11449 票。所有处在英国政界中心的人都在关注丘吉尔的动作。首相索尔兹伯里勋爵写信给伦道夫夫人说："温斯顿打了一场漂亮仗，不过这个区素有变化无常的恶名。"伦道夫夫人还收到了阿斯奎斯的来信，他说："温斯顿在奥海姆的仗打得漂亮，对他是一种激励。"巴尔福给丘吉尔写信说他企盼将来能在议会见到他。他还说："不用担心，一切都会好的，这次小小的挫折不会对你的政治前途带来任何永久性的负面影响。"失败也不是没有好处。"现在我在没有准备的情况下也可以很轻松地发表演讲了，"丘吉尔对一个朋友说，"这是一个永远用不坏的武器。"

8月，丘吉尔没有进一步的动作。不过一个月后，有人邀请他去伯明翰发表演讲，他在回信里写道："我预计 11 月德兰士瓦将会爆发战事，如果确实如此，我会以特派记者的身份前往那里。"这封信的发信时间是 9 月 13 日。5 天后，丘吉尔收到《每日邮报》的电报，请他作为记者前往南非。他立刻给他的朋友、《晨邮报》的奥利弗·博思威克发了封电报，告诉他《每日邮报》要聘请他的消息，还提出如果《晨邮报》给他 1000 英镑的报酬并且报销他在各地的费用，他就为《晨邮报》工作 4 个月。他的条件被接受了。

张伯伦同意为丘吉尔写一封介绍信给英国驻好望角最高专员阿尔弗雷德-米尔纳。米尔纳决定结束德兰士瓦和奥兰治自由邦这两个布尔共和国的独立状态。米尔纳和两个共和国之间的谈判一直拖延，双方都没有让步的迹象；英国人和布尔人之间看起来战事在即。10 月 2 日，丘吉尔写信给母亲说他正忙着为出发做准备。他有一个非常有创意的计划，准备带一台摄像机和一名摄像师去南非，制作一部关于这场战争的电影。他预计这个计划需要 700 英镑。丘吉尔的一个姻亲、年轻的下院议员默里·格思里，愿意提供一半的费用。

10 月 6 日，丘吉尔起草了一份正式申请，准备加入英军的一支义勇骑兵团。但他最后没有发出这封申请信，因为他得知在南非当地加入义勇骑兵团会更容易，他父亲的一个朋友是第 9 义勇骑兵旅的副官。不过他首先是要作为记者而不是军官到场观战。就在同一天，他付钱修理了望远镜，买了一个指南针，还安排往船上送了 18 瓶威士忌和 12 瓶酸橙汁。

他在短短两年多时间里经历的第三场战争即将开始。

● 第七章 ●
南非——冒险、被捕和逃脱

经过 17 天的航行，布勒将军和他的参谋以及报纸记者于 1899 年 10 月 31 日抵达开普敦。丘吉尔拜访了英国最高专员阿尔弗雷德·米尔纳爵士，米尔纳说布尔人向战场上投入的兵力"比预计人数多得多"，整个好望角殖民地"处在叛乱爆发的边缘，因此人心惶惶"。

这天晚上，丘吉尔和一位记者同行约翰·阿特金斯一起乘坐火车从开普敦出发，目的地是莱迪史密斯。

火车到达东伦敦的时候，丘吉尔和阿特金斯用最快的速度赶往德班。他们在 11 月 4 日午夜到达德班，丘吉尔惊讶地在一艘医疗船上发现了雷金纳德·巴恩斯，他在战斗中被子弹击穿腹股沟。丘吉尔还了解到前往莱迪史密斯的路被切断了，乔治·怀特爵士和他的部队被困在那里，尽管布勒将军下令要尽快支援莱迪史密斯，可是他要 3 天后才能抵达德班。

布勒还需要几天准备储备并装车。丘吉尔和阿特金斯决定先行。11 月 5 日，他们乘火车前往彼得马里茨堡。但是到了那里，却发现向北的铁路已经停止运营了。足智多谋的丘吉尔雇了一辆专列，让司机开到离莱迪史密斯尽可能近的地方。在到达离莱迪史密斯几英里远的科伦索时，他们发现向北的铁路已被切断了。莱迪史密斯被包围了。于是两人向南返回上一站埃斯特考特，那里有两个营的英军把守。

11 月 6 日，《河上的战争》在伦敦出版。两天后，丘吉尔乘坐一辆军队改装的特殊装甲列车返回科伦索郊外。这列火车从头到尾由多个部分组成，一节配备有 9 英寸舰炮的武装车，一节满载军人的装甲车，一节机车，一节煤水车，另外两节满载军人的装甲车，还有一节修理车，里面坐着负责修理被毁铁轨的修理工。

火车开到距离科伦索半英里的地方，之后丘吉尔跟一位军官和一名中士步行走进科伦索镇。到处都没见到布尔人。火车继续向北行驶，不过在靠近图盖拉河上的一座桥时，铁路被切断了。随后火车返回埃斯特考特。11 月 9 日，丘吉尔跟随英军骑马再次返回科伦索郊外查看情况，之后返回埃斯特考特。

抵达埃斯特考特后的第 9 天，丘吉尔在印度边境结识的朋友艾尔默·霍尔丹上尉受命在 11 月 15 日天亮的时候再次乘火车前往科伦索方向侦察。霍尔丹建议丘吉尔跟他一起去。丘吉尔一开始有点犹豫，这条路他已经走过两遍了，不过最终他还是同意了。这天是他生命中最重要的日子之一。搭载了 150 人的装甲列车在早上 5 点 10 分驶离埃斯特考特，向科伦索方向开去。1 小时 10 分钟后，火车到达弗里尔站。霍尔丹向埃斯特考特报告说："没有看到敌人。"停留了 15 分钟后，火车继续前进，7 点 10 分到达契维利。他们得知布尔人的军队在头天晚上曾经到过契维利。

埃斯特考特传来消息说有人曾在铁路西侧见过约 50 名布尔士兵朝南行进，让霍尔丹留在弗里尔观察。

机车司机查尔斯·瓦格纳想要避开交火，于是开足了马力。火车全速向山坡下冲去。在距离弗里尔 3 至 4 英里的地方，火车调头后位于机车前方的修理车和两节装甲车脱轨了。在之前火车经过这里后，布尔人在铁轨上放上了一块巨石。

因为脱轨，一节装甲车横跨在铁轨上。丘吉尔和霍尔丹都在武装卡车旁边的那辆装甲车上，丘吉尔立刻提出帮忙。于是霍尔丹负责压制敌军火力，丘吉尔想办法清理铁轨。

丘吉尔开始组织人手将脱轨的三节车推离轨道。丘吉尔指挥机车司机开动机车前后移动，将车厢残骸撞开。之后，瓦格纳的头部被一块弹片击伤。瓦格纳对丘吉尔的男仆说，他在被击中的时候转身对丘吉尔说："我完了。"丘吉尔回答说："振作点，我还要靠你呢。"在丘吉尔、火车机车司机和士兵们奋战的时候，霍尔丹也在指挥士兵用舰炮向布尔人开火。在打了 4 发炮弹后，舰炮被一枚布尔人的炮弹打翻。霍尔丹下令用装甲车作为掩护，继续用舰炮向敌人开火。

霍尔丹在后来的报告里写道，"一个小时后，轨道的清理工作还是没能成功，因为车厢太重了，都堆在一起，而且修理工们找不到了"，不过丘吉尔"仍然凭着不屈不挠的毅力继续着这份艰难的工作"。他负责让机车从脱轨的车厢中脱离出来，在做这项工作的时候，"他常常完全暴露在敌人的炮火下。他的英勇行为让我无法言喻"。

丘吉尔的努力成功了。8 点半左右，机车挤开了挡道的车厢。于是丘吉尔指挥瓦格纳把机车倒回去，以便将剩下的几节仍然在轨道上的车厢挂在机车上返回弗里尔。不过车厢的挂钩被布尔人的炮弹打坏了，没办法使用。瓦格纳在报告里说，丘吉尔于是"扔下手枪和望远镜"，帮助机车司机把 20 名伤员安置在机车的煤水车里。伤员都上车后，丘吉尔让瓦格纳开车返回弗里尔。其间他们又看到了几名伤员，丘吉尔把他们弄上了车。

机车车厢和煤水车里塞满了伤员，向弗里尔方向开去。在确定会有人照顾瓦格纳和其他伤员后，丘吉尔步行返回火车脱轨现场，寻找霍尔丹上尉。当时，霍尔丹正想把他的 50 个人带到附近的农舍内，继续与布尔人作战。虽然已经下了命令，但还是有两名站在距离火车 200 码以外的英国士兵举起了白手绢。在看到这个投降的信号后，布尔人停止开火，骑马过来。

8 点 50 分。霍尔丹没有选择，只能跟他的人投降。这时，丘吉尔仍然在沿着铁路往火车脱轨的地方走。走了大概 200 码远后，他看到了两个人，以为这两个人是铺轨工。可是他错了，他们是布尔人，他们立刻用手里的步枪瞄准丘吉尔。丘吉尔反身沿铁路向机车方向跑去，他后来回忆说："我在铁轨中间的时候，那两个布尔人开枪了。子弹从左右两边擦过，看起来离我只有几英寸。"

丘吉尔在一个 6 英尺深的路堑里，没有掩护。两个布尔人再次举起枪。丘吉尔试图离开路堑，爬上边坡，穿过坡顶上的铁丝网。他发现一个小洞，蹲下来躲避子弹，同时发现自己离一条很深的河谷只有 200 码远。"那里有很多掩护。"丘吉尔后来回忆说。于是他从洞里站起来，决定冲到河谷里去。突然间，他看见一个骑兵"愤怒"地朝他疾驰而来。丘吉尔把手伸向腰带的地方摸手枪，枪没在。他在火车脱轨后给机车司机帮忙的时候把枪取下来，放在了机车上。现在机车已经回弗里尔了。布尔骑兵正用步枪指着他。丘吉尔举起了双手，他成了俘虏。

还不到上午 10 点。在火车脱轨的地方，俘虏被"像牲畜一样"围了起来。丘吉尔后来对阿特金斯说："这是我人生中最没尊严的时刻！"俘虏们步行了两天，来到莫德斯普鲁特，通往比勒陀利亚的火车从这里经过。丘吉尔交出自己的媒体记者证明，并要求对方把证明上交给"适当的部门"。随后，他被关进售票室。

在将近 24 小时后，火车抵达比勒陀利亚。被俘的军官们被带到市中心附近的国立师范学校，这里被当成战俘集中营。"我没有武器，而且有媒体记者的证明，"被捕 3 天后，丘吉尔从监狱给母亲写信说，"我想他们不会囚禁我。"然而他错了，布尔人不打算放他走，因为报纸对他英勇事迹的报道让布尔人起了疑心。

在做了 3 天俘虏之后，丘吉尔要求布尔当局释放他，他直接写信给陆军部长路易斯·德·索萨。他还寻求家人的帮助。"我相信您会尽一切能力让我获释。"11 月 18 日他给母亲写信说。对自己的囚禁，他评论说"这是新鲜的经历，重型炮火也是"。请求释放的申请信没有获得回复，丘吉尔在 11 月 21 日再次写信给索萨询问让自己获得自由需要采取哪些程序，他"渴望继续记者工作，我已经被扣留 6 天了"。

5 天后，丘吉尔给索萨写了第三封信，他再次表示自己没有参与作战。然而还是没有任何回复。11 月 30 日，丘吉尔在狱中度过了 25 岁生日。12 月 8 日，他再次给索萨写信，强调说："我没有与布尔军队作战，只是帮忙清理了铁路上的残骸。"没有收到回复。两天后，他问霍尔丹是否能加入他的逃狱计划。霍尔丹和会说荷兰语的军士长布罗基打算翻过厕所边的围墙，跳到墙后面私人住宅的花园里，然后离开比勒陀利亚，白天藏匿起来，晚上赶路，步行 300 英里前往葡属莫桑比克边境。

他们挑选 12 月 11 日作为逃跑的日子。那天，霍尔丹在日记里写道："丘吉尔处在非常兴奋的状态中，所有人都知道他打算今天晚上走。"这一天传来了英军打了两场败仗的消息，让这次逃亡更为急迫。"我在极度恐惧中度过了下午，"丘吉尔 11 日写道，"从我上学后，没什么事情像这次这样让我如此坐立不安。"

这天下午，丘吉尔试图看点书，可是没办法集中精神。于是他和别人下棋，却"输得很惨"。终于天黑了，6 点 50 分，他和霍尔丹穿过后院到了厕所。几分钟后，布罗基跟了过来。但是哨兵"没有给我们机会"，丘吉尔写道，"他们没有四处走动。一个哨兵就站在那道墙对面，正对墙上可以通过的那块地方。我们等了两个小时，完全没有行动的机会，所以在极度不甘心但又有一丝解脱的情绪下回去睡觉了。"

12 月 12 日，战场上传来更糟糕的消息。这天下午，三个打算逃狱的人之间气氛紧张。霍尔丹在日记里写道："丘吉尔的兴奋之情在他的狱友看来显而易见，他在后院里来回大步走着，他对我说：'我们今晚必须走。'我回答道：'我们有三个人要走，如果机会合适，我们一定会走。'"

天黑了，趁着月亮还没有升起来，霍尔丹和丘吉尔再次走到厕所边。丘吉尔后来回忆说，他们俩"等待机会翻墙，不过在犹豫了很久之后，我们没能下定决心，这太危险了，于是又回到了走廊"。布罗基坐在走廊里。"他嘲笑我们，"霍尔丹在日记里写道，"说我们害怕了，他哪个晚上都能走。我对他说：'那你自己去看看。'"布罗基穿过院子走到厕所。隔了很长一段时间，他都没有出现，于是丘吉尔对霍尔丹说："我要过去了，一会儿跟上我。"丘吉尔穿过院子，走到厕所入口。他进去的时候看到布罗基走了出来，不过"我们在哨兵面前不敢和对方说话，虽然他走过去的时候低声说了些什么，可是我没听清"。

丘吉尔走进厕所。"我得出结论，"他后来回忆说，"除非把事情迅速确定下来，否则我们会在犹豫当中浪费掉整个晚上；在哨兵回身点烟的时候，我跳到墙上的壁架上，几秒钟后，安全地跳进墙壁另一侧的花园里。我蹲下来，等着其他人过来。"他希望霍尔丹和布罗基跟着翻过墙来。"按照我们商量好的，我先走，然后等着其他人，"9 个月后他写信给霍尔丹说，"我等了半个小时，开始感到焦虑不安。"

等待是十分痛苦的。"我每分钟都在期待他们到来，"丘吉尔后来写道，"我在花园里的位置让人感到不安，因为只有几株光秃矮小的灌木挡在我前面，人们一直来来往往经过这里，屋子里的灯光也一直亮着。"

15 分钟后，丘吉尔知道出问题了。事实上霍尔丹和布罗基已经去了餐厅，晚饭时间到了。为了与他们取得联系，他轻轻地拍手，让一个走进厕所的军官注意到他，然后让这个军官告诉霍尔丹"我已经爬过来了，他必须过来，尽快设法与我会合"。

又过了 15 分钟，霍尔丹和布罗基来到厕所。霍尔丹想要爬上墙头，可是就在他的肩膀和墙头平齐的时候，哨兵转过身来，举起枪来质问他。霍尔丹被命令返回主楼。那名哨兵并没有怀疑他们正在逃狱。

丘吉尔独自在花园里等待。他没有指南针，没有地图，没有钱，没有药。在逃亡的路上，他还得靠布罗基跟别人沟通。一个小时过去了。随后丘吉尔听到了拍手声，这是霍尔丹，"他来告诉我他试过了，可是被哨兵挡住了；哨兵现在的位置让他和布罗基无法在当晚跟上我了"。

丘吉尔想要爬回去，可是花园一侧的墙壁比厕所一侧高，而且没有壁架，他要翻过来，不可能不弄出声响。而从建筑前面绕着走过去一定会遇到哨兵。他和霍尔丹商量的最后结果就是，他不能回去，必须一个人上路。

丘吉尔认定他不可能成功地靠步行独自走过这么长的距离。他要想办法到铁路沿线，躲在货车里走过这段路。离开花园里的藏身处，他直接走出大门，走上马路，经过一个站在马路上的哨兵，那个哨兵离他只有 3 码远。在明亮的月光下，他向自己认为离铁路线最近的方向走去。幸运的是，他穿的是普通的夹克和裤子。

丘吉尔到铁路边，爬进一个装满空煤袋子的火车车厢。整个晚上，火车缓慢地向东行驶。丘吉尔担心一旦天亮可能会被人发现，于是他在天亮前跳下火车。他在铁路边等着，想等待晚上再次爬进火车，继续向海岸边靠近。"我唯一的同伴，"他后来写道，"是一只巨大的秃鹫，它对我的状况表现出极大的兴趣，时不时地发出可怕而且不吉利的咯咯声。"

就在丘吉尔藏在铁路边等着天黑的时候，他逃跑的事情被发现了，布尔人开始大规模搜查，希望能抓住他。他的照片传遍整个德兰士瓦，上面还有对他的特征的描述："英国人，25 岁，身高约 5 英尺 8 英寸，中等身材，走路时有些驼背，脸色苍白，头发红褐色，蓄有不显眼的小胡子，说话带鼻音，不会发字母's'这个音，不会说荷兰语，最后一次被人看见时身穿棕色服装。"

当晚，丘吉尔又饥又渴，他从铁路边向有灯光的地方靠近，他以为灯光来自当地村庄，也许在那里他能够得到帮助。不过，这些灯光来自一座煤矿。担心来开门的人有敌意，丘吉尔问道："你是英国人吗？"开门的人害怕门前的这个陌生人是布尔间谍，他用枪指着丘吉尔，没有回答他的问题，还问他是谁。"我是本廷克医生，"丘吉尔回答说，"我从火车上摔下来，迷路了。"

那人命令丘吉尔走进餐厅，他仍然用枪指着丘吉尔让他说真话。丘吉尔一开始有些犹豫，然后突然说："我是温斯顿·丘吉尔。"丘吉尔很幸运，这个人是英国人，他是煤矿经理约翰·霍华德。"感谢上帝，你来的是这里！"霍华德惊呼道，"这是 20 英里内唯一不会把你交出去的一户，这里都是英国人，我们会帮你的。"于是，丘吉尔藏进了煤矿。12 月 14 日，路透社向伦敦发了一份电报："丘吉尔逃出来了。"

丘吉尔躲在煤矿里。布尔人在四处搜捕他，他们贴出了悬赏通告，不论死活，抓住丘吉尔的人会得到 25 英镑。丘吉尔独自在煤矿的地下马厩里躲了 3 天后病倒了。在医生的建议下，丘吉尔被转移到地面的一个储藏室里。12 月 19 日，在霍华德的默许下，丘吉尔离开煤矿，藏进一列运羊毛到海边的火车里。丘吉尔随身带了一把手枪、两只烤鸡、几片冷肉、一块面包、一个甜瓜和三瓶凉茶。那把半自动德国毛瑟手枪是矿上的朋友送给他的。

火车到德兰士一侧的葡萄牙边境时，丘吉尔听到有人靠近车厢搜查，所幸这些人没有细查。火车继续驶入葡属东非地区。到达洛伦索-马贵斯货场的时候，丘吉尔跳下火车。这时是 12 月 21 日下午 4 点。丘吉尔立刻前往英国领事馆，领事给米尔纳发了份电报："请通知相关亲属，温斯顿·丘吉尔今天抵达。"

在领事馆，丘吉尔享受了"热水澡、干净的衣服、丰盛的晚餐"，还发了电报。他甚至给比勒陀利亚的路易斯·德·索萨发了电报，在电报里他说："逃跑不是警卫的错。"这是很大度的表现，他不想让监狱哨兵无辜挨罚。

从领事给他的报纸上，丘吉尔看到近日英军的全面失利，这是将近 50 年前的克里米亚战争之后最大的一次失败。布勒将军也打了败仗，在穿过图盖拉解救莱迪史密斯的行动中，他被逼退回科伦索。丘吉尔急着想返回前线，他决定当晚乘船出发前往德班。不过人们担心洛伦索—马贵斯的布尔人支持者可能会绑架丘吉尔，把他带回比勒陀利亚。为了防止这种情况的发生，一群住在镇上的英国人在领事馆花园里集合，全副武装，护送丘吉尔到码头，看着他安全上船。

12 月 23 日下午，丘吉尔抵达德班，他惊讶地发现码头上聚集了一大群热情的民众。他们一路激动地欢呼，簇拥着丘吉尔来到镇议会的台阶上，丘吉尔在这里给人们讲述了他的逃脱经过，在说到战争结果的时候他表现得很有信心。"在混乱的一个小时之后，"他写道，"我逃到了火车上，不过我得坦率地承认，我很享受这一个小时。"丘吉尔急着返回前线，他再次踏上了自己在一个月前被捕时走过的那条火车线路，他要到彼得马里茨堡与英军会合。

当晚，丘吉尔成了纳塔尔总督的座上宾。第二天，他继续乘火车前往布勒的指挥部。"温斯顿·丘吉尔逃出来，昨天出现在这里，"布勒在 12 月 26 日给一个朋友写信说，"他真是个厉害的家伙，我必须得说我很钦佩他。我希望他能领导非正规军，而不是给没用的报纸写文章。我们这里急需像丘吉尔这样的优秀人才。"

在战事不利的情况下，丘吉尔的逃脱是一种胜利和鼓舞，他在全英国出了名，而他后来给《晨邮报》写的报道也被人们广泛阅读。

1900 年 1 月 3 日，英国报纸公布丘吉尔在前一天接受了南非轻骑兵团的委任。他又一次成了战士，不过 1 月 6 日他写信告诉母亲，布勒授予他中尉之职，但"没要求我放弃记者的身份，显然我十分受宠"。

布尔人抵抗的决心很坚决。1 月的第二周，布尔人穿过图盖拉，丘吉尔在给《晨邮报》的报道里写到战场上的场景："我常常看到战斗中阵亡的人，在乌姆杜尔曼看到过数千人，在其他地方看到过几十人，黑人和白人，不过最让我感到痛苦的是死去的布尔人。"随后他写到一个 60 多岁的布尔人，他"有着鹰一样坚毅的个性，留着短须"，拒绝接受任何投降的建议，左腿被子弹打碎后，他仍然继续给自己的步枪装弹，直到流血过多身亡。他身旁是一个 17 岁左右的男孩，心脏被子弹射穿。再往前一点躺着"我们自己的两名可怜的步兵，他们的头像蛋壳一样被砸碎了"。

走过图盖拉，丘吉尔目睹了更多凸显战争之严酷的实例。"斯皮恩山的场面是我所见过的最怪异最恐怖的。"他在 1 月 28 日给帕梅拉·普劳登的信里写道。就算仅仅作为记者，他现在也不会回家了。"不管怎样，我要尽责，我很满足。我不知道自己是否能看到结局，不过我很肯定，在事情解决之前我不会离开非洲。"

两周前，南波特保守党邀请丘吉尔代表他们参加下一届大选，丘吉尔拒绝了。

2 月 25 日，丘吉尔重返战场。他在当天给普劳登写信说："两个小时前我差点被榴霰弹打死。"他不知道"我们是否能熬过这场战争，我是否能活着看到结局"。"不断有伤员"送往医院，在前两天有将近 1000 人。"这场战争非常艰苦，不过我们应该表现得和敌人一样意志坚定。"

2 月 28 日，邓唐纳德勋爵准备和两支骑兵中队一起进入莱迪史密斯。他邀请丘吉尔同行。骑兵队伍前进的时候，他们能听到英军仍然在开炮。突然间，有哨兵质问他们。

"停下，对面是谁？"

"莱迪史密斯的援助部队。"

随后，"从隐藏在灌木丛里的战壕和散兵壕里跑出 20 个衣衫褴褛的人，他们虚弱地欢呼着，有些人还流下了眼泪。在昏暗的光线中，他们看起来白得可怕，瘦得可怜。一个面容苍白的军官来回挥舞着头盔，傻傻地笑着。又高又壮的骑兵们站在马镫上，发出响亮的欢呼声，那时，我们知道已经抵达莱迪史密斯的警戒线了"。

莱迪史密斯的围困结束了。当晚，丘吉尔和莱迪史密斯的守卫者乔治-怀特一起用餐。吃晚饭的时候，坐在他旁边的是另一个莱迪史密斯的守卫者，他的朋友伊恩·汉密尔顿。《晨邮报》刊登了丘吉尔对解救莱迪史密斯围困的报道，他的报道得到了人们的广泛阅读和好评。

约瑟夫·张伯伦也读了丘吉尔从南非发回来的报道，他在信里对丘吉尔说他的报道"亲切生动"，他希望丘吉尔能够"继续取得成功和荣誉"。从英国还传来消息说，丘吉尔的小说《萨伏罗拉》出版了。很多评论家盛赞其中对战斗场面的描写，《曼彻斯特信使报》称这些描写"精彩绝伦"。

丘吉尔的报道广受好评。斯基普维斯上尉写信批评部分在南非的记者缺乏实际经验，可是他说："温斯顿·丘吉尔是一个例外——他的确去现场目睹了一切，不是用远程望远镜，而是亲眼看，亲耳听。"

丘吉尔对于民众对布尔人的强烈负面情绪感到震惊。"我会以全部的慷慨和容忍对待布尔人，"他在 3 月 22 日给一个记者写信说，"我会以这样的态度对待因战争致残的人和那些贫困的妇女儿童。"和平一定是最终的荣耀。他在给《纳塔尔见证报》的信里写道："我们不会寻求报复。"战争的目的是"为我们自己赢得和平，而不是给予他人惩罚"。任何妨碍人们赢得和平的事情都不应该做。

4 月初，丘吉尔得知霍尔丹通过挖地道从比勒陀利亚的国立师范学校里逃了出来，他写信向霍尔丹表示祝贺。

现在，丘吉尔请求加入伊恩·汉密尔顿的纵队，和他们一起穿过奥兰治自由邦，前往德兰士瓦和比勒陀利亚。他后来得知罗伯茨勋爵不想自己以记者的身份前往奥兰治自由邦，由于《河上的战争》的关系，他出现在那里"可能会让基钦纳勋爵不高兴"。不过丘吉尔的名气让罗伯茨屈服了，4 月，丘吉尔踏上了通向新战场的路。

丘吉尔从德班出发，乘船前往东伦敦，然后乘火车前往开普敦，接着又乘火车抵达布隆方丹和前线。4 月 22 日，他在德维茨多普加入了朋友安格斯·麦克内尔的侦察部队。当天，他们的任务是从一座山的山顶阻断一支布尔人的突击队。丘吉尔和四五十名侦察兵一起骑马上山，不过布尔人已经先一步到达山顶。麦克内尔命令手下回撤。就在此时，布尔人开枪了。已经下马的丘吉尔登上马镫。"那匹马被枪声吓到了，疯狂地乱跳。我想要跳上马鞍，可是马鞍已经转到马肚子下面。那匹马逃脱了，发狂般地飞奔而去。"

大部分侦察兵已经到了 200 码以外的地方。丘吉尔独自一人，没有马，在布尔人的射程内，而至少 1 英里外才有可以藏身的地方。"唯一的安慰是我有一把手枪。我不会像从前那样手无寸铁地被人在野外追捕了。不过很可能会受伤，无法行动。"他转身徒步逃生。

突然间，麦克内尔队伍里的一名侦察兵骑马从他身边经过。丘吉尔向他大喊。那名侦察兵停了下来，丘吉尔飞身上马。随后丘吉尔毫发未伤地脱离险境。

丘吉尔意识到他在德维茨多普相当幸运。"的确，"他给母亲写信说，"我没想到我离死亡如此之近。"现在，他和堂兄桑尼以及新朋友威斯敏斯特公爵"班德尔"一起跟随汉密尔顿将军的纵队骑马前往比勒陀利亚。

丘吉尔随汉密尔顿的队伍一起长途穿越奥兰治自由邦，在途中近距离目睹了每一次交战。他决定接受奥海姆保守党人的再三恳求，在下一届大选中再次代表奥海姆参选。其他几个选区也向他提出请求，不过他还是将代表奥海姆参选。"他们恳求我不要抛弃他们。"5月1日他对母亲说。

5月15日，丘吉尔和汉密尔顿一起骑马前往比勒陀利亚，与此同时他的第四本书在伦敦出版了。这本书以他发给《晨邮报》的22篇报道为基础，取名为《从伦敦到莱迪史密斯》。这本书出版两周后，他又经历了一次冒险。丘吉尔想用尽可能快的方法把对最近一次战斗的报道发给《晨邮报》，他决定冒险穿过约翰内斯堡，从罗伯茨的指挥部把报道发出去。一个在附近金矿工作的法国人劳特雷警告说，骑马穿过约翰内斯堡很危险，因为布尔人肯定会逮捕骑马经过城里的所有人。不过，他认为穿着平民服装骑自行车进城应该没有问题。

劳特雷提出跟丘吉尔一起走。于是丘吉尔一身平民打扮，和劳特雷一起骑着自行车进入约翰内斯堡。两人顺利穿过城区，在骑车出城后，3名英军士兵跟丘吉尔搭话。他们在找东西吃。丘吉尔警告他们说仍有带着武器的布尔人在街上活动。于是这几名士兵陪着两个人返回英军战线。丘吉尔安全了。当晚，他给《晨邮报》发了电报，并且转交了汉密尔顿的报告。

约翰内斯堡被占领了，英军继续向比勒陀利亚推进。6月4日，布尔人在首都城外被击败。第二天早上，在英军主力进城前，丘吉尔和一大群军官一起出发，追上了一位正在向火车站进发的将军。

丘吉尔要去一座囚禁着英军士兵的新建建筑。50名布尔哨兵在那里看守着150名英军军官和30名英军士兵。其中一个叫梅尔维尔·古达克的囚犯在日记里写道，大约9点，"温斯顿·丘吉尔突然从山上疾驰而来，扯下了布尔人的旗子，在欢呼声中升起了我们的旗子"。

囚犯被解救5个小时后，罗伯茨进入比勒陀利亚城，他向胜利的队伍致敬。现在比勒陀利亚被占领了，丘吉尔在6月9日给母亲写信说："我打算回家。政治、帕梅拉、财务和书都需要我关注。"他还建议仍在纳塔尔的军队里服役的弟弟也返回英国。

丘吉尔继续随汉密尔顿的队伍一起前往钻石山。6 月 11 日，他在那里遭遇了一场恶战。汉密尔顿的部队位于一座高高的山丘下，山丘顶端被布尔人占领。44 年后，汉密尔顿写到，这场战斗的关键就在山顶上，是丘吉尔冒险爬上山给汉密尔顿发出突袭的信号。

这场战斗取得了胜利，确保布尔人无法夺回比勒陀利亚，在汉密尔顿看来，它是"这场战争的转折点"。当晚，布尔人撤退了。

丘吉尔从钻石山返回比勒陀利亚。6 月 16 日，3000 册《从伦敦到莱迪史密斯》在美国出版。4 天后，他乘火车前往开普敦。经过科普基斯车站后，火车在距离约翰内斯堡以南 100 英里的地方突然停了下来。丘吉尔下了车。随后让他吃惊不已的是一枚布尔人的炮弹几乎在他脚边爆炸。前方 100 码远的地方，一座木桥正在燃烧。火车里挤满了被派往南方或回英国的士兵。"没人指挥。士兵们开始乱糟糟地走出车厢。我没看到军官。"

丘吉尔开始主持局面。他担心遭遇突然袭击，就像上次乘坐武装列车在弗里尔遭遇的袭击一样，于是他沿着轨道跑到机车那里，"爬进车厢，命令机车司机鸣笛，让士兵们回到火车上，然后立即返回科普基斯车站"。机车司机听从了指挥，火车开回了科普基斯车站。

在科普基斯，他们得知前方几英里的地方正在进行一场激战，之前的一列火车遭到布尔游击队的袭击。车上 50 多名士兵被杀或受伤。前往开普敦的路被切断了，丘吉尔借了一匹马继续归途。

回到开普敦，丘吉尔与米尔纳进行了第三次谈话，米尔纳希望在布尔人中得到中间派的帮助，打击极端派。在开普敦停留期间，丘吉尔得知《从伦敦到莱迪史密斯》取得了巨大的成功，在不到 6 周的时间里售出了 11000 册。这意味着他可以得到 720 英镑。而其他几本书还可以给他带来 427 英镑的收入。《晨邮报》的报道让他总共收入 2050 英镑。丘吉尔的财务危机结束了。

7 月 7 日，丘吉尔离开南非。他从此再没到过这个地方。

第八章
进入议会

7月20日，丘吉尔在南安普敦下船上岸。7月25日，他前往奥海姆，那里的人们把他看作很有前途的选举候选人。他相信自己能够扭转前一年的败局。他对弟弟说自己在奥海姆受到了盛大的接待，"1万多人拥上街头整整两个小时，挥旗敲鼓，高声呼喊到嗓音沙哑，我离开保守党俱乐部时已经12点了，街上仍然挤满了人"。

丘吉尔的母亲没有如他所愿到南安普敦和他见面；她即将嫁给一位陆军军官，乔治·康沃利斯-韦斯特上尉，他只比丘吉尔大16天，比她小整整20岁。婚礼在7月27日举行。

在母亲举行婚礼3天后，丘吉尔受到乔治·温德姆邀请到下院做客。他的政治前途似乎有了保障。他对弟弟说："只要我发表演讲，报纸都会给我宣传。"

8月，丘吉尔不只在奥海姆发表演讲，还在其他很多城市发表演讲。他慢慢掌握了演讲艺术各个方面的技巧。"最后我打败了所有插话的人，"在选举前的一次活动后他给母亲写信说，"让听众很高兴。"这年秋天，他还在新闻工作者学会的年度晚宴上发表演讲。这是"不容错过的机会"，他对母亲说，"面对代表英国所有媒体、编辑和作家的听众发言"。政治家们也急着请他作为座上宾。

8月，堂兄桑尼为丘吉尔在梅费尔芒特街105号租了一套单身公寓，在接下来的6年里这里将成为他的家和办公室。丘吉尔现在自己给自己做主；母亲邀请他8月到苏格兰，他拒绝了。他要去奥海姆，而且要待在那里。他对母亲说："为了娱乐或者放松而丢掉任何可能赢得议员席位的机会，这么做太愚蠢了。"

9月19日，丘吉尔在奥海姆城外的一栋房子里设立了自己的竞选总部。他对母亲说他很担心，这里的选民组织"远远不够好，他们坚持自己管理，不允许专家或者雇佣来的代理人插手"。他通过自己的活动弥补了这个弱点。他说服张伯伦为他发表演讲，这是莫大的荣耀。

奥海姆在10月1日进行投票，选举投票要持续3周。丘吉尔成功了。这个选区有两个议员席位，自由党的第一位候选人得到了最多的票数，12947票，他当选议员。丘吉尔也是胜利者，他比第一名只少了16票。

应巴尔福的紧急请求，丘吉尔没有从奥海姆返回伦敦，而是前往曼彻斯特，在巴尔福的选区发表演讲，那里还没有开始投票。他后来回忆说，当他到达礼堂，巴尔福已经开始演讲了，"所有人都站了起来，为我的到来欢呼"。当晚，他和巴尔福一起到斯托克波特继续为巴尔福的竞选造势。"我突然间成了本次选举中最受欢迎的两三个演讲人之一，"他对伯克·科克兰说，"我现在正在参加斗志昂扬的巡回演讲，你知道的——那种演讲有很多听众（五六千人），每天两次，甚至三次，乐队、人群和各式各样的狂热激情。"

10月12日，当选议员12天后，丘吉尔又出版了《伊恩·汉密尔顿的进军》，这本书是以他在布隆方丹和钻石山之间发给《晨邮报》的13篇报道为基础创作的。他对弟弟说："这本书应该也会卖得很好。"这本书的确卖得很好，到年底共卖出了8000册，还在美国卖出了1500册。他现在是5本书的作者，每本都给他挣了钱。

丘吉尔马上要开始从事另一份职业，即收费演讲人。一位职业演讲经纪人为他安排了一次巡回演讲，在英国各地为听众讲述布尔战争，丘吉尔可以从门票收入中分成。巡回演讲从哈罗开始。演讲取得了很大成功，吸引了众多听众。从10月25日到一个月后他26岁生日之间的这段时间里，他共进行了30次演讲，最北到过敦提，甚至还穿过爱尔兰海到贝尔法斯特和都柏林发表演讲。他也在牛津和剑桥发表过演讲。他的演讲标题是"我眼中的战争"。

丘吉尔在伦敦的演讲收入有265英镑，相当于当时一个年轻人工作一年的薪水。11月，丘吉尔在利物浦吸引了最多的听众，这次演讲他分到273英镑。11月30日，也就是他26岁生日的当天，他在切尔滕纳姆演讲，得到220英镑。这次巡回演讲结束的时候，他总共得到3782英镑的报酬。不过这还没完；12月1日，也就是他在切尔滕纳姆发表演讲的第二天，他乘船前往美国。一场更紧张热烈的巡回演讲马上就要开始了。

12月8日抵达纽约后，丘吉尔立刻开始了演讲之旅。把他介绍给第一批美国听众的人是马克·吐温。马克·吐温说："从父亲来看，丘吉尔先生是英国人，从母亲来看，他是美国人，这次融合无疑制造出了一个完美的人。"演讲结束后，丘吉尔请马克·吐温在一整套马克·吐温作品集的每一卷上签名。

在英国获得演讲上的财务成功后，丘吉尔对美国的成果有些失望。他在大西洋彼岸的全部收入是1600英镑，比他希望的少多了，部分原因是他的演讲经纪人分走的收入超过全部售票收入的3/4。即使如此，1600英镑也是一笔很大的收入。

丘吉尔接着又从美国前往加拿大，在多伦多、蒙特利尔和渥太华为大批热情的听众做演讲。在渥太华期间，总督邀请他到总督府做客，席间的另一位客人是帕梅拉·普劳登。她和丘吉尔之间的恋情现在结束了。"我们没有进行任何心痛的对话，"丘吉尔对母亲说，"不过毫无疑问，我觉得只有和她一起生活我才会开心。"

在渥太华期间，丘吉尔安排给那些曾在他逃出比勒陀利亚后为他提供过保护的煤矿里的人每人送了一块金表，表上刻着表示感谢的文字。他对母亲说："我认为在这上面花三四十英镑并不多。"不久后，他还给她寄去 300 英镑，捐赠给威尔士王妃基金，为在南非服役的军人的妻子提供资助。

1901 年 1 月 22 日，仍在加拿大做演讲的丘吉尔得知维多利亚女王逝世了。10 天后，女王葬礼当天，他踏上返回英国的轮船，并让母亲把《泰晤士报》和各类周报的"完整资料"寄到码头，等他去取。2 月 14 日，他进入议会就职。从此之后，他将在公众视野中生活。他在议会内外的每篇演讲都会被报纸报道并且成为媒体和公众谈论的主题。2 月 28 日，他在下院发表了处女演讲。

丘吉尔在演讲中说："如果我是布尔人，我希望到战场上战斗。"爱尔兰民族主义议员为他的话欢呼，而张伯伦则对邻座的议员低声耳语道："席位就这样浪费掉了。"丘吉尔表示，这场战争带来的损失让人感到遗憾。丘吉尔的演讲大获成功，媒体对丘吉尔的演讲进行了广泛报道。

春天，丘吉尔前往欧洲，先到巴黎，然后前往马德里和直布罗陀。返回英国后，他为南非骑兵团的陆军军官做演讲。他还加入了一场论战，大大触怒了保守党领袖。圣约翰·布洛德里克提议增加 15% 的军费开支。丘吉尔认为这笔额外的开支是不必要的。他认为这么做没有用，不会让陆军更强大，是在糟蹋钱。如果说要花更多公款，那么应该花在海军身上，而不是给陆军。

并不是所有人都赞成丘吉尔的机智反驳。不过这就是丘吉尔的风格：直言不讳，魄力十足，仿佛在笔墨中带着一抹恶作剧的微笑。

5 月 10 日，丘吉尔正在准备向议会提出对增加军费的批评意见，一位澳大利亚记者采访了他。在评论布尔人对他的"走路时有些驼背"的描述时，这位记者写道，"这种驼背不仅能在他走路时看到，他坐着的时候也能看到"，甚至当他在下院"怀着热切的赞同或激烈的不赞同，迫切倾听任何正在发表的观点时"也能看到。这让他看起来"像一只年轻的豹子，随时准备奋力跃起"。这位记者接着说，尽管这种姿势"显示出让人不得不注意的急躁、热情和野心勃勃的个性"，"良好的自我约束让丘吉尔先生克服了自己的强烈欲望，免于让自己陷入愤怒的激战之中，耐心等待自己的时机"。

5 月 13 日，丘吉尔对议会前座议员提出了对布洛德里克的陆军方案的批评意见。"我花了 6 周时间准备这篇演讲，"他后来回忆说，"把它全部背了下来。"这篇演讲拥有相当大的力度、技巧和勇气。丘吉尔在演讲中指出，1894 年，陆军的全年开支是 1700 万英镑，1901 年提高到将近 3000 万英镑。然后他援引了父亲反对增加军费开支的观点。应该在不增加额外开支的情况下改革现有体系，应对较小的紧急事件和殖民地战争。"不过我们当然不能指望用这么轻松的方式应对文明的强权国家。"丘吉尔警告说。他说："欧洲战争只会是残酷、撕心裂肺的斗争。"丘吉尔认为英国的强大和繁荣要依靠强大的经济和海军。

这个新议员的抨击让保守党前座议员感到震惊。而其他下院议员，特别是自由党和激进党议员，不仅称赞他的观点，而且赞赏他说出这些观点的勇气。

这年夏天，丘吉尔加入一群年轻的保守党下院议员之中，他们都对保守党的政策感到不满。他们把自己叫作"胡里干"①，或者说"休里干斯"，这个名字来自这个团体的一个主要成员——索尔兹伯里勋爵的儿子休·塞西尔勋爵。他们每周三晚上在下院聚餐，并且邀请一位贵客与他们一同用餐。丘吉尔已经和几位自由党领袖建立了密切的私人关系。

这年夏天，丘吉尔和姨夫特威德茅斯勋爵一起住在苏格兰的吉萨千，特威德茅斯曾经在自由党内阁担任过大臣。"最近我见了很多自由主义帝国论者，"丘吉尔在 9 月末给罗斯伯里写信说，"霍尔丹和爱德华·格雷在吉萨千，我在这里度过了愉快的一周。"理查德·霍尔丹以后将在自由党政府担任陆军大臣。9 月，丘吉尔在苏格兰的圣安德鲁斯发表关于布尔战争的演讲。这些自由主义帝国论者的观点和丘吉尔心里正逐渐成熟的一些观点是一致的；他们希望英国强盛，不过他们也希望有能够惠及广大民众、减少极端贫困的社会政策。

丘吉尔与保守党渐行渐远，而保守党对待布尔战争的态度让他们之间的距离加速扩大。这年秋天，丘吉尔公开反对南非的英军高层处决一位布尔指挥官，而且还在幕后活动阻止处决另一位指挥官；他在 30 年后解释说："我是在反抗'侵略主义'。"10 月 4 日，他在约克郡的萨德尔沃思呼吁"要尽最大努力"结束南非的战争。

11 月 30 日，丘吉尔 27 岁。两年前他还是一名俘虏，现在他成了积极主动、能言善辩的议员。

1901 年 12 月中，丘吉尔与约翰·莫利一起共进了一次晚餐。约翰·莫利是自由党改革中的重要人物，为格莱斯顿写过传记。莫利向丘吉尔推荐了一本书，西伯姆·朗特里的《贫穷：对城市生活的研究》。朗特里在调查了约克市穷人的困境后写了这本书。在读这本书的时候，丘吉尔的使命感大大提升。

丘吉尔对保守党的希望日渐幻灭。12 月 23 日，他在信里写道，现在需要的是能够"兼顾发展扩张以及提高社会安宁与健康"的平衡政策。然而丘吉尔要往哪儿走？他会回应来自自由主义帝国论阵营以及罗斯伯里勋爵这位帝国论者的日益高涨的观点吗？"正如我们在布伦海姆达成的共识，"休·塞西尔在圣诞节

① "胡里干"为英文"hooligan"的音译，这个英文单词的意思是"小流氓，无赖"。

过后给丘吉尔写信说，"英明的做法是玩一场等待游戏，不要回应帝国论者的邀请，直到他自己搭好了房子来款待你。现在他只是和别人共用一把破雨伞而已。"

丘吉尔不想等。12 月的第三周，他草拟了一份名单，上面列出了 12 名保守党下院议员的名字，大部分人都很年轻，和丘吉尔一样对持有侵略主义观点而且看起来正在倒退的政府和保守党灰心失望。1902 年 1 月的第二周，丘吉尔在布莱克普对着一群保守党听众发表演讲时谈到了英国的贫穷问题。这是"一件非常可怕的事情"，他说道，在约克，有人"只有靠救济院或者监狱来改变他们的现状"。他已经下定决心；他要带头抨击，不仅抨击政府的军队开支，而且抨击政府未能最有效、最有益地利用纳税人的钱。

这年夏天，布尔人领袖承认战败，同意终止旷日持久的游击战。丘吉尔立刻出言支持，给予他们"各种鼓励"，让他们与英国人合作。他希望和解和统一，甚至希望看到布尔人可以让自己得到保护，免受南非亲英分子的"残暴对待"，这使得他和很多保守党人背道而驰。

每过一个月，丘吉尔和保守党领袖之间的分歧都会加大。"现在我在国内演讲不会有任何满足感，"他给罗斯伯里写信说，"我无法激起哪怕最小的热情来担任政府的代表，然而普通听众看起来渴望听到讨好声。"

丘吉尔决定开始一个他考虑了很久的艰巨项目——他父亲的传记。他不满足于父亲的资料档案，于是广泛搜集材料，并在 9 月 16 日请求《泰晤士报》为他提供信件和资料。5 天后，他给曾经在 1886 年接受父亲辞职的前首相索尔兹伯里勋爵写信："请您把我父亲给您写的一些信借给我。我还想发表一些您给他的信的摘要。当然这些事随后我都会听从您的意见。"

9 月，丘吉尔接受爱德华七世的邀请前往巴莫拉尔。随后前往达尔梅尼与罗斯伯里见面，他向罗斯伯里简要讲述了自己的计划，他要继续抨击布洛德里克的军队计划，和一小群愿意投票反对增加军队开支的保守党人和自由统一党人一起联合行动。

离开达尔梅尼后，丘吉尔向南前往奥海姆，对自己选区的选民发表演讲。在奥海姆期间，他和塞缪尔·斯梅瑟斯特长谈了一次，斯梅瑟斯特是当地的一位保守党领袖，他和丘吉尔有很多共同关注的问题。"这种感觉很新奇，也很让人鼓舞，"几天后他给斯梅瑟斯特写信说，"您的一个想法是我心里一直思考的，但这个问题我一直没想清楚过。"这个想法"是在保守党的民主或进步派别的进化过程中逐渐形成，这些派别可以加入中间联盟，或者为党派主体注入活力"。

丘吉尔兴奋地发现他的中间党派的想法得到了一位最有影响力的奥海姆保守党人的支持。他已经向罗斯伯里提出了首个行动计划，自由党和保守党议员联合行动，压缩政府的军费开支。他向保守党的两个朋友透露了这个计划。

10 月 10 日，丘吉尔把写给斯梅瑟斯特的信的副本发给罗斯伯里，支持发展一支中间力量，将保守党人和自由党人联系起来。他的目标是一个"保守党—自由党"的中央联盟。"我必须要面对的唯一难题是有人会怀疑我是被无穷的野心所驱使；不过当某个特定问题出现时，比如关税问题，这个难题就会消失。"

丘吉尔提到的这个问题在接下来的 9 个月里将导致他与保守党的破裂，而这种破裂的关系将持续 20 年的时间。这个问题几乎是立刻出现的。10 月底，《奥海姆纪事报》上刊登了一篇文章，指责丘吉尔自相矛盾，一面支持保守党的玉米税和糖税，一面支持自由贸易原则。丘吉尔反驳说，玉米税和糖税是出于国家收入的考虑，它们是在战争时期征收的，"当时找到必要的资金至关重要"。征收它们不是为了对抗外国竞争，保护殖民地的农产品。

11 月 20 日，丘吉尔离开英国前往埃及，应欧内斯特·卡塞尔爵士的邀请，到阿斯旺参加尼罗河大坝的开幕仪式。在乘船沿尼罗河逆流而上时，他每天上午撰写父亲的传记，他还参观了古埃及的庙宇和遗迹，在埃及度过了 28 岁生日。

回到英国后，1903 年 2 月 24 日，丘吉尔在下院发表演说反对政府提出的增加军费开支的提议。投票的时候，18 位保守党议员加入自由党人的行列，对政府投了反对票。另外 15 人投了弃权票。"我们的先遣行动已经获得了最大胜利，"他对罗斯伯里说，"朋友们都非常满意，比以往任何时候都更加充满斗志。"在辩论期间，布洛德里克和巴尔福都表示这项政策可能改变。"我唯一的担心，"丘吉尔写道，"是我们会太快成功。"

丘吉尔继续进行反对布洛德里克的活动。他将自己反对军队计划的演讲集中在一本小册子里进行出版，这本小册子名为《布洛德里克的军队》。

丘吉尔鼓动保守党议员冒着激怒保守党的危险和自由党人一同投票，改变政府的军费政策。不过他的梦想并不仅仅是削弱铁板一块的保守党；他在一封给选民的信里写道，他心里一直怀有"一个伟大的理想，即一个全国性的政党，这是伦道夫勋爵的梦想，也是他一直努力的目标"。这封信是在 4 月 24 日写的。3 周后的 5 月 15 日，张伯伦提出了关税改革的口号。他在伯明翰演讲时提出应该取消现有的自由贸易体系，用帝国优惠制度加强英国及其殖民地的经济实力。殖民地的商品可以以现有价格买入；在港口则应该对同样的欧洲商品征收关税，让它们更昂贵，减少人们的购买欲。

一场全国性的辩论开始了，丘吉尔立刻成为最大力支持自由贸易的保守党人之一。和在辩论军费问题时一样，在自由贸易的辩论中，他得到了财政部的弗朗西斯·莫瓦特爵士的帮助。

就在一年前，张伯伦曾经对丘吉尔和他的"胡里干"伙伴们说过，关税是"未来的政治"。他和张伯伦现在站到了这场全国辩论的对立面上。5 月 20 日，也就是张伯伦发表演讲 5 天后，丘吉尔在霍克斯顿对他的发言予以回应。他还带头劝说巴尔福表明自己不赞成张伯伦。丘吉尔在 5 月 25 日给巴尔福写信说："我坚决反对任何改变我国自由贸易特性的事情。"如果巴尔福决定支持关税，"我就不得不重新考虑我的政治立场了"。

巴尔福没有下定决心。3 天后，5 月 28 日，张伯伦在下院为支持关税辩护。自由党在财政问题上的主要发言人阿斯奎斯没有当场反驳张伯伦，这让丘吉尔很失望。于是丘吉尔在张伯伦之后立刻发表演讲，警告说如果张伯伦的政策得以实施，会让保守党成为建立在关税基础上的全新类别的党派。丘吉尔对议院说："说保护贸易政策意味着财富的更大发展，这是经济谬论；说它意味着财富更公平分配，这是'彻底的谎言'。"他警告，一旦实施保护贸易政策，"拥有宗教信仰和宪法准则的老保守党将会消失，将会出现一个富有、世俗、崇尚物质的新党派，他们会发表支持关税的观点，他们会让议会投票厅里挤满受保护产业的拉票人"。

因巴尔福没有发表支持关税的意见而感到愤怒不已的张伯伦在 9 月 16 日从内阁辞职。政治手腕无比纯熟的巴尔福设法说服张伯伦在两天内不要发布这个消息，于是又有包括财政大臣在内的 3 名支持自由贸易的大臣提出辞职。当这 4 个人辞职的消息在 9 月 18 日公布的时候，巴尔福显然已经让自己摆脱了内阁中的关税派和自由贸易派。没人知道他会如何重组政府。

没过多久就有答案了。10 月 2 日，巴尔福在设菲尔德发表演讲时宣布保守党将着手进行保护贸易立法。显然，新政府里将不会有丘吉尔的位置。他的自由贸易观点太极端了，在他的选民看来也太极端了，越来越多的选民表示支持张伯伦。

10 月 9 日，丘吉尔给他的选民写了一封信，详细讲述了他的自由贸易观点；3 天后，这封信发表在《泰晤士报》上。丘吉尔在信里写道，张伯伦"更关心给我们自己建筑起关税壁垒而不是降低外国关税"。各类食品关税都是"骗人的补救措施"。劳动人民"必须用坚定不移的怀疑眼光看待对他们吃的每一口食品征税以此降低生活成本的计划"。英国的殖民地将"拒绝任何像中国女人缠小脚一样绑住他们经济发展的计划"。

丘吉尔的选民没有被他说服。他自己选区的保守党人联合会与他对立起来。一份正式决议在 10 月 14 日获得通过，决议认定"本次会议对丘吉尔先生的来信感到遗憾"。两天后，丘吉尔对莫利说："我的信在奥海姆引爆了火山，这种愤怒我以前从未见过。所有保守党选民都为保护贸易政策疯狂了。"

丘吉尔仍然想说服自由党人让统一自由贸易主义者们立于不败之地。然而11 月 2 日，在和姨夫特威德茅斯勋爵（一位自由党领导人）交谈时，丘吉尔对塞西尔汇报说："我们只有公开自愿地成为自由党候选人，才能获得自由党的官方支持。"特威德茅斯"很想帮忙"，丘吉尔接着说，"不过自由党的领导集团看起来和保守党的一样愚蠢和残忍。"

11月11日，丘吉尔和塞西尔在伯明翰的一次自由贸易会议上担任主要演讲人。这是最后一次让保守党人放弃保护贸易观点的努力，而且是在张伯伦支持者情绪最高涨的地方。丘吉尔在会议上为自由贸易发表了热烈的辩护。3周后，伯明翰自由党人联合会邀请丘吉尔代表伯明翰中心区参加下届大选。

丘吉尔还没有下定决心加入自由党。12月，他在切尔西和加的夫发表演讲，支持自由贸易。他也到奥海姆对当地的保守党人联合会表明了自己的立场，"我不可能在下届选举中作为奥海姆的保守党候选人了"。

12月，特威德茅斯勋爵问丘吉尔是否愿意作为森德兰的自由党候选人。丘吉尔还没准备好采取行动，他仍称自己为统一自由贸易主义者，不过两天后，他发了一封信，支持一名在拉德洛补缺选举中与保守党候选人竞争的自由党候选人。他写道，各党派的统一自由贸易主义者"应该形成一条长长的战线，对抗共同的敌人"。"联合行动"的时候到了。

丘吉尔号召人们对保守党投反对票，这让塞西尔愤怒不已。丘吉尔表示支持拉德洛的自由党人，这也惹恼了奥海姆的选民。12月21日丘吉尔在哈利法克斯的演讲让他们的愤怒之情更加高涨。丘吉尔在演讲时说："感谢上帝，我们还有个反对党。"奥海姆的选区主席认为这"预示了你将向自由党效忠"。

丘吉尔在哈利法克斯发表演讲两天后，奥海姆保守党人联合会的总目标委员会通过了一项决议，通知丘吉尔，他们已经"丧失了对他作为奥海姆统一党议员的信任，如果举行选举，他不能再指望保守党组织支持他"。丘吉尔没有被吓住，他着手尝试在奥海姆建立一个本地的统一自由贸易组织，在补缺选举中支持他。他的想法是辞去议员席位，然后以"自由贸易问题"为主题参与选举。为了达到这个目的，他向当地工党保证，如果工党在补缺选举中不投他的反对票，他就不会在大选中代表奥海姆参选。4天后，奥海姆保守党人联合会执行委员会批准了总目标委员会的决议；在下届大选中，丘吉尔不会得到保守党的支持了。

丘吉尔应该走哪条路呢？在奥海姆辞职，然后作为统一自由贸易主义者在补缺选举后保住席位，还是完全脱离保守党，加入自由党？

似乎统一自由贸易者可以作为独立团体参与选举；1月5日，特威德茅斯通知丘吉尔，阿斯奎斯和前任首相的儿子赫伯特·格莱斯顿已经获得批准与"贵党两位成员就议员席位和达成谅解的可能条件进行协商"。不过特威德茅斯警告说，达成这种谅解的"首要条件"是议会再次为自由贸易修正案投票的时候，丘吉尔的团队要对该修正案投支持票。

丘吉尔接受了自由党的条件，并且说服他的统一自由贸易者同伴们也接受这个条件。不过现在丘吉尔在统一自由贸易斗争中的领导角色让保守党怒火万丈。一位保守党下院议员宣称，丘吉尔已经"触及政治无耻行为的底线"。

3月2日，在议会新一期会议的首次发言中，丘吉尔抨击政府奉行《布鲁塞尔食糖公约》，该公约让西印度的食糖以保护价出售，打击其他所有非殖民地市场。自由党领袖坎贝尔·班纳曼写信给他，对他发表了一篇"精彩绝伦的演讲"表示祝贺。

一周后，丘吉尔出言反对保护贸易政策，他的统一自由贸易同伴提出了一份修正案，让政府反对保护贸易政策。一开始，巴尔福想要避免冲突，批准了这份修正案，不过当保守党的保护贸易论者表示反对时，巴尔福不再支持，修正案被废除了。"我认为政府已经腐朽透顶，"丘吉尔给塞缪尔·斯梅瑟斯特写信说，"他们总是在内讧，无法形成任何果断行动。保守党马上会栽大跟头的。"

丘吉尔开始不断投票反对保守党。3月，他支持自由党投票谴责政府在南非使用中国契约劳工。他还投票支持自由党提出的恢复工会合法权利的议案，以及当廉价购入土地随后高价售出作为建筑用地时要征收土地销售税的议案。

丘吉尔打算在下院对巴尔福发难，质问他财政方面的问题。3月29日的辩论中丘吉尔实施行动。丘吉尔发言说公众有权利知道公务人员对公共问题的看法，此时，巴尔福从座位上站起来离开了议会大厅。丘吉尔立刻提出抗议，说巴尔福的退场是对下院"缺乏敬意和尊重"的表现。这时，所有前排座位的大臣都起身离场，保守党的后座议员也几乎立即跟着离场，有些人还在门口逗留了片刻嘲笑丘吉尔。丘吉尔几乎孤立无援，只有几名统一自由贸易者支持他。他继续演讲，不过有点问题，因为他演讲中的一系列问题都是针对目前缺席的巴尔福的。

丘吉尔坐下来的时候，自由党议员大声叫好，其中几个人后来还写信给丘吉尔，说他当时的表现让在场的人非常震撼。约翰·戈斯特爵士，伦道夫勋爵的政治盟友，也是一位统一自由贸易者，批评自己的保守党同僚，说这是"我看到过的最无礼的表现"。

4月18日，丘吉尔接受了西北曼彻斯特自由党人的邀请，以自由贸易者的身份作为他们的候选人，他将得到自由党的全力支持。除了名头，他现在已经全然是一名自由党人了。4月22日，他在一场关于工会和贸易争端法案的辩论中做了45分钟的发言，支持工会的权利，要求实施对他们有帮助的政策。保守党的报纸《每日邮报》形容这篇发言是"那种最红的激进主义"。

丘吉尔还没有让自己"正式"加入自由党。5月2日，他对一个朋友解释说："还没有出现这种环境。这种环境是否出现取决于政治的未来走向。"11天后，他发出了对保护贸易政策最猛烈的抨击。5 月 13 日，丘吉尔在曼彻斯特对自由党人联合会发表演说，他说如果保守党在新的保护贸易大旗下重新当权，"可以料想会发生什么"。保守党是"一个有很多既得利益的党派，和强大的同盟绑在一起；在国内贪赃腐败，为了掩盖这种恶习在国外发动侵略；玩关税戏法的骗局，党派领导集团专制；感情论桶数，爱国主义论品脱量；公共财政大手大脚；酒馆门户大开；老百姓食物昂贵，百万富翁劳力廉价"。

现在丘吉尔加入自由党只剩一个障碍——他反对爱尔兰自治。5 月的第三周，在与一位爱尔兰民族主义下院议员谈话后，丘吉尔决定弥合自己和自由党人之间最后的隔阂，他提出了一个特别方案，让爱尔兰人对自己的事务有更大的控制权。

5 月 17 日，丘吉尔在给莫利的信里说明了自己的方案。不会有独立的爱尔兰议会；警察机构仍然由威斯敏斯特控制；不过会设立地方的教育、许可、排水、铁路等理事会，这些事务可以完全交由爱尔兰人民按照他们的意愿管理。这个新政策"会成为迈向地方政府政策的坚实一步"。

这是丘吉尔迈向爱尔兰自治的第一步。两周后，在 5 月 30 日给西北曼彻斯特犹太人领袖的信里，他公开批评最具争议性的一项新立法——政府外侨法案。这项法案的目的是大幅限制犹太人从俄国移民英国。丘吉尔在信里称他会积极反对这项法案。

5 月 31 日，《曼彻斯特卫报》刊登了丘吉尔对外侨法案的抨击言论。这天是圣灵降临节休假后的第一个议会日。这位 29 岁的议员进入下院议会大厅，在下院议员席的围栏旁站了一会儿，看了看内阁和反对党的席位，大步走上走廊，向议长鞠躬，然后猛然转身向右走到自由党议员的席位，坐在劳埃德·乔治的身旁。他已经加入自由党了。丘吉尔挑选的这个位子是他父亲在担任反对党议员期间曾经坐过的，1885 年他曾经从这个位子上站起来挥动手帕，为格莱斯顿下台叫好。伦道夫勋爵"叛逆"的儿子现在和格莱斯顿的自由党后继者们站到了一起，他决心提高他们的地位，帮助他们赢得选举胜利。

● 第九章 ●
反叛和责任

从 1904 年 5 月 31 日坐到下院自由党席位上的那一刻起，丘吉尔就冲到了自由党活动的最前锋，质疑保守党，说服民众相信自由主义的价值。他在下院抨击政府，与保守党世界发生碰撞。

6 月 4 日，正式加入自由党 4 天后，丘吉尔在曼彻斯特的一次公开演讲中抨击巴尔福的保护贸易政策。4 天后，3 名自由党议员在下院谴责外侨法案，他是其中一人，另外两人是自由党领袖坎贝尔·班纳曼和阿斯奎斯。这是丘吉尔第一次在反对党席位上发言。

修正案让外侨法案陷入泥沼，每条修正案，丘吉尔都会发言反对政府，7 月 7 日，这个法案被撤销了。曼彻斯特犹太人领袖内森·拉斯基写信向丘吉尔表示感谢，"您赢得了自由和宗教宽容的伟大胜利"。对于丘吉尔的新选区，拉斯基也对他给予鼓励："我在曼彻斯特有超过 20 年的选举经历，我坦白地告诉你，一点没有奉承的意思，还从来没有哪个人能像你一样引发选民们的兴趣，因此我相信你将来一定能够成功。"本地的其他自由党领袖也认同这个观点，其中一位在这年夏天给丘吉尔写信说："人们愿意把你看作西北曼彻斯特的自由贸易者候选人，而且还愿意把你看作自由贸易党派的战斗领袖以及未来的自由党领袖。"

丘吉尔打算放过自由党前座议员，但不打算放过保守党前座议员。"因为这些大臣有人捧、有人保护、有人服务、有人称赞，"他在 7 月对塞西尔解释道，"他们刺激了我让我发起攻击。"8 月 2 日，在对巴尔福执政表现的持续讨伐中，丘吉尔称："有一件事我们可以祝贺首相先生。毕竟这期会议快要结束了，而首相先生仍然留在这里！下院的程序被破坏了。不要紧！大把的钱被花掉了。不要紧！没有通过任何有价值的立法。不要紧！不过在这期会议结束时，首相先生还在这里，这超出了很多人的预想或希望。为他所取得的成就，我向这位正直可敬的绅士表示我最诚挚、最谦卑的祝贺。"

这年夏天，被政治风暴围绕的丘吉尔和母亲一起去参加了克鲁夫人举办的一场舞会，克鲁夫人的丈夫是自由党的一位领袖。在舞会上，经母亲介绍丘吉尔认识了漂亮的 19 岁姑娘克莱门蒂娜·霍齐尔，她的母亲是伦道夫夫人多年的好友。介绍过后，克莱门蒂娜以为丘吉尔会请她跳舞。然而他没有这么做。"温斯顿只是瞪着眼睛看着，"她后来回忆说，"他没说一句话，非常没有风度——他没有邀请我跳舞，没有请我和他共进晚餐。"

克莱门蒂娜已经安排好必要时候的救兵。"她的一个追求者就站在附近，"她的女儿玛丽后来写道，"在收到她小心发出的信号后，他走上来，邀请她一起跳舞。"差不多在 4 年后，丘吉尔才再次见到克莱门蒂娜·霍齐尔。

这年秋天，丘吉尔从政治纷争中抽身而出，设法完成父亲的传记。他在欧内斯特·卡塞尔爵士的瑞士山区别墅里住了 3 周。每天早上写书，下午散步，晚上打桥牌。回伦敦后，他去拜访了张伯伦，和他谈论自己的父亲。

在政治上，丘吉尔已经开始和由劳埃德·乔治领导的自由党激进派联手。11月 10 日，他在爱丁堡声称自己更害怕"独立资本主义党派"，而不是独立工党，他对苏格兰的听众们说："如今似乎没人会关心钱以外的东西。除了银行账户，没什么东西是重要的。似乎人品、教育、公民荣誉、公德一年比一年不受重视，赤裸裸的财富却一年比一年更让人看重。"

丘吉尔对滥用资金问题发起了连续攻击，他对爱丁堡的市民说："在伦敦有一部分有权有势的人四处宣扬财富真理，鼓吹十诫中的一条——他们每天都要发出激励人心的祷告，'哦，上帝，在我们的时代给现金吧'！"最后一届自由党政府规定不允许大臣担任上市公司的董事。丘吉尔做了计算，55 位现任保守党大臣中有 31 位是上市公司的董事。"放松原则是衰落之日的预兆。"当丘吉尔结束讲话时，所有的听众都起立鼓掌。

在下院，丘吉尔依然秉承父亲对军队经济的理念，1905 年 3 月 1 日，丘吉尔因为总参谋部的高开支而批评新任陆军大臣休·阿诺德·福斯特。

一周后，丘吉尔提出了自己的反关税提议。在一篇论辩有力的发言中，丘吉尔对下院说："我们不想看到大英帝国衰落成为一个死气沉沉的联盟，高墙环绕，就像中世纪的城镇，与周围的国家隔绝；为防御围困储备食物，蜷缩在自己的城垛里，草木皆兵。我们希望我们的国家和联盟国自由、平等地参与贸易国家间的互动。"

丘吉尔对保守党的抨击越有力，他们对他越恨之入骨。1905 年 4 月，他被迫离开卡尔顿俱乐部，身为保守党下院议员，他在过去 5 年里一直是这个俱乐部的成员。两个月后，他又被英国马球总会俱乐部取消了会员资格。

丘吉尔还从伊恩·汉密尔顿那里得知，在夏天的一次乡间别墅周末聚会上，在场的所有"男男女女都准备把你撕成碎片"，是巴尔福"大大地夸奖你，而且表示很看好你的未来，所以才没人对你动一根手指头"。

为了完成父亲的传记，丘吉尔暂时把当前的政治放到了一边。10 月的头两周，他在布伦海姆校对传记的打印校样。他还对母亲说，要"设法让我的书赚大钱"。他在这个目标上大获成功，共赚得 8000 英镑，在全英国的政治类传记中堪称翘楚，这笔钱在 1990 年相当于 35 万英镑。

10 月的最后一天，丘吉尔和爱德华七世共进晚餐。他对母亲说，国王想"让我意识到我在方式上的错误"。他对罗斯伯里说这是 3 年里国王第一次答应见他。"他在批评我对巴尔福的攻击时言辞极其严厉甚至可以说激烈。我顺从地接受了所有批评。后来他变得很亲切，我们谈了一个小时。"两周后，丘吉尔病了。月底，丘吉尔取消了所有会议，前往舅妈科妮莉亚在多塞特的宅子，坎伯恩庄园。

11 月 30 日是丘吉尔的生日。他从多塞特给母亲写信说："31 岁太老了。"这周他收到了一封意想不到的问候信，这封信是休·阿诺德·福斯特写来的，丘吉尔曾经在军费问题上激烈地批评过他。"听说你病了我真的很难过，"阿诺德·福斯特在信里写道，"好好照顾自己。你知道，我不赞成你的政治见解，不过对我而言，下院你们那派人里，你似乎是真正了解军队问题的人。所以出自纯粹的私人观点，我希望你重获健康。"

12 月 4 日，巴尔福辞去首相的职务，他盘算着让自由党人陷入争吵不休的混乱之中，而保守党最终会更加强大。国王召唤坎贝尔·班纳曼担任首相，他立刻开始组建政府。对权力的期待让自由党内意见分歧的各个派别团结到一起：除了罗斯伯里，自由主义激进派和自由主义帝国论派都同意在新首相手下共事。丘吉尔得到一个担任次官的机会，即担任财政部财务次官，在新任财政大臣阿斯奎斯手下任职。不过他更想去一个领导不那么能干的部门任职，能让他发挥自己的管理才能，能让他有更大的独立性。

丘吉尔要求的职位是殖民事务部次官。殖民事务大臣埃尔金勋爵将进入上院，而丘吉尔会在下院主持殖民事务。他的要求被接受了。31 岁生日 10 天后，丘吉尔成为一名次官。

在成为内阁成员的第一天晚上，丘吉尔在伦敦的一个宴会上结识了爱德华·马什，他是殖民事务部的一名文官。第二天，丘吉尔邀请马什到办公室，并问他是否愿意担任自己的私人秘书，马什同意了。在接下来的 25 年里，马什一直担任丘吉尔的私人秘书，从一个部转到另一个部。"第一次见到温斯顿，"帕梅拉·普劳登对他说，"你看到的全是他的缺点，但你会在今后的人生里发现他的优点。"

新一届的自由党政府召集进行大选。1906 年 1 月 1 日，丘吉尔发表了他的竞选宣言，他形容自己是各类关税体系的"敌人"。他还支持"减少军备开支"以及征收低价税。对于爱尔兰问题，虽然反对爱尔兰以任何形式独立于联合王国，不过他表示"我很愿意看到爱尔兰人民被授予相应权力，根据爱尔兰人自己的想法管理自己的开支、教育和公共事业"。

1月2日，竞选活动开始的同时，丘吉尔的书《伦道夫·丘吉尔勋爵》也出版了。《泰晤士报文学增刊》称这本书"毫无疑问在最激动人心的英文政治类传记中能排到前两三名"。罗斯伯里勋爵写了一封私人信件赞美这本书，"轻松幽默，不偏不倚，鲜明生动，富于同情心，写作风格绝妙，一些与众不同的讽刺让全文增色，这是一本让人放不下的书"。

1月4日，在爱德华·马什的陪同下，丘吉尔乘火车前往曼彻斯特，开始作为自由党人的第一次竞选活动。在第一天的竞选活动中，两个人步行穿过这个选区的贫民区。"温斯顿环顾四周，"马什后来回忆说，"'想想看，'他说，'住在这样的街道里，从来没见过美丽事物，从来没吃过可口食物，从来没说过机智语言！'"

丘吉尔的竞选活动持续了8天。1月13日是投票日。投票结果当晚公布，丘吉尔当选。就像在1900年帮助其他选区的保守党同僚助选一样，现在他的竞选技巧和热情也让自由党同僚受益。他在曼彻斯特和周边帮助其他6位自由党候选人从保守党手中争夺议员席位。自由党取得了政治上的压倒性胜利。自由党赢得377个席位，他们的盟友工党赢得53个席位，爱尔兰民族主义者赢得83个席位；"执政党议员"总计513名。相对于这支强大的队伍，保守党只有157个席位。

现在丘吉尔在政府担任次官，拥有的权力比预想中的大得多。他还是一部大受好评的传记的作者。

在殖民事务部，丘吉尔作为次官的第一项工作是为德兰士瓦起草一份宪法。5年多前布尔人投降后，他一直大力倡导与这两个战败的共和国和解。在一年多的时间里丘吉尔一直支持授予布尔人自治权，现在这是他分内的工作了。1906年1月2日，在政治生涯的第一份国务文件中，他敦促内阁放弃从前保守党政府保留控制权的计划，批准德兰士瓦成立责任政府。

丘吉尔指出，德兰士瓦"迟早"会要回伦敦手里掌握的权力。但是，到那时"我们已经丧失了大部分控制权。在不使用武力的情况下，我们也许无法规定新宪法的选举基础，甚至无法保留维持公共秩序和国王权力的必要职能。那些在我们强大的时候本可以根据我们自己的条件凭借勇气和声望在国内和南非得到的东西，将在政府力量大幅衰弱的时候，被别人从我们手中夺走、扭曲，没有任何怜悯，一定会带着羞辱，而且根据协议条件，我们只会拥有名义上的支配力"。

内阁接受了丘吉尔的一番论证，命令他准备拟定详细的宪法草案。在拟定草案时，丘吉尔努力让战败的布尔人和取胜的英国人之间拥有平等的权利。1个月后，内阁决定在近期向德兰士瓦授予自治权，由丘吉尔向议会说明理由，解释细节。

1906年，南非的另一个问题也占据了丘吉尔大量的时间；作为竞选活动期间攻击保守党的主要部分，自由党候选人指出在南非使用中国劳工是一种"奴役行为"并对其进行谴责。在即将掌权之际，自由党政府承诺停止招募中国劳工，而且会让已经到南非的劳工回家。丘吉尔对中国劳工的工作条件感到痛恨不已，他要求尽可能快地遣返这些劳工。当内阁犹豫是否要推行可能疏远诸多南非领导人的政策时，丘吉尔警告埃尔金勋爵，下院一定会对煤矿主继续使用"暴力胁迫维持不道德的契约"感到义愤填膺。

自由党内阁认为不能撕毁保守党政府在任期的最后几个月里批准的最后一批合同。虽然同意不再招募更多的劳工并鼓励将劳工送回中国，可是政府为了不扰乱南非的经济，决定不会立刻结束契约劳工制度。在给埃尔金的一封短信里，丘吉尔建议设置最高为 6 年的期限，彻底消除中国劳工。

2 月 27 日，米尔纳勋爵在上院承认在南非担任英国高级专员的时候，他曾经批准鞭打中国劳工，即使这些劳工并没有被当地法官判定有罪。米尔纳承认，这是违反自己的原则的，这种惩罚的确不公平。

现在，丘吉尔在下院说米尔纳"在公共责任上严重失职"而且"毋庸置疑违反了法律"。一周后，一名激进派下院议员提出一份弹劾米尔纳的动议，激起一场辩论。丘吉尔努力斡旋，他一面对这项动议表示赞同，一面辩称，为了南非殖民地的利益，议员们应该克制，不要通过针对个人的弹劾。他自己提出了一份修正案，谴责鞭打中国苦力的行为，不过没有提到米尔纳的名字。在提出这份修正案的时候，丘吉尔十分小心，没有提到米尔纳批准鞭打的事情。不过他所说的每句话都让保守党人感到愤怒。

丘吉尔确信他的所言所行都是正确的。他给接任米尔纳担任高级专员的塞尔伯恩勋爵写信说："毕竟除了我的这个行动，没有其他办法能让米尔纳勋爵避免被下院正式弹劾。"不过弹劾的理由仍然存在。当塞尔伯恩说煤矿主仍在继续鞭打中国劳工时，丘吉尔给埃尔金写信说："我们应该如何对待这些无视自己的利益，在发生所有这些事情后仍然继续实施鞭打和恶行的人？"他的答案是继续推行遣返计划；5 月 3 日，丘吉尔宣布了这项计划。

7 月 31 日，丘吉尔宣布德兰士瓦成立责任政府。选举结果是布尔人获取了胜利，英国人的前敌人博萨将军当选首相。

1906 年 8 月，丘吉尔离开英国开始度过一个悠长的假期。在法国多维耶，他住在朋友巴伦·德·弗里斯特的游艇上，还在附近的特鲁维尔打了几场马球比赛。

随后他从巴黎乘火车前往瑞士，再一次住在卡塞尔的山间别墅。他和卡塞尔一起登上了 9625 英尺的埃基斯峰。之后，丘吉尔又从瑞士前往柏林，然后到达西里西亚。

在国外待了将近两个月后，丘吉尔返回伦敦。

1906 年秋天，奥兰治自由邦获准成立和德兰士瓦一样的责任政府。12 月 17 日在向下院宣布此事时，丘吉尔谈到这种做法更广泛的社会意义。他说："造成全世界贫穷和衰弱的原因仍将持续；全球的弱小民族会得到更多的呼吸空间；全球的大帝国会被我们的范例鼓舞，进入更加温顺、更加慷慨的时代沐浴阳光。"

在殖民事务部任职期间，丘吉尔致力于将自由党的原则灌输给殖民地管理者。他给埃尔金的备忘录太直言不讳了，有几次埃尔金甚至把它们删掉，让下面的官员无法看到。他对埃尔金说："我们的职责是坚持公正原则和对司法程序的捍卫要得到严格、一丝不苟的遵守。"

1906 年年底，丘吉尔被列入考虑对象，他可能进入内阁，被晋升为教育委员会主席。然而丘吉尔留在了埃尔金手下。

1907 年 4 月 15 日，殖民地的首相们在伦敦集会；丘吉尔参与了会议的安排。不到两个月前，刚刚当选的德兰士瓦首相博萨将军带着 19 岁的女儿海伦抵达伦敦。有传言说丘吉尔和海伦订了婚。这完全是虚假的谣言；这年秋天，丘吉尔既没有结婚，也没有订婚，他离开英国到欧洲和非洲进行了一趟长途旅行，陪他一起去的是他父亲从前的仆人乔治·斯克里文思。

在法国和意大利游玩一圈之后，丘吉尔在爱德华·马什的陪同下乘船前往马耳他。10 月底，丘吉尔抵达蒙巴萨。他乘坐火车穿过肯尼亚，途中还参与了一次惊险刺激的捕猎犀牛的活动。

丘吉尔在非洲旅行的时候，弟弟杰克写信告诉他自己和阿宾顿伯爵七世的女儿格温多林·博蒂订婚的消息。

在内罗毕的时候，丘吉尔开始在《海滨杂志》发表一系列旅行游记，总共得到 1150 英镑的报酬。这些文章后来集结成册，成为《我的非洲之旅》一书。

接下来，丘吉尔穿越了乌干达。12 月 23 日，丘吉尔一行人抵达喀土木。

1908 年 1 月 17 日，丘吉尔返回伦敦。第二天，他到全国自由党人俱乐部做客。"我重返战场了，"他对 250 名热情的听众说，"身体状况极佳，而且想向最靠近的地方发起战斗。"这场战斗将发生在社会领域。1 月 22 日，他在曼彻斯特发表演讲，强调生产的收益方应该避免在追求利润的过程中加剧劳动者的贫困。第二天，他在伯明翰提倡应由国家组织所有人接受适当的培训。

丘吉尔在伯明翰还提出国家应该采取其他几种干预措施，包括推广"适当的技术教育方式""减轻老年人的困境""向普通百姓更自由地放开土地"，调整土地增值税使其更公平合理等。

3 月，在伦敦的一次晚宴上，丘吉尔再次遇到克莱门蒂娜·霍齐尔，就是 1904 年在克鲁夫人的舞会上他没有邀请跳舞和共进晚餐的那个女孩。他不知道的是，在那之后，克莱门蒂娜已经与 34 岁的银行家西德尼·皮尔秘密订婚两次，不过两次她都解除了婚约。晚宴上，丘吉尔坐在克莱门蒂娜旁边，把全副注意力都放在了她身上。

他问克莱门蒂娜是否读过伦道夫勋爵的传记。

"没有。"她回答说。

"如果我明天把这本书寄给你，你会读吗？"

克莱门蒂娜同意读这本书，不过他却没有寄书。"这给我留下了很不好的印象。"她后来回忆说。不过他们的故事还没有结束。

● 第十章 ●
社会领域

由于长期染病，1908 年 3 月 3 日，坎贝尔·班纳曼向国王建议，如果他辞职可以让阿斯奎斯接替他的位置。阿斯奎斯在 4 月 8 日就任首相，他了解丘吉尔的干劲和能力，提出让丘吉尔担任商务大臣。这是一份内阁职务，在这个位置上，丘吉尔可以着手实施社会改革。丘吉尔接受了。他进入内阁了，年仅 33 岁。4 月 9 日他坐到了内阁会议桌旁；坐在他旁边的是莫利，就任印度事务大臣。

丘吉尔必须到伯明翰宫为内阁大臣的任命行"吻手礼"。在这之前的那个周末，他到乡下的母亲家里，在那里再次见到克莱门蒂娜·霍齐尔。"我喜欢我们在周日的长谈，"4 月 16 日他从伦敦给她写信说，"认识拥有如此智慧和高尚情操的女孩，让我感到非常安慰和愉快。我希望我们能再见面，进一步相互了解，相互喜欢，我觉得没理由不这么做。"在给伦道夫夫人的感谢信中，克莱门蒂娜也提到丘吉尔有"十足的魅力和才华"。

根据当时的规定，进入内阁，丘吉尔必须再次通过竞选进入议会。他知道要在曼彻斯特胜出会比原来困难得多。一年多以前犹太选民转过头反对他，因为自由党政府不顾之前丘吉尔曾经带头发动的谴责实施了外侨法案，这些犹太选民几乎占全部选民的 1/3。而更加严重的威胁来自众多天主教选民在最后时刻的变节，他们对丘吉尔没有全力推动爱尔兰自治而感到愤怒。

4 月 24 日，西北曼彻斯特举行补缺选举。这场较量势均力敌，不过丘吉尔输了；保守党的竞争对手以 429 票的微弱差距赢得了胜利。"这是一场非常艰难的较量，"3 天后他给克莱门蒂娜写信说，"如不是愤怒的爱尔兰天主教教徒在牧师的压力下在最后一刻转变立场，本来会有不一样的结果。"

很快另一个选区找到了丘吉尔，这个选区是邓迪。他匆匆赶到邓迪，在 5 月 9 日成为议会候选人。他得到了 7079 票。他的保守党和工党竞争对手总共得到了 8384 票，但是双方几乎平分了票数。于是丘吉尔从竞选中胜出。

从邓迪返回伦敦后，丘吉尔开始第一次行业调停活动，他要解决泰恩河畔的一起造船业争端，在争端中，14000 名技师罢工。造船商宣布停工后，罢工蔓延到整个克莱德河畔和墨济河畔。丘吉尔花了 3 周时间寻求罢工者和雇主之间的妥协。见过双方代表后，丘吉尔提出未来将实行永久性的仲裁机制，于是罢工者接受了减薪的条件。工人的投票结果很接近，投票的造船工人中，24745 人支持丘吉尔的提议，22110 人反对。

丘吉尔不满意这个解决方案，他想通过政府订单促进造船业的繁荣，他请求劳埃德·乔治给予帮助。造船订单放在高失业率地区，将对"投票起到决定性的影响，而且会缓解政府在其他方向上的失业基金"。

7 月 6 日，丘吉尔提出矿场八小时法案的二读稿，其目的是减少当地矿场的工作时长。在这个法案中，他使用了后来在其他地方也沿用的方法——和怨气最多的人进行充分协商。

这年夏天，丘吉尔试图建立起一套职业介绍所体系，这样失业者可以找到工作，而雇主也能找到所需的劳动力。他在一份内阁备忘录上解释说："一个地区缺乏劳动力，也许同时恰巧其他地区类似的劳动力有盈余。"职业介绍所可以帮助校正这种不平衡。

丘吉尔将爱德华·马什从殖民事务部借调过来帮助他处理日常工作。8 月 6 日，丘吉尔和马什在拉特兰的伯莱村，这天晚上他们居住的房子燃起大火。丘吉尔穿着睡衣和外套，戴着消防员的头盔，帮助指挥消防员灭火，抢救贵重的挂毯和油画。

看到火灾的消息，克莱门蒂娜·霍齐尔给丘吉尔发了一封电报，表示自己很关心他的安危。他回信说："今天早上收到电报，我很高兴你没有忘记我。"在这封 8 月 7 日寄出的信里，丘吉尔告诉克莱门蒂娜他的弟弟杰克当天与格温多林·博蒂在阿宾登的婚姻登记处成婚。在信里，丘吉尔还邀请克莱门蒂娜到布伦海姆。

克莱门蒂娜去了布伦海姆。她住在那里的前两天，丘吉尔太腼腆，没有向她求婚。第三天早上，他还没起床，堂兄桑尼走进他的卧室，催促他赶快起床，不要错过机会，否则以后就永远没机会了。丘吉尔听从了堂兄的建议，邀请克莱门蒂娜和他一起到花园散步。他们散步的时候天开始下雨。他们躲进了一座装饰用的小神庙里。在那里，丘吉尔鼓起勇气问克莱门蒂娜是否愿意成为他的妻子，她接受了。

两人决定在丘吉尔给克莱门蒂娜的母亲写信之前先将他们订婚的消息保密。可是在他们走回屋里的时候，丘吉尔看到了他的朋友 F. E. 史密斯，脱口说出自己订婚的消息。回到屋里，他立刻给克莱门蒂娜的母亲写信。

丘吉尔订婚的消息在 8 月 15 日公之于众。两天后，丘吉尔在斯旺西发表了一篇关于英德关系的演讲，在演讲中他批评了"英德之战不可避免的论调的散播者"。他说，任何执政党的海军政策的基础都是"合理的海军防御措施"。这将确保英国和平发展，同时"让我们免受大陆军国主义的诅咒"。英国和德国在地球上的任何角落都没重大的利益冲突。

对于那些声称德国是威胁、对手和危险的人，丘吉尔说："这两个伟大的民族没有开战的理由，没有奖品可争，没有地方可打。"在英国和德国只有大约15000个"挑拨离间、脾气暴躁、大声咆哮的人"在宣扬战争威胁论，希望开战。"那我们剩下的人呢？住在英伦诸岛和德国的数百万人民呢？我们都是这样的羔羊吗？20世纪的民主如此无力，无法达成其意愿吗？我们都变成这样的木偶和傀儡，有悖自己的利益，被人牵着线进入这种危险的动荡之中吗？"

丘吉尔相信危言耸听的人最终不会胜利。"我对广大人民最基本的善良意愿怀有坚定的信任，"他说，"我相信全世界的工人阶级都知道他们拥有共同的利益，没有利益分歧。我相信所谓'国际劳工团结，是给全世界人民最大的恩赐'。"

8月，丘吉尔开始反思他介入的每场行业和贸易争端都涉及的仲裁程序。他在9月初提议，需要建立"一个更加正式以及持久的机制"。为了建立这个机制，他提议成立常设仲裁法庭，由两名劳工代表、两名雇主代表和一名由商务部任命的主席组成。当争端双方提出要求，就会召集法庭进行仲裁。内阁批准了丘吉尔的方案，方案立刻生效。在未来的12个月里，该法庭解决了7起劳动争端。

丘吉尔和未婚妻打算在9月中旬结婚。结婚前一周，一个电业工人工会请丘吉尔主持一场行业仲裁。他同意了。9月9日，在双方参与的会议上，威胁停工的人同意丘吉尔提出的折中方案，即接受减薪，换取雇主至少在未来6个月里不会继续减薪的承诺。投票结果又一次很接近，4606票同意，3739票反对；不过这件事确立了丘吉尔调解人的声望，在未来的政治生涯中，他将常常扮演这个角色。

3天后，丘吉尔举行婚礼。婚礼在威斯敏斯特的圣玛格丽特教堂举行。丘吉尔33岁，新娘比他小10岁。丘吉尔从前的校长韦尔登博士发表了婚礼致辞。在他们收到的结婚礼物中有一把金柄手杖，是爱德华七世送的，丘吉尔之后一直使用它。

这对新婚夫妇从意大利度完蜜月后返回英国。11月30日，丘吉尔34岁；他的目标是设计一个由国家提供资金支持的失业保险方案。不过就在他拟订方案大纲的时候，他的内阁同僚海军大臣雷金纳德·麦肯纳要求增建海军船只，请求内阁同意在1909年建造6艘无畏级战列舰，追加一笔不菲的预算。丘吉尔和劳埃德·乔治希望至少把建造其中两艘战列舰的钱用在社会改革上。保守党反对这个提议，而且还要求再多造两艘战列舰。"我们需要8艘，我们不能等。"

丘吉尔坚持认为英国必须保持海上霸权，他的坚持无人能出其右。不过他也相信，下一个财政年度只造4艘战列舰就能达到这个目标，剩下的资金可以用在一个全面的失业保险方案上。这个方案已经准备好了，12月11日，丘吉尔向内阁提出方案。300 万工人将成为方案的直接受益者，他们中的大部分在造船业和工程业就职。每周总共缴纳 4 便士，工人就可以在患病后 15 周内获得疾病和意外事故保障。在这 4 便士中，2 便士从工人工资中扣除，雇主支付 1 便士，国家支付 1 便士。在对财务方面再次进行详细审核时，丘吉尔对方案做了修改，每周雇主和工人各支付 2 便士，国家支付 1.5 便士。

最初，阿斯奎斯支持在 1909 年建造 6 艘战列舰的要求。然而在争论持续了 4 个月后，阿斯奎斯自己提议 1909 年将只建造 4 艘战列舰，这正合丘吉尔和劳埃德·乔治之意。不过阿斯奎斯也安抚了支持建设"强大海军"的人，他同意在 1910 年建造另外 4 艘战列舰。

社会改革依旧是丘吉尔思索的主要问题；在 1908 年圣诞节过后给阿斯奎斯的一封信里，他提到由于提供失业保险面临诸多困难，他会设法先建立职业介绍所。丘吉尔制订的法案之一是要杜绝滥用血汗劳工。

这年冬天，丘吉尔敦促阿斯奎斯推动事业保险和全国疾病保险。让他失望的是，阿斯奎斯决定将全国保险法案推迟到下一个议会期。由于这次推迟，这份由丘吉尔费心费力做出来的失业保险方案后来是由劳埃德·乔治提出的，随后的赞誉也都给了劳埃德·乔治。虽然在这件事上遭遇挫折，但丘吉尔还是在第二年春天完成了其他两个复杂的法案，一个是为了杜绝普遍使用血汗劳工的劳资协商会法案，另一个是职业介绍所法案。

3 月，丘吉尔向内阁提出劳资协商会法案。在该法案中，丘吉尔提出最低工资原则和餐点休息权。这项法案获得高票通过。5 月 19 日，丘吉尔又提出职业介绍所法案。将有 200 多家职业介绍所提供工作信息，包括哪里有工作、在哪个地区、是什么行业、需要多少人等信息。

这年夏天，丘吉尔在一系列与工会领导人和雇主参加的会议上解释劳资协商会作为劳资双方仲裁者和调解者的作用。它们会让工人更容易地找到工作，让雇主更容易地建立起劳动力储备，但并不是用来让雇主在罢工的时候寻找工人的。

在向公众和议会解释该法案的间隙，丘吉尔抽出时间监督新家的筹备工作，他的新家位于伦敦埃克勒斯顿广场 33 号。克莱门蒂娜怀上了他们的第一个孩子，在布伦海姆静养。新家里哪怕最小的细节都会引起丘吉尔的注意。"大理石洗手盆到了，"他给克莱门蒂娜写信说，"你的窗户装上了——很大的进步。所有的书柜都就位了（我又定了两个，放在壁龛侧窗边）。餐厅闪着奶油白的光泽。大房间铺了墙纸，浴室有很大进展。"

5 月 1 日，丘吉尔的弟媳格温多林生下了儿子约翰·乔治。克莱门蒂娜的孩子将在两个月后出生。7 月 1 日，丘吉尔暂时把政治和议会抛到脑后，克莱门蒂娜生下了女儿戴安娜。生产让克莱门蒂娜过度疲劳，丘吉尔尽最大努力安排她静养，给她找了一个地方休养。

女儿出生 3 周后，丘吉尔又主持了一次行业仲裁。这次是煤炭业，工人罢工，威胁要让煤炭生产瘫痪。"在最后两天我们进行了 20 小时的谈判，" 8 月 4 日他对母亲说，"我认为除非我充分尽职，否则不会有令人满意的结果。" 最终，问题成功得以解决。不过就在这个成功的时刻，一场新的危机即将出现，这个危机将威胁到丘吉尔所有的社会改革计划以及政府各部门的改革；下院高票通过了劳埃德·乔治的预算，而保守党上院议员宣布他们打算否决该预算。

除了预算可能被否决，丘吉尔的改革计划还面临另一个威胁——可能出现的海外纠纷。8 月底，他和德国驻伦敦大使康特，梅特涅进行了一次长谈。他对德国大使说，对德国海军可能大幅扩军的预测"已经给各阶级和各党派带来了深深的不安"。丘吉尔还说，无视事实是不对的，不管政府和个人为建立两国之间真正的信任付出了多大的努力，只要德国实施持续扩军的海军政策，这些努力就无法进展。

秋天，克莱门蒂娜仍然在外休养。丘吉尔一直鼓励她休息，花时间康复，不要被生活琐事所扰。他还常常写信告诉她自己做了些什么以及家里的情况。

9 月 6 日，丘吉尔在莱斯特发表演讲，反对上院投票否决预算。随后丘吉尔从莱斯特出发前往斯温顿，观看英军演习。

这年秋天，丘吉尔去观看了德军的演习。在梅斯，他参观了格拉夫洛特的普法战争战场，1870 年法军曾在这里战败。随后丘吉尔驾车穿越孚日山脉，前往当时属于德国的阿尔萨斯省省会斯特拉斯堡。接着丘吉尔又来到法兰克福。他在法兰克福参观了当地的职业介绍所。"毫无疑问，"他在信里对克莱门蒂娜说，"我掌握了这些介绍所的绝佳经验。有幸把它们介绍到英国，这件事本身就是很大的奖励。"

9 月 14 日晚，丘吉尔抵达乌兹堡。第二天，他观看了德军的演习，看到 5 个陆军兵团和 3 个骑兵师的行动。关于德军，他对克莱门蒂娜说："它是一个可怕的机器。有时一天行军 35 英里。在数量上就像海中的沙子，配备有所有现代的便利设施。"

丘吉尔从乌兹堡驱车前往布伦海姆战场，他的祖先 1704 年曾经在这里战胜过法国人。一回到英国，他就站到了自由党反对上院斗争的最前线。

与此同时，克莱门蒂娜正在苏塞克斯的一家旅馆里休养。丘吉尔开始着手编写一本新书，这是一本演讲集，收录了他在之前的 3 年里发表的关于社会政策的 21 篇演讲。一个月后，书出版了，书名是《自由主义和社会问题》，3 周后，另一本演讲集《人民的权利》也得以出版。

在阿斯奎斯的鼓励下，11 月 14 日，丘吉尔在布里斯托尔发表演讲反对上院的主张，上院议员将在一周后就预算问题进行辩论。丘吉尔在演讲中进行了强有力的论辩，他说保守党人只把政府看作"帮他们升官发财的附属物"，他们不能容忍一个"建立在中产阶级和工人阶级基础上"的政府。保守党人所能做到的就是"在轨道上放一块石头，让国家这列火车脱轨，这就是我们被告知的他们正在做的事情"。

丘吉尔的老对手米尔纳勋爵对他的演讲给予反击，称投票反对预算是上院议员的责任。有人听进了米尔纳的话；11 月 30 日，丘吉尔 35 岁生日当天，上院议员以 350 票对 75 票否决了预算。4 天后，阿斯奎斯命令议会休会，大选开始了。包括丘吉尔在内的所有自由党人的战斗口号是"贵族对抗人民"。

第十一章
内政大臣

在整个大选期间，丘吉尔领导自由党人对上院发起猛攻。1910 年 2 月 15 日，选举结果公布。自由党以微弱优势保住政权，他们以 275 个席位战胜了保守党的 273 个席位。爱尔兰民族主义者获得 84 个席位，使得政治权力再度维持平衡。工党得到 42 个席位，再次成为下院席位最少的党派。丘吉尔保住了自己在邓迪的席位。

选举结果宣布当天，丘吉尔接受了内政大臣的职位，其职责是管理警察、监狱和囚犯。一开始就任，丘吉尔就着手进行一项复杂的监狱改革计划。2 月 21 日，在就任内政大臣 6 天后，他到约克公爵剧院观看约翰·高尔斯华绥的新戏《正义》。一起看戏的还有阿斯奎斯在 15 年前任命的监狱长主席伊夫林·布里斯爵士，他支持单独监禁制度。这部戏恰恰是对单独监禁制度的控诉，丘吉尔被深深打动。不过丘吉尔在 3 月 7 日对常务次官爱德华·特鲁普爵士说，他也深知"让初次监禁成为严厉的纪律教育非常重要，在罪犯告别的世界和将要加入的监狱群体之间设置距离也很重要"。

两个月后，丘吉尔宣布初犯和过渡犯的单独监禁时间将减至 1 个月，惯犯的单独监禁时间将减至 3 个月。新规定宣布后，高尔斯华绥给丘吉尔的姨妈莱奥妮写信说："我一直钦佩他的勇气和能力以及政客中间罕见的想象力。现在，我认为他很有同情心，非常人性化。"

3 月，丘吉尔对罪犯和政治犯加以区分，在此之前人们对这个概念并不熟悉。该措施让很多入狱的妇女参政运动支持者直接受益。丘吉尔向下院解释说，"适用于因欺诈、残暴行径或其他表明道德恶劣的罪行而入狱的罪犯"的监狱条例"不应该僵化地用在那些本性善良、罪行应当受到谴责但不涉及个人名誉的罪犯身上"。

7 月 20 日，丘吉尔在下院提出改革方案。其中一项是废除因不交罚款而自动被判囚禁的制度。"让议院看看这个制度多么有害，"他解释道，"国家损失罚款。违反者进监狱，也许是有生以来第一次——多么令人震惊的事件。他被判四五天的监禁，却经历了所有在被判长期惩罚性劳役时才会经历的程序。被拍照，送上囚车，采下指纹。"

丘吉尔希望建立"按时缴纳"原则。在他担任内政大臣前一年，95686 人因无法支付法院征收的罚款而平均入狱 4~5 天。由于议会议程过满，他的这项改革计划被一直拖延到 1914 年。新规则实施的 5 年里，因未交罚款而入狱的人数减少到 5000 多人。入狱者中绝大多数是因醉酒被罚款的人；他们的人数从 1908—1909 年的 62822 人减少到 1919 年的不足 2000 人。

丘吉尔的另一项改革计划是减少狱中年轻人的数量。每年有超过 5000 名 16~21 岁的年轻人入狱。这种状况将得到改变。自此之后，"除非不可救药或犯了重罪"，否则年轻人不会被送进监狱。丘吉尔在一封给国王的信里说，监禁年轻人是"纯粹的浪费"。需要建立一个"违法者训诫制度"，该制度基于体育锻炼，"非常健康，但会让人不舒服"，也许可以在警察局实施。"16~21 岁的年轻人不应该因为纯粹的惩罚被送进监狱，"他对国王说，"每份判决都应该考虑能让被判决者重新振作，为重新进入世界做好准备；判决实际上应该是训诫性和教育性的，而不是惩罚性的。"

在下院，丘吉尔为反对让违法年轻人入狱的提议辩护，他让议员们注意这样的事实，即其他阶级出身的孩子和工人阶级出身的孩子一样会违法犯罪。在丘吉尔刚刚就任内政大臣的时候，有 12376 名 21 岁以下的年轻人在狱中服刑。到了 1919 年，这个数字下降到 4000 人以下。丘吉尔的违法者训诫制度虽然得到警察和首席大法官的支持，但是没有得到手下官员的投票通过；他试图建立的原则要一直等到 1948 年刑事司法法案通过后才得以实施。

除了监狱高墙内的改革，丘吉尔还废除了警察对有前科人员的监管制度，取而代之的是由一个主管机构负责照管获释后的犯人。有前科的人不会再由警察单独监管，而是由一个独立机构监管，这个机构由特别任命的官方成员和现有的各类犯人援助协会的代表组成。

这年夏天，丘吉尔和克莱门蒂娜一起离开英国，乘坐巴伦，德·弗里斯特的"荣誉号"游艇外出度假两个月。游艇带着他们穿过地中海和爱琴海，沿着小亚细亚海岸线抵达君士坦丁堡。

丘吉尔返回英格兰后，约翰·弗伦奇总司令邀请他观看英军的演习。假期还没有结束，丘吉尔和克莱门蒂娜一起前往威尔士，到劳埃德·乔治位于克里基厄斯的家里做客，他们在那里打高尔夫，在威尔士乡村驾车驰骋，到深海钓鱼。

在地中海航行期间，丘吉尔给阿斯奎斯写了一份备忘录，指出了几个监狱管理和惩处方面他认为仍需改革的地方。他很想结束现有的监禁程序，监狱里有一半的人被判监禁两周时间甚至更短的时间。而在这些人当中几乎一半是初次入狱，这是对财力和人力的无端浪费。初犯者不应该因短期徒刑入狱。他对阿斯奎斯解释说："有两种轻微犯罪者，一种是偶犯，一种是惯犯。偶犯者不应该因为某个单一的轻微犯罪行为而被判入狱。"

丘吉尔在就任内政大臣期间的另一个提议是针对酗酒者、经常参与打架斗殴者和在一年内有一定数量违法行为的轻微犯罪者建立治疗矫正机构。他还建议对同类犯罪行为的判刑要统一。为了做到这一点，丘吉尔根据犯罪的严重程度对犯罪进行了分类。在每个类别下，罪行根据其严重程度有所区分，并建议了相应的惩罚。

丘吉尔的提议没有取得进展。如手下的文职人员所说，他的建议会被理解为对法官们指手画脚，独断地指定刑期。在丘吉尔离开内政部的时候，他写给首席大法官解释这个想法的信仍然被存在档案堆里；在被问及是否愿意继续推动这件事情的时候，他的继任者草草地回答道："我现在没法着手解决这个问题。"这件事就此结束了。

11月的第一周，朗达山谷爆发煤炭工人罢工。罢工期间，煤矿附近的两个村子里发生了几起破窗事件。格拉摩根的首席治安官手下有1400名警察，他害怕爆发进一步骚乱和抢劫，请求军队派包括骑兵和步兵在内的400名士兵乘火车前往南威尔士。第二天早上，也就是11月7日早上，士兵们出发了。

直到这天上午11点，丘吉尔才被告知军队正前往南威尔士。他立刻打电话给首席治安官，在听取报告后，他毅然决定让警察应对这次骚乱，不让军队插手。前往南威尔士途中的士兵被叫停。丘吉尔派伦敦警察取代士兵前往南威尔士支援，其中包括200名巡警和70名骑警。首席治安官等待支援到来的时候，罢工者对一个煤矿发起数次攻击，不过被当地警察击退。丘吉尔对国王报告说，伦敦警察赶到时，当地警察已经在没有支援的情况下把骚乱者从煤矿打退了。

11月8日，在一封调解信中，丘吉尔建议罢工者提出与政府行业仲裁人见面。罢工者接受了丘吉尔的提议；11月11日，仲裁人在加的夫和罢工者见面。不过10天后，托尼潘迪再次爆发骚乱。这一次也没有用到军队。丘吉尔对国王说："警察有足够的能力驱散骚乱者，把他们赶出镇子。军队就在附近，不过没有必要调动。"6名警察受了重伤。第二天，骚乱仍在继续，不过局势受到了控制。

11月25日，丘吉尔在下院为自己撤回军队的行为辩护。他称："在劳动争端中避免军队和人民之间的冲突必须成为公共政策的目标。"保守党人接受这个论点，自由党人欢迎这个原则的提出。不过，在工党方面，凯尔·哈迪人认为派出军队就是完全"不适当"的，同时也抗议了警察的"残酷手段"。

11月22日，在托尼潘迪争端正值高潮之际，丘吉尔在伦敦陷入了另一场战斗。在当天的内阁会议上，妇女参政运动的女性以及男性支持者聚集在唐宁街，要求给予妇女投票权。当内阁大臣们离开会场的时候发生了扭打事件。阿斯奎斯不得不躲进一辆出租车，另一位大臣受了重伤。警察在与科布登·桑德森夫人拉扯的时候，丘吉尔大声喊道：“把这个女人带走，她显然是头目之一。”

4 天后，丘吉尔在布拉德福发表演讲时多次被休·富兰克林打断。富兰克林是妇女参政运动的支持者，他听到了丘吉尔在唐宁街上说的那句话，当时他也被捕了。布拉德福会议后，富兰克林尾随丘吉尔到达车站，登上当晚开往伦敦的火车。在丘吉尔前往餐车的途中，富兰克林用鞭子攻击了他，他一边打一边喊："尝尝这个吧，你这个肮脏的杂种。"他因人身攻击被判 6 周监禁。

妇女参政运动者认定丘吉尔彻头彻尾地反对授予女性选举权。事实并非如此；12 月 2 日，丘吉尔对选民说，"性别上不符合条件并非真正、合理的不符合条件"，因此他"支持授予妇女选举权的原则"。在 1917 年的下院投票中，丘吉尔投票支持授予妇女选举权。

1911 年 1 月 3 日，丘吉尔在家中被紧急告知，在头一天晚上的一次抢劫中，3 名抢匪向 6 名企图逮捕他们的警察开枪，3 名警察被杀；现在他们被警察围困在伦敦东区西德尼街的一座房子里。丘吉尔在接到报告并咨询了顾问后，派出部队，并亲临现场指挥。在交火中，房子起火，为保证消防人员的安全，丘吉尔命令先不让他们前去灭火。大火最终自行熄灭。警察在建筑中发现两具尸体，还有一名抢匪不见了。事后，保守党人对丘吉尔在现场出现大加嘲讽。巴尔福在下院说："他和一名摄影师都在拿他们宝贵的生命冒险。我知道这位摄影师在干什么，可是这位可敬的绅士当时又在干什么呢？"报纸对丘吉尔的行动也大肆报道。还有一部关于这次事件的新闻影片在伦敦的皇宫剧院连续播放，影片上有丘吉尔的画面。

1911 年 3 月，丘吉尔提出煤矿法案的二读稿，二读稿提出了更严格的安全标准，而且提出建立坑口浴室，并减轻对井下用马的折磨。另一项改善商店店员生活的努力并没有成功。丘吉尔提出商店法案，目的是将商店的工作时间从每周80 小时减少到 60 小时，给店员留出用餐时间，控制加班时间，加强当前的卫生和通风管理，建立每周一天早关门的制度。商店店主大力反对这些措施，法案的内容在委员会审议阶段被一项项删除，丘吉尔对委员会抱怨说，这项法案几乎成了"废纸"。

该法案最终通过的时候，丘吉尔能确保实施只有每周一天早关门的规定以及推行强制休息时间让店员用餐的规定。由于后面这一条，丘吉尔将茶歇时间写入法律。不过整个法案要在 9 年后才能成为成文的法令。

议会法案的辩论仍在继续，首相越来越频繁地召唤丘吉尔。一天晚上，阿斯奎斯喝酒太多，无法继续和巴尔福进行幕后谈判，于是丘吉尔顶替他进行谈判。"周三晚上首相表现非常糟糕，"丘吉尔对克莱门蒂娜说，"我尴尬不已，局促不安。他几乎没办法说话，很多人注意到了他的状况。他还是那么友善亲切，晚饭后把所有事都委托给我。"

克莱门蒂娜正怀着他们的第二个孩子。得知她可能无法到威斯敏斯特教堂出席加冕礼，国王送给她一张入场券，让她进入他在教堂的个人包厢，以便让她舒适地观看这场盛典。然而5月28日，在离加冕礼不到一个月的时候，孩子出生了，这次她生的是儿子，为了纪念丘吉尔的父亲，这个孩子被取名为伦道夫。

英国全国的港口和码头爆发了更多的行业骚乱。赫尔的码头工人罢工，丘吉尔从伦敦派去警察，他们与罢工者发生一系列冲突。在这个礼拜，更多的警察还有部队被派往曼彻斯特的码头，不过到了7月10日，罢工平息了。丘吉尔对国王说："那些人在工资方面得到了大幅但合理的让步。"

7月，宪法危机到达顶点。在给国王的信里，丘吉尔生动地描绘了双方的情绪，7月24日，阿斯奎斯被一部分保守党人有组织地侮辱和打断长达一个半小时之久。丘吉尔个人的本能反应是支持调解；政府将接受保守党的几项"不太重要"的修正案，他在8月8日对国王解释说，"让那些诚实可敬的人尽可能不感到难堪"。"那次卑鄙无情地侮辱首相和阻止辩论的有组织活动"只是部分保守党人所为。"观点彼此针锋相对的人们之间仍然保持着相当好的关系，"丘吉尔对国王说，"所有迹象都表明这场重大的危机将有一个具有英国特色的解决方案"。

8月10日，上院议员通过政府的一项决议，该决议确定了议会议员的薪酬原则；上院议员同意不会否决财政法案。丘吉尔对国王说，这是一个"值得纪念的辉煌时刻"。"旷日持久且令人担忧的宪法危机"结束了，不必任命新的上院议员了，议会的两个派别有望开始合作。

在前一天，码头罢工蔓延到伦敦。商务部正努力进行仲裁，他们使用的正是丘吉尔在两年前制定的仲裁程序。如果谈判"流产"，丘吉尔对国王说，"就必须采取非常手段确保伦敦的食物供给，这是不惜一切代价必须要保证的"。25000名士兵严阵以待，"命令下达6小时后就能到达首都"。

伦敦码头谈判一直持续到8月12日。不过丘吉尔在当天向国王报告说，当天利物浦的情况"不尽如人意，可能必须加强待命的军队"。两天后，暴乱者在利物浦街道上横冲直撞。

总共有250名士兵被召集来协助警察，这些士兵都是步兵。6名士兵和2名警察受伤。没有平民丧生。丘吉尔对国王说："像现在这种时候，必须表明警察将得到大力支持，警告人群不能对士兵为所欲为。"3天后，丘吉尔批准派遣一个骑兵团和一个步兵营前往利物浦，同时还派去了250名伦敦警察，他给主管此事的将军的命令是"直到且除非其他所有手段都用尽"，否则不得动用军队。

丘吉尔的同情心再次靠向罢工者一边；他对国王说，希望前往利物浦的商务部仲裁人能够达成协议。"这些罢工者非常贫困，收入微薄，几乎是在饿肚子。"

8月17日，丘吉尔告知国王，在伦敦港，船主的"挑衅行为已经被劝阻"，工人领袖正在敦促剩下的罢工者返回工作岗位。伦敦的港口平静下来，不过一个步兵营被派往设菲尔德，那里爆发了骚乱。丘吉尔对国王说："一股罕见的骚乱正在扰乱劳工世界，主要是因为近年来工资没有和提高了的生活成本保持一致，不过没有理由担心忧虑。"政府支配下的军力足以维护法律的威严。困难的不是维持秩序，"而是在不牺牲生命的情况下维持秩序"。

8月18日，有人发起全国性的铁路罢工。阿斯奎斯提出成立皇家专门调查委员会，但是铁路工人拒绝了，理由是"远水救不了近火"。政府制订了在警察和军队下运输食物、燃料和其他必需物资的计划。"他们会这么做，"丘吉尔对下院说，"不是因为他们站在雇主一边或者工人一边，而是因为他们必须不惜一切代价避免公众忍受饥饿以及整个行业动荡带来的危险和苦难。"作为内政大臣，丘吉尔的责任是保护铁路，确保供应。当晚，他向国王报告说，不到一半的铁路工人响应了罢工的号召，整个系统中所有必要的服务都还能继续维持。当天，在伦敦的码头达成了一份对码头工人有利的协议，工人的工资将得到大幅提升。

丘吉尔对国王说，伦敦的码头工人"确实困苦，工资的大幅增加一定会提高被过度压迫的工人阶级的健康状况和满意度"。他还说，政府打算"如果罢工没有得到迅速解决，就使用大批军队维持秩序和食物供给，这对这些人的决定有潜在的影响作用。他们知道已经到了讨价还价的心理时刻，继续进行下去会有风险，可能会损失掉已经掌握的一切"。

在丘吉尔的极力主张下，在仍在持续铁路或码头罢工的地区征召特别平民治安员扩充警察队伍。在南威尔士的兰内利，暴动者利用罢工进行抢掠和暴乱行为。8月19日下午，他们攻击了一列路过当地车站的火车。他们拦截火车，控制了火车司机。军队赶到，他们向军队投掷石块，一名士兵头部受伤。士兵开火，两名平民身亡。

在对火车发动攻击不久后，暴动者烧毁当地官员的办公场所，抢劫铁路车辆，捣毁码头地区的很多小商店，军队没有采取行动，他们让警察恢复秩序，警察用警棍对抗暴动者。这天深夜，警察局遭到袭击。军队前来赶走了袭击者，没有人员伤亡。

8月19日一整天，劳埃德·乔治在伦敦进行谈判，目的是达成和平协议。到傍晚时分，罢工结束。部队已经从火车站撤出，他们将返回军营。

在大多数骚乱爆发之时，丘吉尔都采取迅速且强有力的行动，阻止破坏性的暴力行为发生。

1911年夏，北非爆发的一场危机对欧洲造成战争威胁。为了获得大西洋的一座海军基地，德国政府派出炮艇"豹子号"前往摩洛哥港口阿加迪尔。根据1904年签订的英法协定，法国拥有对摩洛哥的支配权，法国要求英国派一艘英国炮艇应对德国的这一举动。

"这将是重要的一步，"丘吉尔在1911年7月3日从内政部给克莱门蒂娜写信说，"如有必要，我们将竭尽全力，做好万全准备，才会走出这一步。"作为内政大臣，他应该关注的是其他问题；不过他对欧洲的劲敌一直都十分了解，观看了德军的演习后更加深了他的理解。7月4日，内阁召开会议，丘吉尔告诉克莱门蒂娜，会议决定"用非常直白的语言告诉德国，如果认为能在没有英国人的情况下瓜分摩洛哥，他们就大错特错了"。

在给劳埃德·乔治的一封信中，丘吉尔认为，如果德国在谈判期间对法宣战，除非英国认为法国维持僵局没有道理，否则"我们应该和法国合作"。英国也不应该对计划的行动过程保密。他建议劳埃德·乔治"应该现在就告诉德国"。

在最严格的保密下，丘吉尔利用自己作为内政大臣的职权向情报机构签发了"检查来往信件"的许可。任何怀疑收到来自德国指令的信件都被开启。丘吉尔在4个月后对格雷说，这些被截获的信件显示"德国海军和军队权威人士以我们为对象进行了详细且科学的研究，世界上没有其他哪个国家给予我们如此大的关注"。

7月25日，丘吉尔给格雷写信，建议英国应该让西班牙改变其亲德立场，"和它交朋友"，推动西班牙和法国之间的友好关系。

4天后，在唐宁街10号的花园聚会上，在和警察总监的交谈中，丘吉尔得知作为内政大臣，他要对英国国内储备的所有海军无烟弹药的安全负责。伦敦有3个用于储备的弹药库。返回内政部后，丘吉尔给海军部打电话，要求派遣一支皇家海军队伍保护这些重要的军需品。主管海军上将拒绝执行。丘吉尔对海军上将的态度感到震惊，他给陆军部打电话，说服陆军大臣霍尔丹勋爵向3处弹药库派遣了部队。

当天午夜，丘吉尔通知国王，他认为自己有责任采取更加有效的措施确保海军弹药库的安全，现在这些弹药库在伦敦警察的保护之下。仅查坦登和洛奇希尔就存放了舰队3/5的无烟弹药。丘吉尔为每个弹药库安排了一个连的步兵，两天后他给克莱门蒂娜写信说："我向跟你说过的两个地方派遣了足够的士兵，现在所有地方都安全了。"关于阿加迪尔，似乎"那个恶霸已经让步了，看起来一切问题都会顺利解决"。4天后，他对克莱门蒂娜说，毫无疑问，德国打算"在友好的基础上"与法国和解。

8月23日在为帝国国防委员会的会议做准备的时候，丘吉尔提出了自己的想法，如果德国发动军事攻击，英国必须给予法国帮助。他预言，德国军队会在战争开始后第 20 天跨过默兹河。随后法国人会向巴黎撤退。德国的前进势头将随着战事的扩展慢慢减弱。从第 30 天起，俄军开始在东线施压。英军将在佛兰德斯就位。到第 40 天，西区的德军"将在内部及其战线上全面铺开"。这种压力会一天天加大，而且不会取得压倒性的胜利。那时，"机会就会出现，进行决定性的实力对决"。

丘吉尔提交这份备忘录的时候，巴尔福是帝国国防委员会的成员。1914 年战争开始后第 35 天当再次读到这份备忘录时，他评价道："这是成功的预言！"5 天后，德军止步马恩河。

8 月 30 日，摩洛哥的谈判仍在继续。丘吉尔建议格雷，如果谈判失败，英国应该提议建立英法俄联盟，保卫比利时、荷兰和丹麦的独立。英国还应该告诉"比利时，如果它的中立地位被破坏，我们准备好向它伸出援手"，而且会采取"一切最有效的军事措施以达成这个目的"。对荷兰和丹麦也应该做出同样的保证，条件是一旦战争爆发，这 3 个国家都要尽到自己"最大的努力"。为了保卫比利时，英国需准备好向安特卫普及驻扎在当地的军队提供必需品；还要向荷兰人施压，保证斯凯尔特河畅通，因为斯凯尔特河是安特卫普的供给线。如果荷兰人封闭斯凯尔特河，"我们就封锁莱茵河，进行报复"。

海军部提议和法国海军一起封锁摩洛哥海岸。丘吉尔反对这个提议。他在 8 月 30 日给格雷写信说，如果法国军舰前往摩洛哥，"我认为应该将我们的主力舰队挪到苏格兰北部，进入战争状态。我们的利益在欧洲，不在摩洛哥"。

现在丘吉尔仔细考虑英国如何能最好地帮助法国抵抗德国的攻击。8 月 31 日，他和新近被任命为陆军部军事行动处处长的亨利·威尔逊将军讨论自己的想法，他赞成如果英国能够将军队移入友邦比利时，将立刻产生"很有利的战略优势"，英军就能联合比利时军队对德国形成侧翼威胁。在对劳埃德·乔治汇报他们的这次对话时，丘吉尔提出了他在两次世界大战爆发前在外交事务上的主导思想："只有一个原因可以作为我们参战的正当理由——防止法国被普鲁士贵族地主践踏和劫掠——这个灾难对世界来说是毁灭性的，对我们的国家来说则是瞬间致命的。"

在仔细查看了海军部在北海的部署后，丘吉尔很不满意。"你肯定我们部署在克罗马第的船足以击败德国的大洋舰队吗？"9 月 13 日，他问阿斯奎斯，"如果不能肯定，应该立刻增援。"聚集在北海的舰队应该足以在"没有其他支援"的情况下与德国海军进行对决。

海军部的态度让丘吉尔感到愤怒，他问阿斯奎斯："你肯定海军部了解欧洲的严峻形势吗？据我所知，他们的人现在几乎都在休假。"不过丘吉尔相信，有良好的领导能力应该就够了，他对阿斯奎斯说："海军部有供他们调遣的充足力量。他们只需做好准备，巧妙地利用这些力量。不过只要出现一次失误，就像我们的会议上出现的那种失误，我们要保卫的就不是法国而是英国自己了。"

威尔逊上将马上要离开海军部去休假。9 月 13 日晚，他对陆军部说已经做好了一切海军应急准备，需要做的只是"按下按钮"，这是一个文书都能做到的事情，其他任何人也一样。当向劳埃德·乔治汇报此事时，丘吉尔评论道："我只能说希望如此。"

阿加迪尔危机让丘吉尔了解到英国海军的实力和弱点。他相信自己有能力和远见，能够迅速获取信息，让英国成为不可战胜的海上霸主。丘吉尔决定成为海军大臣，他非常想参照陆军的模式，建立海军作战参谋部，为所有可能在战斗中出现的偶发情况做打算。这年秋天，谁将成为海军大臣成为人们纷纷讨论的话题。"基本上，"阿斯奎斯在 10 月 7 日给克鲁勋爵写信说，"我相信丘吉尔是适当的人选，而且他也愿意去。"

第十二章

海军大臣

1911 年 10 月 24 日议会重新召集会议，5 周后就是丘吉尔 37 岁的生日，这天他被宣布担任海军大臣。在接下来的两年半里，丘吉尔一直以让海军做好准备为己任，他查看海军兵站和码头，努力掌握复杂的海军舰炮和战术知识，关注德国海军的发展，设法鼓舞海军的士气。

每个缺陷都必须弥补，每个缺口都必须填上，每个偶然都必须预见到。11月 5 日是丘吉尔登上海军快艇"魔女号"的第一天，接下来的两年半里，他在 200 多天的时间里把这里当作自己的家和办公室。第一次航行从考斯出发，他视察了朴茨茅斯的码头和潜艇补给站。3 天后的第二次航行，他跟随海军舰艇一起保护国王和王后从朴茨茅斯港出发前往印度参加德里觐见大典。11 月 17 日，他开始第三次航行，在德文波特主持了战列舰"百夫长号"的入水仪式。第四次航行，他视察了鱼雷驱逐舰"猎鹰号"。12 月 9 日，在 6 周内的第五次航行中，他视察了朴茨茅斯的皇家海军军营并且参观了潜艇学校。

丘吉尔在海军部的第一个月里甚至还研究了战争科学的一个最新分支——空中战争。陆军将空中部队视为主要的侦察手段，避免实际的空中战斗。丘吉尔希望海军能更加积极地使用飞机，投掷炸弹和机枪都纳入了皇家海军航空部队的实验和培训。

丘吉尔继续和其他党派的人士交朋友。当"别人俱乐部"的创始成员之一安德鲁·博纳·劳当选保守党领袖的时候，丘吉尔给他写信说，他的当选让自己"相信如果某个全国性的紧急事件让当权政党利益集团的力量衰弱，我们也能发现反对党领袖是实实在在地把国家和帝国放在第一位的"。他希望"别人俱乐部"能够继续下去。不过在安排会议和避开"不利时刻"上需要"高超的技巧"。在这个俱乐部中已经有 3 名未来的首相了，他们是劳埃德·乔治、博纳·劳和丘吉尔。

前第一海务大臣、海军元帅约翰·费希尔爵士在一次参观后一直写信勉励丘吉尔，丘吉尔也热情地给他回信。"我希望你已经看过今年新船的模型了，"丘吉尔在 12 月 3 日给他写信说，"它几乎符合我们一起讨论过的每项要求。"

费希尔鼓励丘吉尔开发 15 英寸舰炮，建立一支由速度达到 25 节的战列舰组成的快速舰队，建造以石油而不是煤为燃料的战列舰，使其速度达到 25 节。丘吉尔向一名以备受争议且口无遮拦著称的退休军官请教，这让一些旁观者感到震惊。不过这两个人，一个70岁，一个38岁，很快在对方身上发现了共同的热情和目标。

丘吉尔关注12月德国海军的发展；在1911年圣诞节前给一个记者的信里，他指出德国海军在过去的几年里"飞速发展"。他警告说，发展壮大的海军和德国已经十分庞大的陆军结合在一起，这"是最不祥、最令人不安的事情"，特别是指挥"这些巨型的破坏机器"的不是民主政府，而是"得到了强大的德国贵族地主阶级支持的军事和官僚寡头"。丘吉尔还说，德国现在"能在完全不伤及自身安全或自由的情况下，立即结束当前令人头疼的紧张局势"。德国采取任何放慢海军建设的措施，"我们都会立刻做出回应，不仅仅是口头和情感上，而且是行动上"。

丘吉尔写道，也许是因为阿加迪尔危机中英国的坚定态度，特别是劳埃德·乔治的大厦之屋讲话，"那个不祥之日"被延期了。丘吉尔说："我不相信战争不可避免论。整个世界瞬息万变，也许几年后，德国的民主力量会再次拥有较强的控制自己政府的能力，现在的地主权势会被更和平以及不那么强硬的势力取代。"同时，俄国已经从1905年在满洲里被日本击败的阴影中恢复过来，它是"对德国挑衅行为的一个有力的牵制力量"。

1912年1月初，丘吉尔与准备去拜见德国皇帝的欧内斯特·卡塞尔谈话。丘吉尔对卡塞尔说，除非德国放弃海军竞赛，否则其政策只会继续让英国的怀疑和忧虑加剧。德国方面采取任何放慢脚步的动作，都会让"国际关系即刻缓和，英国将表示出极大的善意"。如果不能放慢，"除了表现出礼貌和做好准备之外我就没有其他期待了"。

准备正有条不紊地提前进行。与卡塞尔见面3天后，丘吉尔写信给费希尔说，飞机很快就能加入作战舰队。在建的潜艇数量也有所增加。1912年建造的巡洋舰比以前的巡洋舰速度快两节。

1月31日，欧内斯特·卡塞尔爵士从柏林返回英国，与丘吉尔和劳埃德·乔治共进早餐。他带回来了自己与德国皇帝见面时得到的消息，德国海军马上要大举扩张；一个6年增速建造计划将取代当前的12艘战列舰的建造计划，新计划准备新建15艘战列舰。德国人宣布新计划时，丘吉尔在当天晚些时候对格雷说，英国将做出"迅速且有力的回应"。如果德国有心放慢扩军的速度，让新计划在12年而不是6年内完成，随之而来将会是两国之间的友好关系，英国也会放慢速度。

卡塞尔说服德国皇帝让丘吉尔提前看到新的德国海军法。在看到这部法案的时候，丘吉尔意识到其中蕴含了又一个给英国造成威胁的因素，即加深沟通波罗的海和北海的基尔运河。他对格雷指出，目前德国战列舰位于基尔运河"错误"的一边，它们只能绕远路才能到达北海。"1915年加深运河会让这个安全信号消失。"一旦所有25艘德国战列舰能够在德国选定的对战时刻被迅速派往北海，英国就需要"在24小时内让不下40艘战列舰待命"。

2月14日，丘吉尔将这部新德国海军法给内阁成员传阅。显然英国海军需要大幅增建。之前德国计划新建17艘战列舰、4艘战列巡洋舰和12艘小型巡洋舰，现在的计划是新建25艘战列舰、12艘战列巡洋舰和18艘小型巡洋舰。另外将新建50余艘潜艇。15000名官兵将被扩充进入当前86500人的队伍。在德国的5支作战舰队中，到1914年4月，两支将全部由最先进的战列舰和巡洋舰组成。丘吉尔解释说，不仅德国的新建船只会形成威胁，德军人数以及各级别舰艇数量的增加也会形成威胁。

3月9日，丘吉尔告知内阁，一旦新德国海军法得以实施，德国在"一年四季"里将有至少25艘战列舰在北海待命，相对而言，"甚至将大西洋舰队计算在内"，英国也只有22艘战列舰。因此，他提议，假设新德国海军法生效，德国每造一艘战列舰，英国就会造两艘。同时，丘吉尔也在寻求避免海军军备竞赛的办法，他提出"海军假期"的概念，即两国的海军建设各自中止一年时间。

在等待德国答复他的"海军假期"提议时，丘吉尔回到"魔女号"上，继续视察海军码头和军舰。一名新的速记员哈里·贝肯汉姆跟在他身边，丘吉尔在海军部期间，贝肯汉姆一直在他身边。

德国人仍然没有宣布新的海军计划。5月4日，在伦敦举办的皇家学院宴会上，丘吉尔称英国海军政策的唯一目标以及在海战爆发时避免战败的唯一方法就是"在特定的时间，特定的点"将战斗力最大化。

当天丘吉尔还大胆预言："任何两个强大且拥有高科技的国家如果互相开战，他们在战争结束前都会对战争感到彻底厌倦。"他提出"海军休假"的提议已经过去一个月了，然而提议仍然没有被采纳。5月9日和10日他陪同国王到魏茂斯视察舰队，两项重大进步展现在参观者面前：使用飞机侦察水下潜艇以及使用飞机向下方目标投掷炸弹。

5月21日，德国议会通过德国海军法。从此以后，丘吉尔将把精力集中在让皇家海军做好准备应对与德国的冲突上。6周后，他向内阁提交一份提纲，建议"大力增加各级别船只的打击力量"。他相信能够鼓舞下属的士气，增强海军的实力。6月，他在朴茨茅斯参观一艘潜艇时，《每日快报》报道说："他和船上几乎所有水兵谈话，询问一切事物的用途以及如何操作。所有水兵都十分喜欢他，因为他从不大惊小怪或者让他们措手不及。他在这儿，在那儿，无处不在"。

7月22日，德国海军法案已经尽人皆知，丘吉尔向议会提出增补海军预算方案。这是他职业生涯中的一个重大时刻，也是英国和欧洲历史上的一个重大时刻。在两个多小时的发言中，他详细解释了新德国海军法和英国的应对办法。英国将建造足以维持其海上安全所需的军舰。他希望坚持两个总体原则："第一，我们必须有充足的、时刻准备就绪的富余力量；第二，我们海军队伍被不知疲倦地追赶着，因此必须在很多年里稳步、系统地发展。"

8月和9月，丘吉尔乘船前往英国所有的海军兵站，观看炮火练习、目睹战术演习，参加军舰入水仪式，视察码头、岸上设施、武器制造，查看最新的技术进展。

这年秋天，丘吉尔还和法国海军部长一起讨论如何加强法国实力，使其成为地中海上的海军大国，这样英国就能将其海军力量集中在北海。不过，丘吉尔不愿意看到英国加入法国的联盟体系，尤其是和俄国联盟，他对阿斯奎斯和格雷说，反对任何可能"将我们与法国过紧地联系在一起以及让我们丧失因为有终止战争的能力而带来的自由选择权"的协议。他警告说，任何陆军或海军的部署都不应该让英国"在到我们决定站出来的时候"受到不守信用的指责。

增补海军预算方案能够确保皇家海军在数量上壮大，丘吉尔还希望能让水兵们满意。为了达到这个目的，他要求提高水兵的报酬，并在岸上设置休闲设施。

海军的方方面面都没有逃过他的注意；10月，他提醒劳埃德·乔治，很快英国海军就需要增加开支，他指出，德国最新研制的"塞德利茨号"战列驱逐舰"装备精良，只在炮火力量上稍逊一筹，在其他各个方面与我们最新研制的'老虎号'至少是不相上下的"。

丘吉尔反复从财政大臣那里为自己的部门争取资金。在写下提到"塞德利茨号"的这封信4天后，他在内阁提出要更多的资金，提高水兵的报酬，劳埃德·乔治表示反对，认为他是在"找机会挥霍钱财"。两周后，丘吉尔得知奥匈帝国可能要新建3艘战列舰，他立刻提笔写信说："看看这个消息。如果这是真的，你意识到它意味着什么吗？为难我、谴责我没有用。我对这些事情的控制权没有你多。"

丘吉尔不打算在没有充分理由的情况下乱花钱；在草拟1913—1914年度的海军预算时，他向内阁保证"每项支出都有绝对坚实的理由"。

1913年年初，在乘坐"魔女号"参观了谢佩岛上的伊斯特丘奇海军航空兵站后，丘吉尔请那里的年轻海军飞行员教他开飞机。这是件很危险的事。

整个1913年，"魔女号"成了丘吉尔的第二个家；在海军部，第一海务大臣巴腾堡亲王路易斯以及海军部的其他成员都遵照丘吉尔的要求行事。

这一年丘吉尔认识的人中包括路易斯亲王的大儿子迪基，迪基后来回忆说："虽然那时我还只是一个13岁的海军军校学员，丘吉尔跟我说话时就好像我是一个完全够格的海军军官。难怪我迅速拜倒在他的魅力之下。"1942 年，这名曾经的海军军校学员在当时已经成为路易斯·蒙巴顿上将，丘吉尔将任命他为联合作战总司令。

在伦敦，克莱门蒂娜正把他们的家从埃克勒斯顿广场搬到海军部大厦的海军大臣官邸。克莱门蒂娜尽可能跟丈夫一起到"魔女号"上。这年夏天，克莱门蒂娜和丈夫一起度过了一个愉快的长假。跟他们同行的还有阿斯奎斯、他的夫人玛戈特和女儿维奥莱特。他们乘火车到达威尼斯后，乘坐"魔女号"穿过亚得里亚海进入地中海，游览了马耳他、西西里和科西嘉。在马耳他，丘吉尔碰到了基钦纳，针对地中海防御的问题讨论了几个小时；两人试图填补他们之间在年龄和信任度上的鸿沟，但并不成功。

回到英国后，丘吉尔立刻密切参与到解决爱尔兰僵局的工作中。前一年，他在贝尔法斯特曾经称赞过自治的好处，并且力劝阿尔斯特的 6 个郡接受自治。爱德华·卡森爵士的回应是宣布阿尔斯特坚决反对自治，他还得到了博纳·劳的支持。1912 年 4 月，自治法案出台。

在 1912 年的论战中，丘吉尔称博纳·劳反对自治的行为"几乎是叛国行为"。这年秋天，阿尔斯特下院议员罗纳德·奥尼尔在议会大厅向丘吉尔扔了一本书，那本书击中了丘吉尔的头部，还让他流了血。在谈到阿尔斯特的反抗时，新教徒和天主教徒都言辞激烈。1913 年夏天从地中海回国后，丘吉尔带头想办法平息人们的这些激烈情绪。

自治法案将继续推进。阿斯奎斯证实会就阿尔斯特进行"某种交易"。但是所有关于内战的言论必须停止。丘吉尔现在做好了朋友 F·E. 史密斯的工作，试图在"别人俱乐部"的跨党派氛围中达成妥协，阿尔斯特可以拥有特殊地位，至少是在爱尔兰自治改革的初期。

为了尽可能减少海军开支，丘吉尔决定取消 1914 年的年度大规模演习。大规模演习的费用预计高达 23 万英镑，其价值相当于 1990 年的 800 万英镑。他提出调动第三舰队，这个计划费用不高。这样将省下 18 万英镑，大部分是燃料费。于是，1914 年大西洋上的演习取消，充分调动起来的第三舰队在北海集结。

除了省钱，丘吉尔还关注一系列动员活动。不能靠碰运气或者约定俗成。除了调动第三舰队，他还希望测试皇家后备舰队和后备军官的士气。他对路易斯亲王说："迫切需要这个措施。"丘吉尔一面提出这些测试士气的计划，一面等待德国人对他第二次提出"海军假期"提议的回应，在这期间，他还不忘为低级水兵和码头工人争取权益。

这年秋天，丘吉尔恢复了飞行课程。他的指导老师包括尤金·杰勒德和理查德·贝尔·戴维斯。除了继续学习飞行，完成让他获得飞行员执照的飞行小时数外，丘吉尔还密切关注航空作战和培训的方方面面。5月，他批准让平民飞行员直接进入海军航空部队，而且将报名年龄从22岁提高到24岁。9月，他制订了100架水上飞机的战时编制计划；事实上是他发明了"水上飞机"这个词，多年后他将为此感到万分自豪。

10月，丘吉尔从希尔内斯乘飞艇飞往查塔姆和梅德韦上空。同一天，他乘坐水上飞机视察了希尔内斯的码头。

丘吉尔完全为飞行着迷，他也完全相信航空的未来。11月中，他在东南沿海抓紧建设水上飞机基地，而且为来年夏天的水上飞机演练做好准备。11月末，他返回伊斯特丘奇做更多的飞行。这一次他的副驾驶是吉尔伯特·卢星顿。然而12月2日，卢星顿意外坠机身亡。卢星顿死后，很多报纸文章劝说丘吉尔放弃飞行，连最好的朋友也劝他放弃。"为什么你要反复地飞行？"12月6日F·E.史密斯给他写信说，"这对你的家人、事业和朋友绝对是不公平的。"不过丘吉尔不打算放弃这门已经开始掌握的技术。

丘吉尔开始制定1914—1915年度的海军预算。在寻求经济支持的过程中，他受到了一次打击，加拿大政府拒绝为英国计划未来建造的3艘战列舰支付建造费。另一次打击是德国一直拒绝延期海军建设项目。丘吉尔认为向英国运输食品的商船应该配备武装，这样它们在受到敌人军舰攻击的时候可以还击。已经有30艘船配备了武器，在接下来的一年里他还想为另外40艘配备武器。还有一些商船被海军接收，改装成了辅助巡洋舰，保护英国的食品生命线。

在主要的三个现代化领域内，额外的开支也是不可避免的：继续将燃煤船只改造成燃油船只，需要建设石油储藏库；扩大皇家海军航空部队，需要建设海军航空兵站和设施；推广无线电报的使用，作为海上和空中秘密通信的主要手段。内阁去年给了丘吉尔5000万英镑预算，在今年是否增加300万英镑的问题上内阁产生了分歧。一些大臣仍然认为自由主义和海军军备的增加是互相矛盾的。起初，劳埃德·乔治支持丘吉尔。随后，他加入了要求"大幅削减"海军预算的行列，提出至少延期建造计划在1914—1915年度建造的4艘战列舰中的一艘。12月的最后一周，丘吉尔威胁说如果自己提出的在1914—1915年度新建4艘战列舰的提议被否决，他就辞职。

劳埃德·乔治提出接受1914—1915年度的预算，条件是丘吉尔承诺1915—1916年度一定要降低开支。丘吉尔拒绝这个提议。2月的第一周，阿斯奎斯让丘吉尔把"一两个孩子扔出雪橇"，与"批评派"达成妥协。一周后，丘吉尔同意在巡洋舰计划和征兵计划上稍做削减。随后内阁批准了来年的海军预算。

在向议会提出海军预算3天前，丘吉尔准备在布拉德福发表演说。在出发前两天，他出席了一次内阁会议，听到阿尔斯特传来令人担忧的消息。新教徒领导人拒绝了政府在自治问题上的让步条件，根据这些条件，阿尔斯特的 6 个郡可以通过公民投票决定支持 6 年内不实施自治。对阿尔斯特统一党人来说这还不够。他们想要彻底摒除以天主教势力为主的都柏林议会的支配权，自治法案将由该议会确立。阿尔斯特志愿军打算把控制权掌握在自己手中，威胁说如果采取措施解除他们的武装，他们就要采用武力对抗政策。

3 月 12 日，内阁得知最近的一系列警察报告显示"部分'志愿军'可能试图通过突袭占领警察、军队兵营以及武器弹药仓库"。阿尔斯特地区只有 9000 人的英军常规部队；而武装分子多达 23000 人，他们驻扎在南爱尔兰，大部分在都柏林以外的克瑞。内阁同意必须派部队抵挡这些志愿军，不过他们决定在采取任何行动前，先由一位资深的大臣向统一党人发出公开警告。丘吉尔就是被选中发出警告的人。"你是唯一能够发表这样一篇演讲的内阁成员，"劳埃德·乔治对他说，"大家都知道你一直支持对阿尔斯特问题进行调解。你可以说阿尔斯特人已经得到了让步条件，他们必须接受并承担其后果。"应内阁的要求，3 月 14 日丘吉尔在布拉德福发表了演讲。

当晚丘吉尔返回伦敦，写完关于海军预算的讲稿，他要在 3 天后的 3 月 17 日发表这篇演讲。演讲长达两个半小时，《每日电讯报》上说，这是"下院在当前这一代听到过的篇幅最长，或许也是最有分量和说服力的"一篇演讲。在演讲中，丘吉尔为提高英国海军开支进行辩护。他提到了德国的快速上升和奥匈帝国的海军建设，还对德国和奥匈帝国的需求和英国的需求进行了区分。强国不需要海军维护"他们现实的独立或安全"，他说，"德国和奥匈帝国建设海军是为了参与世界事务。对他们来说，这是竞赛。对我们来说，这是生死攸关的问题"。

丘吉尔对下院议员说，这并不意味着"整个世界要依靠我们，或者我们所做的准备是鉴于这样一个恐怖的不测。通过清醒适度的行为，通过巧妙的外交，我们可以消除部分敌意，可以分散部分危险因素"。不过英国外交还有很大进步空间，"其有效性绝大程度上要依靠我们海军的地位"。英国的海军实力是"我们维护自身安全和世界和平的一个重要的制衡力量"。20 年后，在面对德国的第二次威胁时，丘吉尔将强调英国的空军实力对维护和平同样至关重要。

丘吉尔赢得了海军预算之战。不过现在爱尔兰问题占据了政治舞台的中心位置。自由党政府没办法让阿尔斯特相信其利益不会牺牲给都柏林。阿尔斯特的新教徒不接受阿斯奎斯的 6 年免于自治的让步条件，他们认为自己永远不应该接受都柏林的统治，只有他们自己才能统治阿尔斯特，他们把法律和命令的约束力抛在一边，必要的时候将使用暴力手段。

3 月 15 日，丘吉尔受命加入内阁专门委员会，3 天后，委员会报告说阿尔斯特的 4 个主要武器弹药库有被志愿军"洗劫"的危险。陆军部命令执掌爱尔兰军队的佩吉特将军保护这些仓库。佩吉特拒绝了，他担心军队从克瑞移师阿尔斯特"可能引发危机"。丘吉尔准备动用皇家海军支持政府的政策。3月18日，他对内阁说，第三作战舰队马上要在苏格兰沿海的拉姆拉什进行作战演习，那里距离贝尔法斯特只有70英里。如果铁路部门拒绝帮助，海军舰艇可以搭载部队通过水路从南爱尔兰到达阿尔斯特。内阁批准了这个行动方案。

第三作战舰队当时正在法国一侧的大西洋岸边。3月19日丘吉尔向其指挥官下达命令："立刻以常规速度前进至拉姆拉什。"同一天，他下令让3艘驱逐舰直接到南爱尔兰的一个港口，把一个连的步兵送到贝尔法斯特附近，士兵们将"立刻"从那里登陆。另外两艘驱逐舰载着550名步兵从南部前往北部。其中一名船长得到命令，在班戈登陆，"着便衣"，配合当地的陆军部队。另一名船长则需安排保卫卡里克弗格斯的军事仓库和弹药。

从阿尔斯特传来消息说志愿军依然决定夺取武器和弹药。第三骑兵旅的指挥官高夫将军和手下70名军官中的57名不愿从克瑞的营地前往阿尔斯特，他们提出辞职，佩吉特将军被大大地捆住了手脚。这次"克瑞兵变"后，佩吉特比以往更加依赖海军了。3月21日，应他的要求，4门野战炮被装上了当时停靠在德文波特的第三作战舰队旗舰。

结果，已经到阿尔斯特的部队被证明足以保护军火仓库，他们没有受到攻击。第三作战舰队仍然停留在拉姆拉什。海军不用与阿尔斯特志愿军作战。不过丘吉尔在海军方面所做的准备仍然招致保守党议员的猛烈抨击，尽管这些行动全部获得了内阁批准，他们还是指责丘吉尔打算制造"阿尔斯特大屠杀"。当丘吉尔告诉下院海军的行动是"纯粹的预防措施"时，有人指责他希望通过这些行动引发"战斗和流血事件"。丘吉尔反驳说，这是"地狱般恶毒的影射"。不过很多人都这么说，也有很多人相信这种说法。

4月4日，人们对丘吉尔的敌意在海德公园的一次集会上达到顶点。丘吉尔自己仍然认为在爱尔兰达成折中方案是可能的，他将继续努力达成这个目标。

4月24日晚，和解希望似乎突然间终结了，阿尔斯特志愿军在卡森的默许下将约3万支步枪和300万发子弹运至拉恩，并且迅速将它们分发下去。这是到此为止阿尔斯特人发出的最严重的挑战。

在自由党人对阿尔斯特群情激愤时，丘吉尔决定自己采取主动，达成和解。当时场面十分紧张，共和党投票谴责政府反对阿尔斯特的需求。发言一开始，丘吉尔对这次谴责本身提出指责。他说，这就像"罪犯谴责警察"。

丘吉尔为政府在阿尔斯特的行动做了辩护，在结束讲话时，他向卡森本人提出了达成和解的请求。

尽管激起了自由党人和爱尔兰民族主义者的愤怒，丘吉尔的提议却冷却了阿尔斯特人的激动情绪，让谈判能够在夏天继续。

5月，丘吉尔设法寻求另一次和解，与德国的和解。德国皇帝邀请他在6月底的海军赛舟会期间访问基尔。德国海军之父提尔皮茨元帅也表示希望和他会面。丘吉尔愿意前往，他希望与提尔皮茨的"直接面对面的交谈"能成为达成更广泛共识的序曲。他对阿斯奎斯和格雷说，自己会向这位元帅说明他的"海军休假"提议。丘吉尔还想采纳提尔皮茨之前的一个提议，即限制最大级别军舰的规模。他认为："就算数量不能变，限制规模也能带来很大节省。"

6月底，应俄国海军和德国海军邀请，两艘英国海军舰队将进入波罗的海。丘吉尔提出与之同行，乘坐"魔女号"先到喀琅施塔得的俄国海军基地，然后再到基尔。他指出这次访问不会惹恼法国，因为他是接受邀请参观土伦的法国海军基地。

然而格雷建议对德国皇帝说丘吉尔"无法"前往基尔。这让丘吉尔说服对手的希望破灭了。6月的第一周，他没有按计划前往波罗的海，而是乘坐"魔女号"先到普利茅斯，再到瑟堡。他还视察了达特茅斯的海军军校。

6月9日，他批准200名平民加入航空部队，并且批准建设5座海军航空兵站，因为节约预算的关系，比他希望的少了3座。他还继续关注整个海军的社会状况，强烈要求实施给服役期间牺牲的水兵家属发放抚恤金的制度。不过，还要经历十余年以及4年的战争，战争遗孀和战争孤儿抚恤金制度才会开始实施。

6月17日，丘吉尔提出了在担任海军大臣期间最重要的一个动议，他请求下院批准一项他参与谈判的革命性的商业交易——由英国政府购买英国波斯石油公司51%的股份以及该公司油井所产石油的第一使用权。他解释说，这笔200多万英镑的交易将能保证皇家海军维持其军舰运转所需的全部石油供应，无须再依赖任何私人公司或外国政府。

两年前，在把详细计划递交给议会前，丘吉尔委任费希尔考查海军的石油需求，其中之一就是海军"要控制某地的一个油田"。当费希尔建议英国波斯石油公司是可以控制的对象时，丘吉尔立刻开始收购谈判；在财政部的年轻官员理查德·霍普金斯的协助下，他展开谈判，协调不同政府部门之间相互冲突的利益。

下院以254票对18票批准了英国政府购买英国波斯石油公司多数股权的计划。海军部在英国势力控制下的区域掌握了所需的石油，而且这些石油还有相当可观的盈利前景。在接下来的50年里，单单这些石油所获利润的利息就足以支付1914年所有新建战列舰的建造费用。

6月28日，在丘吉尔成功收购石油公司11天后，巴尔干半岛发生了一件即将打破欧洲格局的大事：奥匈帝国皇储斐迪南大公及夫人在波斯尼亚的萨拉热窝市遇刺。刺客是一名塞尔维亚民族主义者，奥匈帝国立刻对刺客以及塞尔维亚提出强烈抗议。奥地利看来肯定会要求塞尔维亚进行补偿，甚至会对塞尔维亚宣战。俄国人的同情心会在塞尔维亚人一边。从情感和结盟情况来看，德国会支持奥匈帝国，法国会支持俄国。不过，所有这些都还是推测。6月9日，刺杀事件发生11天后，英国外交部的常务次官告诉爱德华·格雷爵士："我不确定奥地利是否会采取重大行动，但暴风雨就要来了。"

第十三章

1914 年战争来袭

7 月 25 日，在白金汉宫会议失败后，内阁再次召开会议。

1914 年 7 月，丘吉尔给正与戴安娜和伦道夫在克罗默度假的克莱门蒂娜写信说："欧洲正处在一场大战的边缘，岌岌可危，奥地利给塞尔维亚的最后通牒是曾经出现过的此类文件中最傲慢无礼的。除此之外，阿尔斯特的临时政府现在相对而言似乎只是件无关紧要的事了。"这天晚上，丘吉尔和德国船业巨头阿尔弗雷德·巴林共进晚餐，巴林是德国皇帝的心腹之一。巴林悲观地谈到可能引起英、德两国交战的一系列事件。"如果俄国出兵对抗奥地利，我们肯定会出兵，"巴林警告说，"如果我们出兵，法国肯定会出兵，英国会怎么做？"

丘吉尔回答说他不知道，这要由内阁决定；不过一旦法德开战，德国要是以为英国什么都不会做，那就错了。他告诉巴林，英国政府"会在事情发生时加以判断"。两人互道晚安的时候，丘吉尔双眼含泪地恳求巴林不要让德国对法开战。

塞尔维亚政府希望避免与奥地利开战，他们对最后通牒发出了求和回复，同意镇压塞尔维亚领土上的一切反对奥地利的破坏性行动，并且会将所有与谋杀大公相关的人正法。尽管塞尔维亚不同意奥地利派代表参与审判，但是他们愿意将整件事提交海牙国际法庭，或者交由双方都认可的强国处理。

塞尔维亚给奥地利的求和回复在 7 月 25 日从贝尔格莱德发送至维也纳。这天上午，丘吉尔和路易斯亲王讨论是否要疏散第三舰队的船只，因为按照上一年的动员计划，第三舰队已经调动起来，集结到一起。他们判断局势还没有严重到要让船只聚集在一起的地步。中午，丘吉尔乘火车前往诺福克，和正在海边的家人碰头。

7 月 26 日上午 9 点，丘吉尔从克罗默当地的邮局给路易斯亲王打电话。他听到了坏消息：奥匈帝国显然不满意塞尔维亚对最后通牒的回复。丘吉尔走向海滩，他在那里和儿子、女儿一起玩了 3 小时。中午，他返回邮局，再次与路易斯亲王通话。他这次听到的消息更加让人不安：奥地利已经彻底拒绝了塞尔维亚的答复。

奥地利入侵塞尔维亚的可能性突然间变得近在咫尺，德国、俄国和法国都将被卷入冲突之中。德国会设法在战争之初、在与俄国作战前攻打并击败法国。在攻打法国时，德国军队肯定会进军比利时，而英国曾发誓要保证比利时的中立地位。

　　丘吉尔和路易斯亲王讨论应该怎么做。在电话里讨论这么敏感的问题很困难。一年后丘吉尔写道，当时他曾经特别要求路易斯亲王"不要疏散舰队"。丘吉尔在当晚 10 点返回伦敦，首先到海军部，然后又到外交部，格雷告诉他奥地利似乎决心要让它与塞尔维亚的争端升级为战争。

　　内阁在 7 月 27 日这天上午开会的时候，绝大多数大臣反对英国在德国入侵法国的时候对德国采取行动。他们指出英国和法国没有正式结盟。丘吉尔后来写道："内阁坚决反对战争，他们永远不会同意在这个时候参战。"

　　作为海军大臣，丘吉尔的职责是确保在战争来袭的时候英国不会对海上或空中袭击毫无准备。这天下午，他到唐宁街获得了阿斯奎斯的批准，向所有弹药库和储油罐派遣武装保卫人员。海军部还下令让武装人员在所有海岸照明灯和大炮处就位。鱼雷储备已经完成。7 月 27 日，丘吉尔命令终止海军对丹托克和卡里克弗格斯的持续封锁；所有参与阻拦向阿尔斯特走私军火的船只全部进入作战区域。

　　考虑到奥匈帝国在地中海的海军力量以及英国在那里的利益，尤其是英国在埃及的利益，丘吉尔在 7 月 27 日给地中海总司令下达命令，集中马耳他的船只，在船上装载储备和煤。

　　7 月 27 日黄昏，北海沿岸所有容易受到攻击的地点，主要是储油罐和弹药库，都已经有高射炮保护。丘吉尔在第二天告诉国王，所有巡逻舰队"相继进入作战区域"。在空中防御方面，"飞机在泰晤士河口及周边集结，预防飞艇攻击"。

　　7 月 28 日，丘吉尔与基钦纳共进午餐，基钦纳从埃及过来是为了到英格兰接受伯爵爵位。基钦纳认为德国很可能会对法国发动猛烈攻击，他的这种想法让丘吉尔印象深刻，丘吉尔说服阿斯奎斯不要让这个从前的对手返回埃及。阿斯奎斯决定让基钦纳担任陆军大臣，这样也可以削弱保守党对完全由自由党人在战争期间担任领导职务的批评。

　　7 月 28 日，柏林的德国最高统帅部催促奥匈帝国立即入侵塞尔维亚，让全世界看到事情已经既成事实。这天，丘吉尔继续让海军做好作战准备，他下令让扫雷舰集结起来。同时还采取措施增援英国海军在远东地区的小型舰队，防止在该地区略胜一筹的德国海军力量。

　　第一舰队已经接到不疏散的命令，继续停留在英吉利海峡，在怀特岛周边的海域集结。尽管在这个位置上舰队形成了强大的战力，但是一旦和德国开战，其作战区域不是英吉利海峡，而是北海。7 月 28 日下午，在与路易斯亲王协商后，丘吉尔决定立刻让这支舰队进入北海海域，希望这样可以防止德国人对东部海岸进行突袭，这样也表明如果必须参与欧洲战事，英国已经做好了准备。"我很怕把这件事告诉内阁，"丘吉尔后来写道，"唯恐内阁误以为这是可能破坏和平机会的挑衅性举动。"因此他亲自到唐宁街跟阿斯奎斯解释这么做的意图。"他用冷冷的眼光盯着我，"丘吉尔后来写道，"发出了某种咕哝的声音。我没再提什么其他要求。"

丘吉尔返回海军部，下令给指挥第一舰队的海军上将，让他从波特兰航行至北海。当晚晚些时候，内阁得知奥匈帝国已经对塞尔维亚宣战。

7月29日，内阁同意丘吉尔提出的实施一系列预防性防御措施的要求。清除所有海军港口内的民船，派遣武装保卫人员到各个桥梁和高架桥，派遣哨兵到海岸边报告敌方船只的情况。不过内阁对什么能构成宣战理由有分歧；至少一半的大臣不愿意考虑在法国受到攻击时对德宣战，他们反复重申英国没有和法国结盟。

丘吉尔认为德国入侵法国将成为宣战的理由。丘吉尔担心内阁意见分化、犹豫不决而且可能最终导致自由党政府垮台，他在内阁会议结束后开始透过 F·E. 史密斯询问在英军对法国给予支持的基础上建立联合政府的可能性。史密斯接触的包括卡森在内的几名保守党人表示愿意建立这样的联盟。不过博纳·劳反对这个提议。

7月30日上午，丘吉尔正在和高级军官召开每天的参谋会议，此时传来消息：第一舰队已经抵达北海。丘吉尔立刻松了一口气。

丘吉尔认为英国最终会作为法国的盟友参战，他给指挥地中海地区英军的海军上将下令，让他做好准备，帮助从北非向地中海地区运送法军的船只通过，"进行掩护，可能的话，对单个德国船只采取行动"，特别是战列巡洋舰"戈本号"，当时"戈本号"已经离开亚得里亚海，前往地中海。

7月31日，内阁得知自由党强力反对英国为法国卷入欧洲战争。这天德国政府背地里建议让英国保持中立，作为回报，德国保证不会占领法国领土或者入侵荷兰。不过德国想要得到法国的海外殖民地，而且不能保证不入侵比利时。格雷答复了德国人的这些建议"绝无可能而且非常可耻"。所有情况都显示英德两国即将爆发冲突。

这天晚上，丘吉尔让海军高级顾问与驻伦敦的法国海军专员进行协商，如果英国和法国在战争中结成同盟，他们将共同采取哪些措施。他还向所有海军预备役人员发出动员令，一旦内阁批准，就能让舰队完全调动起来。

8月1日，丘吉尔请求内阁批准海军总动员。不过大臣们仍然意见相左，劳埃德·乔治带头主张不让英国支持法国。在内阁进行讨论时，尽管德国威胁到法国甚至比利时，显然很多大臣仍然不愿意宣战。如果德国入侵比利时，丘吉尔自己也不愿意在当天就立即承诺宣战。他写了一张纸条从会议桌上传给劳埃德·乔治：“在当前时刻，我会采取行动让德国知道我们的目的是保证比利时的中立地位。现在德国的确切目的仍然很不明确，我的行动不会超出这个范围。”

丘吉尔希望说服劳埃德·乔治必须宣战。为了影响劳埃德·乔治，丘吉尔当天让陆军军官奥利文特少校去见他。在前一年，奥利文特曾经在海军作战参谋部担任陆军部联络员；他向劳埃德·乔治解释说，德国关注的首要目标是“阻止英国的远征军到来。有理由认为英军出现与否将决定比利时军队的行动。这很可能会决定法国的命运”。劳埃德·乔治还是无法确定德国攻打比利时是否真的能成为对德宣战的充分理由。

8月1日，丘吉尔从有很大影响力的保守党成员罗伯特·塞西尔勋爵那里得到保证，如果政府派远征军穿过英吉利海峡，“他们可以得到整个统一党的支持”。不过当天晚些时候，这场危机看起来似乎可以得到缓和。奥地利和俄国有望按照德国提议的方案恢复和谈。

这天晚上，丘吉尔独自一人吃了晚饭。9点刚过，F·E. 史密斯来见他，和史密斯一起来的还有马克斯·艾特肯，他是加拿大金融家、保守党下院议员、博纳·劳的心腹。丘吉尔对他们说，现在有一个机会，也许能阻止战争发生。3 个人一起坐了一会。“这种焦虑让人无法忍受，”丘吉尔后来写道，“我要在当晚11点见首相，同时我们又无事可做。我们坐在牌桌旁，开始打桥牌。刚发完牌，外交部又送来一份文件。我打开来读道：‘德国对俄宣战了。’”

丘吉尔知道不久以后德国就会进攻俄国的盟友法国。他离开两位朋友，穿过皇家骑兵卫队阅兵场来到唐宁街 10 号。他对阿斯奎斯说，虽然当天早些时候内阁不同意，但他希望能够立刻签发海军总动员令。丘吉尔后来回忆道：“首相只是看着我，没有说话。毫无疑问，他认为自己应该遵守上午内阁的决定。但是我很肯定地感觉到他不会出手阻止我。于是我穿过阅兵场走回海军部，下达了命令。”

俄国政府现在呼吁法国遵守 1894 年签订的法俄条约。同时，德国准备先击败法国，再对付俄国。德国要实施攻击法国的方案，必须取道比利时。8 月 2 日中午过后不久，英国政府通知德国，英国“不允许德国船只从英吉利海峡或北海通过，攻击法国海岸或船只”。在给英吉利海峡和北海的海军指挥官发送这份通知时，海军上将还加了一句：“小心遭遇突袭。”劳埃德·乔治渐渐接受了英国必须帮助比利时的观点，但是仍然没有表明自己的观点。

德国军队还没有跨过比利时边境，不过他们的队伍正在向边境靠近，而且已经占领了卢森堡大公国。8 月 3 日上午，内阁得知德国已经向比利时发出最后通牒，要求给予德国军队从比利时境内通过的权利。大家一致认为英国现在必须进行干预，坚决主张维持比利时的中立地位。莫利勋爵被英国参与欧洲战争的事情搞得焦头烂额，他对丘吉尔说自己准备辞职。丘吉尔后来回忆说，他回答说如果莫利可以再等两三天，"一切就明朗了，我们就会达成充分一致的意见。德国人会让所有人在良心上好过，他们将承担所有责任，打消一切疑问。他们的先头部队已经大举进入卢森堡，向比利时边境靠近。没什么能让他们回头或者转向"。

莫利没有被说服。丘吉尔在地图上解释德军的动向，不过莫利心意已决。"如果不得不作战，"他说，"我们一定要怀着一心一意的信念。这种事情里不会有我的位置。"莫利辞职了，另外还有两名内阁大臣辞职。剩下的内阁成员不再讨论参与欧洲纷争的对错，而是开始讨论如何最有效地参与其中。

这天下午，德国军队跨过比利时边境。格雷在下院发言时警告说这个举动是违反 1939 年英国签订的条约的，可能会迫使英国宣战。在发完言后，他和丘吉尔一起离开议会大厅。

"现在怎么办？"丘吉尔问。

"现在，"格雷回答说，"我们发出最后通牒，让他们在 24 小时内停止入侵比利时。"

回到海军部的办公室后，丘吉尔给阿斯奎斯和格雷发了一封短信，请他们立刻批准"实施英法联合部署，守卫英吉利海峡"。丘吉尔在信里还写道，除非被明令禁止，"否则我会照此行事"。他向阿斯奎斯和格雷保证，联合行动对于抵御德国海军的攻击、保卫英吉利海峡的安全是很有必要的，"其中没有采取攻击性行动以及作战行动的意思，除非我们遭受攻击"。

英国给德国的最后通牒在柏林时间 8 月 4 日午夜到期。8 月 4 日一整天，内阁都在紧张的气氛中等待。丘吉尔尤其担心英国海军能多快得到命令采取行动。当天，德国的战列巡洋舰"戈本号"炮轰了法国的北非港口菲利普维尔，轻型巡洋舰"布累斯劳号"炮轰了波纳。由于丘吉尔之前下达的命令，英国军舰尾随这两艘船，不过因为英国没有宣战，他们不能采取行动。丘吉尔在这天恳请阿斯奎斯和格雷允许他下令让英军军舰开火。"如果天黑的时候把这两艘船跟丢了就太可惜了。"

丘吉尔又一次得到阿斯奎斯的许可，虽然这一次也同样没有明说，丘吉尔给英国海军上将发电报说："如果'戈本号'攻击法国运输船，你就立刻对它开火。"不过阿斯奎斯现在想让内阁知道这件事。内阁聆听了丘吉尔对为什么要追击德国战列巡洋舰所做的解释。德国海军有能力阻止法国从北非向法国调集援兵，只有英国军舰有足够的实力阻止德国海军的行动。不过内阁坚持英国不应该在最后通牒到期前有任何战争行为。

下午两点，丘吉尔返回海军部，他给所有船只发电报说："在到时之前不得有战争行为。"在给追踪两艘德国的海军上将的指令中，丘吉尔还加上了一句，本指令取消向"戈本号"开火的许可。

德国人没有答复英国的最后通牒。这天下午，他们的军队更加深入比利时。8月4日晚，丘吉尔与一个法国海军上将代表团一起开会，法国代表问是否能使用地中海的英国海军基地保护他们的商船和运兵船。丘吉尔欣然同意："把马耳他当作土伦来用吧。"

伦敦仍然没有收到德国人给英国最后通牒的答复，他们得到只有德军继续深入比利时的消息。丘吉尔立刻批准海军部向所有船只和海军设施传令："开始与德国进入交战状态。"英国和德国进入交战状态。11点一刻，丘吉尔再次穿过皇家骑兵卫队阅兵场来到唐宁街10号，他告诉阿斯奎斯命令已经下达了。

第十四章

战 争

丘吉尔当时还不满 40 岁。海战的重大责任压在了他的肩膀上。为了帮助比利时，英国军队被送到英吉利海峡另一头。在 1914 年 8 月 5 日下午的作战会议上，丘吉尔报告说多佛尔海峡已经完全封锁，防止德国海军的入侵。3 天后，第一批船启航；两周里，12 万人被送过海峡，没有损失一条船、一个人。

8 月 6 日，轻型巡洋舰"安菲翁号"击沉了一艘德国布雷舰，并且俘获了船上的全部船员。可是不久后，"安菲翁号"就被这艘布雷舰布下的一颗水雷炸沉；150 名英国水兵和被俘的德国人都落水身亡。丘吉尔决定向下院详细汇报事情的经过。这是一个重要的决定和先例，《曼彻斯特卫报》评论道："丘吉尔先生即刻向公众说明了'安菲翁号'遇难的情况，我们非常钦佩他的坦诚。"

丘吉尔不愿看到英国海军扮演被动挨打的角色，8 月 9 日，他劝说路易斯亲王以"积极的小规模军事行动""维持和缓解"防御行动。他建议让海军袭击阿默兰岛，这是一座荷兰岛屿，到时可以构筑防御工事，当作包围德国舰队的海军基地，还能用来作为轰炸基尔运河或者停留其中的船只的空军基地。荷兰的中立地位不会成为障碍。海军作战参谋部认为在阿默兰岛登陆不可行，没有制订任何方案。不过丘吉尔仍不断寻找可以进行有效作战的区域。

8 月 12 日，在内阁的批准下，丘吉尔对德国在北海的港口进行了海上封锁，阻止补给品和食品进出港口。4 天后，丘吉尔找到了吸收大量志愿作战人员的办法，他成立了皇家海军师，这些人随后将在西线和加里波利作战。在形势好的时候则称自己为"丘吉尔的宠儿"，在形势不好的时候则成了"丘吉尔无辜的牺牲品"。

丘吉尔现在提出要派遣英国运兵船前往波罗的海，让俄军能够大规模登陆德国一侧的波罗的海沿岸，从而进军柏林。一个月后，他安排了几艘英国潜艇前往波罗的海，帮助俄国海军对抗德国军舰。他还劝说基钦纳将当时在英国的最后一个师的职业军人派往法国。8 月 22 日，他向基钦纳保证说，海军部相信自己有能力抵御入侵、保卫英国。

两天后的早上，丘吉尔在海军部自己的卧室里工作，门开了，他看见基钦纳站在门口。"虽然他的举止十分平静，"丘吉尔后来写道，"可是他的脸色变了。我下意识地觉得他的脸扭曲变形而且没了颜色，就像是被拳头打过一样。他的眼神比以往任何时候都闪烁。"基钦纳说比利时的纳慕尔要塞落到了德国人的手里。在此之前，这种堡垒被普遍认为是任何军队都攻不破的障碍。现在纳慕尔落入德军之手，通往英吉利海峡沿岸的路被打开了。

这个消息让丘吉尔心烦意乱，他到财政部去见劳埃德·乔治。这是战争爆发以来他们第一次私人对话。"我感到急需与他取得联系，"丘吉尔后来写道，"我想知道这个消息会对他有什么样的影响，他将如何面对。"劳埃德·乔治给了丘吉尔需要的信心。

丘吉尔的主动出击仍未停止。8月26日，他得到内阁批准，派遣海军陆战旅前往比利时的奥斯坦德港，迫使德军转向，阻止他们继续向南强行推进。这一招成功了。

克莱门蒂娜已经从克罗默返回伦敦。当英国海军在黑尔戈兰湾击沉了三艘德国巡洋舰、获得首次胜利的消息传来时，她正和丈夫在一起。这次胜利让民众十分振奋。9月4日，在伦敦市政厅，阿斯奎斯和博纳·劳发完言后，听众们要求丘吉尔发言。他的话带来了人们热烈的欢呼。"为了取胜你只能忍耐，我相信这一点。为了拯救自己，拯救所有依靠你的人，你只能坚持。你只能继续笔直地走下去，走到路的尽头，不论路长还是路短，终将获得胜利和荣耀。"

交战30天后，英军和法军进入撤退状态。民众笼罩在一片低迷的情绪中。在伦敦市政厅的发言里，丘吉尔显示出了他消除低迷情绪的能力。为了鼓舞内阁同事们的士气，9月2日，他把自己在1911年的备忘录传给大家看。"阿斯奎斯今天下午对我说你能和一支战场上的大军匹敌，这话没错，"霍尔丹在9月3日给丘吉尔写信说，"你用勇气和坚毅鼓舞了我们所有人。"

9月3日，基钦纳请求丘吉尔从陆军部接管英国空中防御的全部责任，他同意了。他最初实施的举措之一是在亨登建立一支特别航空中队，与沿海的航空兵站保持电话通信，"目的是攻击试图骚扰伦敦的敌军飞机"。

同一天，在法国，一名皇家海军航空部队的飞行员从敦刻尔克基地起飞，飞往作战区域，向前线附近的一支德军投掷了一枚炸弹。这是被称为丘吉尔的"敦刻尔克马戏团"一系列战争行动中的首个行动，很快装甲车也会加入其中，这些装甲车是在劳斯莱斯汽车上加装装甲板改装而成，使得飞机基地可以在内陆50英里的地方建立起来。三支飞行中队，总计24架飞机，被派了过去。每支中队的指挥官都曾经担任过丘吉尔的飞行指导老师：尤金·杰勒德，斯宾塞-格雷和理查德·戴维斯。

丘吉尔在1911年的备忘录里预言，德国在法国境内的推进将在第40天停止。9月8日，德国大举推进开始后的第38天，法国和英国军队开始向前推进，跨过马恩河，逼退德军。巴黎保住了。

9月10日，丘吉尔前往法国，他是首个在战争进行期间这么做的内阁大臣，只有阿斯奎斯知道此事。在24小时里，他查看了敦刻尔克的防御工事，视察了空军基地和那里的装甲车。他还和当地的法国长官探讨了要塞的防御问题。几天后，应基钦纳的要求，丘吉尔将海军陆战旅派往敦刻尔克，牵制当时正在向英吉利海峡沿岸进发的德国骑兵部队。

返回伦敦后，丘吉尔作为自由党发言人，在皇家歌剧院举行的全党战争动员大会上发表演讲。除了一周前在伦敦市政厅的简短发言外，这是他在战争期间发表的首次公开演讲。演讲令人们群情激昂，《曼彻斯特卫报》称其为"超大电压的带电演讲"。和他的很多其他演讲一样，这篇演讲不仅有决心和信心，而且有刺激公众想象力的惊人语句。他的演讲没有掩饰当前的危险；他警告说，战争可能"漫长昏暗"。"接下来的事情可能导致运势产生诸多逆转，致使众多希望破灭。"

9月14日，在海军部主持了一个关于加速飞机生产的会议之后，丘吉尔应基钦纳的要求，再次前往法国。他的任务是向总司令约翰·弗伦奇爵士解释，为什么英国远征军要占据英吉利海峡沿岸的位置，与皇家海军相互联系，保卫英吉利海峡的港口。

回到英国后，9月21日，丘吉尔在另一场全党动员集会上发表演讲。他说，如果德国舰队不出来作战，他们"会像老鼠一样被从洞里挖出来"。国王的评价是这句话"对一个内阁大臣来说有辱威严"。第二天德国人击沉了3艘英国巡洋舰，1459名英国官兵丧生，这句话此时就显得更加不合时宜了。这3艘船当天在多格海岸巡逻，可是丘吉尔在4天前下达过书面命令，因为风险太大，让他们"不要继续待在这个巡逻区域"。民众并不知道丘吉尔的命令，接下来政府对此也秘而不宣。结果，这些船只和人员的损失让丘吉尔遭到了指责。

在多格海岸事件发生当天，丘吉尔再次来到法国，这是他在3周里第三次到法国。他的目标是激励驻扎在敦刻尔克的皇家海军陆战队员和飞行员，向德国的交通线发起攻击。德军已经占领了布鲁塞尔，正在逼近比利时沿岸。返回英国5天后，丘吉尔决定再次前往法国。克莱门蒂娜想劝他不要去或者让他先听听基钦纳的意见。

丘吉尔听取了妻子的建议，询问基钦纳的意见，基钦纳说他可以去。基钦纳的确欢迎丘吉尔拜访约翰·弗伦奇爵士的司令部，因为这能让丘吉尔阻止基钦纳和弗伦奇之间因分歧发生的争吵。这还让丘吉尔有机会对正带领人马从敦刻尔克前往卡塞尔的皇家陆战旅的指挥官说："挑对地方，狠狠地打。"

10月2日，往英吉利海峡方向推进的德军抵达伊珀尔，他们准备将这座比利时要塞和港口城市安特卫普与联军隔开。阿斯奎斯认为安特卫普若是陷落将比纳慕尔陷落更可怕。当天，丘吉尔离开伦敦，第五次前往法国，打算亲自看看被迫从卡塞尔撤回敦刻尔克的皇家海军陆战队员、飞行员和装甲车操作员的士气情况，并且和总司令讨论接下来如何使用这些人。可是他刚到维多利亚车站，就收到基钦纳和格雷的电报，让他放弃法国之行，立刻去见基钦纳。到了那里，他发现格雷和路易斯亲王已经和基钦纳在一起了。致使让他们如此担心的原因是比利时政府打算放弃安特卫普的消息。

4个人讨论了几个小时，商量如何支援安特卫普。显然，如果比利时政府放弃这座城市，所有的武装反抗都会瓦解。基钦纳担心如果安特卫普不能再坚持一周，德国人就会在速度上取胜，到达海边，敦刻尔克甚至加来都会被侵占，从而危及英国本土。为了避免这样的情况出现，他希望派遣一支英国的救援队伍前往安特卫普，同时也支持法国人这么做。越来越多的电报发到他们这里，显然安特卫普的局势不明朗，危险在即。甚至堡垒的外围地区是否依然安然无恙也不得而知。丘吉尔本打算在敦刻尔克度过这个晚上，现在他提出去安特卫普，他会向基钦纳汇报军队的情况，如果可能的话，他会说服比利时人在必要的情况下，在英法的帮助下，至少在联军返回比利时沿岸重新编队之前守住这个城市。

丘吉尔再次前往维多利亚车站；午夜之后，一辆专列将他送往多佛，在那里他登上一艘驱逐舰前往奥斯坦德。从奥斯坦德他又驾车前往安特卫普。格雷给英国驻比利时大使发电报说，希望丘吉尔在到达安特卫普后，能在比利时政府做出撤离的最后决定前拜会比利时国王艾伯特。10月3日上午，丘吉尔在中午过后不久抵达安特卫普，比利时政府仍然在市内，他们已经决定暂时不撤离，先听听丘吉尔的建议。堡垒的外围地区仍然安然无恙。

在讨论一开始，比利时首相夏尔·德·布罗克维尔告诉丘吉尔，比利时人愿意努力在接下来至少10天时间里把守安特卫普。不过如果英国现在不承诺派援兵过来，他只愿意把守4天。为了避免基钦纳所说的德军进军加来的情况发生，丘吉尔向比利时人提出不仅会派来当时在敦刻尔克的海军陆战旅，还会派来他在8月组建、当时仍在接受培训的皇家海军师的三个旅。在给基钦纳的电报里，丘吉尔请求他立刻批准派这3个旅来帮助比利时人。

首批2000名皇家海军陆战队员在第二天上午抵达安特卫普。丘吉尔决定留在这里，直到确保他们能够和比利时人通力合作。10月4日，他在参观堡垒的时候给基钦纳发电报说，比利时守军"疲惫不堪，灰心丧气"。这天，当海军陆战队员们抵达安特卫普的时候，基钦纳给丘吉尔发电报说新成立的海军旅可以立刻动身前往安特卫普。

丘吉尔感觉到他在场有助于激励这里的防御，并且可以让两批英国援军结成一体，于是他做出了一个非凡之举，10月5日早上，他给阿斯奎斯发电报提出辞去海军大臣的职务，"担任派往安特卫普的防守援军的指挥官之职"。他有一个条件，要给他"必要的职位、职权以及战地部队指挥官的全部权力"。

阿斯奎斯拒绝了丘吉尔的提议，他坚持让丘吉尔尽快返回英国。亨利·罗林森将军受命带领他的师前往安特卫普。不过罗林森告诉基钦纳，他赶到安特卫普至少要 3 天时间，很可能是 4 天。同时德军对堡垒的炮火轰炸越来越密集。"鉴于局势和愈演愈烈的德军攻击，"丘吉尔在 10 月 5 日下午给基钦纳发电报说，"留在这里，继续指挥相关事宜，直到后面有人来支援，是我的责任。如果我们能再坚持 3 天，前景会比较有利。必须有人让比利时人完成他们的任务，我必须在这里。"这天晚上，丘吉尔前往海军陆战旅指挥部。两支海军旅预计在 12 个小时内抵达安特卫普。

10 月 6 日上午，两支海军旅抵达安特卫普，丘吉尔立刻发现队伍太疲惫，无法发动进攻。因此，他安排比利时人把守住前线和安特卫普城之间的防御阵地。到了 10 月 6 日中午，安特卫普城里已经有 8000 人的英军队伍。

这天下午，罗林森赶到安特卫普。他和丘吉尔一同参加了比利时人的作战会议。尽管他们能让比利时人相信更多援军正在赶来，可是现在比利时人还是决定必须放弃这座城市。德国的重型榴弹炮很快就能轰炸到市中心区域了。在给基钦纳的电报中，丘吉尔警告说比利时军队"完全筋疲力尽，即将丧失军心"。

这天晚上，丘吉尔最后一次走访前线阵地。随后，他留下罗林森指挥，自己连夜途经奥斯坦德和多佛返回伦敦。10 月 7 日上午他抵达多佛的时候，他的妻子生下了第三个孩子莎拉。在看望过母女俩后，丘吉尔立刻前往内阁汇报他这 3 天半的安特卫普之行。

10 月 8 日，安特卫普的局势迅速严重恶化，正在赶往那里的 4 万人英军支援被叫停，海军陆战旅和皇家海军师的指挥官请求批准撤退。丘吉尔立刻给指挥官发电报，劝说他坚持住。但是当晚，安特卫普因为德军的轰炸燃起大火，丘吉尔同意英军撤离。

事实上，从丘吉尔说服比利时人不要撤离安特卫普起，这座城市又坚持抵抗了 6 天，这让英军能够安全返回英吉利海峡沿岸，并且在佛兰德斯重新组队。10 月 10 日晚，安特卫普向德军投降。

丘吉尔匆匆前往安特卫普并在那里待了 3 天半的行为迅速成为保守党嘲笑的把柄。《晨邮报》认为派遣英军前往安特卫普是"代价高昂的愚蠢错误，对此温斯顿·丘吉尔先生必须负责"。《每日邮报》称其为"组织不善的十足范例，代价是宝贵的生命"。

在安特卫普周边的战斗中，57 名英军阵亡。"安特卫普之误"现在和丘吉尔的名字牢牢地连在一起。丘吉尔闷闷不乐，甚至跟最好的朋友提起了辞职。霍尔丹设法劝阻他。"你对这个国家来说是独一无二的无价之宝,你充满了勇气和才干,"他写道,"一点都别在意对那些在媒体上大放厥词的人。真实的东西才有价值,这个国家完全相信你。"丘吉尔认为大把的批评削弱了自己的地位。"安特卫普是一个打击,"他给约翰·弗伦奇写信说,"在某些方面让我的敌人得到了把柄,也许会暂时削弱我可能用得上的权力。"

10月8日,丘吉尔批准他从前的一位飞行指导老师斯宾塞-格雷带领4架飞机飞往科隆;他们对一个军用火车站投下16枚炸弹。第二天,一名皇家海军航空部队的飞行员对杜塞尔多夫的一艘齐帕林飞艇停放处投下2枚炸弹,摧毁了里面的飞艇。这个月晚些时候丘吉尔得到一份来自德国的报告,上面说:"这件事给柏林造成了相当大的恐慌,因为他们不相信一名英国飞行员就能发动如此的攻击。"

德军现在已经到达奥斯坦德,开始向西移动。应法军的请求,丘吉尔下令让海军从10月17日开始对德国占领的沿海地区进行轰炸。他还下令让一小支海军陆战队义勇骑兵队伍从敦刻尔克到奥斯坦德发动一系列突袭,让德军阵线越往东越好,丘吉尔的弟弟就在这支队伍中服役。

海军和海军陆战队义勇骑兵部队的联合行动对阻止德军沿北海沿岸推进起到了有效的辅助作用,让一小段比利时沿岸地区直到战争结束都掌握在联军手中。不过丘吉尔对于丧失战斗机会感到失望。他和阿斯奎斯发现只要涉及战斗提案,路易斯亲王就会变成一股负面的力量。

丘吉尔想让74岁的费希尔爵士担任第一海务大臣。1914年新年这一天他给费希尔写信说:"和你联系对我来说就像吸氧。"虽然费希尔脾气暴躁,丘吉尔相信他的能力能够让海军获得新生,帮助海军取得胜利。然而国王在白金汉宫听过丘吉尔的话后,反对任命费希尔,他认为这位海军上将年纪太大,而且和别人太不和。费希尔后来对一个朋友说:"当国王对温斯顿和首相说到这份工作会杀了我时,温斯顿立刻回答说:'先生,我再想不出更荣耀的死法了。'是不是很有趣?"在询问过阿斯奎斯的意见后,国王同意让费希尔担任第一海务大臣。丘吉尔现在觉得自己有了一个热血沸腾的同伴。

10月29日,费希尔返回海军部担任第一海务大臣。同一天,在早些时候由德国人武装交给土耳其人控制的"戈本号"和"布累斯劳号"轰炸了俄国在黑海的敖德萨港、尼古拉耶夫港和塞瓦斯托波尔港。英国政府立刻向土耳其发出最后通牒,命令他们遣散君士坦丁堡的德国军队,解除其海军任务,让所有德国人离开这两艘军舰。土耳其人拒绝照此行动。得知这个消息,丘吉尔让费希尔考察轰炸达达尼尔海峡外围堡垒的可能性,对他说:"最好给予迅速打击。"

丘吉尔希望为立即采取行动做好准备。他在10月31日对费希尔说:"我们应该准备好打击他们的方法。"英国的最后通牒将在这天中午到期。两天后，在获得费希尔的准许后，丘吉尔向指挥地中海东部的英国海军部队的海军中将卡登下达指令，轰炸达达尼尔海峡的外围堡垒。第二天，轰炸实施。轰炸持续了10分钟。一枚炸弹击中了塞德尔巴希尔港的弹药库，摧毁其全部重型火炮。

费希尔重返海军部的时候刚好碰上英国海军在这场战争中遭遇的最可怕的失利，两艘英国巡洋舰在大西洋的智利岸边被冯·施佩伯爵率领的一支德国海军舰队击沉。英国海军上将克里斯多夫·克拉多克爵士手下的战列舰"老人星号"虽然速度不及其他船快，但是拥有足够的火力可以困住德军的船只。因为这个原因，海军部曾经给他下达过命令，不要让"老人星号"与其他船分开。克拉多克不顾这个忠告，冒险行事，最终战败丧命，也造成了1500人阵亡。

很多不明真相的人因为这次失利谴责丘吉尔。不过大部分人还是要求进行报复。在费希尔的推动下，丘吉尔命令集结一支实力强大的队伍对抗冯·施佩。6周后，他们追踪到冯·施佩的舰队，并在马尔维纳斯群岛之战中摧毁了这支舰队。和克拉多克一样，冯·施佩和他的船一起沉入海底。

战争的悲剧开始打击丘吉尔。10月底，他得知28岁的表弟、莱奥妮姨妈的孩子诺曼·莱斯利在阿尔蒙提尔丧生。11月6日，丘吉尔的朋友休·道尼在伊珀尔的阵地上丧生。英军现在努力在佛兰德斯维持住一条战线，阻止德军通过。在这条西线建立的过程中，几乎每周丘吉尔都有一位或多位朋友丧生。

11月30日，丘吉尔40岁了。这周，为了让尽可能少的人参与作战策略的讨论，阿斯奎斯设立了由他、格雷、劳埃德·乔治、基钦纳和丘吉尔组成的作战会议。在12月1日的第一次会议上，在费希尔的认可下，丘吉尔提出让英军攻击北海的德国岛屿叙尔特岛。之后这里将成为英国的军事基地，监视德国入侵英国所做的一切准备，观测德国舰队的一举一动，让英国飞行员能够每隔几天就向德国投掷炸弹。海军部被批准仔细研究这个方案。

12月14日，塞尔维亚军队将奥地利人赶出贝尔格莱德。此时，塞尔维亚不需要帮助了。不过很快12月21日作战会议收到俄国发来的电报，电报警告说俄军严重缺乏弹药，急需一股前置力量打击西线的德军。丘吉尔建议英国海军出击，进入波罗的海，占领丹麦的博恩荷姆岛。丹麦是中立国，丘吉尔希望说服它加入协约国的行列。在他的计划中，博恩荷姆岛将成为英军和俄军的联合基地，让英军可以穿过波罗的海，在基尔登陆，让俄军能够在德国的波罗的海沿岸登陆，届时他们就能由陆路进军柏林。"波罗的海是唯一能够让海军行动略微缩短这场战争的舞台，"他在12月22日对费希尔说，"丹麦必须进来，让俄国人可以有精力进攻柏林。"

丘吉尔不知疲倦地制订可能让战争加快结束的作战计划。其中一个计划在圣诞节那天实现了，这个计划是用 7 架海军水上飞机袭击停留在施里格大道的德国军舰；除一人之外，其他所有飞行员全部安全返回。4 天后，在给阿斯奎斯的信里，丘吉尔重申了波罗的海计划，他认为现在西线不可能有更多进展，西线上正在挖掘壕沟，并构筑从北海到瑞士边境的防御工事。他指出，一旦英国舰艇控制了博恩荷姆，俄军就能"在距离柏林 90 英里以内的地方"登陆。

前皇家陆战队上校莫里斯·汉基在同一个礼拜提议说也许能透过德国的盟友，尤其是透过土耳其，对德国人造成最有效的打击，达成世界和平。他写道，3 个英军兵团加上希腊和保加利亚的队伍应该"足以占领君士坦丁堡"。费希尔对汉基的建议印象深刻，他给丘吉尔送去了一份含有 8 点建议的击败土耳其和奥匈帝国的方案。其中包括让 75000 名英军士兵在达达尼尔海峡以南的比斯开湾登陆，让希腊军队在加里波利半岛登陆，让英国海军以战列舰发动攻击，夺取达达尼尔海峡。

1915 年 1 月 2 日，格雷收到一份来自英国驻俄大使的电报，土耳其方案突然间更加吸引人而且更加紧急了。大使报告说俄军在高加索地区被土耳其人严重压制，希望英国在其他地方采取对土耳其人的佯攻，海军或陆军都可以，迫使土耳其人收回部分在高加索的兵力。格雷把这个请求发给基钦纳，基钦纳立刻给丘吉尔写信说："你认为海军行动有可能阻止土耳其派更多的人进入高加索地区，然后让君士坦丁堡无人防守吗？"

在丘吉尔给出答案前，基钦纳就到海军部来见他了。"我们不能，比方说，对达达尼尔海峡发动佯攻吗？"他问。丘吉尔回答说，单靠海军发动攻击是不会成功的。陆军和海军的联合攻击就是另一回事了。基钦纳返回陆军部，和顾问进行协商，不过他们固执地认为没有多余的部队可以用来采取这个行动。

丘吉尔召集顾问讨论是否可能让海军对达达尼尔海峡发动佯攻。大家普遍怀疑单纯的海军攻击是否有效，丘吉尔也是这么认为。无论如何，这样的攻击必须使用到在北海用不上的老式战列舰。丘吉尔随后给卡登上将发电报，询问当时谁的船在封锁达达尼尔海峡。

然而，和一个月前一样，丘吉尔认为海军占领北海沿岸的一座德国岛屿将大大有助于战争胜利：一个月前他建议占领叙尔特岛，现在他建议占领波尔库姆岛。1 月 3 日，在等待卡登回信的同时，他提议将 3 月或 4 月定为行动时间。现在陆军部应该派一个步兵师夺取波尔库姆岛。

1 月 5 日，卡登回信了。让海军部所有人吃惊的是，他没有拒绝这个主意。他的回信简短而积极。"对于你在本月 3 日的电报，"他写道，"我不认为能够突袭达达尼尔海峡。使用大批船只进行大规模作战也许能够夺取达达尼尔海峡。"

陆军部在这天下午召开会议。丘吉尔很想推动他的北海计划，为计划制订一个时间表。丘吉尔主张占领波尔库姆岛，让英军在基尔运河附近登陆。劳埃德·乔治认为应该在萨洛尼卡或者奥匈帝国的达尔马提亚沿岸登陆。F·E.史密斯向作战会议送上一个计划，建议英军在靠近士麦那的土耳其沿岸地区登陆。基钦纳赞成袭击"加里波利和君士坦丁堡"的方案。

返回海军部后，丘吉尔发现海军顾问和卡登观点一致，认为让海军对土耳其的要塞发起系统性轰炸能够起效。11月3日的轰炸让他们印象深刻。"你的看法得到了这里高层的认可，"丘吉尔在1月6日给卡登发电报说，"请发电报详细说明你认为大规模作战能够达到什么效果，需要哪些军力，应该如何利用这些军力。"

对达达尼尔海峡发动海上攻击现在已经进入规划和细节阶段。不过丘吉尔仍然认为他的北海计划是一个可能奏效的方案，1月7日的作战会议上，他详细地讲述了这个计划。费希尔支持他，在会议上说，海军可以在3个月内做好占领波尔库姆岛的准备。基钦纳同意拨出一个师的人马参与登陆。丘吉尔的计划获得了批准。

在西线，随着冬天的继续，战壕战的条件不断恶化。在看过汉基关于壕沟穿越机的一份提议后，丘吉尔的想象力被激发了出来。1月5日，他给阿斯奎斯写信说："可以很容易地在短时间内给大批蒸汽拖拉机安装上小型装甲护罩，这样拖拉机可以防弹了，可以在拖拉机里安排人和机枪。在夜间使用，它们丝毫不会受到炮火的影响。履带系统可以让车轻易地穿过壕沟，而且机器的重量可以破坏一切铁丝网。秘密准备四五十台这样的机器，在夜间安置到位，一定能冲进敌军的壕沟，破除一切障碍，用其机枪火力扫荡壕沟，还可以从顶部投掷手榴弹。届时它们可以成为英军步兵冲锋的据点，步兵可以聚集在它们上面。接着它们可以继续前进攻击下一条壕沟阵线。"

丘吉尔希望阿斯奎斯批准必要的经费，开发样品机。阿斯奎斯把丘吉尔的信发给了基钦纳，他正在陆军部开展一批设计工作。这让丘吉尔很不满意，他认为陆军高层并不真正相信可以造出这种机器，或者相信一旦机器完成会有很大价值。

战壕战的僵局仍在继续，也持续不断产生严重的人员伤亡。1月7日，丘吉尔再次给阿斯奎斯写信讨论西线问题。"我们不该进入更加舒适、干燥、宜居的战线吗，即使我们必须撤退几英里？"他问道，"我们的队伍正在腐烂。"在第二天的作战会议上，劳埃德·乔治强烈要求让军队在奥匈帝国的亚得里亚海沿岸登陆。基钦纳表示愤怒，他再次强调新的军事行动的"最佳目标"就是达达尼尔海峡，可以和海军舰队联合发起攻击。他说，如果成功，"就能重新建立和俄国的联系；解决近东问题；将希腊拉进来，也许还能将保加利亚和罗马尼亚拉进来；将现在封锁在黑海的小麦和船只解放出来"。汉基也赞成基钦纳的攻击达达尼尔海峡的提议。

1月12日，丘吉尔的海军部作战小组收到了卡登发来的另一份电报，他不仅给出了夺取达达尼尔海峡的详细方案，还建议可以在大约一个月后行动。卡登列出了所需的船只，它们都是其他地方的海军用不上的盈余船只，包括4艘1906年以前下水的战列舰，它们在北海已经没有价值了。费希尔对仅靠海军舰艇夺取达达尼尔海峡的想法热情万丈，他建议将英国最先进的战列舰"伊丽莎白女王号"也加入其中，这艘船上的15英寸舰炮甚至还没有发射过。

丘吉尔突然间被"伊丽莎白女王号"参与达达尼尔海峡作战的想法吸引了。他看到一旦如此强大的一艘军舰进入马尔马拉海域，会有无限光明的前景。"戈本号"和"布累斯劳号"将被超越；君士坦丁堡会落在英国手中；现任陆军大臣恩维尔·帕沙会放弃德国的目标。1月13日晚上，丘吉尔在作战会议上对这一切进行了解释。

"海军远征"的计划立刻开始进行。卡登要求的船只接到命令，马耳他船厂将为它们装上水雷保护装置。飞机降落地点将建在附近的希腊岛屿特涅多斯岛上。

然而费希尔的热情和支持开始动摇。他希望已经在卡登麾下的驱逐舰舰队更换成法国人的船只。当一艘澳大利亚潜艇抵达达达尼尔海峡并加入卡登的舰队时，他认为把它浪费在土耳其人身上是不可原谅的。

1月25日，费希尔在信中向丘吉尔提出辞职。他之前已经提过一次，为了抗议政府拒绝以枪毙德军战俘报复齐柏林飞艇对英国的袭击。现在派遣老式战列舰前往达达尼尔海峡再次激怒了他，"因为它们损失了，人也会损失，而且它们是大舰队的唯一后备队"。丘吉尔在回信中指出，这些剩余的船只只会用在辅助行动中，"小心谨慎再配合一定的技巧，损失将会降到最低"。他在信的最后写道："你我一起力量要强大得多。"

费希尔希望他的抗议和丘吉尔的回信能在作战会议上传阅，然而阿斯奎斯没有批准。同时，卡登需要的船只正在去他那里的路上。派给他的总共有13艘战列舰，不仅包括费希尔之前提议的"伊丽莎白女王号"，还有他现在建议的另外两艘战列舰，"纳尔逊勋爵号"和"阿伽门农号"。

1月26日，丘吉尔得到法国政府的同意，他们会参与达达尼尔海峡轰炸。随后的作战会议得出结论，对达达尼尔海峡的轰炸最好在2月中旬开始，但是扫雷舰延迟到达使得时间拖后了。丘吉尔的顾问提出在海军成功登陆加里波利半岛后，需要陆军部队跟进。这正是丘吉尔原来的计划。阿斯奎斯和汉基现在赞成这个计划了。

不过从哪儿找部队呢？常规军后备师第29师已经被派往萨洛尼卡，前去协助塞尔维亚。在 2 月 16 日作战会议的紧急会议上，大家得知希腊国王康斯坦丁（他和德国皇帝是亲戚）拒绝让英军在希腊领土上登陆。于是第 29 师可以抽调过来在加里波利登陆。作战会议迅速批准了这个计划。

2 月 16 日的作战会议还同意，当时正在埃及境内赶往法国的澳大利亚和新西兰部队将被派往利姆诺斯岛，参与加里波利的战斗。丘吉尔受命安排运输队伍。达达尼尔海峡行动现在是一次海陆联合作战行动了。基钦纳答应给丘吉尔足够的陆军人手。

一切似乎都达成了一致意见；3 天后，2 月 19 日上午，卡登上将开始对达达尼尔海峡外围的要塞进行轰炸，这是夺取海峡的第一步。这天下午，作战会议批准派遣第 29 师前往东地中海地区。不过现在基钦纳说，刚收到消息说俄军在东普鲁士受挫，第 29 师可能很快需要到法国去。当时在埃及的 3 万人澳大利亚和新西兰部队应该足够支援海军对达达尼尔海峡发动进攻了。

劳埃德·乔治、阿斯奎斯和格雷都与基钦纳争执，认为应该派第 29 师前往东地中海地区。他们最终没有达成一致性意见。第二天上午，卡登从达达尼尔海峡报告说，尽管 2 月 19 日没有直接击中土耳其的火炮，但是他们炸毁了两个要塞的弹药库。随后 4 天都因为大风和能见度低无法开火。

2 月第三周的一天晚餐时，丘吉尔对托马斯·赫瑟林顿少校给他的一个提议印象深刻，赫瑟林顿在海军部从事实验工作，他提议开发一种大型越野装甲车，不仅能装载火炮，还能穿越障碍物、壕沟和铁丝网。丘吉尔立刻让海军部海军建造局主管尤斯塔斯·坦尼森·达因科特上校想办法设计这样一种"陆上船只"。为了迷惑无意中看到这个项目的外人，这个机器被称为"冰箱"（water tank），后来被称为"坦克（tank）"。

2 月 20 日，丘吉尔召集海军部会议，讨论研制坦克的最佳方案。这个会议后成立了"陆上船只委员会"，由达因科特担任主席。两天后，委员会召开第一次会议，并将提案提交给丘吉尔，丘吉尔接受了这些提案。第一辆坦克是由一家农机工厂制造的，工程师们提议使用拖拉机作为这种新机器的原型。丘吉尔获得阿斯奎斯的批准进行这些实验活动，他从海军资金中给委员会拨了 7 万英镑，让他们用最快速度进行开发。

3 月 9 日，第一批设计稿交到了丘吉尔的手上，他在备忘录上写道："加紧。"12 天后，达因科特问是否能建造 18 辆独立的样品机，丘吉尔批准了。在战后的报告里，皇家作战发明委员会对议会说，主要是因为丘吉尔的"接受能力、勇气和鞭策"，使用坦克作为作战设备的想法"才能变成现实"。

2 月的第三周，土耳其问题仍然是作战会议讨论的重点，丘吉尔继续要求基钦纳从埃及派兵到爱琴海。但是，2 月 24 日，基钦纳对作战会议说，如果舰队成功地摧毁了达达尼尔海峡的要塞，加里波利的土耳其驻军"很可能会撤退"，不会冒着被阻断的危险。

丘吉尔再次要求将第29师派往达达尼尔海峡。他说，只要有相对较小数量的部队，包括第29师的18000人，当时在埃及的澳大利亚部队的3万人和正在前往东地中海地区的皇家海军师的8500人，"我们就能在3月底进入君士坦丁堡"。同时，如果海军的进攻"被水雷暂时拦截"，就需要陆军部队在半岛上进行局部的军事行动。不过基钦纳很看不起土耳其军队，他在2月24日对作战会议说，根本不需要陆军部队；就算还没有夺取海峡，只要达达尼尔海峡的要塞被一个个消灭，半岛上的土耳其驻军就会逃往亚洲，而君士坦丁堡的驻军、苏丹甚至色雷斯的土耳其军队也会逃到亚洲沿岸。基钦纳很固执；他认为单靠英国海军的火炮就能让土耳其的欧洲部分投降，不需要用到陆军。

虽然阿斯奎斯极力劝说，基钦纳仍不同意让第29师前往达达尼尔海峡。丘吉尔很失望，他返回海军部，给卡登发电报，说明他必须"在没有陆军协助的情况下"夺取达达尼尔海峡。

2月25日，海军重新开始轰炸，4个外围要塞被消灭。当卡登计划在3月初清除雷区水雷、摧毁中间要塞的时候，丘吉尔再次要求派遣部队前往，但他又一次失败了。基钦纳在2月26日对作战会议说，他不会放走第29师，土耳其人不是什么厉害的敌人。而认为土耳其人实力不强的想法正是导致随后一切事件的决定性因素。

2月28日，丘吉尔从俄军总司令尼古拉斯大公那里得知，一旦卡登的舰队占领达达尼尔海峡，俄国就会从黑海派47000人的部队攻打君士坦丁堡。丘吉尔又重拾信心。

3月1日，又有了另一个让英国人乐观的理由，希腊提出派6万人的部队与土耳其作战。突然间第29师似乎不那么重要了。这天，在海军轰炸后，一小拨皇家海军陆战队员在达达尼尔海峡的入口处登陆，捣毁了土耳其人的30门火炮，4架机枪和2个探照灯，然后安全地返回船上。3月3日，作战会议讨论占领君士坦丁堡和土耳其的未来等问题，就好像卡登已经到达马尔马拉海一样。

丘吉尔焦急地等待着海军发动进攻。与此同时，非常想将君士坦丁堡占为己有的俄国人宣布他们不会让希腊军队参与作战，以防希腊人占领君士坦丁堡。这是一个打击，因为卡登传来消息，土耳其人在达达尼尔海峡岸边的机动榴弹炮迫使"伊丽莎白女王号"加长了轰炸中间要塞的射程。空中侦察也无法奏效，引擎故障让水上飞机无法飞到足够的高度，从空中侦察榴弹炮。

占领达达尼尔海峡的第一次尝试将在3月18日进行。8天前，让作战会议所有人惊讶的是，两周前还拒绝让第29师前往达达尼尔海峡的基钦纳宣布东线的局势不再危险，第 29 师可以去达达尼尔海峡了。但是卡登报告说，一旦消灭了土耳其人岸边的火炮，他相信清除雷区的水雷"只需要花几个小时时间"。随后他会穿过纳罗水道，进入马尔马拉海。丘吉尔在 3 月 10 日对作战会议说，海军部相信只靠军舰就可能完成任务，不需要陆军部队了。因此海军会发动进攻，不会等第 29 师。

获胜的希望感染了 3 月 10 日的作战会议，大家开始讨论各国将得到的领土。俄国将得到君士坦丁堡，英国将得到亚历山大勒塔。劳埃德·乔治希望英国得到巴勒斯坦。甚至有人谈论战败的德国将放弃其非洲和太平洋地区的属地。

自从战争爆发，保守党领袖就一直被排除在所有战争指挥决策之外。虽然自己与保守党人长期争论不休，可是丘吉尔认为各党派合作有助于战争政策的制定。在他的建议下，博纳·劳和兰斯顿受邀参加 3 月 10 日作战会议的讨论。不过在这方面会议并不成功，反对党领导人在会议上保持了沉默。

3 月 11 日上午，根据截获的德国军官从土耳其军队中发出的无线电报显示，达达尼尔海峡要塞严重缺乏弹药。新的补给必须从德国运来，不过要几周后才能到。得知这个消息，费希尔相信，一鼓作气发动进攻的时候到了，不能再耽误了。他甚至提出要立刻离开伦敦前往达达尼尔海峡，换下卡登，亲自指挥海军。最后，他被说服留下来坚守岗位。

3 月 12 日，新任命的达达尼尔海峡陆军部队司令伊恩·汉密尔顿将军离开伦敦前往东地中海地区。丘吉尔为他在马赛安排了一艘快速巡洋舰。当天，丘吉尔直接给基钦纳写信，询问汉密尔顿是否能尽快登陆，在海军取得成功后跟进，保护海军免受土耳其岸上火力的进一步攻击。不过基钦纳表示拒绝，第 29 师抵达后必须要为这场恶战做好准备。突然间，对基钦纳而言，土耳其人不再是被鄙视的对象，不再是容易对付的敌人了。

决战时刻即将来临，可是收到的消息让丘吉尔不安。卡登发来电报说因为猛烈的炮火，扫雷作业不尽如人意。从截获的无线电报中可知，土耳其人的弹药马上要用尽了，德国人很担心这里的局势，他们打算派出一艘潜艇。费希尔是海军部里最着急的一个，他下令再派两艘战列舰前往达达尼尔海峡。

卡登最近发来的电报显示，扫雷舰无法作业是因为土耳其的轻炮炮火，而他们无法定位轻炮的位置。除非让士兵上岸找到并捣毁这些轻炮。丘吉尔认为这很危险，他让卡登和汉密尔顿合作行动，不要仓促行事。

卡登决定不等陆军，在 3 月 18 日发动进攻。在到达进攻日期两天前，卡登对丘吉尔说他病倒了，放弃了指挥权。接替他的人是他的副司令约翰·德·罗贝克少将。丘吉尔立刻给德·罗贝克发电报，问他是否满意现在的方案。"如果不满意，别犹豫，说出来。"在回信里，德·罗贝克说他确实很满意，会在两天后实施卡登的进攻计划。

3月18日上午10点45分，德·罗贝克开始对达达尼尔海峡发起进攻。6艘英国战列舰和4艘法国战列舰进入海峡，向中间要塞发起猛烈攻击。1点45分，被攻击的要塞都丧失了还手能力。到了让战列舰撤离，扫雷舰上阵的时候了。法国战列舰"布维号"在离开海峡的时候触雷沉没。600多名水兵落水身亡。

德·罗贝克继续作战。他下令清除凯非斯湾的雷区，在黄昏前推进到查纳克。不过水雷一直发挥着它们的破坏威力。4点刚过，英国战列舰"不屈号"触雷，随后，另一艘英国战列舰"无敌号"开始倾斜，动弹不得。德·罗贝克下令立刻停止行动。随后，在抢救"无敌号"上的人员的时候，战列舰"海洋号"触雷。

虽然损失了3艘战列舰，英军的伤亡并不重；在这天的战斗中，50人丧生，23人受伤。不过雷区没有清除，土耳其的机动火炮继续从海岸开火。丘吉尔和费希尔在3月19日上午得知行动失利。他们都相信德·罗贝克不久后将发起第二次进攻。费希尔下令再让两艘战列舰前去支援德·罗贝克的舰队。在这天的作战会议上，他说必须预计到最多可能损失12艘战列舰。作战会议批准德·罗贝克在他认为适当的时候继续发动海上进攻。随后大臣们开始讨论土耳其帝国的分割问题。格雷希望在叙利亚、阿拉伯半岛和美索不达米亚建立独立的阿拉伯国家。基钦纳希望伊斯兰世界的中心——麦加，在英国的控制之下。

3月19日，德·罗贝克给丘吉尔发电报说舰队准备好"立即采取行动"，不过必须先找到对付漂雷的办法。他估计它们"很好对付"。3月20日天气很糟糕，无法采取行动。随后，德·罗贝克改变主意，3月22日他对汉密尔顿说，再次设法让船只穿过纳罗水道前，陆军必须上岸铲除要塞。汉密尔顿很高兴他来请求帮助，不过基钦纳给他的命令是要等第29师从英国过来，可队伍再过三四个礼拜才能到。

返回海军部后，丘吉尔发现作战小组的5名成员中，3名资历最深的成员，即费希尔和另两名海军上将，支持德·罗贝克的意见，认为只有和陆军合作，才能再次发动进攻，他们不想让丘吉尔发出这份电报。丘吉尔返回唐宁街，请求阿斯奎斯批准发出这份电报。虽然阿斯奎斯个人同意电报内容并且支持再次发动海军进攻，但是他不愿意否决丘吉尔的3名最资深的顾问的意见。丘吉尔给德·罗贝克发了一份私人的秘密电报，请他再考虑考虑。德·罗贝克没有改变心意。

德·罗贝克等着陆军做好准备，他将以炮火支持陆军。在陆军4月登陆期间以及随后在加里波利半岛作战的9个月里，海军既没有设法清除雷区，也没有设法通过海峡穿过纳罗水道。接下来在加里波利的所有战斗决策都是基钦纳、汉米尔顿和他的司令官们做出的。

丘吉尔一度希望成为支配者和控制者，现在他成了观众。

● 第十五章 ●
孤立和逃脱

1915 年 3 月达达尼尔海峡作战受挫 30 多年后，丘吉尔在最后一刻将一句话从他的二战回忆录中删掉了，这句话是评价他在 1911—1915 年的海军部经历的："这是我的黄金岁月。"尽管他仍然是海军大臣，但是他的"黄金岁月"结束了。在阿斯奎斯的政府里，他再也没有进入制定战争政策的中心。他仍然留在作战会议中，在有机会的时候发表看法。不过在制订加里波利半岛登陆的详细计划的最后三周里，并没有召集作战会议，基钦纳也没有将任何自己制订的方案给丘吉尔看。

在保守党人的圈子里，在议会里，开始有人提出丘吉尔应该为 3 月 18 日海军进攻失败负责，因为他缺乏远见。这些批评只是一个开始，后来演变成了广泛的共识，认为丘吉尔在达达尼尔海峡作战问题上忽视基本的防御措施，不顾顾问的意见，在海军部横行霸道。第一个罪名是他没有预见到漂雷的危险。4 月 24日，在为自己辩护时，他将海军部在 2 月 5 日下达给卡登的命令给内阁传阅，命令中明确提出要警惕这些漂雷，而且提出了应对这些漂雷的建议。但是在整个达达尼尔海峡辩论中，从争论之初到随后超过半个世纪的时间里，备忘录和文献资料从来敌不过谣言和恶意中伤的力量，也敌不过寻找替罪羊的需要。

4 月 22 日，情报顾问的一份报告抵达伦敦，说如果再发动两次像 3 月 18 日同样规模的海军攻击，土耳其人在达达尼尔海峡的弹药就不够用了。得知这个消息，丘吉尔受到鼓舞，在和费希尔商议之后，他给德·罗贝克发了一封电报，建议说现在对纳罗水道再次发动攻击，也许会取得成功。

德·罗贝克不想单靠海军船只夺取达达尼尔海峡。他认为现在唯一的任务就是帮助陆军登陆。第 29 师终于到了，4 月 25 日，对加里波利半岛的进攻开始了。第一天有 3 万多人登陆。土耳其人的机枪火力把很多人压制在海滩上，他们奋勇作战，到达海边的悬崖上。虽然如此，他们没能完成第一天的作战目标，向内陆进一步推进，占领能够俯瞰土耳其欧陆岸边要塞的高地。登陆分两个地点，一处在半岛南端的赫勒斯角，另一处在更北边的加巴特佩。由于导航失误，加巴特佩的队伍在错误的地点登陆，在向内陆推进时遭遇困难。

赫勒斯角的海滩上，登陆的士兵在数量上超过整个赫勒斯角地区土耳其士兵的数量，他们登陆时没有遇到任何抵抗，一帆风顺地到达海滩边的悬崖上。由于没有发现土耳其人，他们发出消息询问下一步做什么，可是没有得到回复。他们没有向内陆推进，而是在原地待命。12 小时后，土耳其人的军队到了。英军把他们赶走了，土耳其人没再回来。不过英军士兵仍然没有收到上级军官的命令，他们十分恐惧，不知所措，3 小时后，所有人走下海滩，又回到船上。

在 5 天混乱而又激烈的战斗后，英军占领了滩头和海滩边的悬崖，但是再没有其他收获了。在赫勒斯角，第 29 师和皇家海军师没能完成他们的首日作战目标，俯瞰纳罗水道。在加巴特佩，澳大利亚和新西兰军队也没能完成首日作战目标，俯瞰马尔马拉海。人数众多的陆军登陆了，可是没有占据能够帮助海军通过纳罗水道的有利位置。土耳其人的要塞距离他们有好几英里远，不怕他们从背后袭击。

但是海军并不认为登陆失利。在仍可能发动第二次海军攻击时，德·罗贝克没有发令。陆军也没有振奋人心的消息。4 月 29 日，德·罗贝克给丘吉尔写信说从 25 日起一直持续作战的队伍现在筋疲力尽。5 月 2 日，他汇报说在赫勒斯角的印度旅开始"挖战壕"。土耳其对赫勒斯角发动的夜袭被打退了，5 月 3 日的第二次夜袭也被打退了。英军目前处于防守状态。5 月 4 日，法国黑人部队中出现恐慌，让战线出现空当，皇家海军师的一个营匆忙向前推进，填补了这个空当。

联军的储备和登陆点仍然遭受土耳其人的炮轰。为达成首日作战目标，汉密尔顿在 5 月 6 日又发起一次进攻。这次进攻仍然没有取得重大进展。第二天，当法国军队试图在赫勒斯角推进时，杰克·丘吉尔惊恐地看到土耳其人用重型火炮大举轰炸，"土耳其人和法国人一起被炸成碎片"。杰克·丘吉尔在 5 月 9 日的信里写道："在这场战役中，伤员非常多。上岸后，你必须跨过临时码头上的担架，看上去似乎整个海滩上都是鲜血和绷带。"

杰克写信当天，丘吉尔正在法国。他在 3 天前到法国参与英国意大利海军协定的谈判，根据该协定中的部分内容，意大利将加入协约国作战。5 月 9 日，丘吉尔在战场观看了英军对奥博斯山脊发动的大规模进攻，然而英军的进攻以失败告终。

丘吉尔在 5 月 10 日返回伦敦。等待他的是德·罗贝克发来的一份电报，罗贝克问海军"夺取达达尼尔海峡"是否能确保现在处于僵局的陆军行动取胜。德·罗贝克担心的是登陆的陆军无法利用海军的胜利达成 4 月 25 日的作战目标，而这样海上的土耳其人就能够在舰队进入后"封锁"海峡。

5 月 11 日，丘吉尔决定鼓励德·罗贝克想办法清除雷区，然后最远推进到纳罗水道，摧毁那里的要塞。但是连这样保守的行动，费希尔也不同意。他对丘吉尔的这个要求十分生气，并说如果"在成功占领海岸前"在达达尼尔海峡采取任何海军行动，他就辞职。

费希尔还让汉基给阿斯奎斯带了一份口信，说如果让海军船只单独行动，他就辞职。阿斯奎斯对汉基说，他认为这是"一份非常愚蠢的口信"。不过为了安抚费希尔，阿斯奎斯回了一封短信，说没有费希尔的"同意"，不会采取独立的海军行动。丘吉尔也想让费希尔转变辞职的念头，他在这天给费希尔写信说："你不会从我这里听到任何'猛攻'达达尼尔海峡的建议。"

费希尔似乎仍打算辞职。5 月 12 日，他在街上碰到一位资深海军部官员的时候，对这位官员说："我已经辞职，我不干了。"丘吉尔仍然在想办法劝费希尔留下，他在这天下午同意让"伊丽莎白女王号"立刻离开达达尼尔海峡。丘吉尔知道这艘战列舰身处达达尼尔海峡让费希尔最为担心，特别是考虑到现在德国潜艇有可能前往达达尼尔海峡，虽然最开始是费希尔建议将它派去。这天晚上，当着费希尔的面，丘吉尔对基钦纳说"伊丽莎白女王号"要返航了。基钦纳愤怒不已，大发脾气，说召回这艘船是"在最危急的时刻抛弃陆军"。现在轮到费希尔爆发了。要么"伊丽莎白女王号"立刻返航，当晚就返航，要么他就立刻走出海军部大门。丘吉尔向费希尔的威胁屈服了，他当晚给德·罗贝克发电报，让"伊丽莎白女王号"立即返航。

5 月 12 日，保守党人对丘吉尔最近一次的法国之行提出了批评。阿斯奎斯对下院说，丘吉尔到法国是"执行海军部公务"。在被要求确认丘吉尔在前线的时候是否未履行其职务职责的时候，阿斯奎斯回答说："是，没有履行。"此时，保守党席位上立刻爆发出"享乐之行"呼喊，语气愤怒但又略显欢欣。阿斯奎斯接着说："我很遗憾被问到这样的问题。"他辩护说丘吉尔"在这整整 9 个月里"不在海军部的日子"不超过 14 天"。

5 月 12 日晚，土耳其的一艘鱼雷艇设法离开查纳克后部，沿海峡滑行至英国海军驻扎的位置，用鱼雷袭击了战列舰"歌利亚号"，570 名水兵落水身亡。费希尔立刻主张向德·罗贝克下令，反对海军采取任何进一步的行动。不过丘吉尔强调，如果德·罗贝克想要和陆军联手推进到纳罗水道，应该让他这么做。他不能把陆军丢下，让他们处于困境之中。

5 月 13 日，费希尔让丘吉尔向德·罗贝克下令，不要独立采取任何行动。丘吉尔拒绝了。不过他同意给德·罗贝克发电报说："我们认为让海军采取独立行动夺取纳罗水道的时机已经错过了，在当前的形势下不会再次出现。"德·罗贝克现在的任务是协助已经登陆的陆军，保护登陆海滩，轰炸土耳其守军。

为了彻底安抚费希尔的焦虑情绪，丘吉尔在 5 月 14 日晚上和他一起待了几个小时。他们一起仔细查看了丘吉尔认为德·罗贝克在协助陆军时所需的增援队伍清单。费希尔没有提出任何不满。

两人谈完后，费希尔回家睡觉。丘吉尔仍留在海军部工作。德·罗贝克发来电报要求派遣更多的潜艇。这个月底，将有 5 艘新潜艇准备就绪。丘吉尔将其中两艘列入他和费希尔已经一致认可的增援队伍清单中。然后他把清单副本发给费希尔，并在上面附了一封短信，说在费希尔看过之前，不会将这份清单发给海军部，"如果有任何问题，我们可以讨论"。丘吉尔还用缓和的口气说："我希望你能同意。"

第二天上午，也就是 5 月 15 日，丘吉尔到外交部讨论意大利参战的最后细节。当他返回海军部时，私人秘书詹姆斯·马斯特顿·史密斯匆匆跑过来告诉他："费希尔辞职了，我想这次他是来真的。"马斯特顿·史密斯递给丘吉尔一封费希尔的信，这封信的开头一句是："我没办法再做你的同事。"他没有详细解释，只是说："我发现越来越难让自己在达达尼尔海峡日益增多的要求上和你的观点保持一致。"虽然费希尔没说明，但派给德·罗贝克两艘潜艇显然是问题的关键。他在信的最后说："我要立刻动身去苏格兰，这样就可以避免一切问题了。"

丘吉尔不相信海军的行政领导会这么随意地离开岗位。回到海军部大楼，他四处寻找费希尔，不过没有找到。丘吉尔前往唐宁街向阿斯奎斯通报这件事。首相立刻意识到费希尔的消失带来的政治危机；一旦得知此事，保守党会要求他们对此事做出解释，甚至要求他们辞职。阿斯奎斯拿了一张唐宁街的信纸，亲手在纸上写道："费希尔勋爵，我以国王的名义命令你立刻返回自己的岗位。H. H. 阿斯奎斯，1915 年 5 月 15 日。"

人们继续寻找费希尔，在查令十字架酒店发现了他，从海军部步行到这里只需 5 分钟。费希尔同意去见阿斯奎斯。但是阿斯奎斯没能说服费希尔放弃辞职，也没能让他返回海军部。费希尔只同意不会离开伦敦去苏格兰。

一场政治危机迫在眉睫，保守党人已经注意到了这场危机。5 月 16 日，丘吉尔推断费希尔确实决定辞职，他问海军部参谋会的其他成员是否愿意留任。他们同意留任，第二海务大臣愿意顶替费希尔的位置。丘吉尔驱车前往萨顿科特尼，向正在那里度周日的阿斯奎斯说，这次费希尔是真的辞职了。随后，丘吉尔对首相说："如果你要进行人事变动，我的职务任由你处置。"阿斯奎斯回答说："不，我已经考虑过这个问题了。我不想这么做，不过你能组成参谋部吗?"

丘吉尔让阿斯奎斯放心，他已经有了愿意在新任的第一海务大臣手下工作的海军参谋部。不过一切为时已晚。博纳·劳已经决定充分利用费希尔发给他的消息。5 月 17 日上午，他到唐宁街 11 号拜访劳埃德·乔治，问费希尔是否真的辞职了。在被告知事情确实如此时，他对劳埃德·乔治说，反对党不能再维持两党的停战状态，保守党内的不满情绪越来越严重了。

劳埃德·乔治后来回忆说:"他尤其强调,如果费希尔勋爵坚持辞职,就不能让丘吉尔先生继续在海军部留任。"在这一点上,"他明确表示反对党有意冒着一切风险,促成议会质询"。劳埃德·乔治让博纳·劳等着,他沿走廊走到唐宁街10号,对阿斯奎斯说,为了防止保守党冲击,防止国家丧失团结,必须组成联合政府。阿斯奎斯同意了。劳埃德·乔治后来回忆说:"做这个决定的时间短得令人难以置信。"

阿斯奎斯现在不得不决定是否让保守党进入他的政府,结束自由党对英国政治生活将近10年的统治,分享战争决策权。丘吉尔认为没有必要向保守党的压力屈服。他有了新的海军参谋部,当晚拟定了一份将要在议会上发表的讲稿,讲述在海军部公务、达达尼尔海峡问题以及其他问题上自己的所作所为,解释他和费希尔的关系以及费希尔为什么辞职。他匆匆赶往阿斯奎斯在下院的办公室,请求允许他为自己以及政府辩护,痛击反对党。随后丘吉尔念出了新参谋部成员的名单。不过他刚念完,阿斯奎斯就对他说:"不,不能这样。我已经决定与统一党人联合组成全民政府,需要进行更大规模的重建。"

丘吉尔惊呆了,当阿斯奎斯问道"我们该拿你怎么办"时,他更加吃惊了。他突然间意识到自己作为海军大臣的日子即将结束。阿斯奎斯决定避免议会危机。劳埃德·乔治也渴望尽可能利用保守党进入政府的愿望。有太多问题能让保守党兴风作浪了。

为了避免对自己总理之职的质询,阿斯奎斯不仅决定邀请保守党进入政府,而且还邀请他们参与作战会议。保守党领袖很高兴能在政治和战争策略的决策上拥有一席之地。他们不会再有理由公开质疑自由党的战争策略了。不过他们还有一个条件:丘吉尔必须离开海军部。

阿斯奎斯问丘吉尔是否愿意到新政府的其他部门任职或者到法国指挥部队。在丘吉尔给出答案之前,劳埃德·乔治走进房间。"你为什么不派他去殖民事务部?"他问,"那儿有很多工作要做。"丘吉尔很愤慨,他希望去一个能让自己对作战策略有发言权的部门。殖民事务部的任职,在和平时期是很好的去处,但现在意味着降职和侮辱。

丘吉尔在海军部逗留了10多天,继续主持海军部的事务。他给阿斯奎斯和保守党领袖写了一系列信件,希望让自己得到有实权的职位。虽然丘吉尔多次努力想留在海军部,但是最终还是失败了。5月23日,阿斯奎斯提出让他担任兰开斯特公爵郡大臣,这完全是一个虚衔,不过阿斯奎斯保留了丘吉尔在作战会议中的位置。丘吉尔接受了。

丘吉尔在海军部担任海军大臣的日子结束了。很多评论员认为他的政治生涯也一同结束了。不过《观察家报》的主编 J. L. 加文对丘吉尔很有信心:"他很年轻，有非凡的勇气。敌人众多也不会削弱他的能力和魄力。他还会迎来成功的时刻。"离开海军部大厦，丘吉尔跟克莱门蒂娜和 3 个孩子一起搬进了克伦威尔路 41 号弟弟的家。他的弟弟杰克还在达达尼尔海峡；杰克的妻子和两个孩子很欢迎丘吉尔一家的到来。不过丘吉尔因为达达尼尔海峡计划的失利遭受了严重的打击。

丘吉尔现在有充分的时间反省，想明白是什么地方出了问题。"如果我犯了错，"他在 6 月给汉基写信说，"那就是在没有确保我能支配让计划成功的措施和权力的时候就试图尝试实施计划。"

整个夏天，基钦纳都在制订计划，在加里波利半岛发动新的陆地进攻。巴尔福接任了丘吉尔在海军部的职务，像丘吉尔曾经做过的一样为陆军提供海军支持；他最开始的行动之一就是派去了两艘潜艇。现在作战会议更名为达达尼尔海峡委员会，丘吉尔常常在会上发言，说明看法，他认为应该恢复陆地进攻、占领要塞，这样海军就能再一次设法通过纳罗海道。不过他的观点没有足够的力度，没有作战参谋部验证或阐述这些看法，也没有国家部门的预算和人员支持。

丘吉尔没有能力影响达达尼尔海峡战局的进展。6 月的第二周，他得知皇家海军师在为达成首日登陆的作战目标在赫勒斯角发动的一次进攻中失利，伤亡惨重。

600 多人丧生，5 个营中有两个营不得不解散。丘吉尔一次又一次在达达尼尔海峡委员会上提出反对在兵力不充分的情况下对土耳其人发动进攻。可是实际上他已经没有什么影响力了，对同事的提醒也没有人注意。

丘吉尔在乡下找了一座房子用于周末休养，这是一栋改造过的都铎王朝时期的农舍，在戈德尔明附近的何欧农场上。一个周末，他的弟妹格温多林在农场上支起了画架。他对此产生了兴趣，格温多林看到丘吉尔看着自己，心想鼓励他拿起画笔画画也许能减少他心里的烦闷。格温多林建议丘吉尔用她儿子的水彩颜料，并且向他说明了最开始的一些步骤。当注意力集中在画布上时，丘吉尔的忧虑似乎蒸发了。他发现了一个释放紧张和沮丧情绪的方法。

爱德华·马什仍然跟在丘吉尔身边，就像十年前在殖民事务部时一样，在丘吉尔初次尝试绘画的时候他也在场。他后来回忆说："这项新爱好是一种娱乐，是一剂镇静剂，让他有了平复失落心情的办法。"

不久后，似乎丘吉尔的运气要变好了；基钦纳问他是否愿意去达达尼尔海峡，在 8 月的进攻发动之前，对作战条件和前景给出意见。阿斯奎斯和巴尔福都同意他去。

6 月 18 日丘吉尔在何欧农场度过周日，向家人告别。第二天，他在内阁会议结束后在会议室留了几分钟，向阿斯奎斯、基钦纳和格雷告别。当他们握手、祝丘吉尔好运时，新任保守党大臣之一的柯曾意外返回会议室。他问丘吉尔要去哪儿，需要大家祝他好运。

柯曾得到了答案。他奉上自己的祝福然后匆匆离开，把这件事告诉给其他保守党大臣。保守党大臣们被吓了一跳。博纳·劳立刻告诉阿斯奎斯，如果丘吉尔被派去执行这个任务，他和他的朋友担心会出现政治危机。丘吉尔知道保守党的能量，他立刻写信给阿斯奎斯说自己不去了。

在接下来的几周里，丘吉尔几次在达达尼尔海峡委员会询问加里波利的军需品供给问题以及 8 月进攻的长期目标。他没有得到回答，而且也没有参与有关海军或陆军的任何讨论。他向巴尔福提出考虑使用英国的空中力量轰炸君士坦丁堡的军需品工厂，但是也同样没有得到回复。丘吉尔希望能被任命为独立于陆军和海军的空军部大臣，但也没有如愿。

在加里波利半岛上发动新一轮登陆进攻的日子定在 8 月 6 日。丘吉尔给弟弟写信说："内阁里'能人'太多了，事情很难决定下来。各党派互相制衡，否决的倾向很明显。不要担心。现在他们已经深陷达达尼尔海峡了，你只能继续前进。"他希望再次发动的进攻能够取胜，不过他很清醒地认识到取胜的代价。"伤亡一定会很严重，不过有胜利的果实总比毫无所获的屠杀好。"

丘吉尔提出在加里波利再一次发动军事行动，不过他主张在此之前一定要先从埃及调集 2 万人的队伍过来。同时，他警告不能在西线再发动进攻了，德国人对西线的防御"越来越强"，不过协约国的重型火炮和弹药还没有聚集起来。他的意见被忽略了。8 月 21 日，在加里波利，汉密尔顿按照基钦纳的要求用参与上一次进攻的队伍再次对查努克拜耳发动进攻。进攻失败了。丘吉尔提议让海军再次发动进攻，但遭到巴尔福的否决。丘吉尔给内阁传阅了一张纸条，在上面他提出了为应对达达尼尔海峡的冬季应做的准备，可是这也被巴尔福否决了。

9 月初，约翰·弗伦奇爵士建议丘吉尔可以到西线去指挥一个旅。丘吉尔感到宽慰，他问阿斯奎斯是否能离开政府，前往法国。阿斯奎斯意识到现在丘吉尔的意见无人理会，他表示赞成。但是基钦纳否决了这个方案。他不介意丘吉尔在安特卫普临时主持指挥工作或者到达达尼尔海峡执行短期任务，但是他不想让丘吉尔担任长期的指挥职务。

从海军部离职后，丘吉尔一直受到言论和报纸的猛烈攻击。似乎 1914 年 8 月—1915 年 5 月这场海战的所有错误以及加里波利半岛战役的所有错误都是拜丘吉尔所赐。在得知无法到法国担任军队指挥职务两天后，丘吉尔要求阿斯奎斯把与有争议性的事件相关的所有文件都交给议会。"我反复成为所有这些事件中严重罪名的指控对象，"他写道，"这些罪名从来没人反驳过，而且似乎由于我离开海军部在某种程度上被确认了。"

　　阿斯奎斯拒绝将事情真相呈现给议会。于是丘吉尔决定将与这些事件相关的
3 大捆电报给内阁同僚传阅。丘吉尔相信这些文件能够让批评他的人信服。这些
资料后来也为他撰写第一次世界大战回忆录前两卷奠定了基础。不过在公众集会
上，他不断被"达达尼尔海峡是怎么回事"的呼声奚落。文件资料不论多准确、
多详细或多有说服力，都无法驱散这些呼声，或者终止这些呼声背后的怀疑。

　　9 月 21 日，大臣们初次讨论从达达尼尔海峡撤兵的问题，丘吉尔给一个朋
友写信说："我留在这里看着这些愚蠢的行为，完全知情但又毫无权力，真是令
人生厌。"这天，他提议让足够数量的军队在海峡的亚洲大陆一侧岸边登陆，突
袭查纳克。9 天后，在得知西线再次发动了他之前反对的进攻并且伤亡惨重的消
息后，他对一个朋友说："用进攻卢斯村所需的 1/4 的兵力，我们就能通过纳罗
水道。"

　　整个 10 月，达达尼尔海峡委员会都在讨论是否从加里波利半岛撤兵的问题。
10 月 20 日，丘吉尔给同事们发了一份建议书，提议进行最后一次尝试，使用芥
子气突破土耳其人的防线。鉴于土耳其对亚美尼亚人的屠杀以及投降后被杀害的
众多英军士兵，他希望"能够停止反对我们对土耳其人使用毒气的不合理偏
见"。应该"立刻"将大型毒气设备送往加里波利。达达尼尔海峡的冬季以西南
风著称，"这给我们使用毒气提供了绝佳的机会"。

　　丘吉尔的建议无人理睬。他提出的义务兵役制以及私人向阿斯奎斯提出的为
了确保更有效的作战，应该由劳埃德·乔治替换基钦纳在陆军部的职务的建议也
遭到同样的对待。10 月底，在公众对政府缺乏效率的批评声中，阿斯奎斯宣布
将用一个由他自己、基钦纳和巴尔福组成的小型政策决策机构取代达达尼尔海峡
委员会。因为没有政府部门可领导，丘吉尔即将失去提供建议的平台。丘吉尔再
次提出组建与空战相关的部门的可能性，可是他的提议没有任何结果。10 月 30
日，他提出辞职，对阿斯奎斯说，战争指挥体系的变化"让我无法提供有用的服
务"。

　　丘吉尔成了达达尼尔海峡战役失利的替罪羊，罪行中甚至还包括他离开海军
部后的那段时间里的行动以及应该由基钦纳负责的陆地作战行动。他不想再留在
英国。11 月 6 日，他请求阿斯奎斯让他担任英属东非地区的总督以及当地军队
的总司令。出人意料的是，博纳·劳居然支持丘吉尔的请求，他还对阿斯奎斯
说："最高司令部里马上要缺智囊了。"不过阿斯奎斯拒绝了丘吉尔的请求。11
月 11 日，新的核心内阁成立。这天，丘吉尔给阿斯奎斯发了第二封也是最后的
辞职信。他认为在这样的时候无法"拿着这么高的报酬却无所事事"。他问心无
愧，能够镇静地为过去的事情承担责任。

　　在担任了将近 10 年的大臣之职后，丘吉尔在政府里没有了立足之地。10 年

来以白厅和唐宁街为中心、在内阁会议上度日、与公务员为伍的日子结束了。他仍然是议会议员，不过他知道在战争时期议会是没有什么作用的。

丘吉尔说，在过去的一年里，"我给政府提出了同样的劝告——不要在西线采取行动，这些行动给我们带来比敌人更多的伤亡；在东线，占领君士坦丁堡，如果可以的话，靠军舰占领，如果必须的话，靠士兵占领，不论计划如何，不论是通过陆军还是海军，让军事专家对其产生兴趣，占领它，快速地占领它，趁还有时间的时候占领它"。丘吉尔对战争的最终结果很有信心："我们现在正在经历困难时期，在情况变好之前可能还会更加恶化，不过情况会变好的——只要我们坚持下去——无论如何，我一点也不怀疑。"

丘吉尔决定前往法国，他所在的团正在那里作战，他准备加入其中。11 月18 日上午，丘吉尔身着女王私人牛津郡轻骑兵团的少校军服，离开伦敦，奔赴西线。克莱门蒂娜给他准备了一个小小的枕头，让他晚上能睡得更舒服些。

"我走不是因为对大局漠不关心，" 3 周后丘吉尔得知政府决定从达达尼尔海峡撤兵，他给柯曾写信说，"也不是因为我害怕承担责任或不能承受打击，而是因为我相信自己已经没有用了，此时此刻我也这么想，只能通过明确也许是长期的引退，才能让我恢复。但凡我看到些许能够左右局势的希望，我都会留下的。"

第十六章
战壕中

1915 年 11 月 18 日，丘吉尔前往法国，本来打算在距离布伦 20 英里的布雷奎昂加入他的团，可是当到达码头的时候，他发现有辆车正在等他，约翰·弗伦奇爵士下令让这辆车接他去位于圣欧麦的法国总司令部。丘吉尔让车先开到布雷奎昂，在那里和在牛津郡义勇骑兵团时结识的几位朋友一起待了几个小时，随后继续前往圣欧麦，他在总司令部度过了作为士兵的第一晚。

晚上，弗伦奇建议丘吉尔要么加入参谋部，担任副官，要么到前线指挥一个旅，军衔是准将。丘吉尔选择担任旅长，不过提出先让他体验一段时间的战壕战。"我已经决心在战争期间不回政府了，"他在法国的第一天给弟弟写信说，"除非我能有绝对有效的行政权力，不过这个条件不太可能满足。因此我打算尽最大努力在陆军赢得出路，这是我的老本行，你知道我的心一直在这里。"

11 月 20 日，丘吉尔加入了近卫掷弹兵团第 2 营，当时第 2 营正在战线上，要在战壕中轮值驻守 12 天；48 小时把守前线，48 小时待命。丘吉尔的第一夜是在位于新沙贝勒的营队前线指挥部中度过的。他后来回忆说，这天晚上，"一名死去的掷弹兵被抬进来，停放在破烂的农舍里，等待第二天下葬"。

军官们对新来的人疑虑重重，但很快这些疑虑就打消了。丘吉尔对妻子说，营队生活"虽然艰苦但很健康，除了脚冷，没有什么可抱怨的"。在战线的第二天，丘吉尔进入前方条件稍好的一个防空洞内。他安慰妻子说，这个防空洞不比营队指挥部更危险，"因为禁止在壕沟里流弹出没的地区频繁走动"。

丘吉尔在壕沟里的第一个 48 小时执勤让他了解到在接下来将近 6 个月的时间里将要经历的不适和危险。"到处都是污物和垃圾，"第二天晚上他给克莱门蒂娜写信说，"坟墓建在防御工事里，乱七八糟地四散着，脚和衣服露在土层外面，屎尿到处都是；晃眼的月光下，大群蝙蝠爬过或者滑行而过，耳边不停有步枪、机枪和子弹从头顶恶狠狠地呼啸而过的声音。"在这样的环境里，丘吉尔表示："我发现好多个月以来自己不曾尝过得快乐和满足。"

在伦敦，政府已经决定从加里波利半岛撤兵。汉基在日记里写道，他认为这个决定是"完全错误的"。他还说："自从丘吉尔离开内阁和作战会议后，我们比以往任何时候更缺乏勇气。"

11 月 24 日，丘吉尔在待命的 48 小时里在兵舍给母亲写信说："你知道吗，我又一次变得非常年轻了。"两天后，回到前线的防空洞，他收到命令要去战线后方某地，一辆车会在那里接上他去见军团司令，他觉得很烦。但他是现役军官，必须服从命令。丘吉尔出发时，德国人开始轰炸前线的壕沟。"我刚好躲过了一串炸弹，它们落在我身后 100 码的一辆卡车上。"他对克莱门蒂娜说。随后，他从前线步行一小时，来到汽车等待处。可是汽车已经被炸弹"击退"了，一名参谋跑来告诉丘吉尔将军只是想跟他聊聊，"换一天聊也一样"。

白白走了一趟，丘吉尔非常生气，他又不得不花了一个小时走回自己的防空洞。当走到前线的壕沟，他得知自己走后一刻钟，他居住的防空洞被一枚炸弹击中，爆炸的位置距离他本可能坐着的位置只有几英尺远，整个建筑被击碎，洞内 3 个人中一人被炸死。当看到废墟时，丘吉尔完全不生气了。

丘吉尔和近卫军一起待了 5 天时间，他在前线战壕里又度过了 48 小时。"晚上一部分时间由我值班，这样其他人就能睡觉，"他对克莱门蒂娜说，"昨晚我发现一个哨兵在执勤的时候睡着了。我狠狠地吓唬了他一通，不过没有给他扣上什么罪名。他只是个小伙子，我也不是团里的军官。相应的处罚是死刑，至少是两年徒刑。"

这段时间刮着冰冷刺骨的风，雨、雪、冰雹交加。在不到一周时间里，战线上有 2 人丧生，2 人因伤势过重死亡，8 人受伤。"如果我的命数还没有完结，"11 月 28 日丘吉尔在待命兵舍里给克莱门蒂娜写信说，"我一定会受到庇佑。如果是这样，我为国家所做的一切不会让伦道夫感到羞耻的。"

丘吉尔返回前线的防空洞。这里只有 2 英尺 6 英寸高。41 岁生日那天的大部分时间丘吉尔是在这个防空洞里度过的。"我们遭遇了狂轰滥炸，"他对克莱门蒂娜说，"大概持续了 3 个小时，每分钟两枚炮弹。我的视角很好，能够看到整个场景。碎片和残骸离我很近，只有几英寸远，我们连有两个人受伤了。我们已经换班返回，兴高采烈地吃了一顿晚饭庆祝我的生日，大家都很高兴。"

丘吉尔跟营队离开战线在默维勒度过了 8 天，这个地方在德国的炮火射程之外。12 月 1 日，他再次前往圣欧麦的法国总司令部，在那里称自己为"逃脱的替罪羊"，把在场的人都逗笑了。得知英军很可能要在加里波利撤兵，他说，如果做出这样的决定，他会回到下院谴责从前的同僚。提到 5 月到 11 月间在达达尼尔海峡委员会里的任职，他说："我是国王陛下的臣仆，但不是他的管家。"当时在场的一个人写道："他在战壕里没有丧失任何东西，甚至他卓越的辩论能力也丝毫无损。"

丘吉尔的创造力也依旧旺盛。现在他的创造力集中到战壕战的僵持和残酷之上。12 月 1 日在圣欧麦的时候，丘吉尔在一份 F·E. 史密斯答应给内阁传阅的备忘录里再次提到他对一种可以穿越铁丝网的机器的想法，他建议为了避免单靠人力发动攻击，可以设计一种金属防护车，"带有轮子，最好是履带，可以推动"，"能够穿越普通障碍物、壕沟、胸墙和战壕"。每个防护车能够承载两三门马克西姆机枪并安装火焰喷射装置。金属的强度要能碾碎挡在其前方的带刺铁丝网，除了被野战炮直接击中，否则没有什么能阻挡其前进。还可以在履带防护车顶部设计安装装甲机枪。

丘吉尔在圣欧麦等着消息，看他要去指挥哪个旅。在此期间，他和年轻的上尉路易斯·斯皮尔斯成了朋友。12 月 5 日，他和斯皮尔斯一起参观了阿拉斯附近的法军前线。这个区的法国将军送了他一顶法国钢盔。一眼就能看出这顶钢盔质量上乘，他会继续戴着这顶钢盔，"因为它很好看，而且也许能保护我宝贵的脑袋"。两天后，丘吉尔和斯皮尔斯驱车到比利时沿岸的拉帕内，这是同盟军战壕线的最侧边，丘吉尔看到战壕一直延伸到海里。

在返回途中，丘吉尔跟斯皮尔斯提到了自己的方案，他说可以从荷兰或者波尔库姆岛攻击德国，让战争提早结束。他还创造性地提出可以"用水上飞机发射鱼雷"。回到圣欧麦后，他收到柯曾的来信，里面有一份威姆斯上将的报告，报告要求再次让海军发动进攻，威姆斯上将在达达尼尔海峡接替了德·罗贝克的职务，柯曾似乎很支持这份报告。"报告所说的事情进展迅速，"斯皮尔斯在当晚的日记里写道，"他可能得返回伦敦。"

不过在冰冷的晨光中，丘吉尔意识到返回伦敦是不可能的。"我参与这些讨论不会有什么帮助，"他给克莱门蒂娜写信说，"像柯曾这样强硬的新生都比我有更好的机会。"不过柯曾的信和其中的报告再次激起他的"烦恼思绪"。丘吉尔担心撤兵出现纰漏。最终，加里波利半岛的撤兵没有出现伤亡。

12 月 8 日，克莱门蒂娜返回海军部大楼，在马斯特顿·史密斯的帮助下，她和正在圣欧麦的丈夫通了电话。听到她的声音丘吉尔十分激动，不过他在接下来给她的信里写道，因为一名参谋在房间里，"我没办法多说什么，甚至害怕你会认为我很莽撞"。

"我有很多话想对你说，但是没办法对着毫无感情的话筒说。"克莱门蒂娜在第二天写道。她上次到海军部来已经是 6 个月前的事情了。在海军部的时候，汉基从丘吉尔原来的办公室里走出来，对她说："在这焦灼、困难的时刻，我想念你丈夫做出决定的勇气和力量。"

现在丘吉尔的大部分决定都是给自己做的。12 月 9 日，他被告知将要执掌第 56 旅，军衔是准将。"总体来说这是个非常让人满意的安排。"他对克莱门蒂娜说。在加入第 56 旅前，他要在近卫师待几天，然后到拉旺迪待命，研究补给系统。

阿斯奎斯通知法国总司令将要更换，丘吉尔执掌一个旅的希望突然间岌岌可危。没过多久，法国方面收到了阿斯奎斯的信，他不同意丘吉尔担任旅长。阿斯奎斯还说："也许你们可以给他一个营。"从准将降格到中校，从指挥 5000 多人降低到指挥不足 1000 人。阿斯奎斯知道第二天保守党议员会在下院质问他，是否答应让丘吉尔担任步兵旅旅长，丘吉尔甚至连步兵营都没指挥过，作为步兵军官在前线服役也还没几周。阿斯奎斯想要避免受到这样的指责。

12 月 18 日是约翰·弗伦奇爵士担任总司令的最后一天，他和丘吉尔一起在野外吃了午饭，然后回到圣欧麦。弗伦奇对接替他位置的道格拉斯·黑格爵士说，上面不允许丘吉尔担任旅长，但他希望至少能给丘吉尔一个营。黑格在日记里写道："我回答说我不反对，因为温斯顿在战壕里表现不错，我们也缺少营级指挥官。随后我道了别。"

黑格然后要求与丘吉尔见面。当丘吉尔还是年轻的下院议员、黑格还是少校的时候，两人就互相认识。他们的见面很顺利。"他对我的态度非常友善、体谅，"丘吉尔对克莱门蒂娜说，"他向我保证，没什么能比给我一个旅更能让他高兴了，他唯一的愿望就是让有能力的人上前线，也许我在各方面都得到了他的认同。"丘吉尔还说，黑格"显然"会给他"一个公平的机会"。在这样的环境下，他能担任营长已经很满意了。

第二天上午，弗伦奇离开圣欧麦。丘吉尔认为解除弗伦奇的职务既没必要，也不正确。"不过，"他对克莱门蒂娜说，"只要能保住自己的权力，阿斯奎斯会把任何人投入虎口。"

F·E. 史密斯已经在 6 月进入政府，担任检察总长，丘吉尔在 12 月 18 日给他写信："我觉得自己在这里得到了善待，得到了各方面的尊重；不过我还是常常想回去把该死的政府击垮。"圣诞节期间，还是没有营队调配给丘吉尔，于是他暂时返回伦敦。在伦敦期间，他和劳埃德·乔治一起吃了顿晚饭，他发现劳埃德·乔治被阿斯奎斯和实际的政治权力中心孤立了。

在伦敦的 4 天中，对即将到来的征兵危机的谈论让丘吉尔感到兴奋。12 月 27 日回到法国后，他对斯皮尔斯上尉说，他在伦敦的时候和劳埃德·乔治见过面，劳埃德·乔治"打算击垮政府，由博纳·劳或者劳埃德·乔治担任首相，让丘吉尔担任军需大臣或者海军大臣"。这天丘吉尔给劳埃德·乔治写信，劝告他说："不要错过你的机会。时候已经到了。"

在圣欧麦等待消息到营队就任的时候，丘吉尔从总司令部搬到了马克斯·艾特肯家，当时艾特肯在前线担任加拿大观察员。他们的交情好了起来。艾特肯鼓励丘吉尔考虑重返政坛，掌握权力。此时丘吉尔正急需这样的鼓励，他将永远不会忘记在不走运的时候艾特肯给予自己的信任。丘吉尔和艾特肯在圣欧麦的时候，劳埃德·乔治正和克莱门蒂娜在克伦威尔路 41 号共进午餐。"我们必须让温斯顿回来。"他还问丘吉尔是否愿意回英国来负责军需部的重型火炮部门。因为缺乏负责人的推动，100门本该在3月就运输的重型火炮到现在还没有运输。但是劳埃德·乔治的建议没了下文。

丘吉尔对克莱门娜说，自己的营在卢斯的战斗中伤亡惨重，现在只有一名军官是正规军，他只有18岁，几个月前才刚加入这个营。其他军官都是志愿军，战争开始前他们在苏格兰各自有职业，大部分人在入伍后没有战壕战的经验。他只有两周时间"让他们做好准备，听从我的指挥"。帮助他完成这项工作的是年轻的自由党人阿奇博尔德·辛克莱，丘吉尔让他担任自己的副指挥。

1月4日，丘吉尔被正式任命新职务，军衔为中校。"很高兴在我的精力浪费了那么久之后终于有事可做，"他从圣欧麦写信说，"不过也许本来可以找到更合适的出路。"第二天，他离开圣欧麦，前往位于前线后方10英里处的穆勒纳克尔村，他的营队正在后备兵舍待命。一名年轻军官后来回忆说，他即将到来的消息激起了"一片哗然"。这个垮台的政治家不能去其他营吗？另一名军官回忆说，当他到达时，营队的人惊奇地看到丘吉尔带来了"一件奇怪的玩意儿"，"一个长长的浴缸和一个烧热水的锅炉"。

这天下午，丘吉尔把军官集合起来对他们说："先生们，我们马上要开战了——向虱子开战。"一名军官后来回忆说，随后他"对欧洲虱子进行了讲解，讲述了它的起源、生长、特性、习性以及在古代和现代战争中它的重要性，让大家对他的博学和能力瞠目结舌"。这个讲座只是个开始。讲解结束后，丘吉尔成立了连长委员会，协调措施，"彻底消灭营队里所有的虱子"。和达达尼尔海峡委员会不同，丘吉尔新成立的委员会在明确的目标指导下工作。师里的法国联络官被叫来帮忙。在巴耶尔发现的空啤酒桶被带到穆勒纳克尔，让大家集体除虱子。

1月7日，丘吉尔内心的平静被暂时扰乱了，他从《泰晤士报》上读到，前一天阿斯奎斯拒绝实施征兵引发了一场新的政治危机。"必须承认这让我感到兴奋躁动，"他对克莱门娜说，"不过我努力不要过多地回想过去，我已经开始着手工作而且无法脱手了。"

在两周时间里，在参谋的帮助下，丘吉尔培训手下的人马，为他们返回战壕做准备；他们从伊珀尔的战壕出来后只过了一周时间。年轻军官乔克·麦克戴维后来回忆说："没过多久，他已经将官兵们的士气提升到了一个几乎让人无法相信的高度。这完全是人格魅力。他做的很多事情让我们嘲笑，不过也有些事情我们不会嘲笑，因为我们知道它们是正确的。"

不过每天读报依然让丘吉尔的内心动荡不安。国内传来的消息让他很愤怒。"只要脑子里没有工作，"1月10日他给克莱门娜写信说，"我就会觉得我在海军部的工作受到了不公正的对待。我情不自禁，不过仍努力克制。该死的不良管理毁了达达尼尔海峡计划，枉费了那么多生命和人们对报复的大声疾呼；如果能生还，总有一天我会当众讲明这件事。"

在穆勒纳克尔农场进行了一周的行军、操练侦察、壕沟纪律、毒气面罩培训以及步枪和手榴弹训练后，丘吉尔得知他们将继续待命一周。"再次延期让我感到很遗憾，"他给妻子写信说，"因为没有作战的战争真的相当乏味。不过这些小伙子显然很高兴。"

1月17日，丘吉尔一整个上午看到德军的作战飞机在兵舍上空盘旋，这又让他想起了过去的政治生涯。"我们没理由不拥有空中的控制权，"他对克莱门蒂娜说，"如果在离开海军部的时候他们让我控制这支部队，今天我们就会掌握空中霸权了。阿斯奎斯也想这样，不过碰到一点点困难和拒绝，他就会一如往常地闭嘴。"

从伦敦传来消息说可能会成立空军部。克莱门蒂娜问丘吉尔："你觉得现在有机会吗？"丘吉尔回答说："如果让我负责空军部，如果担任这个职位可以在作战会议中有一席之地的话，我会回去。不过首相是不会面对这样的改变带来的小小困难，我相信他知道只有我从政界和其他地方彻底消失，他才会得到最佳的利益。"

丘吉尔对克莱门蒂娜说，他仔细思考了"很多计划"，"不过暂时还是在这里实施比较好"。但很快他的心思又放到了政治上。1月25日，他给劳埃德·乔治写了一封很长的私人信件，指出阿斯奎斯比"以往更加强硬"。劳埃德·乔治和征兵的支持者们组成的联盟"将未经过训练的部队和人员推到前方，这些人不像你那样看待世界。保守党的希望和打算是建立保守党政府。有这些因素的负面作用，你会因为征兵而招人厌恶。其他人则会得到人们的信任。"

第6皇家苏格兰燧发枪手团要到前线驻守一块1000码长的区域，在比利时的普鲁格斯蒂尔特村。作为步兵，他们会在前线战壕中待6天，然后待命6天。新的后备指挥部建在村子的一座收容所里，这座收容所属于锡安修女会。1月26日，丘吉尔告诉克莱门蒂娜，抵达指挥部后，他碰到了这里的修女，她们说"我们把比利时的这一小块地方从德国人手中挽救了出来"，他感到很高兴。

1月27日快天亮的时候，丘吉尔要去接管他负责的那片战壕。丘吉尔的前线指挥部是一个被炸弹炸过的小型农场，位于收容所和战壕之间。他在指挥部里有一个自己的房间。这里还有一座用沙袋围起来的谷仓，他们可以在轰炸的时候躲在里面。这个农场叫作劳伦斯农场，每次轮到在前线执勤6天的时候，这里就是丘吉尔的家。

丘吉尔在前线的3个半月里，英军和美军的进攻都没有威胁到这里的战线。

不过德军的炮轰持续不断，机枪和步枪的火力也常常带来危险。在劳伦斯农场第一次为期 2 天的执勤和之后每次为期 6 天的执勤都有阵亡或受伤的危险。而每次在收容所待命的 6 天相对来说更加安全。

丘吉尔的 3 个朋友和从前的政治盟友要到法国来访问。1 月 31 日下午，他在马克斯·艾特肯位于圣欧麦的指挥部见到了他们，他们是劳埃德·乔治、博纳·劳和 F．E. 史密斯。一名陪着丘吉尔去圣欧麦的年轻军官后来回忆说，他们取得了"完全彻底的一致意见，要不惜一切代价除掉阿斯奎斯"。劳埃德·乔治表明他想担任陆军大臣。丘吉尔给克莱门蒂娜写信说："我希望他能做到。"他希望与之合作"建立有效管理机构"的团队包括劳埃德·乔治、F．E. 史密斯、博纳·劳、卡森和柯曾。丘吉尔对克莱门蒂娜说："把它牢记在心。"阿斯奎斯掌权的日子结束后，这就是"接替的政府"。

丘吉尔并不着急。从圣欧麦返回收容所后他给克莱门蒂娜写信说："如果我顺利地经历完这一切，我的实力会比以往强很多。与回家担任只有普普通通权力的职务相比，我今晚更想回到战壕去。"

在旅指挥部的第一天，丘吉尔接待了一名意外来客，柯曾勋爵。"我带着他走出破破烂烂的农场，"他对克莱门蒂娜说，"他用一贯轻松的风格告诉我所有的消息和他对人对政治的看法。"幸运的是，"我们成功地避开了炮弹和机枪子弹，它们都恰巧飞到了我们已经离开的地方或者我们还没走到的地方"。

在伦敦支持农场的第二天，休·图德来拜访丘吉尔，他是丘吉尔在班加罗尔时结识的朋友，现在是炮兵团的一名将军，曾经在卢斯打过仗。"亲爱的，"丘吉尔对克莱门蒂娜说，"他们在卢斯犯了多大的错误啊！你根本没法相信能有这样的错误。"丘吉尔和图德还对前线的电话系统提出了批评。"如果我们满意海军部用软弱无力的步调划桨前进的状态，我们永远不可能征服德国潜艇。而且，前线的轻轨数量应该是现在的 10 倍（至少）。这场战争是机器和头脑的较量，用勇敢、忠诚的步兵们的单纯牺牲现在无法替代，将来也永远无法替代。"

丘吉尔再次进入待命，2 月 10 日，他们搬到了一处更加舒适的新兵舍，索亚农场。丘吉尔的营队因为炮火轰炸，在待命的前两天里损失了 8 个人，比驻守前线的 6 天里死的人还多。"我的队伍现在从 1000 人减少到了 600 人，"丘吉尔对克莱门蒂娜说，"其他很多营也一样。"

炮火轰炸成了家常便饭。在和休·图德一起拜访普鲁格斯蒂尔特森林里的英军阵地那天，丘吉尔看着图德的炮兵向德军战壕开火。随后德军采取了报复。他对克莱门蒂娜说："我第一次遇到如此猛烈的炮火，当然看起来也极度危险。"除了炮弹，德军还发射了迫击炮。"你可以在空中看到它们；在它们落下来时，有可预计的一段时间让你决定该如何行动。我最喜欢这种时候了。我发现自己的神经极佳，甚至脉搏都从没加快过。不过我会在结束后觉得格外疲惫，就好像辛苦地写了一天演讲稿或者文章似的。"

2月13日，丘吉尔返回劳伦斯农场。他在这天给克莱门蒂娜写信说："对我来说，似乎这个浩瀚的世界里我的人生就像一场梦，这些年来，我慢慢地从少尉晋升到上校。"第二天晚上，他又一次进入无人地带，"悄悄潜行，查看我们的铁丝网，检查我们的潜听哨。这件事总能让人兴奋"。回到劳伦斯农场，他睡了一会儿。伊珀尔北部，两军正在进行炮火对攻，他能听到炮击带来"整晚的爆裂声和轰鸣声"。轰炸也无法消除他对政治的思考。得知第二天柯曾可能被任命为空军大臣，他写道："我必须承认，看到他们如此忘恩负义，真让我生气。没有我个人的努力，我们的航空部队可能不及现在的一半。"

2月16日上午，劳伦斯农场再次遭到炮击，被几枚炮弹直接击中。两人受伤，其中一人是丘吉尔参谋部里的5名军官之一。

在劳伦斯农场的时候，丘吉尔开始支起画架作画，这让手下的年轻军官们吃惊不小。他的主题是被轰炸得满是弹坑的农场庭院和在普鲁格斯蒂尔特村上空爆炸的炮弹。绘画吸收了一部分脑力，让他不用思考政治上的事情。丘吉尔意识到作画的价值，2月22日，他对妻子说："如果能顺利地经历完这一切，绘画对我来说是很好的娱乐。"不过他还是思考了在他担任海军大臣时和现在在巴尔福领导下的海军部的差别。"毁灭容易，建设困难；撤兵容易，占领困难；什么事都不做容易，做成点什么困难。战争就是行动、精力和危险。这些羊羔只想在雏菊丛里吃草。"

2月26日，丘吉尔第三次返回劳伦斯农场和壕沟。白雪覆盖大地，可是在他堆满沙包的房间里有一只"暖烘烘的火炉"，所以他睡得"暖和、安宁"。第二天，有2人丧生。第三天，3个人死在德军的炮火下。在前线的最后一天，德军的炮弹又炸死了一个人。

丘吉尔现在有7天的假期。3月2日早上，在营队返回普鲁格斯蒂尔特的兵舍待命后，他匆匆赶往布伦，那里的一艘驱逐舰将他带到多佛。当晚他回到家中原本只打算放松一下，看看朋友，到母亲家吃饭，和克莱门蒂娜去看两出戏。他唯一的公开活动是在全国自由党人俱乐部为自己的画像揭幕，他对克莱门蒂娜说，在俱乐部"我可能发表讲话"。除此之外，他不考虑其他公开活动了。但是在到达克伦威尔路41号时，他惊讶地得知巴尔福将要在5天后提出海军预算方案。他决定在辩论中发言，谴责政府没能在海上采取任何行动，然后公布自己对有效政策的想法。

3月3日一整天，丘吉尔把之前的休闲计划放在一边，专心撰写讲稿。这天晚上，母亲为他举办晚宴，还邀请了几位客人，其中包括曾经积极修补丘吉尔和费希尔之间裂痕的 J. L. 加文，还有积极要求费希尔返回海军部的 C. P. 斯科特，斯科特是《曼彻斯特卫报》的编辑，他是收到电报从曼彻斯特赶来的。

第二天，让克莱门蒂娜担心的是，她的丈夫邀请费希尔到克伦威尔路来共进午餐。"别碰我的丈夫，"她在午餐进行中间突然大喊，"你差点就毁了他。现在离他远点。"不过丘吉尔仍然对费希尔感到痴迷，想与他再次合作，他知道费希尔在国内仍然很受欢迎。一个月前，当媒体开始呼吁让费希尔回来的时候，丘吉尔就曾经给克莱门蒂娜写信说："没有我管着，费希尔会带来灾难。"现在他看到要求费希尔回归的机会，也看到了自己回归的机会。

3 月 5 日晚，丘吉尔和费希尔再次见面。丘吉尔给他读了打算在两天后发表的演讲。他不仅攻击巴尔福在海军部的所作所为，为自己的所作所为辩护，还在演讲结尾处呼吁让费希尔回到海军部。

3 月 7 日，丘吉尔演讲的目标是让下院议员意识到正在迫近的危机。海军缺乏干劲和远见，他和费希尔在一年半前确立的目标仍未达到。英军没有能匹敌德军的作战能力以及在战争中的维持能力。议员们全神贯注地听丘吉尔说："我们看到自己大幅扩张，但是记住，我们周遭的其他所有国家同时也在扩张和发展。即使在最短的时间里纵容自己停下船桨也会让你无法承受。你必须一直用最高速度开动这架庞大的机器。失去动力不仅仅意味着停止，而且意味着落后。"他指出，陆军军需不足，英国正在恢复之中。"我们付出了惊人的财富和生命的代价，才重新掌握控制权，优势已经距离我们不远了。""如果由于任何原因出现"海军物资缺乏，"在未来将不会有恢复的机会。尽管鲜血和金钱被大肆挥霍，也永远无法弥补哪怕是行动上无意识的放松而造成的后果"。

然后丘吉尔谈到潜艇带来的危险，而且说需要投入更大的精力对抗不断增加的齐柏林飞艇的攻击。在航空力量上，海军部现在拥有的资源"比费希尔爵士和我曾经拥有的多很多"。不过仍没有可能实施袭击齐柏林飞艇停放处的计划。

随后丘吉尔进入结论部分。他说，没有这个结论，"我今天不会发言"。"我曾经一度认为自己不会讲这些话，不过我已经离开几个月了，现在思绪很清晰。现在正是至关重要的时刻，这些问题非常重要。在我们身边，这场大战正在深度、宽度和广度上多方位发展。我们的国家和我们的事业存在与否取决于舰队。让我们自己或者我们的海军失去可以得到的最强劲实力是我们负担不起的。私人考量不应该阻挡在国家和那些能够最好地为国家服务的人之间。"

劳埃德·乔治低声问博纳·劳，丘吉尔要提什么建议。博纳·劳回答说："他会提议召回费希尔。"劳埃德·乔治在第二天对一个朋友说："我当时无法相信。"不过博纳·劳说对了。

丘吉尔继续说："我奉劝海军大臣立刻召回费希尔勋爵担任第一海务大臣，

加强自己的实力，给海军部参谋部注入活力和动力。"整个下院被惊呆了。对丘吉尔的奚落立刻随之而来。保守党议员海军上将海德沃斯·默克斯西罗说："我不知道在丘吉尔短暂而辉煌的职业生涯中担任过多少职务，他在这些职务上都很成功。如果他把这些工作继续做下去，也许能做得更好，不过他从来没有过，我现在说的会得到下院很多议员的认同。我们都希望他在法国大获成功，希望他留在那儿。"

下院对他的敌意让丘吉尔很吃惊，不过他还是决定不回法国了。他要在对陆军预算进行辩论时发言。他认为陆军部的过失和不足需要公之于众。3月8日上午，费希尔到克伦威尔路来劝说丘吉尔留在伦敦，继续在议会上提出批评。

丘吉尔认为自己能提出陆军、海军和空军的缺陷所在，他不再对担任旅长或师长感兴趣了。3月9日，他请求基钦纳解除自己的军队指挥职务，同时希望延长假期，不然他就必须在第二天返回法国。基钦纳把丘吉尔的这封信给阿斯奎斯看，他同意了。基钦纳还在这天和丘吉尔见了面，提醒他，他的父亲曾因为"一个冲动之举"导致政治自杀。丘吉尔回答说有很多支持自己担任领导职务的"热情支持者"。阿斯奎斯对他说："现在你没什么人可指望的。"

他们分手时，丘吉尔眼里含着泪。阿斯奎斯认为他会回法国。不过第二天，在赫特福德郡的补缺选举中，政府候选人被独立候选人诺埃尔·彭伯顿·比林击败，比林是皇家海军航空部队的一名中队长，他争夺这个议员席位的目的是制定强化空军的政策。费希尔和加文匆匆赶往克伦威尔路，鼓励丘吉尔留下来在议会战斗。让他们高兴的是，丘吉尔已经为陆军预算准备好了一篇演讲。费希尔后来称这篇演讲"无与伦比"。

费希尔在3月10日晚再次见到丘吉尔。丘吉尔开始怀疑在陆军预算的辩论上发言是否明智。3月11日晚，丘吉尔和费希尔又一次见面。丘吉尔仍然没有决定怎么做。马克斯·艾特肯想要说服他留在伦敦，在陆军辩论上发言，不过在思考之后，丘吉尔决定回法国。"我认为不能听取你的建议，"他在返回普鲁格斯蒂尔特后给艾特肯写信说，"我本能上同意你的意见，我在这里的责任不大但很迫切，不能因为个人机遇仓促地弃之不理。"

丘吉尔在3月13日回到西线。克莱门蒂娜和他一起前往多佛。克莱门蒂娜在4个月前还非常害怕他可能在战壕里遭遇不幸，非常希望他离开西线，可是现在却怀疑如果他返回伦敦是否会有政治机会，而且担心如果他放弃才刚刚加入两个月的营队，会有人指责他前后不一、采取投机政策。丘吉尔不甘心，在到多佛的路上，他写了一封信给阿斯奎斯，请求解除他的指挥职务。然后他把这封信给克莱门蒂娜，另外还有一份声明，他让克莱门蒂娜交给报纸联合社。

克莱门蒂娜闷闷不乐地到南部海岸的罗廷迪安见卡森。他建议丘吉尔不要仓促地回来。丘吉尔穿过布伦,赶回普鲁格斯蒂尔特。他的队伍已经返回前线战壕。在路上,他认定克莱门蒂娜是对的。就算他赶回去参加最后几天的陆军辩论,这个举动看上去也是在投机取巧,显得很鲁莽。于是,他在当晚给阿斯奎斯发电报,收回了他的信。阿斯奎斯派他的私人秘书到克伦威尔路收回了给报纸联合社的声明。刚刚从罗廷迪安返回伦敦的克莱门蒂娜大大松了一口气。

收回这封信只是暂时延期。丘吉尔决定重返政坛。他唯一思考的问题是什么时候重返政坛。"你看到我在这周表现得非常脆弱、愚蠢、意志不坚定,"他在回到防空洞的第一晚给克莱门蒂娜写信说,"我担负着双重责任,它们都很荣耀,都有很重的分量。不过我肯定我真正的战场在下院。"3 天后,丘吉尔回到索亚农场待命,他让克莱门蒂娜与加文、斯科特和其他人保持联系:"别让他们疏远了,别让他们觉得我已经不玩这个游戏了。"

丘吉尔的旅长离任了,这件事暂时扰乱了丘吉尔心绪的宁静。突然间他的晋升有可能了,而且是在自己的旅,这是他从 1 月就开始盼望的。不过这个位置给了别人,一名比他小 3 岁的近卫掷弹兵团军官。他给妻子写信说,这意味着"我没有前途了"。他对她说,他不再介意了。他现在知道什么是他"应该做"的了。议会是他的位置所在。

4 月,阿斯奎斯的批评者们再一次提议要求征兵。在 4 月 8 日给 F·E. 史密斯的信里,丘吉尔评论说,博纳·劳和劳埃德·乔治现在有"绝佳的机会"组建政府,组成"一个有效的战争组织"。"我认为阿斯奎斯也许会在最后一刻让路,"丘吉尔在 4 月 10 日给劳埃德·乔治写信说,"不过如果不是这样,就到了你采取行动的时候了。"

如丘吉尔所料,阿斯奎斯确实对征兵的呼声做出了让步,同意扩大现有的计划,不过仍然拒绝接受实施全面义务兵役制的要求。他还召集上院的秘密会议解释自己的政策,媒体和公众都不在场,辩论过程也不允许透漏给媒体和公众。丘吉尔想请假参加;他的请求获得了批准,条件是他要在会议结束后返回营队。

丘吉尔在秘密会议上做了发言,但是有关他发言的记录没有公布过。克莱门蒂娜在 3 天后给他写信说:"如果你的发言被报道出来,我觉得媒体会要求召你回来。"这时,丘吉尔已经返回营队。在辩论后,丘吉尔得知不久之后希望实施全面征兵的人将在卡森的领导下对阿斯奎斯提起公开质询,他想要留在伦敦。黑格不反对他在伦敦留下来,甚至给他发了一封短信,祝他"在这项事业上"好运。不过他的师长介入了,给他发了一份电报,让他立刻回法国,因为他的营队又返回前线壕沟了。丘吉尔不在的时候,议会爆发了对征兵的激烈辩论。阿斯奎斯实施了折中措施。在卡森的强力反对下,阿斯奎斯同意取消这个措施,立即制定完全义务征兵法案。

　　卡森获得了胜利；丘吉尔完全没有参与这次事件。5月3日，他的营队最后一次离开普鲁格斯蒂尔特。大部分营队因为每日炮火攻击造成的人员伤亡变得十分衰弱。第6皇家苏格兰燧发枪手团将并入第15师。丘吉尔没有寻求新的指挥职务。他要求允许他"实施他的议会职责和公众职责，这些职责是当务之急"。他的要求被批准了。在离开之前，他努力给自己手下的年轻军官找到合适的职位。其中一人回忆说："他费尽心思，借了摩托车，走遍法国，走访大小参谋，努力帮助曾经在他手下任职的人。"

　　5月6日，丘吉尔在阿尔蒙提尔请手下的军官共进告别午宴。第二天，他跟手下们告别，他对他们说他已经把苏格兰人看成了最"坚不可摧的战争动物"。其中一位军官回忆说，当他站起来和他们握手时，"我相信这个房间里的每个人都觉得温斯顿·丘吉尔离开我们真的是我们个人的损失"。

•第十七章•
无休止的深深痛苦

1916 年 5 月 7 日，丘吉尔返回伦敦。他不会再回战壕中服役了。不过他返回伦敦也没有给他带来在政府中任职的前景。抵达伦敦后，他在下院发言说需要更多士兵，并说因为政治原因被排除在征兵法案之外的爱尔兰也应该被包括进来。而他发言时，一名爱尔兰民族主义议员愤怒地喊道："达达尼尔海峡是怎么回事？"

这个问题还会困扰丘吉尔很多年。为了让自己的名字与现在的污名撇清，他急切地要求阿斯奎斯出版达达尼尔海峡战役的相关真相。当阿斯奎斯同意时，丘吉尔开始搜集最能表明自己在这件事发展过程中的作用的文献资料。他离开海军部、失去权力已经有 12 个月了。"这可恶的一年现在要结束了，"他在 5 月 14 日给费希尔写信说，"希望上帝让我们在下一年有更好的运气，给我们机会帮助我们的国家挽救自己和这个国家的所有人。不要丧失信心。我相信你的命运还没有终结。"

然而丘吉尔错了。费希尔将不会再被邀请担任任何拥有实权的职务。丘吉尔也不会得到他想要的职务，担任空军大臣。5 月 17 日，丘吉尔在空军委员会的辩论中发言，他讲述了自己起到的作用，在战争爆发后立刻发起英国的空中防御、在法国和佛兰德斯建立空军基地，在北海和莱恩河对齐柏林飞艇停放处发动空中袭击。

空军委员会刚刚由阿斯奎斯建立起来；丘吉尔说，没有部级权力，它是不会有效用的。英国已经丧失了在战争爆发之初曾经拥有的空中优势。"不过你们可以恢复它。没什么能阻挡你们恢复它。除了你们自己，没有什么挡在我们掌握这场战场的空中霸权的路上。"

5 月 31 日，丘吉尔在下院陆军部的投票中再次讲到当前军队的缺陷、缺乏动力、没有最有效的利用包括人员在内的国家资源等问题。

实际上，丘吉尔没有工作可做。柯曾邀请丘吉尔参加了一次空军委员会的会议，让他发表建议，讨论如何掌握空中霸权。这个月，海军部在日德兰半岛战役后发表的公告引起了公众广泛的沮丧情绪，巴尔福请丘吉尔写一篇振奋人心的公告，鼓舞公众的信心。这就是丘吉尔所有的工作。

6 月 5 日，基钦纳乘船离开英国，前往俄罗斯北部。第二天，为了准备递交给达达尼尔海峡皇家专门委员会的相关证据，丘吉尔和伊恩·汉密尔顿爵士一起查看基钦纳发给汉密尔顿的电报，确认没有漏掉任何能够说明基钦纳犹豫不决、改变主意、在陆军登陆后就对其置之不理的重要资料。当他们在克伦威尔路41号丘吉尔的书房里忙碌时，他们听到下面的街上传来的一阵噪音。"我们跳了起来，"汉密尔顿后来写道，"温斯顿猛地打开窗户。"一个卖报纸的小贩刚好路过。"他的胳膊下面夹着一捆报纸，我们打开窗户时他正在喊：'基钦纳沉船身亡！没有生还者！'"

基钦纳死了。人们普遍认为劳埃德·乔治将接替基钦纳担任陆军大臣。丘吉尔认为他也许能接替劳埃德·乔治的职务担任军需大臣。不过他的头上仍然笼罩着达达尼尔海峡的阴影。

阿斯奎斯不想让全部文献资料出版，这些资料显示他自己是达达尼尔海峡行动的带头支持者，他决定不允许将任何作战会议的备忘录纳入准备出版的文献当中。6月19日，丘吉尔得知了这个让他的希望遭受打击的消息。第二天，他得知海军部拒绝出版很多关键性的海军电报。阿斯奎斯在6月26日对专门委员会说："必须要过相当长一段时间，这些文件才有可能公布。"4周后，丘吉尔希望充分揭露真相的想法再次受到打击，阿斯奎斯写信对他说，政府决定与达达尼尔海峡相关的任何文件都不得出版。

7月7日，劳埃德·乔治成为陆军大臣。丘吉尔立刻请求他出版这些文件。然而政府不希望追究过去的问题。很多仍然身居高位的人曾经参与其中。丘吉尔很生气，但又无能为力，他和家人一起去了布伦海姆。

7月1日，英军和帝国军队对索姆河的德军战壕发动进攻。丘吉尔一直反对在人员或坦克没有明显优势的情况下发动这样的前线进攻。这年夏天，他给《星期日画报》写了4篇文章，他在最后一篇文章里写道，因为从鲁斯到索姆河的损耗战国家的态度有所变化。"对于奇迹的惊叹已经暗淡，"他写道，"激动和热情让位给忍耐；兴奋枯竭了，死亡习以为常了，悲伤麻木了。整个世界岌岌可危，从忽明忽暗的地平线上不断传来隆隆的炮火。"

7月24日，丘吉尔在下院再次发言，他站在士兵们的立场上要求为前线服役的人员建立更加公平的制度，让在前线的人员能够更快地晋升，让英勇事迹得到更广泛的认可。他还呼吁做更多努力，提高壕沟的安全性，壕沟用灯至少要和德国人用的一样好，应该使用法国人用的那种钢盔，就是他在战壕时一直戴的那种。"如果在战争的初期阶段这个建议不被置之不理，很多死去的人本来今天还可以活着，不少如今受重伤的人本来可以受轻伤。"他说，海军部也应该"夜以继日"地加紧各类新设备的建造，"这些设备的建造可以挽救我们士兵的生命，让他们不用暴露在无谓绝望的危险之中"。

劳埃德·乔治知道丘吉尔曾经贡献过多少点子和实用的建议，他请丘吉尔到陆军部讲出自己的想法，和他的顾问们讨论这些看法。

9月初，丘吉尔得知坦克将首次在索姆河的战斗中使用，他立刻去见阿斯奎斯，提出除非能够有相当数量的坦克同时出现在战场上，否则一辆也不要用，这样可以让坦克在技术性效果上再添加上出其不意的成分。阿斯奎斯听得很仔细，丘吉尔以为坦克会暂时停止投入使用，直到其使用能够达到最大也许是决定性的效果，很可能这个时间是在1917年年初。因此，当他在9月16日得知坦克已经在索姆河投入使用，而且数量只有15辆时，他非常失望。"可怜的'陆上战列舰'，使用得太早了，规模也太小，"这天他给费希尔写信说，"本来这个想法可以带来一场真正的胜利的。"

整个8月和9月，丘吉尔都在为接受达达尼尔海峡质询委员会的质询做准备。因为阿斯奎斯仍然不允许他使用作战会议的备忘录，他的陈词缺乏最主要的资料和佐证。他希望其他人给出证词的时候他能在场，然而委员会主席克罗默勋爵告诉他所有的会议都会秘密进行，除了当天出席的证人，其他人不得参加，丘吉尔的希望破灭了。9月28日，他出现在委员会面前，递交了文件和论证，说明海军在达达尼尔海峡发动攻击的真相。

保守党报纸仍然对丘吉尔的罪名紧抓不放。丘吉尔知道他重返政府的希望取决于他手上的证据能否得以发表。不过在委员会工作结束后，政府只同意发表一份总体报告。相关文件、提交的资料和询问记录将不会公布。丘吉尔又一次被欺骗了。11月20日，他对 C. P. 斯科特说，他是"这个国家被诽谤最深的人"。他剩下的唯一的武器就几乎只有自己的笔了；11月26日，他在《星期日画报》上发表了一篇关于安特卫普之行的文章。

11月30日，丘吉尔42岁了。此时，劳埃德·乔治和博纳·劳发起了对阿斯奎斯权力的挑战。12月5日，劳埃德·乔治、博纳·劳和柯曾从政府辞职。同一天晚上，阿斯奎斯正式提出辞职。

国王让博纳·劳组建政府。当晚，劳埃德·乔治和艾特肯要与 F·E. 史密斯共进晚餐。丘吉尔不在受邀之列。晚饭前，他和史密斯一起在皇家汽车俱乐部的土耳其浴室。在俱乐部里，史密斯给劳埃德·乔治打电话提醒他晚饭的事，还提到丘吉尔和他在一起。劳埃德·乔治立刻提议说让丘吉尔和他们一起吃晚饭。"这个建议，"艾特肯后来回忆说，"也许是漫不经心地提出的，但是让丘吉尔自然地以为他被当作了即将掌权的新作战决策班子中的一员。如果劳埃德·乔治不想给他一个切实的职位，他当然不会邀请他一起吃晚饭。"

晚餐期间，大多数的谈话是关于新政府的。在晚餐中间，劳埃德·乔治不得不离席去见博纳·劳。他让艾特肯和他一同驱车前往。在路上，他解释说他和博纳·劳受到很大的压力，要求将丘吉尔排除在新政府之外。如果他自己成为首相，是无法给丘吉尔提供内阁职务的。随后劳埃德·乔治让艾特肯回到晚宴上，向丘吉尔暗示一下这层意思。艾特肯回到宴会上，传达了劳埃德·乔治给他的暗示。丘吉尔在明白了一切后，愤然离开宴会。

当晚，博纳·劳问阿斯奎斯是否愿意在他手下供职。阿斯奎斯拒绝了，博纳·劳知道他无法得到自由党人完全的支持，他建议国王让劳埃德·乔治担任首相。

12月6日在组建内阁的时候，劳埃德·乔治在内阁大臣人选名单的空白处写上了："？空军，温斯顿。"事实上，空军部还没有建立。新内阁里也没有任何职位提供给丘吉尔。丘吉尔在另一件事上也相当不走运，因为政治危机，达达尼尔海峡专门委员会的报告延迟出版了。12月11日，劳埃德·乔治摆出了友好的姿态，让一个共同的朋友去见丘吉尔，告诉他自己不打算将他排除在政府之外，他会想办法任命他为空军委员会主席。不过首先必须要出版达达尼尔海峡专门委员会的报告。丘吉尔不知道的是，新任海军大臣爱德华·卡森在12月20日给博纳·劳写信说："如果做这样的任命，我很担心会出现摩擦。"丘吉尔与保守党旷日持久的战斗还远远没有到头。

丘吉尔跟克莱门蒂娜、戴安娜、伦道夫和莎拉一起在布伦海姆度过了圣诞节和新年。一个月后，在费希尔76岁生日后不久，丘吉尔给费希尔写信说："我们共同的敌人如今权力在握，友谊没有任何价值。我仅仅是活着而已。"

1917年3月5日，丘吉尔针对陆军预算发表了演说，他恳请投入更大的精力和创造力建造能够挽救生命和促成胜利的机械设备。现在就应该为1918年的作战做准备。那时，协约国将有足够的人力和武器确保取得军事上的胜利。

3月中，达达尼尔海峡专门委员会终于准备好出版其报告了。劳埃德·乔治将海军部部分的副本借给了丘吉尔，以示友好。其中没有对丘吉尔的任何指责，报告显示3月18日德·罗贝克放弃海军进攻的时候，土耳其人要塞里的炮弹已经所剩无几。尽管报告表明阿斯奎斯和其他同僚一样热切地希望对土耳其人发动进攻，而且基钦纳没有给作战会议提供足够详细的作战方案，但是在丘吉尔看来，报告没有回答针对他个人的诸多具体指控。而且报告里也没有包含任何他希望出版的文件资料。

3月20日，C. P. 斯科特在和丘吉尔一起吃午饭的时候问他是否愿意加入劳埃德·乔治的政府。

"我不会担任任何次要职务——只担任主要职位。"丘吉尔回答道。

斯科特问，他是否想担任陆军大臣。

"是的，那会很不错。"丘吉尔说。

不过这职位没有给他。

在 4 月 8 日《星期日画报》的一篇文章里，丘吉尔重申了他在议会发表过的观点，他反对在 1917 年重新发动进攻。不过第二天英军就在阿拉斯东部发动了进攻。3 天后，德军被击退了 4 英里，但是他们维持住了自己的阵线；黑格本希望突破德军阵线，让骑兵利用这个机会深入德军控制区，他的希望破灭了。

同年春天，为了让他和家人可以有一个在乡下放松的地方，丘吉尔买下了卢兰登，这是一座位于苏塞克斯的农场。在上百亩的树林里藏着一个小湖，丘吉尔很喜欢在陡峭的湖岸边作画。

4 月，应劳埃德·乔治的建议，丘吉尔和军需大臣克里斯多夫·阿狄森博士见了两次面，讨论他是否能担任军需品生产方面的职务。4 月 27 日，阿狄森建议劳埃德·乔治，让丘吉尔担任他部门内一个专门委员会的主席，考核坦克和其他辅助作战设备的研发情况。劳埃德·乔治拒绝了阿狄森的建议，不过他采纳了丘吉尔在 5 月初提出的在下院召开秘密会议的建议，避免阿斯奎斯领导的反对当局的自由党人以及工党和爱尔兰民族主义议员联手在公开场合议会抨击他的政策。

秘密会议在 5 月 10 日举行。阿斯奎斯没有计划发起全面的攻击，他也没有让人展开辩论。这个任务落到了丘吉尔身上，他再次提出反对在法国发起过早的进攻。美国已经在 4 月初参战，美国军队要到 1918 年才能做好作战准备。人员和火力上的优势是进攻取胜的必要条件。英国一项都不具备。英国也没有空中优势。在 1917 年发动新的进攻只会带来灾难。"为了在下一年发起决定性的进攻"，应该培训和提高协约国军队，完善他们的战术。

劳埃德·乔治拒绝同意延迟进攻，他也没有表现出在多大程度上同意在 1917 年晚些时候发起一次大型进攻。不过在丘吉尔演讲完后，他和丘吉尔碰巧在议长座位背后碰到。丘吉尔后来回忆说："他向我保证，他决定让我在他身边。从那天起，尽管没有担任任何职务，我在很大程度上成了他的同事。他反复和我一起讨论战争的各个方面以及他很多隐秘的希望和担忧。"

不过就在丘吉尔觉得有了新的力量和目标的时候，他的对手也在想办法阻止他担任公职。在报道过一则关于丘吉尔将要担任空军委员会主席的传言后，6 月 3 日的《星期日画报》宣称任命他担任任何内阁职务"对政府和整个帝国来说都将是重大的威胁"，他的历史记录证明他没有给出公正判断和明智远见的能力，而这些是可靠的管理者必备的素质。

不仅只有保守党报纸出声反对丘吉尔。6 月的第一周，柯曾勋爵给博纳·劳写信，提醒他自己加入劳埃德·乔治政府的唯一条件就是将丘吉尔排除在外。6 月 8 日，德比勋爵去见劳埃德·乔治的时候也当面表达了同样的观点。

劳埃德·乔治本来想让丘吉尔主持空军委员会，不过反响过于激烈。7月16日，劳埃德·乔治邀请丘吉尔加入他的政府，问他想要什么职位。丘吉尔立刻回答说，军需大臣。现任军需大臣阿狄森博士一直赞赏丘吉尔的品质，他已经告诉过劳埃德·乔治可以为丘吉尔让位；实际上让丘吉尔继承职位就是阿狄森的主意。7月18日，丘吉尔的任命被公布出来。几天里，保守党和报纸掀起了一阵抗议风暴。《晨邮报》指出安特卫普和达达尼尔海峡就是他"过度自负"的证明，让丘吉尔以为自己是"海里的纳尔逊，陆上的拿破仑"。

第十八章

军需大臣

丘吉尔担任军需大臣后的第一个周末是在卢兰登度过的。1917年7月22日，丘吉尔给劳埃德·乔治写信，再次表示他反对这一年在法国发动进攻，而且应该限制已决定要发动的攻击的后果。丘吉尔还建议是时候准备对土耳其的欧洲部分发动新的海陆协同登陆战了，可以利用当时在萨洛尼卡闲置的五六个师。一旦位于欧洲的土耳其军队被迫投降，位于巴勒斯坦的协约国部队就能"在明年春天腾出手来到意大利或法国作战"。丘吉尔在信的结尾恳请正在前往法国途中的劳埃德·乔治："别被鱼雷击中，因为剩下我一个人，你的同伴们会吃了我的。"

军需部总部位于诺森伯兰大街的大都会酒店。从丘吉尔的前任阿狄森那里可以得知军需部秘书处的成员"并不支持温斯顿来这儿"。7月24日，阿狄森向大家介绍了丘吉尔；资深官员哈罗德·贝尔曼后来回忆说，他们本来预想会有"很激烈的场面"，丘吉尔受到的接待"相当冷淡"。贝尔曼回忆说，丘吉尔一开始就表明"他知道'他要拿声望做赌注从零开始'。他接着大胆表明他的政策是要加快军需生产。他在说明计划时，气氛明显转变了。这不是道歉，这是挑战。那些来诅咒的人将来会叫好的"。

8月7日，丘吉尔面临身为军需大臣的第一个考验，一年半之久的劳动争端让威廉·比德莫尔的军需品工厂和其他克莱德河畔的军需品工厂都停产了。几名罢工领袖不仅被比德莫尔的工厂开除，而且被逮捕，还被禁止在格拉斯哥居住。相继3名军需大臣，劳埃德·乔治、埃德温·蒙塔古和阿狄森，都是自由党人，他们都支持这个驱逐令。

为了解决争端，丘吉尔邀请"克莱德河被放逐者"的领袖戴维·柯克伍德到军需部和他见面。柯克伍德和丘吉尔同岁。在回忆录中，柯克伍德回忆说他本以为自己会见识到"傲慢自大、军队的严苛、粗鲁无礼"，可是丘吉尔出现的那一刻，"我知道我错了。他走进来，他充满活力的脸上满是笑容，他简单地向我致意，没有一丝傲慢或虚饰"。他们开始谈话时，丘吉尔摇了摇铃，说道："我们一起喝杯茶，吃点蛋糕。"柯克伍德很吃惊："这里的这个人本应从不考虑琐事，却提议喝茶吃蛋糕——这是那种真心以对的友谊。这太棒了。我们边喝茶边讨论。"

柯克伍德要求让"被放逐者"复职，交换条件是保证同意复工。丘吉尔看出了柯克伍德的爱国心，他接受了他的保证，立刻敦促比德莫尔给这些人复职。3 天后，罢工结束。柯克伍德被邀请到比德莫尔的迈尔恩德炮弹工厂任经理。复职 6 周后，迈尔恩德炮弹工厂就设计了一套工人奖金制度，迈尔恩德的产量跃居英国首位。

8 月 15 日，丘吉尔将自己的战争军需品法案提交给下院。他解释说，这个法案的目的是"一方面促产出，一方面促行业安定"。熟练工人将能得到特殊工资奖励。加入工会或参与劳动争议的工人不会受到处罚。"除非得到国内广大劳动阶级人民的支持"，否则我们无法赢得这场战争。除非他们"决心忠诚和自发地"给予支持，"否则我们只能得到损失惨重的后果"。

丘吉尔不是战时内阁的成员，不过讨论军需品问题时也会列席会议。8 月 15 日，他主动提出自己的想法，认为可以将英国的野战炮拨给俄军使用，德比向劳埃德·乔治提出抗议，他还说服威廉·罗伯逊也提出抗议。在这天的第二次战时内阁会议上，丘吉尔表示支持将海军的舰炮给陆军使用。

生产英国的战时军需品、满足对军需品的争相要求是丘吉尔的责任，因此他觉得必须指出怎样能最好地利用这些军需品。他指出，海军部有大量闲置的储备舰炮是陆军部可以在陆上使用的。海军大臣埃里克·格迪斯爵士没有参加会议，但是当得知丘吉尔在会上的发言后，他也立刻提出抗议；他和德比威胁说，如果不限制丘吉尔的干涉行为，他们就辞职。

3 天后，丘吉尔宣布了军需部新的组织结构。他建立了一个由 11 个成员组成的军需品议事会取代 55 个半自治的部门，议事会的每个成员都要负责军需品生产的几个相关方面。议事会秘书处将协调原材料采购，监督生产工艺。

军需品议事会每周开一次会。特殊议题委托给议事会专门委员会，在接下来的 15 个月里，将成立 75 个专门委员会。很多商人和工厂主都参与了军需部的工作，和公务员们并肩作战。丘吉尔会批阅专门委员会的报告。9 月 4 日，他在军需品议事会上就空军实力的问题做了发言。他说，空军长久以来都在"为其他部队卖苦力"。但是现在"要赢得这场战争只有两个办法，一个是飞机，另一个是美国。这就是剩下的所有办法，再无其他办法了"。

9 月 12 日，丘吉尔第一次到法国做军需品方面的访问。他和马什从加来驱车前往战区，随后到圣欧麦，与黑格和他的参谋们进行了两天的对话。

黑格已经下令在一周后大举发动进攻，他决心突破伊珀尔的德军战壕。他的目标是攻破帕斯尚尔村，接下来到布鲁日，甚至到泽布鲁日，结束战壕战的僵持局面。9 月 13 日，和丘吉尔对话的第一天，他在日记里写道："温斯顿承认劳埃德·乔治和他都怀疑是否能在西线击败德军。"

黑格的新一轮进攻从 9 月 20 日开始。13 天后，10 月 3 日，他给丘吉尔发信说急需 6 英寸榴弹炮炮弹。他警告说，供给量有任何减少都会妨碍他当前的进度。丘吉尔让华盛顿的英国使馆把这个请求告诉给美国战时工业委员会。委员会里负责原材料的专员伯纳德·巴鲁克同意提供所需的炮弹。巴鲁克和丘吉尔日后一直保持直接的电报联络，有时一天一封。他们还从未见过面，可是通过电报来往，两人之间建立了亲密的工作伙伴关系。

10 月 12 日，黑格的军队展开对帕斯尚尔村的进攻，这是计划中全面进攻前的最后一个高地。战斗激烈地进行了 12 天，而且常常是白刃战，但是随后队伍的推进停止了。这天，在意大利，意大利军队在卡波雷托被德奥联军击败，100 多万意大利军队正在撤退。当消息传到陆军部的时候，丘吉尔正在卢兰登。正在沃尔顿希斯的劳埃德·乔治发电报让丘吉尔驱车赶过去。

劳埃德·乔治从丘吉尔那里得到了他想要的勇气。英军和法军会被派往意大利支持住战线。劳埃德·乔治自己也会去意大利。丘吉尔会尽一切努力保证满足对火炮和弹药的更多需求。这是一个艰巨的任务；英国工厂即使开足马力，在 10 月也无法达到它们 9 月的产量。

同一天，丘吉尔主持了和妇女工会咨询委员会的第一次会议。几乎有 100 万名妇女在他的职责领域内工作。8 个月前，他曾投票支持赋予妇女选举权，这在英国历史上是头一回；新法案让 600 万妇女赢得了选举权。现在讨论的主要问题是要求更加公平的工资；在会议期间，36 岁的工会领袖欧内斯特·贝文提出妇女们的诉求；23 年后，贝文将成为丘吉尔的战时内阁成员。丘吉尔赞成妇女们的要求，在会议上他说他认为妇女们的劳动应该不仅仅是"在战时偶尔为之"。

会议两天后，丘吉尔对作战会议说，军需品工人当前的工资要求一点也没有超出生活成本的增长，也"没有超出他们付出的努力程度"。这种努力是持续性的；丘吉尔的行动之一是在 11 月的头两周停止缩减轰炸机生产，提高飞机引擎产量。11 月 18 日，他回到巴黎与法国人和意大利人一起协调法国的军需品需求；在讨论了 3 天后，意大利人的需求得到了满足。

11 月 20 日，丘吉尔还在巴黎的时候，在坎伯拉，英军首次使用坦克发动进攻。两周时间里，战壕战线就被突破了，德国占领的超过 42 平方英里的区域被重新夺回。战斗第一天，丘吉尔在法国众议院听到 76 岁的法国新任总理和陆军部长乔治·克列孟梭宣布："不再有和平主义运动了，不再有德国的阴谋诡计了，不再有背叛或半背叛——作战，除了作战什么都不做。"

43 岁生日那天，丘吉尔仍然在法国，他在法国一直待到 12 月 4 日。在法国期间，他完成了在巴黎北部的克雷耶修建一座英国火炮制造厂的方案，这样重型火炮就无须送回英国进行修理和改造了。他还应伯纳德·巴鲁克的请求，着手为美国寻找和购买美军在抵达欧洲后所需的战时物资。丘吉尔在法国、西班牙甚至加拿大采购了这些物资，其中包括 452 架飞机。

在巴黎的时候，丘吉尔设法说服卢舍尔允许他在波尔多修建一座英美坦克制造厂，这座工厂可以组装来自英国和美国的部件，从 1918 年 7 月起每个月可以出产 1500 辆大型坦克。他认为有了这些坦克一定能够赢得胜利。在返回伦敦后，丘吉尔对战时内阁说，坦克不仅应该用来替代炮火轰炸，而且应该用来作为"步兵不可或缺的辅助设备"。为了论证他的观点，他指出，在两天前结束的坎伯拉之战中，伤亡不到 1 万人，消耗弹药 660 万发，换回 42 平方英里的土地；而在弗兰德斯，从 8—11 月，伤亡 30 万人，消耗弹药 8400 万发，才换回 54 平方英里的土地。他对战时内阁说，第一件要做的事是让三四万的骑兵解放出来，到坦克部队服役，这些骑兵中的大部分人已经在从事其他工作了。

伊珀尔的第三次战斗结束了，丘吉尔松了一口气。1917 年快要结束了，丘吉尔的精力主要集中到了 1918 年的作战上。但是现在新的威胁出现了：11 月初，布尔什维克政府在俄国掌权，宣布他们要与德国停战。一旦停战，德军就能将大批军队从东线输送到西线，使得在西线德军在人数上占据绝对优势。丘吉尔非常担心，1918 年 1 月 19 日，他给劳埃德·乔治写信，请求他保证立即让军队人数达到满员编制。丘吉尔自己也采取行动。1 月底，他要求空军大臣不能让飞机引擎订单少于每月 4000 台。他写道，如果经过考虑觉得这么做值得，军需部会支持将这个数量提高到 5000 台甚至 6000 台。2 月 18 日，他前往法国，与英军指挥官探讨他们所需的弹药、坦克和芥子气数量，他决心满足他们的需求。3 天后，他返回法国继续进行讨论，还去查看了维米的战壕，他对克莱门蒂娜说，他"在泥地里步行了 5 个小时"。

两天后，丘吉尔参观了从前自己在普鲁格斯蒂尔特蹲守过的战壕。"所有的东西都被炸成了碎片，"他对克莱门蒂娜说，"炮火一直很猛烈。英军战线向前推进了一英里，不过我原来的农场只剩下砖头堆和破沙袋了。"但是他在劳伦斯农场修建的防空洞"在两年来的连续炮击下仍然坚持了下来，而且还在使用"。

2 月 26 日和 27 日，丘吉尔到巴黎处理军需品方面的事务。然后他返回伦敦。3 月 8 日，他对劳埃德·乔治表示，希望看到坦克作为战斗的一个有机组成部分得到大规模使用。亨利·威尔逊爵士也在场，他刚刚担任帝国总参谋长，他认为雷区可能会成为坦克推进的障碍。8 天后，丘吉尔给大家传阅了一份备忘录，他在其中提出了各种各样的应对措施，并且要求设法让坦克能够安全地穿越雷区。他的提议包括在每辆坦克前面安装一个 20 英尺长的"大钢锤"；每个队伍中有一辆特殊坦克，安装有强度足以抵挡爆炸的底盘，为其他坦克开路；在坦克之前推动一个重型滚轧机或一组滚轧机，引爆地雷。

丘吉尔在他的部门内部设置了一个坦克委员会。他给委员会设定的目标是到

1919 年 4 月制造 4459 辆坦克，到 1919 年 9 月，这个数字要翻番。他还想让英国的空军力量翻番，他在 3 月 5 日的备忘录中写道，他相信如果任意一方有能力"每晚向对方的城市和制造部门投掷 500 吨炸弹而不是 5 吨炸弹"，战争结果就明朗了。

3 月 18 日，丘吉尔再次前往法国，这是他担任军需大臣 8 个月来第五次来法国。抵达圣欧麦后，他得知德军马上要发动一次大型进攻。奥伊斯河北部，德军的数量是英军的两倍。第二天上午，丘吉尔到达蒙特勒伊的英军坦克指挥部。两天后，他在法国还有一次官方会议，他决定不回英国，留下来拜访他的朋友图德将军，图德现在正在指挥第 9 师。3 月 19 日的晚上丘吉尔是在图德位于努鲁的指挥部度过的。第二天，两人视察了第 9 师防御工事的各个角落。

这天晚上丘吉尔在努鲁过夜。3 月 21 日早上 4 点刚过他就醒了。他在床上躺了半个小时；4 点 40 分的时候，他听到几英里外有六七声爆炸的巨响。他以为这是英军火炮在开火。实际上这是德军的地雷在英军战壕里爆炸的声音。"随后，"他后来回忆说，"就像钢琴家在键盘上从高音区弹到低音区一样，不到一分钟的时间里，响起了我听到过的最响的炮击声。"

德军的进攻开始了。丘吉尔飞快地穿上衣服，匆忙去见图德，图德告诉他英军火炮马上要开火了。6 点刚过，德军步兵开始推进。高什树林内南非军队把守的阵地被德军占领了。丘吉尔想要留在第 9 师，不过在图德的说服下他离开了。

这天剩下的时间丘吉尔是在圣欧麦度过的。3 月 22 日，他出席毒气会议。3 月 23 日，努鲁也被德军占领，丘吉尔返回伦敦。在唐宁街，劳埃德·乔治把丘吉尔带到一边问他，现在重兵把守的阵地已经被占领，前线阵地如何维持："我回答说每次进攻在推进的同时力量也会随之减弱。这就像把一桶水倒在地板上。先是快速流向前，然后缓缓向前，最后完全停止，直到另一桶水倒下来。"在三四十英里之后，会有一个喘息空间，"如果我们尽一切努力"，就能够重建前线。

当晚，劳埃德·乔治和亨利·威尔逊与丘吉尔一起用餐。威尔逊在日记里把丘吉尔形容成"危急时刻真正的珍宝"。在第二天的战时内阁会议上，丘吉尔宣布会要求所有军需品工人放弃复活节假期。他还会放军需品工人去前线。3 月 26 日，他在军需部大楼通宵工作，确保最大数量的炮弹能在最短时间内运到法国。3 月 27 日晚上他也留在军需部。3 月 28 日丘吉尔早上醒来的时候，德军已经攻占了整个索姆河战场，现在有揳入英法军队之间的危险。黑格将总司令部从圣欧麦搬到蒙特勒伊。

劳埃德·乔治希望能够有第一手的证据表明英法军队有毅力有办法阻止德军的猛烈进攻。为了掌握相关证据，他决定派丘吉尔去前线。他还必须确定，迄今为止在这场新的战役中参与较少的法国是否愿意从南线发动"猛烈攻击，"缓解英军战线的压力。这天上午，劳埃德·乔治给巴黎的克列孟梭发电报，通知他丘吉尔正在去往法国陆军司令部的路上。

丘吉尔的批评者们立刻提出警告。甚至当他还在去往福克斯通的路上时，博纳·劳和亨利·威尔逊就去对劳埃德·乔治说，派丘吉尔去法国司令部执行军事任务大错特错。劳埃德·乔治接受了他们的抗议，从唐宁街打电话到福克斯通给丘吉尔留了一封口信，对他说"最好待在巴黎，不要到法国司令部去。所以他最好直接去找克列孟梭，明确其立场，在那里汇报情况"。

中午，丘吉尔到达福克斯通。劳埃德·乔治的口信还没有到。他乘坐驱逐舰前往布伦，然后驱车前往黑格的司令部，他发现那里"完全没有兴奋和忙碌"。在蒙特勒伊，他被告知在过去的一周里，英军有超过 10 万人被杀或被俘，损失了 1000 多门火炮。最危险的是，德军正在向还未受到攻击的英军战线的北部区域移动。突然间，英军面临被赶回英吉利海峡沿岸的危险。现在更加急需法军从南部推进。不过在黑格的司令部，没人知道法国人的意图，也没人知道他们有哪些队伍能来援救英军。

丘吉尔从蒙特勒伊驱车向南，前往已处于德军炮火轰炸之下的亚眠。他在午夜时分抵达巴黎。到达里兹饭店时，他收到了劳埃德·乔治的口信。

3 月 29 日是耶稣受难日；这天上午，德军的一枚炮弹击中巴黎市内一座挤满了人的教堂，造成 80 人丧生。丘吉尔在这天上午收到克列孟梭的口信，克列孟梭不仅要见他，还要"明天带他上战场，拜访所有参战军团和队伍的指挥官"。当晚 6 点，两人第一次见面。"这里正在推动一项非常大胆的政策，将最大限度地利用所有可用资源，"丘吉尔给劳埃德·乔治发电报说，"他们在这儿很有信心。克列孟梭绝对是一个兼具力量和勇气的伟人。"

3 月 30 日上午 8 点，丘吉尔出现在克列孟梭的司令部。"我们带你看一切，"克列孟梭对他说，"我们会一起去各个地方，亲眼看所有东西。"两个小时后，他们抵达博韦，福煦元帅正在市政厅等着他们。丘吉尔后来回忆说："福煦攥着一支大大的铅笔，就像那是一把武器，没有丝毫预备地走到地图前，开始讲述当前形势。"福煦讲述了德军从 3 月 21 日的第一次大规模突袭后的动向，然后说德军的推进在一天天逐渐减慢。

随后，福煦告诉来访者，战线不久之后一定会稳固下来，"随后，啊，随后，就是我的事了"。随后丘吉尔和克列孟梭离开，驱车向北前往杜利，罗林森将军在那里指挥第 4 军。丘吉尔问他，能把守住战线吗。"没人能知道，"罗林森回答道，"除了筋疲力尽、陷入混乱的军队，我们和敌人之间几乎没隔着任何东西。"承担正面冲击的第 5 军士兵们"困得要命、累得要死。几乎所有编队都混在一起或者打散了。士兵们正在缓慢地向后移动，他们彻底累垮了"。

黑格到杜利请求法国人支援。克列孟梭立刻下令让法军的两个师渡过昂克尔河支援英军。丘吉尔给劳埃德·乔治发电报说，这立刻拯救了筋疲力尽的士兵们。法军现在直接对英军战线最薄弱的地方给予了支援。

克列孟梭又说："我要求给我奖励。我想过河观战。"罗林森表示反对，他说卢斯河以外地区的局势还不确定。"很好，"克列孟梭回答道，"我们会去确定。这一路走下来，给你们派去了两个师，没过河我不会回去的。"克列孟梭一边叫丘吉尔跟上，一边钻进了轿车。

他们最终来到河边。炮火离他们很近。"现在，温斯顿·丘吉尔先生，我们在英军战线上了，"克列孟梭说，"你来指挥我们？我们会照你说的做。"

"你想走多远？"丘吉尔问道。

"越远越好，"克列孟梭回答道，"不过你来做判断。"

丘吉尔地图在手，命令自己的车在车队前面领路。车队过了桥。丘吉尔后来回忆说，车队开到距离英军手里最后一个高地三四百码的地方。"现在已经听见树林里步枪射击的声音，炮弹开始在我们面前的公路和两侧湿漉漉的草地上爆炸。"

丘吉尔认为他们已经走得够远了。克列孟梭同意停下来，他从车上下来，爬上路旁的一个小坡。他在那里待了大概一刻钟时间，"跟掉队的士兵提了些问题，夸奖了当地的景色"。他们"兴致很高"，不过法国参谋部的军官们越来越担心他们首相的安全。他们催丘吉尔劝他撤回去，克列孟梭同意返回。

车队返回杜利，然后向北穿过亚眠。当听到位于洛林森右侧阵线上的一名法国将军表示他有信心能坚守阵地24小时，直到援军赶到时，丘吉尔感触很深。当晚8点，车队抵达博韦，法军总司令贝当将军在自己的列车上迎接他们，丘吉尔把这列车称为"豪华的军队宫殿"。

和贝当在列车上一起吃过晚餐后，丘吉尔和克列孟梭返回巴黎，他们在凌晨1点到达巴黎。在上床睡觉前，丘吉尔给劳埃德·乔治发电报，建议他应该立刻派兵到法国来，越多越好。丘吉尔还说，克列孟梭"意志坚定，活力十足"。这周的周六，丘吉尔给克莱门蒂娜写信的时候也提到了克列孟梭："他有无穷无尽的精神和精力。昨天在粗糙的公路上乘车高速行驶了15个小时，我累坏了——而他都76岁了！他给我留下的影响和费希尔一样：不过更能干，好像随时准备转身咬上一口一样。"

劳埃德·乔治希望美国人立刻派大量士兵前往法国，最好能一个月派12万人。3月31日上午，应劳埃德·乔治的请求，丘吉尔把这个想法告诉给克列孟梭。他们一起起草了一份电报给威尔逊总统，催促他派兵。威尔逊总统同意加快按照他们要求的数量派兵。丘吉尔在前线又待了一天，随后返回巴黎，在午夜给劳埃德·乔治发电报说："法国人现在稳住了，也有充足的火力支持。"德军南下的冲击"现在无须担心了"。

丘吉尔当晚又和克列孟梭见面；随后他给劳埃德·乔治发电报，请他立刻到法国来和克列孟梭确定最高司令部人员组成的细节。4月3日，劳埃德·乔治和亨利·威尔逊一起抵达布伦。丘吉尔在布伦和他们碰头，然后和他们一同驱车前往蒙特勒伊。不过在亨利爵士的坚持下，丘吉尔没有参加这天上午在博韦的军事会议，会议同意由福煦担任法国境内包括英军、美军在内的所有协约国军队的总司令。

丘吉尔没有参加会议讨论，他用这天剩下的时间到法国北部处理军需品事务，晚上和劳埃德·乔治一起从布伦到福克斯通，在凌晨两点半返回伦敦。

在东线，布尔什维克党人和德国人停战了。丘吉尔想方设法寻找劝说他们重新参战、再次激活东线的办法。他给战时内阁写信说，如果能"诱导"布尔什维克党人和罗马尼亚联手一起攻打德国，就能派协约国代表到莫斯科，他们要有足够的分量为布尔什维克政府提供新的稳定因素以及和俄国社会其他阶级进行有效协调的办法。

丘吉尔寻找各种可能的方法向德军施压。在他建议和布尔什维克党人合作的前一天，他给卢舍尔写信说需要继续制造芥子气炮弹。一个月内，英军发射的炮弹中，芥子气炮弹超过1/3。不过这一年德国人取得了首次毒气战的胜利，4月7日午夜过后不久，他们袭击了位于阿尔蒙提尔的英军战线北部区域。3天后，阿尔蒙提尔被德军占领。

第三次伊珀尔战役的胜利果实都已经丢掉了。丘吉尔警告劳埃德·乔治，德军可能从阿布维尔到达英吉利海峡，揳入英法军队之间。

从法国返回后，丘吉尔在军需品的生产上加倍努力。到4月21日，他能给黑格提供的火炮已经是一个月前德军进攻开始后损失或毁坏的火炮的两倍。飞机也是如此。他也能提供更新、更优良的坦克更换每辆损失的坦克。为了从黑格那里查明对重型火炮弹药的确切需求，丘吉尔在4月27日再次前往法国。

6月1日，有一件私事成为他工作之间的插曲，丘吉尔的母亲嫁给了蒙塔古·波奇，他在尼日利亚公务员部就职。伦道夫夫人的第二任丈夫乔治·康沃利斯·韦斯在1913年离开了她，迎娶了女演员帕特里克·坎贝尔。波奇比伦道夫夫人小23岁，比丘吉尔还小3岁。婚礼签到簿上有丘吉尔和妻子的签名，这时克莱门蒂娜已经怀孕4个月了。

母亲婚礼两天后，丘吉尔飞回法国。德国人发起了另一轮进攻，突破了埃纳河和马恩河之间的法军战线。巴黎担心自己也可能受到威胁。丘吉尔前往巴黎。

6月8日，丘吉尔参观了贡比埃涅北部的法国前线，他见到的两名法国将军都保持着理智的自信。返回巴黎后，丘吉尔在6月9日下午写信给妻子说，当时蒙迪迪埃和努瓦永之间正发生一场"关键性的殊死"战斗。如果法军不能在这个区域阻挡住德军，"下一步我们该怎么办就不好说了"。但是他仍然抱有希望，战线被军队"牢牢地把守着"。这天，在巴黎，两枚德国远程炸弹落在距离丘吉尔开会地点150码的地方。

德军没能到达贡比埃涅。6月11日，法军开始反攻。丘吉尔在第二天飞回英国。在飞行途中，飞机引擎出现故障。"我差点在英吉利海峡的海水里了结了我这变故众多但令人失望的一生，"他对辛克莱说，"我们颤抖着飞回岸边。"

在新任陆军大臣米尔纳勋爵的坚持下，战时内阁决定继续从军需品工厂调人上前线，尽管这已经导致坦克产量严重下滑，这让丘吉尔非常生气。他现在担心英国是否有能力在1919年赢得战争胜利。

6月底出现了对1919年军需品生产的另一个威胁，很多工厂爆发罢工，原因是工厂主拒绝与工会讨论提高工资的问题。在情况最严重的联合飞机制造厂，一名工人代表被解雇，由此引发罢工。飞机停产了。丘吉尔采取极端行动，接管了工厂。随后他给被解雇的工人代表复了职，让工人委员会继续活动，他支持工人们的观点，即工厂违反了工人代表和工人委员会活动的合法权利。

一周后，几家坦克制造厂爆发罢工，抗议在违反工人意愿的情况下将工人从一个厂调到另一个厂。战时内阁强调说这是必要的措施，因为一些工人被调往了前线。坦克生产面临彻底崩溃，丘吉尔想要通过取消罢工人员的兵役豁免权迫使他们复工。7月25日，博纳·劳和丘吉尔见面，他反对这个做法，不希望将兵役法案"作为解决劳动争端的手段"。第二天，利兹的30万军需品工人威胁要从7月29日起开始罢工；劳埃德·乔治立刻加以干预，支持丘吉尔的提议，在唐宁街发表声明，所有罢工人员都有可能被送上前线。罢工失败了，坦克生产恢复。在1919年获取军事胜利的希望保住了。

8月8日，罗林森将军指挥的英军第4军再次发动进攻；英国、加拿大和澳大利亚的军队都参与了进攻。这场战斗非比寻常，因为72辆坦克也加入了战斗。丘吉尔希望在坦克作战时他能在法国，当天下午他飞到埃斯丹，接着驱车前往维尔乔克堡。

8月8日晚，坦克的攻击已经突破德军的前线战壕，400门德军火炮和将近22000名德军士兵被俘。丘吉尔给黑格发电报说："一切顺利，太让我高兴了。"黑格回电说："我会一直怀着谢意记住你作为军需大臣所展现出来的能力和远见，正是它们让我们的成功成为可能。"

8月9日，丘吉尔到弗里克斯科特的司令部见罗林森，然后和弟弟杰克一起驱车前往前线。丘吉尔和弟弟一起到达拉莫特村附近的前线，前一天上午，这里还在德军战线 5000 码以内。丘吉尔骄傲地对克莱门蒂娜说："到处都有明显的坦克车辙印。"

8 月 10 日，英军进一步推进，又俘获了 1 万名俘虏。丘吉尔仍然关注 1919 年的作战，他在当晚给劳埃德·乔治写信说如果坦克充分起到作用，来年 6 月就需要 10 万士兵。8 月 11 日，他回到战区。8 月 13 日，他驱车从维尔乔克前往巴黎，主持协约国联席军需议事会会议。这次会议的任务是制定 1919 年的军需品方案。他也拜访了克列孟梭，克列孟梭对英国的人力方案感到不安。"凭我知道的情况，我也感到不安，"丘吉尔给克莱门蒂娜写信说，"我认为我们没有提供足够的人力。"

8 月 16 日，丘吉尔仍然在巴黎，他和卢舍尔同意为美军第 3 军提供所需的坦克引擎和火炮。两天后，他请求卢舍尔帮助他设计和制造可以"向敌人投掷最大剂量炸弹"的远程轰炸机。

丘吉尔返回维尔乔克待了 3 天。8 月 19 日，他飞往黑格在弗雷旺的先遣指挥部。"他迫切希望能在各个方面给予我们帮助，"黑格在日记里写道，"他加快了 10 英寸口径炮弹、毒气和坦克等的供应。他所有的计划都设定'在明年 6 月完成'！我告诉他我们应该在今年秋天做出决定。"丘吉尔在傍晚时分回到维尔乔克附近的机场，他对一群等着对德军进行夜间轰炸的飞行员发表了讲话。"你知道，"他对自己的飞行员说，"国内人民不知道这些小伙子正在经历着什么。"

丘吉尔又在维尔乔克待了一个礼拜。8 月 24 日，索姆河的英军几乎夺回了所有德军在 3 月占领的阵地。第二天，丘吉尔飞回英国，直接从肯利的机场回到卢兰登和自己的家人会合。

8 月 31 日，丘吉尔在伦敦，布尔什维克军队闯入彼得格勒的英国大使馆。大使馆的海军武官弗朗西斯·克罗米开枪击毙了 3 名布尔什维克士兵，随后被杀。听到这个消息后，丘吉尔口授了一份给战时内阁的备忘录，建议政府必须让这个罪行受到惩罚。在 9 月 4 日的会议上，战时内阁决定给苏维埃政府发一份电报，威胁说此后若英国公民的生命没有得到保护，英国就会报复托洛茨基、列宁和苏维埃政府的领导人。

这年 8 月，丘吉尔和智利政府进行谈判，协约国要购买智利生产的全部硝石，硝石是生产弹药的重要成分。9 月 7 日，丘吉尔给在华盛顿的伯纳德·巴鲁克发电报，问他美国在 1919 年每个月的军需品需求是多少，这样在制订协约国生产计划的时候就能更加协调，使其发挥最高的效用。这天下午他和妻子孩子一起到多佛附近的圣玛格丽特湾远足。黄昏的时候，他驱车前往林帕尼，飞回维尔乔克。

克莱门蒂娜知道丈夫需要长期离家，但是不愿意他越来越频繁地乘坐飞机。

丘吉尔让她不要担心。第二天他从维尔乔克飞到位于蒙特勒伊的黑格司令部，在那里他感受到1918年年底之前一定会获取胜利的信心。

英军每推进一步，丘吉尔都要去现场查看他的炮弹、芥子气和坦克的使用情况。9月9日，他视察了刚刚占领的德罗科特的德军阵地。丘吉尔向劳埃德·乔治通报了德罗科特的整个情况，这里的情况说明步兵在失去坦克支持后向前推进的状况。9月10日，他给首相写信说，所有相连的德军设防战线都被攻占了，不过一些地方还留有少数德国人的坑道和洞穴，德军还在里面用机枪射击，在这些地方，英军队伍向前推进时已经没有坦克支持了；在一块大约380码宽的狭小区域内，"刚刚掩埋了将近400具加拿大士兵尸体，而德军士兵的尸体只有几十具"。

丘吉尔继续警告劳埃德·乔治，由于8月进攻开始后西线弹药大量损耗，1919年可能会有弹药严重短缺的危险。鉴于德罗科特的情况，他想要大量增加1919年的坦克数量，坦克兵的数量也要相应增加。除了修复受损坦克，丘吉尔还想加快设计更大、更坚固、更迅速的坦克，并且确保在1919年夏天准备好这些坦克。

丘吉尔对1919年作战的反复强调让黑格有点慌。9月10日晚，他让一个共同的朋友告诉丘吉尔"我们的目标应该是现在就结束战争，不要拖到实验表明我们拥有完美设计的时候再供应坦克"。不过有一个地方黑格和丘吉尔是一致认同的。9月12日，丘吉尔从巴黎给克莱门蒂娜写信说："我也正努力在这个月底前向德军投放第一批芥子气。黑格对此很期待，我想我们拥有的芥子气足以制造出明显的效果。"

丘吉尔从巴黎出发，返回维尔乔克。他已经开始供应美国的2000门火炮的订单，9月15日，他对克莱门蒂娜说，这批火炮"能再及时武装大概15个师，或者说将近50万人，应对明年的决定性时刻"。他还从美国购买了2000~3000台飞机引擎，让英国飞行员可以在1919年"轰炸德国"。

9月17日，丘吉尔返回英国。9天后，在兴登堡战役的第一阶段，英军炮兵开始对德军阵地发起3天的毒气轰炸，达到了预期效果。丘吉尔在9月27日返回巴黎，这天保加利亚军队无条件投降。巴尔干半岛现在成了同盟国的致命弱点。

在西线，黑格的军队又俘虏了1万名德国士兵和200门火炮。10月5日，由于人员伤亡惨重，而且因为同盟国海域被封锁而面临大面积饥荒，德国人担心巴尔干前线全面崩溃，他们要求停战。威尔逊总统已经向同盟国宣布了停战条件，其中包括将阿尔萨斯和洛林归还法国，他拒绝了德国的请求。

威尔逊明确表示德国不投降战争就必须继续下去。英军在这周加紧了对德国工厂、供给品储备仓库和机场的轰炸。10月17日，英军再次进入被德军占领了4年的里尔，与此同时，丘吉尔再次来到维尔乔克。

10月20日，为了赢得协约国的好感，德国宣布终止对商船发动潜艇攻击。5天后，丘吉尔在马什的陪同下再次来到法国，参观新解放的地区。10月26日，他巡视了勒卡托的战场，这里是1914年9月德军最早占领的地区之一，如今，在4年多后，它又被夺了回来。10月27日，他驱车前往里尔，在那里过夜；第二天他被邀请观看英军的分列式。分列式结束后，丘吉尔穿过比利时边境，前往图德将军的指挥部和他共进午餐。

午餐过后，丘吉尔和图德一起驱车前往前线，他们来到一个方便查看周围情况的教堂塔楼。就在他们观看德军战线的时候，一阵剧烈的炮弹轰炸开始了。跟他们一起的马什记录道："将军闻到了芥子气的味道，让我们把手绢塞在嘴里，直到我们回到车上。"战争双方都在使用芥子气。

10月28日晚，丘吉尔在图德的指挥部度过。第二天，丘吉尔和马什出发前往布鲁日。这趟行程差点让他们送命。当他们进入德塞尔加姆村的时候，丘吉尔以为他们距离前线还有1万码。可是丘吉尔不知道的是，这个村子距离最近的德军阵地不到2000码，而且马上就要受到剧烈轰炸。一枚炸弹突然在他们车子前面50码的地方爆炸，丘吉尔以为这是飞机投下的炸弹。两三秒后，"我们周围到处是连续的爆炸声"。丘吉尔仍然以为这是飞机轰炸，他考虑不能把车开到空地上，以免他这辆"庞大招摇的汽车"成为目标。"但非常幸运的是，我让汽车不停向前开，因为每到一处地方我想停下来询问情况，这里就被几乎立刻飞来的炸弹击中。"显然，德塞尔加姆村正受到炮火攻击，而不是飞机炸弹。在汽车行驶的途中，丘吉尔还是没有意识到他距离前线有多近。直到抵达布鲁日，他才知道他曾经和德军近在咫尺。

当晚，丘吉尔在维尔乔克过夜。第二天，当他飞回英国时，土耳其向协约国投降。奥匈帝国投降指日可待。

11月3日，奥匈帝国投降。在伦敦，丘吉尔想要确认，一旦战争结束，他能在决策中心有一个位置。在11月6日和劳埃德·乔治一起吃午饭的时候，他提到"降格担任一个没有决策权的大臣"。劳埃德·乔治向他保证，战时各部门的大臣在和平时期的内阁里都会有位置。

11月7日，一个德国代表团跨过法军战线，请求停战；代表团针对协约国的条件进行了3天的讨论。11月10日，劳埃德·乔治邀请丘吉尔参加特别内阁会议，讨论谈判的进展。会议期间，有消息传来，德国皇帝已经逃至荷兰。第二天早上5点，德国人接受了协约国的条件。当天上午11点将停止作战。德军将在14天内撤出法国、比利时、卢森堡、阿尔萨斯和洛林。德军还将撤出莱茵兰地区。盟军和美军将占领莱茵河西岸的德国领土。

11月10日的内阁会议上还讨论了德军的未来。大家普遍同意应该让德国军队尽快解散。但是丘吉尔提出了警告，"我们也许不得不壮大德国军队"，"为了防止布尔什维克主义的蔓延，让德国人自立很重要"。

11月11日上午，丘吉尔和他的顾问讨论了英国剩余军需品库存的销售问题以及工厂面临的问题，工厂不再需要生产那么多的炮弹、火炮和坦克了。快到停火的最后时限11点的时候，丘吉尔站在大都会酒店自己房间的窗边，俯瞰诺森伯兰大街。"在经历了所有的危险和苦难之后，胜利终于已彻底到来了，"他后来写道，"所有曾与我们对战的国王和皇帝不是飞走，就是逃亡。他们所有的军队和舰队不是被摧毁，就是被制服。"他仍然在思考遣散问题；他的300万工人现在要制造些什么？"如何转变这些工厂？如何进行军转民？"

11点的第一声钟声响起来了。"我再次看向下面宽宽的街道，那里空空荡荡。一个女文员的纤细身影从一个被政府部门征用的大酒店的入口冲了出来，她分神地打着手势，这时大本钟又敲响了另一声钟声。然后，男男女女从四面八方跑上大街。人流从楼房里涌了出来。"诺森伯兰大街现在挤满了人。大都会酒店一片混乱。房门梆梆作响。走廊里响起咔嗒咔嗒的脚步声。"每个人都从办公桌旁站起来，把纸笔扔飞。"

丘吉尔向特拉法尔广场看去。那里挤满了人。"旗子像魔术变出来的似的。"克莱门蒂娜来到大都会酒店陪在丈夫身边。他们决定一起开车到唐宁街，向劳埃德·乔治表示祝贺。当他们进到自己的汽车里时，大约有20个人兴奋地跳上他们的汽车。车子被狂热欢呼着的人群包围，终于到达唐宁街。

第十九章

陆军大臣

1918 年 11 月 15 日，停战 4 天后，丘吉尔的第四个孩子出世了。她被起名为玛丽格尔德·弗朗西斯，可是父母把她叫作"达卡蒂丽"。玛丽格尔德出生 10 天后，丘吉尔就不得不赶往邓迪对他的选民发表演讲；劳埃德·乔治突然召集大选。

乔治·劳埃德决心在和平时期保住他的联合政府，就像在战争时期一样。不过很多自由党人希望重新回到 1914 年的党派政治，重新回到阿斯奎斯的领导之下。大选将在 12 月初举行；每个自由党人都要决定是支持阿斯奎斯，还是留在劳埃德·乔治身边。丘吉尔在竞选活动中是带头主张保持党派联盟的自由党人。他也是党派联盟内少数几个反对匆忙与德国修好的政治家之一。

为了在新制定的政府政策中保留尽可能多的自由党思想，丘吉尔劝说劳埃德·乔治考虑对所有战争收益征收重税。他的建议是政府应该"收回，比方说，1 万英镑以上的部分"，这样就可以让那些战争投机商保险柜里的英国战争欠条大幅减少。

丘吉尔又两次前往邓迪，他提倡在国内实施激进政策；铁路国有化，"为了整体利益"限制垄断，根据支付能力按比例征税。他还支持建立"一个常设的国际联盟，阻止未来战争的爆发"。这个联盟的主要任务是防止秘密备战。

12 月 14 日是选举投票日。为了计算士兵们的投票，选举结果将在两周后宣布。选举结果显示劳埃德·乔治取得了胜利；联盟中的自由党人赢得 133 个席位，联盟中的保守党人赢得 335 个席位，联盟中的工党赢得 10 个席位，总共 478个席位支持劳埃德·乔治，其中大部分人是从前反对他的保守党人。阿斯奎斯领导下的自由党人的席位减少到 28 个，阿斯奎斯本人在东法夫的竞选中也落败了。工党赢得 63 个席位，爱尔兰的新芬党赢得 73 个席位。新芬党下院议员希望爱尔兰立即独立；他们拒绝接受议会席位，抗议英国继续统治爱尔兰，他们在都柏林成立了自己的议会。丘吉尔再次在邓迪的议员选举中以高票取胜。

劳埃德·乔治想让丘吉尔到陆军部负责军队复员的重任。他在军需部要对300 万工人负责。等待复员的军人数量将近 350 万。丘吉尔犹豫了，他想再次担任海军大臣。他还想把空军也放到海军部的职责范围内。

劳埃德·乔治坚持让丘吉尔去陆军部，那里有另一项紧急而艰巨的任务等着他。弗朗西斯·克罗米上校在彼得格勒被杀已经是 4 个月以前的事情了。布尔什维克的统治在整个俄国中部已经得到巩固。不过到 12 月底，在前沙俄帝国境内仍然有超过 18 万非俄国军队，其中包括英国、美国、日本、法国、捷克、塞尔维亚、希腊和意大利的军队。几支总数超过 30 万人的反布尔什维克军队向这些外国军队寻求军事和道义支持，并且向这些国家的政府寻求资金和武器。布尔什维克党人正在四处败退，撤回莫斯科。

英国在 1917 年和 1918 年送到俄国对抗德国人的武器被移交给反布尔什维克力量，供他们对抗武器装备很差的布尔什维克党人。原本被派去看守这些武器的英国军队也卷入俄国内战，他们不仅担当顾问，还亲自参与其中。对于这些决定，丘吉尔没有任何责任。直到 1918 年的最后一天，他才发现自己被卷入英国的对俄政策；这天，劳埃德·乔治邀请他参与帝国战时内阁的会议，召集这次会议是专门为了制定英国对布尔什维克党人的政策的。

丘吉尔在会上说，他完全支持与布尔什维克党人谈判，"不过他认为除非让对方知道我们有实力和愿望实现我们的想法，否则没有机会达成和解"。如果布尔什维克党人和反布尔什维克的俄国人"愿意走到一起，我们应该帮助他们"。否则，英国应该使用武力"恢复局势，建立民主政府"。

波罗的海和高加索地区的前沙俄属国想要从俄国独立出来，劳埃德·乔治不希望英国对他们提供过多帮助，他在会议上说"坚决反对"英国军队干预俄国内政。不过在巴尔福和米尔纳的同意下，数个月前英军不仅被派到波罗的海和高加索地区，还准备帮助俄国境内的 3 支反布尔什维克的俄国军队，这 3 支队伍分别在北俄、西伯利亚和南俄。事实上，已经有 7 名英国将军率兵到达俄国的领土上，他们手下共指挥着 14000 人的英国军队。

在丘吉尔去陆军部的同时，劳埃德·乔治还同意让他主持英国的空军政策；1919 年 1 月 9 日，丘吉尔被正式任命为陆军和空军大臣。他就职的时候正是一个极度紧张的时刻；现在由他负责的军队正怀着深深的不满。在他到陆军部一周前，爆发了要求士兵立即复员的大面积游行。1 月 8 日，愤怒的士兵到达白厅。1 点，他们想要在唐宁街见劳埃德·乔治，不过被支到了皇家骑兵卫队阅兵场，在那里他们见到了伦敦地区的指挥官菲尔丁将军。战争结束了，他们喊道。为什么让他们回法国去？另一些人拒绝去俄国。这是丘吉尔被正式任命为陆军大臣的前一天。他立刻前往皇家骑兵卫队阅兵场。

"我们有多少队伍对付他们？"他问菲尔丁。

"一个卫队营，三个近卫骑兵中队。"菲尔丁回答道。

"他们忠心吗？"丘吉尔问。

"但愿是这样。"

"你们能逮捕暴动者吗?"

"我们不确定。"

"你有任何其他建议吗?"

"没有其他的建议。"

"那么逮捕暴动者。"

军队包围了这些士兵,随后士兵们投降了。丘吉尔决定缓和紧张、危险的局面,他要努力制订一个公平而且被认为公平的方案。1 月 12 日,丘吉尔宣布了他的新方案。在法国服役时间最长的士兵将最先复员。所有在 1916 年以前入伍的士兵也将立刻复员。所有近期入伍但 40 岁以上的士兵也允许立即复员。所有服役两年或不满两年的士兵必须等到其他服役期更长的人复员后再复员。对于 1916 年以及这一年之后入伍的人,受伤人员优先复员。丘吉尔在 35 年后对一个朋友说:"这是我做得最好的事情之一。"

丘吉尔方案的公平性立刻得到人们的称赞,不过他还必须确保英国有足够的士兵组建军队派往莱茵河占领区。为了达成这个目标,他提议保留征兵,征集需要派往德国的 100 万士兵。劳埃德·乔治正在巴黎参与第一阶段的和平会议,他反对保留任何形式的征兵,也反对丘吉尔提议的占领军规模。1 月 21 日,他通过电话留言告诉丘吉尔,既然德国军队即将解散,"保留如此庞大的军队不可理喻"。

丘吉尔前往法国向劳埃德·乔治解释需要这么多人的原因。他在午餐中间对劳埃德·乔治说,占领军必须足够强大,从德国人身上"榨出协约国想要的那些条件"。如果英国"不想被骗走我们理应赢得的一切",这样一支军队必须"强大、紧凑、心甘情愿、纪律严明"。午餐结束前,劳埃德·乔治同意了丘吉尔的建议。100 万人将在和平时期应征入伍。

同时,丘吉尔的军队复员方案也在顺利进行。1 月 31 日,超过 95 万官兵复员回家。不过,丘吉尔在这天得知在加来按照原计划从英国被派去法国的 5000 人队伍发生兵变。他们要求送他们回英国,然后复员。黑格已经在他们的兵营周围架起机枪,逮捕了 3 名头目,他告诉丘吉尔必须枪毙这些头目。丘吉尔立刻采取行动,阻止黑格行刑。他认为他们的罪行没到要执行死刑的地步。

1 月 31 日丘吉尔手上另一个紧急的问题是亨利·威尔逊要求立刻做出决定,要怎样处理俄国境内的英国军队。北俄的 13000 名英军和西伯利亚的 1000 名英军被隔绝孤立,装备很差。威尔逊希望立刻让他们得到支援。黑海巴统地区的其他英军已经得到支援。不过内阁没有出政策,劳埃德·乔治也没有给出指示,此时,劳埃德·乔治已经提议与布尔什维克党人在马尔马拉海上的黑贝里岛上展开谈判。

丘吉尔反对谈判。劳埃德·乔治依然支持和解，不赞成干预。在巴黎的时候，在邀请布尔什维克党人到黑贝里岛上和谈的事情上，他得到了伍德罗·威尔逊的支持。丘吉尔 1 月 23 日抵达巴黎，他希望自己的军队复员方案能够得到劳埃德·乔治的支持，他到巴黎后得知了这个决定。第二天上午，他对劳埃德·乔治说，认可布尔什维克党人，人们也会认为鸡奸合法。

丘吉尔现在要对留在俄罗斯的英国军队负责，这些人是他的前任派去的，不管怎样，他想要做出明确的决定。1 月 27 日，他写信给劳埃德·乔治说："对我来说，制定和宣布我们的政策似乎是最紧迫的。'不惜一切代价立刻撤兵'是一种政策。从历史角度来看，这并不是一个非常让人合意的政策。'支援并完成任务'也是一种政策。不过不幸的是，我们没有这个能力——我得遗憾地说，我们的命令是不会得到遵守的。"

丘吉尔清楚地知道在俄国作战的困难，也知道在那里维持一支大军的代价，还知道英军士兵可能会受到布尔什维克主义思想的影响。因此，他在 1 月 27 日的信里建议劳埃德·乔治终止一切英军的直接干预，开始撤回所有英军士兵。丘吉尔还建议劳埃德·乔治不要把英国的常规军或征募的士兵派到俄国去。

2 月 12 日，丘吉尔对内阁指出布尔什维克党人一天天壮大。在南俄，邓尼金将军的军队"已经极度衰弱"。顿河地区的反布尔什维克领袖克拉斯诺夫将军以及西伯利亚的统治者高尔察克上将都很灰心气馁。的确，"沮丧情绪遍布各地"。如果英国要撤回部队，"应该立刻进行"。如果要干预，就要"派更多的部队过去"。丘吉尔的个人想法是"我们应该干预"。不过他还是等着内阁做出决定，他会执行这个决定。

劳埃德·乔治告诉内阁需要 50 万人才能进行有效的干预。这件事有必要咨询一下威尔逊总统，他的部队也在西伯利亚和北俄，他要在 3 天之后离开巴黎。丘吉尔在 2 月 12 日的第二次内阁会议上说，如果威尔逊总统的决定是对布尔什维克党人宣战，那么英国军队可以起到作用。不过他仍然认为"对方布尔什维克党人取得进展的唯一机会"要靠俄军自己。如果英国不能帮助他们，"那么最好现在就决定是退出还是面对相应的后果，并且告诉这些人在能力范围内他们能和布尔什维克党人谈成的最优条件"。

2 月 14 日上午，丘吉尔离开伦敦前往巴黎的时候，内阁特使正在向威尔逊总统和克列孟梭询问参与巴黎和会的各个大国希望对俄实施什么样的政策。丘吉尔的旅程很不顺利；他和亨利·威尔逊从迪拜驱车前往巴黎的路上，车子遭遇事故，挡风玻璃碎了。下午 3 点两人到达巴黎，身上又冷又湿。4 个小时后，他们出席了克列孟梭专门为制定对俄政策召集的"十人会"会议。

3 天里，丘吉尔一直参与讨论。伍德罗·威尔逊希望撤出俄国境内的所有外国军队，其中也包括他自己的军队。当丘吉尔建议说应该允许志愿军去俄国，而且应该向俄国的反布尔什维克军队运送武器、坦克、飞机和弹药时，威尔逊质疑志愿军是否会去，他还说在一些地区提供补给品可能"会起反作用"。随后，威尔逊乘船回国了，留下豪斯上校作为他的代表。2月15日，丘吉尔建议，"十人会"至少应该考察一下进行干预会有哪些军事方面的问题。他得到意大利和日本外长的支持，但是会议没有做出相关决议。第二天，丘吉尔给劳埃德·乔治发电报说"十人会"第二天开会的时候他会要求建立一个委员会，"根据可以提供的资源，制订一份针对布尔什维克党人的作战计划"。

劳埃德·乔治勃然大怒。他回电报说，唯一要考虑的计划是向反布尔什维克军队运送设备和武器，他们必须靠自己作战。

丘吉尔给劳埃德·乔治回信说，所谓"针对布尔什维克党人的作战计划"并不是指宣战，而是把"可能的作战办法和资源"综合地集中起来，写在报告里提交给"十人会"。2月17日的"十人会"会议同意了这个提议，将有人撰写一份相关的报告。不过豪斯上校认为，这份报告应该是非正式、非官方的。报告里不会有协约国关于干预或撤兵的任何政策决策。唯一决定的事情是每个国家必须咨询各国军事顾问的意见。

当晚，丘吉尔返回伦敦。2月18日中午刚过，他来到唐宁街，当得知劳埃德·乔治绝对不会支持英国对俄进行直接军事干预的时候，他"很乐意"，丘吉尔让亨利·威尔逊"在代价不大的条件下帮助俄国军队"。

劳埃德·乔治对丘吉尔说，不会派更多英国部队去俄国了。已经在俄国的部队会被撤回。已经在南俄的志愿军可以留下来。对西伯利亚和南俄的反布尔什维克军队的援助会继续，不过花费一定不能过高。

丘吉尔现在的任务是从俄国撤回14000人的英军，继续用补给品和志愿军援助布尔什维克军队。位于北俄的英军筋疲力尽、装备很差，而且经常受到攻击，为了确保他们能够安全撤离，丘吉尔说服劳埃德·乔治批准派一支小型"援救部队"去帮助他们。

4月的最后一周，北俄和西伯利亚的反布尔什维克军队已经推进了相当大的距离，甚至有可能会合了。北俄的14000人英军队伍现在无法通过严寒的北极地带，要等至少两个月后才能撤回，丘吉尔立刻建议让这些人和最近志愿加入他们的3500人一起帮助当地的反布尔什维克军队向高尔察克的西伯利亚军队方向大举靠近。会合地点可以在科特拉斯镇。当地的英军指挥官，西伯利亚的诺克斯将军和摩尔曼斯克的梅纳德将军，很想参与其中，而且有取胜的信心。陆军部总参谋部制订了一份详细方案。劳埃德·乔治同意让北俄的英军推进。

5月29日，丘吉尔向下院提交了一份报告，说明正在为北俄和西伯利亚的反布尔什维克军队提供的帮助。在北俄，英军志愿军抵达阿尔汉格尔斯克，英国海军的一支小型舰队正向南前往杜维纳河，舰队装备了很多火炮。在西伯利亚，高尔察克的军队正在使用"英国弹药和步兵"作战。

丘吉尔想方设法寻找各种帮助反布尔什维克军队的办法，他敦促劳埃德·乔治承认西伯利亚的高尔察克政府以示道义上的支持。不过内阁拒绝他的提议。科特拉斯计划仍然保留；6月6日，艾恩赛德制订计划，打算沿杜维纳河推进，一个月后到达科特拉斯。6月10日，亨利·威尔逊向劳埃德·乔治解释了艾恩赛德的计划，劳埃德·乔治没有提出反对。6月11日，战时内阁批准该计划。

6天后，西伯利亚传来坏消息，高尔察克的军队战败了，柯曾、米尔纳和奥斯丁·张伯伦立刻召集战时内阁紧急会议。然而会议没有达成任何决议。9天后，艾恩赛德开始推进队伍，在第一天就俘获了300名布尔什维克士兵。

就在7月9日战时内阁开会时，大自然决定了最终结果。杜维纳河不再因为冰雪融化或春雨而维持高水位，其水位下降到了皇家海军的小型舰队无法维持作战的水平。小型舰队退回到阿尔汉格尔斯克，以免搁浅。科特拉斯计划无法继续下去了。

丘吉尔既是陆军大臣，也是空军大臣；克莱门蒂娜对丈夫掌管两个部门感到不放心。她试图劝说丈夫放弃空军方面的工作，然而丘吉尔无意放弃空军大臣的职务。同时，他又重新开始驾驶飞机了。他的新任飞行指导老师是中央飞行学校校长杰克·斯科特上校，斯科特上校是王牌飞行员，在这场战争中他击落了13架德军飞机。

7月18日，在陆军部工作一整天后，丘吉尔和斯科特驱车前往克罗伊登，进行常规的飞行训练。他们驾驶的飞机有双重控制台。丘吉尔和往常一样自己驾驶飞机起飞，不过当他将飞机拉升到七八十英尺高的时候，飞机开始失速下坠。斯科特接手控制飞机，但是没有用。飞机撞到了地面。丘吉尔被摔向前方，不过安全带挡住了他，直到撞击结束，安全带才断掉。一股股汽油蒸汽从引擎里喷到他身上，不过在飞机撞到地面前几秒，斯科特设法关闭了引擎，阻止了爆炸。丘吉尔安全了，不过有些擦伤。斯科特因为撞击而失去意识，不过很快恢复了。丘吉尔如此冒险，让他的朋友和家人既害怕又生气。丘吉尔再次同意不再驾驶飞机。尽管他不可能拿到飞行员执照了，可是克莱门蒂娜这回安心了。

丘吉尔遭遇坠机3天后，在北俄把守梅纳德将军的奥涅尼加湖前线的一个团的俄军发生了兵变，把阵地交给了布尔什维克党人。7月25日战时内阁开会时决定必须撤回北俄、西伯利亚和高加索地区的英国军队。除了在南俄为邓尼金提供顾问，英国的干预结束了。丘吉尔恨恨地对同僚说："几个月后反布尔什维克军队也许就会崩溃，然后列宁或者托洛茨基的帝国就大功告成了。"

8 月 16 日，丘吉尔和克莱门蒂娜一起离开英国进行为期 5 天的出访，他们访问了科隆，视察了驻守莱茵河畔的英军。抵达德国后的第二天，丘吉尔得知俄国局势再次发生变化，而且是剧变；反布尔什维克的俄国军队再次向前推进了。邓尼金沿着黑海沿岸将布尔什维克军队逐出尼古拉耶夫和赫尔松，正准备进入敖德萨；反布尔什维克军控制了黑海。尤迪尼契将军正沿波罗的海沿岸迅速向彼得格勒推进。回到伦敦，丘吉尔请求向邓尼金输送更多的弹药，让他能够将南俄整个从布尔什维克党人手上夺回来。劳埃德·乔治拒绝了，他指出内阁已经同意"再多送一批次"的供给品给邓尼金，英国要让俄国人靠自己的力量"打自己的仗"。

劳埃德·乔治拒绝一天后，邓尼金进入乌克兰首都基辅。丘吉尔意识到这一大片领土很可能是反布尔什维克军队能够夺取和掌握的极限，他提议和谈；布尔什维克党人得接受以基辅为首都的非布尔什维克的南俄，邓尼金则要接受以莫斯科为中心的布尔什维克党人统治的地区。一旦两军之间的分界线达成一致，英国将主持邓尼金和列宁之间的谈判。为了达成这个目标，丘吉尔提醒要限制英军在南俄的活动。

得知邓尼金的部队在这天进入莫斯科以南 300 英里的库尔斯克，丘吉尔立刻给劳埃德·乔治写信，主张现在英国应该全力支持邓尼金，鼓励波罗的海地区的德国人参与尤迪尼契对彼得格勒的进攻。劳埃德·乔治让丘吉尔在 48 小时里别管俄国，让他集中精力准备陆军预算，因为开支必须得到削减。

9 月 24 日，英国承认立陶宛独立，不过第二天，战时内阁拒绝向波罗的海诸国给予进一步承诺并敦促他们与布尔什维克党人和谈。

10 月 4 日，邓尼金的军队开始向莫斯科进军；尤迪尼契距离彼得格勒不到 50 英里；在西伯利亚，高尔察克开始再次向西移动。了解这些情况后，丘吉尔要求战时内阁同意让英国尽全力帮助这些队伍。

丘吉尔现在想让英国要求波兰从西边对布尔什维克党人发动进攻，并请求波罗的海诸国尽可能延迟与列宁进行和谈。战时内阁不打算这么做。10 月 6 日，邓尼金的队伍进入沃罗涅什，距离莫斯科只有 300 英里。不过两天后，战时内阁坚持最后"一批"给邓尼金的军需品和供给品一定不能超过 1450 万英镑，而且必须从陆军部现有的库存里出。这批军需品和供给品发出后，丘吉尔告诉邓尼金这将是"最后一批"。当天，摩尔曼斯克的英军撤离，一周后，阿尔汉格尔斯克的英军也撤离了。剩下在西伯利亚的 550 名英军受命在 11 月中旬撤离。波罗的海地区的 144 名英军将在年底撤离。

10 月 13 日，邓尼金进入位于莫斯科以南 250 英里的奥廖尔。这天，尤迪尼契切断了从彼得格勒到莫斯科的铁路，推进到离彼得格勒不足 35 英里的地方。

10 月 15 日，邓尼金开始发动对莫斯科的进攻。丘吉尔对劳埃德·乔治说他想离开伦敦去俄国。一旦到俄国，他准备"帮助邓尼金制定新的俄国宪法"。劳埃德·乔治没有表示反对。亨利·威尔逊在日记里写道："温斯顿将以某种大使的身份前往。"

10 月 17 日，丘吉尔告诉尤迪尼契陆军部会给他送去坦克、飞机、步枪和 2 万人的装备。400 名在英国接受培训的俄国军官将立刻乘坐装载这些补给品的船出发。

丘吉尔相当自信。10 月 18 日，他对他的选区主席说，英国将利用它的影响力在民主和议会制基础上建设一个新俄国。

然而，反布尔什维克军队的运气突然变坏了。在南俄，邓尼金的队伍止步不前，内斯托尔·马克诺率领的一支无政府主义军队突袭了他们的基地。布尔什维克党人利用这个机会夺回了奥廖尔。邓尼金撤退了。在西伯利亚，高尔察克向东退到鄂木斯克。丘吉尔以民主使者的身份前往俄国的希望破灭了，不过他不打算抛弃反布尔什维克军队。

11 月 3 日，尤迪尼契放弃夺取彼得格勒，退回到爱沙尼亚。当邓尼金的军队放弃向莫斯科推进时，丘吉尔请求内阁给他们送去更多的补给品，可是他失败了。为尤迪尼契出资建立一个特殊的俄军兵团的计划也没有成功。他唯一剩下的和俄国相关的工作就是组织英军撤退了。11 月 1 日，最后一支英军部队乘船离开海参崴。一个月后，高尔察克的队伍崩溃了，他本人逃往更东的地区，把 100 万发弹药留给了布尔什维克党人，这些弹药大部分是英国人提供的。11 月 30 日，丘吉尔度过了 45 岁的生日，他对俄国民主复兴的所有希望都破灭了。

11 月底，邓尼金将南俄的一半区域留给布尔什维克党人。被他轻视的波兰人非但没有帮助他恢复战线，反而让军队深入乌克兰。丘吉尔现在恳请邓尼金和波兰修好。12 月 12 日，当布尔什维克军队进入哈尔科夫的时候，邓尼金的队伍慌乱地向南逃往黑海地区。12 月 15 日，布尔什维克军队进入基辅。9 天后，在西伯利亚，他们占领了伊尔库茨克的大部分地区。12 月 26 日，诺克斯将军乘船离开海参崴。同一天，霍尔曼将军从南俄发电报请求帮助派去支持邓尼金的 2000 名英军中的 800 人撤退。12 月 31 日，丘吉尔下令让位于黑海巴统的英军撤离。

丘吉尔已经放弃帮助反布尔什维克军队推翻莫斯科政权。对英国国内的很多人而言，特别是对工党而言，他的"私人对俄战争"是在重复过去的暴行。在一份伦敦晚报《星报》上，年轻的新西兰漫画家戴维·劳在漫画里把丘吉尔描绘成一个名猎手，手里拿着枪，脚边躺着 6 只死猫。标题是"温斯顿的猎物"。其中 4 只死猫身上分别标着："西德尼街""大错特错的安特卫普""错误的加里波利"和"搞砸了的俄国"。另外两只猫没有名字。标题上写着："温斯顿去猎狮子，结果带回了猫"。

新年假期，丘吉尔在菲利普·萨松爵士家做客，菲利普·萨松的家是一座豪华居所，位于南部海岸的林普尼。丘吉尔在周末撰写他的战争回忆录；他已经得知他将要从《泰晤士报》得到5000英镑的连载稿费，这笔钱的价值相当于1990年的75000英镑，很快他还会收到美国连载的稿费，而这笔稿费是《泰晤士报》稿费的两倍多。在过去的一年里，他一直向速记员哈里·贝肯汉姆口述回忆录的章节。

1月中旬，劳埃德·乔治在巴黎参加协约国最高委员会会议，制定凡尔赛条约的最后条款，他让内阁到巴黎碰头开会。巴黎和会决定邀请布尔什维克党人讨论俄国和西欧之间的协定。丘吉尔仍然想为快速撤退中的邓尼金军队争取支持。弗朗西斯·史蒂文森在1月17日的日记里写道："他有时简直像个疯子。"这天下午，亨利·威尔逊发现丘吉尔情绪极其不稳定，说自己是否要辞职。

回到伦敦后，1月25日丘吉尔在《星期日先驱画报》发表了一篇文章，他在文章中写到列宁的"恶魔般的目的"。"所有暴君都是人类的敌人，"他宣称，"所有暴君都应该被推翻。"但是，9天后，当得知如果邓尼金继续作战，很有可能被赶进海里，丘吉尔劝他放弃作战，为他的战士和追随者找一个避难的地方，开始和布尔什维克党人谈判，寻求一小块可以让他的追随者落脚的地方。

在丘吉尔提出和谈建议的4天后，布尔什维克军队进入敖德萨。数千名邓尼金的追随者被击毙。剩下的人从海上逃到克里米亚。同一天，在西伯利亚，高尔察克被布尔什维克党人带出牢房，处以枪决。

3月5日，丘吉尔批准霍尔曼将军离开邓尼金，撤离俄国。丘吉尔现在赞成构筑一道封锁线，德国也将参与其中，3月10日，他给一名军事顾问写信说："依我看，我们现在应该追求的目标是构筑一个强大但爱好和平的德国，它不会攻击我们的法国盟友，同时可以作为对抗俄国布尔什维克主义的道德壁垒。"

丘吉尔正在法国大西洋海岸边的米米藏，他住在朋友威斯敏斯特公爵的一栋别墅里，他在这里和罗林森将军一起猎野猪、作画。他在3月给克莱门蒂娜写信说："将军和我在作画和骑马的间歇连续讨论了这场战争中的各个战役。我一点工作也没做。这种事第一次发生在我身上。显然我终于'长大了'。"

3月31日，战时内阁决定"请邓尼金将军放弃作战"。一名内阁大臣写道："很幸运，丘吉尔在国外。"丘吉尔拒绝让这些事情打扰他，他从米米藏给劳埃德·乔治写信说："我正在完完全全地度假，想要忘记所有正在继续的烦心事。"5月的第二周，波兰军队将布尔什维克军队赶出基辅。在克里米亚，邓尼金的继任者弗兰格尔将军正在抵挡布尔什维克军队的猛烈进攻。

丘吉尔希望英国采取行动，不是作为这场争斗的参与者，而是作为调停者，

5 月 28 日他在部长会议上说："英国政府应该向苏维埃政府提出将给予全心全意的合作，一方面达成苏维埃政府和弗兰格尔将军之间的和解，另一方面达成苏维埃政府和波兰政府的直接和解。"克里米亚将"至少在一年时间里"成为反布尔什维克军队的临时避难所。应该允许有心回国的流亡者在特赦下返回俄国。布尔什维克党人应同意停止在阿富汗、波斯和高加索地区的干预活动，停止在中欧和英国的布尔什维克宣传活动。作为回报，英国将承认布尔什维克统治下的俄国。

劳埃德·乔治现在要让丘吉尔帮忙应对一个新出现的危机，武力和恐怖活动让英国在爱尔兰的统治面临越来越大的挑战。在 6 月 16 日的一次宗派主义暴力冲突中，16 名天主教徒和新教徒丧生，之后，劳埃德·乔治让丘吉尔加入一个负责在爱尔兰"镇压犯罪和骚乱"的内阁特别委员会。

新芬党恐怖活动很快让丘吉尔感到不快。7 月 1 日，他向陆军部的顾问建议，如果大批新芬党徒操练，不管是否有武器，可以从空中定位和鉴别，派飞机使用机枪或炮弹驱散他们，所使用的武力仅限于驱散和吓跑他们。

在爱尔兰，新芬党的谋杀继续着，劳埃德·乔治让丘吉尔的朋友图德将军建立一支亨利·威尔逊所说的"反谋杀联盟"；因为其制服颜色，这支队伍后来被称为"黑棕部队"。7 月 14 日，丘吉尔关注的焦点突然从爱尔兰转向了布尔什维克军队，布尔什维克军队将波兰人赶出了基辅和乌克兰西部，乌克兰西部与主要以讲波兰语为主的加利西亚和白俄罗斯交会，这迫使波兰人撤出维尔纽斯，维尔纽斯市内有 8 万多波兰居民。丘吉尔希望立刻采取行动对抗布尔什维克军队的突进，他给博纳·劳写信说："我所有的经验都表明对这些人发起进攻是有好处的。当他们认为你害怕他们时，他们会变得非常危险。这就像训老虎——或者更恰当地说，一只癞皮土狼！"

在等待内阁做决定该如何帮助波兰时，丘吉尔制订了一份清单，列出他希望送往波兰的资源，其中包括飞机、大炮和技术顾问。7 月 26 日，美国宣布将在战争进行期间装备和资助波兰的 10 个师。

8 月 4 日，红军推进到距离华沙 100 英里以内的地方。得知到波兰首都有危险，丘吉尔立即匆匆去见首相。劳埃德·乔治正和两名特使在内阁会议室里，这两名特使是列宁派来进行贸易协定谈判的，他们是列奥尼德·克拉辛和列夫·加米涅夫。当丘吉尔在内阁会议室外面等候的时候，劳埃德·乔治给他送出一张纸条："我对加米涅夫和克拉辛说，如果他们不终止推进，英国舰队会在 3 天后出发驶往波罗的海。"英国发出这份最后通牒的时间正逢英国对德宣战 6 周年纪念日。内阁在半个小时后召开会议，同意了劳埃德·乔治的做法。不过显然不会有军队被派去帮助波兰。

红军继续向华沙推进。8 月 6 日，之前被派往华沙劝说波兰人与布尔什维克党人和谈的英国使团团长给伦敦发电报，要求立刻派遣 2 万人的英军和法军部队，其中不能有任何可能受到"布尔什维克或新芬党宣传"影响的人。但是两天后，法国领导人前往伦敦，对劳埃德·乔治说他们不愿意派兵。双方达成一致，法国向波兰运送武器和弹药。英国则贡献"靴子、衣服和马具"。

8 月 13 日，红军距离华沙只有 12 英里了。英国政府不打算帮助波兰或参与任何影响波兰命运的活动。这天，丘吉尔离开伦敦前往拉格比，他到那里去打马球。在拉格比的时候，他起草了一份很长的请愿书，请求劳埃德·乔治尽一切努力阻止波兰"再次被纳入俄国体系"。在写请愿书的时候，他得知波兰人已经采取军事行动，正在击退俄国人，而且已经俘获了 63000 名俄军俘虏、200 门火炮和 1000 挺机枪。丘吉尔在请愿书的顶端写上"很高兴因为事件的发展而作废了"。随后他还加了一句："波兰靠自己的努力拯救了自己，我相信以它为榜样能够拯救欧洲。"

8 月 13 日，5 名英国军官在伊拉克被谋杀，丘吉尔作为陆军大臣要对这个地方军事和非军事管制负责。内阁花了两周时间讨论应该怎么办；丘吉尔认为如果结束军事瓜葛，就没有理由继续保留伊拉克境内的管制，不过他的意见被否决了。伊拉克的总司令，他的朋友霍尔丹将军，相信能够在 3 个月内镇压叛乱活动。

在爱尔兰，暴力行动愈演愈烈。11 月 15 日，4 名英国军官在火车上被武装人员抓住带走，再也没有人见到过他们。两天后，黑棕部队对科克实施报复性搜捕，杀死 3 个人。作为报复，新芬党人在 11 月 21 日袭击了几座都柏林的旅馆和房子，杀死 14 个人，其中包括 6 名英国军官，有些人是被拖下床，当着他们妻子的面被枪杀的。这天晚些时候，为了报复都柏林的杀戮行为，士兵们对着观看足球赛的人群开枪，人群中有几名持枪者，结果 9 人丧生。

11 月 25 日，丘吉尔和劳埃德·乔治在威斯敏斯特教堂参加对 6 名都柏林遇害军官的悼念活动。3 天后，17 名黑棕部队军官在马克卢姆附近遭遇伏击，16 人被杀。12 月 1 日，丘吉尔在内阁警告说没有足够的兵力控制整个爱尔兰，他建议"我们应该选择区域，将我们的部队集中在这些地方"。8 天后，内阁同意在爱尔兰南部的 4 个郡宣布实施戒严令。劳埃德·乔治对下院说，任何在实施戒严令的地区携带武器的人都会被军事法庭审判。对携带武器的处罚将是死刑。

12 月 10 日，一名黑棕部队士兵在科克遇害后，作为报复，科克市商业中心的大部分区域被烧毁。当晚的内阁紧急会议上，丘吉尔建议，新芬党议员已经在 1919 年建立了自己的议会，如果新芬党下院议员在都柏林开会，显示出"倾向和平的态度"，英国就会提出一个月的停战。

12 月 29 日的特别内阁会议上，劳埃德·乔治建议实施一或两个月的停战。

丘吉尔表示支持。作为陆军大臣，他知道英国军队在爱尔兰和伊拉克的活动带来了越来越重的经济负担。另外英军在莱恩河地区以及土耳其的君士坦丁堡和查纳克还有驻兵。他已经提议英国应该和土耳其的民族领袖穆斯塔法·基马尔谈判，与土耳其和平共处。这不仅能减轻英国在中东地区的设防，而且可以"重建土耳其这道屏障，挡住俄国人的野心，这一点对我们来说一直是最重要的"。

12 月 4 日，丘吉尔再次敦促劳埃德·乔治与土耳其谈判。9 天后，他在内阁建议英国应该从伊拉克北部和中部撤兵，将部队撤到"只覆盖巴士拉和卡鲁恩河上的波斯油田的一条线上"，放弃对摩苏尔和巴格达的控制，将它们归还土耳其。内阁否决了他的提议。

丘吉尔失去了对陆军部的热情，他得为他不相信的承诺负责，比如伊拉克，比如爱尔兰的军队镇压政策，他的工作仅限于提供人员和武器，他呼吁终止杀戮，开始谈判，然而别人对他的提议置若罔闻。他想要改变。

丘吉尔仍然在想办法节约伊拉克和巴勒斯坦的开支，12 月 31 日，他提议设立一个中东部，让一个独立机构管理他所说的"吃力不讨好的沙漠地区"，内阁同意这个提议。到目前为止有 4 个部门在职责和方针政策上有重叠：印度事务部，外交部，陆军部和殖民事务部。新部门将设在殖民事务部之下，殖民事务大臣米尔纳勋爵将担任部门主管。

劳埃德·乔治需要利用丘吉尔的管理能力减少英军在中东的开支。1921 年 1 月 1 日上午，他问丘吉尔是否愿意接替米尔纳担任殖民事务大臣，同时掌管新建的中东部，负责伊拉克和巴勒斯坦事务。

丘吉尔要求给他一周时间考虑是否接受这个任职。1 月 7 日，他接受了任职。从这天起他开始担任他的第七个内阁职务。这年他 46 岁。

● 第二十章 ●

殖民事务大臣

1921 年 1 月 8 日，正式接受殖民事务大臣职务前一个月，丘吉尔开始为中东寻找适当的政府体制，该体制要能大幅降低该地区的管理成本。1920 年，巴勒斯坦、伊拉克和阿拉伯半岛耗费了英国纳税人 3700 万英镑，其价值相当于 1990 年的 5 亿英镑。丘吉尔的目标是将这笔开销减半。他给伊拉克最高专员珀西·考克斯爵士和总司令霍尔丹将军发电报说，除非能花更少的钱管理伊拉克，否则滨海平原必须缩减人员。

为了削减开支，丘吉尔建议在巴格达建立"阿拉伯政府"，这个政府要在不向英国提出"不合理的要求"的前提下发展这个国家。法律和秩序将由特别招募的"具有卓越个人素质"的英国警察队伍和从印度来的印度军队维持，而不是由英国军队维持。在国际联盟的托管委任下，英国确保在伊拉克建立"一个接受托管国行政建议和帮助的独立国家，直至该国能够自行管理"。考克斯提议由阿拉伯王子费萨尔亲王统治托管之下的伊拉克，费萨尔亲王是汉志的侯赛因国王之子。

丘吉尔计划在 3 月访问伊拉克。不过他先去了法国南部度假，在经过巴黎的时候，他参观了画家"查尔斯·莫林"的画展，这位画家的作品以前从来没有展出过。这其实是丘吉尔本人绘画作品的首次公开展览。在巴黎的时候，他见到了法国总理亚历山大·米勒兰，他对米勒兰强调，中东局势"缓和"对英国和法国都有利。

米勒兰警告丘吉尔，犹太复国主义是引起阿拉伯世界动荡的一个因素，战争时期巴尔福的宣言支持巴勒斯坦实施犹太人民族自治，这大大促进了犹太复国主义。丘吉尔指出巴勒斯坦的英国最高专员赫伯特·塞缪尔爵士正在维持阿拉伯人和犹太人之间的平衡。

丘吉尔认为他可以在鼓励犹太人在巴勒斯坦定居的同时，让巴勒斯坦的 50 万阿拉伯人减少担心；阿拉伯人害怕被犹太人支配，当时巴勒斯坦只有 8 万犹太人，占全部人口的少数。被丘吉尔任命为阿拉伯事务顾问的是 T·E. 劳伦斯上校，即"阿拉伯的劳伦斯"。在法国南部的时候，丘吉尔从劳伦斯那里得知费萨尔亲王同意"放弃他父亲对巴勒斯坦的一切权利主张"，为自己换取伊拉克的王位，为他的兄弟阿卜杜拉换取外约旦的王位。劳伦斯解释说，这些协议"便于经济、快速地解决问题"。他们还提出了一道清晰的分界线，即以约旦河为界，犹太人在河西岸地区继续定居，在河东岸则是阿拉伯主权国家外约旦。

丘吉尔现在决定不访问伊拉克了，他要去开罗，而且让伊拉克的英国军官到开罗跟他见面。"我很支持这个想法，"米尔纳勋爵给赫伯特·塞缪尔写信说，"他非常聪明、能干、有气量，我相信，如果他给自己时间彻底地了解局势，他会有正确的想法，你会发现他是一个强有力的后盾。"米尔纳警告说丘吉尔有一个弱点，他"容易在没有掌握充分信息的时候做出决定"。而实际上掌握信息是丘吉尔担任大臣职务15年来的习惯，为了掌握信息，他与中东部的专家进行了细致的咨询和交流，把自己的想法告诉他们，寻求他们的指点。

2月14日晚，他正式接受新职务；第二天，在为开罗会议做准备的时候，他继续尝试将伊拉克每年2200万英镑的开支减少到700万英镑。他给财政大臣奥斯丁·张伯伦写信说："我决定在这个地方给你省下几百万英镑。"

3月2日，丘吉尔离开伦敦，前往马赛。他在马赛和克莱门蒂娜会合，然后他们一起乘船前往埃及，在6天后到达亚历山大。丘吉尔在这里参观了阿布吉尔湾，这里是1798年纳尔逊领导海军战胜法国人的地方，之后，他继续乘火车前往开罗。

3月12日，会议开始。参会的专家里有劳伦斯、考克斯和格特鲁德·贝尔；他们花了10天时间评估中东未来的方方面面。经济是目标，政治稳定是手段。丘吉尔提出的一个建议是让库尔德人在伊拉克北部实施自治。他支持这个建议是因为他担心伊拉克的统治者可能会"无视库尔德人的感情，压迫库尔德民族"，不过他的顾问解除了他的这些担心，他们认为英国总能在巴格达起到调解作用。

会议结束时，大家一致同意让费萨尔亲王统治伊拉克，让阿卜杜拉亲王统治外约旦；给予阿卜杜拉资金支持，"确保那里不发生反犹太复国主义骚乱"；减少伊拉克2/3的驻军，使用空军部队防守所有边远地区，这样可以在三到四年里减少2/3的军费开支；建立开罗到卡拉奇的民航线路，这样就完善了英国到印度的空中线路。

3月23日午夜，丘吉尔离开开罗，乘火车前往耶路撒冷。

丘吉尔抵达耶路撒冷的第二天，海法发生阿拉伯人暴动，他们要求停止让更多的犹太人移民耶路撒冷。3月27日晚，在和阿卜杜拉亲王共进晚餐的时候，丘吉尔说明英国希望阿卜杜拉亲王在安曼就任外约旦的统治者，保证不纵容任何反法或反犹太复国主义活动。关于巴勒斯坦，丘吉尔对阿卜杜拉说，将允许犹太人进入，"现有非犹太族群的权利将严格得到保护"。阿卜杜拉接受这些条件，不过当地的阿拉伯人不接受；在给丘吉尔的请愿书里，他们警告说如果英国不理会他们关于终止犹太人移民问题的呼声，"那么也许有一天俄国甚至德国会听取他们的呼声"。阿拉伯人警告说，犹太复国主义的目标是在巴勒斯坦建立一个犹太王国，"然后逐渐控制全世界"。

阿拉伯人要求丘吉尔放弃让犹太人自治的原则，建立一个"巴勒斯坦人民选举出来"的国民政府，在巴勒斯坦政府建立起来之前停止犹太人移民。丘吉尔对他们说，他没有权力同意他们的要求，"即使我有权力，这也非我所愿"。他接着说："另外，分散在世界各地的犹太人应该有一个民族中心，应该有一个可以让他们中一些人重聚的民族家园，这显然是合理的。3000 多年来，他们与巴勒斯坦有着密切深厚的联系，除了这块地方，还有其他什么地方更合适呢？"完全自治需要时间。"我们这里的所有人，我们的孩子，还有我们孩子的孩子，都将在这个目标完全达成前离开这个世界。"

丘吉尔本来打算从巴勒斯坦向北前往阿拉伯城镇纳布卢斯，然后前往加利利的犹太人聚居区。不过一周前在开罗的时候他接到消息，博纳·劳因身染重疾不得不辞去掌玺大臣和下院领袖的职务。他的职位由奥斯丁·张伯伦接替，这样财政大臣的位置就空出来了。"可怜的温斯顿，这个时候在开罗，他真不走运！"亨利·威尔逊在日记里写道。伦敦的人们预计丘吉尔会从开罗赶回伦敦，但是他仍然继续前往耶路撒冷。然而他在耶路撒冷放弃了北上的计划，尽快返回亚历山大；他得知一艘意大利海船要在 3 月 31 日出发前往热那亚，他决定赶上这艘船。他很想去财政部，这正是他父亲担任的最后一个内阁职务。

丘吉尔及时赶到亚历山大，赶上了去热那亚的船。他不知道的是商务大臣、保守党下院议员罗伯特·霍恩爵士即将被任命为财政大臣。丘吉尔留在了法国南部的埃尔角，给成为下院领袖的奥斯丁·张伯伦发去了一封祝贺信。

阿拉伯人不断抗议犹太人移民。5 月初，他们的抗议导致雅法爆发骚乱，30 名犹太人和 10 名阿拉伯人在骚乱中丧生。塞缪尔的反应是暂时叫停犹太人移民。丘吉尔支持塞缪尔的决定，下令让他宣布"在这个国家的移民被吸收之前，不会开始新的移民"。

5 月 31 日的内阁会议上，在讨论未来长期的巴勒斯坦托管以及阿拉伯人关于立刻建立选举出来的议会的要求时，丘吉尔解释说，他决定中止在巴勒斯坦建立代议制度，"因为任何当选组织都一定会禁止新的犹太人移民"。同时，为了缓和阿拉伯人的忧虑，他同意塞缪尔的提议，即从现在开始，根据巴勒斯坦吸收新移民的"经济容量"限制犹太人移民。

丘吉尔知道巴勒斯坦的骚乱会继续下去，这一定会增加英国的开支，丘吉尔很想实施劳埃德·乔治在 6 月 9 日的内阁会议上不经意间提出的一个建议，即把巴勒斯坦和伊拉克都转交给美国托管；丘吉尔想在 6 月 14 日在下院发表关于中东问题的演讲时向下院公布这个建议。不过劳埃德·乔治劝丘吉尔不要这么做，他在华盛顿的时候都没有提出过这个建议。在演讲中，丘吉尔支持英国对巴勒斯坦的责任以及他开创的政策。

5月29日，丘吉尔的母亲从楼梯上摔下来，摔坏了脚踝。因为生出坏疽，6月10日，她的左腿从膝盖上部切除了。6月23日，丘吉尔给她的第三任丈夫蒙塔古·波奇发电报说："危险显然已经过去了。"不过3天后，丘吉尔的母亲突然大出血，他被叫去她身边。当他赶到时，她已经昏迷了。伦道夫夫人去世的时候67岁。7月2日，她被安葬在布拉顿墓地，在伦道夫勋爵的旁边。丘吉尔给柯曾写信说："我不觉得悲伤，只觉得有所损失。她的生命是完整的。生命之酒曾在她的血管中流淌。她的天性征服了哀伤和愤怒，总体而言，她的一生是快乐的。"丘吉尔接着说："我们所有人都还要在这条路上继续走下去。"

8月初，丘吉尔两岁半的女儿玛丽格尔德感染脑膜炎。内阁同事纷纷祝愿这个小女孩能够早日康复。"这孩子已经比之前好了些，"丘吉尔在8月22日给柯曾写信说，"不过我们对她仍然担心得要死。"两天后，玛丽格尔德死了。她的父母几近崩溃。丘吉尔给一个朋友写信说，"这个小小的生命如此美丽，如此快乐，它才刚刚开始就熄灭了，这太让人心痛了"。玛丽格尔德下葬后，丘吉尔为了平复心中的伤痛，到苏格兰的一个朋友家住了一段时间。

丘吉尔减少中东开支的希望被打乱了。发生在伊拉克和巴勒斯坦连续不断的暴力事件使得部队的开销超出了他的计划。

在爱尔兰的问题上，丘吉尔寻求的不是节省而是和解。9月，在苏格兰盖塞里克的部长会议上，丘吉尔劝说劳埃德·乔治同意在没有先决条件的情况下进行谈判。他愿意给爱尔兰人提供主权自治的所有权益；3天后，他在邓迪向自己的选民们提出了这个方案，《泰晤士报》称赞"他的演讲宽容大度、明晰透彻"。

10月11日，7名英国谈判人员与新芬党领袖在唐宁街会谈，丘吉尔是谈判人员之一。劳埃德·乔治在讨论间歇的时候对他的大臣们说："要明确我们无意把持政治支配权，这一点很重要。"这也是丘吉尔的想法。两周后，他甚至建议将6个阿尔斯特郡纳入都柏林议会，为了和南部达成协议，阿尔斯特从都柏林获取自治权，而不是从威斯敏斯特获取自治权。

阿尔斯特统一党人反对任何形式的自治，他们希望继续作为联合王国的一部分。劳埃德·乔治认为没有希望达成一致意见，他提到了辞职。丘吉尔劝阻了他，警告说接替联合政府的很可能是"一个极端保守的保守党政府"。11月12日，丘吉尔建议给予爱尔兰南部联邦国家的地位，拥有完全由爱尔兰人组成的议会，在帝国会议和国际联盟中都享有一席之地。阿尔斯特地区可以不包含在其中。

11月29日，丘吉尔47岁生日的前一天，在唐宁街，爱尔兰条约草案递交到了新芬党代表的手上，丘吉尔当时在场，他对这个草案贡献很多。新芬党代表将草案带回都柏林，两天后，返回伦敦进行讨论说明。和他们讨论的有 4 名大臣，丘吉尔是其中之一，由于在最困难的僵局中积极寻找出路，他赢得了两名新芬党谈判人员的尊重，这两名谈判人员是阿瑟·格里菲思和迈克尔·柯林斯。代表们再次返回都柏林，一天后返回伦敦。12 月 5 日午夜，格里菲思和柯林斯提出了最后的细节问题。随后在 12 月 6 日凌晨 3 点前，条约签订了。

一天后，丘吉尔建议内阁对被判有谋杀罪名、正在等待执行的新芬党人免除死刑。他的建议被接受了。8 天后，丘吉尔表明："我们已经成了盟友，因为共同的事业联系在一起。"这个事业就是爱尔兰条约以及"两个种族和两个海岛之间的和平"。

劳埃德·乔治了解丘吉尔在调解和解说方面的才能，他把向议会说明爱尔兰条约的任务交给了丘吉尔。对于大多数保守党人来说，这个条约是对帝国统治以及爱尔兰南部新教徒的背叛。丘吉尔必须用尽全力说服他们给予南爱尔兰自治权是明智之举，是治国之术。12 月 15 日，他对下院解释说，在这个条约下，英国保留了南爱尔兰对王室的效忠、南爱尔兰的帝国成员资格、皇家海军在西南港口的设施以及阿尔斯特"完全的自由选择权"。

1921 年年底，丘吉尔到法国南部度假。他随身带了几箱文件，这些文件和他担任海军大臣那段时间有关；他的目标是把这些资料整理成叙述这场大战历史的文字，同时也回应那些针对他行为的批评。他已经从一位英国出版商那里收到一笔 9000 英镑的现金报酬，作为写书的启动费用，随后又收到来自美国的 13000 英镑；这两笔钱加起来的价值相当于 1990 年的 33 万多英镑。

1 月 7 日，丘吉尔返回伦敦。第二天，都柏林的爱尔兰议会投票通过了爱尔兰条约，德·瓦莱拉辞职。1 月 15 日，柯林斯担任首相。都柏林城堡，英国统治的中心和象征，在 1 月 16 日被移交给自由邦。

这天，丘吉尔下令英军立即开始撤离。5 天后，他邀请北爱尔兰首相詹姆斯·克雷格爵士和柯林斯见面，见面地点是他在殖民事务部的办公室，这个地方代表中立。克雷格同意了。"他们都怒目而视，"丘吉尔后来写道，"不过在简短、客套的一段对话后，我找了个借口溜走了，让他们两人在一起。我不知道这两个因为宗教、情感和行为差异而相互隔阂的爱尔兰人跟对方说了些什么。不过他们谈了很长时间，我不想打扰他们，所以派人在 1 点左右将羊排等食品小心地送给他们。4 点，私人秘书报告说有形成全爱尔兰阵线的迹象，我冒险进去看了看。他们向我宣布了草拟的完整协议。他们希望在各方面相互帮助。"

这次会面 3 天后，自由邦政府停止了对阿尔斯特的经济封锁，根据条约的设想，南部和北部之间立刻开始自由贸易。

当南部和北部的实际交界线上发生摩擦的时候，丘吉尔努力平复再次发展成暴力行动的愤怒情绪。2月15日，丘吉尔再次在伦敦会见柯林斯，5天前，反对爱尔兰条约的爱尔兰共和军极端主义分子在贝尔法斯特杀害了30人。两人同意建立一个边境委员会，这个委员会将由来自南部和北部的两组人马组成，他们将在一起，一个村一个村、一座农场一座农场地讨论和确定精确的边境线。

第二天，丘吉尔向议会提出爱尔兰自由邦法案，他对下院议员们说："如果你们想看到爱尔兰堕落成充斥着没有法制的混乱之地，延迟这项法案。如果你们想看到阿尔斯特边境上严重的流血事件越来越多，延迟这项法案。如果你们想让下院像现在这样将维护南爱尔兰和平秩序的责任放在自己手上，却没有履行这个责任的方法，如果你们想把同样麻烦的状况施加给爱尔兰临时政府，延迟这项法案。"

最后的投票结果是302名下院议员支持政府，反对的只有60人。在3月3日讨论法案三读稿的时候，几十名保守党"顽固派"在丘吉尔讲话的时候走出议会大厅。这天下午晚些时候，这项法案被通过了。

爱尔兰的谋杀事件又起，丘吉尔努力想办法隔离双方的极端主义分子。"我们会尽最大努力，"他在3月27日对下院说，"不过要靠关心爱尔兰的爱尔兰人努力改善局面。他们自己能做到。"两天后，他请柯林斯和克雷格到伦敦，帮他们拟定终止谋杀事件的南北协定。爱尔兰共和军要停止一切边境攻击。在贝尔法斯特，警察队伍将由同等人数的新教徒和天主教徒组成。从丘吉尔那里给出了一个甜头：英国政府将出资50万英镑帮助北爱尔兰的贫困人群。和平协定在3月30日晚签订。第二天，爱尔兰自由邦法案讨论通过形成法律。丘吉尔对法案通过和调解敌对双方所做的努力广受好评。

为了加强自由邦部队的实力，丘吉尔开始在4月中为他们提供武器弹药。一个月后，柯林斯提议与德·瓦莱拉和共和党就即将举行的自由邦选举签订一份选举公约，丘吉尔十分震惊，他担心武装共和主义会取得突然的胜利，南爱尔兰会彻底脱离英国。5月20日，柯林斯和德·瓦莱拉签订选举公约，爱尔兰条约的支持者将在新议会中享有58个席位，共和派将拥有35个席位。双方部门的分配为5对4。

柯林斯来到伦敦，对丘吉尔解释说，共和派武装分子威胁说要抢走并捣毁选举箱，在这样的威胁下无法进行自由选举。不过选举会进行，条约也会得到支持；柯林斯做了这样的保证。

5月31日，一小支共和军队伍跨过边界进入阿尔斯特地区，威胁要占领伯利克村和佩提戈村。丘吉尔立刻召见正在伦敦的柯林斯，警告他说如果任何一方的军队，不管是支持条约的还是反对条约的，入侵北爱尔兰的领土，英国都会

"把他们赶出去"。

6月3日，他下令让两个营的英军把共和军赶出佩提戈村。第二天，英军执行了命令。共和军有7人丧生，15人被捕。现在，丘吉尔想要把共和军从伯利克村赶出去，不过劳埃德·乔治劝他暂停一段时间。"你用如此高超的技巧和耐心引导了这些和谈，"6月8日他写信说，"我恳请你不要因冒进行动冒险浪费了你已经取得的成果，虽然这个行动可能有非常诱人的立竿见影的前景。"作为帝国，英国的职责是"对待所有信仰完全不偏不倚"。

丘吉尔还没来得及听从劳埃德·乔治的请求，英军已经占领了伯利克村，共和军逃回边境另一边，没有人员伤亡。丘吉尔向首相保证："我们的队伍不会继续向前推进了。"

丘吉尔现在和格里菲思一起合作，根据条约规定为自由邦制定宪法。自由邦是拥有同等权利的英联邦成员。位于都柏林的议会将掌握所有财政收入，拥有宣战的权力。南部地区新教徒的权利将会得到保护。6月16日，宪法起草完毕。丘吉尔的谈判技巧、耐心和知识对这个成功的结果起到了重要作用。第二天，在自由邦的选举中，由柯林斯领导的支持条约的党派赢得了58个席位，德·瓦莱拉和共和党赢得35个席位。

投票一周后，前帝国总参谋长、坚定的阿尔斯特统一党人亨利·威尔逊爵士在街上被共和党枪手枪杀身亡。用于谋杀的枪支被警察带到内阁会议室，放在会议桌上。丘吉尔决定当晚不在苏塞克斯广场2号自己的房间里过夜，对当时已经怀孕6个月的克莱门蒂娜说，那个地方太显眼，容易让杀手找到他。他睡在了阁楼上，在自己和房门之间放了一块金属防护盾牌，有军用手枪在身边，他睡得很好。

7月，丘吉尔不得不中断对爱尔兰的关注，回应一小拨保守党上院和下院议员对政府在巴勒斯坦建立犹太人自治的政策的批评。7月4日，上院投票否决了这个政策后，丘吉尔在下院为这个政策进行了辩护。丘吉尔强调犹太复国主义者将他们自己的财富和企业带到了巴勒斯坦。丘吉尔指出，1920年英国在巴勒斯坦的开支消耗了英国纳税人800万英镑，1921年，降低到400万英镑，1922年，将再度降低，达到200万英镑。

下院对政府的巴勒斯坦政策进行了投票，292票支持，35票反对，逆转了上院的投票结果。两周半后，国际联盟通过投票将巴尔福宣言作为英国巴勒斯坦托管的一部分。在丘吉尔的大力支持下，在巴勒斯坦实施犹太人自治已经成为现实。

这年秋天，在爱尔兰，自由邦军队逐渐超越共和军，占据了上风。8月16日，共和军攻占唐道克，但是在48小时后又被赶了出去。自由邦军队看起来占据了优势。不过 8 月 22 日，柯林斯在一次伏击中中弹身亡，这次伏击是效忠德·瓦莱拉且仍然坚决反对爱尔兰条约的爱尔兰共和军人员组织的。

虽然共和党竭尽所能要和英国决裂，而且两个天主教团体之间实际上已经开始内战，自由邦临时政府仍然遵守条约，控制着国家机器。丘吉尔尽可能地帮助和鼓励柯林斯的继任者，临时政府首脑威廉·科斯格雷夫。

丘吉尔继续努力减少阿尔斯特边界线上的摩擦，支持自由邦自治。但是南部的事件已经超出了他的控制，或者说英国的控制。9 月 12 日，他给朋友帕梅拉·利顿写信说："你曾经在爱尔兰的问题上表扬过我，我认为爱尔兰得自己救自己。其他人救不了它。他们是骄傲、智慧的民族，他们面临着最严峻的事实。我相信他们不会屈服。不过痛苦会很残酷而且会延续很长的时间。"

在 1921 年一整年以及 1922 年的前 8 个月，丘吉尔反复催促劳埃德·乔治和土耳其讲和。他甚至考虑如果英国继续支持希腊政府设法控制小亚细亚西部省份的行动，他就辞职。8 月最后一周，土耳其军队对希腊人发动大规模进攻；一周内，他们把希腊人赶回海边，到了爱琴海边的士麦那和达达尼尔海峡的查纳克。

在 9 月 7 日的内阁会议上，当时任外交大臣的柯曾建议英国守住加里波利半岛，1918 年土耳其投降后这里一直被英国占领。丘吉尔支持他。"如果土耳其人占领加里波利和君士坦丁堡，"他对内阁说，"我们将丧失我们所有的胜利果实。"劳埃德·乔治同意了。

9 月 9 日，土耳其军队进入士麦那。希腊对小亚细亚的统治结束了。在内阁的同意下，驻守查纳克的 1000 名英军准备撤到对岸的加里波利半岛。随后，当地的英军指挥官决定让他们留在查纳克；劳埃德·乔治支持他的决定，9 月 15 日他对内阁说他决定把土耳其人挡在欧洲之外，如果有必要的话，将使用武力。大臣们现在一致认为必须守住海峡两岸的中立地带；为了防止土耳其军队进入土耳其在欧洲的部分，将使用武力保卫亚洲沿岸的两个城镇，达达尼尔海峡的查纳克和君士坦丁堡到巴格达铁路沿线上的伊斯米德。丘吉尔受命起草了一份电报给各自治领政府，向他们寻求支持，请求他们"派遣支援的军队"。这份电报通过了劳埃德·乔治的批准，并以他的名义发出。

同一天，当战争阴云再次笼罩达达尼尔海峡时，丘吉尔的私人生活出现了让人高兴的短暂瞬间：克莱门蒂娜生下了他们的第五个孩子，这是个女孩，他们给她取名为玛丽。这天，丘吉尔还在肯特买了一栋乡间别墅——查特韦尔庄园。尽管这栋房子还必须进行大幅改建，他希望在一年后这里能成为他工作生活的地方。

9 月 16 日，丘吉尔和劳埃德·乔治起草了一份媒体公告，公告表示急需保卫达达尼尔海峡和博斯普鲁斯海峡，抵挡"土耳其人暴力、敌对的入侵"。第二天早上，劳埃德·乔治发给各自治领首相的解释这件事的电报还没有解码，公报已经刊登在英国和各自治领的报纸上。澳大利亚和加拿大政府对于没有跟他们商量就公开呼吁武力对抗土耳其以及对呼吁本身都深感愤慨。"如果是好事，我们愿意派出所有的人，"澳大利亚总理给伦敦发电报说，"但若是坏事，我们一个人都不会派。"加拿大首相回答说，加拿大不会派军队。

劳埃德·乔治和丘吉尔相信在查纳克展示出实力和决心就能阻止土耳其人穿越达达尼尔海峡。在内阁，他们继续想办法支援查纳克的驻军，阻止土耳其人任何向水面推进的企图。他们得到了财政大臣罗伯特·霍恩爵士和海军大臣费勒姆的李勋爵的支持。不过作战出现了不好的兆头，9月18日，法国和意大利将他们的队伍撤出查纳克和伊斯米德，英国人被孤立了。第二天，丘吉尔告诉内阁，纽芬兰和新西兰政府发电报说会提供支持。一些大臣决定在必要情况下由英国独自把守加里波利半岛，奥斯丁·张伯伦现在和这些人站到了一起。

在9月20日的内阁会议上，丘吉尔提出要谨慎，他警告说想要守住君士坦丁堡、伊斯米德和查纳克这3个地方是有危险的。9月22日，劳埃德·乔治任命丘吉尔为内阁专门委员会主席，该委员会负责日常管理对查纳克调度军队、船只和空军。第二天，1000名土耳其士兵进入查纳克南部的中立区，并且穿过这个地区，进入到英军驻守阵地的视线范围内。双方都没有开火。

双方的实力对比对英国不利。9月27日，土耳其军队有23000人对战英军的3500人；另外5000人的英军队伍在10月9日后才能赶到。这天晚上，丘吉尔再次表示要谨慎，他建议让查纳克的驻军撤到欧洲沿岸，在加里波利集结。不过劳埃德·乔治坚持主张要守住查纳克。他说，从亚洲沿岸撤兵意味着"可能让大英帝国的威信遭受巨大损失"。丘吉尔不同意；他回答道，战败比撤兵糟糕得多。

劳埃德·乔治好胜心正旺；9月29日，陆军部下令让君士坦丁堡的提姆·哈林顿将军告诉土耳其人，除非他们在规定时间里从查纳克撤到规定距离外，否则英军会开火，撤退的时间和距离由哈林顿将军决定。丘吉尔认为这个最后通牒带来的会是谈判而不是战争；一旦谈判开始，会向土耳其人提出一个对他们有一定好处的领土解决方案。但是，在君士坦丁堡，哈林顿决定推迟发出这份最后通牒，其实际时限由他决定。9月30日上午，澳大利亚人改变之前的决定，同意派兵去查纳克，就在此时，土耳其人宣布他们放弃原来的主张；在查纳克的土耳其军队得到命令，不得引发"任何事故"，他们的领导人穆斯塔法·基马尔提出，如果英国人同意离开亚洲沿岸，渡海到欧洲沿岸，他们就从紧靠查纳克的周边地区撤离。

10月1日上午，内阁得知哈灵顿已经决定不发出最后通牒。中午，据悉，基马尔已经同意和哈林顿见面谈判。两天后，哈林顿和基马尔的代表伊斯梅特将军开始谈判，查纳克的土耳其部队从英军战线后撤了 1000 码。

因为哈林顿和土耳其人已经开始谈判并且正在取得进展，博纳·劳写的信也就没多大意义了。不过它给保守党下院议员吹响了与党派联盟决裂的战斗号角。这封信发表 4 天后，土耳其人同意从查纳克后撤 10 英里，从伊斯米德中立区的边缘后撤 10 英里。但是，纵使已经避免与土耳其交战，纵使英国政策已经生效，英国国内的政治剧变也无法平息了。

10 月 19 日上午，一名独立共和党人在纽波特的补缺选举中击败了党派联盟的候选人。这天上午，335 名保守党下院议员中有 273 人在伦敦的卡尔顿俱乐部开会讨论是否要留在党派联盟之中。奥斯丁·张伯伦劝他们留下，不过劳埃德·乔治内阁的另一名成员商务大臣斯坦利·鲍德温要求终止与劳埃德·乔治的合作。他得到了博纳·劳的支持。丘吉尔曾试图在一周前说服鲍德温不要反对党派联盟，但是他却无力影响聚集在卡尔顿俱乐部里的这些人。3 天后，他突发阑尾炎，被送到一家私人医院，10 月 18 日晚上在那里接受了手术。

卡尔顿俱乐部会议召开的时候，丘吉尔正在从麻醉中苏醒过来。据说他醒过来的时候大声喊道：“纽波特谁当选了？给我一份报纸。”医生对他说不能给他报纸，他必须保持安静。过了一会儿，医生回来的时候，发现丘吉尔又一次昏迷了，床上，四五张报纸散乱地放在他身边。

虽然巴尔福主张应该继续党派联盟，然而出席卡尔顿俱乐部会议的人中有 185 人投票表示不再支持劳埃德·乔治。只有 88 人希望继续党派联盟。这天下午，劳埃德·乔治前往白金汉宫，在那里正式提出他和他的政府辞职。丘吉尔仍然躺在病床上，他不再是内阁大臣了。“一眨眼的工夫，”他后来写道，“我就发现自己失去了职位、失去了席位、失去了党派，也失去了阑尾。”

● 第二十一章 ●
落选岁月

1922 年 10 月 23 日，已经再次当选为保守党领袖的博纳·劳成为首相。3 天后议会解散，大选将在 11 月 15 日举行。丘吉尔仍然在伦敦的医院里等待手术后恢复，他发表了自己"作为自由党人和自由贸易主义者"的选举宣言。不过自由党占优势地位的日子已经结束了。尽管当地保守党人同意不提名候选人与他竞争，但是阿斯奎斯领导下的自由党人却提名了候选人。和他竞争的还有国家自由党候选人 E. D. 莫雷尔以及拥有工党支持的独立候选人埃德温·斯克林杰。

直到投票日前一周，丘吉尔都还太虚弱，无法前往苏格兰；他从病床上向速记员哈里·贝肯汉姆口述了一系列竞选声明。克莱门蒂娜前往邓迪代表丘吉尔发表演说，这时他们的女儿玛丽还只有 7 周大。

11 月 10 日，丘吉尔乘坐卧铺火车从伦敦出发，前往邓迪。第二天晚上，在和支持者见面的集会上，他太虚弱，没办法站起来，只能坐在特殊讲台上发表演讲。他说，他们努力避免了查纳克之战，在劳埃德·乔治离职时，这场战争已经"确定无疑地避免了"。这个成就让他到临终前都会"因参与其中而引以为傲"。然后丘吉尔站起来发表他的结束语，他呼吁"全世界正在受苦、正在斗争、正在遭遇艰难险阻、正在忍受痛苦折磨的人类"振作起来。站立的姿势对他来说非常痛苦，让他精疲力尽。两天后，在面对一群充满敌意的听众时，人们对他发出了嘘声，他被多次打断，最终没能发表完演讲。

两天后邓迪进行投票。当选的是斯克林杰和莫雷尔，他们每人都得到 3 万多票。全国自由党的另一位候选人，当地的一个苏格兰人，得到 22244 票，排名第三。丘吉尔得到 20466 票，排名第四；只有独立自由党候选人和共产党候选人的票数比他少。22 年来，丘吉尔第一次没能进入议会。

保守党赢得 354 个席位，这是他们在 1905 年后首次掌权。工党赢得第二多的席位，142 个；劳埃德·乔治的全国自由党仅赢得 62 个席位，阿斯奎斯领导的自由党赢得 54 个席位。17 年来，丘吉尔一直是重要的自由党议员，现在他不得不考虑在正在变动之中的英国政坛里他应该在什么位置。

竞选失利两周后，丘吉尔度过了 48 岁生日。3 天后，他跟克莱门蒂娜和孩子们一起离开伦敦，到法国南部开始 4 个月的度假。丘吉尔现在想要休息。他选择的休养之所是戛纳附近的金梦别墅，他在那里住了 6 个月，作画，写回忆录。

在这 6 个月中，他两次只身返回英国，监督查特韦尔庄园的重建工作，与海军专家讨论他即将动笔的战争回忆录。

3 月，丘吉尔带着伦道夫回了一趟伦敦。在回法国的路上，他在巴黎的卡迪亚专卖店里给克莱门蒂娜买了一个钻石匕首的装饰品。"我依稀记得妈妈收到礼物非常高兴，这可能是他给过她的最重要的一个礼物了。"这天是克莱门蒂娜 37 岁的生日。丘吉尔在金梦别墅又待了 6 周，撰写他的战争回忆录。

这部回忆录的名字是《世界危机》，共出版 5 卷。整部书经历 10 年时间出全，内容包括这次大战的根源以及战争本身，从战前一直讲到查纳克之战。书里有充足的资料、幽默和讽刺、精彩的叙述、深刻的反思以及斗志昂扬的自我辩护，足足写了 2150 页。第一卷在 1923 年 4 月 10 日出版，当时丘吉尔还在法国。

10 月底，丘吉尔返回伦敦，这时《世界危机》的第二卷出版；他给接替博纳·劳担任首相的斯坦利·鲍德温寄了一本，鲍德温给他寄来了一封语气友好的手写短信："如果能像你这么能写，我就用不着为写演讲稿担心了！"

1923 年 11 月，鲍德温宣布他要召集大选，并且将重新实施贸易保护主义。丘吉尔立刻谴责说贸易保护主义政策是"巨大的谬误"，20 年前，他就曾对这个政策进行过激烈的批判。自由贸易再次成为他的口号。不下 7 个自由党人联合会邀请丘吉尔作为他们的候选人。11 月 16 日在曼彻斯特发表演讲时，他呼吁阿斯奎斯和劳埃德·乔治的自由党人支持者们联合起来，由阿斯奎斯领导。3 天后，他接受西莱斯特联合会的邀请，成为他们的候选人。当地的报纸《莱斯特邮报》对丘吉尔并不友好，不过当地另一份报纸《诺丁汉报》的编辑塞西尔·罗伯茨却支持丘吉尔，送了几车报纸在他的选区发放。

在这些帮忙发放《诺丁汉报》的人中有一个年轻人，丘吉尔最近刚刚和他见过第一次面，他是 22 岁的布伦丹·布拉肯。这只是二人一生合作和友谊的开始。不过这次竞选活动本身并不顺利。

12 月 3 日，丘吉尔在伦敦的 3 个大型选举集会上发表演讲，演讲过后，丘吉尔想要乘车驶离充满敌意、大声叫嚣的人群，这时一个人打碎了车窗。车子离开时，有人向车上吐唾沫。同时，克莱门蒂娜继续在西莱斯特支持丈夫的事业。"很多人认为他本性好战，"她说，"不过我很了解他，我知道他根本不是这样的人。事实上，他最擅长的才能之一就是和谈。"

选举在 12 月 6 日进行，也就是丘吉尔 49 岁生日一周后。他以自由党人的身份重返议会的努力失败了。"我们要应对一切不利条件，"一个月后他给塞西尔·罗伯茨写信说，"没有当地新闻报道，没有组织，每次集会都被打断。"

鲍德温召集大选彻底打错了算盘，保守党丢掉了将近 100 个席位。尽管他们仍然是最大党，但是工党和自由党如果联手，就能击败他们。丘吉尔希望自由党支持保守党，组成联盟，把工党排除在外。当阿斯奎斯宣布他不会这么做时，丘吉尔出奇愤怒。他对阿斯奎斯的女儿维奥莱特说，工党政府会"削弱英国的商业活动"。他在 1924 年 1 月 18 日给《泰晤士报》的信里写道，工党政府会给"国民生活的方方面面投下黑暗和不良的阴影"。

丘吉尔的信在《泰晤士报》上刊登 3 天后，自由党和工党议员在下院选举中联手击败保守党人。鲍德温辞职，工党领导人拉姆齐·麦克唐纳担任首相，领导有赖于自由党支持的政府。丘吉尔给麦克唐纳发了一封祝贺信，麦克唐纳亲手回信说："在这个时候，没有什么比收到你的信更让我高兴的了。我真希望我们过去没有那么多分歧！不过事实上我们的分歧确实不少。无论如何，我希望你的感受和我一样。我个人一直很尊重你。"

2 月 4 日，丘吉尔再次被邀请担任自由党候选人，这次是代表西布里斯托尔。但是他拒绝了，他解释说他不愿意"参与跟保守党人竞争的补缺选举"。两周后在米米藏度假时，他给妻子写信说，他还没有对自己的政治前途做出决定："我需要时间考虑。不管怎样，要几个月的时间。"

2 月 22 日，回到伦敦后，丘吉尔和鲍德温进行了一次长谈。丘吉尔对克莱门蒂娜说："他显然非常需要我的回归和合作。"鲍德温希望丘吉尔给那些对自由党支持工党感到不安而且想要和"保守党合作"的自由党下院议员做出表率。

丘吉尔现在成了独立候选人，参与威斯敏斯特区的替补选举。这是保守党人最重视的席位之一，不过他希望说服鲍德温让他在参选时避免遭遇保守党候选人的挑战，这样他就能赢得保守党和自由党两方的支持。

在 3 月 9 日的竞选演讲中，丘吉尔提到鲍德温公开要求与自由党合作对抗工党。丘吉尔声明："我支持他将国家置于党派之前的政策。"

鲍德温被迫支持保守党的官方候选人。不过当巴尔福写信表示"强烈希望"丘吉尔的"杰出才能"能够再次为下院所用时，鲍德温同意让这封信公开。投票在 3 月 19 日进行。保守党的官方候选人以 43 票的差距赢得胜利。

丘吉尔决心返回议会。4 月 2 日，他去见鲍德温，鲍德温提出让他领导 50 名自由党下院议员和候选人，如果没有官方的保守党候选人推选出来与工党竞争，这些人准备在下院和保守党人合作，对抗工党。两周后，丘吉尔对克莱门蒂娜说，保守党人想要把他放在一个不会遭受保守党人反对的选区。

5 月 7 日，丘吉尔前往利物浦，他对 5000 多名保守党人说自由党单靠自己已经无法再在英国政治中争取到任何位置，只有保守党能提供足够强大的基础，"成功地击败社会主义"。因此，像他这样的自由党人必须在一个"宽广的进步平台"上与保守党人合作。这是 20 年里他第一次在保守党集会上发表演讲。两天后，一个保守党人联合会邀请他担任他们的候选人，一周里，又有另外两个保守党人联合会向他提出邀请，月底，他收到了第四份邀请。

丘吉尔犹豫是否要加入保守党；由于非常担心工党，他仍然很想保留在担任大臣期间一贯持有的自由党观点和人际联系。6 月中，他考虑是否有可能让自称为自由派保守党人的自由党人组成一个新的政治党派，他们将在下次选举中以独立团体的身份参选，支持保守党人。但是这个想法没有实现。7 月，丘吉尔获得鲍德温的同意，他将在下次选举中以"立宪主义者"候选人的身份参选，并且将得到保守党官方的全力支持。鲍德温还同意他得到伦敦或伦敦附近地区的一个保守党席位，这样一旦竞选活动开始，他就能在全国演讲的时候敞开来为保守党讲话，批评麦克唐纳对苏联的经济贷款，抵制社会主义的威胁。

这年夏天，丘吉尔住在查特韦尔庄园，享受新家的舒适和宁静。

这年秋天，丘吉尔试图在保守党人和劳埃德·乔治领导下的自由党人之间牵线搭桥。8 月 31 日，他在劳埃德·乔治的家里和他秘密会面，他劝劳埃德·乔治在下次大选中支持保守党人，因为他们都不支持麦克唐纳给俄国人贷款。劳埃德·乔治表示赞成。他对丘吉尔说，工党答应给这笔贷款的那一刻，"他们就把手指头放进了齿轮里，将会导致他们灭亡"。

9 月 1 日，丘吉尔接受位于伦敦西北部的埃平的提名，这是保守党保证能够得到的一个席位。两周后，他在爱丁堡对集会的苏格兰保守党人发表演讲时，保守党的 3 名重要政治家，卡森勋爵、罗伯特·霍恩爵士和巴尔福，作为他的主要支持者站到了台上。

丘吉尔结识了 38 岁的牛津大学教授弗雷德里克·林德曼，他很快被林德曼聪明的头脑和敏捷的思维吸引。林德曼的父亲出生在阿尔萨斯，当时阿尔萨斯还没有并入德国。他自己出生在德国。在柏林和巴黎完成学业后，1915—1918 年，他在法恩伯勒的皇家空军实验室工作；为了亲自研究飞机翻滚时的空气动力效应，他学会了开飞机。

林德曼很快成为丘吉尔的好朋友；他常常在周末从牛津开车到查特韦尔庄园，他对最新发明以及科学变革可能性的描述让丘吉尔着迷。丘吉尔还和林德曼讨论法国和德国的相对军事实力以及法德冲突的未来发展。

大选将在 10 月 29 日进行。丘吉尔在宣言中声称："我全力支持保守党。"他作为"立宪主义者"在埃平参选，获得保守党的全力支持。他竞选前景的唯一阴云来自反对爱尔兰条约的"死硬派"，不过他对麦克唐纳对苏联贷款的公开批评得到选民的喝彩。10 月 29 日，他击败自由党和工党竞争者，以 9000 多票的多数票赢得这个席位。在将近两年的缺席后，他再次成为议会议员。不过他仍然没有正式回归保守党。

从全国竞选结果看来，保守党取得完胜。保守党赢得 419 个席位，工党得到

151 个席位，自由党仅得到 40 个席位。11 月 4 日，丘吉尔给一个朋友写信说："我想我很可能不会受邀加入政府。"丘吉尔错了；鲍德温身边的人认为可以由他担任的职位有不少，其中包括商务大臣、殖民事务大臣、陆军大臣和海军大臣，所有这些职位都是他曾经担任过的。鲍德温的个人建议是印度事务大臣。奥斯丁·张伯伦的建议是卫生大臣。11 月 5 日，鲍德温让丘吉尔去见他。

"你愿意帮我们吗？"鲍德温问他。

"如果您真的需要我，我愿意。"丘吉尔回答说。

"你愿意当财政大臣吗？"鲍德温问。

"这正如我所愿。我还留着父亲的财政大臣礼袍。能在这个绝佳的部门为您工作，我将非常骄傲。"

丘吉尔回到查特韦尔庄园。他后来回忆说："我费尽力气才让妻子相信我不只是在逗她玩。"丘吉尔的朋友们非常激动。"温斯顿，我的孩子，"议会自由党前主席乔治·兰伯特给他写信说，"我对政治有不错的直觉。我认为我能活着看到你当上首相。"

第二十二章

财政大臣

1924 年 11 月 30 日，接受财政大臣职务 25 天后，丘吉尔度过了他的 50 岁生日。随后，在宣布重返保守党后，他开始全力投入财政部的工作，计划和资助国民保险的大幅延长，这是他在 15 年前帮助制订的社会改革计划。在这项工作上，他和新任卫生大臣内维尔·张伯伦密切合作。

丘吉尔搬进唐宁街 11 号，在未来 4 年半里，这里将是他在伦敦的家。12 月 9 日，他给前首相的儿子、保守党领导人索尔兹伯里勋爵写信解释他的一个观点，即逐渐加大劳动收入和非劳动收入之间的差别可能是增加税收的最有效、最公平的办法。

"当前的资本主义制度是文明的基础，"丘吉尔对索尔兹伯里说，"也是为当代大部分人口提供基本必需品的唯一方式。"5 天后，12 月 14 日，他对手下的官员说明，他的财富政策的基础是非劳动收入税收与鼓励盈利和生产力相结合。

为了给他的社会改革措施筹集资金，丘吉尔进行了几个月的艰苦辩论。在接受提高空军开支以及不减少陆军开支的要求的同时，他要求大幅降低海军开支。不过他并不打算危及在国际和平被打破时英国抵御侵略者的能力。

2 月 13 日，海军部接受了丘吉尔为下一个财政年度制定的海军开支的上限，6000 万英镑多一点，这笔钱的价值差不多相当于 1990 年的 1.2 亿英镑。由于海军部担心日本海军扩军，丘吉尔同意再多给应急的 200 万英镑以及修复驱逐舰的资金。危机过去了。阿斯奎斯给一个朋友写信说："他在鲍德温内阁中简直是鹤立鸡群。"

丘吉尔决心帮助生产性企业，他对财政部打算回归金本位制的决策感到不安，这个决策是之前在工党财政大臣菲利普·斯诺登的支持下制定的。1 月 29 日，丘吉尔对手下的官员说，回归金本位制是以生产性利益为代价给金融特别利益带来好处。2 月 22 日，他试图再次影响手下的官员："我更愿意看到金融界少一点骄傲，工业界多一些满意。"不过鲍德温劝丘吉尔不要找麻烦，英格兰银行已经投入这项工作中了，丘吉尔让步了。

丘吉尔现在致力于社会改革这项"伟大的事业"。他关注当家庭经济支柱长期失业、年老、生病或死亡后这个家庭将遭遇的艰难困苦。3 月 24 日，在接待了一个养老金领取者代表团之后，他对自己的顾问说："几个月后，多年来省吃俭用的成果就会一扫而空，这个家就破裂了。"他希望他的预算方案能够防止这样的悲剧发生。

4月28日，丘吉尔提出自己的预算方案。克莱门蒂娜、伦道夫和戴安娜在旁听席上听了他的演讲。他的演讲长达2小时40分钟。鲍德温对国王说，他的演讲表明"他不仅拥有作为议员的卓越才能，而且拥有作为演员的一切才华"。他的演讲有明确的阐述、华丽的修辞，还有调笑和幽默的语言，整个演讲的中心是保险和养老金方案。

寡妇和孤儿能够从亲人亡故之刻起领取养老金，20万妇女和35万儿童将成为直接受益者。其他人的养老金将从65岁开始领取。"限制、调查和经济审查"全部取消。丘吉尔还宣布了第二大改革措施：对低收入群体将降低10%的收入税。他这么做是希望"预算方案将新财富的生产从某些税收桎梏中解放出来，从而刺激企业，加速工业复兴"。

卫生部与该养老金方案密切相关，丘吉尔的方案让内维尔·张伯伦感受良深，他在5月1日的日记里写道："我们一定会这么做的，不过我认为如果他没有把它写入预算方案，我们无法在今年完成这件事，在我看来，他的主动性和干劲确实值得让他享有别人对他的赞誉。"两周后，丘吉尔对英国银行家协会说："我们的目标是减轻阶级困苦、弘扬合作精神，稳定国民生活，制定3年或4年的金融和社会规划。"

11月30日，丘吉尔51岁。在这周，鲍德温让他为爱尔兰自由邦和阿尔斯特之间进行调停。自由邦担心边界变动会对阿尔斯特有利，而且也不愿意向英国支付155亿英镑债务。丘吉尔从12月1日开始展开谈判；经过紧张的3天，最后他制订出一个令人满意的方案，根据该方案，将不会有边界变动，自由邦可以用60年的时间清偿债务。在这次成功谈判6周后，丘吉尔开始在伦敦展开谈判，解决意大利对英国5.92亿英镑的欠债问题。经过两周谈判，协议达成，意大利将清偿全部债务，不过推迟4年支付所有还款，还款最后期限推迟到1988年。

1926年1月31日，克莱门蒂娜离开英国，到法国南部度长假。丘吉尔留在查特韦尔庄园。丘吉尔很喜欢和孩子们在一起，孩子们在新家隐蔽的角落和起伏不平的田野里找到了无穷的乐趣。丘吉尔在查特韦尔庄园编写他的第二份预算方案，3月20日，他给当时在罗马的克莱门蒂娜写信说："这里一切都好。玛丽和我吃早饭，莎拉和我吃晚饭。戴安娜谈论政治的时候非常有头脑，她似乎从报纸上得到了不少信息。她们都很可爱，有她们在这儿是件乐事。"这年戴安娜17岁，莎拉11岁，玛丽3岁；伦道夫14岁，是伊顿公学的寄宿生。

4月27日，丘吉尔提出他的第二份预算方案。和上一年一样，伦道夫在旁听席听他演讲。1926年的主题是节俭和经济。要对奢侈征税，赌博也一样，对所有赌博活动征收 5% 的税款。丘吉尔对下院说，经济的前景"不黑不灰，它是黑白相间的，总的看来，今年的黑色斑点部分没有去年那么明显"。不过他警告说，煤炭业日益恶化的危机可能带来大幅增税的要求。演讲后的一天，矿主对鲍德温说，鉴于他们的损失，必须立刻削减工资；而与此同时，丘吉尔仍然在向这些矿主提供政府补贴。矿工拒绝考虑任何削减工资的做法。于是鲍德温提议每个工作日延长一小时工作时间，增加到每天 8 小时，但工资保持不变。4 月 28 日，矿主同意了，但是矿工没有同意。

现在矿主要求立刻削减工资。5 月 1 日，矿工拒绝了这个要求，矿主关闭了煤矿，全体工人被关在门外。同一天，工会代表大会宣布，为了支持矿工，将在 5 月 3 日午夜前一分钟开始大罢工。

5 月 2 日，政府和工会代表大会之间的谈判持续了一整天。晚上 11 点刚过，内阁得到消息，《每日邮报》的印刷工人显然期待罢工，他们拒绝出版这份报纸，"因为他们不喜欢报纸的头条文章"。内阁大臣一致认为这个举动会让谈判无法继续下去。政府采取措施限制媒体的言论；谈判将在压制下进行；罢工通告必须立刻无条件地撤回。

5 月 3 日上午组成负责破除罢工的内阁专门委员会，由内政大臣领导。丘吉尔不是委员会成员，不过委员会让他制订计划，制作一份政府报纸。他制订了计划，建议这份报纸"不仅要包含新闻，还要缓解人们的情绪"，它的任务之一是"防止耸人听闻的新闻四处传播"。丘吉尔还说："我考虑的不是激烈的党派分歧，而是对广大忠诚度民众公平大力的鼓励。"头条文章也"不应有激烈的党派偏见，而要符合绝大多数支持者的心意"；简单说来他的意思是："符合宪法，和平的希望，议会，维持国内的威信，对行业的损害和国家的声誉。"

下午，还有 7 小时大罢工就要开始了，丘吉尔在下院发言，他的口气缓和。他称赞了工党议员的克制。说到政府，他认为政府不能丢掉"维持国民生活基本服务和公共秩序"的职责。一旦罢工通告撤回，就能再次开展谈判："这扇门一直开着。不存在谈判人员无法克服的隔阂，绝对没有。谈判是我们的职责。"

晚上，大罢工开始了。丘吉尔到《晨邮报》的印刷所监督政府报纸的制作。和他一起去的还有塞缪尔，霍尔，他建议把报纸称为《英国公报》。

志愿者开车把《英国公报》送到英国南部的各个城镇，很多志愿者是学生。林德曼召集了 14 名牛津大学大学生，派他们到伦敦；他们向财政部汇报报纸发送的情况。依照霍尔的命令，飞机将报纸运到了英国北部。

到了 5 月 5 日上午，《英国公报》共印刷 23 万多份。每期《英国公报》都比上一期发送得更广。5 月 6 日，陆军部派了一个连的队伍保护制造报纸用纸的造纸厂。海军部派了一个海军卫队护送驳船在泰晤士河上运输纸张。

5月7日，鲍德温支持丘吉尔提出的将地方部队并入志愿警察队伍的提议。他们将佩戴臂章，而不是穿制服，配发警棍而不是步枪。当内政大臣问谁来为此买单的时候，丘吉尔答复道："财政部会买单。如果我们辩论琐碎的细节问题，将只会看到疲惫不堪的警察队伍、无所事事的军队和血腥的革命。"

在5月8日BBC的广播中，鲍德温呼吁停止大罢工，开始和煤矿矿工谈判。他重申了丘吉尔在5天前提出的谈判主题："所有的门都没关。"与此同时，丘吉尔仍然在监督《英国公报》的制作。在下院，有人抱怨新闻用纸被征用来印刷政府报纸，而禁止用于印刷各类工党的印刷品。丘吉尔回答道，纸张不能提供给"危及国民生活"的报纸。

5月11日早上，100多万份《英国公报》被分发出去。这天，有迹象显示矿工希望与政府展开谈判。丘吉尔在这天给鲍德温写信说，放弃大罢工和恢复谈判之间一定要有"一段明显的间隔"。"头一件事在今晚，第二件事在明天。不过两件事不要同时发生。"政府的信息应该是："今晚让步。明天宽宏大量。"5月12日上午，工会代表大会总理事会决定，如果继续罢工，他们将不再支持矿工。中午，工会代表大会领导人去唐宁街见鲍德温，他们告诉鲍德温大罢工结束了。过了一会儿，丘吉尔对理事会主席说："感谢上帝，这件事结束了。"

尽管只持续了9天，大罢工还是让国民产生了分化。支持罢工的人尤其记恨"破坏"罢工的人。

鲍德温在罢工结束8天后请丘吉尔负责政府与矿工的谈判。丘吉尔同意承担这项工作，他要设法在矿工和矿主之间搭建桥梁。矿主坚持削减矿工工资，他表示反对，他说任何此类降薪都应该和矿主利润减少相对应。他还主张应该限制降薪。这并不是丘吉尔刚刚有的想法，在5年前内阁对一次煤矿罢工的讨论会上，他就提出如果矿工的需求得到适当考虑，"我们就能以小得多的代价让罢工提前停止"。

这个秋天，煤矿罢工继续进行，双方的积怨也越来越深，鲍德温马上要出发去法国度年假，他再次请丘吉尔主持谈判。8月26日，丘吉尔在内阁发言支持矿工提出的设立全国最低工资的想法。同一天，在和矿工领袖谈话时，丘吉尔对他们说："我明白你们的职责。"他还问他们要提哪些条件，他可以劝说矿主接受这些条件。8月31日，他在下院说到矿工时用的词是"有尊严、求和、公正"。

9月1日，为了打破僵局，丘吉尔将麦克唐纳邀请到查特韦尔庄园。工党领袖的这次到访是高度保密的。麦克唐纳提出让矿工领袖在达成全国最低工资综合协议基础上同意谈判。两天后，跟麦克唐纳在伦敦见面后，丘吉尔与矿工领袖会面，此次会面也是高度保密。丘吉尔跟他们一起制订了一套他们能够接受的方案，之后政府会把这套方案交给矿主，以便让罢工结束。这套方案的基础是矿工对最低工资的要求，单个矿主不得降低这个最低工资。现在一切都取决于矿主的认可，丘吉尔努力说服他们接受这套方案。他请矿主到查特韦尔庄园，希望乡间庄园的氛围能够让他们的情绪缓和。不过矿主不愿让步。

现在丘吉尔要设法将最低工资原则写入一项政府法案，9 月 15 日，他对内阁说该法案的目的是"向矿主施压"。不过内阁拒绝施加这样的压力，当天从法国返回的鲍德温拒绝支持丘吉尔的做法。内阁也没有支持丘吉尔提出的另一项有利于矿工的提议，即强制仲裁法庭的提议。

得知内阁不再一致同意支持丘吉尔的提议，矿主坚持拒绝考虑最低工资。他们甚至拒绝和丘吉尔以及矿工参加三方会谈。丘吉尔在 9 月 24 日对内阁说，他们的拒绝是"完全错误和不可理喻的"，"在近代"没有这样的先例。但是，内阁不愿勒令矿主参与会议，而且让丘吉尔懊恼的是，政府决定从这场争端中脱身，让矿主和矿工自己继续斗争，直到得出最后结论。

9 月 27 日，丘吉尔为解决争端在下院做了最后努力，他提出，如果矿工愿意同意在不设立全国最低工资的情况下复工，就设立有法律效力的独立全国法庭，审查每份地区工资协议，确保协议公平。矿主拒绝接受全国最低工资让矿工非常气愤，矿工拒绝了丘吉尔的提议。现在，丘吉尔试图制订一套能让矿工在接受全国法庭的同时不失面子的方案。内阁再次拒绝支持他。

丘吉尔的努力落空了。矿工拒绝了全国法庭的提议。10 月 16 日，他给他的议会私人秘书罗伯特·布思比写信说："现在我担心事情会以斗争的方式解决。这些人认为他们比国家更强大，这是错误的。矿主们也有类似的看法。"

不久，《世界危机》的第三卷就出版了。他对西线战役生动、感人的讲述打动了读者。J. M. 凯恩斯称这本书是"反战专著——比反战人士的作品更有效"。

4 月 11 日，丘吉尔提出了他的第三份预算方案。议员拥入下院听他的演讲。鲍德温对国王说："这个场面足以说明，作为明星，丘吉尔先生拥有下院无人能够比拟的吸引力。"他顶住了内阁要求减少遗产税的压力，而且愿意增加向进口汽车轮胎和进口酒类征税的新的税收项目，提高原来火柴税和烟草税的税额，以此筹集资金。

埃默里对鲍德温抗议说丘吉尔的预算方案除了一些"勉强的含糊其词"之外空洞无物。方案中没有有助于生产性行业的措施，"毕竟财政收入是来自生产性行业的"。不过就在当时，丘吉尔正着手制订一个废除地方税制度的综合性方案，让英国工业和英国农民摆脱施加在他们身上的税务负担。他的敌人是不断提高的失业率和不断衰落的贸易。地方税收入将由其他税收收入取代；丘吉尔想将汽油税和利润税作为两项主要的替代收入来源。

降税方案将在来年占用丘吉尔的大部分精力，他要思考如何通过税收提高额外的财政收入；废除地方税需要的资金总数是 5000 万英镑，这笔钱将支付给地方政府，以补偿其损失的税收收入。这个方案的预期回报是带来经济繁荣。

鲍德温批准了这个方案。在财政部官员热情的鼓励下，丘吉尔再接再厉，这一年他继续在查特韦尔庄园制订方案。同时他还开始了一项新的文学创作——他的自传，从儿童时期一直讲到他 1900 年进入议会。

这个夏天，克莱门蒂娜在伦敦遭遇车祸，被街上的一辆公共汽车撞倒，受到了很大惊吓，她到威尼斯住了 6 个礼拜进行休养，这段时间，丘吉尔留在查特韦尔庄园。他口述自传的章节，每天晚上和弟弟杰克一起听广播里播放的音乐。他还到苏格兰猎鹿，和朋友威斯敏斯特公爵一起捕鲑鱼。10 月，他到威尼斯和妻子会合，在那里作画、游泳、继续撰写自传。在伦敦，人们对他的未来有诸多猜测。工党下院议员约西亚·威基伍德给一个朋友写信说："他们说鲍德温太累了，很可能是病太重，他会在选举前隐退，建议国王召唤丘吉尔。"

12 月 17 日，53 岁生日 3 周后，丘吉尔的方案准备好在内阁传阅。这天，他把第一份副本送给鲍德温，他把这份方案称为"我的最佳作品"。7 天后，同样收到方案副本的内维尔·张伯伦给丘吉尔写了一份 5 页纸评论的回信，信上附了一张纸条："你会发现我的态度虽然谨慎，但并非完全不友善。"张伯伦的主要建议是部分削减地方税，"比方说 50%"，而不是全部削减，避免汽油税，丘吉尔本打算从汽油税里筹到所需 5000 万英镑中的 2000 万。张伯伦担心这项税收会激起驾车者的严重不满，而选民中驾车者的人数正在增加。

张伯伦又建议保留 1/3 的地方税，丘吉尔勉强接受了。因为现在不必从税收中找那么多资金了，丘吉尔决定放弃利润税，靠汽油税获得大部分所需资金。

1 月 20 日，丘吉尔将降税方案提交内阁。1 月 31 日，由内维尔·张伯伦担任主席的内阁政策委员会同意将部分降税写入 1928 年度的预算方案。

3 月，降税方案遇到阻碍。张伯伦感到不自在，因为降税方案让他自己为贫困人群和贫困地区谋利的方案黯然失色。在每次内阁政策委员会会议上，张伯伦都提出新的反对意见。丘吉尔在 3 月 12 日给他写信说："面对你的反对，我无法取得进展。"

随后他收到言辞激烈的回信。3 月 14 日张伯伦写信说："到现在为止，我一直在贡献。"他现在主张将铁路排除在丘吉尔的方案之外，铁路应该继续交税。丘吉尔打算让农民花更少的钱通过铁路运送食品，这么做他的想法就无法实现了。不过张伯伦想要安抚和讨好地方政府，他很强硬。丘吉尔再次让步了。

4 月 24 日，丘吉尔提出了他的第四份预算方案。"所有公众旁听席都挤满了人，"鲍德温对国王说，"贵族旁听席上，威尔士亲王阁下和格洛斯特公爵阁下都在他们的座位上就座。”为时 3 个半小时的演讲让整个下院为丘吉尔倾倒。他清晰、耐心且详细地讲述了他的降税方案，解释这个方案如何实现；他说，该方案的目标是“复兴工业和创造新的工作岗位”。

鲍德温对国王说，丘吉尔的讲话是他职业生涯中“最出色的演讲”。不过他不得不缺席接下来的辩论，他感染了严重的流感，必须在查特韦尔庄园卧床休息。随后他前往苏格兰到威斯敏斯特公爵的玫瑰厅庄园休养。

7 月，帝国国防委员会讨论国防开支的“十年规定”；根据 1919 年的规定，任意一个年份的国防开支的制定基础都是预计未来 10 年欧洲不会爆发战争。丘吉尔带头建议这个规定应该“每年加以审核”。他指出其目的是“在局势有需要之前审核规模性生产”。国家的安全会得到保护，但是过多和过早的开支会得到避免；他说避免生产到战争爆发时已经过时的武器、舰船和飞机是很必要的。

鲍德温一开始反对整个十年规定，不过丘吉尔的观点影响了他。于是，委员会接受了丘吉尔的提议，每年重新考虑该规定，这样当出现战争迹象的时候，就能采取措施为战争做好准备，使用最新的设备和武器。

1928 年夏天，保守党内部要求回归贸易保护主义的压力不断增大，丘吉尔再次与同僚意见不和。显然，如果保守党核心对丘吉尔心生嫉妒或者不信任，保守党领导层是不会让丘吉尔知道的。“他是个才华横溢、难以驾驭的孩子，”内维尔·张伯伦给一个朋友写信说，“让人不得不羡慕，又一直让监护人紧张，让他们筋疲力尽。”

这年夏天和秋天，丘吉尔大部分时间都在查特韦尔庄园撰写战争回忆录的战后部分。“记住我给你的忠告，照它做！”鲍德温在 8 月 5 日给他写信说，“绘画、写作，筑坝，不要做其他的事了。”丘吉尔还帮忙为 5 岁的女儿玛丽盖的小屋砌砖。“我度过了愉快的一个月，”9 月 2 日他给鲍德温写信说，“盖小屋，口述写书：每天 200 块砖，2000 个单词。”

9 月底，国王邀请丘吉尔到巴尔莫拉参加 4 天的狩猎活动。在那里，他第一次见到两岁半的伊丽莎白公主，他给克莱门蒂娜写信说：“最后这个人是个角色。她有一种威严自信和深思熟虑的气质，在一个孩子身上显得十分惊人。”

11 月，丘吉尔 54 岁了。他在查特韦尔庄园度过生日，克莱门蒂娜因为败血症在医院治疗恢复。丘吉尔每周尽可能多地待在查特韦尔庄园，口述战争回忆录的最后几章。圣诞节他和正在康复的克莱门蒂娜、三个女儿以及伦道夫聚在一起，还有几个月伦道夫就要从伊顿毕业了。

1929 年 2 月 7 日，丘吉尔在伦敦参加紧急内阁会议。据最新消息讲，德国人正在开发一种新式的战列巡洋舰，重量轻、速度快、装备精良，其作战半径比英国所有的战列巡洋舰都大，而且每分钟可以发射更多的炮弹。丘吉尔警告说，巡洋舰的设计"正在进入一个将让我们现有的巡洋舰过时的阶段"。新型的德国巡洋舰将拥有 11 英寸的舰炮，但是根据 1922 年的华盛顿海军裁军条约，英国不得拥有这类舰艇。像 1912 年看到德国海军法时一样，丘吉尔再次警觉地审视德国的目的以及他们未来的实力。

3 月 7 日，丘吉尔战争回忆录第四卷出版。一个月后，他同意创作另一部多卷本的作品——他的祖先马尔巴罗公爵约翰·丘吉尔的传记。他也答应完成他的自传，而且也开始琢磨战争回忆录的第五卷。如果 5 月的大选对保守党不利，他就不会有空闲时间了。

4 月 15 日，丘吉尔提交了他的第五份预算报告，这个数字之前只有沃波尔、皮特、皮尔和格拉德斯通达到过，这些人都担任过或将要担任首相。当丘吉尔宣布要取消从伊丽莎白女王统治时期起就存在的茶叶税时，工党的影子大臣菲利普·斯诺登称其为"选举贿赂"。丘吉尔立刻指出斯诺登自己之前也称这项税收"压断了工人阶级已经被压弯的腰"。

两周后，作为竞选活动的一部分，丘吉尔发表了他的首次广播讲话。在广播中，丘吉尔劝听众投票支持保守党。5 月 6 日，他在爱丁堡和格拉斯哥的演讲中重申了这个主题。不过这些演讲没有起到作用。5 月 30 日，保守党人被赶下了台，拉姆齐·麦克唐纳第二次组阁。

丘吉尔再次在埃平当选；尽管没有内阁职务，他仍然是议会成员。"他是优秀的斗士，"T·E. 劳伦斯在 6 月给马什写信说，"他在内阁外会比在内阁里做得更好，他会回来得到一个比以前更强的职位。我希望他能成为首相。"

第二十三章
在　野

1929 年 5 月 30 日保守党选举失利两周后，丘吉尔开始创作 4 卷本的马尔巴罗公爵一世传记。年轻史学家莫里斯·阿什利走访了英国和欧洲的很多档案馆，给丘吉尔带回不少原始资料。文学创作准备就绪后，丘吉尔在下院发表演讲支持工党为减轻矿山地区失业情况投资公共工程的计划。不过在政治上他主要还是要寻找扭转保守党败局的办法。选举一个月后，他劝鲍德温保守党应该寻求与自由党结成同盟。

6 月 27 日，在鲍德温的同意下，丘吉尔与劳埃德·乔治见面，讨论保守党和自由党合作的可能，合作仅限于对在议会提出的具体问题给出初步建议。"我深感当前局势的严重性，"两天后他对鲍德温解释说，"800 万保守党党员，800 万工党党员，500 万自由党党员！这 500 万人会去哪一边？"如果保守党转向贸易保护主义政策，如果保守党让"反自由党的仇恨情绪"当道，"那么将只有一个结果——很可能是我们有生之年的最后结果，也就是某种形式的自由党和工党阵营，保守党的权利被完全排除在政权之外"。

丘吉尔在 7 月 11 日的影子内阁会议上再次请求恢复保守党和自由党的友好关系，不过埃默里不愿放弃回归贸易保护主义政策的主张，他得到了内维尔·张伯伦的部分支持。与此同时，埃及的民族独立情绪不断高涨，麦克唐纳宣布政府决定让英国军队撤出开罗和苏伊士运河，同时召回坚决主张英国势力的最高专员劳埃德勋爵。丘吉尔后来回忆说："我强烈反对这个粗暴、突然的做法，我希望整个保守党也有同样的情绪。不过鲍德温先生表现得像个生意人，他很会揣测民意，他认为这不是反对政府的好理由。这样会让自由党和他们团结起来，让保守党处于明显的劣势。"

丘吉尔支持劳埃德勋爵并为他说话，这是他与保守党领导层之间的第一道裂痕。8 月初，丘吉尔和儿子、弟弟和侄子一起离开英国，踏上前往加拿大和美国的旅程。他在出发前给比弗布鲁克写信说："离开英国，不用为令人烦恼和为难透顶的事操心，太让人高兴了。"

丘吉尔在蒙特利尔发表了两次演讲，一次在渥太华，一次在多伦多。他受到热烈欢迎，让他非常感动。

游览完洛基山脉和路易斯湖之后，丘吉尔抵达温哥华，他在这里又发表了两次演讲，随后向南行进，前往美国旧金山，然后继续向南，前往美国报业巨头威廉·伦道夫·赫斯特位于圣西蒙的宏伟城堡。赫斯特请丘吉尔为他的报纸撰写文章，这个工作在接下来的 10 年里成为他的又一项重大收入来源。

9 月 20 日，丘吉尔在好莱坞和查理·卓别林共进晚餐，之后，他答应如果卓别林能参与拍摄，他会撰写《青年拿破仑》的电影脚本。"他是个了不起的喜剧演员，"丘吉尔对克莱门蒂娜说，"政治上叛逆，谈话时轻松愉快。"在旧金山的 5 天里，他和几拨美国商人谈到英国和美国应该合作。一名英国外交官向伦敦报告说，这些对话"在那些一直到几年来都敌视我们以及我们权益的人中间产生了立竿见影的良好效果"。

在驱车穿越宏伟壮丽的约塞米蒂峡谷后，丘吉尔又登上施瓦布的私人列车，穿越莫哈韦沙漠，前往大峡谷。随后，在抵达芝加哥后，他在讲话时提到英国舰队和美国舰队应该一起合作维护和平。接着他乘坐伯纳德·巴鲁克的私人列车从芝加哥出发，前往纽约，随后游览了美国内战的战场。

10 月 29 日，纽约股市崩盘，这天后来被称作"黑色星期二"。丘吉尔自己的股票也大幅缩水；他的损失超过了 1 万英镑，其价值在 1990 年相当于 20 多万英镑。

10 月 30 日，丘吉尔从纽约乘船出发。他情绪不佳，7 天前，在鲍德温的催促下，保守党影子内阁同意支持工党政府对印度的方案。丘吉尔当时在纽约，没有人咨询他的意见。10 月 31 日，印度总督欧文勋爵宣布授予印度自治领的地位。总督仍将由伦敦任命，英国军队也仍然负责保卫印度的安全，在几年后，印度将在国家和地方级别上都由印度人管理。丘吉尔认为这绝对是错误的决定；印度的印度教徒还没有准备好从中央管理自己；在次大陆上的各族人民能够在没有分歧、流血和不平等的情况下掌握自己的命运之前，英国还需要管理几十年；一旦授予印度自治领的地位，民族复兴力量就会要求印度完全独立，而这是麦克唐纳和鲍德温都反对的。丘吉尔认为印度人只能进行地方一级的自治。

1930 年 10 月 30 日，丘吉尔出版自传《我的早年生活》。这本书和缓、诙谐地讲述了他的学校生活和军旅生涯，其中包含很多对生命和政治的反思。

《我的早年生活》很快重印，并被翻译成多种语言。丘吉尔虽然在文学创作上很得意，但是政治上却越来越被孤立，因为保守党领导人同意参与伦敦的圆桌会议，和印度政治领袖商定印度自治的细节问题。秋天的时候，保守党开始反对自由贸易，这也让丘吉尔备感沮丧。这让丘吉尔让保守党和自由党结盟对抗工党的希望成为泡影。但是，他并不打算像 26 年前一样因为自由贸易的问题离开保守党，他对支持关税政策的埃默里说："我打算像蚂蟥一样忠心耿耿地粘住你。"

丘吉尔的确在 1 月 26 日的辩论中发了言。这是他从 1924 年重新加入保守党以来第一次在议会上发言反对保守党，这让他和保守党领导层之间彻底决裂。在发言中，他指出当前政府政策的缺陷，政府把自治的承诺摆在"几百万激动的民众闪烁的眼前"，但是在欧文的方案中实际上大权仍然留在英国人手中。丘吉尔认为，印度民族独立运动人士不会接受这样的限制，他还提醒下院，就在此时，还有 6 万印度人因为冲撞警察被关在监狱里。认为印度人会对自治领地位或者自治满意是不现实的。他警告说，英国提议建立的全印度人议会很快就会被"想要尽快把我们赶出这个国家的势力"支配。

回应丘吉尔发言的不是麦克唐纳，而是鲍德温。他说，如果保守党人重新执政，他们将把实施"印度宪法"作为他们的"一项职责"。鲍德温的保证得到了工党议员的欢呼，不过，莱恩·福克斯写道，"我们自己的席位是一片不祥的沉默"。

鲍德温发言后，丘吉尔认为他没有选择，只能从影子内阁辞职；他在当天辩论后辞职了。两天后，他发起公众活动，号召党内人士支持反对印度政策。他的演讲全面透彻，充满预见性，在认为鲍德温让保守党脱离了自身信仰的保守党人之中得到了支持。为了削弱丘吉尔批评的力度，在 J. C. C. 戴维森的指导下，保守党总部没有反驳丘吉尔的观点，而是开始诋毁他的声誉。在丘吉尔看来，他感到党内普通党员对他的支持迅速提升，他在 2 月 8 日给伦道夫写信说："突然间，我在党内变得很受欢迎，很多地方邀请我上台演讲。"

2 月 17 日，甘地和欧文在德里会面，接下来的 4 周里他们还会有 7 次会面。印度总督和想要让印度完全独立而且拒绝停止非暴力不合作运动的人会谈，这让很多保守党人怒火万丈。2 月 25 日，保守党的首要执行人休·托平给内维尔·张伯伦写信说："我们的很多支持者担心印度问题。他们更偏向于丘吉尔先生的观点而不是鲍德温先生陈述的观点。"

3 月 4 日，甘地和欧文的对话仍在继续，甘地同意停止非暴力不合作运动，让国大党代表到伦敦参加第二次圆桌会议，讨论印度的未来。他还接受了在国防政策、外交事务和少数民族权益方面由英国提供"保护"。这份甘地-欧文协定在 3 月 5 日公之于众。鲍德温立刻宣布他支持该协定，支持第二次圆桌会议；3 月 12 日，他在议会称该协定是"共识的胜利"。丘吉尔在回应中称，该协定的结果会是"激发预期、渴望和胃口，并让它们不断增加"。针对最近在孟买发生的抗英暴动，丘吉尔称一些人用自治领的地位挑逗印度人但又不愿让他们完全独立，正是这些人"让流血事件和混乱比任何时候都靠近印度民众"。

丘吉尔坚信他的警告是正确的。3 月 18 日在艾伯特演奏厅演讲时，丘吉尔称当前为了让印度"和平进步"而与甘地和尼赫鲁和谈的政策是"在非常清醒的状态下做的疯狂的白日梦"。如果英国当局被推翻，英国创建的医疗、法律和行政服务将"随之毁灭",铁路服务、灌溉、公共工程和饥荒防御措施也一样。牟取暴利和贪污腐败的行为将甚嚣尘上;靠血汗劳工法发家的印度百万富翁会更有钱有势;各种"贪婪的欲望"已经被调动起来,"很多贪婪的手指正拉扯和刮擦着一个衰败帝国的巨大战利品";裙带关系、贪污受贿将成为"婆罗门统治的女仆"。在丘吉尔看来,最糟糕的是印度教徒将残酷地压迫贱民。对于贱民和500万印度基督教徒来说,到了英国无法用平等的法律对他们提供保护的那一天,他们会很难过。

这年夏天,丘吉尔跟克莱门蒂娜和伦道夫一起到法国度假。他的新秘书维奥莱特·皮尔曼跟随他同行。8月7日,丘吉尔在比亚里茨对《战争危机》的最后一卷做了最终校正。

一周后,严重的经济困难迫使麦克唐纳和斯诺登提议削减10%的失业救济金;这是获得美国贷款的基本条件。内阁在是否接受这个提议的问题上产生了分化;对于工党和保守党联手应对经济危机有很多讨论。8月16日,正在阿维尼翁的丘吉尔中止度假和工作,返回伦敦,希望说服保守党同仁不要同意为工党的失败负任何责任。4天后,他返回法国,工党政府仍然完好无损。8月23日,工党内阁得知工会不愿接受削减失业救济金的提议。几名资深大臣支持工会的意见,内阁辞职了。

英国的第二个工党政府结束了。第二天,国王要求麦克唐纳继续担任首相,领导由各党派政治家共同组成的全民政府。鲍德温立刻同意保守党参与其中。劳埃德·乔治反对参与政府,但他身体欠佳,没办法阻止自由党同仁加入新政府。8月23日,担任新政府印度事务大臣的塞缪尔·霍尔给内维尔·张伯伦写信说:"就像我们前几天提过几次的那样,温斯顿和劳埃德·乔治不在,我们真是太走运了。"

丘吉尔没有受邀加入全民政府。9月初从法国返回时,他发现所有党派都对即将召开的印度圆桌会议以及甘地即将抵达伦敦这件事兴奋不已。9月8日,圆桌会议召开,麦克唐纳承诺新政府会继续支持自治领政策。在这个问题上他得到了所有内阁成员的支持,鲍德温、内维尔·张伯伦和霍尔现在都在内阁之中。

10月27日,全民政府参与投票。绝大多数人支持新的全党派联盟。保守党人答应在麦克唐纳手下工作,他们赢得了473个席位。支持联盟的自由党人赢得35个席位,支持联盟的工党党员赢得13个席位。希望与全民政府合作并参与其中的自由党人赢得33个席位。支持劳埃德·乔治的自由党人坚决反对联盟,他们仅赢得4个席位。工党怒不可遏,认为麦克唐纳背叛了他们,他们损失惨重,丢掉236个席位,只剩下52个席位。在麦克唐纳的全民团结的口号下,保守党赢得了议会的支配权。再次在埃平以高票当选议员的丘吉尔被孤立了,但是他并不屈服。

11 月 2 日，《世界危机》的最后一卷出版。3 天后，麦克唐纳公布了他的新政府名单。鲍德温将担任枢密院议长，内维尔·张伯伦将担任财政大臣。

对于印度问题，615 名下院议员中只有 20 人加入了丘吉尔在 11 个月前参与发起的印度帝国协会。12 月 3 日，在关于是否需要继续推进印度自治的辩论中，麦克唐纳希望得到一个意见一致的政策。丘吉尔坚持主张下院进行分组表决，奥斯丁·张伯伦和鲍德温都发言反对他。投票的时候，支持丘吉尔的下院议员只有 43 人，369 名下院议员投票支持政府。

丘吉尔现在 57 岁了。12 月 3 日在议会遭遇失败后，他与克莱门蒂娜和戴安娜一起离开英国，开始计划已久的美国之行。丘吉尔决心靠演讲弥补他在金融危机中的损失，他已经签订合约，准备发表 40 场演讲，这最少能让他得到 1 万英镑的报酬。他在《每日邮报》上发表了关于美国生活、旅行和政治的系列文章，他还将为此得到 8000 英镑。两项收入加在一起的价值相当于 1990 年的 37.5 万英镑。

12 月 11 日，丘吉尔抵达纽约，第二天，他在伍斯特和马萨诸塞发表演讲。第二天晚上，和克莱门蒂娜一起在沃多夫阿斯托里亚酒店吃完晚饭后，他上了一辆出租车前往第五大道，伯纳德·巴鲁克召集了一群朋友到那里和他见面。

出租车司机不知道那栋房子的具体位置，丘吉尔也不知道门牌号。在来来回回找了一个小时后，丘吉尔觉得一个街角眼熟，于是他下了出租车，准备横穿马路。他向右看，看到汽车的车灯还比较远，于是开始过马路。突然间他被从左边驶来的汽车撞倒；他忘记了在美国汽车是靠右行驶的。他被撞得很严重，额头和双腿都受到撞击。他躺倒在马路上，感到一阵剧痛，人群渐渐聚拢过来。当警察询问他的时候，他坚持说这次事故是他自己的错。

丘吉尔被送到勒诺克斯希尔医院，他在那里感染了腹膜炎。康复过程十分缓慢，他先住院一周，然后又回到沃多夫阿斯托里亚酒店住了两周。

为了休养，丘吉尔从纽约前往巴哈马群岛。1932 年 1 月 12 日，克莱门蒂娜给伦道夫写信说："缓慢的恢复让他非常沮丧。"胳膊和肩膀上的剧痛让他更加难受。前一天晚上，丘吉尔"很难过，说他在过去的两年里受到了三次重大打击。第一次是在金融危机中损失了所有的钱，然后是在保守党内丢掉了自己的政治地位，现在是身受重伤。他说他觉得自己永远不会从这三件事中完全恢复了"。

但是丘吉尔决心回去继续进行巡回演讲。1 月 25 日，他乘船返回纽约，3 天后，在布鲁克林发表演讲。他在演讲中说道，"英语言民族和共产主义"将是"未来的两股对立的势力"。英国人和美国人相互隔阂、羞于合作是大错特错的。

3 月 11 日，丘吉尔乘船从纽约出发返回英国；6 天后，他的 8 个朋友在帕丁顿车站欢迎他归来，他们送给他一辆豪华的戴姆勒轿车，作为庆祝他死里逃生的礼物。给这份礼物出钱的共有140人，其中包括了他在人生各个阶段结识的朋友。丘吉尔回到查特韦尔庄园。"我觉得需要休息，不必把自己逼得那么紧，"他在4月1日给他的出版商写信说，"你不知道我都经历了些什么。"

5月8日，丘吉尔第一次对美国发表广播讲话。"他们告诉我我可以对着3000万美国人讲话。我一点都不慌。相反，我觉得很自在。"在广播讲话中，他呼吁英美合作共同抗击经济衰退。"相信我，没有哪个国家能够独自与这个魔鬼作战。"

除此之外，丘吉尔认为另外一个魔鬼给世界的稳定造成了更大的威胁，需要靠国际合作共同面对；这个威胁来自德国，德国现在正酝酿收回失地，而欧洲却承诺要大幅削减军备水平。在日内瓦，世界裁军会议正设法全面削减各国陆海空三军的人数。3月13日，德国大声叫嚣要求修改条约、重整军备，在德国总统竞选中，阿道夫·希特勒得到1100万票，陆军元帅兴登堡得到1800万票，共产党候选人恩斯特·台尔曼得到500万票；在此之后，裁军会议的工作仍旧没有放慢脚步。

在4月10日的第二轮投票中，希特勒的票数提高到总投票人数的40%。然而一个月后的5月13日，英国外交大臣约翰·西蒙爵士敦促下院需要更快速、更全面地进行裁军。西蒙认为只要减少军备水平，就能避免未来爆发战争；没什么比没有武装的德国必须面对装备精良的法国更糟糕的了。

西蒙的裁军请求得到了广泛热情的支持。但是丘吉尔提出警告，他对下院说："看到德国和法国的军力上有任何一丝接近都让我万分遗憾。那些振振有词觉得这件事很合理甚至很公平的人都低估了欧洲局势的严重性。我想要对那些想要看到德国军备均等的人说：'你们想要打仗吗？'就我而言，我衷心希望在我有生之年或者我孩子的有生之年里不会看到德法两国军力相接近的情况出现。"

5月30日，冯·帕彭伯爵接替海因里希·布吕宁成为德国总理。尽管希特勒和他的纳粹党没有受邀进入新政府，但帕彭希望能在希特勒的支持下在几年里连续执政。6月19日，在黑森州选举中，纳粹党人的得票数从37%上升到44%，让纳粹党成为这个州的最大党。

印度的非暴力不合作运动再次爆发，原因是印度人要求印度完全独立；几名英国文职官员被谋杀，接替欧文担任印度总督的威灵顿勋爵再次把甘地投入监狱。5月，200多名印度人在印度教徒和穆斯林教徒的冲突中丧生，3万人因为非暴力不合作运动入狱。为了减少印度人的敌意，麦克唐纳和鲍德温提议将拥有投票权的印度人人数从700万人增加到3600万人。丘吉尔认为这不是明智之举，5月25日他在印度帝国协会的私人聚会上说："民主完全不适合印度。你得到的不会是不一致的见解，而是激烈的宗教仇恨。"

整个 7 月和 8 月，丘吉尔都在查特韦尔庄园撰写马尔巴罗公爵的传记。7 月，希特勒的纳粹党在德国大选中赢得 37% 的票数。丘吉尔想要去看看马尔巴罗公爵曾经打过胜仗的地方，德国是其中一个目的地；8 月 27 日，他出发前往比利时、荷兰和德国；林德曼与他同行。在布鲁塞尔，他们和军事历史学家里得雷·帕肯汉姆·沃尔什会合，帕肯汉姆·沃尔什将担任他们的向导。在前往布伦海姆战场的途中，他们在慕尼黑停留了 3 天，伦道夫在慕尼黑的一个熟人恩斯特·汉夫斯坦格尔是希特勒的朋友，他想安排希特勒和丘吉尔在丘吉尔住的旅馆见面。

丘吉尔说他愿意见见这位纳粹党领袖，不过，汉夫斯坦格尔后来回忆说，在晚餐期间，丘吉尔谴责了希特勒的反犹太人观点。希特勒当晚没有出现。第二天，汉夫斯坦格尔再次试图说服希特勒与丘吉尔见面，不过还是失败了。希特勒问他："丘吉尔到底扮演什么角色？他现在在野，没人关心他。"汉夫斯坦格尔回答道："大家也是这么说你的。"不过希特勒没有被说服。

丘吉尔离开慕尼黑前往布伦海姆的战场。他本打算离开布伦海姆后去威尼斯度假，不过他感染了副伤寒。由于病得太厉害，没办法返回英国，他在萨尔兹堡的一家疗养院住了两周。不过没过几天，他就开始在病床上口述 12 篇文章给《世界新闻报》，《世界新闻报》委托他重述"世界经典故事"。

9 月 25 日，丘吉尔回到查特韦尔庄园。从这天起，他重新投入到马尔巴罗公爵传记的创作工作。可是他在 9 月 27 日散步的时候晕倒了。他的副伤寒复发了。他被救护车送到伦敦的一家私人医院。由于副伤寒导致溃烂，他还经历了一次严重的大出血。

丘吉尔还是想参加 10 月 7 日在布莱克普举行的保守党大会。他想要提出一项议案，反对保守党支持提议的印度宪法。虽然一度考虑坐救护车去布莱克普，他还是因为太虚弱没有去成。霍尔大大松了一口气，他原来担心丘吉尔的提议会得到支持。

从伦敦回到查特韦尔庄园，丘吉尔继续传记的写作。"丘吉尔先生稳步好转，"维奥莱特·皮尔曼给一个朋友写信说，"尽管速度很慢，不过和以往一样，没什么事能阻止他工作，他每天工作好几个小时，工作完成了不少。"不过还要"花些时间他才能恢复到以前那样结实"。10 月底，丘吉尔完成了马尔巴罗公爵传记第一卷的上半部分。他已经开始构思下一部作品了，4 卷本的《英语民族史》。很快就有一个出版商愿意出 2 万英镑购买这部作品。这对任何一个作家来说都是相当大的一笔稿酬，相当于 1990 年的 42 万英镑；其中 1/4 立刻支付给丘吉尔，剩下的钱将在整部书完成后支付。

1932 年的整个夏天和初秋，冯·帕彭政府不断要求德国军备享有和别国

"同等的水平"；这意味着德国的军备水平现在要与水平最高的邻国法国相当。德国国防部部长库尔特·冯·施莱谢尔将军坚决主张允许德国重整军备。9 月 18 日，英国外交部发出由约翰·西蒙签署的照会，声明英国认为凡尔赛条约的裁军条款仍然对德国有效。为表抗议，冯·帕彭让德国退出了裁军会议。

丘吉尔刚从德国返回，他惊讶地发现英国国内有很多人批评西蒙的照会，他们认为解除了武装的德国与法国相比处于劣势，这是不公平的。在 10 月 17 日《每日邮报》刊登的一篇文章中，丘吉尔称，西蒙"为了保证和平举手示警"，这样坚持立场是很有必要的。丘吉尔在文章中指出，施莱谢尔将军已经宣布"不论各个大国达成什么协议，德国都会以自己认为合适的方式重整军备"。丘吉尔还警告读者，如果英国任由德国冒险行事，很可能在面临危机的时候没有时间应对。

1 月 6 日，德国举行了 5 个月内的第二次大选；尽管得票率从 37% 降到 33%，纳粹党还是保住了全国第二大党的地位。4 天后，英国下院就政府继续推进裁军政策进行辩论。丘吉尔这时因为感染副伤寒身体过于虚弱，没办法去伦敦。虽然之前发出过照会，西蒙在辩论中还是表明，从此之后，英国的政策会考虑"合理满足德国平等原则的主张"。

11 月 23 日，丘吉尔的身体状况好转，他前往伦敦。他发表了一篇掷地有声、充满远见的演讲。他在演讲中警告下院议员，如果英国迫使法国裁军，德国就会利用自己人数上的优势为 1918 年的失败寻求报复。到目前为止，德国每次提出新的要求，都得到了他国的让步。德国要的不仅仅是"和法国拥有同等军备"。除了法国，比利时、波兰、罗马尼亚、捷克斯洛伐克和南斯拉夫也都决心保卫他们的边境，"保卫他们的权益"。

丘吉尔在参观布伦海姆战场的时候还目睹了如今的新德国。他说："一拨拨精力充沛的日耳曼青年走在德国的大街小巷上，眼睛里闪烁着愿意为国献身的光芒，他们寻求的不是地位。他们寻求的是武器，一旦拥有武器，相信我，他们会要求收复失地。"而一旦他们提出这样的要求，德国将撼动甚至很可能击垮前面提到过的那些国家。

丘吉尔对下院说："我不是危言耸听。我不认为欧洲战事将至。我相信，运用智慧和技巧，在我们的时代可能再也不会看到战争。"他随后提出他认为唯一能够在欧洲复兴"善意和和解之光"的方法。让战胜国裁军之前，应该先消除战败国的怨气。如果怨气未消就平等军备，那么另一场欧洲战争指日可待。

丘吉尔主张在战胜国仍然强大的时候修订条约，面对德国越来越多的要求和侵略性，他还要求保持全国的武装实力，并在未来几年里一直以此为基调不断提醒政府。但是，麦克唐纳和鲍德温非但没有提高英国的空军实力，反而提出欧洲裁军计划，在计划中英国将在别国之前带头削减自己的空军队伍。

1月30日，丘吉尔58岁了。冬天，他在查特韦尔庄园创作马尔巴罗公爵的传记。12月16日，林德曼到庄园来陪他。林德曼的到来总能让丘吉尔感到快乐、获取知识。莎拉回忆说："教授有用简单的方式说明复杂事物的本事。一天吃午饭的时候，大家正在喝咖啡和白兰地，父亲决定给教授出点难题，教授刚刚完成一篇关于量子理论的论文。'教授，'他说，'请使用单音节单词在5分钟内告诉我们什么是量子理论。'然后父亲把被叫作'萝卜'的大金表放在桌上。你知道，教授一定花了很多年研究这个问题，这个要求太离谱了，但是教授没一点犹豫，脱口而出地解释了理论的原理，把我们所有人都镇住了。他讲完的时候，我们都不约而同地使劲鼓掌。"

1922年1月30日，希特勒应兴登堡总统邀请成为德国总理，兴登堡想要利用纳粹党的极端观点控制新成立的联合政府中观点较为中庸的政治家。一周后，希特勒颁布一部法令，这是迅速增加和巩固他权力的一系列法令的第一部；这部法令让他封住了支持民主主义、社会主义和共产主义的媒体的嘴。随后，数千名纳粹主义的反对者被捕，德国国内普遍要求修订凡尔赛条约、让德国重整军备。

2月15日，在德国民族主义复苏、日本加剧对中国的侵略的时候，英国内阁针对陆军大臣海尔沙姆勋爵和空军大臣伦敦德里勋爵提出的国防上的不足进行了讨论。但是在听了内维尔·张伯伦对重整军备可能带来的"财政和经济风险"的警告后，内阁同意"为当前由于财政困难造成的国防队伍的不足负责"。经济限制让重整军备无法实现。

丘吉尔仍然记得5个月前在德国看到的情景。3月10日，他在下院反对政府的提议；即连续第二年减少空军开支，关闭4所飞行训练学校中的一所，要求法国缩小其空军规模。空军部次官菲利普·萨松认为英国缺乏空中准备，他对下院说，在等待裁军会议决议期间，政府"准备自此接受继续拉大皇家空军和其他大国空军部队之间已经存在的实力差距的现实"。

丘吉尔认为没有充分的国防措施是无法保持中立的。在当前的世界格局中，没有足够的空军力量将危及国家自由和独立的基础。丘吉尔呼吁鲍德温放弃以未来10年内不会发生战争为前提的国防开支"十年规定"，停止散播"无能为力、希望渺茫的情绪"。他说，没理由认为英国无法拥有和其他国家一样好的飞机，英国在飞机驾驶方面的人才和其他国家一样优秀。

这些意见没有起到任何作用；两天后，麦克唐纳向日内瓦裁军会议递交了英国的裁军建议。在欧洲，军队的最高服役期为8个月；法国、德国、意大利和波兰将各自的军队人数限制在20万人以内；禁止空袭；每个国家将军用飞机数量控制在500架以内，对德国的飞机数量没有做出限制；超出限额的飞机将被销毁。

3 月 23 日，将这个计划提交给下院时，麦克唐纳重申政府的目标是让德国在军备上拥有"同等的地位"。丘吉尔一直密切关注与纳粹党的要求以及反犹太人活动和反民主活动相关的报道。他对下院说，英国政府没能在德国实力仍然衰弱的时候消弭他们的怨气，因此也无法向他们提出要求，而要求法国裁军的同时，也"让我们更加靠近战争的边缘，让我们实力更弱、更不足、更无助"，工党和保守党席位上都传来了"不！不！不！"的喊声。当他说到责任应该由麦克唐纳负担的时候，工党和保守党议员变得更加愤怒。

丘吉尔打算在 4 月 13 日再次发表关于欧洲事务的演讲。在演讲之前，他咨询了德斯蒙德·莫顿少校。丘吉尔和莫顿 1916 年在西线相识，1919 年，丘吉尔安排莫顿在陆军部从事情报工作。从 1929 年起，莫顿成为帝国国防委员会工业情报组组长，负责监视全世界范围内欧洲列强军备生产原材料的进口和使用。

莫顿从政府的秘密情报来源给丘吉尔弄到的情报更加支持了他的观点，丘吉尔对比了希特勒重整军备的要求和麦克唐纳不断提出的裁军呼声，重申之前提出过的警告，"德国崛起，在军事上达到法国的水平，或者德国或某个同盟国崛起，在军事上达到法国、波兰或其他小国的水平，意味着再次爆发一场大规模的欧洲战争"。丘吉尔评论说，麦克唐纳坦诚自己没有研究过这些数字，但他应该对此负责，丘吉尔对下院说："这是十分重大的责任。如果说要对哪个文件付出个人的心思和努力，就应该是这份庞大的裁军计划。"

政府宣布一个由议会两院组成的联合特别委员会将审核印度宪法提案。约翰·西蒙爵士刚从印度回来，带回一份新提案，提案建议印度进行地方自治，而不是中央自治。西蒙报告中的建议正是丘吉尔长久以来一直极力主张的做法。

政府不打算接受西蒙的报告，而是要继续让印度在地方和中央都实施自治。为了让保守党批评家们更能接受完全自治方案，政府宣布，在以印度教徒为主的政府里，将对印度的穆斯林教徒和各独立土邦提供保护措施。3 月 10 日的内阁会议上，霍尔解释说，在这些保护措施下，总督将拥有"很大的权力"，包括外交事务和国防部门的"完全控制权"。他说，在议会不会有一派独大的危险，因为在印度联邦下院中，土邦与穆斯林教徒将各占有 30% 的席位。

3 月 17 日，政府公布印度白皮书。根据拟定的宪法，将授予印度各邦自治权。在中央，从前严格的总督执政将被有大量印度人参与的联邦政府取代。联合特别委员会将讨论这些提案。3 月 30 日，丘吉尔在下院的演讲中恳请政府不要把委员会当作武器，在两院对未来的印度宪法展开辩论前产生先入为主的偏见。在下院表决中，他获得 42 名下院议员的支持；政府拥有 475 名支持者。

第二天，丘吉尔被邀请加入联合特别委员会，委员会里将有 25 名政府政策的支持者，9 名反对者。经过反复思考，丘吉尔决定不加入委员会。

4 月 10 日，霍尔将同意加入联合特别委员会的人的名单递交议会。尽管修正案以 209 票对 118 票没有通过，但是这 118 票是议会记录在案的对全民政府印度政策的投票里反对票最多的一次。丘吉尔立刻在《晚报》发表声明："如果让下院进行自由投票，政府的提案可能会因为保守党的多数票被否决。政府现在想要做的是为其观点争取支持，而不是进行不偏不倚的调查。政府不是在寻求意见，而是在进行推销。这种行为不是寻求引导，而是寻求保障。"丘吉尔现在决心发起一场反对政府印度政策的公共运动。"我们要经历一段长期艰苦的斗争，"4 月 14 日他给一个朋友写信说，"不过我并不绝望。"霍尔本人既担心丘吉尔的运动，也担心联合特别委员会。他在 4 月 28 日给印度总督写信说："我们一定要尽可能减少证据的数量。"

4 月 7 日，希特勒正式对德国各联邦州实施纳粹统治，结束了它们一个世纪之久的自治。6 天后，一部关于禁止犹太人在国家、地方和市政部门任职的法令开始生效。在当天下院的辩论中，丘吉尔再次警告政府军国化的德国可能造成的威胁，他对下院说："世界大战后我们知道的一件事是如果德国是实行议会制的民主国家，对我们来说是安全的。然而所有这些都已经被一扫而空。现在你们有的是独裁——最冷酷无情的独裁。"

6 月 28 日，保守党中央委员会在伦敦召开会议，商讨向议会提出印度法案，丘吉尔反对政府印度政策的斗争到达了顶峰。霍尔对印度总督解释说，整个春天和夏天，政府都忙着"建立起一个有效的组织，应对温斯顿在国内的宣传"。霍尔希望他选出来领导这个组织的弗朗西斯·维勒斯能被授予骑士地位，希望这有助于他"发挥最大的作用"。维勒斯接受了骑士授勋。

丘吉尔在伦敦的会议上发言时一直被打断，无法阐述自己的论点。丘吉尔的主要论点是，应该先试行地方自治，见其生效，再在中央实施联邦自治方案，不排除最终由印度人进行自治，但是这个观点遭到众多嘲笑。不过，投票结果显示这是记录在案的对麦克唐纳·鲍德温政策的反对票数最多的一次，共 356 票。不过反对票还是被 838 票的支持票淹没。丘吉尔的印度运动还没有结束。

裁军会议在日内瓦继续进行，英国和德国拒绝法国提出的定期审查和监督军备的提案。在进行讨论前，海陆空三个部门告知内阁，他们反对定期审查是因为这样会"向世界暴露我们战争军备严重不足，我们就必须花费数百万英镑在各个方面进行弥补"。

外交部收到关于德国进展情况的常规情报报告和消息。6 月 21 日，英国驻柏林的空军武官贾斯廷·赫林上校写了一份秘密备忘录，列举出德国违反凡尔赛条约建造军用飞机的证据。德国空军部的一名高级官员告诉赫林德国政府已经开始打造空军力量。赫林的备忘录是 7 月 14 日外交部常务次官罗伯特·范西塔特打印分发给内阁成员的几份证明德国重整军备的证据之一。一个月后，8 月 12 日，丘吉尔对他的选区选民说："有重大理由让我们相信德国违反了在战败时定下的神圣条约，他们正在武装自己或者试图武装自己。"

9 月 20 日，内阁中有人提出了和丘吉尔同样的担心，根据备忘录记载，陆军大臣黑尔夏姆勋爵对内阁同僚说："我们已经将军备水平下降到这样一种程度，即如果在未来几年内出现任何战争风险，我们将处于最危险的境地。港口几乎没有防御，对空防御完全缺乏。"他认为没人愿意允许这种状态继续下去。所有人都肯定同意在未来几年里需要增加军备方面的开支，他认为很可能会涉及皇家空军。

这是陆军大臣的判断，这也是丘吉尔一直坚持的主题，而政府却嘲笑这是杞人忧天。

10 月 6 日，丘吉尔的《马尔巴罗传——时代与人生》第一卷出版。丘吉尔一直乐于把自己的书写上题词送给别人；《马尔巴罗传》第一卷出版两天后，他送了一本给美国总统富兰克林. D. 罗斯福。丘吉尔非常钦佩罗斯福的新政，他在书上的题词里写道："献上最诚挚的祝愿，希望当代最伟大的改革运动获得成功。"

《马尔巴罗传》出版当天，丘吉尔正在伯明翰参加保守党的会议，鲍德温在会上提出需要召开裁军会议，他强烈支持"切实地限制军备"。丘吉尔在鲍德温之后发言，他支持劳埃德勋爵提出的一项动议，表示对英国的国防状况"非常担忧"。他说，英国不能让这样的状况长期持续下去，"我们自己越来越弱，而其他所有国家都越来越强"。这项动议得到了一致通过。但是，赢得党派成员的支持是一回事，影响政府的实际政策又是另外一回事。

10 月 14 日，希特勒让德国退出了裁军会议。9 天后，英国内阁决定继续寻求"对世界军备进行限制和削减"，并且劝说法国陆军部长爱德华·达拉第与德国就削减武器事宜开展直接谈判，对德国做出"一些让步"。内阁总结说："我们的政策仍然是通过国际合作寻求对世界军备进行限制和削减，这是我们在盟约之下的义务，也是防止军备竞赛的唯一办法。"

在 10 月 24 日的内阁会议备忘录中，空军大臣伦敦德里勋爵提到因为 1931 年 1 月的"军备停战协定"，英国在 1932 年停止制造飞机。尽管这个协定在 1933 年 2 月已经终止，尽管与其他强国相比，英国的空军力量已经处于明显的劣势，由于政府迫切希望推动裁军会议的工作，还是将停止时间自愿延迟到本年度。伦敦德里解释说，因此有必要将 1923 年计划的完成时间从 1936 年延迟到 1940 年。

11 月 12 日，在德国，在只允许纳粹党游说拉票的选举中，纳粹党赢得了 95% 的票数。"你们曾经听人把我描述成好战分子，"两天后丘吉尔在皇家海军师联合会的午餐会上对听众说，"这是谎言。在大战爆发前，我一直努力争取和平，如果我提议的海军休假计划得以实施，可能会有不同的历史进程。"纳粹"宣称战争是光荣的，他们向他们的孩子反复灌输杀戮思想，这是自野蛮人和异教徒时代以来不曾有过的教育"。纳粹把"必须将每条边境变成入侵的起点"奉为准则。没时间可浪费了。"这里一个切实措施可以采取。取消裁军会议，把这 8 年来唠叨、荒唐、伪善和欺骗的垃圾废物彻底扫清，让我们去日内瓦，去日内瓦的另一个地方——去国际联盟。"

内阁仍决定要达成全面的裁军协定。11 月 29 日，鲍德温对同僚们说，英国会"尽一切努力达成一个将德国囊括在内的裁军计划"。

11 月 30 日，丘吉尔 59 岁了。这年冬天，他尽可能多地待在查特韦尔庄园，和莫里斯·阿什一起进行《马尔巴罗传》第二卷的写作工作。

1934 年 1 月 16 日，丘吉尔在广播上发表讲话，丘吉尔称赞了全民政府所做的努力，让经济获得了缓慢但稳步的复苏。他还称赞了罗斯福总统"与困难搏斗的精神"。他也重申了自己的警告，称需要武器和盟友防止战争再度降临。不仅要与从前战争时期的协约国成员合作，还有与像荷兰、丹麦、挪威、瑞典和瑞士这样的中立国合作，"我们必须共同建立起强大的国家联盟，这样至少在欧洲没有侵略者敢于挑战这些国家"。

3 月 4 日，政府发布国防白皮书，白皮书在开头承诺政府不会让皇家空军的规模下降到低于德国的水平："英王陛下政府的首要目标是维持几个大国之间一线空军力量的对等。"这么做的原因是"无论如何要避免空军军备竞赛"。白皮书的下一句表明了英国的希望，英国政府想要通过让各国空军力量降低到英国的水平达成空中均势；也就是说，法国和苏联必须大幅裁军。

虽然有种种条件限制，"对等承诺"还是引来了工党领袖克莱门特·艾德礼的强烈抗议，他在 3 月 8 日声明："我们不承认有提高空军军备的需要。"在自由党方面，阿奇博尔德·辛克莱谴责说"这种稳步扩充军备的行为是愚蠢、危险和浪费的行为"。丘吉尔的发言虽然没有党派的支持，但各党派人士在他发言时听得都很专注。丘吉尔警告说军备增加得还不够，他说："我无法说服自己相信政府推行的政策与当前欧洲局势的严酷现实有非常直接的联系。"法国享有空中优势，躲在这个事实背后是不够的。新的危机将来自空中。因此，必须"为我们自己提高空中安全，使我们免受严重侵扰，就像我们在过去数个世纪以来对大海的控制一样"。德国"正在飞速武装起来，没人打算阻止它"。没人建议用"预防性战争"阻止德国打破凡尔赛条约。

丘吉尔接着警告说："所有人都很清楚这些天赋很高的人，以他们的科学和他们的工厂，加上他们所说的航空运动，有可能在极短的时间之内，以极快的速度建立起一支既能进攻又能防守，可以用于一切目的的最强大的空军。"德国现在被"一小撮独裁者"统治，他们成了"这个强大、天赋极高的民族的绝对主宰"。"我深恐有一天，德国目前的当权者会掌握能够威胁不列颠帝国心脏的手段"。这一天"也许已经为期不远了。也许只有一年，也许 18 个月"。现在还来得及采取"必要措施"。现在需要的不是对等承诺，而是实现对等。

丘吉尔随后将话题转向枢密院议长斯坦利·鲍德温，他对下院说："如果需要在 48 小时内决定，他唯有决定在这个问题上必须怎么做，议会将投票决定所有必需的供给品和法令。无须征集公众的意见。议会和内阁必须决定，国家必须判断作为受托人是否行动正确。枢密院议长拥有这个权力，如果他有权力，那么他也有和权力一直相伴的东西——责任。这个国家期望他给出建议，领导这个国家，在这个危险的问题上明智、安全地引导这个国家，我希望，也相信我们的期望不会落空。"

在回应中，鲍德温说他"今天在这儿不准备承认当前情况已经到了不可救药的地步"，不过如果英国的裁军努力落空，政府"会留意在我们的海岸打击距离内，我国在空军力量和实力上不会处于任何国家之下"。3 天后，也就是 3 月 11 日，丘吉尔给霍尔写信说："不要耽误时间，应该立刻让空军力量翻番。"不过 8 天后，内阁拒绝了他的建议，部分原因是大臣们认为欧洲仍然有裁军的可能，部分原因是让空军扩大到这样的规模所涉及的开销巨大，部分原因是像外交大臣约翰·西蒙爵士所解释的，大家认为"如果发展起来的话，德国的威胁更可能在东边和南边，而不是在西边"。看起来"主要受到威胁"的会是奥地利、但泽和梅梅尔。

丘吉尔在欢迎鲍德温的空中军事承诺的同时也警告说，政府裁减空军的想法如果拖延了对英国防御措施的评估，真的会"非常危险"。3 月 21 日，丘吉尔在下院主张设立国防部，由一个单一部门协调陆军、海军和空军的进攻和策划需求。内阁拒绝了他的提议，他们在私下评论说不可能找到能承担这个责任的"超人"。

现在政府以嘲笑丘吉尔为乐。印度问题争论升级提供了更多让他们嘲笑的材料。丘吉尔指责印度事务部在一年前不恰当地施压，篡改递交给联合特别委员会的证据。政府称他的指责荒谬至极，足以证明他精神失常。丘吉尔的指责实际上是有根据的；身为印度事务大臣的霍尔应该公正地审查证据，不偏向任何利益团体，但是在德比勋爵的干预下，他设法说服曼彻斯特商会撤回了它的证据，因为提案影响了兰开夏的棉花贸易，这份证据对印度法案中某些经济方面的问题进行了批评，随后，商会换上了一份无伤大雅的证据提交了上去。

丘吉尔得到的详细信息和文件足以证明证据是被篡改过的。不过他的质疑产生了反效果；这个指控看起来太不可能了，印度事务部的做法过于明目昭彰，因此丘吉尔的指控被谴责为纯粹的惹是生非。不过当 4 月 16 日丘吉尔在下院提出这个问题时，他的指控有确凿的细节，政府不得不成立委员会核查这些指控。然而甚至连丘吉尔都不知道的是，一份关键性证据在霍尔的建议下被故意撤出委员会，这份没有提供给丘吉尔的证据足以确定丘吉尔的指控；这份证据是印度事务部霍尔手下的一名高级官员的一份申请，该申请提出应该修改曼彻斯特商会提供的证据。

政府为了确保让他们得到有利的反响做的一番幕后活动之后，委员会在 6 月 9 日发表报告。报告得出结论，联合特别委员会不是"普通意义上"的司法机构，既然如此，适用于法庭的"管理司法"的普通规则也就不适用于对委员会的审议。因此指控其成员不恰当地施压也就没有法律基础。这份报告还说，不论如何，"所谓压力不过是建议或劝说之辞"。

这些诡辩和借口让丘吉尔感到沮丧。他相信他秉持的是议会民主制的基本原则，政府必须诚实地根据对信息的评判行事，不论事实多令人为难或让人惊恐，也要根据这些事实得出正确的结论，而不是歪曲事实，使其与政策相符。

6 月底，丘吉尔的堂兄桑尼因癌症去世，桑尼从小就和丘吉尔是朋友。而伯肯黑德勋爵，F. E. 史密斯，在 4 年前去世。丘吉尔为他们的去世深感悲痛。当他第一次说到自己老时，他的朋友拉姆顿夫人写信批评他说："请不要把你自己说得像个年纪很大的老人。你这么做让我们所有人都很失望。对我而言，你仍然是一个很有前途的小伙子。"

6 月 30 日，希特勒下令谋杀他在纳粹党内的竞争对手，并下令杀害前总理施莱谢尔和几位著名的天主教徒。8 月 2 日，87 岁的总统兴登堡去世。第二天，希特勒将总统和总理的职务合二为一。同一天，德国武装军队宣誓"无条件服从"他们的新任总司令希特勒。

整个夏天，丘吉尔都在谈论空中防御。7 月 16 日，在给内阁的一封短信中，莫里斯·汉基指出，1933 年的参谋长年度审查报告显示出"我们国防队伍中有相当大的不足"，主要是由于政府从 1929 年开始实施的与"裁军问题"相关的政策。第二天，在给鲍德温的一封私人信件中，伦敦德里警告说，脆弱的空军既无法阻挡入侵，也不足以进行防御。

7 月 18 日，内阁批准了一项计划，根据该计划，到 1939 年 3 月，英国将拥有 1465 架一线飞机。有人认为这还不够；为了 7 月 30 日的空军政策辩论，德斯蒙德·莫顿给丘吉尔发了一封短信，描述了英国、德国和其他主要大国的空军相对实力以及空军部自己对德国空军制造能力的估计。7 月 30 日，丘吉尔对下院说："目前我们在全世界是第五或第六空军大国。"以当前的建设速度，相对而言，英国"在 1939 年将比现在更糟——这个相对性是很重要的"。

丘吉尔继续说，甚至现在政府提出的"极其微小、犹豫不决、迟疑不定、拖拖拉拉"增加空军力量的提议，"也会遭到社会党和自由党的联合谴责"。他希望列举在他看来无可否认的"一些普遍事实"，应该立刻让英国空军力量得到大规模、决定性的增长，以转变这些事实。"我首先要说，德国已经违反条约，建设了一支军用空军队伍，现在这支队伍已经拥有我们当前国防空军将近三分之二的实力。这是我提出的第一个供政府考虑的问题。第二个问题是德国正在迅速扩建空军队伍，不只是靠预算中的大笔资金，还靠公众捐助——往往是几乎强迫的捐助——这件事正在进行当中，而且在德国全国已经进行了一段时间。"

丘吉尔继续说："就算实施政府当前的建议，到 1935 年年底，德国空军仍将拥有和我国国防空军几乎同等的数量和效率——毕竟没人能低估德国人的效率，低估他们是极度错误的。第三个问题是如果德国继续这种扩张，如果我们继续实施我们的计划，那么 1936 年的某个时候，德国一定会在空中力量上大幅超越大不列颠。第四点，这也是非常让人担心的一点，一旦他们领先，我们可能再也无法超越他们了。"

还有其他一些事实，丘吉尔认为也很重要。德国民用航空的规模是英国的 3 倍，同时，其设计方式很容易让其转为军用，整个转用计划"已经在细致认真的预先计划下准备和组织好了"。民航飞行员和业余飞行员也是如此；德国有 500 名有资质的滑翔机飞行员，而英国只有 50 名。这些飞行员有"飞行感觉"，经过训练很快就能参与军用飞行。丘吉尔警告说，空中力量的薄弱"对外国局势有很大的直接影响"。只有英国足够强大，英国空军才能与法国空军联手形成阻止德国侵略的"威慑力量"。

辩论进行时，几个发言人对丘吉尔和他的观点冷嘲热讽。丘吉尔没有被嘲笑讽刺击倒。8 月 6 日，他对一个朋友说，他打算在 11 月提起一项修正案，发起一场关于空防的辩论。他会继续搜集事实材料，在辩论期间设法强迫政府采取更强有力的措施。

与丘吉尔一样对德国人的意图深感忧虑的外交部官员奥姆·萨金特帮助丘吉尔拟定了一篇演讲，11 月 6 日，丘吉尔在广播上发表了这篇关于德国的演讲。他说，纳粹正"通过恐吓和折磨德国的平民大众寻求各种族人民的屈服"。然而此时此刻仍然响彻着尖利的裁军呼声。但是，和平必须建立在军事优势基础上。"数量带来安全。如果双方都是 5 或 6，会有可怕的实力较量。不过如果一方是 8 到 10 而另一方是 1 或 2，如果一方的全部武装力量是另一方的 3~4 倍，就不会爆发战争了。"

英国无法让自己"脱离"欧洲。"我担心，如果认真地观察大不列颠面临的情况，你们会发现唯一可能的选择就是我们的祖先曾经不得不面对的严酷选择，也就是说，或者屈服，或者做好准备。或者屈服于较强国家的意志，或者准备好保卫我们的权利、自由和生命。如果屈服，我们的屈服应该适时。如果做准备，我们的准备不应太晚。"

· 第二十四章 ·
说真话的时刻

1934 年整个秋天，丘吉尔一直在准备一份呈给议会的申请书，要求加速空军扩军。辩论 3 天前，11 月 25 日，德斯蒙德·莫顿交给丘吉尔一份对德国空军计划的 3 页纸的分析，莫顿为政府的情报部门服务，所以这份分析里的情报和政府了解的情报一样多。丘吉尔把自己的辩论大纲发给鲍德温看，在辩论中，丘吉尔打算提出一份修正案，批评政府的空军扩军计划。丘吉尔在 11 月 24 日给劳埃德·乔治写信说，似乎他的修正案"在政府圈子里造成了很大的不安。我认为大纲中列出的事实无可否认，内阁已经认识到他们在这个非常重要的问题上存在不足这个事实"。

大臣们确实心神不安；11 月 25 日，霍尔对内阁说，"最重要的是要向全世界证明内阁拥有和丘吉尔先生同样多甚至更多的情报"。在霍尔的建议下，大家一致同意鲍德温应该谴责丘吉尔夸大其词。不过在 1 月 26 日的另一次内阁会议上，空军参谋部主张，为了赶上德国的扩军计划，新的英国空军计划应该加速，这样当前英国空军计划中涉及的所有飞机都将在 1936 年年底而不是 1939 年年底前制造完成。

丘吉尔在 11 月 28 日的演讲标志着他敦促政府实施更加积极的空防政策的运动达到高潮。他一开始说："要求为防御做准备并不是表明战争将至。相反，如果战争将至，再为防御准备就太晚了。战争虽不会马上降临，但也不可避免，除非英国立刻采取措施确保自己的安全，否则"很快我们的能力就做不到这一点了"。德国违反凡尔赛条约，正在建造威力强大、装备精良的军队，其工厂在越来越多地生产战争物资，"不过这件事在公开场合鲜少提及"。德国空军扩充军备造成了最大的威胁。

丘吉尔说，他并不想夸大其词，也不想接受危言耸听者"不分青红皂白的主张"。但是，他认为在伦敦遭受一周到 10 天的密集轰炸之后，"将有三四万人丧生或致残"，如果使用燃烧弹，情况甚至会更糟。1943 年英国轰炸汉堡的时候，超过 42000 名德国平民丧生，数万人受伤，大部分伤亡是在一次空袭中造成，这次空袭长达 43 分钟，造成了 8 小时的大火。

丘吉尔警告说不单单伦敦面临飞机轰炸的危险，如果爆发战争，伯明翰、设菲尔德和"重要的制造业城镇"也会成为轰炸的目标。所有的码头和油库都会有风险。因此，设计出让轰炸袭击的效果"减轻和最小化"的措施是十分必要的。"空中威胁是无法逃脱的。我们必须原地面对威胁。我们无法撤退。我们无法移走伦敦。我们无法移走仰赖泰晤士湾生活的大批人群。"

防御问题还有另外一面是不容忽视的。丘吉尔说，"唯一的大规模直接防御措施"是拥有"可以同时对敌人"造成同等打击的力量。因为如此，他认为有必要将空军扩军的开支翻番，甚至增加到三倍。一个国家对天空的控制完全超过另一个国家，将让较弱的国家"被彻底压制"，没有"复原的机会"。

德国非法建设的空军队伍在实力上"正飞速接近我们"；丘吉尔指出这是众所周知的事实，"不过在众所周知之外也有些事情不为人知。我们从各方面听说德国的空军建设已经远远超出我今天所说的规模。对所有这一切，我要说'当心'！德国是一个很会在军事上创造意外的国家"。丘吉尔随后说到了生产力这个关键性因素。他说，说到 10000 架飞机，听起来有些不可思议，"不过，不论怎样，进行规模生产的资源非常重要，我记得在上次大战接近尾声的时候，我在军需部管理的机构实际上在以年产量 24000 架的速度制造飞机，并且为 1919 年制订了一个规模大得多的计划。当然，任何时候都不可能有这么多的飞机飞上天，十分之一都不会，不过这个数字告诉我们，如果事先进行长期准备，实施大型生产计划，生产规模可以很快提高"。

丘吉尔指出，尽管政府在 7 月宣布到 1939 年空军将新增 42 个中队，可是到 1939 年 3 月，只有 50 架新飞机可供使用。尽管从 7 月开始就有具体情报显示德国空军的力量飞速增长，但是英国的空军计划还是没有加快速度。如果这种"拖拖拉拉"再持续哪怕几个月的时间，英国就将永远失去"赶上德国空军建设"的能力。

随后鲍德温用内阁同意他使用的话回答丘吉尔："我无法预见两年以后的事情。我这位正直可敬的朋友说到 1937 年可能出现的情况。我所能进行的调查让我相信他的数字相当夸大其词。"

丘吉尔接受鲍德温的承诺，撤回了修正案。随后，工党提出了一项修正案，批评当前扩充军备的计划过于庞大，这引发了下院的分组表决；该修正案以 276 票对 35 票被否决。

2 月 25 日，印度法案仍然在接受委员会的审查，印度亲王在孟买开会通过了一项决议，对联盟计划表示强烈不满。这引起了白厅的一片喧哗，政府之前一直依赖亲王们的合作让法案顺利通过。2 月 26 日，在亲王们决议的鼓励下，丘吉尔称法案继续下去已经没有价值了；不过霍尔坚持主张亲王们必须接受原本的计划。这个问题最终靠投票解决，丘吉尔的动议以 283 票对 89 票遭到否决。这是丘吉尔和印度保卫联盟在下院能够召集到的最大数量的反对票。

当印度法案最终通过时，G. D. 伯拉到查特韦尔庄园拜访丘吉尔。伯拉是甘地的好朋友，他给圣雄写信谈到丘吉尔关心的问题和他展现出来的友善。丘吉尔的口信是："告诉甘地先生，请用赋予他的权力取得成功。"丘吉尔"一直认为有 55 个印度"，至少在未来很长一段时间里，只有英国能维持它们之间的平衡。他和以往一样气量很大地说："不过你现在已经有权力了；请取得成功，如果你成功，我支持你获取更多权力。"

3 月 4 日，政府发表了新的国防白皮书，在白皮书中，政府承认海陆空三军的国防力量存在"严重不足"。国防开支将提高 1000 万英镑。4 天后，丘吉尔在给克莱门蒂娜的信里写道，政府"拖拖拉拉，畏畏缩缩、磨磨蹭蹭，终于意识到正在迅速增长的德国威胁"。他还说："德国的局势越来越明朗。由于政府说他们增加 1000 万军备开支是因为德国扩充军备，希特勒勃然大怒，拒绝接见打算到柏林拜见他的西蒙。希特勒声称得了感冒，可这显然是托词。这种把英国外交大臣从柏林门口赶走的行为足以证明希特勒拥有实力强大的德国空军和陆军。"

丘吉尔接着说："由于他们严格的反间谍措施（你看，他们上周用像中世纪那样令人毛骨悚然的方式砍掉了两个女人的头），我们很难确切地知道他们所做的准备，不过危险正迅速堆积，这是确信无疑的。所有感到恐惧的国家终于开始匆忙聚集起来。我们要派安东尼·艾登到莫斯科，我不能不同意。苏联人跟法国人和我们一样希望不被打扰，想要不被打扰、在和平环境中生活的国家为了相互安全联合到一起。数量能带来安全。只有数量能带来安全。如果大战再次降临——就是说这意味着在两三年后发生，甚至更早发生——世界末日将会降临。我希望，我祈祷，我们可以免除这种无谓的恐惧。"

3 月 16 日，希特勒宣布重新在全德国实施义务兵役制。这个决定会让 30 万人的军队人数轻易翻番，甚至增至三倍。事实确实如此，希特勒宣布他已经拥有 50 万人的武装部队。3 月 19 日，在下院对空军问题进行辩论的时候，菲利普·萨松宣布，未来 4 年再增加 40 多支空军中队。他说："我们数量上的不足很严重，不能允许这种情况继续下去了。"

丘吉尔担心已经错过了靠采取相对轻松的措施就能让英国确保空中优势的时机。他说，英国已经"在飞机数量和飞机质量上丧失了空中均势"。他继续说："现在所有人都看到我们进入了一个危险的时期。尽管发展了空中力量，我们还从所有国家中最强大的一个变成了最脆弱的一个，甚至现在，我们也仍然没有采取能够切实满足我们需求的措施。"

约翰·西蒙终于在柏林受到希特勒的接见，3 月 25 日，希特勒告诉约翰·西蒙和安东尼·艾登，就空军而言，德国"已经取得了与英国对等的均势"。

丘吉尔从意料之外的地方得到了帮助。4 月 7 日，外交部的拉尔夫·维格拉姆来到查特韦尔庄园，他带来的消息显示德国的飞机制造厂"事实上已经进入了战时紧急状态编制"。一周后，维格拉姆给丘吉尔发去了最新的政府保密数据，数据显示德国的一线飞机力量最少已经达到 800 架，而英国只有 453 架。维格拉姆在初次看到这些数字的时候写下了一份内部备忘录："这些对负责国内防御的人来说是严峻、可怕的事实。"

5 月 2 日，法国和苏联签署合作协定。看来丘吉尔对"想要不被打扰的国家"结成同盟的预见将要成为现实。"我们绝对不能绝望，"这天他对下院说，"我们绝对不能屈服，不过我们必须面对现实，在现实基础上得出正确的结论。"第二天，《每日快报》为过去"忽视"丘吉尔关于德国空军力量的警告而向他表示道歉；1857939 名读者看到了这份道歉。5 月 22 日，在下院关于国防问题的辩论上，鲍德温承认他在上一年 1 月对德国未来空军实力的估计是"完全错误"的。

丘吉尔之前关于德国空军建设的速度和规模的说法被证实了。他立刻像1917年一样提议召开下院秘密会议，就德国的空军力量和英国的空军政策进行自由讨论，不过鲍德温拒绝了。"演讲成功，"丘吉尔在辩论后给伦道夫发电报说，"不过政府和往常一样逃跑了。"9 天后的 5 月 31 日，他提醒下院注意捷克斯洛伐克苏台德山区的德语居民中间产生了类似纳粹的倾向。他警告说，由于德国实力不断增长，奥地利、匈牙利、保加利亚甚至南斯拉夫已经开始仰视德国。辩论结束后，莫顿给丘吉尔写信说："看起来你一个人就能唤醒整个下院。"

6 月 5 日，拉姆齐·麦克唐纳主持了他的最后一次内阁会议；他疾病缠身，无法继续任职。鲍德温接替他担任首相，霍尔担任外交大臣，内维尔·张伯伦继续担任财政大臣。

当发现鲍德温的新政府里没有丘吉尔的位置时，丘吉尔的朋友和支持者非常失望。"我一直希望你能担任国防大臣，"他从前的飞行指导老师斯宾塞·格雷说，"我本来真的以为他们会任命一位国防大臣，而别人都不具备担任此职必需的经验。"

鲍德温邀请丘吉尔和林德曼一样加入空防研究附属委员会。丘吉尔接受了。他在 7 月 25 日首次参与委员会会议。他在会上得知，用无线电定位装置定位敌人飞机的一系列实验在前一天取得了成功，后来这项技术被称为雷达。

每过一个月，战争的危险似乎都增加一成。8 月，墨索里尼威胁要入侵阿比西尼亚。在一次私人谈话中，霍尔发现丘吉尔对意大利的举动"深感愤怒"，他要求立刻派军队支援地中海的英国舰队。丘吉尔称，应采取包括经济制裁在内的综合行动抵制意大利，应该呼吁国际联盟采取行动，应该让海军准备好采取任何可能必要的措施。"舰队在哪儿？"他问霍尔，"他们情况正常吗？数量够多吗？

能迅速完全集结吗？安全吗？有正式提醒他们要采取防范措施吗？"

9月底返回查特韦尔庄园后，丘吉尔开始和第一海务大臣海军上将查特菲尔德通信，他希望在地中海展示英国海军的实力能够吓退墨索里尼。在伦敦，他向保守党企业家发表演说，表示需要警告意大利，防止他们入侵阿比西尼亚。他还提到了德国军备的增加，英国没能采取措施赶上德国的扩军步伐。他说："应该有少数下院议员在充分独立的立场上，让大臣和选民看到令人不快的事实。我们不希望我们在这座岛屿上保有的长久以来的自由和高雅包容的文明悬系在一条腐烂的绳子上。"

10月4日，墨索里尼对阿比西尼亚发动进攻。这天，在博内茅斯的保守党大会上，丘吉尔提出一项修正案，敦促政府组织英国工业"快速转为国防用途""再次努力"达到和德国的空中均势。他的修正案得到一致通过。在下院，他继续呼吁增加军备，发展能够增产的机床行业。他说，与德国的威胁相比，意大利进攻阿比西尼亚是"很小的一件事"。没有比德国扩张军备更让人担心的事了。"我们不能看着纳粹政权以当前所有的残忍和褊狭、以所有的憎恨和锃亮的武器在欧洲称霸。"

10月25日，议会解散，大选定在11月14日。很多人认为选举过后鲍德温会让丘吉尔进入内阁。英国驻柏林海军武官杰拉尔德·缪尔黑德·古尔德传来消息："德国人害怕，但我希望，您能成为海军大臣——或者国防大臣！请不要把我落下。"10月31日，英国驻柏林大使埃里克·菲普斯爵士汇报说，希特勒本人曾对丘吉尔可能成为"英国海军大臣"这件事表示过关心。

10月31日，竞选活动正在聚集能量，鲍德温声明："我保证不会有大规模军备。"丘吉尔则相反，敦促更大规模地扩充军备，他在1月12日的《每日邮报》上撰文写道："我认为人们完全没有意识到世界被颠覆的威胁有多近，多严重。"他在外交部的朋友拉尔夫·维格拉姆刚刚给他送来英国驻柏林大使发来的秘密函件，预测希特勒未来会有更多的领土要求，内阁也看到了这些函件。

保守党在大选中获得压倒性胜利，得到432个席位，工党得到151个席位，自由党仅得到21个席位。伦道夫落选。丘吉尔以更大的票数优势保住了自己的席位。

丘吉尔希望结束他和鲍德温之间的决裂，他提出在竞选中帮忙的要求被接受则是二人政治和解的信号。他在查特韦尔庄园等了6天，等待首相打电话过来。他没等到电话；当内阁大臣的初选名单公布时，丘吉尔的名字不在其中。"这对我来说是一个重大打击，从某种角度来说，是一种侮辱，"他后来写道，"媒体大加嘲讽。我渴望上位，我不会假装自己不沮丧难过。"在给戴维森的信里，鲍德温写道："我认为我们不应该在当前这个阶段给他职务。他做任何事都会全身心投入。如果爆发战争——没人能说不会有战争——我们必须让他保持旺盛的精力，让他成为我们的战时首相。"

丘吉尔遭受打击挫败，决定度个长假，先到马略卡岛再到摩洛哥，度假期间边写书边作画。12月10日，他和克莱门蒂娜乘飞机离开伦敦前往巴黎。丘吉尔61岁了。从他上一次担任内阁大臣到现在已经有5年半的时间。

丘吉尔和克莱门蒂娜从巴黎乘火车前往巴塞罗那。林德曼在巴塞罗那加入他们的行列，他们乘船前往马略卡岛。他们还在路上的时候，巴黎发生了一件震惊四野的外交事件：塞缪尔·霍尔与法国外交部部长皮埃尔·拉瓦勒达成了一份临时协定，协定规定允许墨索里尼保留在阿比西尼亚占领的土地，其面积几乎相当于阿比西尼亚领土的20%，条件是停止战争。一时间国际联盟遭到藐视，集体安全被抛弃了，制裁被践踏了。英国民众义愤难当，12月18日，在10天的强烈抗议后，英国内阁谴责"霍尔-拉瓦勒协定"。霍尔辞职，由艾登接任外交大臣。

丘吉尔仍然希望能有机会进入内阁。伦道夫最终决定在苏格兰参与罗斯和克罗马蒂的补缺选举，与拉姆齐·麦克唐纳的儿子马尔科姆竞争这个席位，丘吉尔很生气，马尔科姆当时已经进入鲍德温内阁中担任自治领大臣。伦道夫决定完全以自己的提案参选，不过丘吉尔很担心，他对克莱门蒂娜说，鲍德温可能会把这次竞争看成"我提出的明确的战争宣言"。他还说："我看过马尔巴罗公爵在1708年所写的话——'我认为很多事情都是上天注定的，如果一个人已经尽了最大努力，唯一要做的事情就是耐心地等待结果。'"这场补缺选举在2月10日举行。马尔科姆·麦克唐纳当选，伦道夫在工党候选人之后，排名第三。

政府对丘吉尔掌握的英德空军力量的情报以及他预测的准确性感到不安。1月30日，汉基写信问他是否准备秘密透露他的情报从何而来，丘吉尔回信说这些数字都是他自己的判断。他还说："我希望你不要忽视我的最低估计，尽管它们仅仅是我自己的判断，没有其他依据。"丘吉尔不知道的是，新任空军大臣斯温顿和他一样担心皇家空军会落后于德国，斯温顿在2月10日向内阁指出当前空军计划的不足，两周后，他提出一个新计划，按照该计划，到1939年英国将有1750架一线飞机。内阁接受了这个计划。

2月10日，丘吉尔从莫顿那里收到关于德国武器制造的详细情报，这些情报是莫顿自己的情报部门收集编写的。显然，德国决定维持非常高速的武器生产。但是丘吉尔不知道的是，4天前，内阁否决了设立影子军工业的提议，理由是任何对正常贸易的干预都会"对我国的繁荣产生有害影响"会"招致议会的批评"。但是议会和报纸在2月对任命国防大臣的呼声越来越高。2月14日，一份以此为目的的动议提交给了下院。

2月23日，霍尔去见鲍德温。见面后他对内维尔·张伯伦解释说鲍德温不打算让丘吉尔担任国防大臣。2月29日，随着人们的议论越来越热烈，《骑兵队》杂志报道说，甚至"在印度问题上与温斯顿敌对的左翼保守党人都认为，如果必须任命一位国防大臣，那么这个人一定是丘吉尔"。

3月3日，在国防大臣的人选选定之前，英国政府发布了国防白皮书，准备扩充海陆空三军。空军部估计德国的飞机产量将在1937年4月达到1500架，稍后会达到2000架，在评论这个估计结果时，斯温顿在3月4日写道："德国的飞机产能相当巨大。"

英国的外交政策已经受到英国军力不足的负面影响。3月12日，在下院外交事务委员会会议上，丘吉尔提出在国际联盟领导下实施协同计划，帮助法国对抗德国在莱茵兰地区的行动。霍尔做出回应，他说，可能加入这个计划的国家"完全没有军事方面的准备"。第二天，丘吉尔在《旗帜晚报》上说，解决单个国家力量薄弱这个问题的唯一办法是重新在欧洲建立"法治"。只有这么做，才有可能阻止战争爆发。只有一个办法维护和平，这就是"集合压倒性力量，不论是道德上的还是物质上的，支持国际法"。

3月14日，政府最终宣布设立新的内阁职务——国防协调大臣。当选这个职务的人是托马斯·英斯基普爵士，林德曼称这个任命是"自罗马皇帝卡利古拉把自己的马任命为执政官以来最讽刺的事了"。

在莱茵兰地区恢复军事化后，希特勒提出和谈，解决英德之间的分歧。3月17日，内阁就未来的英德关系展开辩论。根据内阁备忘录记载："我们自己的态度被利用希特勒先生的提议获取永久性和解的想法主宰了。"而认为不可能和纳粹德国达成这样的"永久性和解"的人以丘吉尔马首是瞻。

奥地利会是希特勒进军的下一个目标吗？英国会带头组织受德国威胁的国家建立"有效联盟"吗？为了帮助促成这个联盟，在罗伯特·范西塔特爵士的同意下，丘吉尔邀请苏联大使伊万·迈斯基在4月初和他共进午餐。

4月6日，下院辩论是否继续对意大利的经济制裁。丘吉尔发言批评制裁措施：制裁没能拯救阿比西尼亚；制裁招致意大利的敌意，这样在未来若干年里，英国必须在整个地中海地区投入更多的军力；制裁造成了高昂的海军开支。

丘吉尔警告说，一旦德国实力强大到足以对抗法国，波兰、捷克斯洛伐克、南斯拉夫、罗马尼亚、奥地利和波罗的海诸国的立场就会有"很大的转变"。其中几个国家会认为不得不听命于德国体系，其他国家则会遭到武力兼并。他问："届时我们会在哪儿呢？"随后他接着提出警告，英国不能"代表"欧洲和德国谈判。"我们既没有坚定的信念也没有足够的国防措施扮演这个支配角色。"

4月19日，汉基到查特韦尔庄园吃午餐，丘吉尔强调需要一个供应部或军需部。丘吉尔还向汉基简述了一个计划，派部分英国舰队进入波罗的海，以一个苏联港口为基地，确保英国海军在该地区相对于德国的优势，汉基认为这个计划是"异想天开"。

两天后，丘吉尔收到外交部情报局局长雷金纳德·利珀的官方密函，问他是否愿意公开演讲，对抗德国人的宣传，阐述保护民主主义价值的紧迫性。一名公职人员提出这样一个与政府和德国修好政策相反的要求是不同寻常的。丘吉尔邀请利珀到查特韦尔庄园，利珀解释说，范西塔特坚持认为，在认为必须靠集体安全、重组军备、及时准备和坦白直言保卫民主的各个团体之中，丘吉尔应该扮演意见核心的角色。

丘吉尔同意为新成立的反纳粹委员会发言，该委员会得到了几名著名工党成员和工运成员的支持，他们不愿接受工党反对扩充军备的政策。丘吉尔还敦促政府在所有扩充军需生产的计划中将工会纳入信任范围内。

很多现役军官有和丘吉尔一样的紧迫感。前海军部海军航空师师长梅特兰·布歇上校给丘吉尔寄了一份关于舰队航空部队运行及其问题的 70 页的笔记。布歇强调机场缺乏训练设备，海军和空军纪律制度互相冲突引起混乱，空军部没能向舰队航空部队提供足够的飞机，飞机性能差，海军部和空军部的联控机制"缓慢到了危险的程度"等问题。"在这些问题上我不会摆出专家的姿态，" 5 月 14 日丘吉尔对下院说，"不过我会以习惯于评价专家意见的人的姿态出现。"

5 月 19 日，丘吉尔在反纳粹委员会举办的第一次午餐会上发表演说。出席宴会的人当中包括工党全国执行委员会主席休·道尔顿。丘吉尔提议，他们应该"在某个机会表明，来自各阶层、各类型和环境、各年龄层的人，从谦卑的工人到最好斗的上校，都拥有抵御危险和侵略暴行的共识"。阿斯奎斯的女儿维奥莱特问他的具体建议是什么，丘吉尔回答说："我会集合包括苏联在内的所有支持受侵略的国家，从波罗的海一直到比利时沿岸。我会向德国的每个邻国施加各国联合起来的压力，让他们赞成这个计划并保证有足够多的军队达成这个目标。"这样就能确保"防止入侵的绝对威慑力"。丘吉尔的这些主张是为了避免和预防战争；5 月 21 日，他对下院说，认为他"好战"是"错误的指控"。

这年夏天，丘吉尔大部分时间在查特韦尔庄园写作，他完成了《马尔巴罗传》的第三卷。年轻的牛津大学老师比尔·迪金同意帮他整理数量庞大的历史资料。"我从没见他疲倦过，"迪金后来回忆说，"他绝对有条理，几乎像钟一样。他知道如何保存体力，如何消耗体力。他的常规日程绝对专制。他每天都给自己制订一个必须坚守的时间表，如果时间表被打破，他会非常气愤不安。"

丘吉尔的工作日从早上 8 点开始，在床上阅读传记最新一卷的校样。随后中断，口述他的信件。接着，他会让迪金查看各种史实和详细资料，或者把修改过的段落和章节读给他听，一直继续到午餐时间。"在午餐的时候，他会等客人落座才下楼来。他从来不到门口去迎接客人。"午餐本身是彻底的休息。"他在午餐席间的对话精彩绝伦,"迪金回忆说,"午餐后,如果人们还在,他让自己完全摆脱政治和写作。如果有客人,他会带客人到花园转转。如果没有客人,他会慢步走回自己的房间。"

下午不会工作。5点,他会在上午口述的信上签名,清理这天收到的其他信件。此时仍然不会写作,不过迪金会给他一份备忘录,是有关写作的某个方面的——一个历史上有争议的问题或者建议用某种方法诠释某个主题或领会史实。大约6点,他可能会和克莱门蒂娜或伦道夫打打牌。7点,他会洗个澡;他喜欢在尽可能热的水里泡澡,然后用刷子大力地刷洗自己。随后他穿好衣服用晚餐,迪金称晚餐是"一天的大事"。他会滔滔不绝地讨论任何一个主题,哈罗的回忆或者西线的往事,要依客人而定。女士们离开后,他会和男性客人们一直坐着聊到半夜。

迪金回忆说,客人们在半夜离开后,"这时他会开始写作",直到凌晨三四点。深夜写作期间,维奥莱特·皮尔曼或者她的副手格雷斯·汉布林(从1932年开始在查特韦尔庄园工作)随时待命,准备为丘吉尔的口述做记录。五六个小时前迪金给丘吉尔的备忘录会被阅读、消化、修改。

6月3日,英斯基普写信征求丘吉尔的意见,问他如何能开展好国防协调工作。丘吉尔立刻回信说明自己的想法,他认为英斯基普的工作可以分为3个部分:"(1)在三军之间协调战略、解决争端;(2)确定各计划下的货物得到了交付;(3)建立起战争工业的框架及其组织。"丘吉尔接着详细说明了如何建立一个"强大的核心组织",如何逐月扩大规模,确保三军的供给需求得以满足。"这是我的经历,"丘吉尔回忆1914年的经历,"人们在和平时期反对所有预防措施,同样还是这些人,在战争爆发两周后,转脸对所有不足之处大发雷霆。我希望你不会有同样的经历。"

英斯基普发现他的工作举步维艰。在6月11日的内阁委员会会议上,他提出支持实施紧急权力,让他能够将各类工厂转用于战备生产。他得到了空军大臣斯温顿勋爵的支持。不过塞缪尔·霍尔和内维尔·张伯伦都反对实施紧急权力。霍尔此时已经以海军大臣的身份重回内阁。张伯伦说:"德国人的下一步举动不一定是将我们引入战争。""只有不能忍受的情况出现时",才有理由干扰经济。

不愿干扰经济的想法影响了政府的思维;6月12日,雷达的发明人罗伯特·沃森·瓦特直接请求丘吉尔的帮助,他说在他的工作上"空军部不愿意采取紧急措施",不允许他进行测试,他希望丘吉尔能改变空军部的想法。

7月,在肯特的伯钦顿演讲时,丘吉尔引用了英斯基普的话,英国已经"到了规划阶段"。随后丘吉尔指出德国已经"在3年前完成了规划阶段,长时间以来，其全部工业都被用于战备生产，而且规模空前"。他的责任是"坚持不屈不挠地向政府施压，让政府面对现实局面，采取符合我们需求的措施"。丘吉尔还充分利用每半个月在《旗帜晚报》上发表的文章进行呼吁，这份报纸单在伦敦的发行量就超过 300 万份。6 月 20 日，他在下院提出警告：诸多渠道被用来利用保守党领导集团的影响力散播一个让人放松警惕的消息，即无须紧张，"已经做了很多工作"，"没人能做更多的事了"。

丘吉尔相信还有更多应该做的事；希特勒巩固了在德国的权力，增加了武器和飞机生产，不断向奥地利和捷克斯洛伐克施压，这意味着"我们扩充军备的热情和气氛应该更上一层楼"，即使这可能意味着要把"诸多日常生活的舒适和安宁"放在一边。

丘吉尔再次要求召集下院秘密会议，不过遭到拒绝。取而代之的是，鲍德温同意接待一个由资深保守党人组成的代表团，其中包括丘吉尔、奥斯丁·张伯伦和埃默里，就国防政策进行密谈。会议在 7 月 28 日举行，鲍德温带上英斯基普参会。"这个想法一直折磨着我，"丘吉尔对他们说，"几个月飞快地过去了。如果我们在恢复国防力量上拖延太久，实力超过我们的强国会让我们无法完成恢复过程。"随后，他开始讲述详细措施。首先，他谈到需要加快和改进飞行员的培训，增加伦敦和其他城市的防御，在雷达的开发上投入比现在更多的力量。

谈到英德空军的相对实力时，丘吉尔强调德国对飞行员"进行战争条件下夜间飞行"的培训和训练，并且表明"任何事都会激发空军飞行员的智慧、胆量、忠诚和坚定意志"。应该进行更多的永久性任命，让更多投考的大学生参与进来。到目前为止，每年只有 50 人获得任命。丘吉尔问，空军在册的所有中队都实力充足吗？"我听说一支中队只有 30 名飞行员，而不是 140 名飞行员。"

丘吉尔还有很多担心的问题，包括飞机生产计划和实际交付之间的差距以及零部件供应的拖延等。

7 月 29 日的第二次国防代表团会议上，丘吉尔谈及诸多战备品，包括弹药、坦克、卡车和装甲车等，他说"我们的工业全面而且多样化"，应该做出大规模的贡献。他还担心机枪、炸弹、毒气、防毒面具、探照灯、迫击炮和手榴弹数量不足。因为海军部也要靠陆军部获得这些战备品，缺少任何一样"都将给海军带来重大损害"。

在结束发言时，丘吉尔说道："我完全不是在要求让我们的国家进入战时状态。不过我认为要推动我们的军需品生产，应该毫不犹豫地挪用全国民用工业25% 或 30% 的力量，强令他们和我们自己在这个时候做出这样的贡献。"

丘吉尔不知道的是，英斯基普自己这天也再次要求内阁施行特殊权力，他对同僚们解释说，建材短缺妨碍了三军的恢复计划；不过他的要求遭到拒绝。在回应代表团发言的时候，鲍德温没有提到英斯基普要求且丘吉尔主张的那种特殊权力，也没有就丘吉尔的具体要求做出回应；他提到如果和平时期的经济转为战时状态，甚至只是部分转变，都会对英国造成负面影响。他说，这个问题他"主要"和财政大臣内维尔·张伯伦讨论过。他们两人都认为干扰和平时期的生产"也许会让我国的民用工业倒退好多年"。

鲍德温接着对"危险本身"提出质疑，特别是英德之间爆发战争的可能性。提到希特勒，鲍德温对代表团说："我们都知道德国想要向东推进，它在自己的书里也说过，如果它向东推进，我不会伤心。我不认为德国想向西推进，因为对它而言，西边是块硬骨头。"

会议结束时，鲍德温把与海军部、陆军部和空军部相关的会议记录交给他们。空军部的回应很直接："大家一致认为英国飞机制造业的潜在产量比不上德国。"空军部备忘录还证实"飞机制造业没有完成交付计划"。陆军部的备忘录同意大部分丘吉尔有关军界和工业界的观点，备忘录称这些观点"完全正确"。关于国防问题，陆军部同意"当前的局势不令人满意"，在另外一点上它评论道："温斯顿·丘吉尔先生已经提出了他的看法，德国为战争做了很多准备，这让它的第一次进攻将能达到1918年的规模；这将阻止战壕战僵局的出现。因此，我们也就不会有喘息的时间，像1915年一样将全国组织起来。尽管没人能说这个预言是否会成真，但是可能出现的危险的严重程度足以让我们认真加以考虑。"

这年8月，丘吉尔参观了法国在法德边境的马其诺防线。

10月15日，在反纳粹委员会的会议上，丘吉尔称赞了工会代表大会的决定，他们打算劝说工党支持"为了不让自由国家被践踏"所需的所有扩充军备的措施。

8天后，在政治活动的间隙，丘吉尔为庆祝《马尔巴罗传》第三卷的出版，送出了亲自题词的70本书。

在10月15日的会议上，反纳粹委员会决定成立"保卫自由与和平"运动组织，其目的是支持"民主政府和国际公法"，反对一切国内对这种自由的暴力攻击以及国外侵略对这种自由的攻击，和其他受威胁的国家联合起来"维护和平，抵御武装侵略"。

这个新成立的组织在艾伯特演奏厅举行了首次公开集会，公开支持国际联盟，打算将所有支持集体安全和扩充军备的组织集合在一个平台上。10月21日，丘吉尔对反纳粹委员会书记A. H. 理查兹说："我不打算建立一个新的反对团体，只是要将所有组织团结起来，激励它们起到有效的作用。"

现在，丘吉尔准备在即将开始的国防辩论上发表演讲。辩论两周前，空军军官、中队长赫伯特·罗利来见丘吉尔，他刚从德国访问回来，带来了有关英国飞机计划不足的详细资料。罗利来访一天后，坦克旅的指挥官珀西·霍巴特旅长又给丘吉尔带来了有关坦克计划缺陷的详细资料。辩论在 11 月 11 日进行，英斯基普首先发言，他称英国现在拥有 960 架可用于国防的飞机，他认为一切防御准备工作进行顺利。

11 月 12 日，丘吉尔提出一项修正案，称英国的防御，尤其是空中防御，不再足以保护英国人民的和平、安全和自由。他警告说，1937 年，"负面因素将大大增加"，只有"加倍努力"才能抵消这些负面因素。但是包括地方自卫队、常规部队和皇家空军在内的很多国防队伍在实力和武器上还存在严重不足。"陆军几乎缺乏新型现代战争所需的各类武器。反坦克炮在哪儿？短距离无线电设备在哪儿？对抗低空飞行的装甲飞机的战地高射炮在哪儿？"丘吉尔还提出，坦克兵团没有配备新装备，政府延迟了 1933—1935 年扩充军备的计划。

丘吉尔指出，政府继续宣称英国将有"变成一个大军火库"的危险。他抗议这种夸张之词，他对下院说："海军大臣在前几天某个晚上的演讲中甚至更加夸张。他说：'我们一直在审视形势。'他对我们说，所有东西都是不断改变的。我肯定这句话是正确的。任何人都能看出形势如何。政府根本无法下定决心，或者说他们无法让首相下定决心。因此他们一直陷入奇怪的矛盾之中：决定不做决定，决心不下决心，坚决犹豫不决，坚定不移地动摇，竭尽全力无所作为。我们就这样准备着，月复一月，年复一年——这些对英国的伟大也许至关重要的宝贵光阴都让蝗虫吃掉了。他们会对我说：'没必要有供应部，因为一切都进行顺利。'我不这么认为。'形势让人满意。'这不是真的。"

《泰晤士报》长久以来一直批评丘吉尔的所作所为，这一次也称他的演讲"精彩绝伦"。他的演讲让很多下院议员越来越不安，内阁没有如应该的那样把握形势。

鲍德温意识到下院议员中越来越多人支持丘吉尔要求更加警惕的呼吁，他同意接待第二批国防代表团。会议召开 5 天前，安德森给丘吉尔提供了空军部德国情报小组编写的关于德国空军军备生产的最新情报摘要。这份资料是情报部门通过德国的情报员获得的，资料表明如果 1937 年或 1938 年有爆发战争的可能，英国将没有足够的空中防御能力抵御持续攻击，没有足够的空军力量进行反击，需要采取"不行动"政策。

在综合实力这个关键问题上，空军部预计 1937 年 6 月英国将必须以 372 枚可用的炸弹对抗德国的 800 枚炸弹，除此之外还有德国的另外 800 枚备用炸弹是否也算得上是一线炸弹的问题。代表团会议召开 3 天前，另一个可以接触到机密文件的人，G. P. 迈尔斯，给丘吉尔写信说，政府从通用飞机公司订购了 89 架霍克怒式战斗机，在合同期内只有 23 架飞机交付。

11 月 23 日，第二批议会代表团拜访鲍德温，讨论英国国防的现状。尽管英斯基普在场，但是三军大臣，霍尔、斯温顿和达夫·库珀，再次到会听取对各自部门的批评，面对面对批评者做出回应。随着讨论不断继续，丘吉尔的很多担心和推断显然都得到了海陆空三军部门的证实。1935 年选举后，将近两年过去了，但是武器生产规模仍然不足以在 1937 年或 1938 年应对德国的威胁。在解释为何仍然没有为保卫伦敦迅速扩大地方自卫队时，英斯基普对代表团说："目前装备确实短缺。"

1936 年 1 月，威尔士亲王继承父亲的王位成为国王。丘吉尔和这位新国王在 25 年前威尔士亲王的授职仪式上就结识了，并且一直是朋友。爱德华八世登上王位的第一年，谣言将他的名字和一名美国女性的名字联系在一起，这个女人叫沃利斯·辛普森，即将和她的第二任丈夫离婚。丘吉尔知道爱德华希望只要辛普森夫人离婚就不顾一切和她结婚；辛普森夫人在 10 月底离了婚。丘吉尔完全不赞成国王的选择，他支持在幕后尽力说服辛普森夫人放弃国王的人。不过 11 月 16 日，国王通知鲍德温，他打算迎娶辛普森夫人。

一场宪政危机爆发了。鲍德温有内阁的支持，他让国王做出选择，或者放弃辛普森夫人，或者退位。国王不顾一切想要结婚，12 月 2 日，他对鲍德温说，他准备选择退位。在鲍德温的准许下，丘吉尔在两天后觐见国王，试图说服他不要轻率地放弃王位。国王让丘吉尔给他更多时间做决定，他希望再给他两周时间"权衡整件事"。丘吉尔把自己和国王的全部对话以及国王"心神极度疲惫"的情况写了下来，发给鲍德温。

丘吉尔不知道的是，国王其实不是真的想要更多时间，他已经决定即使放弃王位也要迎娶辛普森夫人。但是，在跟阿奇博尔德·辛克莱和罗伯特·布思比见过面后，丘吉尔仍然希望国王留任，只要他公开同意由丘吉尔和他的这两位朋友起草的一份声明。声明在 12 月 6 日送到了国王手中，上面说："国王不会不顾大臣们的建议进入任何契约婚姻。"

丘吉尔仍然认为如果给国王时间，他会接受这个方案，12 月 7 日，他到下院请求"在下院收到完整声明前不要采取不可挽回的措施"。让他惊讶的是，人群中立刻爆发出愤怒的讥笑之声。下院四处传来了"算了吧"和"骗子"的呼喊声。丘吉尔仍然坚持，想要解释他的想法，希望给国王多一点时间做出决定。不过讥笑的叫喊声不断，他无法让别人听到自己的声音。走出议会大厅，他愤怒地对鲍德温说："不毁了他，你不会满意的，是不是？"

下院议员认为丘吉尔想要质疑鲍德温，并发起反对他的浪潮。事实并非如此；丘吉尔只是想让国王能放弃辛普森夫人，继续在位。不过丘吉尔决定利用退位危机给政府制造麻烦的印象立刻传开并且造成恶性影响。哈罗德·尼科尔森当晚在日记里写道："他在 5 分钟里毁掉了两年时间里耐心重建的成果。" 12 月 11 日，《旁观者报》称："他彻底错误地判断了这个国家的脾气和下院的脾气，他本来已经开始摆脱无法胜任议会工作的任性天才这个名声，这下这个名声又再次牢牢地扣在了他的肩膀上。"

这是公众一时的观点，政府没有采取任何措施加以阻止。但是在下院蒙羞这天下午，丘吉尔在保守党后座议员会议上就空军的不足之处发表演说，他的演说还是得到了广泛认可。

3 天后，鲍德温对下院说国王已经签署了退位文件，丘吉尔发言强调任何更多的"责难和争论"都会带来危险，他的话得到了尊重。他在最后说："危险已经在我们面前的路上聚集，我们无法回头看，也没权利回头看。我们必须向前看。我们必须服从首相的劝诫，要向前看。"这些话赢得了响亮的喝彩。

在圣诞节当天，丘吉尔给正在西印度群岛度假的劳埃德·乔治写信说："此时这里正经历恐怖时刻，对发生的一切我深感悲痛。我认为退位是完全草率的举动，而且也许没这个必要。但是，绝大多数人站在另一边。你不在其中，真是太幸运了。"

第二十五章
没有丘吉尔的位置

1937 年 1 月 2 日，在查特韦尔庄园过新年的时候，丘吉尔得知他在外交部的朋友和消息来源拉尔夫·维格拉姆去世了，维格拉姆已经病了一段时间了，去世的时候只有 40 岁。丘吉尔立刻给维格拉姆的遗孀阿瓦写信："他是少数几个守卫英国生命的人之一。" 1 月 4 日，丘吉尔从查特韦尔庄园驱车前往阿克菲尔德参加维格拉姆的葬礼。

葬礼之后，丘吉尔在查特韦尔庄园为悼念者举办了一场小型午餐会，罗伯特·范西塔特爵士也在悼念者之列。克莱门蒂娜当时在瑞士度假，她知道维格拉姆的去世让丈夫深感悲痛。"他是你的一个真诚的朋友，" 她在 1 月 5 日写信说，"在他的眼中你可以看到火花，这火花显示出内心闪亮的光芒。"

1937 年年初的几个月，丘吉尔收到更多的消息，证明政府疏于国防方面的准备和规划。他的新消息来源包括从前在商务部时他的国民保险专家威廉·贝弗里奇爵士以及在海军部时负责海军建设、和他共同发明坦克的尤斯塔斯·坦尼森·达因科特爵士。

1 月 27 日，英斯基普在关于空军的辩论中发言，他为当前的空军计划辩护。他说，在 1938 年 7 月之前，承诺的 124 支中队 "尽管无法全部建成"，但至少可以建成 120 支。丘吉尔在英斯基普之后发言，他强调承诺在 3 月 31 日前建成的 124 支中队中，实际上只能准备好 100 支。不过即使在这 100 支里，也有 22 支 "不具备作战条件"。剩下只有 78 支中队，比承诺的 124 支少了 46 支。"因此，" 丘吉尔对下院说，"我说我们没有达到承诺过的对等。我们离达到还很远，离接近也很远。1937 年一整年都不会达到，我怀疑 1938 年是否能达到或接近这个目标。"

2 月 2 日，丘吉尔告诉当时正在西印度群岛的游船上度假的克莱门蒂娜，鲍德温很可能会在 5 月乔治六世加冕典礼之后放弃首相的任职，内维尔·张伯伦 "已经在做首相的工作，毫无疑问会接替他"。

3 月 16 日，奥斯丁·张伯伦去世；他和丘吉尔的友谊可以追溯到世纪之交的时候。希特勒当权以来的 4 年里，他们在德国威胁论的观点上十分相近。3 月 18 日，丘吉尔给张伯伦的遗孀写信致以深切的哀悼。

3 月 22 日，丘吉尔前往法国度假一周前，英斯基普对下院说，从 4 月 1 日起，在联合王国的土地上将建成 103 支空军中队。不过他私下给丘吉尔写信说，其中 10 支中队飞机力量不足，"正在等待更多飞机交付"，而某些新近成立的后备飞行中队也"还没达到编制"。

在给英斯基普的回信中，丘吉尔认同"在快速扩张的时期一定有很多重整工作和薄弱之处"。他还私下秘密发给英斯基普一份有关空军中队缺陷的备忘录。

在给英斯基普发去这份备忘录时，丘吉尔提出了自己的看法，说明如何解决麦克林详细写明的这些缺陷："我想你没有一份列明常规空军中队组成部分的清单——其中包括飞行员、飞机、备用飞机、备用部件、机枪、投弹瞄准器等，以及各种需要在驻地储备的用品。有了这份清单后，在三四个适当人员的陪伴下，突击视察某支空军中队，要非常地意外。在你的人一整天核查清单项目的过程中，你对中队军官进行交叉查问，就会掌握一些靠得住的信息。"

"我不在公开场合详细讨论这些问题的原因是，"丘吉尔对英斯基普说，"海外已经知道我们的弱点了，我担心暴露更多。"在读过丘吉尔给英斯基普的信后，莫顿给丘吉尔写信说："和以往一样，你对国防事务了解之详细，让我叹为观止。"

皇家海军拒绝支援准备向西班牙共和国运送食品的英国船只，工党提出一项动议，谴责皇家海军的这种行为；动议指出英国和法国遵守了不进行干预的约定，德国和意大利却对此置若罔闻。对于工党议员的反对之声，丘吉尔发言支持政府的观点，不干预政策必须继续下去。丘吉尔主张英国继续对西班牙保持中立。

丘吉尔呼吁所有外部势力尽最后的努力，放弃纷争，寻求和解，他对下院说："我们似乎在违反我们的意愿，违反各个种族、各个民族和各个阶级的意愿，坚定地朝着某个恐怖的灾难移动着，靠近着。所有人都希望阻止这个灾难，不过他们都不知道如何阻止。我们和东西方都商议了协定，但它们不会让我们更安全。备战和反备战齐头并进，我们必须找到新的办法。"

4 月，鲍德温宣布，他将在 5 月底辞去首相的职务。温莎公爵邀请丘吉尔在 5 月到法国和他见面，丘吉尔拒绝了，他解释说，他认为在这个时候离开英国是不"明智"的。"政府马上就要彻底改组，尽管我并不是很想担任职务，我还是愿意对国防有所帮助。"在再次等待召唤的同时，丘吉尔找到了一个办法，可以让更多欧洲人知道他的观点。33 岁的匈牙利犹太人埃莫利·雷弗斯在巴黎创办了一个致力于推动国际上理解和民主主义价值观的新闻社。雷弗斯把丘吉尔在《旗帜晚报》上半月发表一次的文章发表在欧洲各地的报纸上，包括华沙、布拉格、贝尔格莱德、布加勒斯特和赫尔辛基等地的报纸，共计 26 个城市。

5 月 26 日，内维尔·张伯伦接替鲍德温担任首相。他决定寻找与德国和解的基础，希望能将欧洲拉离爆发战争的边缘，方法不是靠集体安全和扩充军备，而是靠协商平息德国的怨气。

张伯伦成为首相当天，德比勋爵问丘吉尔是否愿意在保守党会议上支持提名张伯伦为党派领袖的动议。作为保守党资深的枢密院成员，这个任务自然落到丘吉尔身上。在准备演讲稿的时候，丘吉尔看到了新内阁的人员任命名单。达夫·库珀任海军大臣，英斯基普留任国防协调大臣，霍尔执掌内政部，莱斯利·贝利沙成为陆军大臣。没有职位提供给丘吉尔。

这年夏天，丘吉尔的消息来源更广泛了，为他提供了更多有关战备品制造和三军需求之间差距的信息。

在对国防问题全神贯注的同时，丘吉尔继续《马尔巴罗传》的写作。

随着信件和文字工作增多，压力越来越大，丘吉尔在 7 月 6 日指定凯瑟琳·希尔为家庭秘书，与维奥莱特·皮尔曼和格雷斯·汉布林一同工作。希尔后来回忆说，她的老板不在查特韦尔庄园的时候，"这里异常安静。他在的时候这里充满活力"。她还说："他是个失意的人，等待着被召唤去为国效力。"

9 月 17 日，丘吉尔在《旗帜晚报》的一篇文章里呼吁希特勒停止对犹太人、新教徒和天主教徒的迫害。他写道，鉴于纳粹的迫害之举，战前德国的殖民地将不会归还，英国也不会提供财政上的帮助。

丘吉尔的私人信件显示，他认为希特勒不可能软化，局势相当严重。9 月 23 日，他从查特韦尔庄园给林利思戈勋爵写信说，1938 年，"与英国空军和法国陆军相比，德国的相对实力将比现在更强"。丘吉尔在信尾预言道："我认为今年不会发生大规模战争，因为目前法国陆军的实力与德国相当，而且成熟很多。不过明年和后年，被独裁者支配的国家的军备水平会攀升至顶点，其国内的经济困难也会到达顶点。到时我们一定要做好准备。"至于他自己，"我在这里过着完全平静的生活，作画，撰写马尔巴罗的传记，事实上，自从议会休会后，我几乎没有出过花园一步"。

10 月 4 日，丘吉尔在杂志上发表的一些文章集结在一本书中出版，这本书的书名是《当代伟人》。书的时间跨度涵盖了他的整个人生，书中的文章犀利幽默，写到的人物包括罗斯伯里、巴尔福、阿斯奎斯和前德国皇帝。应外交部的要求，丘吉尔对原来刊登在《旗帜晚报》上的有关希特勒的一篇文章做了修改，让语气显得不那么尖锐。不过这并不表明丘吉尔态度有所转变。

10 月 12 日，丘吉尔收到麦克林上校的一封信，信里谈到由德国空军部长米尔契将军率领的德国空军代表团即将来访英国。麦克林给丘吉尔发去了相关的官方文件，上面写明哪些东西将要展示给米尔契将军。海军部决定让德国代表团在现场观看每种现代飞机的样机；每架飞机都没有完整地安装盲飞仪表板或者炮塔，空军部做了安排，首先每种飞机提供一架完整装备的样机，然后训练专门的飞行员进行简单的编队飞行。麦克林写道："这是对装备状况和训练状况直接的实况展示！！！"由于汉基在晚宴上明显表示出感兴趣，丘吉尔把麦克林这封信的复印件发给了他，丘吉尔没有指出麦克林的姓名，把他称为"皇家空军的一位高级参谋"。

10 月 12 日，一份秘密文件显示政府圈内对英国空军备战情况感到恐慌和矛盾。这份文件是丘吉尔所不知道的，这是斯温顿给内阁传阅的一份空军参谋部备忘录。备忘录上称，到 1939 年 12 月，德国将拥有 3240 架一线飞机，而英国总共只有 1736 架。斯温顿还指出，英国的高射炮加探照灯的防御措施在 1941 年以前无法达到规划的规模。然而，根据内阁国防附属委员会的报告，甚至规划的规模也无法提供"足够的保障"。

丘吉尔意识到英国在空军竞赛上已经无法赶上德国，现在他集中精力，要求建立反纳粹主义联合阵线。11 月 2 日，外交大臣安东尼·艾登和曼彻斯特市长、社会党人约瑟夫·图尔作为他的客人，受邀聚集到萨伏伊酒店。"我们有一个小小的'焦点'，"丘吉尔对德比勋爵解释说，"目标是集中各党派的力量，特别是"左翼"党派的力量，支持英国扩充军备，支持两个西方民主国家（法国和英国）联手，支持通过英国的力量维护和平。"德比，这个丘吉尔的老对手，也同意参与进来。

11 月底，哈利法克斯勋爵拜会希特勒，这标志着政府正转向积极的绥靖政策。11 月 24 日，哈利法克斯对内阁汇报说，"他感受到友善和建立友好关系的愿望"，不过他承认这个判断可能是错的。他还说，德国人不打算立刻冒险行事，如果捷克斯洛伐克友好地对待"生活在其境内的日耳曼人"，它不会有什么问题。哈利法克斯总结说，希望德国把目标放在中欧。他还指出希特勒"提议推进裁军"，希特勒也强烈批评了广为流传的灾难即将来临的说法，而且他不认为世界处于危险的状况中。

张伯伦支持哈利法克斯，他对内阁说，关于国际联盟，他"和希特勒先生的看法一样，它目前很大程度上是骗子，这特别归功于它能靠武力推行意见的想法"。

艾恩赛德将军于 12 月 5 日驱车到查特韦尔庄园看丘吉尔，丘吉尔认为实力平衡正在丧失，他向艾恩赛德将军指出，法国陆军在此时无人能敌，在 1938 年和 1939 年将依旧如此，到了 1940 年，"德国每年增加的军队人数将是法国的两倍"。丘吉尔和艾恩赛德一致认为 1940 年"对我们来说是很不利的年份"。

张伯伦的政府现在实行的政策和丘吉尔倡导的政策完全背道而驰。12 月 22 日，英斯基普对内阁说明提高国防开支的内在危险，主张维持英国的信贷和"总体贸易平衡"至关重要。维持英国经济的稳定"完全可以被看作三军以外的第四支国防军,没有了它,纯粹的军事行动将毫无效果"。英斯基普解释说,另一个不增加国防开支的原因是英国"长期以来"外交政策的目标是"改变当前对我们的潜在敌人的设想"。这个政策远非丘吉尔希望的与法国合作,其规划和开支的基础是军队涉足整个大陆的事务,其主要任务是国内和帝国的防御。另外,英斯基普写道:"德国确保比利时领土的不可侵犯性和完整性,似乎没什么恰当的理由让人认为德国不遵守这项协议对它而言有利可图。"

张伯伦支持英斯基普,称他认为没有必要继续维持与德国的空中均势,他对内阁解释说:"没有能永久维持的承诺。"鲍德温的承诺在被忽视了这么长时间以后,被正式但秘密地抛弃了。约翰·西蒙爵士发言反对为"超常储备品生产"投入更多的资金,之后,哈利法克斯顺理成章得出结论,根据他们的讨论,"进一步改善与德国的关系非常重要"。

丘吉尔现在63岁了。1938年1月2日,他离开英国前往玛克辛·艾略特的地平线城堡度假。他在那里口述了《马尔巴罗传》第四卷也是最后一卷的最后几个章节,他工作非常勤奋,几乎没有时间作画。

1月27日,张伯伦在内阁外交政策委员会会议上提议,作为"全面缓和"欧洲紧张局势的第一阶段,非洲殖民地发展历史的"一个全新篇章"开始了,德国"将成为非洲殖民列强中的一员,参与其中"。在张伯伦的计划之下,非洲某些领土将交给德国管理。

张伯伦还希望赢得墨索里尼的友谊。在2月16日的内阁会议上,主张对意大利采取更加强硬态度的艾登失去了张伯伦的支持。2月17日,在后座议员外交事务委员会会议上双方的意见分歧达到顶点,丘吉尔当时也在场并且出言支持艾登。艾登后来写道,丘吉尔劝说委员会"在这个艰难的时候团结在我的背后",他还对他的议员同伴说:"如果我们现在软弱,将来战争的风险无疑会更大。"

张伯伦没有转变寻求意大利人友谊的心意,他决定和墨索里尼展开谈判。艾登在内阁受到孤立,他辞职了。当艾登辞职的消息传来时,丘吉尔正在查特韦尔庄园和空军上校唐交谈。"我必须承认,"他后来写道,"我的心沉了下来,一时间,我被失望的暗潮淹没。"丘吉尔之前曾经担心艾登不能胜任他的工作,现在他成了"一个坚强的年轻人,坚持顶住了犹疑和投降的潮流,顶住了错误举措和软弱无力的潮流,这股潮流由来已久,阴沉拖沓"。这天晚上丘吉尔彻夜难眠:"从午夜到凌晨,我躺在床上,被悲伤和恐惧的情绪吞噬。我看着阳光慢慢投进窗内,在心中看到死神的影像站在我的面前。"

汉基则有不同的感受,他对一个朋友说,这天早上醒来的时候他"有一种奇怪的解脱感"，接着他解释说，张伯伦"决定改善和意大利的关系，如果有可能的话，也会改善和德国的关系"。

2月26日，张伯伦任命哈利法克斯接替艾登担任外交大臣。这时希特勒正在向奥地利进一步施压，想让奥地利成为德意志帝国的一部分。奥地利总理库尔特·冯·舒施尼格对此的回应是发起全民公决，让奥地利人投票表决，对他们的独立是支持还是反对。3月11日下午哈利法克斯给舒施尼格打电话说，英国无法建议他采取任何"可能让自己的国家遭受让英国陛下政府无法保证安全的危险"措施，英国不能"负这个责任"。同一天下午，在意大利宣布不会采取行动帮助奥地利维护其独立之后，舒施尼格辞职。晚上10点，德国军队进入奥地利境内。24小时内，数千名对新纳粹政权不满的人被捕并被送进集中营。数百人被枪毙。数万名自由党人、民主党人、社会党人和犹太人设法逃亡。

3月14日，在对奥地利问题的辩论中，张伯伦承诺重新审核英国的国防计划。丘吉尔对这个承诺表示欢迎，不过警告说，如果拖延太久，可能届时"将无法实现持续抵抗和真正的集体安全"。他继续说："3月11日的事件极为严重。欧洲正面临着一个精心策划、按部就班的侵略计划，该计划逐阶段地展开，对我们以及对其他不幸相关的国家只有一个选择——或者像奥地利一样屈服，或者在还有时间避开危险的时候采取有效措施，如果无法避开危险，就克服它。"

随后，丘吉尔说到捷克斯洛伐克，接下来这个国家很可能受到威胁。他指出，罗马尼亚和南斯拉夫用于防御的军需品全依赖捷克斯洛伐克生产。希特勒吞并了奥地利，致使捷克斯洛伐克在政治上和经济上都遭到孤立。现在它三面被德国包围，交通和贸易都陷入困境。丘吉尔指出虽然捷克斯洛伐克是个小国，它也有权维护自己的独立和权利。

丘吉尔担心张伯伦对加速扩充军备的承诺不足以维持和平。欧洲的小国必须形成一个集合防御体系。丘吉尔主张英国和法国牵头签署一个"共同抵御入侵的神圣条约"，成立"伟大同盟"。他说如果其他所有国家都被投入虎口，那就剩下我们独自面对命运了。

3月18日，在《旗帜晚报》上发表的最后一篇文章中，丘吉尔敦促政府加入近期法国发表的声明，法国声明，如果捷克斯洛伐克遭受侵略，法国将予以支援。不过英国政府的计划很不一样；在当天的内阁外交政策委员会会议上，英斯基普形容捷克斯洛伐克是"中欧的一个不稳定的个体"，他认为英国没有理由"采取任何措施，维持这样一个个体的存在"。

捷克斯洛伐克被要求将边境德语区苏台德山区割让给德国。但是这部分山区构成了捷克斯洛伐克天然的防御屏障，而且是其原材料和工业财富的重要来源。

虽然丘吉尔和张伯伦在政策上有很大分歧，白厅里仍有人认为丘吉尔现在应该被授予内阁大臣的职务。有人认为应该让他担任空军大臣。张伯伦无意让丘吉尔进入内阁。他和哈利法克斯都拒绝丘吉尔提出的建立"伟大联盟"的提议。3月21日，哈利法克斯对内阁外交政策委员会说："我国绝大部分负责任的人民将反对做出任何新的承诺。"这也是张伯伦的结论。不过希特勒现在成了奥地利的主宰，开始接二连三地发起反捷克人的宣传，3月24日，丘吉尔对下院说，他认为，只有"将抵抗侵略者的威慑力量集合起来"，才能维持欧洲的和平。

丘吉尔认为英法进行联合防御能为两国的安全提供保障，他劝告政府："两个国家要合力应对防御问题。这样你就拥有真正的威慑力量对抗侵略，如果威慑力量没有能够起到威慑作用，你就拥有一套高度系统化的办法对付侵略者。如果英法两国的防御目的融合成一个强有力的整体，当前德国的统治者在攻击大英帝国和法兰西共和国之前，会犹豫很长时间。"然后，丘吉尔讲到捷克斯洛伐克。他称，除非抗击德国的压力，否则"捷克斯洛伐克会被迫连续不断地屈服，远不止公正的法庭能够判定正确或公平与否的边境问题，直到最后它的主权、独立和国家完整都将被摧毁"。

第二天，丘吉尔飞往巴黎，他对会晤的所有法国重要政界人物强调英、法两国需要建立联盟，作为中欧以及巴尔干地区的力量中心。"如果法国垮了，"4月14日他在《每日电讯报》发表的第一篇文章里写道，"一切都将垮掉，纳粹统治欧洲看来将不可避免，甚至还有统治世界大部分地区的潜在可能性。"一个月后，丘吉尔在伦敦会见苏台德区的日耳曼人领袖康拉德·亨莱因。亨莱因告诉丘吉尔，他准备接受苏台德区的日耳曼人在捷克斯洛伐克当前的边界范围内实行自治。这样就能维持捷克斯洛伐克的领土完整。

5月，尽管斯温顿不断施压，达夫·库珀不断支持，内阁还是拒绝了空军部加速扩张的计划；斯温顿警告说，这个计划本身已经"低于空军参谋部认定的最低保险界限了"。斯温顿无法说服张伯伦接受最低限度的空军计划，而且还被批评空军部无能的声浪包围，5月16日，他辞职了。

1938年整个夏天，丘吉尔都待在查特韦尔庄园完成《马尔巴罗传》的第四卷。他还写完了《英语民族史》的第一章。

8月下旬，捷克人和苏台德区的日耳曼人之间的谈判仍在继续，张伯伦给丘吉尔写信说："我们从布拉格得到的最新消息相当振奋人心。"丘吉尔没有和张伯伦一样乐观。丘吉尔认为，如果让他们自己解决，亨莱因和捷克总统爱德华·贝奈斯能够在不将领土移交给德国的情况下解决分歧。朗西曼勋爵作为英国的谈判人员当时在布拉格，试图将双方带到一起。不过，丘吉尔警告说，可能"拥有更大、更强野心的外部势力会妨碍问题的解决"。如果发生这种情况，德国人届时将会入侵捷克斯洛伐克，这将是"与全世界文明和自由背道而驰的暴行"。

8月30日，哈利法克斯告诉内阁，他与丘吉尔讨论过捷克的局势，丘吉尔提及"几个大国向柏林发出联合照会的可能性"。哈利法克斯反对任何此类联合政策，他警告说："如果我们邀请各国签署联合照会，他们很可能询问如果德国入侵捷克斯洛伐克我们会做何态度这样的尴尬问题。"张伯伦支持哈利法克斯，他对内阁说立即声明或威胁的政策很可能导致英国国内或帝国国内的意见纷争。

9月2日，《马尔巴罗传》第四卷出版。同一天，德国进行了军队动员，希特勒称苏台德区的日耳曼人需要受到保护，抵制捷克统治者。丘吉尔给记者理查德·弗鲁恩德写信说："我有种非常强烈的感受，法国、英国、苏联的否决一定能阻止战争灾难。"这天下午，苏联大使伊万·迈斯基驱车前往查特韦尔庄园，他对丘吉尔说，苏联政府希望诉诸国际联盟盟约第二条，该条盟约规定如果战争将近，国际联盟国家必须一起协商。

迈斯基说，苏联很希望与英国和法国讨论防止捷克斯洛伐克受到德国攻击的各种方法。9月3日，丘吉尔把他和迈斯基的对话记录发给哈利法克斯，不过两天后哈利法克斯回信说，他怀疑根据盟约第二条采取行动是否"有用"。虽然有丘吉尔的鼓励，但是政府不希望与苏联有瓜葛。

让丘吉尔震惊和愤怒的是，9月7日，《泰晤士报》表示支持苏台德区脱离捷克斯洛伐克。两天后，德国军队在捷克边境集结，张伯伦决定设法与希特勒谈判，而且决定将捷克人排除在谈判之外。丘吉尔对他的决定毫不知情。霍尔后来回忆说："他过来要求立刻向希特勒发出最后通牒。他认为这是我们阻止捷克陷落的最后机会。根据他的情报，法国和俄国准备对德国发动进攻，这和我们自己的情报完全相反。"

当晚，丘吉尔给哈利法克斯打电话，再次提议发出最后通牒。他不知道的是，当天晚上，哈利法克斯已经警告德国政府，英国不愿意因不属于英国的责任而与德国交战，丘吉尔希望法苏协定能够成为三方合作行动的基石。哈利法克斯决定不让英国参与其中。

9月11日，丘吉尔回到唐宁街，他对张伯伦和哈利法克斯说，英国应该告诉德国，"如果踏进捷克斯洛伐克一步，我们会立刻向它宣战"。他认为这样的声明能够阻止希特勒的行动。哈利法克斯和张伯伦没有同意。他们准备接受苏台德区进行全民公决，如果大多数人投票同意该区脱离捷克斯洛伐克，就应该允许他们这么做。

张伯伦认为，如果捷克斯洛伐克政府同意割让苏台德区，战争就可以避免。9月15日，他飞往位于阿尔卑斯山脉巴伐利亚地区贝希特斯加登镇的希特勒的山间别墅，他对希特勒说，原则上他不反对苏台德区从捷克斯洛伐克脱离出去，他支持用全民公决的方式确定当地居民的态度。

9月17日，张伯伦对内阁说，过去5天，之前希望接受自治的苏台德地区的领袖们正在接受柏林的命令，此时此刻他不想公开这件事，也不想就此事展开辩论。丘吉尔对此事并不知情。9月21日，在最严格的保密下，英国政府和法国政府催促贝奈斯同意将苏台德区移交德国。他们对他说，如果他拒绝，那么其后果法国和英国无法负责。

当晚，丘吉尔向媒体发表声明。他警告说，捷克斯洛伐克陷落，会让英国和法国的处境更加软弱无力、更加危险。"仅仅使捷克中立化就意味着德国可以抽出25个师的兵力威胁西线；此外，这将为胜利的纳粹打通一条通向黑海的道路。受到威胁的不单是捷克斯洛伐克，还有所有国家的自由和民主。以为把一个小国投入虎口就可以得到安全，其实是致命的妄念。德国的战争潜力会在短期内迅速增长，其速度将比法国和英国完成必要的防御措施要快得多。"

9月22日，张伯伦再次飞往德国，前往莱茵河畔的歌德斯堡。他告诉希特勒在伦敦制订的一份英美联合计划，该计划支持全民公决，如果公决结果支持，苏台德区随后将移交给德国。当天下午丘吉尔前往唐宁街，他得知了这个计划的详细内容。随后，他召集朋友在莫佩斯公馆开会，参会的都是担心捷克斯洛伐克被放弃的上院和下院议员，其中包括劳埃德勋爵、阿奇博尔德·辛克莱、布伦丹·布拉肯和哈罗德·尼科尔森。"我在等乘电梯上楼的时候，"尼科尔森在日记里写道，"丘吉尔从出租车里出来。我们一起上楼。我说：'这真见鬼。'温斯顿对此评论道：'这是大英帝国的末日。'"

在歌德斯堡，希特勒要求立刻割让苏台德区。张伯伦主张先进行全民公决。见面第二天，他同意了希特勒的要求，在德语居民超过人口50%的地区将不进行全民公决。他还同意，该区域内所有捷克的防御工事和战备物资都将移交给德国。

张伯伦承诺希特勒，他会敦促捷克政府接受这些条款，之后他返回英国。他对资深内阁成员说，他"认为他已经对希特勒先生施加了一定程度的个人影响"，"希特勒一旦向他承诺，是不会收回的"，这让他很满意。希特勒向张伯伦保证，他不希望德国境内有"捷克人"。

9月26日，丘吉尔再次到唐宁街见张伯伦和哈利法克斯，呼吁英、法、苏发出联合声明，不允许希特勒入侵捷克斯洛伐克。不过张伯伦当时正催促捷克人答应希特勒的要求；9月28日，捷克人拒绝了他们，张伯伦给希特勒打电话，要求再次交换意见。

这天下午，张伯伦向下院说明了目前为止危机的进展情况；他在发言的时候收到了一份电报。他打断发言，说这份电报是希特勒发来的，希特勒邀请他到慕尼黑参加德、意、法、英四国会议。在欢呼声和鼓掌声中，他宣布他会接受邀请，飞往慕尼黑。大多数下院议员站了起来，热情地挥舞着他们议程单。丘吉尔、艾登、埃默里和尼科尔森无动于衷。丘吉尔身边的议员大声叫道："站起来！站起来！"随后，张伯伦起身离开议会大厅，丘吉尔站起来跟他握手，并祝他"成功"。

9 月 29 日，张伯伦飞往德国，中午抵达慕尼黑。他问希特勒，已经抵达慕尼黑的捷克代表团是否能参与讨论。希特勒拒绝了；捷克人被关在另一个房间里，等待自己的命运被别人决定。希特勒、张伯伦、达拉第和墨索里尼花了 12 个小时讨论将苏台德区移交德国的细节和时间表。午夜过后不久，他们把达成的协议交到捷克人面前，让他们选择是接受还是拒绝。捷克人自己不能就条约进行进一步的谈判。

德国将在第二天开始占领德语居民占多数的地区；不进行全民公决，不得拖延。不确定讲哪种语言的居民占多数的地区将进行全民公决。德国将拥有已移交地区的所有防御工事、武器和工业设施。

当晚，在慕尼黑协定的详细内容传到伦敦前，丘吉尔正在萨伏伊酒店用晚餐，海军大臣达夫·库珀也在场。凌晨时分，慕尼黑协定条款的详细内容传到萨伏伊酒店。达夫·库珀在听到这些条款后离开房间，他决定从政府辞职。丘吉尔离开萨伏伊酒店的时候，在一个饭馆的门口停住了脚步，从饭馆里传来欢笑声。随后，他对一个朋友低声说："这些可怜人！他们不知道自己将不得不面对些什么。"

并非所有下院议员都把慕尼黑协定看成胜利。工党领袖克莱门特·艾德礼称该协定既是"耻辱"，也是"野蛮势力的胜利"。自由党领袖阿奇博尔德·辛克莱说，将不公施加在一个弱小国家身上，将专制施加在自由的男性和女性身上，这样的政策永远不可能成为持久和平的基础。30 名共和党议员也发言反对该协议，其中包括艾登、埃默里和博纳·劳的儿子理查德。

10 月 5 日，丘吉尔站起来发言，他知道他正在表达众多普通民众的不安。"一切都结束了，"他说，"沉默，哀痛，被抛弃，被分裂，捷克斯洛伐克陷入了黑暗之中。"慕尼黑协定是"一场完全，彻底的失败"。几年后，甚至只需几个月后，捷克斯洛伐克就会被德意志帝国吞并。当希特勒决定"向西看"时，英国和法国就会为丧失捷克这道防线而懊悔不已了。

丘吉尔拒绝承认慕尼黑协定是英国外交的胜利，拒绝承认它打开了减轻欧洲紧张局势、拉近英德关系的道路。他说，英国和法国正面临重大灾难。中欧西欧各国会与胜利的纳粹德国签订条约。法国安全所仰仗的中欧联盟体系已经崩溃。沿多瑙河而下直到黑海地区以及远至土耳其的道路已经被打开。希特勒不用开一枪就能将其势力扩展进入多瑙河腹地。

丘吉尔还批评了张伯伦的绥靖政策，而且提出他已经尽力劝说政府维持各类国防力量，然而他的努力都付之东流。他在演讲结尾时说，应该让人民知道真相，知道英国防务的严重疏忽和缺点，知道这次打乱了欧洲平衡的失败的深远影响。"不要以为这就是结局，这仅仅是算账的开始。这仅仅是呷第一杯酒，初尝苦酒的滋味。除非我们竭尽全力重振士气和军力，我们才能一如往昔再度崛起，坚持为自由而战，否则我们将年复一年地尝此苦酒。"

希特勒成功吞并了苏台德区，现在他开始公开攻击丘吉尔，在慕尼黑的一次演讲上，他对听众说："丘吉尔先生的选区有 15000~20000 的选民。我的选区有 4000 万选民。我们坚决要求不能像小学生被老师打屁股一样挨打。"

● 第二十六章 ●
从慕尼黑到开战

丘吉尔对慕尼黑协定的反对让他与保守党总部彻底决裂。批评丘吉尔关于慕尼黑协定讲话的人中包括丘吉尔选区内的资深保守党人哈利·高森爵士，他给选区主席写信说："我忍不住想，他发表这样的演讲打破下院的和谐真让人遗憾。他当然和低级别的议员不同，他的话会通过电报传遍整个大陆，传到美国。我想，如果他保持沉默根本不发言会好得多。"

11月7日，即发生席卷德国、奥地利和苏台德区的反犹太人暴力事件的"水晶之夜"一周后，丘吉尔质问下院："现在不该是所有人都听到沉重、反复的警钟钟声，所有人都决定这是行动的号角而非我们民族和荣誉的丧钟的时刻吗？"他接着对自由党提出的要求建立供应部的修正案表示支持。张伯伦决定用讽刺挖苦削弱丘吉尔呼吁的效果。"我对我这位正直可敬的朋友的很多杰出品质十分钦佩，"他说，"他光芒四射。我记得曾经问过一位身居高位多年的自治领政治家，一个政治家拥有的最宝贵的品质是什么。他的回答是，判断力。如果有人问我判断力是否在我这位正直可敬的朋友的令人钦佩的品质中排第一，我不得不请求下院不要逼我太甚。"

丘吉尔不知道的是，在10月31日的内阁会议上，张伯伦对内阁说："尽管慕尼黑协定带来的一个结果是我们必须扩大我们的扩军计划，但是过多重点错误地放在了扩军上。加快现有计划是一回事，不过扩大我们计划的规模可能导致新的军备竞赛，这就是另一回事了。"张伯伦的建议是不放弃慕尼黑政策，为确保"更好的关系"，继续这些政策。

另一件丘吉尔不知道的事是，在10月25日内阁传阅的一份秘密备忘录里，新任空军大臣金斯利·伍德爵士对同事们说："在之前的扩张计划中，我们显然没有足够的远见，低估了德国的能力和目的。"

1939年1月7日，丘吉尔飞往巴黎和雷诺共进午餐，与前法国总理莱昂·勃鲁姆见面，晚上乘火车前往法国南部，随后在玛克辛·艾略特的地平线城堡住了两周半时间。

1月的最后一周，丘吉尔返回英国。在丘吉尔的选区里，虽然1月丘吉尔获得了信任票，但是批评者仍然继续谴责他对慕尼黑协定的敌对态度。1月25日，他对自己选区的选民警告说，如果不坚决抵制"当前保守党内某些圈子里不容异说的倾向"，将"破坏下院的特质"。在确保国家安全之前，还有很多事情要做；在空袭预警以及在战时对有兵役义务的人实施强制登记制度这两个问题上，他担心政府仍然想得不够清楚，没有足够的执行力。

丘吉尔提醒他的选民，在签订慕尼黑协定的时候，有人希望英国靠付出巨大的代价换取"永久和平"，而另一些人认为英国至少获得了"喘息空间"。"我们得相信，这种喘息空间没有被鲁莽地抛弃。"但是"喘息空间"正在丧失当中；1月26日，张伯伦否决了霍尔·贝利沙提出的在来年扩军的提议，他对内阁说："在任何不会短时间内结束的战争中，财政力量都是我们最强有力的武器之一，因此财政问题不容忽视。"作为前财政大臣，在他看来，财政局势"极度危险"。

这种对国防开支的谨慎态度以不同的方式显现出来。1939年1月1日，企业家顾问委员会在交给张伯伦的报告中强调说，工业企业仍然"在运行，必须按照和平时期的水平获取酬劳"。

1月30日，丘吉尔给弟媳格温多林写信说："一切都很见鬼，没法形容。"这周，英斯基普离开国防协调部，到自治领事务部就任。很多人认为这个空出来的职位将落到丘吉尔身上，但是这个职位最终旁落他人，由前第一海务大臣查特菲尔德勋爵担任。张伯伦仍然相信慕尼黑协定是达成和解和谈判的举措，不是扩军备战之路。

2月18日，英国驻柏林大使内维尔·亨德森爵士通告外交部，德国空军领袖戈林元帅问他："德国能否得到承诺，确保张伯伦继续执政，不会由'丘吉尔先生或艾登先生'的政府继任？"戈林接着说，这个问题"是德国当前关注的主要问题"。2月22日的一次辩论中，丘吉尔再次呼吁建立供应部，张伯伦称他是"欧洲部分地区的头号妖怪"。丘吉尔选区里的一些人迅速接收到这个暗示，他们开始设法让某个更热衷于绥靖政策的人取代丘吉尔。

3月9日，张伯伦在议会记者会议上说："当前的国际形势似乎不再像过去一段时间那样让人焦虑了。"第二天，霍尔对切尔西保守党人联合会说，"去年秋天几乎因失败主义窒息的信心又回来了，希望已经取代了恐惧"，如果三个独裁者"怀着单一的目的"和英国首相以及法国总理合作，欧洲也许会迎来新一轮"黄金时代"的黎明。4天后，德军开始向已经丧失了部分国土的捷克斯洛伐克边境移动，这是进一步吞并的前奏。丘吉尔当天对他的选民说："捷克斯洛伐克共和国正在我们眼前沦陷。"

第二天上午，德军跨过捷克斯洛伐克边境。当晚，希特勒在布拉格的总统府过夜，第二天上午，他宣布波希米亚和摩拉维亚成为保护国。捷克斯洛伐克不再存在了，斯洛伐克地区宣布完全独立，完全支持纳粹德国。丘吉尔在3月19日给前英国驻柏林大使霍勒斯·朗博尔德写信说："在我看来，没有大战或实际对抗的威胁，希特勒不会在黑海前突然刹车。"

3月21日，内政部高级官员、空袭预警部门的首席情报官福布斯·利思·弗雷泽拜访丘吉尔，向丘吉尔详细透露了他所在部门的缺陷和不足。丘吉尔立即给张伯伦写信，要求英国的空防工事立即进入完全戒备状态。他希望英国空防工事的人员立刻公开就位。丘吉尔对张伯伦解释说："我考虑的大部分是希特勒，此刻他一定非常紧张。他知道我们正努力结成联盟，遏制他进一步侵略。有这样一个人，任何事都可能发生。如果大家知道一切都准备好了，那么对伦敦实施奇袭或者甚至让我更担心的对飞机制造厂实施奇袭的想法就可能消除。事实上，这样就不会有意外了，因此，实施极端暴力的动机就会消除，更加谨慎的策略就会占上风。1914年8月，我说服阿斯奎斯先生让我派舰队去北海，这样舰队就能在外交局势陷入绝望之际之前通过多佛海峡、英吉利海峡和爱尔兰海。在我看来，此时让空防工事人员就位是非常类似的情况，我希望你不要介意我向你提出这样的建议。"

"我亲爱的温斯顿，"张伯伦在当天回信说，"谢谢你的来信。我花了很多时间研究你提到的问题，不过似乎这个问题不像看起来那样简单。"10天后，张伯伦对德国占领布拉格一事深感震惊，他向波兰给出英国的承诺。该承诺是否包括在1919年从德国分离出去的以德语居民为主的波兰走廊？4月1日，《泰晤士报》的一篇主要文章称："我国昨天的新承诺并不承诺英国有义务保护当前波兰边境的每一寸土地。这份声明中的关键词不是完整性，而是'独立性'。"

丘吉尔警觉起来。4月3日，他对下院说："周六《泰晤士报》上的一篇主要文章有一段不祥的文字，与预示捷克斯洛伐克覆灭的文字十分类似，这段文字试图说明我们不承诺保证波兰的完整性，只保证其独立性。"他的怀疑有充分的根据；张伯伦当天对家人说，英国对波兰的承诺"在语气上不具挑衅性，但是坚决、清晰地强调这样一个重点（只有《泰晤士报》觉察到了），我们关注的不是这个国家的边境，而是威胁其独立性的攻击。而我将是判断其独立性受威胁与否的人"。

4月7日是耶稣受难日，意大利军队入侵阿尔巴尼亚。丘吉尔找来地图，频频打电话了解地中海地区所有英国军舰的位置。麦克米兰后来写道："其他所有人都茫然犹豫之际，他似乎在独自指挥。"第二天，丘吉尔给张伯伦打了几次电话，要求在接下来的一天（周日）召集议会。他还力劝张伯伦下令让英国海军占领希腊的科孚岛，就在这里向墨索里尼表明态度。丘吉尔认为现在应该恢复外交主动权。

张伯伦没有采取行动。4月13日，丘吉尔在下院批评政府对欧洲和地中海地区局势的态度，他认为政府的态度是错误的。丘吉尔怀疑有人对递交给内阁大臣们的情报加以干预和筛选。1934 年，对德军空军实力的数字也做过类似的"审查、粉饰和删减"。"实际情况如果不加以修改达到不引起人警觉的程度，是不被允许送达内阁高级官员手中的。"如果大臣们只重视那些"符合他们最渴望的维持世界和平这个光荣愿望"的信息，就会面临"极大的危险"。他要提出两条实际建议：第一条是将苏联"完全纳入"英国、法国和波兰的防御阵营；第二条是促成巴尔干地区的"自我保护联盟"，其中包括罗马尼亚，英国刚刚向其给出和之前对波兰一样的承诺。"现在危险已经非常近了。欧洲的一块地区在很大程度上已经动员起来。数百万人做好了战斗准备。各地边境防御工事的人员都已经就位。"

辩论结束后，丘吉尔去见总督导戴维·马吉森。他不是去抱怨海军部署或者备战状态问题，马吉森告诉张伯伦，他是去表达想要进入内阁的"强烈愿望"的。但是张伯伦不想这么快让丘吉尔进入内阁。

4 月 18 日，在企业家咨询委员会的竭力要求下，张伯伦最终同意建立供应部。"温斯顿赢得了他长久以来的战斗，"布伦丹·布拉肯给一个朋友写信说，"我们的政府现在采纳了他在 3 年前建议的政策。我们这个时代没哪个公职人员显示出更多的远见，我认为长久以来他孤军奋战，揭露独裁统治带来的威胁，将来这会被证明是他经历丰富的人生中最佳的篇章。"

供应大臣由前交通大臣莱斯利·伯金担任，伯金在 1929 年进入议会，几乎比丘吉尔晚 30 年。他的任命让很多报纸要求将丘吉尔纳入内阁。4 月 22 日，《晚报》建议，应该任命丘吉尔为海军大臣或空军大臣。4 月 26 日，《星期日画报》编辑珀西·卡德利普给丘吉尔写信说："在源源不断而来的总计 2400 封来信中只有 73 封反对你加入内阁。""比较严厉的反对者都是因为加里波利之战指责你。"

4 月 27 日，丘吉尔在下院批评张伯伦不愿意实施强制兵役制，霍尔·贝利沙曾在内阁竭力要求实施强制兵役制，但是没能成功。当时实施的是全国兵役登记制，根据该制度，人们会在政府最终决定征召军队的时候表明他们是否愿意服役，这种制度是不够的；"姿态是不够的；我们需要一支军队，而且很可能很快就会需要。"甚至登记也应该在慕尼黑协定签订后立即进行。丘吉尔称，抵制纳粹主义的推动力"来自广大人民"。《泰晤士报》称丘吉尔的这次发言是他最好的一次议会发言。

5 月 10 日，《新闻纪事报》刊登了一份调查报告，56% 的被访者说他们希望丘吉尔进入内阁，26% 的人表示反对，18% 的人说不知道。4 天前，埃莫利·雷弗斯告诉丘吉尔，因为"对德国的恐惧"，他每两周一次的文章被禁止在波兰、罗马尼亚和希腊刊登。丘吉尔也不相信绥靖政策已经结束；政府最近决定限制犹太人向巴勒斯坦移民，在他看来，这体现了类似的情绪。5 月 22 日，他在下院提到 1944 年以后阿拉伯人禁止所有犹太人移民进入的提议，他称："现在出现了背离，出现了对承诺的违背，出现了对巴尔福宣言的背弃，出现了前景、希望和梦想的终结。"

这年夏天，丘吉尔与艾登和劳埃德·乔治一起主张将苏联纳入英法联盟之中。不过，张伯伦不仅对苏联的军力表示怀疑，比这更糟的是，他觉得结盟一定会串联起反对阵营或联盟，使得谈判难以进行，甚至无法进行。

与苏联的谈判开始了，但是不带一丝紧迫感；派去莫斯科主导会谈的是一名资深外交官，而不是哈利·法克斯。苏联人怀疑西方人的意图，他们想要建立波罗的海地区和波兰境内的保护带，他们开始和德国展开秘密会谈。夏季一天天过去，丘吉尔越来越担心在身边感受到的失败主义情绪和绝望情绪。

6 月 13 日的晚宴上，丘吉尔坐在美国专栏作家沃尔特·李普曼的旁边，丘吉尔震惊地从李普曼那里得知，美国大使约瑟夫·肯尼迪告诉他的朋友，如果战争席卷英国，面临失败，英国会向希特勒投降。哈罗德·尼科尔森也出席了这次晚宴，他回忆说，当丘吉尔听到"投降"这个词的时候，他转身对李普曼说："不，大使不会这么说的，李普曼先生，他不会说出这么可怕的字眼。不过假设（我一刻也不会这样假设）肯尼迪先生的悲观之辞正确的话，届时我将是愿意将生命投入战斗的人之一，不会因为担心失败对穷凶极恶之人的恐吓投降。届时，将要由你们美国人保护和继续英语民族的伟大遗产。"

6 月 22 日，丘吉尔在《每日电讯报》上写道，德国人获取波兰的要求愈演愈盛，他们要求获得丹齐克自由市和波兰走廊，这将把波兰同大海隔绝开来。5 天后，由 1938—1939 年丘吉尔在报纸上发表的文章集结而成的书出版，书名为《步步紧逼》。艾登评论说："读这本书有些让人心痛，不过无疑是对人有益的。"

现在，越来越多的人呼吁将丘吉尔纳入内阁。6 月 21 日，哈利·法克斯私下表示需要"让丘吉尔进来"。马尔科姆·麦克唐纳后来回忆说几名助理大臣劝说张伯伦让丘吉尔担任"战时大臣，或者未来的战时大臣，不过内维尔不愿意"。根据《星报》报道，很多下院议员对政府总督导戴维·马吉森说，让丘吉尔担任"内阁的一个关键职位，将建立新的信心"。7 月 2 日，《星期日画报》猜测丘吉尔很快将被任命为海军大臣。J. L. 加文在《观察家报》上评论说："对欧洲政治如此了如指掌的人没有被纳入内阁，对外国人来说一定困惑不解，对他自己的很多同胞来说也同样令人遗憾。"

张伯伦没有被说服，他对强烈要求将丘吉尔纳入内阁的报纸出版人卡姆罗斯勋爵说，他不认为能从丘吉尔的想法和建议中充分受益。在和卡姆罗斯的对话中，张伯伦还表示，如果希特勒"以正常途径，要求获取丹齐克，也许可以解决问题"。7月2日，张伯伦还对家人说他不相信希特勒真的想要开战。

极左派的斯塔福德·克里普斯现在也加入了要求将丘吉尔纳入内阁的行列，不过张伯伦不愿屈服。"如果温斯顿进入政府，"他在7月8日对家人说，"我们离战争就不远了。"

张伯伦写这封信的两天前，外交部从英国驻柏林陆军专员处得知，希特勒的财政部部长鲁兹·施温·冯·克罗斯克对一位到访的英国将军建议说："让温斯顿·丘吉尔进内阁。丘吉尔是希特勒唯一害怕的英国人。希特勒没把首相或哈利·法克斯当回事，不过他把丘吉尔和罗斯福归为一类。让丘吉尔担任重要的大臣职务，仅仅这件事就能让希特勒相信你们是真的打算对抗他。"

张伯伦仍然希望波兰能同意让希特勒占领丹齐克，在更大规模的谈判开始之前，这就能让希特勒满足了。他还认为"让丘吉尔回来"的运动已经渐渐淡去。不过这个运动不断获取动力；7月13日，自由党候选人T. L.霍勒宾主要靠"让丘吉尔回来"的政纲在北康沃尔的补缺选举中击败保守党候选人，赢得胜利。

丘吉尔待在查特韦尔庄园继续撰写《英语民族史》。他给出版人纽曼·弗劳尔写信说："在这个让人焦虑的年份，退隐到过去的年代是一种安慰。"7月24日艾恩赛德来拜访他的时候，他对将军说现在"任何绥靖措施都太晚了，契约已经签订，希特勒即将开战"。

议会宣布将在8月4日—10月3日休会。在8月2日的辩论中，包括艾德礼、辛克莱、艾登、麦克米兰和丘吉尔在内的一批人反对议会进行如此长时间的休会，他们要求在8月第三周重新召集议会。

张伯伦不仅拒绝缩短休会期的要求，还说针对此议题的投票将被视为信任投票。政府占了上风。在投票之后，年轻的保守党下院议员罗纳德·卡特兰对丘吉尔说："好了，我们没什么可做的了。"丘吉尔对此回答说："没什么可做，我的孩子？我们有很多可做的。现在是战斗的时刻，是发言的时刻，是进攻的时刻！"

8月8日，议会正准备进行两个月的休会，丘吉尔对美国发表了15分钟的广播讲话。在讲话中，丘吉尔批评了英国议会在现在这个关键时刻休会的举动。丘吉尔对美国听众说，整个欧洲大陆现在都在怀疑和害怕中静默，人们能听到德国和意大利军队进军的脚步声。丹麦人、荷兰人、瑞士人、阿尔巴尼亚人、犹太人随时有被剥夺生存空间的危险。

广播讲话两天后，丘吉尔参观了宾京山的皇家空军驻地，应金斯利·伍德的邀请，丘吉尔观看了战斗机演练训练。8月14日，丘吉尔飞往巴黎，在前往马奇诺防线之前，法军高层为表信任，让他参观了不允许其他国家政界人士观看的一些地方，包括面对齐格弗里德防线的一块区域的地下铁路。

当被问及从马奇诺防线到敦刻尔克海滩之间是什么性质的防御措施时，乔治将军对丘吉尔说有"阵地工事"把守 200 英里长的空隙。陪同丘吉尔的路易斯·斯皮尔斯后来回忆说，丘吉尔脸上的"笑容停止了"，他认为这种强敌无法通过阿登高地的想法是不明智的。

3 天后，丘吉尔返回巴黎。8 月 17 日，他前往德勒克斯，在那里作画。两天后，《泰晤士报》刊登了一篇由 375 名英国大学教师签名的恳请书，要求将丘吉尔纳入内阁。在河滨路出现了一张大幅海报，上面写着几个大字："丘吉尔什么价？"

8 月 23 日，丘吉尔返回伦敦，他得知苏联和德国即将签署协定。第二天，张伯伦召集议会，舰队接到命令进入作战区域。8 月 25 日，英国与波兰签署正式的结盟条约。

8 月 31 日晚，希特勒的军队入侵波兰。第二天，也就是 9 月 1 日上午 8 点半，波兰大使拉克辛斯基伯爵给丘吉尔打电话告诉他这个消息。当晚 6 点下院召集会议。丘吉尔驱车前往伦敦；应张伯伦的要求，他先前往唐宁街，张伯伦邀请他加入战时内阁。"我没多说什么，同意了他的提议，"丘吉尔后来回忆说，"在此基础上，我们针对人员和措施进行了长谈。"

张伯伦和丘吉尔将建立 6 个成员组成的小型战时内阁，其中不包括海陆空三军大臣。丘吉尔将以无职务的大臣身份进入战时内阁。但是并没有做出这样的任命。英国也没有对德国发出最后通牒，虽然英国刚刚与波兰签署了结盟条约。张伯伦在当晚下院发言时解释说，英国没有发出最后通牒，但是发出了一份照会，试图得到德国政府"令人满意的保证"，中止一切对波兰的侵略行动，立刻从波兰撤出军队。

内阁在下午召开会议，丘吉尔不在其中。内阁成员一致同意应该向德国发出最后通牒，期限是当天午夜。不过当晚张伯伦在下院发言时却没有宣布最后通牒，他提出了一个避免英国宣战的折中方案。"如果德国政府同意撤出他们的军队，"该方案写道，"那么英王陛下政府将愿意视当前局势等同于德军跨过波兰边境之前的局势。"

下院被惊呆了，埃默里后来回忆说："不幸的波兰人遭到整整两天的轰炸和屠杀，我们仍然在考虑以何种日程安排邀请希特勒告诉我们他是否愿意放弃侵略行为。"

张伯伦内阁的 5 名成员，西蒙、霍尔·贝利沙、约翰·安德森爵士、沃尔特·艾略特和德拉·沃尔爵士立刻聚集到下院的一个房间，他们一致同意，如果之前做出的午夜最后通牒的决定没有被遵守，他们就辞职。同时，包括达夫·库珀、艾登和布拉肯在内的众多下院议员去莫佩斯公馆见丘吉尔，丘吉尔后来回忆说，他们表达了"他们深切的担忧，害怕我们无法兑现对波兰的承诺"。丘吉尔对他的访客们说，他在前一晚已经同意加入战时内阁，但是从那以后，就没有听到张伯伦说任何话。他说，如果不是以为自己已经"差不多是政府的一员"，他一定会在张伯伦提出妥协方案后在下院大声疾呼。

丘吉尔与来访者讨论了当前的危机。随后，在大家的同意下，他给张伯伦写信表示要在第二天的辩论开始前弄清首相的立场，他还表达了大家的不安。他要求张伯伦不要宣布战时内阁的组成或者他自己在其中的位置，"直到我们进行过进一步的对话"。这并不是威胁要抽身离开。"和我昨天告诉你的一样，我完全任由你调遣，希望在你的工作中为你提供帮助。"

丘吉尔不知道的是，当天午夜，内阁成员拜见了张伯伦，要求立刻向德国发出最后通牒。张伯伦没有收到希特勒对照会的答复，他接受了内阁成员的要求。英国的最后通牒在 9 月 3 日上午 9 时送抵柏林，给德国人两个小时时间中止向波兰进军。到了 11 点，没有收到任何回应。英国和德国进入交战状态。

● 第二十七章 ●

重返海军部

1939年9月3日上午11点15分，丘吉尔在莫佩斯公馆自己的公寓里听到张伯伦在广播里宣布英国与德国进入交战状态。张伯伦的讲话刚刚结束，就响起了空袭警报。丘吉尔和克莱门蒂娜一起躲进沿街的防空洞。

空袭警报是假警报；解除警报的信号响起来时，丘吉尔前往下院。到自己的座位上后，他收到张伯伦给他的一张纸条，让他在辩论结束后去见他。随后张伯伦发言，接着是阿瑟·格林伍德代表工党发言。丘吉尔虽然10多年没有在政府内担任职务，却被要求第三个发言，由此可见其地位。"这不是为丹齐克而战或为波兰而战的问题，"他说，"我们正在为拯救世界免受瘟疫般的纳粹专制而战，保卫所有对人类而言最神圣的东西。这场战争不是为了争夺支配权、扩大帝国领土或获取物质利益，不是为了剥夺任何国家的阳光和发展途径。从其本质来看，这场战争是要在坚固的基石上树立个人权利，这场战争是要建立和复兴人类的地位。"

辩论结束后，丘吉尔来到张伯伦的房间，张伯伦提出让他担任他曾经在1911—1915年间担任过的职务——海军大臣，并且让他加入战时内阁。他接受了，随后他给海军部发消息说当天下午晚些时候他会到海军部开始工作。海军部参谋部立刻给所有船只发电报说："温斯顿回来了。"

丘吉尔参加了当天下午的战时内阁会议。然后他和凯瑟琳·希尔一起前往海军部大楼。希尔后来回忆说，丘吉尔一进海军大臣办公室，就走到一个镶板橱柜前。"我屏住了呼吸。他用相当戏剧化的姿势猛地把门打开——镶板后面是一幅巨大的地图，上面标明了1915年他离开海军部当天所有德国船只的位置。"当天晚上，丘吉尔和参谋部碰头。"他用挑剔的目光轮流扫了我们每个人一眼，"其中一人后来回忆说，"他接着说之后他会亲自盯着我们，随后他中止了会议。""先生们，"他说，"各就各位。"丘吉尔后来在回忆他和第一海务大臣达德利·庞德第一次见面时的情形说："我们质疑地看了看对方。不过从最开始，我们就结下了坚实友谊和相互信任。"

在9月4日上午的战时内阁会议上，丘吉尔希望能缓解德军对波兰前线的部分压力，他建议在齐格弗里德防线发动一次法国陆军和英国空军的联合进攻，迫使德国人防守其西线。最终这个行动没有实施。不过这将是丘吉尔的一贯目标：寻找每个可能作战的地区，加快每项措施，对老一套或延误表示不满。

在海上，德国潜艇开始有计划地击沉英国商船。丘吉尔提出，海军新闻"应保持其报道真相的声誉"。他的职责很快超出了海上作战。9月6日，张伯伦任命他负责一个战时内阁的特别委员会，确定英国陆军作战部队的规模及其装备生产的完成速度。丘吉尔的目标是，到1940年3月，让英军20个师准备好与法国并肩作战，到1941年年底，装备55个师，让他们做好作战准备。不过丘吉尔提出的加快筹建新陆军师的建议遭到空军部的反对，理由是这会妨碍飞机的制造速度；丘吉尔在在野期间反复要求的动员工厂的工作实施得过于拖沓，使得在最需要的时候英国的作战需求无法得到满足。丘吉尔继续要求建立影子工厂，如果不提前建设，在紧急需求出现的时候，不可能一下子建设起来。

为了有人手帮他研究每天送来的大量技术资料，以及促进新科技的研究和发展，丘吉尔任命林德曼为"海军大臣科技事务私人顾问"。一个月后，他任命林德曼负责他私人办公室下面的一个专门的统计部门，该部门的任务是每周提供所有新建设项目的进度图，说明从合同日期起的延迟情况。林德曼和他领导下的工作小组每周还要提供有关弹药、鱼雷和石油的交付及生产情况报告。没多久后，林德曼的图表就成了海军部工作的一个显著特征，丘吉尔每天早上仔细查看这些图表，找出薄弱环节或潜在危险，针对它们采取行动。

1914年8月，丘吉尔的首个进攻计划是让英国海军进入波罗的海；他建议由两艘安装有15英寸舰炮的战列舰带领海军远征军对德国的波罗的海沿岸造成威胁。9月2日，他把这个想法告诉给他的顾问，把行动的开始时间定在1940年3月。两天后，他要求战时内阁充分利用空军的攻击能力，袭击德国的合成油制造厂，这些工厂"是与平民百姓区隔开的"。不过金斯利·伍德回应说，在英国本土受到威胁之前，应该完整保存英国"规模小、实力弱的空军"；到1940年3月，局势会好很多。

9月15日，丘吉尔告诉张伯伦他发现了他"在1919年储存的一大批战时火炮"。这些火炮和弹药是他在担任军需部长时送入仓库的，现在可以派上用场了。当晚，丘吉尔乘火车离开伦敦，前往斯卡珀湾的海军基地，他在那里再次见证了战前备战工作的缓慢速度，斯卡珀湾的防御工事要在1940年春天才能建设完成。他还得知，海军没有足够的驱逐舰为每艘战列舰提供护航。

在东边，苏联开始实践8月与德国签署的协定，迅速向波兰进军，切断了波兰人从东部省份继续抵抗的机会。波兰人陷入占有优势的德军和苏联人的包围之中，他们没有选择，只能被瓜分。由于苏联和德国积极结成同盟，丘吉尔放弃了派英国舰队进入波罗的海的计划。"不过，"他对庞德说，"一定不会停止寻找让海军发动进攻的机会。"

9月26日，丘吉尔在下院发言，对海上战事做了简短报告。他说，护航体系已经就位，不过大家必须记住"战争充满了令人不快的意外"。他发言的主题和他的 1914 年大厦之屋演讲的主题一样："我们唯有坚持，取得胜利。"

10 月 1 日，丘吉尔发表了他的首次战时广播讲话。在提到波兰战败时，他说："它会再次站起来的，像岩石一样，虽然暂时被潮水淹没，但仍是岩石。"皇家海军现在正对德国潜艇发动攻击，"夜以继日地追踪它们"。这场战争可能至少要延续 3 年的时间，不过英国会战斗到底，"相信我们是维护文明与自由的卫士"。

"听了温斯顿·丘吉尔在广播上振奋人心的演说，"张伯伦的初级私人秘书乔克·科尔维尔在日记里写道，"他绝对能给人以信心和决心，我猜，战争结束前，他会成为首相。"5 天后，希特勒在柏林发表讲话，表示愿意与英国、法国谈判换取对捷克斯洛伐克和波兰的"有效统治权"。丘吉尔建议同僚，在为"被无端侵略的国家和民族"提供赔偿之前，在他们的"生活和主权"明确恢复前，应该拒绝这样的谈判。他还建议他们，在意大利保持中立的时候，设法找到某种办法让墨索里尼脱离希特勒。

10 月 8 日，丘吉尔提议建立他所说的"地方卫队"，这支队伍将由 50 万 40 岁以上的人组成，这些人"充满力量和经验"，很多人曾经参与过上次大战，不过现在却被告知军队不需要他们。他们可以保卫国内设施，将年轻人解放出来，到准备前往海外作战的部队服役。

丘吉尔想起视察斯卡珀湾时的情景，丘吉尔建议，舰队不应该像他见到的那样"被束缚住"。"接下来的几天危险重重。"他的警告很及时，但是却没有被及时采纳。10 月 14 日，一艘德国潜艇穿越斯卡珀湾的防线，击沉了当时下锚停泊的战列舰"皇家橡树号"；800 多名官兵阵亡。"当我把这个消息告诉给丘吉尔的时候，"丘吉尔的私人秘书之一约翰·海厄姆后来回忆说，"眼泪涌出了他的眼眶，他低声说道：'可怜的伙计，可怜的伙计，被困在黑暗的深渊之中。'"

10 月 31 日，丘吉尔再次前往斯卡珀湾。他的第一项命令是给现有的油罐设置伪装。建造更容易让德国人看到的假油罐，让他们在这些假油罐上浪费炮弹。两天后，已经返回伦敦的丘吉尔乘坐驱逐舰穿越英吉利海峡，前往法国，这是他对法国的第一次战时访问，向法国海军提供英国整套的新型潜艇探测装置，并对他们进行装置使用的培训。

1 月初，英国在北海海域的船只损失有所增加，主要是因为德国使用了磁性水雷，人们还不知道应对这种水雷的办法。海军部专家夜以继日地想办法查明这种新型水雷的秘密。11 月 22 日晚，研究发生了转折，出现了找到解决办法的希望。"现在已经圈定了不少磁性水雷的位置，"两天后丘吉尔对战时内阁说，"其中一颗落在舒伯里内斯附近的淤泥中，在退潮的时候被发现了。"

由于水雷的发现，英王乔治六世亲自颁发了本次战争中的头 5 枚海军勋章，包括两枚优异服务勋章、一枚优异服务十字勋章和两枚战时优异服务勋章，这是丘吉尔推动的结果。

11月30日，丘吉尔度过65岁生日。一周后，丘吉尔提出一项计划，在莱茵河投下数千枚水雷，破坏德国的原材料和军需品主要供应路线，然而空军部否决了这项计划，丘吉尔为此气愤不已。空军部认为这个计划"没用"。丘吉尔给金斯利·伍德写信寻求他对该计划的支持，他在信里写道："进攻比天天被动忍耐要难上三四倍。因此，需要在早期尽可能给予帮助。没什么比将其扼杀在襁褓之中更容易的了。"

11月30日，苏联入侵芬兰。很多英国人希望前去帮助芬兰人。丘吉尔不这么想；对他来说，德国是需要集中全副力量应对的敌人。当芬兰战事愈演愈烈之际，他给达德利·庞德写信说："我仍然希望避免与苏联开战，避免对苏作战是我的方针。"他主要关注的不是波罗的海地区，而是挪威的大西洋沿岸地区。在一周之内，7艘运送铁矿石的德国船只取道挪威领海。12月7日，他给庞德写信说："我们现在必须行动。"12月1日，他对战时内阁说，华盛顿发来的电报显示罗斯福总统对在挪威海域布雷的反应是，"比他希望的更赞成"。

现在，丘吉尔请求战时内阁做出紧急决定。除了在挪威海域布雷，他还建议让陆军在纳尔维克登陆，向瑞典内陆挺进，占领那里的铁矿区。他提议12月29日开始行动。战时内阁虽然原则上同意他的计划，但是拒绝设定日期，而且提出进行进一步调查，特别是在瑞典境内的陆军进攻对中立舆论产生的不良影响。

在南大西洋地区，德国的袖珍战列舰"格拉夫斯佩号"几乎每天都击沉商船。12月13日，3艘英国巡洋舰追踪"格拉夫斯佩号"，对其开火50多次，迫使其逃往乌拉圭海域，这是英国海军在这次战争中的初次胜利。4天后，"格拉夫斯佩号"自爆沉没。在当晚的广播讲话中，丘吉尔对全国人民详细讲述了此次作战，他坚信："最终我们会克服困难，解决问题，履行职责。"保守党下院议员维维安·亚当斯给他写信说："我希望您每晚都能给我们讲话！"他还说："要我说的话，提前强调斗争的艰难，您做得对。"

圣诞节前，在丘吉尔的鞭策下，他的手下发现了让船只消磁的办法，这样他们就能安然无恙地通过致命的磁性水雷区了。12月24日，丘吉尔给罗斯福总统打电话说："我们认为我们抓住它的尾巴了。"

圣诞节当天，丘吉尔向张伯伦重申，他所有的海军顾问都"坚决"支持占领瑞典的铁矿区，"而且认为这是通往终点最短、最有把握的道路"。两天后，他对战时内阁说，一旦获得内阁批准，海军部准备派一支海军阻止德国铁矿石运输船向南靠近。不过，内阁再一次推迟做出决定。12月29日，丘吉尔对内阁说，现在每天有18列火车从铁矿区运送铁矿石到纳尔维克，在此前，每天是10列运输火车。

1月6日，丘吉尔乘坐驱逐舰"科德林顿号"离开伦敦前往法国。随行人员包括林德曼教授、他的儿子伦道夫、秘书凯瑟琳·希尔、副官汤米·汤普森少校、两名督察和前任探员沃尔特·汤普森；汤米·汤普森和沃尔特·汤普森一直留在丘吉尔身边，直到战争结束。这天上午，丘吉尔驱车前往樊尚，与甘末林将军和达尔朗上将讨论在莱茵河中布雷的计划；达尔朗认为越快行动越好。

随后，丘吉尔驱车前往马奇诺防线，最终抵达法国陆军参谋部设在拉费尔泰的总司令部。第二天，他参观英国空中打击先遣部队设在兰斯附近的指挥部，视察大炮的部署以及机场。

1月9日，丘吉尔返回伦敦，要求提高英国战区防空炮的质量。他也感到了不安，就像1939年8月对马奇诺防线北段和北海之间200英里的空隙感到不安一样。这个空隙可能来自比利时。虽然张伯伦和丘吉尔强烈要求，但比利时国王拒绝允许英军前去填补这个空隙；他想让德国人承担打破比利时中立状态的责任。

这并不是这周里让丘吉尔感到沮丧的唯一的否决决定。1月12日，战时内阁决定，"不会采取行动"阻止德国从纳尔维克运送铁矿石。丘吉尔更加沮丧了。

1月20日，在第四次战时广播讲话中，丘吉尔谈到芬兰人仍在顽强抵抗苏联军队。他对中立国提出严厉批评："每个人都希望喂饱了鳄鱼，鳄鱼就会最后一个吃他。"他们都希望这场暴风雨"在轮到他们被吞噬之前"结束，"可是我担心，我非常担心，这场暴风雨不会结束。它会狂风大作，怒吼不已，甚至声音更大，范围更广。它会蔓延到南部，蔓延到北部"。除了联合行动，没有迅速结束战争的机会。

丘吉尔在结束讲话时信心十足："在华沙、布拉格、维也纳这些伟大的城市在深陷痛苦之中时驱散绝望。他们一定会获得自由。这一天会来的，庆祝的钟声会再次在整个欧洲敲响，胜利的国家不仅战胜他们的敌人，而且是自己的主人，他们会在公正、传统和自由之中规划和修建家园，在这个家园里将居者有其屋。"取胜的决定因素不是数量，而是"唤起数百人心中自发的人文精神"。

丘吉尔的话鼓舞了数百万听众，不仅包括英国和法国的听众，还包括被占领地区通过地下电台收听的听众。但是，挪威、荷兰、丹麦和瑞士这4个中立国对丘吉尔呼吁他们加入同盟国表示抗议。法国政府认为他对中立国的呼吁"十分及时而且措辞谨慎"，他们称赞这篇讲话"真实而且坚定"。

一周后，丘吉尔再次发表广播讲话，描述了纳粹侵犯波兰的暴行，在那里，数千名平民被残忍无情、不分青红皂白地杀害。他说，从这些"可耻的记录"来看，"我们可以断定，如果我们落入他们的利爪之中，我们自己的命运将如何"。但是从同样的记录中，"我们也能得到力量和鼓舞，让我们在路上继续前行，不做停留，不做休息，直到解放达成，正义伸张"。

波兰被侵占已经有 3 个多月了。从那时起，英国一直保持防御的姿态。丘吉尔认为仍旧应该采取行动阻止德国运输船畅通无阻地从纳尔维克向德国运送铁矿石。2 月 5 日，在巴黎举行的最高作战会议终于决定控制瑞典的铁矿区；丘吉尔也参与了本次会议。

这天，会议还同意派出 3 万人的英法联军前往斯堪的纳维亚半岛，帮助芬兰抵抗苏联的入侵。英国参谋长会议决定 3 月 20 日为登陆纳尔维克的日子。

丘吉尔从法国返回后不久，德国补给舰"奥尔特马克号"被发现进入挪威领海。在这艘船的甲板下囚禁着 299 名英国囚犯，其中大部分是"格拉夫斯佩号"在南大西洋地区击沉的商船上俘虏来的海员。他们现在要被送往德国拘禁。英国驱逐舰"哥萨克人号"跟随"奥尔特马克号"进入挪威海域。2 月 16 日，丘吉尔亲自拟定下达给驱逐舰指挥官菲利普·维恩上校的命令："你们要登上'奥尔特马克号'，释放囚犯，占领这艘船。"丘吉尔还说，如果"奥尔特马克号"旁边的挪威鱼雷艇开火，"你们只能用必要的火力保护自己，一旦对方停止，你们就停火"。

当晚丘吉尔焦急地等待交战结果。"哥萨克人号"的一支登船战队登上"奥尔特马克号"。在接下来的战斗中，4 个德国人丧生，其他人或者投降或者逃上了岸。所有英国囚犯都重获自由。5 天后，丘吉尔在市政厅发表演说，欢迎"哥萨克人号"的船员归来。他说，他们参与了一场杰出的海战，"在阴暗寒冷的冬季，它温暖了英国人民的心底"。

参谋长会议将 3 月 20 日设定为纳尔维克登陆以及进军瑞典铁矿区的日子。于是，丘吉尔提出在挪威领海布雷的方案，为登陆做预先准备。不过 2 月 29 日，张伯伦对战时内阁说，工党领导人克莱门特·艾德礼和阿瑟·格林伍德认为英国"没有正当的理由采取可能伤及第三方的行动"。张伯伦认为美国也可能会反对在中立海域布雷。因此现在应该推迟行动。丘吉尔怒不可遏。他说，这个计划在"3 个月前"就该实施了，现在还不算太晚。这个计划会"比目前我们能力范围内的其他任何单项措施都更能加速德国的战败"。

张伯伦反对，战时内阁不愿意坚持既定方案、制订明确的时间表，丘吉尔无计可施。3 月 12 日，战时内阁才同意继续实施纳尔维克登陆计划，之后将在更南的地方进行第二次登陆。不过第二天，芬兰人与苏联签订条约，放弃了大块领土和众多防御工事。当晚，张伯伦命令"中止"纳尔维克计划。

丘吉尔很恼火，当晚他给哈利·法克斯写信说，英国在北部没有采取行动，造成了"巨大的灾难"，"这让德国人比以往更加没有约束。我不清楚他们是否有将要针对我们实施的积极方案。如果没有，我会感到惊讶"。德国人一定想过要怎么做。"他们一定有计划。可我们没有。"

3月26日，参谋长会议再次要求采取行动，阻止瑞典铁矿石运往德国。两天后在伦敦召开的最高作战会议同意了张伯伦提出的"采取任何可能的措施，阻止德国得到瑞典铁矿石"的要求。这个最初由丘吉尔在前一年9月19日提出的建议终于被作为盟军政策加以推行。会议同意在4月8日在挪威海域布雷。丘吉尔松了口气；内阁办公室翻译伯克利上尉在日记里写道，决议达成时，"温斯顿愉快地大声笑了起来"。

4月2日，张伯伦在公开演讲中自信地宣布希特勒"错失了良机"。不过就像丘吉尔给哈利·法克斯的信里预测的那样，德国人已经有计划了；战时内阁一拖再拖的所有计划将陷入危险和混乱。4月8日，英国海军通往挪威的海湾布雷的时候，德国军队正乘船向挪威海岸包括奥斯陆在内的6个登陆点进发。第二天上午，德军也在纳尔维克登陆。

尽管丘吉尔反复呼吁采取行动，可是英国政府拖延得太久了。48小时后，德军占领奥斯陆。德军未遭遇抵抗，占领丹麦。4月10日晚，当时在伦敦的英国少将麦克西得到命令，要他"将德国人赶出纳尔维克，建立纳尔维克自己的控制权"。麦克西少校的队伍至少要在36小时之后才能做好准备离开英国。太晚了。和挪威南部一样，德军在北部的战斗中也处于优势。

4月13日，7艘德国军舰在纳尔维克附近被击沉，不过纳尔维克仍然在德国人手上。在更往南的地方，英军在特隆赫姆的南部和北部登陆，以发动钳形攻势，这是哈利·法克斯十分推崇的，尽管这调动了原本打算攻打纳尔维克的部队。在纳尔维克以外，麦克西少校认为直接攻击纳尔维克不可行。但是，他在其他3个地点登陆，最近的一处位于纳尔维克以北，距离该镇30英里。他在等候有利时机发起进攻。4月中，有利时机还是没有来；厚厚的积雪和零下十多度的夜间温度使得麦克西提出将进攻延迟到月底。

看起来"纳尔维克"这个新词即将被加在丘吉尔的失败名单上。不过公众不再紧盯单个事件，他们需要的是领导才能。各政党、各行业的人士都认为丘吉尔能提供这样的领导才能。科尔维尔在4月26日写道，丘吉尔在这个国家的地位"不容置疑"。3天后，德军迫使英军放弃对特隆赫姆的钳形夹击，英军从两个海岸据点撤退。

在长期以来一直忠于张伯伦的众多下院保守党议员中，挪威的失利也激起了愤怒情绪，甚至有人提出要更换首相。张伯伦的忠实追随者亨利·钱农在4月30日的日记里记录了众多下院议员的观点："温斯顿应该担任首相，因为他更有魄力，而且整个国家都支持他。"

从 4 月 19 日到 5 月中，伦敦北部布莱切利的政府密码学校解码和破译了 1000 多封德国的密电、命令、指令、报告与回复，这些文件是挪威的德国空军和陆军用恩格玛密码通过无线电发送的，内容都与紧急、敏感的事务相关。能够解码这些密电是英国情报部门的一项胜利，相当于可以直接对敌人进行窃听。不过这些密码破译得非常突然和意外，所以还没有设计出能够将这些宝贵的情报传送给战地英国指挥官的安全传输系统。

公众对于英军在挪威不断的撤退和失败开始感到不满。越来越多的人开始嘲讽两个月前张伯伦所说的希特勒"错失了良机"的说法。很多工党和自由党成员希望丘吉尔能够在议会发起反对张伯伦的活动。丘吉尔拒绝这么做。他是战时内阁的忠实成员，会作为团队的一部分开展工作，不会搞阴谋。他的任务是找出夺取纳尔维克的办法；为了完成这个任务，他把时间都投入到了制订陆军和海军错综复杂的方案当中。

丘吉尔从破译的恩格玛电文中了解到德国人的计划和弱点，他不断催促挪威附近海域的英国海军指挥官科克勋爵，但是科克勋爵还在是否要设法将德国人赶出纳尔维克的问题上犹豫不决。5 月 1 日，为了让战斗指令有更大的推动力，张伯伦任命丘吉尔为军事协调委员会主席，该委员会有权指导参谋长会议。不过这个变化来得太晚了。

张伯伦又犯了另外一个错误。他对下院说，在挪威战役中，英国占有优势。这显然与事实相反。疑窦丛生、怒火万丈的人们甚至说要让已经 77 岁高龄的劳埃德·乔治重新掌权。5 月 7 日，议会展开关于挪威战役的辩论。

作为对皇家海军负责的大臣，丘吉尔是人们批评的主要目标之一。他准备忠诚地为政府的行动辩护，尽管他在内阁秘密会议上反对过这些行动。当张伯伦进入下院为挪威作战行动辩护的时候，迎接他的是"错失了良机"的呼喊声。

辩论持续到 5 月 8 日。当晚，钱农在日记里写道："气氛紧张，到处都能听到耳语声：'温斯顿会怎么做？'"

辩论的第二天和前一天一样激烈。人们担心软弱的政府会招致军事失利甚至战败。当工党提出在辩论结束时对政府进行谴责投票时，张伯伦反击说，他在下院是有"朋友"的。他的话招来了一阵嘲笑。"这不是谁是首相的朋友的问题，"劳埃德·乔治回应道，"这是个大得多的问题。"随后他要求张伯伦辞职。

劳埃德·乔治还对下院说，丘吉尔不应该因为在挪威发生的错误受到谴责。丘吉尔立刻从位子上站起来声明："我对海军部所做的一切负全责。"劳埃德·乔治警告丘吉尔："不要为了掩护同伴不受谴责让自己变成防空洞。"

在平常的投票中，张伯伦和保守党能获得 200 多票的多数票。然而这天晚上，他们只得到 81 票的多数票，这是一场虚假的胜利。投票结果公布的时候，为了表示对首相的抗议，很多议员开始演唱《统治吧，不列颠!》①。张伯伦离开议会大厅时，大厅里爆发出阵阵"滚! 滚! 滚!"的叫喊声。

张伯伦被打垮了。当晚，他到白金汉宫觐见国王，不是去辞职，而是告诉国王他想要建立全党派政府，让工党和自由党进入政府。但是现在横亘在张伯伦和反对党之间的仇恨情绪太深了，无法调和。在他们眼里，张伯伦就是怠惰和失败的象征。

5月9日下午，张伯伦在唐宁街召见丘吉尔和哈利·法克斯。他对他们说，重要的是要维护全国的团结。因此工党必须进入政府。如果工党不愿意在他手下任职，他已经准备好辞职。然后，他请工党领袖艾德礼和格林伍德到唐宁街来。他在哈利·法克斯和丘吉尔面前问他们是否愿意加入由他担任首相的政府。如果他们不愿意在他手下任职，他们是否愿意在另一位保守党人手下任职。

工党领袖表示两个问题的答案都取决于整个工党的意见。他们可以很快得到意见，因为此时工党正在博内茅斯召开年度会议。不过他们认为答案很可能是"不愿意"在张伯伦手下任职，而"愿意"在其他人手下任职。带着这个问题，他们离开唐宁街赶往南部海岸。显然，丘吉尔或哈利·法克斯即将成为首相。而张伯伦显然更青睐过去10年来一直与他共事的哈利·法克斯，而不是丘吉尔。

张伯伦对两个竞争者说哈利·法克斯是"最合意的人选"。但是，哈利·法克斯说，他不愿意以上院议员的身份引导战争的风云变化。哈利·法克斯说，他无法领导下院，"我将一事无成"。他认为"温斯顿会是更好的选择"。丘吉尔没有提出异议。哈利·法克斯在几个小时后写道，丘吉尔"非常友善、礼貌，不过表现出他认为这是正确的解决方案"。

丘吉尔向张伯伦和哈利·法克斯保证，在国王命令他组阁以前，他不会和工党或自由党领袖交换意见。话已至此，会议结束。张伯伦不想让丘吉尔担任首相的想法破灭了。张伯伦在下院的眼线政府总督导戴维·马吉森对他说议会的舆论"偏向丘吉尔"。

当晚，丘吉尔接到伦道夫打来的电话，伦道夫正在英格兰北部的陆军营地。伦道夫问有什么最新消息，他的父亲回答道："我想我明天会成为首相。"

5月10日一早，希特勒的军队进攻荷兰、比利时和法国。张伯伦起床后得知这个消息，他立刻确定这样的危急时刻不是更换首相的时候。他必须继续留下来掌舵。

这天早上丘吉尔的第一个会议在6点开始。他和陆军大臣奥利弗·斯丹利、

---

① 译者注：《统治吧，不列颠!》（Rule，Britannia!）是英国著名的爱国歌曲，歌词取自詹姆士·汤姆的同名诗作。

空军大臣霍尔一起根据德国人的攻势讨论当前海陆空三军需要立刻采取的措施。丘吉尔、霍尔和斯坦利一起吃了早饭。"我们几乎没睡，"霍尔后来写道，"这个消息不可能更坏了。可是他在那里，抽着他的大雪茄，吃着火腿炒蛋，就像早上刚骑马散步回来一样。"

7点，伦道夫再次给父亲打来电话。他刚刚从电报上得知德军发起进攻的消息。"发生了什么事？"他问。"喔，"他的父亲回答说，"大批德军正拥向低地国家。"

"那您昨晚告诉我的您今天要成为首相的事呢？"伦道夫问。

"哦，我不知道，"丘吉尔回答道，"现在除了击退敌人，所有事都不重要。"

这也是张伯伦的想法。8点，战时内阁在唐宁街召开会议，他和往常一样坐在了自己的位置上。一个小时以后霍尔来见他的时候发现张伯伦的想法是"在法国的战斗结束之前暂不辞职"。这天上午，保守党下院议员慢慢得知张伯伦要继续留任。他们中很多人十分生气，甚至怒不可遏。

战时内阁在上午11点召开第二次会议。会议由张伯伦主持，讨论德军进军的情况。在丘吉尔的建议下，罗杰·凯斯爵士被派往比利时让比利时国王加强决心。下午4点半，战时内阁再次召开会议。据报德国的伞兵部队占领了鹿特丹的机场，荷兰有迅速被攻占的危险。陆军部的一个信使给艾恩赛德送来一封短信：德国伞兵部队已经降落在比利时防线之后。会议讨论了在伞兵试图降落的时候需要提醒英国国内军队采取的措施。

另一位信使给张伯伦送来一封短信。收到了从博内茅斯发来的工党对他前一天下午两个问题的回答。他们的答案很肯定；工党没人愿意"在现任首相"手下任职。但是，工党领袖愿意在一位新首相手下任职。收到这样的答案，张伯伦的首相任职实际上已经结束了。一个小时后，他到白金汉宫正式向国王递交辞呈。当晚，国王在日记里写道："我问张伯伦的意见，他告诉我温斯顿是应该召见的人。"

5月10日傍晚，丘吉尔前往白金汉宫。

"我想你不知道为什么我要找你来吧？"国王微笑着问道。

"陛下，我简直想不出为什么。"丘吉尔回答道。

国王笑了起来，然后对丘吉尔说："我想请你组建政府。"

8个半月以来的沮丧失望结束了，丘吉尔的人生抱负实现了。在离开白金汉宫之前，他把几个他希望进入政府的人的名字告诉给国王；其中4人是资深工党成员，克莱门特·艾德礼、阿瑟·格林伍德、欧内斯特·贝文和赫伯特·莫里森。这将是一个全党派政府，丘吉尔称之为"伟大联盟"。

当丘吉尔与国王谈话时，他的儿子伦道夫收到一份电报，让他给海军部打电话。他接通了他父亲的一名私人秘书，他的话很简短："只是要对您说，您的父亲已经去白金汉宫了，等他回来，他就是首相了。"

●第二十八章●
首　相

1940 年 5 月 10 日傍晚，丘吉尔成为首相。他后来写道，当晚他上床睡觉的时候感到"如释重负。我终于得到指挥全局的权力了。我觉得好像正在和命运一同前进，而我以往的全部生活不过是为这个时刻、为承担这种考验而进行的一种准备罢了"。

从丘吉尔担任首相之职起，英国每天都面临生死存亡的威胁。为了补充飞机数量的不足，丘吉尔任命比弗布鲁克为飞机制造大臣；艾登担任陆军大臣，辛克莱担任空军大臣。他知道这些都是靠得住的朋友，他们做事不需要他一直催着。他请劳埃德·乔治担任农业大臣，但被拒绝了；他认为无法取胜了。艾德礼成为丘吉尔在战时内阁的副手。欧内斯特·贝文成为劳工大臣，赫伯特·莫里森成为供应大臣。丘吉尔靠这些工党成员的巨大努力提高战时生产，维持全国团结。

5 月 13 日下午，丘吉尔将他的所有内阁大臣召集到海军部，对他们说："我没有别的，只有热血、辛劳、眼泪和汗水贡献给大家。"几个小时后，他在下院重复了这句话，他宣告：

"你们问，我们的政策是什么？我要说，我们的政策就是用我们的全部能力，用上帝赋予我们的全部力量，在海上、陆地和空中进行战争，同一个在人类黑暗悲惨的罪恶史上从未有过的穷凶极恶的暴政进行战争。这就是我们的政策。

"你们问，我们的目标是什么？我可以用一个词来回答：胜利——不惜一切代价赢得胜利；无论多么可怕，也要赢得胜利，无论道路多么遥远艰难，也要赢得胜利。因为没有胜利，就不能生存。大家必须认识到这一点：没有胜利，就没有大英帝国，就没有大英帝国所代表的一切，就没有促使人类朝着自己目标奋勇前进这一世代传承的欲望和动力。

"但我是心情愉快、满怀希望挑起这个担子的。我深信，人们不会让我们的事业遭受失败。此时此刻，我觉得有权要求大家的支持，我要说：来吧，让我们同心协力，一道前进。"

回到唐宁街，丘吉尔得知希特勒的军队正越来越深入荷兰、比利时和法国。他想立刻采取主动，轰炸德国，但是战时内阁决定不能实施这个计划，战前对英国空军力量的忽视是原因之一；哈利·法克斯勋爵直白地说，英国是处于弱势的国家。两天后，意大利仍然保持中立，哈利·法克斯建议如果丘吉尔向墨索里尼发一封私人电报，也许"会有价值"。

丘吉尔同意这么做。在第二天发出的电报里他说，不论法国的战程如何，"英国将战斗到底，即使是独自战斗，因为我们已经这么做过，而且我在一定程度上相信我们会得到美国以及所有美洲国家越来越多的帮助"。这也是 5 月 15 日丘吉尔给罗斯福的电报的主题，他在这封电报中继续预言："如果有必要，我们会独自继续战斗，我们不害怕这么做。不过我相信，总统先生，您知道如果美国的声音和力量抑制得太久，就会失去价值。您可能会看到一个完全屈服了的纳粹化的欧洲以惊人的速度出现，这个重担是我们负担不起的。"

5 月 16 日上午，德军突破马奇诺防线。伦敦收到消息，即将到来的法军撤退会让英国军队暴露在危险之中。丘吉尔决心用一切个人影响力阻止撤退，他飞往巴黎；但他发现法国最高司令部根本没有任何反攻计划。当晚，他给战时内阁发电报问是否能满足法国提出的派更多英国战斗机和轰炸机支援的要求。战时内阁同意了。

5 月 17 日上午，丘吉尔飞回伦敦。"温斯顿情绪低落，"他的私人秘书约翰·科尔维尔说，"他说法国人和波兰人一样正被彻底击溃，为了保持与法军的联系，我们在比利时的队伍必须撤退。"5 月 18 日的战时内阁会议上，被丘吉尔任命为枢密院议长的张伯伦建议丘吉尔在第二天晚上亲自向全国人民发表广播讲话，表明"我们正身处困境，在实施取胜所必需的措施时，不允许个人力量挡路"。

丘吉尔接受了张伯伦的建议。这是他就任首相以来的第一次广播讲话。他提到了"一批批被践踏的国家和被胁迫的民族。捷克人、波兰人、挪威人、丹麦人、荷兰人、比利时人，野蛮残忍的漫漫长夜将要降临在他们身上，甚至希望之星也无法划破黑夜，除非我们取胜，我们必须战胜，我们也将取得胜利"。

丘吉尔的广播讲话让全国人民受到鼓舞。"我昨晚听到了你熟悉的声音，"鲍德温给他写信说，"我希望能握住你的手，发自心底地告诉你，我希望你一切安好——身心都健康，因为现在让人难以承受的重担正压在你的身上。"

丘吉尔身上的担子很重。在咨询了轰炸机指挥部总司令埃德加·休伊特上将的意见后，丘吉尔决定，尽管法国要求支援，英国将不再派遣更多轰炸机前往法国上空作战；很快英国的每架轰炸机都要用来击退德国对英国本土的入侵。丘吉尔预见到有必要把在法国的英军解救出来，因为他们正被驱赶向海边，丘吉尔让海军部集合"大量待命的小型舰艇，向法国沿岸的港口海湾进发"。

美国可以立即提供潜在补给；丘吉尔决定得到闲置在美国海军造船厂的 50 艘一战时期的驱逐舰的使用权。不过罗斯福不同意派出它们；他的顾问担心英国会战败，届时这些驱逐舰会落到德国人的手里。美国驻伦敦大使约瑟夫·肯尼迪甚至告诉罗斯福英国可能会寻求与希特勒和谈，得知此事后，丘吉尔在 5 月 20 日给罗斯福总统发电报说："我们的目标是，不管发生什么，要在这座岛上战斗到底。"

英军在法国的失败也许会让希特勒在英国本土寻求速战速决；丘吉尔预计德国的入侵即将到来，当晚，他下令让地方志愿军和新兵训练营里还没有受过射击训练的士兵把守所有容易受到攻击但又没有国防军把守的机场。就在丘吉尔下达这些命令的同时，抵达阿贝维尔的德军先头部队已经开始揳入法国北部的英法联军之间。1918 年夏，丘吉尔曾经警告过劳埃德·乔治德国人可能会有这样的行动，他还特别指出阿贝维尔将是德军抵达海边、将盟军军队分隔开的地方。

阿贝维尔的德军现在正沿英吉利海峡沿岸向北突破。24 小时后，他们开始靠近布伦。丘吉尔决定再次前往法国，看看是否能说服法军设法与被孤立的英军连接起来。5 月 22 日，丘吉尔抵达巴黎，他问新任法军总司令魏刚将军，法军是否能参与一项战略计划，即英军和法军从南北两端一起对揳入的德军部队发起进攻，切断海岸上的德军，让被分隔开的盟军队伍连接起来。魏刚回答说："我会试试。"艾恩赛德写道，当天下午丘吉尔"几乎是心情愉快地"回到伦敦；可是几个小时后他开始收到报告说法国人的战斗意志低落。

魏刚没有向北移动。5 月 24 日，英军被迫撤离布伦。加来的英军正遭遇炮轰。丘吉尔发现当地的英国指挥官缺乏干劲，不准备对加来的部队给予支援，这让丘吉尔很不舒服。后来他得知向加来派了援军，不过现在最需要的是要保持敦刻尔克向军队和船只开放，因为德国人正在英吉利海峡周边的港口收网，网越收越紧了。

这周，布莱切利的密码破译专家成功破译了法国的德国空军使用的密码。这种密码比挪威使用的更加复杂，每天有成千条机密信息用这种密码在德国空军指挥部和法国以及佛兰德斯的德军部队之间传递。这些信息透漏了德军陆军以及空军的行动。5 月 24 日，英国从战场上缴获的德国文件中得知德国有计划要切断英军通向海边的路线。丘吉尔立刻寻求应对措施，当晚他下令让军队"进军至北部的港口和海滩"。

陆军将会得到解救，如果可能的话，会被带回国；海军准备"用尽一切办法"在港口和海滩上搭载撤退人员。丘吉尔对他的内阁大臣说，一旦陆军部队被带回国，"我们在国内就能坚持下去"。

当晚下达了撤退命令，要从敦刻尔克的码头、堤坝和海滩接走尽可能多的人。为了阻止德国人从西边抵达敦刻尔克，加来的英军受令坚守阵地不会撤离。在批准了这个"残酷"的命令后，丘吉尔在海军大楼吃晚饭的时候"异常沉默"，显然食不知味。他从桌边站起来的时候对艾登说他觉得"身体不适"；两个月后，他在议会称坚守加来的这些士兵是"拯救了我们的那颗沙砾"。

5月27日，美国要求租用纽芬兰、百慕大和特立尼达的英国机场。丘吉尔仍然没有得到他认为对英国存亡至关重要的驱逐舰，他拒绝了美国的要求。当天，他对战时内阁说，在战争中美国实际上没有给予英国任何帮助，"现在他们发现危险很大，他们的态度是想要把对我们有帮助的所有东西留下，用于自己的防御"。丘吉尔得知，在敦刻尔克东侧，把守一个关键地区的一个比利时营"被60架敌军轰炸机的攻击波消灭"。当晚，比利时国王要求停战，从午夜开始生效。

在遥远的斯堪的纳维亚，期待已久但现在几乎已经被忘记的挪威战役于5月27日达到高潮，英法波联军成功攻占纳尔维克。取胜的队伍不知道的是，因为急需队伍保卫英国，他们的指挥官已经收到命令要在一周内撤出纳尔维克。这晚，在敦刻尔克，11400名英军被解救，20万英军和16万法军仍然身处包围之中。

5月28日，丘吉尔等待着敦刻尔克海滩传来的消息，同时在战时内阁的秘密会议上，哈利·法克斯建议英国应该接受墨索里尼的提议，通过谈判争取全面和平。张伯伦看起来是支持哈利·法克斯的，他对同僚们说："我们战斗到底维护独立的同时，如果有人对我们提出适当的条件，我们愿意考虑。"丘吉尔既失望又生气。任何这种"适当的条件"都是要予以坚决反对。"战斗着倒下去的国家还会再站起来，可是听话投降的国家就彻底完了。"他得到了战时内阁中两名工党成员艾德礼和格林伍德的支持。受到他们坚韧态度的鼓舞，丘吉尔对全体25名内阁成员讲话的时候重申，英国会战斗着倒下去，不会谈判媾和。

丘吉尔对全体内阁成员说，他在过去的两天里认真思考了是否应该与希特勒进行和谈。德国人会要走英国的舰队、海军基地以及其他很多东西。英国会成为由傀儡政府统治的"奴隶国家"。然而英国仍然有"非常多的储备和优势"，他总结道，"我相信，如果我在任何一刻想到谈判或投降，你们每个人都会站起来，把我从位子上拉下来。如果我们这个岛国漫长的历史最终要结束，那么只有在我们每个人都倒在地上被自己的鲜血呛住的时候，它才会结束"。

话音刚落，四周立刻响起了赞成的呼喊声；丘吉尔的大臣们团结一心，备受鼓舞。"很多人，"他后来写道，"从桌边跳了起来，跑到我的椅子旁边，边喊边拍我的背。"他接着写道，毫无疑问，"如果在这个关键时刻在领导整个国家的时候摇摆不定，我会被赶下台的。我肯定，每位大臣都准备好下一刻就阵亡，准备好家庭和财产被毁，他们不会屈服投降"。

战时内阁中也仍然有人希望继续讨论和谈的可能性。然而，张伯伦改变了之前的观点，当晚建议英国应该说服雷诺"继续战斗下去是值得的"。可是哈利·法克斯不这么想，他再次建议通过意大利人进行和谈。他还希望公开声明英国需要战争援助，以此赢得美国的支持。丘吉尔反驳道，要打动美国人，真正需要的是"勇敢地对抗德国人"。

为了进一步打击哈利·法克斯的摇摆态度，丘吉尔邀请劳埃德·乔治加入战时内阁。但是劳埃德·乔治拒绝进入内阁。"酿成这场灾难的几位设计师仍是你政府里的主要成员，"他对丘吉尔说，"其中有两位还加入了指挥这场战争的内阁。"

事实确实如此。但是丘吉尔不敢把张伯伦和哈利·法克斯清除出内阁，打破全国的团结。他相信，他能在全国制造出强烈的坚定氛围，全国人民的坚定意志一定会削弱摇摆者的疑虑。

5月28日午夜，又有25000名官兵离开敦刻尔克海滩。第二天，每小时有2000人安全撤离。在北海来回穿梭参与营救的是一支由大小船只组成的庞大舰队，其中还有从沿岸数十个度假胜地调集来的明轮船和游艇。很多船被德军不间歇的空袭击沉，数百名士兵和参与营救的人员丧生。

5月30日上午，丘吉尔下令允许敦刻尔克滩头的法军部队共用可用运输船只。尽管这样肯定会减少英军的登船人数，丘吉尔说："为了共同的利益，必须接受。"到了中午，总共已有10万人撤离，安全抵达英国，尽管在此期间德军一直不断进行空袭。目前有860多艘船只参与营救，每小时撤离4000人。丘吉尔在监督撤离行动的同时仍旧强调必须让船只同时撤离法军。他说，如果不这么做，会对英法关系造成"无法挽回的伤害"。

大家不清楚撤离能持续多久。5月30日下午，丘吉尔告诉英国远征军总司令戈特勋爵，一旦无法再进行有组织的抵抗，他有权"正式停止抵抗，避免无谓的屠杀"。丘吉尔希望在最后一刻激励法国人奋起抵抗，这天，他再次飞往巴黎，同行的人有艾德礼、迪尔将军和伊斯梅。丘吉尔和艾德礼在巴黎与雷诺和贝当见面。伊斯梅后来回忆说，贝当穿着平民服装，看上去"老态龙钟、萎靡不振，一副失败主义者的模样"。

丘吉尔对法国领导人说，纳尔维克撤退将在48小时后开始；撤离的16000名法国和波兰官兵将被送到法国保卫巴黎。将有更多英军和加拿大军队被派到法国西部，在那里组成一支陆军，参与巴黎保卫战。英军已经有2个师在法国西部了，准备在英国本土作战的英军也只有3个师。不能再分出更多援兵了。另外有14个师正在英国接受培训，他们只配备了步枪，"完全不适合现代战争"。有10支英国空军中队在法国上空飞翔；剩下的29支中队必须应对德国人对英国飞机制造厂的空袭；如果这些队伍失去战斗力，"届时局势将无药可救"。

丘吉尔说，英国和法国必须保持高度一致。为此，他会下令从现在起让法军先撤离敦刻尔克。他"绝对相信"两国唯有"坚持战斗，取得胜利"。如果其中一个被击垮，另一个也不能放弃战斗。"活下去的一方将继续战斗。"如果英国不幸被毁，政府准备"从新世界发起战争"。如果两国都被击败，德国"不会从轻发落——他们会永远沦为附庸和奴隶"。

雷诺显然被丘吉尔的话打动了，不过贝当没有。路易斯·斯皮尔斯后来回忆说，在听到丘吉尔对他们说再见的时候，他从丘吉尔的语气听出丘吉尔"在心里知道法国会被击溃，而且他们知道这一点，他们会任由法国被击溃"。

返回伦敦后，丘吉尔看到一个提议：一旦英国遭遇入侵，皇室和政府将撤离到加拿大。他回答说不能有任何此类讨论。这天晚上，丘吉尔得知，德军将席卷敦刻尔克海滩。这天上午，6 艘船被击沉，很多士兵落水身亡。丘吉尔的第一个反应是让撤退再进行一天，不过他还是接受了参谋长会议的意见，不能再进行撤退了。

丘吉尔和他的顾问们相信一旦敦刻尔克撤退结束，德军控制了法国境内的英吉利海峡沿岸地区，希特勒就会开始入侵英国。德军准备俘虏那些敦刻尔克海滩上没能撤离的盟军士兵。丘吉尔可以稍稍喘一口气了。6 月 1 日，陆军部情报部门破译的密码电文显示德军很可能先完全打垮法国，之后才会攻打联合王国。丘吉尔知道英国有了第一次喘息的空间，虽然很短暂。同一天，国家美术馆馆长建议将馆内最贵重的藏品送往加拿大，丘吉尔回答道："不，把它们埋在洞里和地窖里。一件都不用送走。我们会打败他们的。"

6 月 3 日破晓，敦刻尔克撤退结束；224318 名英军官兵和 111172 名法军官兵被撤离。敦刻尔克的 71 门重型火炮和 595 辆汽车也被抢救了出来，不过德国人俘获了大批战争物资。222 艘皇家海军舰艇参与了撤退，30 艘被击沉，其中包括 6 艘驱逐舰。不过丘吉尔和参谋长会议知道遭到立刻入侵的威胁已经解除，他们同意派两个英军师前往法国西部，第三个师随后就到。同时，英国轰炸机会优先轰炸法国人指定的目标。

丘吉尔斗志昂扬，他对科尔维尔说，他"厌倦了总是防守"，打算"袭击敌人的领土"。

这周，空战是丘吉尔关心的重点；在前 3 周，在法国和佛兰德斯的战斗期间，共生产 453 架飞机，但 436 架被击落。但是，法国的空战是英国在此次战争中取得的首次空中胜利，在敦刻尔克海滩上空，英国空军以 114 架飞机的代价消灭了 394 架德军飞机。然而英军对这些损失仍然很难承受，不过 6 月 4 日，比弗布鲁克向丘吉尔保证现在战斗机的生产速度已经达到每天 35 架，每周超过 200 架。同一天，丘吉尔从他在华盛顿的首席武器谈判员阿瑟·珀维斯那里得知 50 万支美制步枪和 500 门野战炮已经做好装船准备。不过驱逐舰还是不能提供，这是罗斯福的决定，他对此表示"遗憾"。

6月4日，丘吉尔在下院表示："我想也许是我命中注定，要宣布我国漫长历史上最重大的军事失利。"他本来以为只能从敦刻尔克安全撤回不到两三万人。而实际情况可以说是"解救的奇迹"，不过，他警告说："我们必须谨慎，不能把这次解救看成胜利的象征。撤退无法打赢战争。"在演讲的结尾，他说道：

"即使欧洲大片的土地和许多古老著名的国家已经陷入或可能陷入秘密警察和纳粹统治下种种罪恶机关的魔掌，我们也绝不动摇，绝不气馁。

"我们将战斗到底。我们将在法国作战，我们将在海上和大洋中作战，我们将在空中愈来愈有信心、愈来愈有力量地作战，我们将保卫我们这座岛屿，不惜一切代价。

"我们将在海滩上作战，我们将在敌人登陆的地点作战，我们将在田野和街头作战，我们将在山区作战；我们决不投降。

"即便我们这座岛屿或这座岛屿的大部分被征服并陷入饥饿之中——我从来不相信会发生这种情况——我们在海外的帝国臣民，在英国舰队的武装和保护之下也将继续战斗，直到上帝认为适当的时候，新世界拿出它的一切力量，来拯救和解放这个旧世界。"

整个下院被深深打动了。工党下院议员约西亚，韦奇伍德写道："这篇演讲敌得过1000门大炮和1000年来的所有演讲。"维塔·萨克维尔·韦斯特①给她的丈夫写信说："即使是被广播员复述的，它也让我全身颤抖（不是因为害怕）。我想，人们之所以被他所使用的伊丽莎白式的词句所打动，原因之一就是人们感到在这些词句背后有着像坚强堡垒一样巨大的力量和决心全力支持着，而绝不只是因为这些文字本身的缘故。"

丘吉尔很清楚前面任务的艰巨性。即使德国人决定在击败法国后再开始攻打英国，法国战败的日子也已经不远了。当晚他给鲍德温的问候信写回信时说："我们正在经历非常艰难的时刻，我想未来会更艰难，不过我坚信好日子会来的，不过我们是否能活着看到那个时候相当令人怀疑。"

6月5日，入侵法国短短26天后，德军开始进攻巴黎。这天，丘吉尔寻找一切可能的办法帮助法国，他提议对德国占领的海岸地区发动一系列"打完就跑"的快速袭击。然而德国人推进得太快了，没时间准备这样的袭击。在法国北部的福琼将军指挥的一个英军师被追退到英吉利海峡沿岸，损失惨重。纳尔维克附近的海域上，在撤退的最后一天，3艘英国军舰被击沉，1500名水手和被撤离人员遇难。丘吉尔对每天撤退和拖延的报道感到气馁，6月6日，他给庞德写信说：

---

① 译者注：维塔·韦斯特（Vita Sackville-West，1892—1962），英国作家兼诗人。

"我们似乎极度缺乏行动能力。"雷诺不断让英国提供更多的空中支持也让丘吉尔心烦意乱，他在 6 月 7 日提醒雷诺说，前一天有 144 架英国战斗机在法国上空作战，不过他还是同意再从英国派 24 只阻塞气球及操作人员去巴黎，保卫法国的首都。

这就是英国可以提供的最后的帮助；6 月 8 日，丘吉尔、辛克莱和比弗布鲁克决定不再向法国派遣战斗机。第二天，雷诺派他新任命的国防部副部长戴高乐将军到伦敦，请求英国让全部的空军力量参与法国的战斗。丘吉尔向戴高乐解释说，一旦这些飞机被毁，在德军入侵英国前必定会发动的空袭中，就没有可以保护英国的东西了。戴高乐体谅英国的左右为难和优先考虑。在戴高乐飞回法国的时候丘吉尔向战时内阁汇报说："他个人的意见是认同我们的政策。"他还说这位年轻的将军让人感到了法国人的士气和决心。

已经太晚了。即便 6 月 9 日实施了丘吉尔早先提出的在莱茵河布雷的计划，也已经无法再影响法国的战局了。这天，福琼将军的部队被逼退到海边的圣瓦勒利。大雾阻碍了他们的撤退。随后，当德军开始进攻巴黎时，意大利对英国和法国宣战。

6 月 10 日，丘吉尔决定再次飞往法国，激励法国人保卫巴黎。在准备出发时，他得知法国政府正在撤出他们的首都，他说"真见鬼"。法国政府内阁向南到达卢瓦尔河边。6 月 11 日，在布里亚附近的铃兰堡，丘吉尔见到了乱作一团的法国领导人。雷诺和戴高乐赞成继续战斗，也许可以从法国西部开始，而魏刚和贝当认为战斗已败。丘吉尔提出，如果法国能坚持几个月，英国就能提供支援。当晚，一个师的加拿大军队登陆法国。从敦刻尔克撤回的一个英军师将在 9 天左右后抵达。从纳尔维克撤回的部队正在路上。如果法国能提供火炮，还能提供第三个英军师，如果法国能坚持 9 个月，直到明年春天，英国就能培训和装备 25 个师，"由法国调遣，可以用在任何地方"。

1941 年春对于魏刚和贝当来说太远了，即使对于雷诺和戴高乐而言也太远了。不过这是很认真的提议，而且这个提议是为了增强法国人的信心。魏刚认为坚守是无望的。丘吉尔再次劝说法国人再多坚持"三四周"，这样在法国西部的英军和加拿大军队就可以攻打德军的侧翼。魏刚回答说，这是以小时计算的问题，而不是以天或周计算的问题。

随后，丘吉尔说如果"协同防御"失败了，英国可以帮助法国继续进行"大规模的游击战"。贝当显然非常生气，他对丘吉尔说这意味着"毁掉这个国家"。雷诺也不同意。丘吉尔最后一项提议是让法国人坚守布列塔尼，届时将派遣英国军队和北非的法国军队对他们加以支援，除了戴高乐，其他法国领导人都没有响应这项提议。当晚，雷诺对丘吉尔说，贝当已经告诉他"有必要寻求停战了"。

6月12日上午，丘吉尔飞回英国。当天，德军在空军和炮火上的优势力量迫使福琼将军的队伍在圣瓦勒利投降。晚上，雷诺打电话告诉丘吉尔法国政府已经离开布里亚前往图尔，他问丘吉尔能否再来法国。丘吉尔同意了。6月13日上午，丘吉尔驱车前往亨登机场，随行的是他的国防秘书莱斯利·霍利斯上校。

丘吉尔1点抵达亨登时，天气预报说这天晚些时候会有恶劣天气。空军参谋部建议此次飞行延期。"见鬼去吧，"丘吉尔对霍利斯说，"不管发生什么，我要去！局势太严重了，不能操心天气！"在亨登等候丘吉尔的有比弗布鲁克、伊斯梅、哈利·法克斯、哈利·法克斯的高级顾问亚历山大·卡多根和最高作战会议翻译伯克利上尉。英国代表团乘坐两架飞机穿过英吉利海峡前往海峡群岛，然后继续飞往图尔。

在头天夜里遭受了猛烈轰炸的图尔机场安全降落后，丘吉尔驱车进城，前往省长官邸。雷诺还没有到，英国代表团在格朗德酒店用午餐；在他们吃饭的时候，法国战时内阁秘书保罗·鲍杜安到了，丘吉尔后来回忆说，他一到就立刻开始"用软绵绵、圆滑奉承的态度谈论法国抵抗无望"。鲍杜安的悲观言论是不祥的预兆，不过霍利斯后来回忆说："丘吉尔已经下定决心，其他人的失败主义言论无法改变他的心意。"

午餐结束了，英国代表团回到省长官邸。雷诺仍然没到，似乎也没人知道他在哪儿。丘吉尔等着，他在图尔的时间有限；因为机场没有灯光，跑道上坑坑洼洼，天黑后飞机就没法起飞了。雷诺终于来了，来的还有两个英国人，大使罗纳德·坎贝尔和斯皮尔斯将军。大家上楼去开会的时候，丘吉尔停留了片刻，他向斯皮尔斯询问鲍杜安的情况。"我告诉他，"斯皮尔斯后来回忆说，"他现在正极尽谗言，劝雷诺投降。"他是代表魏刚和贝当出面游说的。随后，丘吉尔低吼道，他已经猜到了。

英方和法方代表被带到二楼的一个房间，房间里只有一个书桌，法国内政部长乔治·曼德尔正坐在桌旁。伊斯梅将军后来在给丘吉尔的信里谈到这次与曼德尔见面的情形时说："我们在酒店吃完午饭后在省长官邸的办公室看到他，他精力充沛、为人反叛。他的午饭没吃，放在他面前的托盘里，他每只手里都拿着一个电话听筒，正精干地向各方发出明确的命令。他是我们在法方看到的唯一一道阳光——除了您让雷诺鼓起勇气的时刻。"

丘吉尔很高兴见到曼德尔，曼德尔是他在两次大战之间认识的朋友。不过曼德尔并不是最高作战会议的成员，必须立刻离开。曼德尔后来遭到法国亲纳粹分子的谋杀。曼德尔走后，雷诺坐到他的位子上，他用沉痛的语气对丘吉尔说，法国政府不久将不得不请求停战。他请求英国解除法国绝不单独与德国求和的承诺。

丘吉尔劝雷诺暂缓寻求停战的决定，他问："再过一周或者更短的时间行吗？"雷诺没有回答。但是他同意至少在请求罗斯福采取"进一步措施"之前，"不会单独求和"。丘吉尔许诺立刻给罗斯福打电话。他对雷诺说，如果美国立刻给予援助，甚至宣战，那"离胜利就不远了"。这些话能激发斗志，也十分有效。"会议结束的时候，雷诺方面比之前表现得自信多了，"伯克利上尉在日记里写道，"他显然正在奋力对抗他内阁里的大部分人，还有其他不计其数的秘密力量，温斯顿勇敢的承诺让他得到了安慰。"

在乘车前往机场的路上，丘吉尔恳求雷诺："不要屈服，不要向敌人投诚。继续战斗！"这天，德军进入巴黎，这是9个月里落入他们手中的第六个欧洲国家的首都；华沙、哥本哈根、奥斯陆、海牙和布鲁塞尔已经处于纳粹统治之下。

现在法国西部有超过15万英军和加拿大军队，这天还有更多军队将要登陆瑟堡，他们将和法军一起守卫布列塔尼，甚至向巴黎西部的德军侧翼移动。不过6月14日下午，伦敦的人们得知魏刚拒绝在布列塔尼做任何抵抗。丘吉尔立刻下令让英军停止登陆，但他仍然希望已经在法国西部的部队能够推进。当晚他在电话里向部队指挥官艾伦·布鲁克表达了进攻的想法。丘吉尔力荐作战，谈了将近半个小时后，最终他还是接受了布鲁克的判断，布鲁克认为所有英军队伍都必须返回英国。

6月15日一早，丘吉尔得知美国不会支援法国。当天上午晚些时候，在张伯伦的全力支持下，丘吉尔给罗斯福发电报，劝他再考虑考虑。丘吉尔说，如果美国声明"在必要的时候参战"，可能会"挽救法国"。如果没能在几天里给出这样的声明，"法国的抵抗就会崩溃，那就只剩我们一国了"。丘吉尔接着说："如果我们失败，你们就会面对纳粹统治下的欧洲联邦，与新世界相比人数多很多，实力强很多，武装好很多。"

虽然这天晚些时候丘吉尔又给罗斯福发了第二封更有说服力的电报，可是他没能让美国宣战。6月15日，他考虑再次飞往法国，前往波尔多，目前法国政府撤离到了这里，安排在法国投降的时候将法国舰队转移到英国。但是他没有去，因为担心在这个最后阶段劝法国人继续战斗会遭到他们的怨恨。

6月16日上午，丘吉尔得知法国将要提出停战。当天上午，战时内阁会议同意解除法国绝不单独与德国求和的承诺，不过"条件是法国舰队要立刻航行至英国港口，这也是唯一的条件"。丘吉尔和他的顾问们担心德军会利用法国舰队众多精良的军舰发动对英国的入侵，不过他们没办法强制执行这个限制条件，法国舰队仍停留在它们自己的港口里。

没办法阻止法国投降了吗？在伦敦，法国访英经济代表团的一名成员，多年后成为法国和平时期总理的勒内·普利文建议英国和法国组成政治联盟。它们将合并主权，统一国防力量。两个国家不再单独作战，不会被一个接一个地击溃。即使新联盟在法国被德军击败，它还将继续在英国战斗。这样就不会有单独投降；当时在法国西部的 25 万法军官兵远远不到放下武器的地步，他们可以撤离到英国，作为新联盟的有机组成部分继续战斗。法国舰队也可以作为联盟舰队的一部分驶向英国港口。

一开始听到英法联盟的建议时，丘吉尔并不接受。不过他的很多顾问喜欢这个主意，6 月 16 日，他又重新做了考虑。也许在最后一刻，这能让雷诺勇于反对魏刚和贝当。张伯伦对这个建议很热衷，戴高乐将军也是如此，他在前一天到伦敦来授权将当时从美国运往法国的一批武器送往英国卸货。戴高乐同意对联盟的建议给予支持，他对丘吉尔说："某种夸张的动作是必要的。"联盟声明立刻开始起草，当天下午 4 点，声明起草完毕。戴高乐希望丘吉尔在第二天上午带着声明飞往波尔多，把声明交给雷诺，他相信这么做会使雷诺让法国保持交战状态。战时内阁建议丘吉尔、艾德礼和辛克莱都去法国，作为英国 3 个主要政治党派的代表，与雷诺讨论这份声明。

正当丘吉尔准备离开唐宁街前往车站的时候，他收到了一份电报，电报上说："会议取消，消息随后就到。"伯克利上尉在日记里写道："温斯顿不愿拖延时间，他驱车前往滑铁卢，坚持在那里待了半个小时，伊斯梅和庞德轮流恳求他要理智。最后，他返回唐宁街，等待进一步的消息。"午夜前，消息到了；在波尔多的法国政府紧急会议上，雷诺试图延迟停战的所有努力都失败了。贝当和魏刚取得了胜利。联盟声明不可能对法国的命运有任何影响了，它甚至都没有公开。

当晚，雷诺辞职；贝当组阁，几个小时后，他向德国人请求停战。英国孤立无援了。6 月 17 日一整天，英军都在撤离法国；邮轮"兰卡斯特里亚号"在圣纳泽尔遭遇德军轰炸，船上将近 3000 名官兵和平民遇难。当晚，戴高乐飞回英国。为了确保让他成为法国抵抗组织的核心，丘吉尔批准了德斯蒙德·莫顿的建议，用英国政府的钱让一位公共关系专家宣传戴高乐和他的抵抗事业。

6 月 18 日晚，120 架德军轰炸机袭击了英格兰东部，9 名平民丧生。战争的新阶段开始了。"让我们习惯它，"6 月 20 日丘吉尔在秘密会议上对下院说，"吃惯苦头，就不觉得苦了。"连续的甚至有时猛烈的轰炸会成为英国人生活的"常规"。战争的结果将取决于"老百姓的勇气"。

111000 多名英军官兵从法国西部撤离，大约 16000 人被俘。

6 月 21 日，丘吉尔得知，通过对德国空军秘密无线电通信的解码，英军发现了德国轰炸机在夜间飞行中瞄准精确目标时使用的一种交叉无线电波束装置，瞄准后，可以自动投弹。英国的夜间战斗机当时几乎无能为力，丘吉尔后来回忆说，电波束的消息是"这场战争中最黑暗的时刻之一"。不过发现电波束的年轻科学家 R. V. 琼斯也找到了应对电波束的办法；电波束可以折弯，让来袭的飞机脱离规定航道，它的炸弹就会投到空旷的乡村地带。

正如丘吉尔所担心的，作为德国休战条件的一部分，希特勒坚持让法国舰队投降。埃及的英军可以很容易地控制住当时正在亚历山大的法国军舰，但土伦和达喀尔的法国军舰不在英国人的控制范围内。不过位于奥兰港米尔斯克比尔基地的法国军舰处在地中海的英国海军部队射程之内，这些法国军舰中包括 2 艘战列巡洋舰和 4 艘巡洋舰。丘吉尔和参谋长会议决定不让德国人得到这些军舰，即使这意味着要向两周前的盟友开火。不过首先他们计划让菲利普上将和劳埃德勋爵直接去奥兰，恳请法国海军高层不要让舰艇落入德国人手中。他们给那里的法国海军指挥官让苏尔上将三个选择：让他的舰艇驶入英国港口，作为盟友加入英国皇家海军，共同抗击德军；让这些舰艇驶入英国港口，把它们交给英国船员；让他的舰艇驶往法属西印度群岛的某个港口，解除武装，如果法国船员想回家，可以立刻将他们送回法国。前三个选择没有被接受的话，就加上第四个选择——让他的舰艇沉船米尔斯克比尔基地。

尽管经过了 7 月 3 日上午和下午漫长的谈判，让苏尔上将仍然拒绝背弃法德停战协定的条款。他不接受英国人给出的所有选择，包括最后一项。他得到了前法国海军参谋长、现任法国海军部长达尔朗上将的支持。在德国的同意下，贝当在维希组建政府，达尔朗上将忠于贝当政府，坚持执行停战协定；他发电报让让苏尔和他的手下不要"理会"英国人的要求。

达尔朗的指令通过无线电波传给让苏尔；也传给达喀尔的法国海军上将，英国人知道了这条指令。战时内阁意识到发给达喀尔的指令一定与发给奥兰的一样，让苏尔完全丧失了行动自由。5 点 55 分，处于奥兰附近海域的英国海军上将詹姆斯·萨默维尔爵士下令让船只开火。5 分钟后，萨默维尔下令停火，两艘法国战列巡洋舰中的一艘搁浅，一艘巡洋舰被炸毁，1200 名法国水兵丧生。另一艘战列巡洋舰设法退出了港口，在夜幕的掩护下毫发无损地抵达土伦。

几天后，"奥兰"已经成为英国不留情面、意志坚定的象征。6 个月后，丘吉尔对罗斯福的特使哈利·霍普金斯说，奥兰是"我们命运的转折点，它让全世界认识到我们是真的打算继续斗争下去"。

反入侵的准备现在是丘吉尔的主要工作。丘吉尔下令一旦侵略军靠近东部海岸的储油罐，就摧毁这些油罐。一个月后，在拟定下达给可能被德军占领的城镇里的警察、士兵和自卫队成员的命令时，丘吉尔写道："他们可能与剩下的居民一起投降，不过在这种情况下，他们一定不能帮敌人维持秩序或提供任何其他帮助。不过，他们可以尽力为民众提供帮助。"

为了想办法把战火引到德国本土，7月8日，丘吉尔对比弗布鲁克说，一个"真一定"能让英国取胜的办法是用轰炸机袭击德国。如果希特勒在英国海滩上被击退或者根本不想再入侵英国，他会"向东退却"。尽管英国无法阻止他向东移动，但是"有一个办法可以让他回头，而且可以打垮他，那就是从我国派出重型轰炸机对纳粹本土实施绝对毁灭性的攻击"。丘吉尔对科尔维尔说："就算这个人打到里海，回来时也只能发现后院起火。就算打到长城，对他也没有任何帮助。"

7月，德国人掌握了轰炸的主动权；7月9日，南威尔士的码头被轰炸。这周，88名平民丧生，不过，根据战时内阁的决定，这个数字没有被公布。丘吉尔评论说，如果德国要入侵英国，自卫队一定要武装起来对抗德军，甚至必须允许妇女参与战斗。

当德国轰炸机越来越频繁地袭击英国的同时，英国皇家空军的战斗机飞行员凭着他们的技巧和勇气奋勇抗敌。丘吉尔决定不能让希特勒占领军安宁度日，7月15日，他邀请休·道尔顿领导特别行动处，协调所有针对海外德国人的破坏行动。丘吉尔对道尔顿说："现在，把欧洲点着吧。"这是一项艰巨、危险而且往往是让人泄气的任务；不过3年后，一个强大的特工网络几乎渗透到欧洲德国占领区的每个角落，为盟军空军和陆军士兵组织逃生通道，组建和武装当地从事破坏活动的队伍，让当地的抵抗力量为盟军登陆的日子做好准备，不管登陆地点是在意大利、北欧，还是在缅甸、马来西亚和荷属东印度群岛，届时在战线后需要当地队伍的积极参与。

7月24日，一份协议在华盛顿签署，根据该协议，美国在未来的21个月里将为英国制造14375架飞机。制造步枪、野战炮、反坦克炮以及弹药的类似协议也在谈判之中。这些高度机密的协议让丘吉尔重拾在未来发动进攻的信心。这个月，美国为英国制造的238架侦察机中的首批26架运抵英国。不过美国人仍然不愿意派出驱逐舰。为了鼓励他们，丘吉尔勉强同意交换技术机密，让美国人掌握英国人的雷达知识以及在空对空和地对空通信方面的最新进展。

7月31日，丘吉尔还给罗斯福发了一封私人信件，请求他派出"五六十艘你们最老的驱逐舰"。罗斯福仍然犹豫不决，他担心英国战败不仅会让德国人得到英国皇家海军，还会让他们得到被派往英国的美国舰艇。德国人如果掌握大西洋的支配权，将对美国造成威胁。不过随着船只损失不断增加，海军急需支援；8月7日，丘吉尔悲痛地得知"默罕默德·阿里·卡比尔号"在北大西洋被德国潜艇击沉，船上有732名英国陆军和海军官兵。当被告知船上有600人被救时，他才恢复镇定。不过这让他更加急切地想要得到美国的驱逐舰；于是他提出让美国人使用西印度群岛的英国海军基地，以此作为交换条件，让英国租用美国的驱逐舰。

8 月 10 日德国绝密电文表明至少在下个月德国人不准备入侵英国。这让丘吉尔、参谋长会议和他们的顾问又多了一个月来做准备，并且把焦点放在不断升级的空战上。德军轰炸机在前三天里没有发动攻击。丘吉尔评论说："这群杂种需要在再次来袭前用这 3 天时间舔舐他们的伤口。"8 月 11 日，德军轰炸机发动了又一轮攻击，62 架入侵飞机被击落，英国飞机损失了 25 架。没有丧生的德军机组人员被俘获；飞机被击落但仍活下来的英国飞行员再次参与战斗，有些人甚至在几个小时后就再次投入战斗。不过在 6 月和 7 月的战斗中，共有 526 名英国飞行员丧生。这天晚上，丘吉尔在首相乡间别墅对他的客人们说，英国的存亡现在全靠空军士兵的大无畏精神。

8 月 14 日，德军又一次在白天发动轰炸，尽管对工厂和码头造成了巨大破坏，可是英军以仅仅损失 3 名飞行员的代价击落了 78 架德军飞机。当晚，丘吉尔知道了另一个好消息：罗斯福接受了驱逐舰换基地的交易，以此获取西印度群岛的英国海军基地的使用权，丘吉尔提出这些基地可让美国租用 99 年，除此之外美国还在其中加入了纽芬兰、百慕大和巴哈马群岛。

闪电战正在高潮之中。8 月 15 日，100 架德军轰炸机袭击了英国东北部的码头、工厂和机场。同时，在英国南部，800 架德军飞机试图牵制住英军战斗机并摧毁它们的降落场，这是后来被称为不列颠之战的战役的一部分。在东北部，100 架德军轰炸机中有 30 架被击落，而英军只有两名飞行员受伤。在南部，46 架德军飞机被击落，英军损失 24 架战斗机和 8 名飞行员。当晚，丘吉尔在唐宁街知道作战成功的消息后兴奋异常，他驱车前往斯坦摩尔的战斗机指挥部，从指挥战斗的神经中枢观看整个战斗过程。这天结束时，共有 76 架德军飞机被击落；丘吉尔给当时正身患重病的张伯伦打电话，向他报告这个好消息。

8 月 16 日，丘吉尔在乌克斯桥空军 11 大队战斗机指挥部的控制室观战。当天几乎所有英国战斗机中队都在空中作战。当丘吉尔乘车离开控制室的时候，他转过头对伊斯梅说："别和我说话，我从来没这么感动过。"大约 5 分钟后，他探身对伊斯梅说："在人类战争领域里，从来没有过这么少的人对这么多的人做过这么大的贡献。"4 天后，他在向下院汇报此次战斗情况时重复了这句话。

8 月 20 日丘吉尔的演讲中还有另一些话表达了公众坚定、自信的情绪。丘吉尔表明与美国的基地换驱逐舰的交易意味着这两个国家在未来几年中一定会"在某种程度上为了共同的利益在某些事务上联合起来"，他说这是就算想阻止也无法阻止的过程："没人能阻止它。像密西西比河，就是这样一直流淌。让它流淌吧。让它在不屈不挠、不可压制、善良仁慈的洪流之上流淌，流向更宽广的土地，更美好的日子。"

丘吉尔用实际行动实践了他所说的话。一个月前，在高度保密的情况下，罗斯福同意派一个高级代表团到伦敦，讨论可能进行英美战略协同作战的地区。该代表团以"武器标准化委员会"的名义隐藏了其真实目的。为了迎接3名来到英国的代表团成员，8月22日丘吉尔在唐宁街10号设晚宴招待他们，两天前他刚刚发表过他的"密西西比河"论。丘吉尔个人鼓励是英国战斗力的一个组成部分；在一个月前帕肯汉姆·沃尔什跟随代表团被派往美国时，这位陆军部常务次官要求先和丘吉尔见一面，"这样在他抵达华盛顿的时候，他的身上会笼罩着西奈山的光芒"。

现在是让有效的战争策略制定体系系统化的时候了。丘吉尔在担任首相之时也任命自己为国防大臣，由伊斯梅领导他的国防办公室。他作为国防大臣主持参谋长委员会；3名参谋长，舰队上将达德利·庞德爵士、陆军将军约翰·迪尔爵士和空军上将西里尔·纽沃尔爵士，每天开会，制定关于即时行动或未来行动的决策。

丘吉尔和参谋长会议相互尊重，为抗击残暴敌人这个共同目标需要密切的合作，这更加巩固了他们之间的关系。每决定一个战争政策都要经过3位参谋长的同意；如果他们不同意丘吉尔的某个行动计划，这个计划就无法继续。不过丘吉尔和参谋长会议意见一致的时候比意见分歧的时候多。总体而言，他们之间密切、有建设性、有远见的关系是在危险的严酷考验和生死存亡的需要之间铸就而成的。

8月24日，丘吉尔写了一份备忘录，理顺当前各个战争政策制定部门之间的关系。高级军官和情报主管联席策划委员会将提出陆军、海军和空军的作战计划。联席策划委员会也"为国防大臣交给他们的方案制定细节"。所有这些计划将提交参谋长委员会，如果获得批准，将无须进一步讨论，直接实施。但是，如果参谋长委员会有任何"怀疑和异议"，计划将被送往新成立的战时内阁国防委员会，该委员会由丘吉尔、艾德礼、比弗布鲁克和三军大臣艾登、辛克莱和A.V.亚历山大组成。在国防委员会讨论过程中，3位参谋长将在场，伊斯梅也会出席。

国防委员会迅速成为所有军事行动的决策者。战时内阁则是军事行动以外一切事务的决策者。内阁本身成为国防委员会和战时内阁所制定政策的主要执行者；没有加入委员会的大臣被各自委以重任，他们将不受干扰地全力完成自己的职责。

在内阁秘书长爱德华·布里奇斯爵士的监督下，内阁办公室负责对这些工作进行协调，布里奇斯同时也是战时内阁秘书长。"他的建议诚实公正、无所畏惧，"在丘吉尔私人办公室就职的约翰·马丁后来回忆说，"如果不同意丘吉尔的意见，他会勇敢地反对丘吉尔。作为回报，首相十分信任他的判断，会让他确保其政策的执行。"布里奇斯的职责之一是确保在整个政府中维持高度的保密性；在这方面他技巧高超，游刃有余。

卓越的作战体系已经就位；丘吉尔怀着充沛的精力、长期以来的经验以及对胜利的坚定信念，为这个体系注入动力和激情。

8月24日，德军炸弹第一次在白天落在了伦敦中心区。第二天，作为报复，80架英军轰炸机袭击了柏林。8月26日，丘吉尔看到了空军部的一份备忘录，下一个目标是莱比锡。他没有批准。"既然他们已经开始骚扰德国首都，"他对参谋长会议说，"我想让你们狠狠地打击他们，柏林就是打击他们的地方。"

接下来的12天里，不下600架次的德军轰炸机每天对英国城市和机场发动袭击。丘吉尔常常在白厅的某个政府建筑房顶上观看来袭的飞机。

8月28日，丘吉尔视察多佛和莱姆斯盖特的沿海防御工事，他目睹了德军轰炸造成的影响。他下令所有房屋被毁的平民"将得到全额赔偿"。他还下令加快填平沿海地区机场上炸弹轰炸形成的弹坑。

这周周末，丘吉尔在首相乡间别墅再次与联席策划委员会讨论了可能的进攻行动。他提出的一个想法是夺取奥斯陆，这样就能消除"希特勒收获的第一大成就"。另一个想法是占领德国北部的部分领土，"这样就有可能让敌人在自己的领土上体验战争"。他接着说，这些计划"仅供研究"；丘吉尔知道他需要依靠他人的精力和主动性。

9月5日在下院发言时，丘吉尔没有提及最近英国伤亡的详细情况。伤亡情况十分严重；在一周里50名战斗机飞行员阵亡，469名平民丧生，其中大部分是飞机制造厂的工人。还有一项重大成功必须保密，4艘装载着高射炮和其他必需补给品的军舰从直布罗陀出发，在意大利空军火力之下前往马耳他。

在更靠近英国本土的地方，9月6日误译的情报让大家担心德军会在第二天入侵英国。9月7日晚8点7分，密码"克伦威尔"被发往联合王国内的所有英军部队，提醒他们准备"立刻行动"。这是错误的警报，希特勒甚至还没有定下入侵英国的日期。当晚德军真正计划的行动是向英国投入德军轰炸机的全部力量。当晚200架轰炸机袭击伦敦，300名伦敦市民丧生。第二天上午丘吉尔视察一个防空洞废墟，那里有40人丧生，当他走出汽车时，幸存者和死者亲属几乎将他淹没，他们大声喊道："我们知道你会来的。我们能禁受得住。狠狠地回击他们。"

伊斯梅当时和丘吉尔在一起，他后来给丘吉尔写信回忆当时的情景："你完全崩溃了。"当伊斯梅试图让丘吉尔穿过人群回到车上时，一名妇女大声喊道：

"你们看，他真的关心我们，他哭了。"回到唐宁街，丘吉尔被告知，一条解密电文显示德军的入侵计划进展缓慢，甚至连培训都没有完成，而且还没有做出"在任何方向采取行动的确实、快速的决定"。丘吉尔松了口气，但没有就此放松，他立刻建议对加来、布伦和其他必须为入侵作战做准备的港口上的德军港口设施实施轰炸，打击集结在那里的德军部队的士气，尽可能多地让分布在那些地方的 1700 艘自航驳船和 200 艘航海船只无法使用。

闪电战仍在继续，伦敦每周的死亡人数上升到近千人。随着德军对伦敦轰炸的升级，9 月 13 日，战时内阁和国防委员会在地下进行了特别防护的房间里开会。这些房间当时被称为中央作战室，后来被称为内阁作战室，设在圣詹姆斯公园对面商务部老楼的地下，这栋楼是一战前修建的一座坚固的建筑。这个避难所确实必要，两天后，也就是 9 月 15 日，共有 230 架轰炸机和 700 架战斗机飞过海岸，袭击伦敦。

这天是周日。上午 10 点左右，随着第一波空袭来袭，大规模的空中袭击开始了。中午刚过，丘吉尔与克莱门蒂娜和他们的儿媳帕梅拉一起乘车从首相乡间别墅前往乌克斯桥空军 11 大队指挥部，关注空战进程。他到达时，地下控制室里的大队调度员是空军中校埃里克·道格拉斯·琼斯。这是危急时刻；丘吉尔对道格拉斯·琼斯说："上帝啊，伙计，你所有的队伍都在天上。现在我们怎么办？"如果再有一波德军轰炸机和战斗机飞过海岸，就没有后备队伍迎战他们了。道格拉斯·琼斯给出了自信的回答："噢，先生，我们只能希望各中队能尽快加满油，重新起飞。"

又一波德军轰炸机和战斗机飞过海岸。道格拉斯·琼斯的控制板上每个灯都是红色的：每架可用的战斗机都在空中与敌军作战。丘吉尔转身问空军少将帕克："我们还有哪些其他后备队伍？"

"没有后备队伍了。"帕克回答说。

解除警报的信号在 3 点 50 分响起。当离开控制室时，丘吉尔拍着调度员的肩膀说："干得好，道格拉斯·琼斯。"帕梅拉·丘吉尔后来回忆他们是如何驱车返回首相乡间别墅的："他彻底精疲力竭，就好像亲自上阵击退了德军轰炸机一样。"半个小时后，丘吉尔返回乡间别墅，他戴上在小睡时使用的黑色绸缎眼罩，睡着了。

到当晚 8 点，丘吉尔睡醒的时候，显然德军不仅没有倾覆英军战斗机的防线，还蒙受了重大损失，59 架轰炸机被毁，再进行一次这种规模的战斗，他们就会陷入瘫痪。9 月 15 日是值得庆祝的一天，不列颠之战取得了胜利。德军的轰炸仍然继续，但是自此之后，英国守军的信心和实力日益增长。

据报告，现在唐宁街 10 号本身已经变得不安全了，9 月 16 日，丘吉尔、他的夫人和工作人员搬到了商务部大楼的一组房间里。这些房间不在地下，不过在内部用钢梁加固，外部有空袭开始时可以关闭的钢制挡板。这组房间被称为"10号附楼"，其中一间被丘吉尔变成了地图室，这个房间成了他的工作总部，直到战争结束。

9月17日，搬入"10号附楼"的第二天，丘吉尔对下院说："我相信我们会取得胜利，就像相信太阳明天会升起一样。"军队或平民的挫败都不会动摇丘吉尔的信心。不过每天传来的消息仍然严峻；当天，在北非，意大利军队跨过利比亚边境，在埃及境内推进60英里。在海上，运送77名儿童撤往加拿大的"贝拿勒斯城号"被鱼雷击中，船上的儿童以及陪同他们的72名大人和船员全部丧生。

9月16日晚，德军开始对伦敦进行无差别的猛烈轰炸，用降落伞投掷水雷。这些水雷飘落到地面，完全无法瞄准军事目标或战略目标。9月18日晚，德军投掷了更多的降落伞水雷。

丘吉尔担任首相以来英国的首个进攻计划已经准备了两个月时间；代表戴高乐和他的自由法国运动组织，向法属西非港口城市达喀尔发起进攻。丘吉尔希望达喀尔的法国高层能够放弃对维希政府的效忠，转而效忠戴高乐，让自由法国取得第一场海外胜利。"戴高乐将军准备在西非安顿下来，必须在各方面给予他帮助。"

9月23日发动的进攻失败了。维希政府的军队顽强抵抗，他们的炮手打中了英国战列舰"决心号"和巡洋舰"坎伯兰号"。远征军被叫停。丘吉尔虽然沮丧，但没有屈服；当晚，他下令派100架重型轰炸机袭击柏林，又派50架重型轰炸机袭击英吉利海峡港口的德国驳船和其他设施，之后，他对科尔维尔说："让他们尝尝苦头。记住这点。一定要全面地打击敌人。"

·第二十九章·

困境中的不列颠

1940 年 9 月底，丘吉尔得知这个月里 6954 名平民因德军轰炸而丧生。在他密切的关注下，反入侵的准备工作继续着，同时寻找更加有效的防控措施的工作也在继续。丘吉尔也设法鼓励那些身处德军占领区的欧洲人民。9 月 30 日，他对捷克斯洛伐克人民发表广播讲话："振作起来吧。你们获得解放的那一刻会到来的。自由的灵魂是不灭的；它不能，也不会死去。"

10 月的第一周，伦敦和其他几个城市又有 2000 人因德军轰炸而丧生。不过在 10 月 8 日下院的讲话中，丘吉尔指出，按照现在的破坏速度，要花 10 年时间才能毁掉伦敦另外一半的房屋。不过 "10 年结束前会有很多事情发生在希特勒先生和纳粹政权身上"。

丘吉尔讲话的这一天，他的儿子伦道夫通过补缺选举以保守党下院议员的身份进入议会。他来到威斯敏斯特的时候，正逢他父亲政治生涯的一个历史性时刻。内维尔·张伯伦因为健康状况迅速恶化已经离开战时内阁，丘吉尔被邀请担任保守党领袖。10 月 9 日，他接受了这个职务。第二天，他的孙子温斯顿，也就是伦道夫的儿子出生了；温斯顿的母亲帕梅拉当时在首相乡村别墅。丘吉尔在接下来一次回乡村别墅的时候说，如果德国人在这个周末轰炸首相乡村别墅，他们就能 "一次杀掉 3 代人，也许他们认为我不会笨到到这儿来"。

德军的空袭仍在继续。10 月 14 日，丘吉尔在唐宁街 10 号后面一个隐蔽的小房间吃饭，这时一枚炸弹落在皇家骑兵卫队阅兵场上。他立刻命令管家、厨子和仆人把饭食放进餐厅，离开厨房，进入地下室的防空洞里。3 分钟后，第二枚炸弹落在 50 码以外的院子里，整个厨房被炸毁了。丘吉尔的远见保住了工作人员的性命。10 月 17 日，仅伦敦的平民死亡总人数就已经达到 1 万，在下院吸烟室里，一名下院议员恳请丘吉尔实施报复。丘吉尔回答道："这是军队的战争，不是平民的战争。你和其他人也许希望杀死妇女和儿童。我们希望的是摧毁德国的军事目标。我很感谢你的意见。不过我的信条是'正事要紧'。"

10 月 21 日，丘吉尔得知第 500 艘英国商船被击沉，英国已经共计损失了 200 多万吨数的船舶。科尔维尔写道："这件事让首相内心十分不安。"当天，在大西洋上，德军飞机袭击了两支来自加拿大的商船船队，一支队伍中 17 艘船被击沉，另一支队伍中 14 艘船被击沉。当晚，在伦敦受炸弹袭击的同时，丘吉尔从地下中央战斗室向法国发表广播讲话。对于法国，他说，"我从不认为它会进入世界上永远消失的伟大国家之列"。法国人民必须在为时已晚之前重新振奋精神。英国只求一个目标，"把希特勒和希特勒主义打得魂飞魄散。只有这个目标，一直是这个目标，到最后都是这个目标"。

这一周以及接下来的一周，德军对英国实施了狂轰滥炸。在10月的最后一周，英国有800多名平民丧生，使得这个月的平民死亡总数超过6000人。在遭受不间断的毁灭性轰炸的同时，英国还面临着德国入侵的危险。不过10月27日，英国截获德国的一份发给集结在英吉利海峡各港口的德军的有关入侵计划的绝密电文，电文指示他们"按照计划继续训练"。英国的无线电侦听台立刻挑出了这封电文，几个小时后电文在布莱切利解密。解读这份电文的人得出结论，如果训练仍将继续，那么就不可能立即发动入侵。

10月28日，情报部门通过照片侦察探测到德军船只正远离英国，大举向东移动。结合前一天的电文，就明确无疑了，希特勒不大打算在这个月入侵英国，因为冬季将至，他也不可能在接下来的至少四五个月里实施入侵计划。

丘吉尔感觉轻松了不少。不过10月28日，墨索里尼的军队入侵希腊，意大利的飞机轰炸了雅典。在给新任空军参谋长查尔斯·波特尔爵士的短信里，丘吉尔写道："那么我们必须轰炸罗马。"这是他即刻的反应。事实上，3天前，英军轰炸了那不勒斯的军事目标，而且也袭击了柏林。丘吉尔评论道："在德国投下的炸弹小得可怜。"

入侵威胁不再那么紧迫，丘吉尔竭力为希腊寻找人手、飞机、武器和弹药，因为1939年英国曾对希腊有过承诺。艾登强调从埃及派出太多军队的危险，以免意大利军队更加靠近开罗。1月3日是第一批英军登陆希腊的日子，这天丘吉尔告诫艾登"要牢牢地把握形势，放弃被动消极的政策，抓住来到我们手里的机会"。丘吉尔还说："'安全第一'在战争中是一条通向毁灭的道路，就算你曾经安全，现在也不会了。"第二天，丘吉尔警告战时内阁："如果希腊战败，人们会说我们不顾承诺让一个较小的盟国被敌人侵吞。"

11月3日，在将近两个月的时间里，德军轰炸机第一次没有飞过伦敦上空。丘吉尔在第二天评论道："显然他们不喜欢在这里受到的接待或者在柏林受到的报复。"11月5日，罗斯福连任，将再担任4年的总统。11月6日上午，德国第16军指挥部向相关指挥官下达绝密命令，在比利时和法国北部装备入侵船只的设备"将返回入库"，只留下"训练"所需的设备。这道命令被截获并在布莱切利得到解码；11月6日晚，丘吉尔收到这份电文的副本，副本锁在一个盒子里，只有他一个人有盒子的钥匙。希特勒会转向下一个征服目标。

11月7日，丘吉尔还收到了更多的好消息：5艘英国军舰装载着运往埃及的军备物资横穿地中海，对此他已经催促了有一段时间了。一天后，他得知中东地区的总司令韦弗尔将军制订了一份将意大利军队赶出埃及的计划。丘吉尔对顾问们说："这么久之后，我们终于要甩开防守的镣铐了。赢得战争要靠更高一筹的意志力。现在，我们从敌人手里夺回主动权，把我们的意志施加在他们身上。"自此之后，丘吉尔必须在埃及和希腊所需的战备物资之间寻求微妙的平衡；没有足够的战备物资提供给两个国家，而两个国家又都必须守卫。他还必须确保英国各城市有足够的空防设施；11月8日，考文垂的高射炮短缺让丘吉尔警觉起来，考文垂的军需品工厂已经遭遇了16次轰炸，丘吉尔下令加强考文垂的防空工事。这些指令需要立刻被执行；他在指令上贴上了"今天行动"的特制鲜红色标签。

11月11日，英国海军航空部队使用空投鱼雷对停泊在塔兰托的意大利舰队发动了袭击，英国公众欢欣鼓舞。6艘意大利战列舰中有3艘被击沉。这是丘吉尔首相任期内英国海军取得的首次胜利。他立刻将此次作战的报告发给罗斯福，罗斯福的海军部长弗兰克·诺克斯建议立刻采取防范措施保护珍珠港，他认为对珍珠港"最大的威胁将来自空投鱼雷"。诺克斯是对的；日本人已经吸取了塔兰托之战的经验，一年后，他们袭击珍珠港时，将使用鱼雷炸弹轰炸停泊在港口里的舰队。

英军在塔兰托取胜当晚，丘吉尔正在为内维尔·张伯伦拟定议会讣告，张伯伦在前一天去世。11月14日，张伯伦的葬礼在威斯敏斯特教堂举行，丘吉尔是抬棺人之一。回到唐宁街后，丘吉尔又回到战争事务当中，他给韦弗尔发电报说："现在是冒险通过海陆空打击意大利人的时候了。"

随后，吃完午饭，他乘车前往迪奇雷公园度周末。丘吉尔在路上读到他的一位私人秘书在他出发时交给他的紧急文件，这份文件是空军情报部门对德军轰炸机近期轰炸目标的最新预测。预测似乎很确定当晚将有一次猛烈袭击，而袭击目标还不清楚；不过之前的几份报告曾经提出下一次大型袭击的目标可能是伦敦。丘吉尔立刻让他的司机掉头，把他送回唐宁街。他对私人秘书说，"在首都遭受猛烈袭击的时候"，他不想"在乡村安然"度过这个夜晚。

返回唐宁街等待袭击到来的时候，丘吉尔下令把手下的女性工作人员送回家。后来，他还让两名值班的私人秘书进入皮卡迪利的防空洞里，他对他们说："你们太年轻，不能死。"随后，他焦急地等待空袭开始，先是在地下的中央作战室，然后走到空军部的房顶上。

下午4点差10分，空军情报部门被告知当晚轰炸的无线电波束已经被探测到，它们瞄准的是考文垂。英军轰炸机立刻起飞前去轰炸将要发动袭击的德军轰炸机起飞的机场，同时在考文垂上空让战斗机持续不断地巡逻。3个半小时后，300架德军轰炸机发起攻击。这是对考文垂这座军需生产中心最猛烈的一次空袭。考文垂的防空工事在丘吉尔的提议下以及空军部的警告下刚刚得到加强，来袭的飞机只能在高空飞行。不过军需品工厂还是受到重创，而且市中心还燃起了大火，568 名平民丧生，大教堂被毁。

新一轮的德军空袭持续了一周，伦敦和伯明翰分别有 484 名平民和 228 名平民丧生。多亏了信号情报部门的成功探查，每次都能确定无线电波束，这样就可以像考文垂那样提前采取防御措施。不过德军投下的炸弹重量级别很大，在伦敦有 7 座医院被击中。英军很快实施了报复；11 月 16 日，柏林遭到轰炸，两天后，汉堡被轰炸，233 名德国平民丧生。

11 月 30 日，丘吉尔庆祝了 66 岁生日。"历史上很少有人像你在过去 6 个月里那样必须负担那么重的担子，"艾登当天给他写信说，"最终你更加胜任，更有魄力，比以往更能引导和鼓励我们所有人，这真是太好了。"

大量的鼓励和引导仍然需要。在 12 月 8 日的空袭中，德军轰炸机炸毁了下院的部分建筑，在此次空袭中 85 名平民丧生。不过两天后，丘吉尔就宣布韦弗尔在埃及西部沙漠的进攻取得了胜利，500 多名意大利士兵被俘。24 小时后，被俘人数上升到 7000 人，其中包括 3 名将军。丘吉尔打电话给陆军元帅斯穆茨："人们越来越觉得邪恶势力不会继续占据支配地位了。"

丘吉尔一直在设法影响事情的进展。12 月 23 日，他给维希的贝当和魏刚发了一封私人电报，劝说他们抛弃德国的束缚，在英国的军事支持下，在北非竖起法国反抗的旗帜。同一天晚上，他在广播上对意大利人民发表讲话，他说他相信总有一天"意大利民族会重塑自己的命运"。

第二天，12 月 24 日，在向工作人员表示节日祝福后，丘吉尔动身前往首相乡间别墅与家人共度圣诞节。

12 月 28 日返回伦敦后，丘吉尔立刻要求参谋长会议研究是否有可能夺取突尼斯的非洲沿岸地区和西西里之间的意大利岛屿潘泰莱亚，他认为这样可以提高对地中海中部地区的战略控制权。联席策划委员会和参谋长会议研究了这个主意，但是最终只能放弃；占领这个岛很容易，不过随后守住它并为它提供补给代价太大。丘吉尔听从了他们的看法。

丘吉尔和罗斯福的关系到了难点，几乎到了破裂的关头。丘吉尔对战备品的很多紧急要求都无法赢得罗斯福总统的赞成。英国无力支付成了一个严重的障碍。12 月、1 月和 2 月的武器采购额度达到 10 亿美元，但是英国的黄金储备和美元结余已经因为一年来的战争开支几近枯竭，现在总共只剩下 5.74 亿美元。丘吉尔对战时内阁的同事说，美国人提出为英军的 10 个师提供装备，但是必须得从正在急剧减少的黄金储备中预先支付 2.57 亿美元。罗斯福已经派出一艘美国军舰到开普敦附近的西蒙斯敦海军基地从英国在南非持有的黄金储备中收取 5000 万美元的支付款。

丘吉尔的第一个本能反应是提出强烈抗议。他在一封给罗斯福草拟的信里写道，这一举动"就像治安官收缴了无能为力的债务人最后的资产"。"任何一个国家把自己完全交到另一个国家手上都是不合适的。"但他最后没有发出这封信。最终在 1940 年最后一天发给美国的信既坚定又缓和。英国需要知道美国想要得到怎样的支付，而且要很快知道。在发出这封请求信两天后，丘吉尔得知一艘装载了 750 万发美制子弹的运输船在与船队的另一艘船相撞后沉入海底。丘吉尔将这次事件称为"沉重的打击"，几乎抵消了韦弗尔的另一场胜利带来的轻松愉快的心情；1 月 4 日，韦弗尔占领了利比亚港口巴比迪亚，抓获 45000 名俘虏，俘获 462 门重型火炮。

当公众得知这个胜利的消息时，丘吉尔正获悉一个危险的消息；1 月 9 日，德国空军的密电显示德军正准备入侵希腊。到目前为止，希腊人已经设法阻止了意大利的进攻，并且逼退了入侵者，让他们退到阿尔巴尼亚边境。不过一旦德国干预巴尔干半岛的力量平衡，爱琴海和地中海东部地区的局势就会改变。甚至中立的土耳其也有可能被迫屈服于德国。英国不得不再次从韦弗尔得胜的军队中调出部分资源保卫盟国，但是韦弗尔的军队届时就会有危险；"利比亚的战斗现在是第二位的。"他是这样对同事们说的。

现在英国的所有战争计划都取决于美国对战备品付款的态度。1 月 8 日，罗斯福的特使哈利·霍普金斯抵达英国；两天后，丘吉尔和他一起在唐宁街谈了 3 个小时。两人从这天建立起的友谊开始迅速发展，给英国带来了不可估量的好处。从一开始，丘吉尔对待霍普金斯像对待最亲近的顾问一样非常坦诚。"他认为希腊会失守，"霍普金斯向罗斯福报告说，"尽管他现在要削弱他在非洲的军队的力量，支援希腊人。"霍普金斯还说，丘吉尔与贝当保持着"密切联系"，他一直想让维希的法国政府在北非采取行动，反抗德国人。

在周末，丘吉尔带着霍普金斯前往迪奇雷，两人在那里就英国的需求进行了讨论。就在丘吉尔和霍普金斯讨论的时候，罗斯福宣布了一项金融解决方案；美国会制造英国所需的军备品，然后租给英国，直到战争结束再付款。不过在这个租借方案实施之前，英国必须尽其所能用黄金或者靠出售英国在美国的商业资产支付欠款。这是一场艰难的交易，英国被剥夺了剩下的全部经济力量，不过换取到的是美国为英国长期供应战争必需品的承诺。这个方案需要美国国会通过，这还需要些时间，不过提供帮助的原则已经定了下来。罗斯福在年底的年度广播讲话中坚定地宣布："我们必须成为民主国家的大兵工厂。"

丘吉尔带着霍普金斯前往多佛视察那里的炮兵连，遥望英吉利海峡另一边德国占领下的法国沿岸的悬崖。如果在德军登陆英国后他必须发表演讲，丘吉尔对他的客人说，他会以这些话作为演讲的结束语："关键时刻已经到了。宰了德国佬。"不过事实上，1月12日在布莱切利解码的德军密电证实德国还没打算入侵英国；这份电文是给德军无线电台下达的指令，它们需要组织运输入侵所需的设备，1月10日之后，它们就将无人驻守了。

1月22日，韦弗尔指挥下的澳大利亚和英国军队进入托布鲁克，俘虏了25000名意大利士兵。

霍普金斯总共和丘吉尔一起待了12个晚上；在给罗斯福的报告中，他强调丘吉尔不仅是首相，他也是"战争策略和行为背后的一切必要的指导力量。他对英国各个阶级和各个派别的人有着不可思议的控制力。他对军队组织和劳动人民都有特殊的影响力"。霍普金斯从首相乡间别墅前往伦敦，他在伦敦签订两份协议；根据一份协议，美国的舰队会在"紧急需要的情况下"运送飞机到英国，而根据另一份协议，英国和美国将共享"敌占国"的情报。同一天，1月27日，华盛顿的参谋部会议确定了"如果美国被迫诉诸战争"，英美军队共同击败德军的"最佳办法"。英法对话的目的是保证在进行战略和战术合作时"战地指挥的统一性"。他们的结论很明确：即使太平洋地区爆发战争，德国和美国交战，具有决定性的威胁也仍然在大西洋-欧洲地区。

在霍普金斯准备返回华盛顿的时候，美国人送给英国一台日本的密码机，这台紫色的机器相当于德国的恩格玛密码机，有了它，就能破译英国和海外侦听台收到的日本外交、海军和商船的绝密电文。这台机器被送到布莱切利，一起到的还有两名美国信号情报专家。自此以后，英美两国开始统一行动。

在埃及的西部沙漠，英军仍在继续向西推进。在2月第一周的贝达弗姆之战中，13万意大利士兵被俘。到2月8日，整个昔兰尼加已经掌握在英军手中。同一天，美国众议院以260票对165票通过了租借法案，就等下参院的投票了。

2月1日，丘吉尔给参谋长委员会写信说，他现在计划将昔兰尼加变成"自由意大利运动的开端"，该运动在自由意大利的旗帜下，由英国人管理，将成为"真正分化意大利以及进行反墨索里尼宣传"的起始点。可以在那里培训并驻扎四五千人的意大利军队，这些队伍"宣誓要将意大利从德国人和墨索里尼的钳制中解放出来"。丘吉尔制订该计划并交给参谋长会议讨论的第二天，德国将军埃尔文·隆美尔抵达的黎波里，他受命要将英军赶出昔兰尼加。

德军攻克希腊的计划也在进行之中；很多作战命令是用密码发送的，这些加密电文在布莱切利被解码。对于丘吉尔和他的顾问们来说，优先派遣英军帮助希腊的决定很难做。西部沙漠的需求也不能置之不理。不过艾登想要派兵援助希腊，而且他得到了韦弗尔和帝国总参谋长迪尔将军的支持。丘吉尔则倾向于谨慎行事。

2月24日的战时内阁会议上，丘吉尔征求全部6位内阁大臣的意见。艾德礼、贝文、格林伍德、金斯利·伍德、比弗布鲁克和约翰·安德森爵士都支持派兵支援希腊。丘吉尔给艾登发电报说："这不是错觉，我们所有人向你下令，'全速前进'。"

德军潜艇在大西洋上的节节胜利成了比希腊和陆上作战更令人担心的问题。大西洋之战造成了威胁，它可能切断英国运送食物和供给品的生命线。丘吉尔的一名工作人员在报告 2 月 26 日一支船队遇难的消息时，称这次遇难事件"令人悲痛"。丘吉尔回答说："悲痛！这件事令人恐怖。如果继续下去，我们就完蛋了。"从 3 月开始的 3 个月里，共有 50 万吨数的盟军船只因德国空袭而沉没。丘吉尔每天都会收到沉船的最新统计数据；哪些货物沉入海底，损失了哪些护航舰，哪些还在路上。

3 月 3 日的一件事暗示英国在北非的局势可能没有设想的那么安全，德军飞机向苏伊士运河投掷水雷，整整将运河封锁了一周。水雷被投下一天后，第一批英国军队离开埃及前往希腊。根据艾登、韦弗尔和迪尔设计的方案，澳大利亚和新西兰的军队将随之跟上，在阿利亚克蒙防线占据防守的位置。让艾登大为震惊的是，希腊总司令改变了方案，宣布英国军队和联邦军队将被派往北部前线。

丘吉尔在 3 月 5 日对战时内阁说，如果德国对希腊发出最后通牒，希腊人"无法坚持战斗"，"我们就没什么可以帮他们的了"。战时内阁认可了他的意见，不过在雅典，艾登和迪尔仍然决定实践英国支援希腊的承诺，在开罗的韦弗尔也这么想。为了巩固他们的这个决心，希腊人现在同意将盟军派往原先计划的阿利亚克蒙防线，而不是完全暴露在前线。3 月 7 日，战时内阁做出了最终决定。摆在内阁大臣们面前的是当时在开罗的艾登发来的电报，上面写道："在希腊进行战斗、遭受损失与让希腊独自面对其命运相比，对我们的损害更小。"艾登说，韦弗尔同意他的看法，刚从南非抵达开罗的斯穆茨也同意。

艾登、迪尔、韦弗尔和斯穆茨的联合支持起到了决定性的作用。在 3 月 7 日的战时内阁会议上，第一位发言的大臣是欧内斯特·贝文，他支持对希腊实施军事援助。随后丘吉尔说，在他看来，"我们应该怀着善意前进"。会上没有异议；超过 6 万名英军、澳大利亚以及新西兰军队的官兵接到命令乘船从埃及前往希腊。当晚，科尔维尔在日记里写道："首相很高兴。做出了一个不可撤回的重大决定，他的心情轻松多了。"另一件丘吉尔轻松的事情是霍普金斯打电话告诉他，当晚在华盛顿，参议院以 60 票对 31 票通过了租借法案。

在 6 个月时间里，英国已经划拨了 47.36 亿美元维持对侵略的抵抗。这是英国在这段时间里为美国制造的武器、弹药、飞机和船只欠下的款项。即使如此，丘吉尔私下对同事们指出，被迫出售英国在美国的资产意味着"我们不仅被扒了皮，而且被搜刮得只剩下骨头了"，而同时，美国计划的造船数量"还不到我们需求的一半"。布莱切利没能破解德国海军在此时发送的加密电文，结果德国人在大西洋之战中占据了关键性的优势。

　　3月10日，丘吉尔对罗斯福解释说："沉船情况很严重，海上的局势正越来越紧张。"一周后，罗斯福派往伦敦的特使阿维里尔·哈里曼应邀前往首相乡村别墅。和霍普斯一样，罗斯福信任他；和霍普金斯一样，他决心让英国的需求得到满足。哈里曼抵达3周后，罗斯福同意让10艘美国海军武装快艇由英国调遣，执行护航任务。

　　德国人现在制订了入侵希腊、与南斯拉夫结盟的最终方案。3月22日，丘吉尔给南斯拉夫总理茨维特科维奇发去了一封慷慨激昂的长信，请求他保持中立，维持南斯拉夫的真正独立。他的请求没有成功；两天后，茨维特科维奇前往柏林，与希特勒签署协定。丘吉尔立刻批准特别行动处在贝尔格莱德召集反德舆论力量，并下令让当地的英国大使馆尽其所能警告亲德势力他们走的是错误愚蠢的道路。当晚，反德势力在贝尔格莱德夺取政权。

　　挫败和成功接踵而至。3月，德军对英国的空袭迅速增多，4259名英国平民丧生。不过在3月的最后一周，通过对意大利军队无线电加密电文的监听和解读，英军击败了厄立特里亚和埃塞俄比亚南部的意大利军队。还是在这周，由于成功解码了意大利的高级加密电文，而且得到了近期刚刚抵达希腊的英国空军的帮助，皇家海军在马塔潘角附近海域击沉了3艘重型巡洋舰和2艘驱逐舰。不过在一周里，在大西洋沉没的同盟国商船的总吨数达到6万吨；在这个月底，巡洋舰"约克号"在地中海被击沉，不过600多名船员中只有2人丧生。

　　由于英国拥有了解读日本绝密外交电文的能力，在3月的最后一周，丘吉尔得知日本外相松冈洋右在罗马、柏林和莫斯科的行程和讲话。在柏林，在希特勒的压力之下，松冈同意日本尽快对远东地区的英国属地发动进攻。他被告知，进攻新加坡将是"迅速颠覆英国"的一个决定性因素。丘吉尔决定给松冈发一封电报，试图劝说日本在动员舰队和军队对抗英国之前先暂停一下，考虑其行动的后果。

　　丘吉尔很清楚日本人的目的。一个月后，他在备忘录上对伊斯梅写道："给我一份关于管理新加坡15英寸火炮和探照灯的炮手及人员效率的报告。"他问道，他们安装雷达了吗？新加坡的防御工事将开始起效，可是没法派出更多的部队，没有拨出战斗机。澳大利亚请求立刻派遣英国海军和空军支援新加坡，国防委员会在给他们的回复里说明了这一点。不过丘吉尔说，一旦日本对澳大利亚发动"大规模的猛烈袭击"，"我们会不顾一切去帮助他们"；但是，"并不意味着我们会因为日本巡洋舰的几次袭击就放弃在中东地区的巨大利益"。英国在中东地区苦心经营的军事力量不能遭受威胁。

　　在几个月时间里，德军一直在德苏边境集结力量。为了迫使南斯拉夫与德国签署协定，部分德军队伍进入巴尔干半岛。协定一签署，这些队伍就得到命令返回苏联边境。贝尔格莱德的亲德政府被推翻后，希特勒制订了入侵计划；作为计划的一部分，他撤销了之前调集 3 个装甲师到苏联边境的命令。这个撤销命令是用加密电文传送的；在布莱切利被解码后，丘吉尔立刻读到了这份电文。如电文所示，德国人显然正在苏联边境集结力量，丘吉尔决定将这个情报发给斯大林。为了隐藏情报来源，丘吉尔伪称这些情报来自一名"信得过的特工"。

丘吉尔知道，一旦希特勒征服了乌克兰的麦田，侵占了高加索的油田，就会动用一切资源攻打英国；苏联若能抵抗和经受住德军进攻，显然对英国十分有利。因此，他想让斯大林知道德军正在东部的进一步集结。同时，在西部沙漠，德军从 4 月 2 日起开始掌握主动权，隆美尔迫使韦弗尔的队伍后退至埃及边境。也是在 4 月 2 日，丘吉尔收到解码的德军密电，电文显示德军即将入侵希腊和南斯拉夫。丘吉尔立刻把这个情报转告给新任南斯拉夫总理西莫维奇将军，他伪称情报是法国的"英国特工"和非洲的英国军情部门提供的。4 月 5 日，更多解码电文显示德军将在第二天发起进攻，这个情报也被转告给了南斯拉夫领导人。

4 月 6 日，德军轰炸机袭击了贝尔格莱德，这是二战中最猛烈的空袭之一，数千名平民丧生。希腊的比雷埃夫斯港也遭遇轰炸，6 艘装载了英国军队供给品的船只被击沉，第七艘船装有 200 吨高爆炸药，被直接击中，随后爆炸，整个港口被毁。第八艘被击沉的船只装载着要送往一个希腊炸药制造厂的必需补给品。当 4 月 9 日丘吉尔在下院发言时，人们向他欢呼致意，可是他说出的不是好消息：德军已经在当天上午进入萨洛尼卡。

从年初开始，德军就一直不断对英国进行轰炸。4 月 9 日，根据官方宣布，战争开始后已有将近 3 万英国平民丧生。4 月 11 日，对考文垂的又一次空袭给飞机生产造成了严重打击。第二天晚上，丘吉尔乘火车前往布里斯托尔参加荣誉学位颁授典礼，他在过去 15 年里一直担任这里一所大学的名誉校长，陪同他一起去的有克莱门蒂娜、玛丽、阿维里尔·哈里曼、伊斯梅和科尔维尔。当晚，在城外的铁路支线上，他和随行人员一起睡在火车上，等待天亮。天还没亮，他们就被爆炸声惊醒了，布里斯托尔正遭受大规模空袭。

当天上午，丘吉尔参观了轰炸后的现场，他既震惊又感动。科尔维尔在日记里写道，尽管被轰炸地区的人们看起来"不知所措"，但当看到丘吉尔坐在敞篷车上向他们挥帽致意时，他们"兴奋不已"。当晚回到首相乡间别墅后，丘吉尔得知罗斯福准备将美国海军在大西洋的巡逻范围扩展到经度 25 度的地方，并且会向英国报告巡逻中发现的任何"入侵船只或飞机"。大家感到美国正越来越多地参与进来，这天早上的阴霾被冲散了。

4 月 13 日，德军攻占贝尔格莱德。在希腊，德军开始向阿利亚克蒙防线发起进攻。在伊拉克，亲德的拉希德·阿里 10 天前在巴格达夺权，他包围了位于哈巴尼亚的皇家空军基地，对英国的中东石油供给造成了威胁。在利比亚，隆美尔的部队正靠近托布鲁克。4 月 16 日，贝尔法斯特的码头被轰炸，这座城市也遭受严重破坏，675 名平民丧生。第二天晚上，450 架德军轰炸机袭击伦敦，这是对伦敦最猛烈的几次袭击之一，造成 1180 人丧生，2000 多人受重伤。

4 月 17 日，在与占绝对优势的敌人战斗了 11 天后，南斯拉夫军队向德军投降。第二天，希腊总理在雅典自杀。英国战时内阁已经批准，一旦希腊的英军部队无法继续守住阿利亚克蒙防线，他们会全部撤离希腊，前往克里特岛，在地中海东部和中东地区开辟第五战区。当中东地区空军指挥官问到他的战斗机部队应该分别给予 5 个战区多大优先权时，丘吉尔回答道："利比亚排第一，从希腊撤军排第二，托布鲁克的船运，除了取胜所必需的，可以顺手照顾，伊拉克可以忽略，克里特岛晚些时候再说。"

英军从 4 月 24 日开始从希腊撤离。德军的俯冲轰炸机连续 7 天攻击了运输军队的船只，数千名官兵丧生。总共有 5 万人撤离，不过还是有 11500 人被俘。

丘吉尔知道埃及很可能会失守，不过他希望那里的部队能坚持战斗到底，直到最后一兵一卒。4 月 28 日，他在给埃及守军下达的命令中说："任何能杀死一个德国佬甚至能杀死一个意大利人的人都是好样的。"4 天后，他警告罗斯福，如果埃及失守，在欧洲以及亚非的更大区域里继续与得胜的德军作战将变成"一件艰难、漫长和前途暗淡的事情"。丘吉尔敦促罗斯福让美国立刻宣战。

德军对英国的轰炸继续着，猛烈程度丝毫不减。5 月 2 日，丘吉尔视察了普利茅斯被轰炸的地区。利物浦在遭受了 5 天的空袭后，20 艘商船沉没。但是在公开场合，丘吉尔依然保持自信，5 月 7 日他对下院说，当他回首那些已经克服的困难，想起所有做错和做对的事情时："我觉得我们没必要害怕这场风暴。让它肆虐吧，让它怒吼吧。我们会成功的。"

5 月 10 日，德军发动了 1941 年闪电战中最猛烈的一次空袭，导致 1400 多名平民丧生，其中大部分是伦敦人。下院的议会大厅也因轰炸被毁。丘吉尔对伦道夫说："德国佬挺有礼貌，挑了一个我们都不在那儿的时间。"

连续 3 晚，炮火在伦敦上空闪现。不过同时，丘吉尔得知美国将提供三分之一的飞行员培训设备给英国使用。一周后，意属东非地区的意大利军队投降，隆美尔的部队被迫后退 30 英里。不过丘吉尔和他的顾问们从德军的密电中得知德军现在把主要精力放在了攻克克里特岛上。5 月 20 日，德军开始对克里特岛发动进攻。在克里特岛战斗正酣之际，在北大西洋，英国海军的"威尔士亲王号"和"胡德号"参与了对德军"俾斯麦号"和"尤金亲王号"的追击。

丘吉尔在首相乡村别墅等待着克里特岛和大西洋上两边的战斗消息。5 月 24 日一早，他收到消息，"胡德号"被击沉，1500 名官兵阵亡。3 天后，在对下院发表完讲话后，他对下院说："我刚刚得到消息，'俾斯麦号'被击沉了。"将近

2000 名德国水兵丧生。

同一天，韦弗尔下令让军队撤离克里特岛。虽然盟军的防守卓越顽强，然而驻扎在希腊的德国空军部队被证明是这场战斗结果的决定因素，在整个战斗过程中，4000 多名守军阵亡，很多人被德军的 500 磅炸弹炸成碎片。在 4 天的撤退中，16500 人登船撤离，不过由于德军对登船港口的空袭加剧，5000 人没有选择，只能投降。在海上的战斗中，2000 多名皇家海军官兵阵亡，其他盟国海军也蒙受重大伤亡。

为了独处，6 月 1 日晚，丘吉尔是在查特韦尔庄园度过的。他很快恢复了活力，而且欣慰地得知罗斯福同意由美军占领冰岛，这样就能让那里的英军解放出来前往中东，罗斯福还同意让运送英国战备品去埃及的船只使用美国国旗。这批战备品包括美国制造的 200 辆坦克、24 门高射炮、700 辆十吨卡车、弹药和供水设备等。

6 月 6 日，丘吉尔观看第一架来自美国的空中堡垒轰炸机安全降落在英格兰南部的一座机场，这让他更加振奋。两天后又传来好消息，盟军挺进维希政府把持下的叙利亚。6 月 10 日，他对下院说，克里特岛战斗的"激烈程度是德国人在之前横行欧洲的时候不曾遇见过的"。

当天，丘吉尔看到了一份情报部门对最近德军密电的研究报告，报告显示了目前大批集结在苏联边境的德军部队的具体分布情况。丘吉尔决定将情报发给斯大林，6 月 1 日，情报发送。

6 月 15 日，韦弗尔在西部沙漠对隆美尔发起了新一轮进攻，不过在最初的胜利之后，英军被迫撤退，而且损失了 100 辆坦克。在 3 周里，丘吉尔第二次只身前往查特韦尔庄园独处。在上两个月里，被击沉的商船吨数共计 50 万吨，实际上没有取得任何胜利。不过，6 月 18 日丘吉尔从查特韦尔庄园返回后，科尔维尔发现他"精神很好"，他"现在忙着想我们接下来在哪里发起进攻"。丘吉尔要在中东寻找"新鲜的视角"，他决定找人替换想留守昔兰尼加的韦弗尔。丘吉尔选择的继任者是奥金莱克；拉希德·阿里在伊拉克发动叛乱时，奥金莱克立刻采取措施，从印度派兵前往巴士拉，他的这一举动吸引了丘吉尔的注意力并赢得了他的好感。西部沙漠的下一次进攻计划将由奥金莱克制订。"我认为你做此变动是明智之举，"韦弗尔在 6 月 22 日给丘吉尔发电报说："可以得到对中东地区的诸多问题的新想法和做法，我相信奥金莱克会是成功的选择。"

这个周末，丘吉尔在首相乡间别墅度过。对德军加密电文的不断监测让丘吉尔身边秘密圈子里的人得知德军将在秋天发起下一轮进攻。"首相说德国人一定会对苏联发动攻击，"科尔维尔在 6 月 21 日的日记里写道，"苏联一定会战败。"当晚，德军跨过苏联边境。

第三十章

战争扩大

1941 年 6 月 22 日早上 8 点，丘吉尔得知德军入侵苏联。他的第一句话是："告诉 BBC，今晚我要发表广播讲话。"一整天，他咨询了多位同事，准备这篇讲话。大家普遍的感觉是苏联人很快会被打败；约翰·迪尔爵士和美国大使约翰. G. 温纳特这天在首相乡间别墅，他们认为苏联撑不过 6 周。包括艾登和斯塔福德·克里普斯爵士在内的其他在场的人也有同样的看法。丘吉尔听取了他们的意见，随后在结束讨论时说："我用 500：1 的赔率跟你们打赌，从现在算起，两年后苏联人还会在战斗，而且是胜利地战斗。"

丘吉尔确切地知道，英国人对于德国进攻苏联会有什么样的反应。"在过去的 25 年里，所有人都一致反对共产主义，"他在当晚的广播讲话里说，"我不会收回我说过的话。不过在当前局面出现之前，所有这一切都已经减退了。过去，伴随着过去的罪恶、愚蠢和悲剧，一闪而过。""希特勒想要在冬季到来前打败苏联，然后'在美国的舰队和空军力量介入之前'让他的部队转头过来攻打英国。因此，苏联的危机'就是我们的危机，就是美国的危机，正如任何一个为家园而战的苏联人的目标就是地球上任何一个角落的自由个体和自由民族的目标'。任何抗击纳粹主义的个人或国家'都会得到我们的帮助'。因此，'我们会尽我们所能帮助苏联'。"

丘吉尔的话是当真的。6 月 23 日，为了尽可能减轻苏联前线的压力，他批准对法国北部德国海陆两军的设施实施一系列密集轰炸。苏联大使伊万·迈斯基说，此举让苏联人感到高兴。

6 月 27 日，布莱切利的密码破译人员破译了德国陆军在东线使用的恩格玛密码。24 小时后，丘吉尔下令让斯大林看到这个宝贵的军事情报成果；英国人依旧谎称了情报的来源，没有暴露其真实来源。传递给斯大林的情报有很大价值，让他的指挥官们预测到当时以及在未来几个月里德军的几次最具威胁的行动。

当德军向东侵袭苏联之时，丘吉尔也制订计划，应对德军在苏联战败后可能采取的两个行动。一个威胁是他所说的对英国的"非同一般的攻击"。另一个威胁是德军可能穿过高加索、土耳其和叙利亚，抵达巴勒斯坦和苏伊士运河。为了让中东部队的防御能力达到最大，丘吉尔在开罗任命了一位国务大臣，并派罗斯福的特使阿维里尔·哈里曼考察从美国向埃及直接运送战备物资的最佳方法。

丘吉尔认为苏联很可能战败，6月30日，他下令，一旦德国伞兵部队登陆英国，整个英国要实施"严密的个人抵抗"。他预计将有25万人的德国伞兵部队被空投入英国。他写道："每个穿军装的人以及所有其他想要穿军装的人，一旦发现他们，必须以最快速度采取行动，攻击他们。"各级官兵，尤其是在培训学校和新兵训练营的官兵，被不停灌输的思想是："让每个人都宰掉一个德国佬。"为了进一步迫使德国飞机从苏联前线撤回，从7月3日起，英军出动轰炸机对鲁尔和莱茵兰实施了一系列夜间空袭。7月4日，丘吉尔提议轰炸高加索地区的苏联油田，为的是"不让敌人得到石油"。苏联战败的危险似乎相当明显。7月6日，丘吉尔警告奥金莱克，苏联陷落可能很快改变西部沙漠的力量平衡，"对你不利"，而且丝毫不会减少英国本土被攻击的危险。在7月7日给斯大林的电报中，丘吉尔保证："只要地理条件和我们正在增加的资源条件允许，届时我们会全力帮助你们。"他对斯大林说，英国在前一天出动400架次的飞机袭击了法国北部，当天晚上，出动250架重型轰炸机袭击德国："这种袭击会继续下去。我们希望这样可以迫使希特勒将部分空军力量调回西线，逐渐减轻你们的压力。"

7月10日，丘吉尔提议让一支英国海军部队和苏联海军一起在北极海域并肩作战。两天后，一份英苏协定在莫斯科签署，双方承诺互助共同对抗德国，不会单独求和。

德军对英国的轰炸仍在继续。为了扰乱德军对苏联的作战，英军也对德国实施了轰炸；7月7日晚轰炸法兰克福，7月8日轰炸威廉港，7月14日轰炸汉诺威。当晚丘吉尔在大厦之屋演讲时说道："我们给予德国人的打击程度会超过他们给予我们的打击。"响亮持久的欢呼声打断了他的讲话。他接下来直接向希特勒挑战："你做到最坏，我们会做到最好。"两天后，汉堡被轰炸。

7月19日，当德军抵达德苏边境和莫斯科的中间位置时，斯大林请求丘吉尔考虑英军是否有可能在两处地方登陆，减轻苏联的压力，一处是挪威，另一处是法国北部。丘吉尔将两个方案都交给参谋长会议，但是他们拒绝了，因为这些方案太冒险。丘吉尔深信他的顾问是正确的。7月20日，他对斯大林说，如果让部队在法国北部大规模登陆，"会遭遇血腥反击"，而小规模袭击"只会以惨败告终，对我们双方的利益都有害。他们不必移师或者在他们能够从你们的阵地移走一个单位的部队之前，一切就都结束了"。丘吉尔还说："你一定记得我们已经单独作战一年多时间了，尽管我们的资源在增加，而且从现在起将迅速增加，可是在国内和中东地区我们仍然处于最紧张的状态。""尽管我们的海军资源丰富"，但"决定我们生死存亡的"大西洋之战以及不断遭遇潜艇袭击和空袭的护航活动，"已经让我们的海军资源拉伸到极限"。

丘吉尔对斯大林说，能够做的都已经做了。英国的潜艇和一艘布雷舰正在前往北极海域的路上。一支英国战斗机中队也很快就要出发。5 天后，战时内阁同意派 200 架战斗机去苏联，其中 60 架将不得不从正在美国制造的英国战备品中调拨。应斯大林的要求，英国还会给苏联送去三四百万双靴子和大量橡胶、锡、羊毛、布匹、黄麻和铅等物资。丘吉尔说明，英国若没有足够的库存，会请求美国提供。对苏援助又增加新的工作，而一直以来苏联战败的可能性也带来了新的担心。7 月 21 日，英国驻中东公使奥利弗·利特尔顿警告丘吉尔说，"如果苏联很快陷落"，英国人也可能被一同赶出埃及，被迫在巴勒斯坦甚至叙利亚打防御战。

7 月最后一周是战争开始第一百周。虽然德军轰炸机的袭击放慢了，这个月仍有 500 名英国平民丧生。8 月初，危险之中出现了一丝明亮的曙光：因为布莱切利在破译德国海军密码上投入了巨大努力，现在几乎可以毫无延迟地读取所有德军潜艇的指令。自此之后，横穿大西洋的船队就可以绕过德军潜艇了。5 月，有 90 多艘商船被击沉，8 月这个数字降到了 30 艘以下。

8 月 2 日，丘吉尔问被专门召唤到首相乡村别墅的奥金莱克，是否能在 9 月或 10 月在中东再次发起进攻。奥金莱克解释说，最早到 1 月，他的队伍才能达到必要的 2 对 1 的优势，丘吉尔听从了他的判断。8 月 3 日，丘吉尔离开首相乡村别墅，在法国陷落之后，首次离开英国。他在苏格兰的瑟索登上"威尔士亲王号"。

丘吉尔的目的地是纽芬兰，他要与罗斯福会面。8 月 9 日，"威尔士亲王号"抵达普拉森舍湾，丘吉尔下船，登上重型巡洋舰"奥古斯塔号"，与罗斯福碰面。第二天，罗斯福在"威尔士亲王号"上参与了礼拜仪式；仪式上的圣歌是丘吉尔挑选的。8 月 11 日开始了三组对话：双方到场的外交人员之间的对话，双方参谋长会议之间的对话，以及总统和首相之间的对话。

美国在普拉森舍湾做出了 5 项承诺。美国会对苏联进行"超大规模"的援助，会与英国配合进行对苏援助；美国会派更多的商船将轰炸机和坦克通过大西洋送往英国；美国会为每支前往英国的北大西洋船队提供 5 艘驱逐舰和 1 艘巡洋舰或其他大型军舰进行护航；美国会使用美国飞行员向英国和西非运送轰炸机，届时大部分飞行员将留在当地接受战地培训；美国会承担东至冰岛的所有海军巡逻任务。另外还有两份重要的英美协定：两国均"尊重各国人民选择在何种形式的政府下生活的权利"，包含这条承诺的文件后来被称为"大西洋宪章"；将要求日本将其部队撤出法属印度支那，停止对西南太平洋地区的进一步侵犯。

丘吉尔起草了一份要递交给日本的特别警告书，警告书上说，如果日本继续其侵略行径，"美国政府将被迫采取对策，即使这么做会导致美国与日本交战"。

在普拉森舍湾的时候，罗斯福同意这么做，但是在返回华盛顿后，他决定反对以宣战作为威胁。

丘吉尔在回国后对战时内阁说，到场的美国海军官员"没有掩饰他们想要参战的迫切心情"。他说，更重要的是，"我已经和我们伟大的朋友建立了热诚、深厚的私人交情"。这位朋友告诉丘吉尔，已经命令所有美国护航舰艇攻击任何暴露自己的德军潜艇，即使潜艇距离"船队有两三百英里远"。丘吉尔还说，罗斯福已经"说明"，"他会寻找某次'事件'，让他可以名正言顺地宣战"。

在丘吉尔穿过大西洋与罗斯福见面的时候，希特勒飞抵位于东普鲁士司令部和莫斯科之间的波里索夫，视察他获胜的部队。苏联会在美国仍保持中立的时候被侵占吗？8月25日的战时内阁会议备忘录记录了丘吉尔的担心："他有时会怀疑总统是否意识到美国一直保持不参战的风险。如果德国完全击败苏联，美国又不向参战更进一步，战争转向我们的风险就会很大。我们当然希望继续下去，可是将我们的意志施加在纳粹德国身上则完全是另一回事了。"

从普拉森舍湾回国后，罗斯福急忙向美国人民保证美国不会比会议之前更靠近战争。8月30日，丘吉尔对首相乡间别墅的来宾说，美国不宣战的话，"虽然我们现在不会被打败，但战争会再拖上四五年，文明和文化也会被彻底消灭"。如果美国现在加入进来，战争也许会在1943年结束。即使美国在明年3月参战也太迟了。

有一件事丘吉尔可以采取主动：在8月底，为了确保有一条能让美国战备物资快速送抵苏联的安全路线，英国和苏联军队进入波斯。苏军控制了包括首都德黑兰在内的波斯北部，英军控制了南部，包括丘吉尔在1914年为英国购买的油田。不过这条供给线路是不是获取得太晚了？到9月1日，德军距离莫斯科已经不到200英里。在9月6日给斯大林的电报里，丘吉尔承诺给苏联送去半数他们要求的飞机和坦克，这部分武器是由英国生产的。他会在美国找到另外半数飞机和坦克。他对斯大林说，同时，"我们要继续从空中更猛烈地攻击德国，保持海域畅通，让我们自己生存下去"。

从解码的德军电文中，丘吉尔得知德军现在不能保证在冬季到来之前打败苏联，届时，环境会恶化得多，丘吉尔加紧在尽可能短的时间里向苏联提供最大的帮助。从9月20日起的下面一周里英国生产的全部坦克将被送往苏联。第二天，丘吉尔从罗斯福那里得知，在接下来的9个月里，美国将向英国运送至少6000辆坦克。这批坦克也将交给苏联。

如果不能在冬季前打败苏联，德军就不可能在这一年入侵英国。丘吉尔现在提出，如果斯大林要求的话，可以派韦弗尔指挥一支英国大军前往高加索地区，帮助苏联人挡住德国人，让他们无法到达里海的油田。但是，在10月的最后一周，德国的密电显示德军在冬季的进攻目标不是高加索地区，而是莫斯科。从10月21日起，丘吉尔连续4天批准根据解码的德军电文得到的情报向斯大林分别发出9次警告，详述德军在莫斯科前线的部署情况和意图。这是斯大林得到这些关键情报的唯一来源。

在伦敦，克莱门蒂娜，丘吉尔正在筹备发起对苏联的援助活动，在头12天中，就筹集到一大批药品，其中包括100万支非那西汀，这是当时使用的最有效的止痛药。在莫斯科，比弗布鲁克和哈里曼正在参与一揽子军事援助的谈判，包括在未来9个月提供1800架英国战斗机，900架美国战斗机和900架美国轰炸机，以及舰炮、潜艇探测装置、高射炮和装甲车等。每个月将提供100多万米的军服用布。为了将这些供给运到苏联，不仅要使用穿越波斯的路线，还要使用更快但更危险的大西洋路线。

10月4日，丘吉尔对斯大林说："我们打算让船队连续循环行驶，每隔10天离港出发。"第一批船队装载了20辆重型坦克和193架战斗机，将在10月12日抵达阿尔汉格尔斯克。船队顺利抵达。8天后，德军距离莫斯科仅有65英里，丘吉尔批准下令让每辆运往苏联的坦克都必须配备够3个月使用的"零部件"，"不论这可能带来多大的牺牲"。

为了帮助苏联，为了看到英军参与战斗，丘吉尔提出两个海陆协同作战方案，一个方案是攻打挪威，要尽可能快地实施，另一个方案是攻打西西里，将在奥金莱克计划11月中在西部沙漠展开的进攻获胜后进行。参谋长会议把两个方案都推翻了。10月27日，在西西里方案被否决时，外交官亚历山大·卡多根在日记里写道："可怜的温斯顿非常沮丧。"4天后，丘吉尔给伦道夫写信说："海军上将、陆军将军和空军中将齐唱他们'安全第一'的庄严圣歌。"至于他自己，"我只能克制自己天生的好斗个性，不说话。真见鬼"！

为了找到和他有一样的本能、想要尽力实施进攻的人，11月16日，丘吉尔问艾伦·布鲁克将军是否愿意接替迪尔担任帝国总参谋长以及参谋长委员会的陆军代表。布鲁克接受了。45年前，他的兄弟维克多是丘吉尔的军中好友，在1914年从蒙斯撤回时在战斗中阵亡。他的另一个兄弟罗纳德在1900年解除莱迪史密斯包围时曾和他一起骑马进入莱迪史密斯，在1925年早逝。现在他将作为伙伴、顾问和同事，和丘吉尔共事3年半的时间。这是艰巨的责任，不过他们的合作很有建设性。

当天上午，奥金莱克在西部沙漠对隆美尔的部队发起进攻。到夜幕降临之时，他向被困在托布鲁克的英军部队推进了50英里。隆美尔的密电显示他们的汽油和坦克严重短缺；不仅丘吉尔读到了这些解码后的电文，每天他还将电文摘要通过密电发送给奥金莱克。这些情报使得奥金莱克在自己的坦克力量严重吃紧的时候仍继续发动进攻。在战斗第五天，一份德国密电表明两艘为德军和意大利军队运送航空汽油的航行详情。24 小时后，两艘船均被击沉，为隆美尔提供支持的空军力量的汽油供应大受限制。

11 月 29 日，奥金莱克的队伍抵达托布鲁克，围困结束了。同一天，在顿河河口，苏军沿亚速海北岸将德军逼退。这个冬天，德军没能突破高加索地区。苏联南线守住了。第二天，丘吉尔度过 67 岁生日，在他收到的 100 多封电报和信件中有一封是斯大林发来的。4 天后，西部沙漠前线开始稳定下来的时候，他考虑只要斯大林希望有军队支援，他会派 3 个师，总计 12000 人，到苏联南线。不过，国防委员会不愿意从西部沙漠抽调军队，他们想要继续加强那里的攻势；丘吉尔没有选择，只好服从他们的集体意志。

这一周，海军在地中海的损失让丘吉尔非常难过："巴勒姆号"被击沉，500 多人丧生；"海王星号"被击沉，700 名船员只有一人生还。"海王星号"的沉没尤其惨痛，因为从破译的电文得到情报，它打算拦截一支为隆美尔运送重要补给品的船队，在途中它被水雷击中。有了这批补给，隆美尔可以避免未来进一步撤退了。但是，12 月 5 日，丘吉尔从另一份解码的电文中得知德国一支空军军团受命从苏联前往地中海地区，给隆美尔提供他强烈要求的空军支持。英国在西部沙漠的战斗迫使德军从东线抽调出部分精华部队。

这个振奋人心的消息被日本有可能计划在远东地区实施军事行动而引起的恐慌抵消。英国、荷兰、暹罗的领土都在其海军和空军部队的势力范围之内。1 月 30 日，丘吉尔恳请罗斯福对日本提出警告，对英国、荷兰、暹罗领土的任何侵略行为都将导致美国宣战，以此阻止战争扩大。在回信中，罗斯福解释说，因为宪法的原因，他不能对其他国家做出保证，但是他劝说丘吉尔向暹罗做出承诺。他说，这个承诺将得到"美国全心全意的支持"，不过没有说明会是什么样的支持。12 月 2 日，丘吉尔对战时内阁说，英国的政策"是不在美国之前采取行动"。

伦敦和华盛顿都没有公开声明支持暹罗。不过在 12 月 7 日上午，丘吉尔在首相乡间别墅同意，一旦日本侵略军靠近暹罗，英国海军和空军部队就会攻击日军的运输线。当天上午晚些时候，他得知罗斯福打算在 3 天后，也就是 12 月 10 日，宣布如果日本入侵英国、荷兰、暹罗领土，美国肯定会将其视为针对美国的"敌对行为"。"这让人大大松了口气，"丘吉尔立刻给奥金莱克发电报说，"因为长久以来，我一直害怕在没有美国的情况下或在美国之前对日宣战。"

6 周前，英国战时内阁被告知"夏威夷强大的美国舰队"将阻止日本人进入暹罗湾。即使如此，显然大批日军现在正在移动，丘吉尔在中午过后给暹罗总理发电报说："日军很可能马上会入侵贵国。如果你们遭到攻击，请保卫自己。保护暹罗的完全独立和主权是英国关心的问题，我们会把对你们的攻击视为对我们自己的攻击。"

当晚，在首相乡间别墅，丘吉尔的晚宴宾客是阿维里尔·哈里曼和美国驻英国大使吉尔伯特·温纳特。就在他们用餐的同时，日本飞机袭击了停泊在珍珠港的美国舰队。在一个半小时里，来袭的飞机在码头上空盘旋，投下鱼雷和炸弹，4 艘战列舰被毁，2000 名美国官兵丧生。英国时间晚上 9 点，丘吉尔打开无线电收音机，听到了这个消息。他后来回忆说，电台里一开始报告的是苏联和利比亚前线的消息，接着说了几句话，"关于日本对夏威夷的美国船只实施了攻击，日本也对荷属东印度群岛的英国舰艇实施了攻击"。

丘吉尔接通了给罗斯福的电话。"总统先生，"他问，"日本这是怎么回事？"

"这千真万确，"罗斯福回答道，"他们在珍珠港攻击了我们。我们现在都在一条船上了。"

过了不久，海军部的消息送到了首相乡村别墅，日军想要在马来半岛登陆。英国和美国同时被相同的敌人攻击。荷属东印度群岛和暹罗也同样在当天被入侵。当天晚些时候美国国会对是否对日宣战进行投票。罗斯福在知道投票结果后立刻给丘吉尔发电报："今天我们所有人都和您以及帝国人民坐在了同一条船上，这艘船不会沉，也不能沉。"

丘吉尔担心太平洋地区的战争需求会导致美国减少对英国的援助以及减少对大西洋船队的护航，他在 12 月 8 日定下计划，准备两天后前往美国。可是罗斯福要至少一个月后才能和他见面，访问推迟了。失望的丘吉尔对罗斯福说："对最后的胜利我从来没有如此肯定过，不过只有协同行动才能取得胜利。"

由于珍珠港大量美国军舰被毁，英国和美国丧失了在远东地区的海军优势。虽然英国的"威尔士亲王号"和"反击号"近期抵达新加坡，珍珠港事件之前丘吉尔派它们前去阻止日军向南推进的企图，然而海军实力的对比情况已经从英美海军 11：10 占据优势，变成了 4：10 处于劣势。12 月 9 日晚，丘吉尔和顾问们讨论两艘英国军舰应该做些什么，这两艘船现在构成盟军海军实力的中坚力量。丘吉尔提出两个建议：或者让它们"隐匿在茫茫大海中，形成若隐若现的威胁"，像"离群的凶猛野象"一样行动；或者让它们横穿太平洋，与珍珠港剩余的美国舰队会合。

会议没有达成最后决定，只是决定"在明天一早重新考虑这个问题"。但是到了第二天早上，这两艘船自己做出了决定，它们打算拦截一支据报准备在马来半岛海岸登陆的日本军队。然而这是个假消息，这使得这两艘船进入了轰炸新加坡港后正在回程途中的日军鱼雷轰炸机的射程之内。12 月 10 日，伦敦，丘吉尔正在床上处理公文，床边的电话突然响了起来。打电话来的是达德利·庞德。丘吉尔后来回忆说："他的声音听起来很奇怪。他像是在咳嗽和哽咽，一开始我没法听得很清楚。首相，我必须向您报告，'威尔士亲王号'和'反击号'都被日本人击沉了——我们认为是飞机干的。汤姆·菲利普阵亡。'你确定这是真的吗？''确定无疑。'于是我放下电话。谢天谢地，当时我是一个人。在整个战争过程中，这是我受到过的最直接的打击。"

丘吉尔其实并不是一个人。庞德打来电话的时候，凯瑟琳·希尔也在房间里。"我坐在房间的角落里，一语不发，让自己不显眼，"她后来回忆说，"在他心情不好的时候，我习惯设法让自己隐形。当那两艘船沉没的时候，我在那里。那是个恐怖的时刻。"

损失了"威尔士亲王号"和"反击号"对英国是个沉重的打击；600 名官兵阵亡，远东地区的水域向日本海军开放了，而日本海军的优势现在更大了。第二天，在没有任何理由的情况下，意大利和德国先后向美国宣战，这抵消了沉船带来的影响。罗斯福正身陷太平洋战争之中，没有打算向希特勒宣战，在珍珠港事件发生 4 天后，他也没有这么做。现在希特勒自己让德国和美国处于交战状态。英国不必再担心美国把全部战争重心放在对抗日本人上，而减少对英国的战争物资供给了。

由于希特勒自大的宣战，美国在保持两年多的中立后突然间加入欧洲战场上来。由于美国现在与德国和意大利进入交战状态，罗斯福同意尽快与丘吉尔见面。12 月 12 日晚，丘吉尔乘火车离开伦敦，前往克莱德河口，他在那里登上"约克公爵号"，踏上横穿大西洋的旅程。在船上的时候，在狂风中，他每天都得知苏军在列宁格勒、莫斯科和亚速海附近正在进行成功的反击。"每天听到苏军前线赢得出色胜利的消息时我的解脱感难以形容，"12 月 15 日他给斯大林发电报说，"对这场战争的结局我从来没有如此肯定过。"丘吉尔感到解脱一部分是因为他意识到希特勒现在被绑在了苏联，他的军队正在遥远的东部在冬天严酷的环境里作战，蒙受巨大的伤亡，任何在 1942 年入侵英国的计划最终都必须放在一边了。

在丘吉尔在风暴的颠簸中向西航行之时，日军对香港发动了进攻。12 月 22 日，在航行了 10 天后，丘吉尔抵达汉普顿大道，随后飞往华盛顿。丘吉尔将在接下来的 3 周里在白宫做客。丘吉尔和罗斯福的谈判从第一天就开始了，双方同意制订英美联军在法属北非地区登陆的计划。同一天，在庞德、布鲁克和波特尔的大力说服下，英国的参谋长会议和美国的参谋长联席会议同意大西洋-欧洲战区为决定性战区，"德国仍然是取胜的关键"，应该在打败日本之前先打败德国，这让丘吉尔大大松了一口气。

12 月 22 日，在丘吉尔和罗斯福继续讨论之际，日军登陆菲律宾，逼退了阻挡他们的美国守军。3 天后，在 17 天的围困后，香港的英国、加拿大和印度守军向日军投降。同时，在华盛顿，丘吉尔和罗斯福继续制定联合作战战略：美军轰炸机将从英国的基地起飞对德作战；在爱尔兰北部部署美军，让驻扎那里的英军解放出来前往中东；如果菲律宾沦陷，美军将转向新加坡；将派出大批美军守卫澳大利亚。

12 月 26 日下午，丘吉尔和罗斯福讨论了与所做决定相关的船只需求。晚上，丘吉尔对英国参谋长会议说，他正在考虑一个协议，根据该协议，华盛顿将对太平洋战争进行总指挥，伦敦负责大西洋、欧洲和北非的作战。当晚，丘吉尔躺在白宫房间的床上，房间太热了，他决定打开卧室的窗户，第二天他对他的医生查尔斯·威尔逊说："我感到特别费劲，必须用很大的力气，然后我立刻发现呼吸不畅。我的心脏一阵钝痛，这种疼痛感延伸到我的左臂。"

丘吉尔实际上经历了一次轻微的心脏病发作。威尔逊医生在他的日记里写道："教科书上的治疗方法是至少卧床 6 周。这意味着昭告全世界，美国的报纸会注意到这件事，首相病倒了，心脏受损，前途不明。"因此医生决定不把实情告诉任何人，甚至不告诉病人本人。他告诉丘吉尔的只有："您的血液循环有点缓慢。"他对丘吉尔说，情况并不严重，不需要卧床休息，不过暂时不能超出现在他力所能及的范围。

会议继续。12 月 27 日上午，丘吉尔与美国陆军参谋长马歇尔将军讨论在任命远东地区盟军最高司令官的问题。马歇尔支持由韦弗尔担任此职。当晚，丘吉尔也与自己的参谋长会议讨论了同样的问题。最后达成一致意见，将由韦弗尔担任这个职务，由美国人担任副职。丘吉尔给战时内阁发电报说，美方的行动"宽容无私"。

虽然感觉不适，丘吉尔仍从华盛顿乘火车前往渥太华，12 月 30 日他对加拿大议会发表演说。他提起 1940 年魏刚的评论，魏刚说英国很快会像小鸡一样被拧断脖子，丘吉尔的评论让他的听众十分开怀："了不起的小鸡!"当笑声渐弱时，他又加了一句："了不起的脖子!"

丘吉尔乘火车返回华盛顿，在 1942 年 1 月 1 日他同意由"联合国"发表一份罗斯福起草的声明，联合国是由正在与德、日作战或被德、日占领的 26 个国家组成的，这份声明表达了这些国家彻底战胜德国、日本的决心。"声明本身无法赢得战争胜利，"丘吉尔后来回忆说，"不过它阐明了我们是谁，以及我们为何而战。"第二天，丘吉尔和罗斯福联合主持会议，确定 1942 年和 1943 年美国的战争物资生产规模。1 月 5 日，丘吉尔从华盛顿飞往佛罗里达，在庞帕诺海滨一处僻静的别墅里休养身体。

丘吉尔在佛罗里达待了 5 天，在温暖的海水里游泳，把战争政策口述下来记录在备忘录里。回到华盛顿后，他和罗斯福达成一致意见，他们各派遣 9 万人的部队在法属北非地区登陆，一旦日军向澳大利亚进军，罗斯福会派遣 5 万人的队伍保卫澳大利亚。两位领导人还设立联合参谋长委员会，根据战略方针制订整体需求方案；设立联合原材料委员会，共享所有可利用的军需品；设立英美船只协调委员会，共享双方的船只资源。

会议于 1 月 12 日结束。1 月 14 日，丘吉尔乘坐水上飞机离开华盛顿，前往百慕大，在 4 个小时的飞行中，他控制飞机飞行了大约 20 分钟。丘吉尔本来打算接下来乘船，但由于马来半岛局势恶化，最后还是决定继续乘坐水上飞机。当飞机靠近目的地时被发现偏离了航线，再有五六分钟，就会飞入德军在布雷斯特的高射炮射程内。错误一发现丘吉尔立刻被告知："我们要立刻转向北飞行。"当飞机接近普利茅斯的时候，英国雷达报告有一艘敌军轰炸机正从布雷斯特的方向飞来。6 架战斗机受命升空将其击落。错误发现得很及时，丘吉尔安全返回英国。他已经离开英国一个多月了。

回国两天后，丘吉尔首次从韦弗尔那里得知，新加坡岛北部朝向陆地的一侧从未修建过大型防御工事。所有修建重要防御工事的地点都是为了防御海上进攻。但是，日军现在正在从陆上推进，从北部靠近新加坡岛。丘吉尔仍然决定进行大力防守。他在 1 月 19 日对参谋长会议说，应该动员"全部男性公民"修建防御工事。要把新加坡城变成一座堡垒，严防死守。一定不能投降。"指挥官、参谋和重要官员应该死在自己的岗位上。"

但是，韦弗尔不再接受英国的指挥。根据华盛顿的一系列协定，他将接受美国的指挥。丘吉尔只能提供"建议"，他在 1 月 20 日的电报里说："我想要绝对说明的是，我希望防守每一寸土地，每一块物资或防御工事都要炸成碎片，以防被敌军缴获，直到在新加坡城的废墟之中延长作战之前，绝不考虑投降。"

1 月 27 日，丘吉尔在下院要求进行信任投票，他对下院说，因为"情况正在变糟，而且会更糟"。辩论持续了 3 天。丘吉尔以 464 票对 1 票赢得了信任投票。就在投票进行的同时，据悉日军距离新加坡只有 18 英里了。

"会更糟。"是丘吉尔的话。这句话说出来 4 天后，德国潜艇司令部改动了他们的密码机，英国情报部门无法再解读他们的密码了，这种情况一直持续到这一年结束。当新加坡情况危急的时刻，丘吉尔又得知损失了珍贵的情报来源，他只能和一小拨同事分享这个不幸的消息；只有不到 25 人知道这件事。丘吉尔和这些人不知道的是，德国海军情报部门当时已经破译了英军向大西洋北部船队发送消息所使用的密码。上一年秋天，英国人似乎取得了大西洋之战的胜利，现在这场战斗再次充满焦虑和危机。

2 月 5 日，在日军向新加坡靠近的时候，甚至缅甸的抵御能力都开始让人怀疑了。为了找到新的联盟和承诺，丘吉尔建议立刻飞往印度，与中国国民党领导人蒋介石会面，制定中英在缅甸北部边境的战略；并且提出让印度建立议会讨论新宪法，在战争过后实现印度完全独立。由于华盛顿的经历，丘吉尔的医生反对他的这趟行程。但是说服丘吉尔没有进行此次出访的不是他心脏的威胁，而是他觉得在新加坡陷落的时候自己必须在英国。

2月14日上午，韦弗尔告诉丘吉尔，在他们的指挥官珀西瓦尔将军看来，新加坡的军队已经"没有能力再次发动反击了"。丘吉尔立刻授权韦弗尔下令让珀西瓦尔投降，第二天新加坡军队投降。被日军俘虏的人中有16000名英国士兵，14000名澳大利亚士兵和32000名印度士兵。

虽然丘吉尔赢得了信任投票，公众对于国内战争指挥的批评却不断增多。"他说他厌倦了一切，"丘吉尔地图室的主管理查德·皮姆在2月18日写道，"而且暗示他正在很认真地考虑将职责交到其他人的肩上。"第二天，丘吉尔任命艾德礼为副首相。有人要求他放弃国防大臣的职务，2月24日，他在下院对这些人说："不管这个职务对某些人来说有多么诱人，在前面有如此多的问题的时候，机灵地躲开，让其他人承受这些即将到来的打击，而且是沉重、反复的打击，我不打算选择这种胆怯行为。"

在公开场合，丘吉尔再次展现出他的好斗个性。可是他的家人看到了他内心的低落。"爸爸情绪很低落，"玛丽在2月27日的日记里写道，"他身体不太好，持续的重压让他疲惫不堪。"当天，一支英国突击队成功袭击了英吉利海峡岸边的一座德军雷达站，从他们缴获的雷达部件来看，德国的雷达在某些方面比英国先进得多。英国公众欢庆这次袭击取得成功；而丘吉尔知道其中灰暗的一面，正如他知道公众一无所知的众多危机一样。

2月28日，日军入侵爪哇。在随后的海战中，英军伤亡惨重。珍珠港事件过去将近3个月了。"当我回想起我曾经多么渴望和祈祷美国参战的时候，"丘吉尔在3月5日给罗斯福发电报说，"我发现很难料到12月7日以后英国的情况会恶化得如此严重。"

丘吉尔发电报的这天，缅甸的英国高级官员哈罗德·亚历山大将军下令放弃仰光。3天后，爪哇的荷兰人投降，1万多名英国和澳大利亚军队士兵被俘。为了想办法扭转不断恶化的战争颓势，丘吉尔让布鲁克将军担任参谋长委员会主席。他还任命海军官员路易斯·蒙巴顿勋爵为联合作战参谋长，蒙巴顿是维多利亚女王的玄孙，巴腾堡亲王路易斯的儿子，1914年曾经担任丘吉尔的第一海务大臣。丘吉尔还提出在这周乘飞机去见斯大林，或者在德黑兰，或者在里海附近的苏联城市阿斯特拉罕，完成英苏协定的谈判。

丘吉尔访问苏联的提议没有落实。斯大林开始力主让联军在这年晚些时候在北欧进行海陆协同登陆，将德军从东线吸引开。然而，3 月 8 日，丘吉尔接到罗斯福发来的有关美国海陆协同登陆潜力的报告，罗斯福在报告中提到，到 1944 年 6 月，美国舰艇运送军队的能力才能达到 40 万人。到 1943 年 6 月，运力仅为 13 万人，不足以满足在北欧进行大规模海陆协同登陆、直击德国的要求。如果像斯大林所希望的在 1942 年 9 月登陆，美国只能提供 40% 的登陆艇以及 700 架飞机，而所需的飞机是 5700 架。

正如罗斯福自己挑明的，美国缺乏准备是盟军无法在 1942 年在北欧发起海陆协同进攻的决定因素。在现在的状况下，对德国城市和工业企业实施轰炸仍是从西方对德国发起进攻的主要形式；"这不是决定性的，"3 月 13 日丘吉尔对波特尔说，"不过比什么都不做强，而且这的确是给敌人造成损伤的有效办法。"解码的电文开始显示德军计划在夏天对苏联发起进攻。丘吉尔立刻建议让英国空军尽其所能对德国实施最猛烈的空袭，"减轻苏联的负担"。参谋长会议同意了；不过他们否决了丘吉尔的另一项要求，即当新一轮的德军进攻开始时，派遣一支英国空军分队到苏联与苏联空军"肩并肩"作战。布鲁克解释说，不能从中东地区调拨战斗机，以免德军再次在该地区发动进攻。

新加坡的陷落是让丘吉尔心情沮丧的原因之一。日军进军速度太快，日军空军实力太强，根本阻挡不住。4 月 3 日，缅甸的曼德勒市被轰炸，2000 名平民丧生。4 月 4 日，在日军对锡兰的一次空袭中，4 艘英国军舰被击沉，500 多人丧生。4 月 6 日，日军在所罗门群岛登陆，这里是澳大利亚在太平洋地区的一个托管国。4 月 9 日，菲律宾巴丹半岛上的美军投降，35000 名美军士兵被俘。

整个 4 月，英国前往苏联的船队损失惨重，它们反复遭到驻扎在挪威北部的德军轰炸机的袭击。有一支船队，23 艘船中仅有 8 艘抵达苏联。

在缅甸，曼德勒市 5 月 3 日失守，整个国家落入日军的控制之中。在地中海地区，马耳他遭受猛烈空袭。在菲律宾，柯雷吉多尔岛上的美军 5 月 6 日投降；在激烈的保卫战中 800 人阵亡。第二天，在经过了两天的战斗后，登陆维希政府控制下的马达加斯加岛的英国海军和陆军队伍为了不让日军占领这座岛屿，进入岛上的主要港口迭戈苏亚雷斯，迫使忠于维希政府的守军投降。

这年夏天，丘吉尔不断仔细审查北欧登陆方案，目标是在陆上击败德国。5 月 26 日，他提出，一旦登陆艇穿过英吉利海峡，需要有浮码头卸载人员和设备。这个任务交给了泰勒伍德罗建筑工程公司。必须建设两个与多佛港同等规模的混凝土港口，而这两个港口必须能被拖着穿过英吉利海峡。然而在德军仍掌握主动权的时候，是不会考虑大规模跨海峡进攻的。5 月 26 日晚，隆美尔在西部沙漠对英军发起进攻。"撤退是致命的，"丘吉尔给奥金莱克发电报说，"这不仅是装甲的问题，而且是意志力的问题。上帝保佑你们所有人。"

隆美尔和奥金莱克的队伍在西部沙漠激战的时候，英国轰炸机在 5 月 30 日袭击了科隆。这是大战开始以来第一次动用了上千架轰炸机的空袭。德国的工业设施遭到重创，然而也有 39 架轰炸机被击落。这周发生的另外一次交战对本次大战的结果影响更大：在太平洋地区，由于英美共同合作解码了日军电文，中途岛是通往珍珠港的踏板，6 月 4 日，一支前往中途岛的日军舰队在途中遭遇激战；日军所有 4 艘航空母舰被摧毁。有这么多的战区，这么多被占领的国家，这么多可能的战争计划，丘吉尔决定横穿大西洋，与罗斯福进行第二次会晤。

在西部沙漠，隆美尔正在向托布鲁克逼近。6 月 15 日，丘吉尔给奥金莱克发电报说，当地的要塞要有足够多的军队，务必要守住这个地方。两天后，他乘火车离开伦敦，前往苏格兰的斯特兰拉尔，他在那里登上了 5 个月前他回国时曾经乘坐过的那架水上飞机。

经过 26 小时的飞行，飞机在阿那卡斯提亚海军航空基地降落，这里距离白宫只有不到 3 英里。在华盛顿的英国大使馆度过一晚后，丘吉尔乘坐美国海军的飞机前往新哈肯萨克，这是距离海德公园最近的机场，而哈德逊河畔的海德公园就是罗斯福的家。罗斯福在机场等候丘吉尔，见面后，他开车带丘吉尔回到海德公园。

6 月 20 日，在和罗斯福对话期间，丘吉尔强调，因为英军高层认为在 1942 年 9 月发动跨海峡登陆作战没有成功的机会，因此 1942 年秋天的新战区应该在法属北非的大西洋和地中海沿岸地区。罗斯福表示同意；美国无法提供足够的作战飞机和登陆艇，所以无法进行完整规模的进攻。对于更遥远的未来，两人也达成了高度保密的协议，根据协议，美国和英国将作为"平等伙伴"，分享各自原子弹的研制成果。

当晚，丘吉尔和罗斯福乘坐总统专列前往华盛顿，丘吉尔做客白宫。第二天上午，他和罗斯福正在总统书房谈话，有人送进来一张粉红色的纸条，交给罗斯福；罗斯福读了上面的内容，没有说话，然后把纸条交给丘吉尔。纸条上说："托布鲁克失守，25000 人被俘。"丘吉尔不相信，让伊斯梅给伦敦打电话。不过没等伊斯梅打电话，第二份电报就到了，这份电报来自地中海地区的英国海军指挥官，上面第一句是："托布鲁克陷落。"

没什么比这更让人不愿相信的了。"战败是一回事，"丘吉尔后来写道，"丢脸是另一回事。"一时间没人说话。然后，罗斯福转身对丘吉尔说："我们能帮什么忙？"

战斗详情渐渐明确，最后确定被俘人数将近 33000 人。还可以确定的是隆美尔正继续向埃及边境进军，甚至可能跨国边境，进入埃及。当晚，罗斯福提出派一个美军装甲师去埃及。丘吉尔给奥金莱克发电报说："不管我对这场仗是怎么打的以及是否本可以打一场漂亮仗有什么看法，你拥有我全部的信任，我和你共同承担全部责任。"

两年里，必须第二次守卫埃及。丘吉尔得知美军船只运输方面的困难使得之前承诺的装甲师无法被送往开罗，现在隆美尔成功跨过埃及边境，开罗面临威胁。美国现在提出提供 300 辆坦克和 100 门自行榴弹炮；为了运送这批装备，专门调集了两艘在哈瓦那运糖的货船。

6 月 23 日晚，丘吉尔乘火车离开华盛顿，前往南卡罗来纳州的杰克逊营参观，6 月 24 日返回华盛顿。6 月 25 日午夜之前，他在巴尔的摩登上水上飞机。他刚刚得知下院要对他进行一次谴责投票。7 月 1 日，辩论开始，当天，德军抵达阿拉曼，深入埃及腹地 250 英里，距离开罗不到 200 英里。安奈林·贝文是对丘吉尔批评得最严厉的工党成员之一，他说："首相赢得了一次又一次辩论，输掉了一场又一场战斗。民众开始说他像打仗一样辩论，像辩论一样打仗。"

在辩护中，丘吉尔指出在做"所有重大决定"的时候他都一定会带上战时内阁，参谋长会议则拥有作战部队的直接指挥权。他不要求"特权"。在英帝国命悬一线之时，他已经尽最大努力做好首相的工作。丘吉尔还说："我为你们工作，只要你们高兴，你们有权解雇我。你们无权让我在没有实际行动权的情况下承担责任。"

谴责投票以 475 票对 25 票失败。丘吉尔返回唐宁街 10 号，当天下午，他见到了埃默里的儿子朱利安。朱利安刚从西部沙漠回来，他提议让丘吉尔去视察那里的军队，提升他们的士气。

"您在作战区出现就够了。"朱利安对丘吉尔说。

"你是指只是来回走走，跟他们说说话？"丘吉尔问。

"对，跟军官和士兵说说话。"朱利安回答道。

丘吉尔喜欢这个主意，不过艾登说他认为首相会"碍事"。

"你是指像一只蓝头苍蝇在一大堆牛粪上嗡嗡嗡吗？"丘吉尔问他。

开罗将是丘吉尔的目的地。就在计划此次行程的同时，一支经过北极海域前往苏联的船队遭到重创。船队的 34 艘商船中，23 艘被击沉，只有 11 艘抵达苏联。船队运往苏联的将近 600 辆坦克损失了 500 辆。8 月和 9 月的船运必须放弃。7 月 14 日，丘吉尔得知在一周内，总计将近 40 万吨数的船只在北极以及大西洋海域沉没。

罗斯福总统希望在 1942 年 9 月实施有限的跨海峡登陆，很可能是在瑟堡半岛；7 月最后一周，罗斯福派霍普金斯和美国参谋长联席会议的两名成员，马歇尔将军和金上将，一起去伦敦。不过丘吉尔和英国参谋长会议断定瑟堡计划规模太小，对苏联没有帮助，而且实力也太弱，无法成功守住半岛。经过 3 天的激烈讨论，美国人同意放弃瑟堡行动，1942 年优先实施北非登陆方案，并且设法为 1943 年的大规模跨海峡登陆做准备。

丘吉尔通过电报告诉斯大林暂停北极海域船运以及延迟跨海峡登陆的消息。斯大林非常恼火，而更让他恼火的是在苏联南部希特勒的军队已经到达高加索地区，威胁到苏联最重要的油井。英国驻莫斯科大使阿奇博尔德·克拉克·克尔爵士强调了丘吉尔和斯大林尽早见面的巨大好处，这样丘吉尔不仅能解释计划改变的原因，还能说明能够达成有效行动和帮助的计划。丘吉尔决定从开罗继续飞往苏联。7 月 31 日，他给斯大林发电报说："届时我们可以一起研究这场战争，手拉手地做出决定。"

一到开罗，丘吉尔就感觉到整个军队规划中蔓延着疲惫感，缺乏动力。布鲁克将军劝丘吉尔换掉奥金莱克，不过丘吉尔对是否要这么做犹豫不决。最终，丘吉尔还是决定奥金莱克必须走。第 8 军的指挥权将交给戈特将军，而中东地区总司令的职务将由亚历山大将军担任。亚历山大在 1940 年 5 月让英军从敦刻尔克撤退，1942 年 5 月让英国和帝国军队从缅甸撤退，表现出色。他和丘吉尔一样曾就读哈罗公学，丘吉尔相信他的作战能力。

飞回开罗后，丘吉尔向战时内阁通报了更换指挥官的提议。8 月 7 日晚，他得知戈特因飞机失事丧生。代替戈特的是蒙哥马利将军。

在开罗的第九天，丘吉尔视察了第 9 军的所有队伍并对他们发表讲话。每到一处，当他说到美国的坦克支援正在途中，说到胜利在望时，都会得到热烈的欢呼。

8 月 10 日午夜刚过，丘吉尔从开罗出发，飞往德黑兰。8 月 12 日，他从德黑兰向北飞抵莫斯科，10 架美国制造的空中眼镜蛇战斗机为他的飞机护航。在经过 10 个半小时的飞行后，当天下午，丘吉尔到达莫斯科。他从机场乘车前往莫斯科市外的一座别墅。两小时后，他乘车进入莫斯科，前往克里姆林宫。

苏联领导人思路清晰，一开始，他就对丘吉尔说，德国人正极力想从伏尔加河抵达列宁格勒，从里海抵达巴库。在南部，红军"无法阻止德军的进攻"。随后，丘吉尔对斯大林说明无法在 1942 年进行跨海峡登陆；只有两个半美军师到达英国；在 12 月之前，27 个参与跨海峡作战的美军师无法到齐；英美的计划是在 1943 年实施进攻；不过在 1943 年，德军在西线的军力可能比现在更强。英国的官方记录上写道，听到这里，"斯大林皱起了眉头"。

斯大林既生气又郁闷；生气是因为本来预期在 9 月实施跨海峡登陆，郁闷是因为英国和美国不打算采取行动让德军军队或飞机从正在迅速溃败的东线撤走。丘吉尔提到英国会对德国实施轰炸。他说，现在已经进行了相当规模的轰炸，而且规模还将继续扩大。英国把德国民众的士气作为"一个军事目标。我们不想宽恕，我们不会留情"。英国希望"粉碎"20座德国城市，有几座已经被粉碎了："如有必要，只要战争继续，我们希望粉碎每座德国城市的每栋房屋。"

到这里，会议记录写道："斯大林露出了笑容，说这样会很不错。"随后，丘吉尔告诉斯大林，此刻正在拟定另一套作战计划，一次海陆协同登陆，罗斯福授权他可以透漏计划的细节。到这里，会议记录上写道："斯大林坐起来，笑了起来。"

第二天，丘吉尔和斯大林讨论战争物资的供应和生产问题。当丘吉尔问到高加索前线的情况时，斯大林叫人拿来了一个地形模型，在模型上解释苏联的防御计划。当晚，斯大林设宴招待丘吉尔，丘吉尔刚刚得知一支从直布罗陀向马耳他运送补给的地中海船队损失了3艘军舰、8艘商船和6架飞机，他多少有些心情低落。

8月15日，丘吉尔和斯大林进行了最后一次对话，他告诉斯大林，为了让德国更担心盟军会在这年夏天发起跨海峡进攻，不久后会由8000人的队伍和50辆坦克发起"猛烈袭击"，他们会逗留一晚，"尽可能多杀一些德军"，然后撤退。这是即将在8月17日发动的迪拜突袭。

斯大林随后邀请丘吉尔到他在克里姆林宫的住所小酌作别。小酌后来变成了一场6个多小时的宴会。凌晨3点15分，丘吉尔才返回别墅。一个小时15分钟后，他就必须动身去机场了。5点半，他的飞机起飞。当他向南飞行时，苏联军队正被迫退出高加索地区的石油重镇迈科普。不过斯大林在立体地形图上向丘吉尔展示的防线还是维持住了。

8月17日抵达开罗后，丘吉尔跟亚历山大和蒙哥马利进行了一次长谈，探讨他们即将发起的进攻。第二天，在英吉利海峡沿岸，加拿大军队在部分英军和少量美军的协助下在迪拜登陆。蒙巴顿向丘吉尔报告说，这次突袭很成功；德军被吓住了，96架德军飞机被击落。英军也有98架飞机被击落，不过蒙巴顿急忙对丘吉尔说"30名飞行员安全脱险"。8月20日，蒙巴顿对战时内阁说，迪拜的经验在策划未来的跨海峡进攻计划时有"非常宝贵的价值"。

8月24日晚，丘吉尔返回英国。克莱门蒂娜和伦道夫到机场迎接他。返回伦敦后，丘吉尔收到道格拉斯·麦克阿瑟的一封电报，麦克阿瑟曾经在菲律宾指挥美军，现在在澳大利亚，他正在等待机会收复失地。"如果今天所有盟军勋章的处置权在我的手里，"麦克阿瑟对他指挥部里的一位英军高级军官说，"我第一个要把维多利亚十字勋章发给温斯顿·丘吉尔。没有人比他更配得上佩戴这枚勋章。在敌国领空飞行1万英里是年轻飞行员的职责，对一个全世界瞩目的政治领袖来说，这是振奋人心的英勇之举。"

1942年8月28日，德军和意大利军队的密电在布莱切利被解码后，3艘向西部沙漠的德国空军运送燃油的意大利运油船被击沉。拖延更久，隆美尔就更缺燃油。他在 8 月 30 日进攻了蒙哥马利的驻防区域。不过燃油短缺问题太严重了，使得他无法突破阿拉姆哈勒法山脊的防线。开罗和亚历山大最终没能落入他的囊中。战争的风向变了。

9 月初，丘吉尔同意在这个月向斯大林派去之前取消的北极海域的船队。斯大林首次同意，一旦船队到达熊岛东侧，就为它们提供远程轰炸机掩护。于是另一个威胁也减弱了。

丘吉尔每周二在唐宁街 10 号与艾森豪威尔将军和克拉克将军共进晚餐，这两位美国将军是负责北非登陆作战的。9 月 12 日，他们做客首相乡村别墅，与英国参谋长会议继续讨论。丘吉尔的发言仍然鼓舞人心，充满自信。但他也因战区传来的坏消息而心情沉重；当天他得知，虽然有 77 艘军舰护航，9 月穿越北极海域的船队的 40 艘商船里还是损失了 13 艘。唯一让人安慰的是护航的英国海军战斗机摧毁了 40 架来袭的德军飞机，而英军只损失了 4 架战斗机，仅有两艘护卫舰被击沉。

韦弗尔给丘吉尔发电报，告诉了他让人失望的消息：今年不会在缅甸对日军发起进攻了。军中疟疾高发，英国海军护卫艇短缺，使得韦弗尔的计划受到妨碍。

丘吉尔读到德军密电，发现德军在西部沙漠物资短缺、人员染病，他认为必须把这些珍贵的情报发给亚历山大，这样他、蒙哥马利和他们的情报参谋可以评估隆美尔的弱点以及最佳的进攻时机。

10 月 23 日，蒙哥马利从阿拉曼的阵地对德意联军发起进攻。他有 4 个有利条件：隆美尔在德国，指挥德军的是领导才能稍逊一筹的施图姆将军；由于密电被解码，德意联军暴露了他们的位置、计划和缺陷；对敌人防守阵地的照片侦察非常有效；蒙哥马利的军队现在装备精良，杀敌心切，对司令官十分信任，决心将敌人赶出埃及。

战斗第一天，施图姆将军被杀，隆美尔被从德国叫了回来。盟军所向披靡，一路向西推进。3 天里，1500 名德国和意大利官兵被俘。隆美尔试图在 10 月 27 日集结他的部队发起反击，英军轰炸机在两个半小时里扔下了 80 吨炸弹，彻底炸毁了隆美尔的集结区域。亚历山大向丘吉尔汇报说，隆美尔的这次反击"甚至在完成组队之前就已经被击败了"。

战斗非常激烈；经过 10 天的战斗后，1700 多名英国和盟军官兵阵亡。不过在 11 月 2 日，隆美尔给柏林发了一份密电，说他的军队已经无法再抵挡坦克的突破。由于缺乏机动车辆、燃油储备不足，他也无法有序地撤退。电文解码后立刻在当晚送到了丘吉尔手上，亚历山大也收到一份副本。电文说明发动进攻的时刻到了。48 小时后，英国的机动化部队通过了德军阵地。当天晚些时候，丘吉尔得知已经俘虏敌军 9000 人，俘获或摧毁敌军坦克 260 辆。

11 月 4 日，丘吉尔对亚历山大说，他想"在这次战争中首次在英国全国敲响钟声"。他必须等到蒙哥马利俘虏了至少 2 万敌军时才能下达这个命令。"敲响钟声吧！"两天后亚历山大发电报说，"估计俘获了 2 万人，坦克 350 辆，大炮 400 门，运输车辆几千辆。"丘吉尔打算下令鸣钟。不过丘吉尔还是决定在第二天北非登陆作战开始后再鸣钟，他对亚历山大解释说，"以免发生意外事件，引起不安"。

丘吉尔在 11 月 7 日将这封电报发给亚历山大。同一天，他向斯大林发出警报，根据一封解码的德军密电，希特勒放弃了占领里海石油重镇巴库的希望，现在打算通过空袭摧毁这座城市。斯大林感谢丘吉尔的警告，采取了必要措施应对危险。

11 月 8 日，英美联军大规模登陆阿尔及尔、奥兰和卡萨布兰卡。丘吉尔的儿子也在其中。"我们到达这里了，安全停泊在阿尔及尔以西，"当天上午他给父亲写信说，"几乎一切都按照计划进行。"几乎所有人都有幸参与这次作战。另外，伦道夫还说："我们和美国人之间一切顺利。"负责策划英军登陆的海军将领是伯特伦·拉姆齐上将，战前他曾经向丘吉尔详细讲述过海军的不足。

11 月 9 日，丘吉尔对参谋长会议说，鉴于北非登陆成功，"对在 1943 年进攻希特勒的可能性必须采取全新观点"；必须从地中海对欧洲大陆发起进攻。他希望不要像之前预想的那样局限在西西里岛或撒丁岛继续登陆，他计划直接进攻意大利本土，"目标是为 1943 年对轴心国薄弱部分发起大规模进攻铺路"或者"进攻法国南部"。1 月 10 日，丘吉尔在伦敦的大厦之屋发表讲话："现在不是终结，甚至不是终结的开始。不过，也许是开始的终结。"

11 月 11 日，盟军在法属北非巩固他们控制的地区时，希特勒的军队占领了维希政府未占领的地区。两天后，在西非沙漠，蒙哥马利的军队进入托布鲁克，这块地方不会再落入德军控制之下。11 月 15 日，丘吉尔下令让教堂的钟声传遍英国，庆祝西部沙漠的胜利。"还有很长的路要走，"他给安曼的阿卜杜拉国王发电报说，"不过结果是肯定的。"

第三十一章

规划胜利

1942 年 11 月 19 日，红军开始包围围困斯大林格勒的德军部队。4 天后，德军被包围。德军指挥官冯·保卢斯建议放弃围城，突破苏联包围圈，但希特勒下令让他留下作战。冯·保卢斯服从命令，结果他的军队被一点点消灭掉。正如丘吉尔在莫斯科与斯大林会面时预言的，英美联军在北非登陆会起作用；在赶往突尼斯阻挡来自阿尔及尔的盟军前进的 500 架德军飞机中，400 架是不得不从东线抽调出来的，本来它们是为被围困在斯大林格勒的德军运送必需的补给品的。

在大西洋地区，英国仍然无法解读德军潜艇的加密电文。11 月，总计 721700 吨数的盟军船只被击沉，这是战争开始以来损失最惨重的一个月。11 月 30 日，丘吉尔 68 岁生日当天，德军仍然控制大西洋地区。不过两周后，德军潜艇使用的密码终于被破译了。自此之后，德军在用加密电文下令潜艇攻击目标时就会暴露他们的行动。

德军密电还显示德军在突尼斯大规模集结；丘吉尔于是意识到占领突尼斯可能会比之前想的要花更长的时间，暴露盟军占领突尼斯的消息以及将德军全部赶出非洲都会耽误 1943 年的跨海峡登陆。他不想这样，也不想过于追求完美，耽误登陆。

丘吉尔要求顾问拟定计划，在 1943 年 8 月或 9 月实施跨海峡登陆。一切都取决于要在 1943 年 1 月底或 2 月初将德军赶出突尼斯。蒙哥马利相信能够在利比亚击败隆美尔，随后迅速向西推进，他对此相当自信。丘吉尔对亚历山大说："也许你帮我给蒙哥马利将军一个友情的暗示会比较好，示意他在即将到来的战役打完之前就自信地宣称能打败和制胜隆美尔，也许会让他处在不利的位置上。"即将到来的战役将发生在托布鲁克以西的阿格海拉，位于通往利比亚首都的黎波里到达突尼斯的路上。然而这场仗没有打起来。隆美尔从阿格海拉的阵地撤退，没有遭遇什么大规模的冲突，他打算在利比亚首都进行防守。

在突尼斯以西，12 月 12 日，艾森豪威尔将军的队伍战败，接下来的反击被持续不断的大雨牵制，最后不得不中止。突尼斯之战将是一场旷日持久的战斗。希特勒要求不惜一切代价守住突尼斯，目的是继续牵制住大量盟军船只，让它们耗时耗力地绕过好望角航行。丘吉尔希望突尼斯之战能够及时取胜，可以让盟军在 1943 年秋天发动跨海峡进攻。不过在 12 月 16 日的参谋部会议上，参谋长们认为这无法实现；美军在英国的集结速度和规模不足以执行这项任务。因为德军"出类拔萃"的铁路，他们可以通过铁路迅速运送优势兵力，迎战海边登陆的盟军。在 1943 年"迫使意大利退出战斗，并且可能进入巴尔干半岛"，这也许在军事上更有意义。意大利失败这件事本身就能迫使德国派兵守卫巴尔干半岛。

丘吉尔得到了艾登的支持，他迫切要求将跨海峡登陆列为 1943 年优先实施的计划。不过参谋长会议强调美国派到英国的军队不够多，无法在那个时候登陆。蒙巴顿告诉丘吉尔和参谋长会议："美国人把好的引擎安在自己的登陆艇里，给我们的登陆艇里安的是不太好的型号。"同时，很多运输跨海峡登陆部队的登陆艇被美国人调拨到太平洋地区，这占用了相当多的海军舰艇，甚至下一支前往苏联的北极船队都缺少美国军舰的护航。美国政策的现实状况让丘吉尔在 1943 年实施跨海峡登陆作战的希望破灭了。

12 月 17 日，伦敦、华盛顿和莫斯科同时发布了一份强有力的声明；丘吉尔亲自批准了这份声明。该声明谴责对几百万犹太人进行全面的大规模谋杀，这件事渐渐为世人所知，它被称为"兽性的冷血灭绝政策"。声明也警告说，犯下这些罪行的人在战后将被追捕抓获，送上法庭审判。

为了给 1943 年制定能够得到一致认可的英美战略，丘吉尔决定再次与罗斯福见面，这次是在北非。1943 年 1 月 12 日，丘吉尔与英国参谋长会议、联席策划人员和蒙巴顿一起飞往卡萨布兰卡。1 月 14 日，这支队伍与罗斯福和美国联席参谋长会议会合。他们的讨论持续了 8 天，在这 8 天里做出了几个重大的政策决定，最重要的是地中海地区的事务要优先于跨海峡进攻。由于缺乏船只和护航舰艇，会议还决定，因为地中海地区是焦点，一旦占领突尼斯，西西里将是最现实的两栖作战目标；部队不必横跨大西洋，可以从北非前往。为了能在 1944 年实施跨海峡进攻，938000 人的美军队伍将在 1943 年年底之前在英国集结。不过 1943 年年中之前抵达英国的人数必须足够实施一次跨海峡突袭，突袭的"主要目标是激起空战，带来敌人的损耗"。如果德军丧失士气而且条件允许的话，将在瑟堡半岛占领一个据点。

在打败日本之前先打败希特勒的目标也再次被确立。丘吉尔向罗斯福保证，一旦德国战败，英国会继续动用其全部资源与日本作战。为了解除所有疑虑，丘吉尔同意发表一份公开声明，保证英国和美国会一直参战，直到德国和日本"无条件投降"。不会有停战，不会有和谈，不会有讨价还价，只有德日两支军队完全彻底地投降。

为了让德军以为盟军跨海峡登陆将在这年晚些时候进行，并且安抚苏联提出的 1943 年建立第二战线的要求，英美双方在卡萨布兰卡商定了一项欺骗计划。计划有 3 个部分：美军在布列塔尼沿岸登陆，英苏联军攻占挪威，英美联军在加来海峡登陆。为了让最后一个行动显得逼真，英国特工和法国抵抗组织会开始进行进攻前的准备，迫使德国人将登陆的威胁当真；不幸的是，德国人没有被骗，400 名特工遭到逮捕。

1 月 23 日是卡萨布兰卡会议的最后一天，第 8 军在这天进入的黎波里。第二天，丘吉尔陪罗斯福一起前往马拉喀什。当晚，两人欣赏了白雪覆盖的阿特拉斯山脉的落日。第二天上午，罗斯福离开马拉喀什。丘吉尔多待了一天，罗斯福走后他给克莱门蒂娜发电报说："今天下午我要画点东西。"他画的是阿特拉斯山脉的风景，这是他在二战期间唯一的画作。

离开马拉喀什，丘吉尔向西飞抵开罗。1 月 27 日，在和中东地区特别行动处负责人基尔上校以及他的前任研究助理、现在在开罗特别行动处工作的比尔·迪金谈话后，他决定派一支英国代表团去见南斯拉夫共产党领袖约瑟普·布罗兹，追随者叫他铁托。

1 月 30 日，丘吉尔从开罗乘飞机出发，沿巴勒斯坦和叙利亚海岸飞行，抵达土耳其南部的阿达纳。飞机降落后，一列等待他的火车将他载往 6 英里以外的一处地方，在那里，土耳其总统伊斯麦特·伊诺努正在自己的专列里等候他。丘吉尔的列车到达后，两列火车并在一起。第一天的讨论在伊诺努的车厢内进行，丘吉尔试图说服土耳其人在受到德国人的攻击的时候接受英国和美国的帮助。伊诺努没有做出承诺，他强调土耳其"目前保持中立"。

当晚，丘吉尔在自己的车厢里过夜。第二天双方达成协议，英军参谋将立刻前往土耳其首都，与土耳其总参谋部制订计划，一旦土耳其被拖入战争，英军将进驻土耳其。第二天下午丘吉尔飞回开罗，在开罗，他得知被围困在斯大林格勒的德军已经投降，45000 名德军士兵被俘。

自从 2 月 7 日从北非回国后，丘吉尔一直感到身体不适。2 月 16 日，他患肺炎的消息被公布出来。他卧床一周时间，发烧，而且非常不舒服。蒙哥马利的一封电报让他振奋起来；第 8 军已经将德军赶出本加尔丹，进入突尼斯边境，占领了梅德宁的机场。他还得知的黎波里港现在已经完全恢复运行了。

在突尼斯西部，艾森豪威尔的军队再次遭到德军重创，损失了 170 辆坦克，至少一个月里没可能占领突尼斯了，进攻西西里岛的日期也有延期的危险。2 月 19 日，丘吉尔在病床上建议，如果蒙哥马利能够独自攻克突尼斯，英军也许可以设法在没有美军支持的情况下独自攻占西西里岛。2 月 20 日，隆美尔的军队将美军赶出凯塞林山口。当第二天玛丽看到父亲时，她写道："我看到他时大吃一惊。他看起来那么衰老，那么疲惫——倚靠在床上。"

2 月 20 日，丘吉尔病得太严重，无法阅读公文。不过两天后，他在高烧之中口述了一篇 7 页纸的信给国王，因为国王对突尼斯的英美联合作战感到担心。

2月24日，美国收复凯塞林山口。3月3日，丘吉尔的身体状况有所恢复，他前往首相乡村别墅，投入工作。

3月21日，蒙哥马利指挥第8军发起进攻。战斗持续了一周多时间。意大利军队现在由意大利人梅塞将军指挥，他们在马雷特防线击败了蒙哥马利的正面进攻，蒙哥马利不得不采取另一个方案，从侧翼包抄。3月27日，迹象显示这个方案会取得成功，丘吉尔给蒙哥马利发电报说："我们完全相信你会赢得胜利。"

第二天，蒙哥马利发电报说，敌军的抵抗正在瓦解。"太好了！"丘吉尔回电说，"我对这点十分肯定。现在的问题就是抓住他们了。"然而敌军撤退非常有序。蒙哥马利过于谨慎，俘虏的敌军人数并不多。

德意联军不会轻易放弃他们控制的突尼斯海岸地区。德军和意大利军队赶出非洲的日子被拖延了，丘吉尔向斯大林解释说："希特勒和以往一样固执，派赫尔曼戈林师和第999德军师进入突尼斯。"丘吉尔仍然对希特勒的行动了如指掌，因为他每天都仔细查看数百份解码的德军电文。

4月6日，蒙哥马利再次发起进攻，将敌军赶出瓦迪阿卡利特。4月7日上午，他俘虏了敌军6000人。当晚，丘吉尔得知从突尼斯西部进军的美军已经和第8军会师。然而第二天，丘吉尔得知艾森豪威尔不想在突尼斯之战取胜后进攻西西里，因为西西里岛上有两个德军师，而且还有意大利军队的6个师将要抵达西西里岛。丘吉尔气愤不已，他在备忘录上写道："我相信参谋长会议不会接受这样胆小懦弱和失败主义的论调，不论它们从何而来。"盟军指挥官采取这样的态度"会让我们成为全世界的笑柄"。应该问问艾森豪威尔，如果两个德军师在其他任何他提议进攻的地方与他相遇，他会怎么办？

苏联人已经被告知，由于进攻西西里岛需要使用护卫舰，下一批北极海域的运输船队已经被取消。现在艾森豪威尔因为两个德军师和6个意大利师不肯进攻西西里岛。"斯大林在前线面对185个德军师的时候，他对这件事会怎么想，我无法想象。"

英国参谋长会议和丘吉尔一样气愤，美国联席参谋长会议也是如此。即使要面对两个德军师和意大利军队，登陆还是要进行。空气中弥漫着胜利的气息。4月11日，丘吉尔告诉斯大林，现在蒙哥马利在突尼斯俘虏了25000名敌军，德国工厂正连续不停地遭到大规模轰炸。他没有告诉斯大林的是，参谋长会议决定西西里岛登陆所需的登陆艇也是跨海峡登陆所需的登陆艇。为了确保西西里岛登陆成功，甚至必须放弃1943年的跨海峡登陆作战计划。但是，丘吉尔希望突尼斯和西西里岛的成功能够带来此后"丰富的战果"。

"突尼斯的战斗开始了，"4月20日，丘吉尔给斯大林发电报说，"如果可能的话，将不断施压，对事情做个了结。"可是10天后，丘吉尔从亚历山大那里得知，由于德国集中在海岸地区的强烈炮火以及敌军不顾一切的抵抗，战斗暂时叫停了。华盛顿有些人希望这年夏天盟军作战的重点放在太平洋地区，而不是西西里岛，他们将不再从远东地区运送西西里登陆所需的登陆艇了。

为了防止西西里计划被放弃，丘吉尔决定必须亲自与罗斯福对话。5月4日，他乘火车离开伦敦，前往克莱德河口，第二天下午登上"玛丽王后号"，这是他在这场战争中第三次跨大西洋航行。出发第二天，他从亚历山大那里得知突尼斯的战斗重新开始。他也被告知，英国情报部门从一艘德军潜艇发出的加密电文了解到它的路线，这艘潜艇很可能在前方15英里处与"玛丽王后号"相遇。丘吉尔立刻下令将一挺机枪放在救生艇上，如果船被击沉，他会用到这挺机枪。阿维里尔·哈里曼当时和丘吉尔在一起，他记录下丘吉尔的话："我不会被俘虏的。死亡的最好方式是在与敌人作战的兴奋中死去。"

潜艇没有出现。5月7日晚上，对潜艇的担心一扫而空，因为"玛丽王后号"收到一连串电报，英军第1军进入突尼斯，随后，美军进入比塞大，盟军占领了突尼斯。第二天，亚历山大报告说共俘虏了敌军2万人。两天后，又增加了3万名俘虏，其中包括9名德军将军，丘吉尔立刻下令再次敲响教堂的钟声。

经过3年风云变幻、艰苦卓绝的战斗，现在盟军掌握了整个北非地区。当"玛丽王后号"抵达美国水域的时候，亚历山大得意地告诉丘吉尔德军和意军俘虏很可能超过10万人："除了极少数人乘飞机逃走以外，没人逃脱。"到月底，总共俘虏了超过24万名敌军。

当晚，丘吉尔在白宫过夜。他和罗斯福从第二天开始共同制订计划。虽然艾森豪威尔犹豫不决，他们还是一致认为首要目标是攻占西西里岛，随后是攻占意大利。如果8月攻陷意大利，将在巴尔干半岛或欧洲南部采取进一步的作战计划。11月，盟军所有资源都将转入跨海登陆计划，登陆将在1944年5月"以最大规模"进行。

留下联合参谋长会议处理细节问题，罗斯福带丘吉尔前往他在马里兰的山间别墅香格里拉，现在这里被称为大卫营。5月14日回到华盛顿后，丘吉尔极力主张英军在苏门答腊岛登陆，对那里的日军发起进攻。他得到韦弗尔的支持，这项计划将由他负责。罗斯福希望通过缅甸北部在中国发起进攻，不过韦弗尔警告说缅甸是"世界上疟疾最肆虐的国家"。丘吉尔同意韦弗尔的意见。让丘吉尔懊恼的是，最后没有达成任何决定。

现在丘吉尔必须处理一个非常敏感的问题。5月15日，他收到约翰·安德森爵士发来的一份让人心神不安的电报，安德森是负责原子弹研制事务的大臣，在这项工作上他与林德曼教授密切合作。安德森在电报上说，4个月前，美国人停止交换有关原子弹的信息。然而1942年6月丘吉尔和罗斯福在海德公园曾经达成协议交换两国在原子弹研制方面的信息。4月初，丘吉尔曾经警告过霍普金斯："我们各自单独工作是个糟糕的决定。"然而美国人仍然拒绝交换信息。因此，丘吉尔决定让英国独立研制原子弹。这需要划拨大量资源，甚至会延长战争；不过如果英国想拥有这样一颗炸弹，就必须靠自己制造。然而让这个决定有可能实现的主要原材料，铀和重水，是英国无法提供的，只能从加拿大购买。

然而从安德森的电报来看，加拿大政府在没有与英国通气的情况下已经同意将接下来两年加拿大铀矿出产的所有铀以及加拿大生产的所有重水都卖给美国。自己研制原子弹，英国想都不用想了。丘吉尔不得不跟罗斯福提出这个问题，而且不得不接受美国人提出的任何条件。在华盛顿会谈的最后一天，丘吉尔和罗斯福商定，英国和美国会共同研制原子弹，中止的信息交换将会恢复。丘吉尔对安德森说，从此以后，这项事业将"被视为合作事业，两个国家都将尽最大努力"。丘吉尔还说，预计"这个武器能够开发成熟，赶上眼前的战争"。

5月25日，华盛顿会谈结束。让丘吉尔担心的一件事是美国人想要在西西里岛之后攻打意大利之前，攻打撒丁岛。丘吉尔认为这会耗费时间，会让部队从主要目标转移开。因此，他决定飞往北非，向艾森豪威尔和其他美军高级官员提出这个问题。丘吉尔想尽办法让艾森豪威尔明白让意大利出局会带来什么好处。艾森豪威尔同意，如果西西里岛轻松拿下，下一个目标将是意大利本土。

6月1日，丘吉尔从阿尔及尔飞往沙漠中的一座军用机场，他参加了一支美国空军中队的简报会，这支中队马上要去轰炸位于突尼斯最东端和西西里岛中间的潘泰莱亚岛。在目送轰炸机起飞执行任务之后，丘吉尔飞回突尼斯。第二天，丘吉尔飞回阿尔及尔。在阿尔及尔，丘吉尔得知争夺法军领导权的吉劳德和戴高乐将军已经同意共同担任新成立的法国民族解放委员会的主席。6月5日，丘吉尔返回伦敦。

6月1日，艾森豪威尔的军队攻占潘泰莱亚岛。一周前，丘吉尔在阿尔及尔的时候曾经说过岛上只有3000人的意大利军队，并提出超过3000人，每多抓一个意大利人就给艾森豪威尔5生丁①。实际上岛上的意大利军队有9500人，丘吉尔必须支付65法郎。6月13日，另外两座意大利岛屿投降，它们是蓝佩杜萨岛和利诺沙岛。攻占西西里岛的道路打通了。同时，对德国的轰炸仍在继续，而且越来越剧烈。6月20日，在对工业城市伍珀塔尔的空袭中，3000多名平民在空袭造成的大火中丧生。一周后，在首相乡间别墅，在看完一部轰炸德军城镇的影片后，丘吉尔突然间笔直地坐起来，然后对邻座的人说："我们是野兽吗？我们是不是太过分了？"

---

① 译者注：生丁是法国货币单位，100生丁=1法郎。

两天后，丘吉尔看到一些图片和情报证据，证据说明德国人正在研制一种新型武器，一种能从法国海岸的发射台向伦敦投送炸弹的火箭。布鲁克在日记里写道："结论是威胁确实存在，我们应该尽早轰炸佩内明德的实验站。"

7月3日，盟军开始对西西里岛上的飞机场实施猛烈轰炸，这是进攻的前奏。7月9日一整天，丘吉尔都在首相乡间别墅等待西西里登陆的消息；拉姆齐上将再次指挥海军作战。克莱门蒂娜当晚感到很疲倦，让儿媳帕梅拉代替她陪丘吉尔熬夜。

登陆预计在7月10日凌晨开始。"所以我们安下心来，"帕梅拉后来回忆说，"玩他喜欢的伯齐克牌扑克游戏，后来，一名私人秘书进来说，起风了，他们推迟了登陆，不知道要推迟多久。于是我们整晚都在打牌，他时不时放下扑克说：'今晚这么多勇敢的年轻人要拼死战斗。这是重大的责任。'那天晚上他相当关注登陆的成败，我肯定他把这次登陆跟加里波利和达达尼尔海峡联系在一起了，想知道是否会再次惨败。后来我们接着打牌，他聊了些其他的事情，不过还是一直放下扑克提及那些年轻人还有他们被要求做出的牺牲。"

帕梅拉接着说："这对他来说是一个非常非常紧张、煎熬的夜晚，他不断回到小小的作战室核对一些事情，然后又回来。"当凌晨4点登陆的消息最终传来的时候，"他想直接去作战室询问他们进展如何，损失了多少架飞机等等。一旦登陆开始，他就想知道详细的战况"。丘吉尔知道的第一个战况是盟军控制了锡拉库扎港。

7月16日，西西里岛之战进入第六天，丘吉尔认为必须再次与罗斯福讨论紧接下来一个阶段的作战，即尽可能从海岸最北端进攻意大利本土。

丘吉尔现在要拟定他在二战中第四次横跨大西洋的旅程。他的目标是说服美国人在攻克西西里岛之后进攻意大利，至少打到罗马，然后提供空中支援、武器以及小型突击队帮助南斯拉夫、希腊和阿尔巴尼亚的游击队解放巴尔干半岛。德军已经有15个师被拴在了巴尔干半岛，配合良好的游击战会引诱来更多的德军。

7月25日晚上，在丘吉尔观看影片的时候，一份电报送了过来：墨索里尼辞职了。维克多·艾曼努尔国王接管意大利军队的指挥权，巴多格里奥元帅担任总理。法西斯党解散，其政府统治机构法西斯最高委员会被废除。"现在墨索里尼走了，"7月26日丘吉尔给罗斯福发电报说，"只要非法西斯政府能带来好处，我会和他们交涉。"这些"好处"是指让盟军进入意大利，以及像当天罗斯福对丘吉尔说的，有权"利用意大利的全部领土和运输系统"对德军作战。

与意大利的停战谈判立刻开始。墨索里尼垮台让英国民众兴奋不已。不过丘吉尔在7月27日警告下院，英国的"头号敌人不是意大利，是德国"。但是他很有信心；在大西洋上，由于布莱切利最终掌握了德军潜艇的机密通信，7月共有

35 艘德军潜艇被击沉，从 5 月 1 日以来的 91 天里，共有 85 艘德军潜艇被击沉。

8 月 4 日午夜，丘吉尔与克莱门蒂娜和玛丽一起乘火车离开伦敦，前往苏格兰参加魁北克会议，同行的还有另外 300 名英国参会者。8 月 5 日下午，他们登上"玛丽王后号"，离开克莱德河口。在 5 天的航行中，丘吉尔自己在地图上标出西西里岛上军队每天的行进情况。8 月 9 日，丘吉尔抵达加拿大的哈利法克斯港，在那里登上前往魁北克的火车。到达魁北克后，丘吉尔收到一封来自斯大林的电报，为西西里岛接连不断的胜利向他表示祝贺。作为回礼，丘吉尔送给斯大林一个"立体播放器"以及一套被英军轰炸过的德军城市的幻灯片。在两周前对汉堡的轰炸中，总计 42000 名平民丧生，汉堡三分之一的住宅楼被毁。

从魁北克出发，丘吉尔乘火车前往罗斯福在海德公园的家。在那里，双方同意由蒙巴顿担任东南亚地区的最高司令。双方还同意英国和美国永远不会使用原子弹打击对方。在海德公园度过两晚后，丘吉尔乘火车返回魁北克。

8 月 17 日，丘吉尔在魁北克收到亚历山大的电报，上面说："最后一名德军士兵放弃了西西里岛，现在整个岛屿在我们手上了。"攻克这座岛屿用了 38 天时间。当晚，571 架英军重型轰炸机袭击了位于波罗的海沿岸佩内明德的德国火箭研究站，新型火箭炸弹的制造因此推后了好几个月的时间。魁北克会议两天后结束，5 天时间里，联合参谋长会议制定的决议符合丘吉尔的总体设计思路，也得到了罗斯福的认可。1944 年英美的"主要"精力将放在跨海峡登陆上。其目的不仅是在法国北部登陆，而且还要从那里"攻击德国的心脏，摧毁其军事力量"。地中海地区和英吉利海峡地区在作战优先权上出现任何分歧，分歧的解决都应该有利于英吉利海峡地区。鉴于美国参谋长会议施加了很大压力，也将有部队在法国南部登陆，作为牵制力量，协助跨海峡登陆；美国参谋长会议认为这样的登陆会迫使德军从英吉利海峡抽调军队。

在 8 月 23 日的会谈中，罗斯福和丘吉尔同意联合参谋长会议的意见，即制订在击败德国 12 个月后击败日本的计划，但在击败德国之前不会制订计划。必须确保欧洲在战争中的首要地位。丘吉尔担心跨海峡作战的军队不够强大，一旦登陆，无法守住阵地。5 月的讨论中计划在初次进攻时投入 3 个师的兵力，马歇尔将军现在同意将其增加到 4 个半师。

8 月 24 日，魁北克会议结束。丘吉尔仍然担心由于对意谈判的拖延，西西里岛战役获胜和登陆意大利本土之间的时间会拖延太久。丘吉尔还有其他担心。当听说艾登、布鲁克、波特尔和蒙巴顿要一起乘坐水上飞机飞回英国时，他对艾登说："我不知道如果失去你们所有人我该怎么办。我一定会割断自己的喉咙的。"

经过几天的假期后，丘吉尔乘火车前往华盛顿。9 月 1 日，丘吉尔在华盛顿得知意大利政府已经同意投降条款。与此同时，德军正从北部不断拥入意大利。"在意大利登陆是我们冒过的最大风险，"9月2日丘吉尔给战时内阁发电报说，"不过我完全支持冒这个险。"两天后是英国对德宣战四周年的日子，在这天，英军和加拿大军队跨过墨西拿海峡，登陆意大利本土。丘吉尔立刻将注意力集中到了战争的最后阶段，当天他给艾登和艾德礼发电报说，他希望召开三方会议解决一个问题："如果我们赢了，要拿德国怎么办？要分割德国吗，如果要分割，该如何进行？"他会邀请斯大林和罗斯福到伦敦或者爱丁堡见面。

9月5日晚，丘吉尔乘火车从华盛顿出发前往波士顿，哈佛要为他颁发荣誉学位。9月6日领取学位、发表完演讲后，他立刻乘火车返回华盛顿。

9月8日，丘吉尔在华盛顿得知意大利军队正式向盟军投降。当晚，德军开始占领罗马。第二天，盟军在萨勒诺登陆。不过艾森豪威尔让一个空降师在罗马附近登陆的计划不得不取消了。"我们有理由相信，"亚历山大在电报里对丘吉尔解释说，"德军控制了机场。"9月9日一下午丘吉尔都和罗斯福在一起；双方同意如果英美联军在意大利很快取胜，将给予巴尔干地区游击队相当数量的军需品和供给品援助。

9月12日是丘吉尔的结婚纪念日；当天晚餐期间，罗斯福祝丘吉尔夫妇身体健康，晚餐后，他开车送他们到车站。丘吉尔夫妇乘坐火车前往哈利法克斯。他们在路上时，德军空降兵在亚平宁山区的一个藏身处抓住了墨索里尼，他被带去见希特勒，希特勒同意让他担任意大利北部法西斯政府的政府首脑。

这年秋天，还有另一个问题让丘吉尔担心。他对约翰·安德森说，可能"火箭或远程大炮轰炸会在跨年的时候开始"。届时，伦敦将再次成为目标。尽管有这些担心，但丘吉尔知道盟军的力量终于占据了优势；9月25日，苏军进入斯摩棱斯克，这是德军在1941年秋天占领的苏联西部的城市之一。4天后，德国战列舰"提尔皮茨号"在挪威停泊时遭到英军小型潜艇的攻击，失去战斗能力，北极海域的船队得以复航。10月1日，英军进入那不勒斯。几乎没作战，盟军就占领了科西嘉岛和撒丁岛。不过在大西洋，装载了新型声音制导鱼雷的德军潜艇再次威胁到船队护航舰艇，尽管如此，因为从解码电文得知了这些潜艇的位置，护航舰还是逮住它们。

10月7日，察觉到地中海地区的战事可能迅速发展，丘吉尔向参谋长会议提议，应该采取行动占领爱琴海上的罗德岛。前一天，联席策划委员会提交了这样一份进攻计划，前提是英军放弃进攻附近的科斯岛。丘吉尔欢迎罗德岛计划，立刻下令让他的飞机待命；他要飞到突尼斯见艾森豪威尔，获取所需的军队。他也没有放弃占领科斯岛的希望。

第二天上午，丘吉尔收到罗斯福的电报；罗斯福完全不同意罗德岛作战计划，他认为不应该抽调任何可能影响到意大利境内进军或者跨海峡进攻的部队或设备；跨海峡进攻的代号是"霸王"，计划在 1944 年 5 月实施。丘吉尔回电说，用于进攻罗德岛的登陆艇可以在跨海峡进攻 6 个月前返回英国。不过罗斯福还是不愿改变心意。

苏联政府要求英国承认 1941 年 6 月的苏联边境，根据该边境划分，波罗的海诸国和波兰东部将成为苏联的一部分。丘吉尔并没有反对，10 月 6 日他对艾登说，"我认为我们应该尽我们所能劝说波兰人在东部边境的问题上同意苏联人"，波兰将得到东普鲁士和西里西亚这两处德国领土作为补偿。这将成为三巨头会议的起点，会议计划在德黑兰召开。

10 月初，德黑兰会议召开一个多月前，丘吉尔重新考虑了跨海峡作战的日期。德军密电显示，希特勒现在坚持主张守住罗马南部的防线。德军将像坚守突尼斯时一样坚守意大利，不经过激战绝不会放弃一寸土地。因此盟军显然要向意大利境内的战斗投入更多力量，派去与他们作战的德军师越多，被牵制和击败的德军师就越多。德军深陷意大利同时也能让苏联前线受益。

意大利境内已经有 11 个盟军师，他们正在与 25 个德军师作战。另外 22 个盟军师正在英国集结，准备进行跨海峡登陆。丘吉尔认为这 22 个师对欧洲北部的作战来说也许不够，但如果移到意大利，他们能让德军投入更大，损失更多。出于这个考虑，丘吉尔在 10 月 19 日对参谋长会议说，由于德国的铁路和公路交通发达，盟军在欧洲西北部登陆可能让德军有机会集结具有压倒性优势的兵力与盟军作战，让盟军遭受比敦刻尔克更大的失败。而这样的失败会复兴希特勒和纳粹的统治。

参谋长会议同意，作为"霸王"计划的替代方案，英国应该全力支援意大利战场。英国把下阶段的作战重点放在地中海地区，也可以"进入巴尔干半岛"，掌握爱琴海岛屿的阵地，现在只有莱罗斯岛在英军手上。驻扎在英国和意大利南部基地的英美轰炸机将加强对德国的空袭。

英国参谋长会议敦促美国联席参谋长会议至少在攻占罗马之前将意大利战场放在首位。本打算用于在罗马附近的意大利沿海地区进行两栖登陆的英国和美国的登陆艇将要离开地中海地区，前往英国，为"霸王"计划做准备。10 月 27 日，丘吉尔对战时内阁说，如果让意大利战事加速的要求被拒绝，他就辞职。布鲁克也认为必须派足够的人手去意大利，确保意大利战事的胜利。

为了安抚斯大林，10 月 29 日，丘吉尔给艾登发电报强调不会放弃"霸王"计划，不过，"为了罗马之战不败，登陆艇会留在地中海地区，这可能带来轻微的延迟，也许会延迟到 7 月"。艾森豪威尔说如果按照计划将登陆艇从意大利撤走，进军罗马可能会推迟到 1944 年 1 月，甚至 2 月，他的话也支持了丘吉尔。

丘吉尔请罗斯福考虑这个观点，美国联席参谋长会议同意，本应该在12月中离开意大利的登陆艇可以在那里多留一个多月的时间。不过在那之后，它们必须调离。英军第50师和第51师以及英军另外2个师和美军的4个师立刻返回英国。

丘吉尔和罗斯福一致认为他们必须在与斯大林见面之前面对面解决这些问题。11月11日，深受重感冒所扰的丘吉尔乘火车离开伦敦前往普利茅斯，在普利茅斯，他再次登上"声望号"战列舰。在海上航行的第一天，皮姆上尉计算出，从1939年9月起到现在，丘吉尔在海上和空中已经一共航行了11.1万英里，海上航行时间共计792小时，空中航行时间共计339小时。

11月16日，"声望号"抵达阿尔及尔，丘吉尔没有上岸。11月17日，到达马耳他后，丘吉尔觉得很不舒服，两天里大部分时间他都躺在床上。在马耳他期间，他得知德军占领了多德卡尼斯群岛中的莱罗斯岛，俘虏了5000名英军；他评论道，这是自阿拉曼以来德军的第一次胜利。11月21日，"声望号"抵达亚历山大。丘吉尔立刻飞往开罗，第二天他在开罗的机场迎接罗斯福。11月23日，开罗会议开始。

在会上，丘吉尔继续主张在1月攻占罗马之前，意大利之战是第一位的，不应从那里调走更多的军队；接下来在2月占领罗德岛以及多德卡尼斯群岛的主要岛屿；为南斯拉夫游击队运送补给；最后，将主要精力投入到跨海峡登陆上，登陆计划已经从5月推迟到7月。艾森豪威尔支持丘吉尔将意大利放在首位的计划，不过他想向比罗马更北的地方进军。艾森豪威尔甚至想推迟"霸王"计划。

会议没有达成任何决定，只有等丘吉尔和罗斯福见到斯大林之后再设法解决。11月27日，他们分别乘飞机前往德黑兰。第二天上午，丘吉尔得知在第一次正式会议召开一小时前，斯大林曾与罗斯福单独见面。此次见面中，罗斯福表示不同意丘吉尔和艾森豪威尔将意大利的战事放在首位的看法。他表明很想进攻法国，减轻苏联前线的压力。

11月28日下午，三巨头召开第一次会议。在当天的讨论中间，罗斯福提出盟军也许可以通过意大利进入亚得里亚海北部和伊斯的利亚半岛，再从那里向东北部进军，到达多瑙河。丘吉尔建议应该在意大利之战取胜后再考虑在法国南部登陆，而且法国南部登陆应该和跨海峡登陆同时进行。斯大林赞成丘吉尔的建议，罗斯福的提议不合他的胃口。

在接下来的一次全体会议上，斯大林强烈反对将跨海峡作战推迟到5月以后。第二天，丘吉尔的顾问告诉他届时有合适月光的日子只有5月8日之后的5天以及6月10日之后的5天。在11月30日上午与斯大林单独会见时，丘吉尔再次解释了让队伍留在意大利的原因。为了"霸王"计划将英军4个师调离意大利，会让仍留在意大利的部队"动摇气馁"，"我们就无法充分利用意大利的落败"。不过他接着指出，调走这些部队"也证明我们为'霸王'计划做准备的迫切心情"。当天下午的会议同意仍将在 5 月实施"霸王"计划。虽然仍然要迫使德军继续参与作战，意大利的战事已经居于次要地位了。

第二天，会议讨论了苏联的战后边境问题以及波兰获取德国领土作为补偿的问题。丘吉尔说，他准备告诉波兰人："这个方案不错，很可能是他们能得到的最好的方案，在和谈桌上，英王陛下政府不会反对苏联政府。"波兰必须接受1920 年英国提议的寇松线，退出 1921 年击败俄国布尔什维克军队后占领的土地。波兰会得到东普鲁士的部分地区。对于德国，各国都同意应该将其划分为数个小联邦；丘吉尔强调必须"隔离"普鲁士。

德黑兰会议结束前，斯大林如愿确定了英美跨海峡登陆计划和苏联的西部边境。12 月 2 日，丘吉尔飞回开罗，他试图说服土耳其总统伊斯麦特－伊诺努参战。丘吉尔相信，一旦土耳其加入盟国，迄今为止一直忠于德国的保加利亚、罗马尼亚和匈牙利"可能会落入我们的手中"，下一次三巨头会议"也许会在布达佩斯举行"。不过伊诺努拒绝一切讨好利诱；和阿根廷一样，土耳其直到德国最后战败前才参战。

12 月 9 日，丘吉尔再次感到不适。"他看起来非常疲惫，"布鲁克在日记里写道，"他说感到非常无力、疲惫，而且腰部疼痛。"丘吉尔太累了，洗完澡后都没有力气擦干自己，只能裹着毛巾躺上床。不过每天他还是与专家和顾问开几次会，讨论给南斯拉夫、希腊和阿尔巴尼亚游击队的援助问题以及重夺多德卡尼斯群岛控制权的问题。

12 月 10 日，丘吉尔飞往突尼斯，飞机航行了 8 个半小时，但是降落到了错误的机场上。飞机本应降落在 40 英里以外的一座靠近迦太基的机场，艾森豪威尔正在那里等候。丘吉尔本来打算从那里继续飞往意大利，视察当地的英军。不过他已经筋疲力尽了。

12 月 11 日一整天，丘吉尔不得不卧床休息。第二天上午，他开始发烧。一名病理学家从开罗飞来，另外一台便携式 X 光机从突尼斯运来。丘吉尔得了肺炎。他继续卧床，不过仍不断和访客见面，不断向速记员帕特里克·金纳口述电报。金纳后来回忆说，医生反对他有如此大的工作量，可是"完全没用"。

12 月 14 日晚，丘吉尔的心脏开始出现衰竭的征兆。莫兰勋爵担心丘吉尔快要不行了。丘吉尔自己很达观，他对莎拉说："如果我死了，不用担心——战争会取胜的。"

第三十二章
疾病和康复

1943 年 12 月 15 日，丘吉尔在迦太基卧病在床的时候，一名心脏专家从开罗赶来。这天晚些时候，一名抗生素和磺胺类药物专家从意大利飞来。"我和他长谈了一次，"麦克米兰写道，"请求他要坚决严禁电报和访客。"当晚丘吉尔经历了一次轻微的心脏病发作。麦克米兰在第二天的日记里写道："这次发作不是很严重，但是把他们所有人都吓坏了。" 12 月 16 日，一名胸部疾病专家从开罗飞来。

12 月 17 日，克莱门蒂娜来到迦太基，陪在丈夫身边。当晚，丘吉尔又经历了一次轻微的心脏病发作。

丘吉尔继续接待访客，不过一次见一人。他还通过电报和参谋部会议讨论在安奇奥进行海陆两栖登陆的建议，安奇奥位于意大利海滨，就在罗马南边。12 月 23 日，艾森豪威尔和亚历山大都来见丘吉尔，讨论登陆细节。此次登陆的目的是要攻占罗马，并且向北进军至皮萨—里米尼防线。12 月 24 日，两周以来，丘吉尔第一次下床，他要和亚历山大以及其他几名将军、上将和策划人员在平安夜开会，讨论如何为定在 1 月 20 日的安奇奥登陆及时提供登陆艇。他还给参谋长会议发电报，想要让部分参与"霸王"计划的登陆艇晚一个月送往英国。圣诞节当天，5 名总司令在电报的召集下在迦太基碰头，为安奇奥登陆制订最终方案。

什么都不能干扰"霸王"计划 5 月的实施时间。不过现在安奇奥登陆是盟军接下来的主要作战计划。在会议结束时，丘吉尔给罗斯福发电报说："如果没有抓住这次机会，我们只能预计 1944 年的地中海战事破产了。"

在圣诞节这天，丘吉尔设午餐会招待 5 位总司令，这是他生病以来第一次下床吃饭。"医生根本没法控制他，"他的首席私人秘书约翰·马丁写道，"雪茄等等现在都已经回来了。我惊讶地发现他还口述自己的健康公报。"除了口述健康公报，丘吉尔还给参谋长会议以及罗斯福口述了一份当天上午会议所做决议的摘要。

12 月 27 日上午，丘吉尔从迦太基飞往马拉喀什。下午晚些时候，他抵达泰勒别墅，未来的 18 天他将住在这里。12 月 29 日，罗斯福告诉丘吉尔他已经批准了安奇奥登陆计划。亚历山大告诉丘吉尔，将由一个英军师和一个美军师最先登陆。"对此我感到很高兴，"丘吉尔对罗斯福说，"风险和荣誉我们平等共担，这很合适。"

12 月 31 日，艾森豪威尔和蒙哥马利抵达马拉喀什，与丘吉尔讨论"霸王"计划。1944 年 1 月 1 日，丘吉尔走进妻子的房间，心情很好。"我很高兴，"他说，"我感觉好多了。"

1 月 4 日，丘吉尔给斯大林发电报，斯大林的军队刚刚将德军逼退到 1939 年的苏波边境之后，丘吉尔先向他表示了祝贺，然后说现在各方面都为"霸王"计划开足了马力。他还说，蒙哥马利"充满对敌作战的热情，而且对结果很有信心"。当天，丘吉尔得知一旦真的在安奇奥实施登陆，登陆艇会出现短缺，因为几乎 1/3 的登陆艇会在对抗敌人的反攻之前撤回，用来实施"霸王"计划。丘吉尔立刻提议从马拉喀什飞往马耳他，与亚历山大讨论这个问题。但是，亚历山大说服他让了解所有详情的美国将军贝德尔–史密斯和英国将军盖尔到马拉喀什去见他。他们向他保证，会让撤回登陆艇的时间避免这种危险的产生。

1 月 7 日，安奇奥登陆计划的指挥官们和他们的策划参谋一起飞往马拉喀什，进行最后两天的讨论。"每个人心情都很好，"会议结束后，丘吉尔给罗斯福发电报说，"资源看来很充足。在两次会议之间的间隙，小组委员会对各个方面进行了透彻细致的研究。"

1 月 14 日，丘吉尔乘飞机离开马拉喀什，前往直布罗陀，他在那里登上战列舰"英王乔治五世号"。快到午夜的时候，"英王乔治五世号"抵达普利茅斯。国王派出自己的专列接丘吉尔回伦敦。"和以前回国时不同，"丘吉尔的私人秘书约翰·派克回忆说，"没有政治、战略或外交戏码——当时的气氛是大家大大松了一口气，首相回来了，身体健康，而且一切事情确实都在他的掌控之中。"

丘吉尔希望安奇奥登陆计划能够快速获得成功，1 月 19 日，他向参谋长会议建议了两个跟进的作战计划。一个计划是派一支 2000 人的强力突击队到达尔马提亚海岸，"四处出击，清除德军占领的每座岛屿，杀死或俘虏德军驻军"。另一个计划是向意大利北部进军，迫使德军撤退到阿尔卑斯山后面，这样就能打开通路，"我们可以向左进入法国，或者向维也纳方向追击德军，或者向右前往巴尔干半岛"。

这些计划都取决于安奇奥登陆计划能够快速获胜，1 月 22 日一早，登陆开始。亚历山大报告说，登陆之后，他立刻派出攻击力强的机动巡逻队与德军接触。不过 4 天后，显然德军下定决心要把登陆部队困在滩头据点，而且他们也能做到这一点，登陆部队不会很快突破包围，也不会很快和南部盟军主力会合。

1 月 28 日，很明显，安奇奥登陆计划未能达到目的。1 月 29 日，丘吉尔对参谋长会议坦承："我们希望登陆一只狂暴的老虎，把德国佬的肠子扯出来。结果，我们搁浅了一头大鲸鱼，它的尾巴还在水里拍打。"两天后，两名美国高级将领马克·克拉克和约翰·卢卡斯前去巩固据点，丘吉尔对战时内阁说，现在安奇奥登陆成了"美国人的行动"。丘吉尔没有任何手段影响美国联席参谋长会议，他们在 2 月 3 日决定将战斗机从地中海地区调拨到中国，因为他们认为自此之后盟军在意大利将完全转入防守。丘吉尔对此感到沮丧。2 月 3 日，他对参谋长会议说，让意大利的军队陷入停滞是"极度目光短浅的行为，只会让敌人迅速从意大利北部调集军队应对'霸王'登陆"。

为了帮助跨海峡登陆计划，战时内阁设立了"霸王"委员会，其任务是确保没有事情被忽略和拖延，该委员会由丘吉尔主持。

英国武器将被投掷在波兰境内；2 月 3 日，丘吉尔对国防委员会说，红军向波兰靠近是英国应该关注的问题，波兰应该"强大起来而且得到充分支持。如果它很薄弱，被不断进军的苏军攻占，可能会在未来对英语民族造成非常大的威胁"。

2 月 5 日，斯大林向丘吉尔保证："波兰肯定会自由和独立，他不会设法影响战后他们想要建立的政府的类型。"第二天，丘吉尔劝流亡伦敦的波兰政府接受这些承诺，将波兰东部割让给苏联，换取东普鲁士、西里西亚以及波美拉尼亚波罗的海沿岸等地区的德国领土。

然而波兰政府打算只有保证在波兰解放后立刻建立全党派政府的情况下，才考虑将领土割让给苏联。斯大林不会给出这样的承诺。他已经为全部由共产党人组成的波兰政府选定了提名人选，该政府准备在解放第一座波兰城镇后建立。

现在距离跨海峡登陆还有不足 3 个月的时间。除了主持每周"霸王"委员会的会议外，丘吉尔还和艾森豪威尔以及他的参谋长贝德尔·史密斯定期对话，他们讨论登陆的各个方面，包括人工港口、空降作战、海军轰炸和空中支援等等。3 月 11 日，丘吉尔给马歇尔发电报说："每件事都进展顺利，我很满意。"由于对敌军密电的不断解读，加之其他情报部门的报告，英军参谋人员全面掌握了法国北部德军每个部队的位置和规模。

约翰·贝文上校和中央作战室的参谋人员设计的一项欺骗计划获得了成功，德军以为盟军将在迪拜和加来之间的某个地方发起总攻。德军自己的机密文件显示他们落入了圈套。他们并不知道真正的登陆地点是诺曼底海岸。参谋长会议为登陆设定了一个条件：如果在选定进攻的日期当天，德军在法国有 20 个机动师能够被派去支援登陆点的德军队伍，整个计划就会叫停。

在意大利，安奇奥的滩头据点仍然被德军包围；盟军主力当时在安奇奥以东 50 英里的地方，因为德军在卡西诺山的顽强抵抗无法到达海岸边。现在，没机会在春天攻占罗马或者向更北的地方进军了。这一年，在西线，唯一能给德军带来压力的就剩下诺曼底了。

3 月 23 日，丘吉尔和艾森豪威尔一起对集结在英国的美军部队进行了两天的视察，这些美军将要参与诺曼底登陆。3 月 26 日晚，他在首相乡间别墅发表广播讲话。丘吉尔知道德国的火箭炸弹即将研制成功，在讲话中，他提到德国可能出现一种新型的"进攻方式"。不过他说："英国能承受。英国从来不曾退缩或失败过。信号发出，所有要报仇雪恨的国家都将奋力冲向敌人，将这个试图阻碍人类进步的最残忍的暴君打得魂飞魄散。"

3月31日，丘吉尔乘火车连夜赶往约克郡，视察参与诺曼底登陆的英军的培训情况。4月7日，丘吉尔向所有参与诺曼底计划的英国和美国高级军官发表演讲。布鲁克写道："他看起来很苍老，缺乏往日蓬勃的活力。"

丘吉尔从飞回伦敦的亚历山大那里得知，安奇奥的滩头据点虽然守住了，但是登陆的军队仍然无法与意大利境内的盟军主力会合，下一个月也不会做新的尝试。不过，他现在确定不会再从意大利抽调军队了。"尽管滩头据点和卡西诺阵地的战斗带来很多失望，"丘吉尔在4月12日对马歇尔将军说，"我相信你会发现至少又有8个德军师被调入意大利，前往罗马南部，并且遭受重创。"丘吉尔指出，德军密电显示希特勒说他在苏联南部的失败是因为在意大利巴多格里奥的失败使得德军35个师陷入其中。丘吉尔解释说，如果那里的部队能让德军这35个师留在地中海西部，他们"将为'霸王'计划做出巨大贡献"。

跨海峡进攻的计划继续进行，丘吉尔对在进攻前对法国北部铁路线和铁路交汇点的轰炸可能造成的法国平民的伤亡感到担忧。据估计，伤亡人数可能在2万到4万之间。艾森豪威尔同意缩小轰炸规模，不过即使这样，轰炸仍然造成了至少5000名法国平民丧生。

丘吉尔要努力确保诺曼底登陆成功，还要设法降低对法国北部轰炸的强度。他身边的工作伙伴意识到他身上的巨大压力。卡多根在4月9日的战时内阁会议之后在日记里写道："我怕首相的身体会垮掉。"卡多根还说："我真的很担心首相。他不是12个月前的那个人了，我真的不知道他是否能够坚持下去。"不过丘吉尔坚持住了，他的精力再次恢复。4月21日，在关于大英帝国和英联邦的辩论中，丘吉尔希望战后印度能成为自我管理的自治区。科尔维尔写道，他的演讲显示出比之前"更多的活力"。

5月12日，丘吉尔离开伦敦，对集结起来的部队进行了3天的视察。艾森豪威尔在半路上与他会合，他向艾森豪威尔强调需要更多车辆为加入登陆队伍的自由法国师服务。丘吉尔指出安奇奥滩头据点的125000人和23000辆车"只前进了12英里"就被德军挡住了。丘吉尔的警惕性和驱动力是英国作战能力的重要组成部分。"不管首相有什么样的缺点，"科尔维尔在5月13日的日记里写道，"毫无疑问，他为参谋长会议和外交部提供应对问题的方向和目标，没有他，这些问题往往会陷入部门之间相互推诿的迷宫，或者因为小心谨慎和妥协退让渐渐消磨殆尽。另外，他有两样才能，想象力和决断力，这显然是其他大臣和参谋长们所缺乏的。"

5月20日，丘吉尔得知有明确迹象显示德军在欧洲西部没有让诺曼底登陆必须叫停的额外20个师。在英国空降的军备物资帮助下，铁托的游击队在南斯拉夫牵制了德军25个师，伦道夫正在那里担任英军联络官。德军另外23个师正在意大利作战，亚历山大已经在5月14日再次发起进攻，并且最终攻克卡西诺。其他德军师正等候在布伦附近的英吉利海峡沿岸，由于成功的欺骗计划，德军以为跨海峡进攻将在那里实施。

5月24日在下院发表演说时，丘吉尔再次显示出疲态。"他的魅力和幽默感不减，"哈罗德·尼科尔森给他的儿子写信说，"不过声音不再响亮，议员们3次大声对他说'大点声'。"

5月24日，丘吉尔得知，为了将浮码头拖到海峡另一端，需要抬升其水泥沉箱，但所需的海军泵送设备目前紧缺。这个问题必须立刻解决。丘吉尔提议征用伦敦消防队的泵送设备。

诺曼底登陆前的最后一个周末，丘吉尔是在首相乡间别墅度过的。他在那里得知德军试图通过空降部队占领南斯拉夫游击队指挥部，伦道夫刚刚和铁托一起逃脱。

亚历山大汇报说，安奇奥的队伍现在已经和意大利的盟军主力会合，全部人马已经准备好进军罗马。在亚历山大准备罗马之战的同时，拉姆齐上将被委以重任，负责指挥英吉利海峡所有的海军力量。6月2日，丘吉尔乘火车离开伦敦，到英格兰南部视察登陆部队的各集结点。6月3日，他在南安普敦观看部队登上登陆艇；第二天，他视察了更多登船队伍。

6月4日晚，丘吉尔返回伦敦。回到"10号附楼"后，丘吉尔走进他的地图室。当他坐在椅子上看着地图的时候，有人送来消息，罗马被攻克了。

盟军本来希望在6月5日实施诺曼底登陆计划，不过恶劣的天气让登陆不得不延后一天。6月5日，德军密电明确显示，由于天气恶劣，德军预计未来四五天内盟军不会发动跨海峡进攻。隆美尔甚至在当天告假返回德国。盟军了解到德军的预测，这是促成艾森豪威尔决定不顾恶劣天气在第二天渡过海峡的原因之一。

6月5日上午，丘吉尔没有访客。"今晚我们出发，"这天下午，丘吉尔给斯大林发电报说，"我们要用5000艘船，有11000架飞机待命。"

6月5日晚，丘吉尔和克莱门蒂娜单独用餐。随后，他到地图室最后查看了一遍盟军和德军的部署情况。上床前，克莱门蒂娜来到地图室陪着他。他关心几个小时后将要靠近法国海岸的士兵们，法国仍在德军占领之下，它是希特勒大肆吹嘘的欧洲堡垒。丘吉尔对克莱门蒂娜说："你是否意识到，等你早上醒来时，可能已经有2万人丧命了？"

第三十三章

诺曼底登陆

1944 年 6 月 6 日凌晨，丘吉尔还在睡梦中的时候，第一批队伍乘坐滑翔机空降登陆诺曼底。丘吉尔起床后被告知这批登陆部队没有遭遇抵抗。上午大部分时间，丘吉尔都待在地图室，消息传过来，他就会标出登陆区域。中午，他前往下院，对静静期盼的议员们说："这次大规模行动无疑是有史以来最复杂、最艰难的一次。"晚上，他回到下院说，一切都正在"以完全令人满意的方式"进行。第二天上午，德军在海滩上的最后抵抗被攻克；在最初 24 小时的战斗里，3000名士兵丧生。"我们本来以为会损失 1 万人。"当天丘吉尔给斯大林发电报说。

最初的胜利让公众欢欣鼓舞，然而公众太过兴奋，6 月 8 日丘吉尔不得不在下院说他认为有必要建议议员们在对他们的选民发表演说时"警告选民不要过于乐观"，杜绝"事情很快就会解决"的想法。6 月 9 日，丘吉尔得知尽管英军和美军将滩头据点连接到一起，但是美军已经比预定时间落后了 24 小时，"整个英军阵地"遭遇德军的猛烈抵抗。事实上，24 小时里英军阵线没有推进，他们没能攻占当天的主要目标——卡昂。最糟糕的是，盟军占领的地方不足以建起飞机跑道，因此不得不从英国基地提供所有空中支持。

尽管德军顽强防御，到 6 月 10 日中午，已有将近 40 万人登陆。在意大利，亚历山大正将剩余德军向北逼退。在苏联，斯大林按照承诺实施了夏季第一阶段的进攻。6 月 12 日上午，丘吉尔乘火车前往多佛，接着乘坐驱逐舰穿越英吉利海峡，然后登上海军上将维安的旗舰，维安负责指挥滩头的英国海军部队。从旗舰下来后，他乘坐一辆美军的水陆两栖军用卡车抵达古尔塞勒海滩。蒙哥马利在海滩上与丘吉尔碰面，然后用吉普带着丘吉尔去看他设在克鲁埃利的司令部，这里位于内陆 5 英里处，距离前线大约 3 英里。回到古尔塞勒，丘吉尔看到德军正在空袭港口。随后，他再次登上维安的旗舰，沿海岸航行，观看登陆艇卸载卡车、坦克和大炮。

当驱逐舰准备掉头时，丘吉尔对维安说："既然我们靠得这么近，为什么不在返回之前亲自给他们一炮呢？"

"当然。"维安回答道。不一会儿，他的所有舰炮都开始冲海岸方向开炮。"我们肯定在他们的炮火射程以内，"丘吉尔后来写道，"我们开完火，维安就下令让驱逐舰掉头，以最快的速度离开。我们很快就脱离了危险，穿过了巡洋舰和战列舰的防线。这是唯一一次我站在一艘正在'怒吼着'开火的军舰上——如果可以这么说的话。我很钦佩上将的冒险精神。"

在返回朴茨茅斯的 3 小时航行中，丘吉尔睡着了。回到伦敦后，他被告知已经有 13000 名德国士兵被俘。但是，当晚丘吉尔和家人吃饭的时候，皮姆上尉进来报告说德国第一批飞弹正在发射途中。晚上，27 枚飞弹穿过英吉利海峡。4 枚在伦敦爆炸，两人丧生。丘吉尔和参谋长会议决定调拨诺曼底所需的飞机去轰炸飞弹发射基地，6 月 14 日，67 个飞弹发射基地的位置被锁定，不过加来地区上空恶劣的天气妨碍了英国空军的反击。第二天晚上，50 枚飞弹在伦敦爆炸。丘吉尔在给斯大林的电报中评论道："我们度过了一个喧闹的夜晚。"

在诺曼底登陆的盟军人数已经超过 50 万。然而德军仍然把守着卡昂。在伦敦，在经历了一周的飞弹袭击之后，526 名平民丧生。丘吉尔地图室里召开的几乎所有会议都是为了确定最佳的还击手段。在这周飞过海峡的 700 枚飞弹中，有200 枚被高射炮和战斗机击落。为了减少两种防御手段的相互制约，丘吉尔建议白天使用战斗机，夜间使用高射炮。

英国人和美国人之间现在出现了激烈的分歧。分歧产生的源头是意大利战区。将要有 4 个法军师和 3 个美军师从亚历山大在意大利境内的军队中抽调出来，参与计划在 8 月 15 日进行的法国南部登陆计划。6 月 15 日，伦敦的联席策划委员会根据截获的德军机密电文显示的情报向英国参谋长会议提出建议，继续全力向意大利境内进军，在亚得里亚海顶端实施海陆两栖登陆，随后向南斯拉夫北部进军，这样能比在法国南部登陆对德军造成更有效的打击。在 6 月 22 日的参谋部会议上，丘吉尔支持这个建议。解码的德军电文显示德军不会热心防守法国南部，不过他们会顽强地防守从意大利通往奥地利的通道，增派更多军队阻止盟军从南部突破。

亚历山大很想在意大利境内继续向北进攻。中东地区英国军队指挥官梅特兰·威尔逊则渴望在亚得里亚海顶端登陆，向东推进，首先攻占萨格勒布，然后向奥地利和多瑙河进发。丘吉尔和英国参谋部会议强烈要求罗斯福和美国联席参谋长会议实施在亚得里亚海顶端登陆的计划。6 月 28 日，一封德国海军密电似乎更加证实了他们这个看法的正确性，这是希特勒本人的一道命令，电文显示他打算不惜一切代价守住亚平宁山区。这道命令充分说明希特勒对意大利北部的重视。布鲁克等人给美国三军参谋长发电报说："不趁机摧毁目前意大利境内的德军，将更多的后备军吸引到这条战线上来，将是一个严重的战略错误。"

当天，丘吉尔给罗斯福发电报，提醒他"在德黑兰的时候，关于伊斯的利亚，你是怎么对我说的"。他还给罗斯福发去了那份德国海军电文的副本。但是第二天，罗斯福还是拒绝了亚得里亚海登陆计划。他对丘吉尔说，出于"纯粹政治上的考虑"，如果人们得知"大批部队被调拨到巴尔干半岛"，诺曼底哪怕出现一丁点失利，他都将无法幸免。丘吉尔连忙指出这个新计划和巴尔干半岛没有关系。在德黑兰会议上，"你对我强调，在攻克意大利的时候，也许可以向东推进，还特别提到了伊斯的利亚。参与这些讨论的人都没想过要让军队前往巴尔干半岛；不过意大利的伊斯的利亚和的里雅斯特是战略与政治要地，你自己非常清楚，这里可能会引起深远广泛的影响，特别是在苏军推进之后"。

罗斯福建议将英美之间的分歧告知斯大林。丘吉尔反对这么做，他指出从"长远的政治角度"考虑，斯大林可能更愿意英国人和美国人在法国作战，这样"欧洲东部、中部和南部自然而然会落入他的掌控之中"。

丘吉尔决定去见罗斯福，亲自把亚得里亚海登陆计划讲给他听。6月30日，他下令让他的水上飞机和兰开斯特轰炸机做好跨大西洋飞行的准备。不过罗斯福心意已决；法国南部登陆计划将继续进行，因此亚历山大在意大利境内的军队力量势必要有所减弱。丘吉尔和英国参谋长会议以及他们在地中海地区的两名指挥官不得不放弃他们钟情的战略。

6月28日，自诺曼底登陆以来，盟军士兵阵亡人数达到7704名，其中有4868名美国人，2443名英国人和393名加拿大人。在伦敦，飞弹造成了严重的伤亡；在头16天的轰炸中，1935名平民丧生。6月30日，丘吉尔及夫人参观了在战斗中积极抗击飞弹的防空部队。

第二天，丘吉尔得知沿东线全线推进的苏军在波布鲁斯科附近的一次作战中歼灭德军16000人，抓获18000名俘虏。丘吉尔给斯大林发电报说："这一刻，我要告诉你，苏军了不起的进军让我们所有人印象深刻，他们势头猛涨，正不断摧毁挡在你们和华沙之间的德军，随后就是摧毁你们和柏林之间的德军了。"丘吉尔还说，在诺曼底，盟军已有75万多人登陆，德军有5万人被俘。

伦敦刚刚得到消息，在奥斯威辛集中营，250多万犹太人在特制的毒气室遭到屠杀，迄今为止，该集中营一直被视为奴工集中营。7月初，50多万匈牙利犹太人正被驱赶到那里，等待他们的是屠杀。犹太复国主义者领袖查姆·魏兹曼请求艾登轰炸通往该集中营的火车线路，艾登将他的请求转告给丘吉尔，当天，也就是7月7日，丘吉尔在备忘录中写道："尽可能派出你全部的空军力量，如果有必要，向我求助。"魏兹曼还要求尽可能提出最强烈的公开抗议。丘吉尔立刻回应说："我完全同意进行尽可能最大规模的公开抗议。"

抗议立刻进行，报纸大规模报道屠杀事件，伦敦的广播警告匈牙利铁路工人，如果继续参与驱赶犹太人的行动，他们将被视为战犯。48小时后，匈牙利政府迫使匈牙利境内的德军高层停止驱赶行动。10万多犹太人因此得救。

在得知匈牙利停止向集中营驱赶犹太人的消息之前，丘吉尔拒绝盖世太保提议的"谈判"，他们提出释放 100 万匈牙利犹太人，以此换取卡车、食品和金钱。这个提议是盖世太保的一个诡计，他们打算给匈牙利犹太人一个能够获救的虚假希望，与此同时，正有 40 多万匈牙利犹太人被赶往死亡集中营。7 月 11 日，丘吉尔对艾登说，这是"以谋杀为要挟的赤裸裸的勒索"。

7 月 10 日，盟军进入卡昂。可是当天晚些时候，后方传来了不幸的消息：在一个月的飞弹袭击中，已经有 1 万座房屋被毁。当晚，丘吉尔对战时内阁的飞弹委员会说，如果对伦敦的无差别袭击还不停止，他准备威胁对德国实施最大规模毒气攻击。不过他认为目前伦敦遭受攻击的规模还不足以让他实施这么严重的措施。

7 月 18 日，丘吉尔从情报专家那里得知，德国人已经研制出一种比飞弹更有效的武器，这是一种火箭，可以搭载重量超过 11 吨的炸弹，每小时能飞行4000 英里，从欧洲北部发射后，可以在 4 分钟内到达伦敦。这种新型火箭助推炸弹被称为 V-2，而装有飞机引擎和翅膀的飞弹，即 V-1，速度比 V-2 慢 10 倍，而且也更容易被拦截。

除了火箭的威胁，丘吉尔还要面对一直以来政治上的忧虑。苏军进入波兰中部地区之时，丘吉尔希望与罗斯福和斯大林会面，他想为波兰保持某种形式的民主政府。不过在最初的热心过后，罗斯福拒绝了见面的提议，他正为即将到来的总统选举担心。

在诺曼底，英美军队通过联合进攻突破据点。盟军预计可以在法国北部加速进军，丘吉尔放下心来，7 月 20 日，他飞往瑟堡，在那里观看了一处未完成的飞弹基地，并参观了那里的登陆海滩。与此同时，希特勒在他的司令部中被安装在办公桌下的一枚炸弹炸伤，当时他正在研究桌上的作战地图。一起谋杀希特勒的军队密谋失败了，参与密谋或者表示赞成希特勒下台的所有人都被施以严厉的报复。埃瓦尔德·冯·克莱斯特少校被捕，他曾在 1938 年到查特韦尔拜访过丘吉尔，在他的文件中发现了丘吉尔给他写的一封信。克莱斯特被处以死刑。隆美尔在诺曼底遭遇盟军战斗机袭击受伤，正在伤愈恢复之中，与此次密谋也有些许联系，他被勒令选择被处死或是自杀；他选择了自杀。

7 月 31 日，红军距离华沙仅 15 英里，波兰人奋起反抗德国占领军。很多波兰人希望在苏联人到来之前在首都成立独立的波兰政权。8 月 4 日，总计一个半师的德军开始对起义者发起进攻，赫尔曼戈林师从意大利被调集过来，一同调集过来的还有两个师。当天，苏军停止了在华沙上空的活动。丘吉尔刚刚同意波兰人提出的向华沙空投弹药和补给品的请求。波兰人的抵抗持续了一个多月的时间。

8 月 4 日，艾森豪威尔与丘吉尔共进午餐，两人大致勾勒了取消法国南部登陆计划的提议，该计划原本要在 11 天后开始实施。这个改变将为诺曼底部队的侧翼带来大量盟军队伍。8 月 5 日，丘吉尔飞往法国，打算把美国人的计划告诉给蒙哥马利，照此计划，蒙哥马利的进攻力度将大大加强。不过当飞机飞抵瑟堡半岛的时候被召回英国；跑道上大雾弥漫，前一架降落的飞机因此坠毁，机上所有的乘客都遇难了。

丘吉尔飞回英格兰南部，前往艾森豪威尔设在朴茨茅斯的指挥部。很快丘吉尔得知艾森豪威尔意外地改变了主意，现在他又想让法国南部登陆计划继续进行了，但是他的参谋长贝德尔–史密斯将军仍然支持在布列塔尼登陆。丘吉尔立刻请求霍普金斯征求罗斯福的同意，批准实施布列塔尼登陆计划。第二天上午，在等待霍普金斯答复的同时，丘吉尔飞回诺曼底，想再次向蒙哥马利提出这个计划。不过在到达蒙哥马利设在弗莱德塞利西的新司令部后，他发现那里的战事正酣，他感到气氛紧张，于是缩短了拜访时间，一小时后返回英国。

当他回到 10 号附楼的时候，等待他的是一封来自霍普金斯的电报。尽管还没听到罗斯福的答复，但霍普金斯可以肯定总统的答案"会是否定的"。一天后，罗斯福给丘吉尔发电报说，他不想更改计划。布列塔尼登陆不可能了，法国南部登陆将照原计划继续进行。

在意大利，由于要为法国南部登陆集结队伍，亚历山大的部队少了 7 个师。但是他仍然在发动进攻，8 月 10 日，他迫使德军撤出佛罗伦萨。当晚，丘吉尔从伦敦飞往阿尔及尔，他打算去意大利。他想跟亚历山大见面，看看战斗的情况，讨论当前妨碍地中海地区作战的诸多问题。

在阿尔及尔的时候，丘吉尔和伦道夫进行了一次长谈，伦道夫在第二次前往南斯拉夫游击队控制地区的途中遭遇飞机失事，受伤未愈，他的婚姻也面临解体，他因此受到了沉重的打击。

离开阿尔及尔后，丘吉尔飞往那不勒斯，到梅特兰·威尔逊将军的里瓦尔塔别墅做客。在那里，他收到仍在华沙坚持战斗的波兰人的求助信，斯大林仍旧拒绝为他们提供帮助。8 月 12 日，28 名英国和波兰飞行员从意大利南部飞往华沙，往返总计 1400 英里，他们损失了 3 架飞机。而最近的完全可运行的苏联飞机跑道离华沙只有不到 50 英里。

8 月 12 日，丘吉尔在里瓦尔塔别墅接待了铁托，他敦促铁托在南斯拉夫建立"以农民为基础"的民主制度。当晚，丘吉尔收到罗斯福的邀请，请他 9 月到魁北克见面，斯大林未受邀请。丘吉尔同意了。

8 月 14 日，丘吉尔飞往科西嘉岛。在科西嘉岛的阿雅克修港，他登上"皇家苏格兰人号"，这艘船从前是商船，现在搭载了 6 艘登陆艇。丘吉尔当天在船上过夜，与此同时，盟军 11 个师在法国南部登陆。

返回那不勒斯后，8 月 16 日上午，丘吉尔研究了一系列有关德军即将在近期从希腊撤退的德军机密电文。他立刻得到参谋长会议的同意，派出一支英国军队抢在希腊共产党之前到达雅典。他随后与罗斯福就这个决定交换了意见。

8 月 17 日，丘吉尔驾车穿过满目疮痍的卡西诺镇，然后乘飞机前往亚历山大设在锡耶纳的司令部。由于天气太差，去前线看不到任何东西，在 3 天时间里，丘吉尔只走访了附近地区的部队。8 月 20 日，天气好转，亚历山大带着丘吉尔前往距离前线约两英里远、位于亚诺河畔的前方炮兵观察哨。随后丘吉尔飞回那不勒斯，晚饭的时候，一架德军飞机反复对港口进行低空袭击，这架飞机后来被海军炮火打了下来。8 月 21 日，丘吉尔从那不勒斯飞往罗马，讨论英军前往希腊的建议。第二天下午讨论的主题是意大利的政治前景。丘吉尔支持逐步放松在意大利境内的控制，意大利将不再是被占领的敌国，而是"友好的战时盟国"。

第二天，丘吉尔给参谋部会议发电报说，如果亚历山大突破波河河谷，"我肯定会考虑让部队进入亚得里亚海地区"。两天后，他对斯穆茨坦承他希望亚历山大的军队能够抵达维也纳"这座伟大的城市"。8 月 23 日，丘吉尔从罗马飞往锡耶纳的亚历山大司令部，他在那里批准建立一支犹太人旅，这支队伍将加入亚历山大的部队参与战斗。第二天，他视察了新西兰师。8 月 25 日，他在亚历山大的司令部办公的时候，戴高乐进入巴黎。

8 月 27 日，丘吉尔飞回那不勒斯，与即将前往希腊的英军部队进行更多交谈。随后丘吉尔乘飞机离开那不勒斯，返回伦敦。返回途中，他首先飞往拉巴特，由于报告北部有雷暴，他在拉巴特度过了一晚。飞行途中，他病倒了，发起了高烧。他又一次得了肺炎。"如果现在他发生什么意外，那将是一个悲剧，"当晚见到丘吉尔的安德鲁·坎宁安爵士在日记里写道，"虽然他那么多的缺点（他是最容易激怒别人的人），可他为这个国家做出了巨大的贡献，无人能出其右。"

丘吉尔在 10 号附楼缓慢康复的同时，德军正丧失法国北部大部分地区的控制权，并被迫退到比利时边境之后。9 月 2 日，在意大利，亚历山大的部队进入皮萨，突破哥特防线，不过遭遇新派来的 8 个德军师的抵抗，这 8 个师是匆忙赶来防止盟军继续向北突进的。意大利仍是消耗德军资源的战场。

华沙的起义者仍然在与拥有绝对优势的德军对抗，仍然没有得到苏联的帮助。9 月 3 日，丘吉尔向罗斯福建议，他们应该一起对斯大林说，至少要让英国和美国的飞机使用华沙附近的苏联空军基地，帮助起义者空运物资，如果他不允许的话，英国和美国"在给苏联的供给上将采取某种程度的极端措施"。不过罗斯福不想让斯大林不高兴，丘吉尔不知道的是，罗斯福当时正请求斯大林同意让美军使用西伯利亚的苏联空军基地，作为美国对日空袭的补给站。

9月4日，虽然再次发起高烧，丘吉尔还是离开附楼病床，来到地下的中央作战室。整个战时内阁和他都不打算让已经很脆弱的联盟进一步变弱，他们仅仅是对斯大林发了一封电报表示集体抗议，声称苏联拒绝帮助华沙的行为"在我们看来，不符合盟国的合作精神，而不管是在目前还是在未来，你们和我们对于这种合作精神都是相当重视的"。

4个多月后，苏联人进入华沙。

9月5日上午，丘吉尔乘火车离开伦敦，前往克莱德河口的格里诺克，下午他登上"玛丽王后号"。一同登船的还有一名护士和一名青霉素专家。

丘吉尔感觉不适；因为要访问意大利，医生建议他继续服用两周预防疟疾的药物，这些药物让他感到不舒服。9月8日，在船上召开的一次参谋部会议后，布鲁克写道，丘吉尔看起来非常"衰老、不舒服、情绪低落"。在这次会议上，丘吉尔对参谋部会议提出警告，参谋部会议建议从意大利调拨军队到远东，这个建议的基础是预测德军很可能在1944年年底之前落败，丘吉尔说这是一个危险的预测，因为"德国守军在大部分港口都实施了坚决的抵抗"。美国人没能占领圣纳泽尔，被阻挡在南锡。德军在安特卫普周围的要塞也同样实施了坚决的抵抗，而安特卫普是"我们非常需要的港口"。

当天，在"玛丽王后号"继续向西行驶的同时，英军进入布鲁塞尔。不过坏消息证实了丘吉尔的警告：德军正坚守布伦、加来和敦刻尔克，而且已经重新占领梅斯。在东线，斯大林的进军没有受到这样的挫败；9月9日，苏军进入保加利亚，第二天，保加利亚投降。罗马尼亚已经抛弃德国，加入盟国。苏军现在有望快速穿过巴尔干半岛，进军匈牙利。

9月10日，"玛丽王后号"抵达哈利法克斯。随后，丘吉尔乘坐20个小时的火车前往魁北克，罗斯福的火车正在魁北克一个毗连的铁轨上等待他。在魁北克的第一天，也就是9月12日，他们得知美军已经跨过亚琛西边的德国边境。不过当天伦敦发来电报报告说："盟军靠近德国边境时，敌军的抵抗加强了。"

罗斯福现在同意不会再从亚历山大的队伍中撤出人手。美国人甚至愿意让亚历山大得到伊斯的利亚登陆所需的登陆艇。丘吉尔大大松了一口气。

9月17日，3个空降师，既有英国人，也有美国人，还有一支波兰伞兵旅，总计35000人，空降在德军战线后的荷兰。他们的目标是占领阿纳姆城内莱茵河上的一座桥。战斗开始之时，丘吉尔乘坐火车离开魁北克，前往海德公园，他将在罗斯福家做客两天。

丘吉尔和罗斯福讨论了原子弹的问题。他们得知，1945年8月原子弹"几乎肯定"能准备好。这周，盟军出动2600架次的飞机，损失了100多架飞机，向德国投掷了 9360 吨高爆炸药；而一颗原子弹只需要一架飞机搭载，其威力至少相当于 2 万吨高爆炸药。丘吉尔和罗斯福决定，如果原子弹最终能够使用的话，"经过深思熟虑之后，也许可以用它来打击日本人，日本人将被警告，如果不投降，就会遭到原子弹的反复轰炸"。

丘吉尔认为也许没必要使用原子弹。在讨论的最后一天，他认为当前对日本城市"猛烈、持续、不断增加"的轰炸"很有可能"会让日本投降。如果人们认为轰炸迟早会结束，他们就会奋起抵抗。"日本不可能有这种希望。"他们能预计到的只会是投掷到"他们的人口中心地区的炸弹重量不断增多"。

丘吉尔 9 月 19 日离开海德公园，晚上乘火车前往纽约，第二天上午，他再次登上"玛丽王后号"。航行中的大部分时间丘吉尔都在准备他返回后将要发表的演讲。

9 月 26 日，"玛丽王后号"抵达格里诺克，约翰·派克正带着几封紧急电报等着他。阿纳姆传来了最坏的消息：占领和守住莱茵河上那座桥的行动失败了，35000 名参与行动的士兵中有 1400 人阵亡。丘吉尔乘坐的火车连夜向南行驶，在拉格比停靠时他收到另一份急件：华沙起义者的最后抵抗被攻克了，华沙城内的数万波兰人正遭到野蛮的报复。

上午 10 点，火车抵达伦敦。一个半小时后，丘吉尔来到下院回答议员的提问。有人问到，实施纳粹暴行的人会有何下场；丘吉尔说，政府"决定尽最大努力阻止纳粹罪犯在中立地区寻求庇护，逃脱对犯罪后果应承担的责任"。当天丘吉尔也在关心远东地区的战事。在给斯大林的一封电报里，他解释说，最终苏联开辟对日战线，"会迫使他们耗尽资源，特别是空中资源，这样就能大大加速他们的灭亡"。

丘吉尔决定去见斯大林。当晚，他让波特尔拟定一份前往莫斯科的飞行行程表。丘吉尔担心与日本长时间作战会对英国造成沉重的财政和物资负担，他想说服斯大林在打败德国后立刻对日宣战。他还想讨论南斯拉夫和希腊的政治前景，对于波兰，他个人在道义上坚持认为应该建立自由选举产生的政府。

10 月 4 日返回附楼后，丘吉尔得知英军已经成功进入希腊，在科林斯湾的佩特雷登陆，德军已经从这里撤退。不过在波兰，华沙起义者最终被镇压，让丘吉尔非常沮丧。"当盟军取得最终胜利的时候，" 10 月 5 日，丘吉尔对下院说，"华沙的英雄事迹不会被遗忘。它将成为波兰人以及全世界自由的朋友们不灭的记忆。"

两天后，丘吉尔离开伦敦，飞往那不勒斯。在那里他得知亚历山大的队伍现在被困在亚平宁山区，人困马乏，无法调拨出人手在亚得里亚海顶端登陆。在那不勒斯停留 4 小时后，丘吉尔再次起飞，10 月 9 日中午过后不久飞抵莫斯科。他乘车前往莫洛托夫的别墅。

当晚，丘吉尔乘车从别墅出发，进入莫斯科城。在他和斯大林的第一次对话中，他再次强调他接受将寇松线作为俄罗斯的东部边境。丘吉尔保证他会向波兰人施压，让他们接受这样的安排。接着讨论内容转向欧洲南部和巴尔干半岛。丘吉尔对斯大林说，英国"特别关注"希腊，不过罗马尼亚是"苏联的事"。丘吉尔说他不想使用"划分成两个半球"这句话，"因为可能会让美国人感到震惊"，不过只要他和斯大林"相互理解"，他可以对美国人做解释。

随后，丘吉尔对斯大林所说的"肮脏文件"，上面列出了苏联和英国在 5 个国家中所占的"权益比例"。对罗马尼亚，丘吉尔建议苏联占 90%，英国占 10%。对于希腊，他建议英国与美国协商，占 90%，苏联占 10%。南斯拉夫和匈牙利双方各占 50%，保加利亚，苏联占 75%，"其他国家"占 25%。

丘吉尔后来回忆说，斯大林研究了这份清单，随后"拿起他的蓝色铅笔，在上面画了一个很大的对钩，然后交回清单。之后是一段长时间的沉默。这张用铅笔做了记号的纸就放在桌子中间"。最后，丘吉尔说：

"如果我们如此简单就决定了涉及千百万人命运的问题，这么做会不会被认为厚颜无耻？让我们烧掉这纸吧。"

"不，你留着它。"斯大林回答说。

讨论又转向土耳其，丘吉尔对斯大林说，他赞成让苏联商船和军舰在达达尼尔海峡自由通行，进入地中海。随后，丘吉尔请求斯大林不要鼓励共产党人参与希腊内战。斯大林同意了。

10 月 11 日，丘吉尔想起来阿尔巴尼亚没有在之前提到的权益比例清单上，他建议双方在阿尔巴尼亚的比例各占 50%，跟南斯拉夫和匈牙利一样。不过对于匈牙利，莫洛托夫坚持将比例从五五开改成八二开，苏联占大头，艾登同意了他的意见。

在给战时内阁的电报中，丘吉尔解释说，这些比例"只是对即将到来的战后未来的临时指南"，几个大国在停战谈判或和平谈判期间商定欧洲安置问题时，这些比例会得到各个大国的"审定"，其中当然也包括美国。

10 月 13 日晚，在莫斯科市中心的斯比里多诺夫卡宫，丘吉尔和斯大林与流亡伦敦的波兰政府要员进行了一次长谈。在访苏期间，丘吉尔说服这些波兰人飞来莫斯科，他恳请他们接受部分战前领土的损失，作为回报，他们可以加入斯大林在卢布林建立的共产党人控制下的民族解放委员会。流亡政府的要员们不愿接受寇松线。当丘吉尔建议他们在举行和平会议后根据达成的最终决议接受寇松线时，又轮到斯大林拒绝了——波兰人必须无条件接受新的边境线。此次会议的备忘录上记录道，这使丘吉尔做了一个"失望和没希望的手势"。

当晚，莫斯科的夜空被烟火点亮，庆祝苏军进入拉脱维亚的首都里加。丘吉尔和斯大林再次在斯比里多诺夫卡宫与卢布林的波兰领导人见面，这些人显然是和斯大林一条心的。10 月 14 日，丘吉尔在英国大使馆与波兰流亡政府的领导人进行了两个小时的谈话。流亡政府总理斯坦尼斯拉夫·米科拉伊奇克说波兰民意是不会接受东部领土的损失的，丘吉尔回答道："什么是民意？是被压倒的权利！"当然，没什么能阻止波兰对苏宣战，不过这么做的话，波兰就会丧失其他大国的支持。

米科拉伊奇克仍然不愿接受寇松线。在当天下午的一次 90 分钟的对话里，丘吉尔没能说服他。丘吉尔对他说，在未来波兰政府的问题上，英国"在面对苏联时是无能为力的"。不过，随后他还是去克里姆林宫见了斯大林，提出了一个折中方案：流亡伦敦的波兰政府接受寇松线，作为回报，他们将在未来的波兰政府中占有 50% 的席位。经过一个小时的讨论，斯大林同意了。丘吉尔剩下的任务就是说服波兰流亡政府成员接受这条边境线了。

10 月 15 日上午，丘吉尔在极度不适中醒来，他严重腹泻。当天下午，他再次与波兰流亡政府成员见面，请求他们接受前一天下午斯大林已经表示同意的方案。不过波兰人还是不愿意损失利沃夫城，这座城市恰好在寇松线东面。丘吉尔火了，一边在屋里烦躁地走来走去，一边高声说："我没什么能为你们做的了。我不在乎你们去哪儿。你们只配待在你们的普里皮亚特沼泽里。"谈话结束前，丘吉尔提出了一个折中办法。他会去见斯大林，恳请他让波兰人留下利沃夫；不过要让他向斯大林提出这个请求有一个条件，如果斯大林拒绝该方案，波兰人必须同意在不做修改的情况下接受寇松线。波兰人拒绝了。

10 月 16 日下午，他再次前往克里姆林宫，他带去了艾登提出的一个关于寇松线的方案，这个方案是波兰流亡政府能够接受的，方案中将有争议的边界称为"分界线"而不是"边境线"。在两个小时里，丘吉尔努力劝说斯大林，但是以失败告终。

丘吉尔一整天在波兰流亡政府成员和斯大林之间穿梭，为双方说话。不过斯大林现在明确表示不管边境方案设计成什么样，他提名的卢布林的候选人将在未来波兰政府中占据多数。

10 月 17 日，丘吉尔和斯大林召开最后一次会议，会议持续了 6 个小时，从晚上 10 点一直到第二天凌晨 4 点。丘吉尔仍在努力寻找让斯大林和波兰流亡政府成员之前达成一致的基础，丘吉尔说服斯大林接受将寇松线称为"边境线基础"而非"边境线"。

在讨论德国的未来时，丘吉尔对斯大林说，鲁尔地区和萨尔地区将"永久失效"，他希望德国的冶金、化学和电力行业至少暂停一代人的时间。斯大林没有提出异议。当丘吉尔说到应让德国丧失整个航空业时，斯大林表示同意，"民用和军用航行都不允许"，也禁止开办一切飞行员培训学校。丘吉尔还对斯大林说，他希望看到波兰、捷克斯洛伐克和匈牙利组成一个"独立集团"，一个没有贸易或商业壁垒的关税联盟。

丘吉尔此次访苏的中心目标是"在德军被消灭的那天"，苏联会对日宣战，斯大林表示同意。

10月18日晚7点，丘吉尔与波兰流亡政府成员最后一次见面，不过还是没能说服他们接受斯大林同意的最后方案。谈判了这么久，最后还是以失败告终。波兰流亡政府实际上已经无法再影响他们国家的命运了。

当晚，斯大林在克里姆林宫为丘吉尔举办了告别晚宴。晚宴持续了6个小时，直到凌晨两点才结束。晚宴期间，传来捷报，苏军已经进入捷克斯洛伐克，莫斯科的夜空再次被五彩的烟火照亮。第二天早上，斯大林到莫斯科机场为丘吉尔送行。

10月27日，丘吉尔向下院汇报了此次莫斯科之行的情况。5天后，丘吉尔再次试图说服波兰流亡政府接受寇松线，到莫斯科跟斯大林说明，然后与卢布林的波兰人一同商议建立政府的事宜。波兰人说他们想要得到"保证"，让他们仍能处理寇松线以东的波兰领土，丘吉尔对他们说："这是无稽之谈，纯粹的理想主义！"卡多根在日记里写道："首相狠狠地教训了他们——这么做是正确的。最终首相给了他们48小时，让他们回答'好'还是'不好'。"

24小时后，波兰人回答"不好"。丘吉尔寻求折中方案的漫长努力宣告失败。

10月31日，丘吉尔对下院说，他现在期望和平能够"在3月、4月或5月"到来。如果工党希望在德国战败后退出联合政府，他们不会遭到谴责。届时将召集大选，英国将重返党派政治。丘吉尔说，他很清楚在对德作战结束后继续当前的议会是错误的。他对下院说："一切民主政治的基础是人民有权进行选举。剥夺他们的这个权利是对所有这些经常被用到的听起来很了不起的辞藻的嘲讽。对民主政治的所有称颂的基础，是一个小人物，走进一个小小的投票厅，拿着一支小小的铅笔，在一张小纸片上画上一个小小的记号。"

当晚，哈罗德·尼科尔森在日记里写道："我从来没像今天上午这样对温斯顿的道德观感到钦佩。"

● 第三十四章 ●
战争和外交

巴勒斯坦的未来是丘吉尔从莫斯科返回后面临的问题之一。几个月前，他曾经拒绝实施 1939 年巴勒斯坦白皮书的决议，该白皮书认为阿拉伯人会从 1944 年 5 月起拒绝所有犹太人移民巴勒斯坦，当时这份白皮书激起了他的极大愤怒。1944 年 11 月 4 日，从克里米亚和开罗返回两周后，丘吉尔在首相乡间别墅和犹太复国主义者领袖魏兹曼博士共进午餐。在讨论中间，丘吉尔对魏兹曼说，如果犹太人能"得到整个巴勒斯坦"作为他们的国家，这当然很好，不过如果要在完全没有国家与将巴勒斯坦划分成一个阿拉伯国家和一个犹太国家之间选择，"那么他们应该选择划分国家"。

丘吉尔建议魏兹曼立刻去开罗，和新上任的中东地区国务大臣莫恩勋爵进行商议，莫恩是丘吉尔的好友，两周前刚和他在开罗交谈过，丘吉尔对魏兹曼解释说，莫恩对犹太复国主义出了名的厌恶已经是"过去的事了"。在过去两年里，莫恩的想法已经转变了。魏兹曼立刻准备动身去开罗，可是为时已晚。24 小时后，莫恩死了，两名犹太恐怖分子枪杀了他和他的司机。

丘吉尔大为震惊，不过他反对实施报复。虽然殖民事务大臣强烈要求立刻中止犹太人移民巴勒斯坦，但丘吉尔拒绝这么做。他也拒绝任命两个合适的提名人选作为莫恩的继任者，因为他知道他们敌视犹太复国主义。在关于莫恩谋杀事件的辩论中，丘吉尔对下院说："如果我们的犹太复国主义梦想在暗杀者手枪的硝烟中终结，我们为其未来所做的努力仅仅是制造了一群可以与纳粹德国匹敌的暴徒，很多像我一样的人就不得不重新考虑我们过去长久以来一贯秉承的立场。如果想让犹太复国主义在未来得到和平和成功，这些邪恶的行动必须停止，对这些行动负责的人必须彻底铲除。"

11 月 10 日，丘吉尔再次飞往巴黎，他上一次到巴黎是在 1940 年巴黎陷落之前。11 月 11 日是第一次世界大战的停战日，丘吉尔作为戴高乐的客人乘车前往凯旋门，向无名战士墓敬献花圈。4 天后，丘吉尔给罗斯福发电报说，他和戴高乐重新建立了"友好的私人关系"，他认为尽管有共产主义的威胁，但是法国很稳定。他见到的法国政治家们让他印象深刻。为了帮助戴高乐，丘吉尔命令伊斯梅尽快送 2000 支步枪和 100 支轻机枪给法国内政部，武装法国的警察。

当晚，丘吉尔乘坐戴高乐的列车返回巴黎。抵达巴黎后，丘吉尔继续向东，前往兰斯。艾森豪威尔在那里等着接他去司令部。在司令部，丘吉尔获悉艾森豪威尔进军莱茵河的计划。

丘吉尔打算从亚得里亚海顶端通过卢布尔雅那山口进军萨格勒布，然后向北进入奥地利；梅特兰·威尔逊在 5 个月前首次提出这个方案。

12 月 3 日，丘吉尔向铁托提出抗议；铁托拒绝让英国军舰停靠在斯普利特和希贝尼克，这两个达尔马提亚地区的港口在游击队的控制之下。当铁托要求在杜勃罗文克附近为游击队提供帮助的一支英国军队撤离的时候，丘吉尔也提出了反对。就在坚持争取英国在南斯拉夫 50% 的势力范围的同时，丘吉尔看到英国在希腊的支配地位也正受到威胁。丘吉尔对艾登说："必须让人们知道，如果希腊爆发内战，我们支持我们在雅典建立的政府，最重要的是我们会毫不犹豫地开火。"

12 月 22 日晚，丘吉尔对约翰·马丁和乔克·科尔维尔说他要飞往雅典"解决这件事"。不过直到凌晨，他也没有做出决定。第二天，也就是 12 月 23 日，丘吉尔在床上工作了一整天，直到下午 5 点。战场上传来消息，德军成功实施反击，进入阿登高地，美军被击退并遭到包围。随后，丘吉尔乘车前往首相乡间别墅，他的家人已经在那里集合，准备度过圣诞节。但是，他刚到就对克莱门蒂娜说他等不到庆祝圣诞节了，他要飞去雅典。当晚，丘吉尔让科尔维尔为他做好前往雅典的飞行安排。12 月 24 日上午，艾登提出代替丘吉尔前往，在经过长时间的电话沟通后，艾登同意跟丘吉尔一同前往。

午夜前半小时，英国举国上下正在欢庆圣诞前夜的高潮，丘吉尔离开首相乡间别墅，前往机场。1 点 5 分，飞机起飞；他乘坐的是一架刚刚经过改装供他使用的美制 C54 空中霸王运输机，前一天才完成试飞。

12 月 25 日下午两点，空中霸王降落在雅典附近的卡拉马基机场。丘吉尔没有下飞机；在英军士兵的保护下，他与亚历山大、斯科比、麦克米兰和利珀在飞机上开会。会议决定邀请希腊共产党加入希腊全部党派参与的讨论，目的是结束战斗，建立大主教领导下的全党派政府。

下午 4 点，丘吉尔下飞机，乘车前往位于法雷隆湾的海军基地。丘吉尔在日落后抵达基地，随后乘坐驳船登上地中海舰队的旗舰——巡洋舰"阿贾克斯号"。几个小时后，达玛斯基诺大主教来到船上。丘吉尔问他是否愿意主持一次会议，请包括共产党在内的希腊所有党派参加。达玛斯基诺表示同意，随后返回雅典。

12 月 26 日上午，丘吉尔走上甲板，科尔维尔写道，从那里，他可以看到"比雷埃夫斯西部巷战的硝烟，而且一直能听到炮火和机枪射击的声音"。空中的 4 架战斗机正在扫射一个据点。后来，丘吉尔在船舱里做口述的时候，炮弹在船的附近爆炸。"喂，该死的，你没打中我们！"他叫道，"快点，再试一次！"

当丘吉尔准备离开"阿贾克斯号"上岸时，炮火再次落在船的旁边。当丘吉尔乘坐驳船靠岸时，炮弹齐发，落在离驳船很近的地方。码头上的一辆装甲车和一支护卫队将丘吉尔送到英国大使馆。5点过后不久，丘吉尔又乘坐装甲车来到希腊外交部。他下车后走进会议室，等待他的人当中包括斯大林的代表，波波夫上校。

共产党代表还没有到。丘吉尔也不知道他们是否打算来。落在远处的炮弹声和英军战斗机火箭弹的发射声仍可以听到。在一个只点了几盏防风灯的房间，大主教发表了他的开场白。他说他愿意组阁，如有必要，可以在没有共产党人的情况下组阁。随后丘吉尔开始讲话，讲到一半的时候，共产党代表到了。会议程序只好从头再来了一遍。

大主教重复了一遍他的讲话，随后丘吉尔发言。他对与会代表说，他和艾登随时可以参与磋商。不管希腊保留君主政体还是成为共和国，"这是希腊人的事，由希腊人自己决定"。

希腊人开始发言，讨论变得热烈起来，丘吉尔于是站起来说："现在我要走了。我们已经起了头，你们一定要完成它。"他走出去的时候，分别和3名共产党代表握手。整个过程中，波波夫上校一直在场，他没有评论，也未做干预。

丘吉尔回到"阿贾克斯号"上。当天下午，丘吉尔和船长在舰桥上待了片刻，更多的炮弹落在他们周围的海里。船长问，他应该还击吗？丘吉尔回答道："我到希腊来是履行和平使命的，船长。我衔着橄榄枝。我绝不会干预军事需要。还击！"

随后，丘吉尔再次与大主教见面，他得知共产党人为加入政府提出了苛刻的条件。两名共产党代表提出与丘吉尔见面，不过大主教强烈反对。丘吉尔犹豫不决。"温斯顿很想见他们，"麦克米兰在日记里写道，"不过我说服他（安东尼也同意），如果我们要把宝押在大主教身上，就必须让他按照他认为最好的方式行事。"

丘吉尔接受了麦克米兰和艾登的建议。随后，他给两名共产党代表写信，对他们解释说，因为这次会议完全为希腊人所设，他不能与他们见面。但是他希望"已经进行的讨论和已经达成的协议能够让同一个国家里的人们之间发生的令人悲痛的冲突迅速结束"。

晚上丘吉尔回到"阿贾克斯号"上。当晚，麦克米兰发现他仍然在为拒绝与共产党代表私下见面而感到担心，不过为时已晚，他的希腊任务已经结束了。大主教将负责找到一位总理，组建政府。英国会支持这个政府的立场。当晚，丘吉尔给参谋长会议发电报，请求他们同意将当时在巴勒斯坦的一个旅派到雅典；

参谋长会议同意了。

12月28日上午，丘吉尔想在雅典再留一天，他要在船上召集一次会议。麦克米兰在日记里写道："他不喜欢和平没有达成就回家，至少也要达成休战协定。"不过到了中午，丘吉尔同意不再召集会议，离开雅典。

在准备离开"阿贾克斯号"的时候，丘吉尔收到一封蒙哥马利的电报，电报上说德军在阿登高地发动的夺回安特卫普的进攻失败了。

12月29日下午3点半，丘吉尔返回伦敦。两个半小时后，他和艾登在唐宁街向战时内阁汇报了他们此次行程的情况。晚上10点半，他们和希腊国王乔治二世开了两个小时的会，乔治二世不愿意任命达玛斯基诺为摄政王。凌晨1点半，他们再次与乔治二世见面。丘吉尔对罗斯福说："我不得不告诉国王，如果他不同意，事情将会在没有他参与的情况下得以解决，我们会代替他承认新政府。"最终，在凌晨4点，希腊国王同意由达玛斯基诺担任摄政王。

在雅典，共产党人继续提出条件，而达玛斯基诺不打算接受这些条件。最终，达玛斯基诺请普拉斯提拉斯将军组阁，共产党被排除在政府之外。

斯大林现在威胁要承认卢布林的波兰人为波兰政府，将流亡伦敦的波兰人完全排除在外。得知此事，丘吉尔要求尽快安排他自己、罗斯福和斯大林见面，但是斯大林说他的医生不让他离开苏联，他建议他们在苏联黑海的度假胜地雅尔塔见面。罗斯福将乘船到马耳他，然后乘飞机前往。丘吉尔会全程乘飞机前往。他和罗斯福会先在马耳他碰头。

1月3日，从希腊返回仅5天后，丘吉尔再次离开英国，飞往艾森豪威尔设在巴黎城外的司令部。第二天晚上，丘吉尔乘火车连夜前往蒙哥马利设在根特附近的司令部。在和蒙哥马利一起待了一上午之后，丘吉尔乘车前往布鲁塞尔，飞回英国。和将军们的讨论让他清晰地了解了下一阶段向莱茵河进军的作战计划。

1月11日，铁托和克罗地亚前统治者苏巴西奇博士签署协议，根据该协议，未来的南斯拉夫政府将由共产党和其他党派共同组成；丘吉尔在莫斯科和斯大林达成的五五开协议看来安全了。

现在，丘吉尔为飞往雅尔塔制订计划。需要讨论的问题正在不断增多。1月15日，他给罗斯福发电报说苏联正不断增加对波斯地区的压力。在出发前，丘吉尔向下院报告了当前战况。哈罗德·尼科尔森说这篇演讲"非常活泼，很有说服力，很幽默"。

英国和美国要求德国无条件投降，很多人批评这个要求过于苛刻，说到这个问题，丘吉尔强调，德国人非常清楚"限制我们行动的道德规范有多严格"，他对英国的敌人大声说，"我们不会灭绝民族，不会屠杀人民。我们不会和你们讨价还价。我们不会给你们权利。无条件放弃你们的抵抗。我们会遵守我们的习俗和天性"。

1月20日，匈牙利与盟军签署停战协定。当天，红军从东普鲁士和西里西亚两处跨过德国边境。

1月29日，丘吉尔从伦敦出发，前往雅尔塔之行的第一站。1月30日凌晨4点到达马耳他后，他感到很不舒服，飞机停在停机坪上的时候他在飞机上躺了6个小时。等他觉得好些了，才下飞机登上巡洋舰"猎户座号"，登船后，他直接躺回床上。晚饭的时候他感觉好些了，召集会议，对开会时将要谈到的问题进行了一些预先讨论。

2月2日上午。罗斯福抵达马耳他。他的虚弱显而易见。参加会议时，他几乎什么都没说，也没有达成任何对欧洲未来以及民主的重要决定。达成美国和英国目标的重担落到了丘吉尔的肩上，他毫不犹豫地接下了这个担子。当天下午的联合参谋长会议上，丘吉尔说："我们要尽可能多地占领奥地利，因为我们不希望让苏联人占领的西欧地区超出必要范围。"没人对此有异议。

午夜过后，丘吉尔、他的女儿莎拉和艾登驱车前往马耳他的机场。3个小时后飞机起飞。7小时后，他们在克里米亚的萨奇机场降落。等罗斯福的飞机抵达后，他们乘车横跨克里米亚南部，翻过陶里德山脉，抵达雅尔塔的沃伦佐夫别墅；陆军元帅曼施坦因1942年攻克克里米亚后，希特勒曾把这座别墅当作礼物送给他。

2月4日下午，斯大林到沃伦佐夫别墅拜访丘吉尔。丘吉尔告诉斯大林，英美联军应该在4天后向莱茵河发起进攻。斯大林离开一小时后，丘吉尔乘车前往里瓦几亚宫，这里曾经是沙皇尼古拉斯二世的寝宫，身体欠佳的罗斯福现在住在这里，会议也将在这里召开。5点，第一次会议开始。

在第一次全体会议上，丘吉尔建议参谋部讨论英美联军是否有可能通过卢布尔维那山口在亚得里亚海顶端登陆，"这样可以和苏军左翼会师"。他还请求苏军进攻但泽，德国人正在那里建造一种技术领先的新型潜艇，这种潜艇已经在不列颠群岛附近击沉了12艘船。斯大林同意了。晚饭的时候，罗斯福突然同意斯大林，应该由大国而不是小国进行和谈，丘吉尔评论说："大鹰应该允许小鸟唱歌，不过不用在乎他们唱些什么。"

2月5日，在英、美、苏参谋长会议上，苏联人指出德军派了几个师回到东线，他们要求盟军对柏林—莱比锡—德累斯顿地区的德军交通线实施大规模空袭，对这3个城市的轰炸应作为紧急事件。这个请求得到同意。当天，三巨头讨论了德国的政治未来。斯大林设想将德国分割为5个独立国家，就像罗斯福在德黑兰建议的那样。听到这个建议，丘吉尔对艾登评论说："这些胜利者之间唯一的联系是他们共同的仇恨。"丘吉尔还说，为了确保未来英国的安全，英国"必须负责这群弱国的安全"。让斯大林失望的是,丘吉尔随后建议对于过快"分割"德国要小心谨慎。

在讨论盟军对德国的占领时,丘吉尔成功要求让法国占领一个区;让丘吉尔警觉的是,罗斯福指出,美国人的占领将"限于2年之内"。在讨论赔偿问题时,丘吉尔反对对德国提出过高的要求,他提醒上次大战后的沉重赔偿未能奏效,他对罗斯福和斯大林说:"如果你想让你的马拉车,必须给它喂点草。"会议同意下令由赔偿委员会负责制定最终的赔偿数额。

2月6日,三巨头讨论了他们正在建立的世界组织。安理会将是该组织对国际争端做出决策的主要机构,各个大国将在其中行使控制权。但是,丘吉尔坚持认为,如果没有让世界上的诸多小国充分表达出它们的不平,英国政府将无法公正地达成其目的。如果本身是争端一方,大国则无权对争端问题行使否决权。出现争端,将由争端双方陈述情况,由安理会做出决定。

随后,讨论主题转向波兰,这将成为雅尔塔会议的主要议题。丘吉尔说,波兰人有权"自由地生活,以自己的方式过自己的生活"。英国参战就是为了波兰能够保持"自由独立"。英国希望波兰掌握自己的命运。波兰必须有"完全自由的选举权"。波兰人民应该进行自由选举,决定未来的宪法和政府。

当斯大林主张让卢布林的波兰人在过渡管理机构中占据首要地位时,丘吉尔回答并重申,卢布林政府无权说自己是波兰民族的代表。此刻,罗斯福有些恼火地评论道:"500多年来,波兰一直是制造麻烦的源头。"丘吉尔对此回应道:"我们必须尽我们所能结束这些麻烦。"在接下来的5天时间里,丘吉尔花了很多时间主张波兰实施自由选举和政党多样化,要求流亡伦敦的波兰政府成员加入过渡政府,要求其他当时在波兰的无党派领导人、工会领袖和社会党领导人加入过渡政府,美国人也希望这些人能够加入。

在2月7日的正式会议上,丘吉尔支持莫洛托夫提出的建议,苏联虽然是一个国家,但应该在联合国大会拥有3个席位,即俄罗斯、白俄罗斯和乌克兰。丘吉尔给战时内阁发电报说:"考虑到他们已经做出或正在考虑的其他重要让步,在这件事上我要对苏联摆出友好的姿态。"苏联得到了3个席位,这些席位一直保留至今。

当天有一个问题是波兰的西部边境应该划多远。斯大林认为德国城市布雷斯劳以及东西尼斯河之间的一大块楔形领土应成为新波兰的一部分。丘吉尔认为这条线太靠西了,东尼斯河应该是波兰西扩的极限。斯大林的观点再次占了上风,讨论中涉及的大部分地区已经被他的军队控制了。

在2月8日的全体会议上,斯大林强调,只有对德宣战的国家才能受邀参加计划在4月25日召开的第一次联合国会议。丘吉尔提出,如果土耳其现在宣战,也应受到邀请。斯大林同意了。土耳其爽快地接受了这个提议，在 2 月 23 日对德宣战，宣战将在 3 月 1 日生效。

讨论随后又转到了波兰问题上。因为斯大林不允许伦敦的波兰人在波兰过渡政府中享有同等地位，丘吉尔提出了另一个解决方案，他说，如果在波兰举行自由大选，由自由候选人参与，进行全民投票，英国将欢迎由此产生的政府，不会再考虑流亡伦敦的波兰政府。

让丘吉尔吃惊的是，斯大林承诺会举行自由选举。当罗斯福问多快能举行选举时，斯大林的回答让人消除了疑虑："可能在 1 个月后举行。"丘吉尔别无选择，只能接受这个承诺。而在接下来的几周里，这个承诺缓慢地、颇具欺骗性地、一步步地被打破，英国和苏联的战时同盟也随之破裂。

在下午的讨论结束时，会议短暂提到了希腊问题，斯大林对丘吉尔说他"不想插手"。丘吉尔说他"很感谢"。

在 2 月 9 日的全体会议中，斯大林对丘吉尔和罗斯福保证，英国和美国观察员可以监督波兰的选举，伦敦波兰人的领袖斯坦尼斯拉夫－米科拉伊奇克以及农民党的其他候选人可以参选。斯大林还在南斯拉夫问题上给了丘吉尔一个保证，他会运用影响力说服铁托履行在 1 月 11 日和苏巴西奇签署的协议，成立由战前政党组成的民族解放大会以及自由选举产生的立宪会议。

当天的最后一个议题是如何处理战犯。在德黑兰，斯大林曾提议逮捕 5 万德国人，不经审判直接枪毙他们。当时这个提议让丘吉尔很不高兴，他甚至走出房间以示抗议。现在，丘吉尔说将要草拟一份战犯名单，名单上的人将接受审判，不过他私下倾向于认为这些人"一经捕获并确定身份，就应该被枪毙"。斯大林在此之前一直主张草草处决战犯，现在却赞成走司法程序。罗斯福评论说，不应"过于司法"，"犯人处死之前"记者和摄影师不得在场。

会议结束。返回住处后，丘吉尔看到一份蒙哥马利发来的电报：英军和加拿大军队已经抵达并突破齐格弗里德防线。7 座德国城镇和村庄被攻克，1800 人被俘虏。在斯特拉斯堡南部的莱茵河西岸，德军停止了所有抵抗。

2 月 10 日下午，丘吉尔和斯大林在尤苏波夫宫秘密会面。丘吉尔同意将英军与德军作战时俘虏的苏联人遣送回苏联。斯大林特别提出，在这些人被送回国之前不要让他们受到"虐待"。随后，丘吉尔"恳求"斯大林好好对待苏军从东线战俘营释放出来的英国战俘。

这关系到 10 万苏联人的命运，在被遣送回国途中，至少有 1 万人被处死，而 10 万英国人在回国时将得到热烈欢迎。

会面结束时，丘吉尔对斯大林说，他"欢迎苏联船只出现在太平洋海面上"，自此以后，将允许苏联军舰自由进出达达尼尔海峡。随后，丘吉尔和斯大林分别乘车从尤苏波夫宫出发，前往里瓦几亚宫，参加最后一次全体会议。在会上，丘吉尔再次表示将波兰的西部边境拉到苏联建议的地方让他感到不安，伦敦战时内阁也发来电报支持他的这个观点。最后他们找到了一个折中的说法：波兰将在西部得到"大量"领土扩张，实际边境将在以后决定。事实上，最终的边境线从红军到达该地区后就已经确定了，就在斯大林希望的地方。

在最后这次会议上，斯大林同意听从丘吉尔的意见，不要求像之前希望的那样从德国得到大规模赔偿。这个保证给得太容易；在接下来的 6 年里，斯大林将从处在他的军事和政治控制下的所有战败国以及被解放的国家里得到他希望得到的一切。在高度保密的情况下，斯大林在雅尔塔做出了另一个承诺，而且这个承诺也得到了严格遵守——苏联在德国战败后尽快对日宣战。

2 月 11 日下午，三巨头在中午碰头，签署了一份被解放欧洲国家宣言，该宣言支持各国有权选择建立何种政府，而且承诺被侵略者剥夺了主权的国家将恢复主权和自治。如果有必要，三大国将"联手帮助"他们举行"自由选举"，帮他们建立民主过渡政府。

另一份公报中还确定将在波兰举行选举，成立全国统一的波兰临时政府。表面上看波兰是雅尔塔会议的主要受益者，公报确认了自由选举原则，实际上这件事将按照丘吉尔建议的打破僵局的方案实施，卢布林政府将是新政府中的主力，新政府将建立在更广泛的民主基础上，政府中将包括"波兰国内以及海外波兰人的民主领袖"。"海外波兰人"指的就是伦敦的波兰人，然而他们已经不能和卢布林的波兰人平起平坐了。

签署完雅尔塔公报后，丘吉尔离开里瓦几亚宫，沿着蜿蜒的山边公路返回沃伦佐夫别墅。下午 5 点半，丘吉尔乘车前往塞瓦斯托波尔港，登上"弗兰科尼亚号"。第二天下午，丘吉尔下船，乘车前往克里米亚的战场。

"弗兰科尼亚号"仍然停靠在塞瓦斯托波尔港附近，2 月 13 日一整天，丘吉尔都在舒适的船舱里工作。当晚，丘吉尔睡觉的时候，800 多架英军轰炸机对德累斯顿发动袭击，投下 1471 吨高爆炸弹和 1175 吨燃烧弹。几个小时后，美国轰炸机又向这座燃烧着的城市投下 689 吨炸弹。8 天前苏联人在雅尔塔表明的目的达到了：从大火中向西奔逃的难民干扰了想要穿过这座城市前往东部阵地的德军援军的行动。不过代价是 6 万名平民丧生，这是对欧轰炸中单次袭击造成的最高伤亡人数。

2 月 14 日，丘吉尔离开"弗兰科尼亚号"，乘车前往萨奇机场。丘吉尔离开苏联领土，向西南飞往雅典，达玛斯基诺大主教现在已经成为摄政王。雅典的战斗已经结束，丘吉尔和大主教一起驱车穿过街道，街道上现在回响的不再是炮火声，而是街边热情民众的欢呼声。丘吉尔在宪法广场发表演讲，听众数量空前。

麦克米兰当时在场，他估计听众有 4 万左右。丘吉尔说："让党派仇恨消失吧。要团结。要有坚定的同志情谊。"

快到午夜的时候，丘吉尔离开英国大使馆，登上他的空中霸王。2 月 15 日黎明，飞机从雅典起飞前往开罗，下飞机后，丘吉尔直接乘车前往亚历山大，那里的一艘船把他接到美国重型巡洋舰"昆西号"上。罗斯福正在船上等他。这是两人最后一次见面。

丘吉尔从"昆西号"飞回开罗，入住驻办公使的别墅。2 月 17 日，他驱车进入沙漠，前往法尤姆湖，在那里宴请了沙特阿拉伯的统治者伊本·沙特国王。在巴勒斯坦问题上，他请求国王帮忙，"促成犹太人和阿拉伯人达成明确、持久的和解"。丘吉尔希望建立一个由伊本·沙特领导的中东联盟，犹太人的巴勒斯坦将成为联盟的一个组成部分，同时也是独立的组成部分。

2 月 24 日，流亡的捷克斯洛伐克总统贝奈斯和他的外交部部长杨·马萨里克在首相乡间别墅与丘吉尔共进午餐。丘吉尔对他们说："一只小狮子走在俄罗斯这头大熊和美国这头巨象之间，不过也许可以证明这只狮子认识路。"

第三十五章

"前进吧，大不列颠！"

1945 年 3 月 3 日上午，丘吉尔跨过德国边境，这是他 1932 年以来第一次进入德国境内；他视察了位于尤利希的美军第 9 军，还乘车前往齐格弗里德防线。

3 月 4 日，他再次跨过边境进入德国境内，视察了位于德国戈赫村的加拿大第 1 军，还拉动拉火索试射了一门 8 英寸大炮。布鲁克在日记里写道："温斯顿很恼火，因为别人不让他靠近前线。"当晚，丘吉尔乘坐艾森豪威尔的专列向南前往兰斯，到达艾森豪威尔设在兰斯城外的司令部。

3 月 6 日上午，他飞回伦敦。当天，他得知只有莫斯科提名的人选才被允许加入波兰政府。丘吉尔对他的同事们说："显然苏联人不打算履行我们约定的条件了。"正他说这些话的时候，在雅尔塔签订的波兰协定实际上已经失效了。

3 月 7 日，从波兰本土传来了坏消息：两列封闭火车被送往伏尔加河畔的苏联劳动营，每列火车上都有 2000 名波兰牧师、知识分子和教师。多达 6000 名曾经抗击德军且忠于流亡伦敦的波兰政府的波兰官员被捕。其中很多人被杀害了。看过这些消息后，丘吉尔说应该把它们送给罗斯福看。

同一天，克隆守军弃城，美军部队在雷马根跨过莱茵河。但是胜利带来的兴奋被另一件事造成的愤怒盖过，罗马尼亚的苏军高层威胁要将藏身英国军事代表团的前总理拉德斯库将军带走。当晚，丘吉尔对战时内阁说，如果苏联人要用武力带走拉德斯库，罗马尼亚的英国陆军和空军代表团打算向苏联人开火。战时内阁同意，如有必要，代表团将开火保护避难者。

丘吉尔现在对斯大林彻底失望了，他不再愿意为了让苏联人接受在希腊建立无共产党人参与的政府，而让他们随意插手罗马尼亚的事务。3 月 8 日，丘吉尔给罗斯福发电报说，过去几周里，拒绝反对党、驱逐共产主义反对者的现象愈演愈烈，在雅尔塔签订的解放欧洲国家宣言已经成了笑话。

丘吉尔恳请罗斯福和他一起继续施压，确保波兰的自由。不过罗斯福已经无法回复他的电报，甚至无法阅读他的电报。罗斯福生命垂危，不过丘吉尔不知道这个消息。

3 月 18 日，丘吉尔得知自诺曼底登陆以来已有 71000 名美国官兵、33000 名英国和加拿大官兵阵亡。与此同时，蒙哥马利正在准备向前发起新的进攻。3 月 23 日，丘吉尔乘坐一架达科他运输机前往荷兰，降落在被炸弹轰炸得斑驳的芬络机场。随后，他驱车跨过德国边境，前往蒙哥马利设在施特拉伦的司令部。丘吉尔当晚给斯大林发电报说："希望今晚过河，明天建立起据点。"

3月24日一早，丘吉尔在金德里希的一个炮兵观察点观看蒙哥马利发起进攻，空降部队在莱茵河以东大约4英里处降落。2000多架飞机飞过莱茵河，前往韦瑟尔以及更远的地方。不过丘吉尔后来回忆说，他也看到"飞机三三两两、歪歪斜斜、冒着烟甚至带着火地飞回来"。

丘吉尔从金德里希出发，和布鲁克一起驱车沿着蒙哥马利的整个战线前进，先进入克桑滕，然后穿过玛丽亚鲍姆，最后抵达卡尔卡的南部高地，从那里他们可以看见第51高地师的交汇地点。第二天上午，丘吉尔从施特拉伦的跑道起飞，乘坐蒙哥马利的小型传令飞机飞行了一个半小时。他总共飞行了140英里，大部分时间的飞行高度是500英尺。飞机飞行员特雷弗·马丁后来回忆说："我特别担心美军不知道这是我们自己人的飞机。"

安全返回施特拉伦后，丘吉尔乘车前往艾森豪威尔设在更南边、靠近莱因伯格的司令部。从那里，丘吉尔、艾森豪威尔和蒙哥马利驱车前往莱茵河西岸的布德里希。艾森豪威尔离开后，丘吉尔和蒙哥马利正准备离开，丘吉尔看到一艘小艇正靠过来。

"我们为什么不过河到河对岸看看呢?"丘吉尔问道。

"好啊。"蒙哥马利的回答异常简短。

两人和几名美军高级军官一起到达河东岸。"我们踏上德国一侧的河岸，太阳很耀眼，周围非常宁静，"丘吉尔后来回忆说，"我们走了大约一个半小时，没有遇到任何麻烦。"回到河西岸后，他们驱车回到布德里希。丘吉尔从被炸毁的公路桥上扭曲的大梁和破碎的石块中爬过，就在此时，德军的子弹开始落在一英里外的河里。另外几枚子弹落在隐藏在不远的河岸上的装甲车中间。这时候，辛普森将军走过来跟丘吉尔说："首相，您的前方有狙击手，他们正在向桥两侧射击，现在他们开始向您身后的道路射击。我无法承担让您待在这里的责任，我必须请您离开。"

布鲁克看到丘吉尔双手抱着桥上一根变形的大梁，他后来回忆说："温斯顿脸上的表情就像一个小孩被保姆从他的海滩沙堆城堡边叫走时的表情一样。"丘吉尔回到了蒙哥马利设在施特拉伦的司令部。

第二天，丘吉尔再次跨过莱茵河，这一次是通过浮桥，前往比斯里希村。他在东岸待了一个半小时。在回到西岸前，他还沿着莱茵河东岸开了一会儿车。

当天下午，丘吉尔在12架"喷火"战斗机的陪同下飞回芬络。当晚，丘吉尔和克莱门蒂娜单独共进晚餐。

两天后，克莱门蒂娜从伦敦出发，乘坐她丈夫的空中霸王，先到埃及，再到苏联，开始为期 5 周的紧张行程，参观由她的红十字基金帮助过的位于苏联各地的多家医院。丘吉尔到诺斯霍特为她送行。这天晚上，在波兰问题上，苏联的意图已经显露无遗，代表非共产党的波兰各政党的 14 名领袖在获得安全保证后被带到华沙附近的一个苏军基地，随后被捕。

3 月底，战略上的重大分歧破坏了英美在作战计划上的和谐一致。艾森豪威尔决定并通过电报通知蒙哥马利，英美联军将不会像之前计划的那样直接进军柏林，而是向更南的方向进军，通过莱比锡前往德累斯顿。在艾森豪威尔看来，作为德国工业中心和德军抵抗中心的柏林不及更南部的城市重要，即便计划这样改变会让柏林成为苏联人的战利品。艾森豪威尔甚至就此事联系了斯大林，斯大林已经同意他改变进军方向，而在此之前，他没有咨询过联合参谋长会议的意见，甚至没有把这件事告诉他们。

3 月 30 日，英国参谋长会议对艾森豪威尔改变计划的行为提出强烈抗议。丘吉尔支持他们。

对于他的计划，艾森豪威尔解释说，他的目标是和苏军在柏林以南的易北河会师。丘吉尔对此愤怒不已，3 月 31 日，他直接给艾森豪威尔发电报说："为什么我们不跨过易北河，尽可能向东进军呢？"这么做有"重要的政治意义"，因为苏联人现在看来一定会进入维也纳。

在 4 月 2 日给艾森豪威尔的另一封电报里，丘吉尔提出，如果艾森豪威尔要向易北河以东进军，应该进入波兰。"我们应该和苏联人在尽可能靠东的地方会师，我认为这非常重要。"

斯大林和艾森豪威尔都不会听从丘吉尔的请求。波兰将不会有独立政府，英美联军也不会跨过易北河或进入柏林。

欧洲战争显然已经进入尾声；跨过莱茵河后，蒙哥马利的部队在鲁尔地区推进，每天俘获 15000~20000 名俘虏。在意大利，亚历山大的部队在 4 月 9 日再次发起进攻。两天后，艾森豪威尔的部队抵达易北河。尽管距离柏林不足 70 英里，他们没有向那里靠近。同一天，苏联和铁托领导下的南斯拉夫签署友好互助和战后合作条约。

4 月 12 日午夜，丘吉尔在工作的时候得知罗斯福去世了，他与罗斯福之间已经建立了深厚友谊，他深感悲痛。丘吉尔立刻计划飞往海德公园参加罗斯福的葬礼。他打算在 4 月 13 日晚 8 点半出发。一切出发准备都做好了，可是到 7 点 45 分，他还是没决定是否要走。卡多根在日记里写道："首相说他会在机场做出决定。"在最后一刻，丘吉尔决定不去了，他对国王解释说，已经有那么多内阁大臣在海外，艾登正前往华盛顿，而且需要有人在议会为罗斯福发表追悼词，"显然将由我发表"，这个时候他应该留在英国。4 月 17 日，美军进入纽伦堡。

第二天，丘吉尔在下院发表了罗斯福的追悼词。

现在，丘吉尔已经和罗斯福的继任者哈利·杜鲁门建立了联系，他还没和杜鲁门见过面。通过每天大量的电报往来，丘吉尔形成了一种印象，就像他在4月20日对艾登说的，"这个新人不会受苏联人欺负"。不过苏联人的进军不会停止，也不会改变方向。4月21日，苏军抵达柏林郊区。同一天，苏联政府与卢布林政府签署互助条约。雅尔塔协定彻底失效了。

马上要打败希特勒了，可是这却让人喜忧参半。美军越来越深入德国，他们进入了集中营，那里有数千具尸体，数千名极度消瘦、正在挨饿且虚弱无比的幸存者，这进一步证明了纳粹的骇人行径。艾森豪威尔通过电话向丘吉尔详细描述了他们的发现，丘吉尔派出一个由各党派人士组成的议会代表团前去参观迄今为止发现的集中营中最大的一座，布痕瓦尔德集中营。4月24日，丘吉尔让内阁传阅受害者照片。他给克莱门蒂娜写信说："被揭露出来的德国人在集中营里的残酷暴行让我们这里所有的人都震惊不已。"

4月25日，丘吉尔得知为希特勒从事恐怖行动的头号搭档海因里希·希姆莱希望背着希特勒与盟军展开谈判。丘吉尔给杜鲁门打电话，这是两人第一次对话。两人都同意德国人不能一个个投降，他们必须同时向英国、美国和苏联投降。当天下午，美军和苏军在易北河会师。第三帝国被分成两半。第二天，丘吉尔看到一位大使的报告，比利时的英军部队已经采取行动逮捕或者说扣留了哈普斯堡皇室继承人，丘吉尔直接给这位大使发电报说，抓捕大公或将前奥地利王室当作"犯罪组织"并非英国的政策。

4月29日，丘吉尔最后一次请求斯大林停止单方面将苏联的意志施加给波兰和南斯拉夫。当晚，莫斯科广播宣布，苏军进入维也纳，奥地利建立临时政府。临时政府的构成没有咨询过西方盟国的意见，而且他们也拒绝西方盟国派代表团到维也纳。丘吉尔立刻提出抗议，杜鲁门也加入抗议行列。

当晚，在首相乡村别墅吃过晚饭后，丘吉尔正在看一部名为《日本天皇》的影片，这时亚历山大将军打来电话。意大利境内的德军无条件投降了，意大利境内的战争已经结束。在欧洲中部，艾森豪威尔的部队抵达奥地利林茨的多瑙河畔。丘吉尔极力主张杜鲁门让他们继续进入捷克斯洛伐克。4月30日，他给杜鲁门发电报说："可以肯定的是，让您的军队解放布拉格以及捷克斯洛伐克西部尽可能多的领土，会让捷克斯洛伐克有完全不同的战后格局，而且可能会对附近国家产生很大影响。而另一方面，如果西方盟国在捷克斯洛伐克的解放过程中没有扮演重要的角色，这个国家可能走上南斯拉夫的道路。"

丘吉尔的请求又一次太迟了；艾森豪威尔已经通知苏联最高司令部，他只会进军到林茨。美国人还承诺，一旦战争结束，他们会从现在所在的德国前沿阵地的位置向后撤退 140 英里，因为这些地方处在雅尔塔协定中商定的苏联区域范围内。在 4 月 30 日给杜鲁门的电报中，丘吉尔设法让美军推迟撤退；他还主张西方盟国应该占领伊斯的利亚，否则这里会落入铁托的军队手里。杜鲁门不愿意违背协定，但是他接受了丘吉尔关于伊斯的利亚的建议。西方盟国将尽力进入并占领意大利的的里雅斯特，杜鲁门对丘吉尔说："无须事先征得苏联的同意。"然而，就在当天，南斯拉夫游击队正在的里雅斯特作战，而第一批新西兰部队要再过 48 小时才会抵达。丘吉尔给亚历山大发电报说："除非为了自卫，否则不得发生暴力事件。"他解释说，和铁托争执"是谈判桌上的事，不是战场上的事"。

当战前意大利的最后一块领土落入南斯拉夫和英美联军的控制之下时，轴心国同盟曾经的领袖人物墨索里尼被意大利游击队捉获并处死。两天后，5 月 1 日晚，汉堡电台宣布希特勒身亡。希特勒自杀了。得知这个消息的时候，丘吉尔正在吃晚饭。"你看，"他给仍在苏联的克莱门蒂娜发电报说，"我们的两个头号敌人都死了。"

5 月 3 日有几个让丘吉尔高兴的理由。上午，皮姆上尉到房间告诉丘吉尔英军已经进入仰光。这天晚些时候，蒙哥马利的部队抵达吕贝克的波罗的海海岸边，使得苏军无法抵达丹麦，根据几份情报部门的报告显示，苏军不断沿波罗的海沿岸进军，而占领丹麦将成为他们进军的顶点。到了晚上，传来了更加重大的消息：冯·弗雷德堡上将作为希特勒的继任者德尼茨上将的代表，已经和其他三名德军代表抵达蒙哥马利位于汉堡以南吕纳堡荒原的司令部，商议德军投降事宜。

显然，德国即将彻底战败。5 月 3 日，50 多万德军士兵向蒙哥马利投降；丘吉尔在 5 月 4 日给克莱门蒂娜发电报说，"今天又有 100 多万人投降"。在意大利，亚历山大抓获 100 万名战俘。德国西北部、荷兰和丹麦的德军队伍"将在明天上午投降"。丘吉尔还说："在这些胜利之下潜伏着致命的政治和势不两立的国际对手。"显然，要解决这些对手，还需要再召开一次三巨头会议。5 月 6 日，丘吉尔给杜鲁门发电报说："我们应该牢牢守住在南斯拉夫、奥地利、捷克斯洛伐克、美军中部主战线以及包括丹麦在内的到达吕贝克的英国战线上我们的军队已经占领或正在占领的阵地。"

当晚，德军参谋长约德尔将军在艾森豪威尔位于兰斯的司令部签署了投降书。所有战斗将在 5 月 8 日午夜停止。艾森豪威尔在凌晨打电话给伊斯梅通知这个消息；伊斯梅立刻打电话把这个消息转告给正在唐宁街 10 号的约翰·马丁。此时丘吉尔已经入睡，马丁决定先不叫醒丘吉尔，而是等他醒来后立刻告诉他这个消息。后来是皮姆上尉将这个消息告诉给丘吉尔。

5 月 7 日，丘吉尔鼓励艾森豪威尔进军布拉格。艾森豪威尔照做了，于是美军抢在苏军之前进入了捷克首都。不过，苏联人一到，美军就撤退了。

胜利在即，英国全国的兴奋情绪不断升腾。5 月 7 日下午，丘吉尔想说服杜鲁门当晚宣布欧洲已经取得胜利。杜鲁门不愿意，斯大林已经提出将庆祝胜利的日子延后到 5 月 9 日，因为苏军仍然在捷克斯洛伐克和波罗的海沿岸部分地区作战。5 月 7 日下午 5 点，丘吉尔给杜鲁门打电话解释说"伦敦街头的欢庆人群已经控制不住了"，最迟在 5 月 8 日中午，他必须宣布胜利。同时，丘吉尔也在拟订一份关于战争胜利的广播讲话，他还是想在当晚发表这篇讲话；6 点前，他口述完讲稿。不过随后华盛顿打来电话说服他至少推迟到第二天再发表这篇讲话。

5 月 8 日上午，丘吉尔在床上修改他的广播讲稿。他派人确认伦敦不会缺少当晚欢庆活动所需的啤酒。他还偷偷溜出卧室，带着香槟、一大块格里尔干酪和一张纸条沿走廊走到地图室，纸条上写着："给皮姆上尉和他的工作人员，首相在欧洲胜利日向你们致以问候。"身在莫斯科的克莱门蒂娜发来祝贺电报："亲爱的，在这个最重要的日子里，我的心和你在一起。没有你，这件事不可能发生。"

1 点过后，丘吉尔离开唐宁街，前往白金汉宫和国王共进午餐。"我们互相庆祝欧洲战争结束，"国王在日记里写道，"这个我们期盼已久的日子终于来了，我们可以怀着对上帝的感谢回首过去，我们的苦难结束了。"回到唐宁街 10 号，丘吉尔在 3 点对全体英国人民发表广播讲话，说明正在进行的所有投降谈判，他对人们说："德国战争由此画上句号。"丘吉尔还提醒人们对日作战还未获胜。最后，他以"前进吧，大不列颠！"结束讲话。

当天下午晚些时候，丘吉尔来到卫生部的阳台上，他对白厅内的庞大人群发表了简短的讲话。他对人们说："这是你们的胜利。"而人们大声喊道："不，这是你的胜利。"

当晚，伦敦街头的庆祝活动继续着，丘吉尔再次走上阳台，又发表了一次简短的讲话："可怕的敌人已经被摔倒在地，等到我们的审判和宽恕。"随后，他返回附楼，在那里他处理了一堆 6 英寸高的电报，这是他每晚通常的工作量。

庆祝日到来前一小时，艾登从旧金山发来电报："在这个属于你的日子里，我的心和你在一起。是你带领我们、鼓舞我们、激励我们度过最艰难的日子。没有你就不会有今天。"

第三十六章

铁 幕

1945 年 5 月 9 日，星期三，欧洲重返和平的第一天；一上午，丘吉尔都在床上工作。下午，他和女儿玛丽一起乘车前往美国、法国和苏联大使馆，与大使馆人员一起举杯庆祝胜利。5 月 9 日是莫斯科欢庆胜利的日子，克莱门蒂娜加入到聚集在英国大使馆的人群中，她给丈夫发电报说："我们都聚集在这儿，在 12 点喝香槟，在胜利日给你送上问候。"

然而东线发生的一系列事件让这周的欢庆气氛蒙上阴影。在 5 月 11 日给艾登的电报中，丘吉尔表示他担心苏联对中欧和巴尔干半岛的侵蚀会先带来一段"平静时期"，然后爆发"第三次世界大战"。他认为"如果我们保持团结"，苏联的威胁可以缓解，但是他也找不到阻止苏联强力施压的办法，特别是在欢庆胜利的愉快气氛中。当外交部告诉丘吉尔之前苏联人在华沙城外逮捕的 14 名波兰谈判人员现在在华沙成为阶下囚时，他评论道："我不知道在现在这个欢庆的间歇我们能做什么。"

报纸报道说美国在欧洲的部队至少有一半即将奔赴太平洋战场，这让丘吉尔感到不安，5 月 12 日，他给杜鲁门发电报，警告他苏联人有能力"长时间在战场上维持大量军队"。苏联人对波兰的态度，在巴尔干半岛的绝对影响力，"苏联的实力、在他们控制之下或被他们占领的领土加上那么多国家里共产党人的手段，最重要的是苏联人在战场上维持大量军队的能力"，这些都让他深感忧虑。

欧洲的新版图让丘吉尔有理由担心苏联的意图。"一道铁幕已经在他们面前落下，"他对杜鲁门说，"我们不知道那后面正在进行着什么。看来可以肯定的是，整个吕贝克-的里雅斯特-科孚岛这片区域很快就会完全落入他们手中。"这里还要加上爱森纳赫和易北河之间这块德国中部的"巨大区域"，美军即将从这里撤走。一旦美军撤军，"苏军占领的数百英里的宽阔带状区域就会把我们和波兰隔开"。由于西方盟国正集中注意力对德国实施"严厉的惩罚"，"苏军如果愿意，就可以在很短的时间里进军到北海和大西洋海域。"

丘吉尔劝杜鲁门和他一起在英美联军大批撤出欧洲前与苏联达成"谅解"。这只有和斯大林亲自见面才能做到。杜鲁门同意了，计划定了下来，他和丘吉尔将在两个月后在波茨坦与斯大林见面。

私下里，丘吉尔希望就波兰、捷克斯洛伐克、奥地利和南斯拉夫的主权和独立问题跟苏联"摊牌"。不过他也努力让苏联加快参与到对日作战中，因为德国已经战败了；这也是在雅尔塔达成的决议。

丘吉尔希望维持目前英国的联合政府，直到日本战败。这个希望在 5 月 18 日得到了巩固，艾德礼在这天来附楼对丘吉尔说他愿意说服工党留在联合政府，直到日本战败。另外 3 名工党资深党员贝文、A. V. 亚历山大和莫里森也愿意继续维持联合政府，这 3 个人从 1940 年 5 月之后都曾在丘吉尔手下做过大臣。

和 1940 年 5 月时一样，1945 年 5 月，工党在一个要做出重大政治决策的时候召开年度大会。1940 年 5 月，当时在博内茅斯开会的工党激进派拒绝在张伯伦手下任职，使得丘吉尔最终掌权。现在在布莱克普，工党党员同样强烈地希望重新回到党派政治的激烈厮杀中去，希望终止联合政府，组建 1931 年以来的第一个工党政府。上一次大选已经是 10 年前的事了。很多工党政治家在丘吉尔手下担任大臣职务，他们获取了很多经验，而且最重要的是，他们希望将自己的社会主义理念付诸实践。5 月 21 日晚，艾德礼从布莱克普打电话给丘吉尔告诉了他这个消息。

丘吉尔意识到现在没什么能够挽救联合政府了。5 月 23 日中午，他到白金汉宫向国王递交了辞呈。他领导全党派政府已经 5 年零 13 天了。国王让他组建一个看守政府，直到能够举行选举、计算完海外士兵的投票为止——这至少要花两个月的时间。

5 月 26 日上午，丘吉尔完成最后一个内阁成员的任命。然后他和克莱门蒂娜驱车前往他的选区，发表他竞选活动里的第一次演讲。他的演讲主题是保守党看守政府应该维持掌权，因为"我们会管理好对英国社会安宁以及英国所有阶级产生影响的一切事务"。两天后，他在唐宁街 10 号为即将离职的联合政府内阁举行告别聚会。在发表简短的告别演说时，泪水流过他的脸颊，他对到场的人说："历史的光辉将在各位的头盔上闪耀。"

选举活动正式展开。丘吉尔的竞选主题是社会主义的内在威胁。然而他在 6 月 4 日和 6 月 13 日发表的两次广播演讲都受到了非议，并不成功。

整个竞选活动期间，丘吉尔都在关心东欧局势的发展。6 月 14 日，莫斯科广播电台宣布在华沙附近逮捕的 14 名波兰政治领袖会在莫斯科受审。同时，尽管丘吉尔向艾森豪威尔提出过抗议，美国人还是开始从德国中部和捷克斯洛伐克的宽阔带状区域撤退到之前和苏联商定的界线后。丘吉尔认为必须避免和苏联的冲突，他对艾登说："英国和苏联之间的隔阂是无法逾越的，除非通过友好的外交关系。"他继续强调说英国和美国的"相似处和一致性"不仅会继续增多，而且"对我们的安全也是必不可少的"。

最后一次三巨头会议正在筹备之中，1 个月后会议将在波茨坦举行。6 月 14

日，丘吉尔对下院说，他会带着艾德礼一起去参会。在竞选巡回演讲中，几乎每个地方都有庞大的人群对丘吉尔欢呼，由此可见他个人的受欢迎度很高；仿佛战争年代的国家领导人和深陷竞选斗争的党派领导人是两个完全不同的人。

6月18日，14名波兰政治领袖开始在莫斯科受审。丘吉尔再次把注意力放到共产主义在东部的专政上。不过两天后他的第三次广播演讲不比前两次好多少。在广播演讲中，丘吉尔警告说，一个社会主义政府"在任何时候都不会允许自己被议会以任何方式质疑或打败"。

在英国，丘吉尔最担心的不是社会主义规划本身，而是工党执行委员会将执行工党的控制权；在6月20日的广播演讲中，丘吉尔说工党执行委员会会"分享机密，向所谓的英王陛下的大臣们下达发号施令"。6月30日，在最后一次广播竞选演讲中，丘吉尔警告说，工党执行委员会对内阁大臣的影响可能会"打击我们议会制度的根基"。

7月5日是投票日。为了计算服役人员的票数，投票结果将推迟3周宣布。丘吉尔已经为投票日结束后和波茨坦会议开始前的一段时间里计划好一个10天的假期。7月7日，他飞往波尔多，然后驱车向南前往西班牙边境附近的博尔达贝里城堡，在那里休息了一周，上午在大西洋里游泳，下午作画。

丘吉尔只从博尔达贝里发出了一封公务电报。这封电报是给陆军元帅蒙哥马利的，他现在是英国占领军总司令，电报上说："请注意不要摧毁德国人从事研究开发的设施。很多设备可以给我们自己的工程师和科学家用。"他还给财政大臣约翰·安德森爵士发了一份备忘录，提出对海陆空三军进行一次梳理，在不影响前线对日作战的情况下，抽出必要的人力，"满足民用需求和出口需求"。

7月15日下午，丘吉尔和玛丽从博尔达贝里飞往柏林。为期一周的短暂休息结束了。林斯特拉斯23号的别墅将是丘吉尔在波斯坦会议期间的住所，艾登、艾德礼、亚历山大和蒙哥马利正等候在那里迎接他。"首相看起来十分衰老，"蒙哥马利给一个朋友写信说，"我见到他时大吃一惊，与我上次见到他时相比，他看上去老了10岁。"

第二天上午，丘吉尔和杜鲁门在柏林杜鲁门的住所见面，这是两人第一次见面，他们一起待了两个小时。"他对我说他很喜欢总统先生，他们有共同语言。"玛丽给母亲写信说，"他说他相信能跟他合作。"

在波茨坦的第二天，丘吉尔和杜鲁门以及美国陆军部部长亨利·史汀生在林斯特拉斯23号共进午餐。史汀生把一张纸递到丘吉尔面前，上面写着："孩子圆满出生。"丘吉尔不知道这是什么意思。"它的意思是，"史汀生对他说，"在美国沙漠进行的实验已经成功。原子弹已经成为现实。"

这个令人瞩目的新生事物斯大林还不知道。午餐过后，第一次全体会议召开，丘吉尔要求"尽早在波兰举行切实反映波兰人民意愿的自由选举"，这也是雅尔塔会议的主要决议之一。

7月18日，丘吉尔邀请杜鲁门共进午餐。他们单独一起待了两个小时。在讨论中，丘吉尔问，在日本问题上，"无条件投降"是否可以"用其他方式"表达，"这样我们既能得到确保未来和平和安全的一切必要条件，还能在日本人遵守了战胜国一切必要的安全措施后，让他们在某种程度上显示他们挽回了军事上的面子，在某种程度上确信他们的民族能够生存下去"。文字记录显示，杜鲁门对此评论道："他认为在珍珠港事件后，日本人就没有任何军事上的面子可言了。"丘吉尔还对杜鲁门表示，他希望英、美两国之间进行尽可能密切的战后合作。

谈话结束的时候，杜鲁门对丘吉尔说，这是"他这么多年来吃过的最愉快的一顿午饭"。丘吉尔提议继续保留联合参谋长会议，"直到世界在这场大风暴后平静下来为止"，杜鲁门对这个提议给出了"令人振奋"的回答。不过，当天下午，在对日作战问题上，丘吉尔得知美国参谋长会议愿意与英国参谋长会议就整体战略进行协商，但是有一个条件，即当出现意见分歧时，"行动的最终决策权掌握在美国参谋长会议手上"。英国在对日作战的过程中做出了大量贡献，但必须接受美国的战略决策，和在之前欧洲时美国的行为方式一样。

7月18日下午召开第二次全体会议。当丘吉尔就波兰问题对斯大林提出要求的时候，斯大林向他保证临时政府"绝不会拒绝举行自由选举"。

当晚，丘吉尔和斯大林单独共进晚餐。他们一起待了5个小时。斯大林对丘吉尔说，苏联人民缺乏教育和礼貌，"还有很长的路要走"。他还预测在大选中保守党将赢得80席位的多数席位。在谈到全球政治的时候，丘吉尔说，他"欢迎苏联成为海上强国"；在达达尼尔海峡、太平洋和基尔运河，应该有像苏伊士运河一样的国际机制。谈到中欧各国，斯大林向丘吉尔保证，他"反对这些国家中的任何一个苏维埃化，它们将举行自由选举"。和他这天早些时候对波兰的保证一样，这个保证也是谎言。

7月21日下午，在又一次全体会议上，丘吉尔和艾德礼对斯大林提出抗议，新的波兰边境过于向西，将战前德国1/4的可耕种土地划入了波兰境内。他们的抗议得到了杜鲁门的支持。不过斯大林不打算将西里西亚归还德国。在另外一次讨论波兰问题的全体会议上，他也不接受将斯德丁或布雷斯劳继续留给德国；波兰和德国的新边境线将是奥德河和西尼斯河。丘吉尔和杜鲁门联手劝说，但没能说服斯大林改变主意。

美国人对新墨西哥州沙漠里进行的原子弹爆炸试验的特性有了更多了解。7月22日上午，史汀生去见丘吉尔，告诉他有关详情；在一英里的圆形区域内，所有东西都被摧毁了。丘吉尔立刻去见杜鲁门。丘吉尔后来回忆说,他认为这个武器也许可以给日本人"挽回面子的借口,让他们从战死到最后一人的承诺中解脱出来"。

7月23日,丘吉尔设宴招待斯大林和杜鲁门。在席间一次干杯的时候,斯大林突然问丘吉尔,苏联是否可以在爱琴海的希腊港口迪迪亚加奇设立海军基地,迪迪亚加奇就在达达尼尔海峡外面;丘吉尔曾经反对斯大林提出的在马尔马拉海或达达尼尔海峡设立苏联海军基地的要求。丘吉尔没有做出承诺,只是告诉斯大林:"我会一直支持苏联对海上自由的要求。"

在返回伦敦前一天,丘吉尔与8位波兰共产党领袖见面,他们是专门从华沙飞到柏林来见丘吉尔的。丘吉尔试图说服他们让德国保留西里西亚部分地区,但是失败了。不过当丘吉尔敦促他们根据雅尔塔决议在波兰举行自由选举、建立全党派政府的时候,他们的领导人博莱斯瓦夫·贝鲁特向他保证,未来波兰政治的发展"一定会建立在西方民主原则基础上"。这是个毫无价值的保证;贝鲁特将成为斯大林体系内严厉的统治者,就和东欧其他任何国家的统治者一样。

德国战败已经两个半月了。将决定日本战败的似乎是原子弹。7月24日的全体会议结束时,杜鲁门把斯大林带到一边,告诉他关于这个新式武器的消息。丘吉尔观察了斯大林听杜鲁门讲话时的反应:"一种新型炸弹!有不可思议的力量!也许对整个日本战争有决定性的作用!太幸运了!"

丘吉尔和艾德礼将在7月25日下午离开波茨坦。当天上午,丘吉尔和博莱斯瓦夫·贝鲁特第二次见面,贝鲁特再次向丘吉尔保证,波兰在战后不会仿效苏联体制。波兰会设法因循英国的民主模式,波兰会成为"欧洲最民主的国家之一";"全部苏联军队"将离开波兰;波兰选举"甚至会比英国选举还要民主"。不过丘吉尔知道,那个英国在1939年9月为之参战、在德黑兰和雅尔塔努力维护的民主波兰已经不存在了。

在当天上午的另外一次全体会议上,丘吉尔再次向斯大林强调,不能将波兰边境向西推那么远。他也再次得到了杜鲁门的支持。斯大林再次拒绝了他们的要求,不过他自己的一个要求也被否决了,他提出德国人在鲁尔地区开采的煤应该被送到德国的苏联占领区和波兰。丘吉尔说,只有在给德国人交换食物的时候才能这么做。斯大林不同意,他对丘吉尔说:"还是有一大块肥肉留给了德国。"

会议没有达成一致,只有把问题推迟到下一次会议。晚上12点15分,波茨坦会议的第九次全体会议结束。似乎没有必要说再见。斯大林和杜鲁门都认为丘吉尔在48小时后仍将以首相的身份回来领导英国的谈判团队。丘吉尔回到别墅,几分钟后,从那里乘车前往加图机场。1点23分,他的飞机起飞前往英国。2小时20分钟后,飞机在诺斯霍特降落。在机场,丘吉尔被告知工党总部气氛相当低迷，预计保守党将以 30 席位的多数席位赢得选举。

7 月 26 日上午 10 点，皮姆上尉接到第一批投票的反馈报告，保守党落后工党 10 个席位。他立刻去见丘吉尔。"首相正在泡澡，"他后来回忆说，"看上去即使不是大吃一惊，也显然出乎意料。他让我给他拿了块毛巾，几分钟后，他穿着蓝色工作服，叼着雪茄，坐在了地图室的椅子上——他在那里待了一整天。"到了中午，工党明显获得了压倒性胜利。

工党在新议会里赢得 393 个席位，超过其他所有政党 146 个席位。保守党的席位从 1935 年的 585 个减少到 213 个。在英国历史上，工党得到的票数首次超过保守党。当莫朗说英国人民"忘恩负义"的时候，丘吉尔回答道："我不会这么说。他们刚刚度过一段非常艰苦的时期。"

根据宪法，丘吉尔本可以以首相的身份返回波茨坦，在几天后议会重新召集的时候再辞职。不过他决定立刻接受选民的判决，当晚 7 点，他前往白金汉宫向国王递交了辞呈。现在，他是反对党的领袖了。两个小时后，他在从白金汉宫返回的路上口述的一份声明通过广播公布了出来。"国内和海外的巨大责任落在了新政府的肩上，"他说，"我们所有人都希望他们能成功地肩负这个重任。"

第二天，也就是 7 月 27 日上午，艾德礼以首相身份飞回波茨坦。丘吉尔不再是国家领导人，他留在了伦敦。他在这天上午与参谋长会议告别，接下来与他的几名私人秘书告别，随后和内阁告别。

丘吉尔将在 4 个月后度过 71 岁生日。从他重返战时政府起，已经过去了将近 6 年时间。他严于律己，从来没有休息过，从来不接受失败或僵局。指挥战争的这些年让人筋疲力尽。他的妻子担心，一旦卸下这么多的重担，他可能会逐渐枯萎。但是即便在付出如此多的辛劳后，他仍然精力充沛。脑力上，他仍保持敏锐警觉，不过他已经没有影响事件发展的权力这件事是很难承受的。在波茨坦，斯大林坚持主张将西尼斯河作为波兰的西部边境，杜鲁门接受了。艾德礼服从了美国人的决定。丘吉尔在一年后评论说："我绝不会同意西尼斯河这件事，我会把它留到最后进行'摊牌'。"

8 月 6 日，美国人在广岛投下一枚原子弹。它造成了毁灭性的打击，确定身份的遇难者有 138690 人。广岛被炸一天后，丘吉尔对一个朋友说，如果他还是首相，他认为他会说服美国人用他们的新能力"限制苏联人"。他会"和斯大林摊牌，对他说他在欧洲的行动必须通情达理，规矩正派，若有需要，他甚至会对他表现出粗暴和愤怒。"杜鲁门和他的顾问们"在这个政策上"示弱了。

广岛被炸两天后，苏联对日宣战。一天后，美国人投下第二枚原子弹，目标是长崎，48857 名日本人丧生。

8 月 15 日，日本向盟国无条件投降；第二次世界大战结束了。丘吉尔非常期盼参加的和谈工作现在将由其他人完成。克莱门蒂娜给玛丽写信说，对于被排除在外，丘吉尔有时"伤心难过"，有时"勇敢坚强"。选举失利一周后，丘吉尔曾对阿维里尔·哈里曼说："这是我人生中最漫长的一周，不过现在我很好。"

9月2日，丘吉尔乘飞机离开英国，前往意大利；他乘坐的是首相专机，艾德礼让他随意使用这架飞机。克莱门蒂娜留在英国，一边修缮在战争年代被忽略了的查特韦尔庄园，一边准备他们在伦敦的新房子，海德公园门28号。丘吉尔和莎拉一起旅行。他还带上了一套他在战时给参谋部会议的备忘录的打印副本。他已经把心思放在筹备他的战争回忆录上了，这项工作要花去他5年多的时间。"甚至在午餐的时候他也不停看稿子，"莫兰勋爵描写前往意大利的飞行旅途时说，"唯一让他的眼睛从稿件上移开的事情是点雪茄。"

丘吉尔的目的地是科摩湖畔的玫瑰别墅，这里是亚历山大为他挑选的，可以让他彻底休息和作画。

在9月5日给克莱门蒂娜的信里，丘吉尔写道："我好多了，没有担心任何事。自从离开英国后，我们就没有过报纸，我不再想要迫不及待地翻阅报纸。这是这么多年来我第一次完全脱离这个世界。日本战争结束了，彻底的和平和胜利已经达成，其他人必须面对战后的可怕问题，我感到正渐渐解脱。在他们的肩上和良心上肩负着对欧洲发生的一切责任的重担。这一切简直就是'因祸得福'。"

9月6日，陆军元帅亚历山大抵达别墅。他和丘吉尔一起待了两天，乘坐快艇到湖另一边的安静港湾作画。"作画对我来说是非常愉快的事，"亚历山大走后，丘吉尔给妻子写信说，"我真的忘了所有烦恼。这是很好的治疗，因为你真的不会想起其他任何事情。"

9月19日，丘吉尔离开科摩湖，前往地中海边的皮瑞里别墅，这座别墅位于热那亚以东18英里。接着，丘吉尔又从热那亚出发乘车沿海岸线向西前往蒙特卡洛。他在蒙特卡洛的巴黎酒店住了两天。他和克莱门蒂娜上次住在这里是在1932年，他对她说："食物非常美味，酒是最好的。就和过去一样。"9月23日，他继续向西前往安提比斯，艾森豪威尔在那里提供了一座人手配备齐全的别墅供他使用。

在享受了25天的阳光，完成15幅画之后，丘吉尔返回伦敦，回到海德公园门的住所。杜鲁门总统请他到密苏里州富尔顿市的威斯敏斯特学院发表三四场演讲。丘吉尔和克莱门蒂娜计划到迈阿密海滩度过这年冬天。

10月21日，丘吉尔对他的选区选民说，在从波茨坦回来的路上，他曾期盼着用他所有的"个人力量"和同事的力量满足和平时期的需求；军人复员，房屋建设，工业企业从战时生产转为和平时期的生产，"让英国人的天赋和精力从长期战争环境的束缚下解放出来"。他接着说，不过现在这些都是"徒劳的向往"了。

丘吉尔仍然十分关注报纸对苏联在欧洲以及欧洲以外地区的活动的报道。10月，加拿大，一名重要苏联间谍变节，丘吉尔对加拿大总理麦肯齐·金说，苏联人是"现实的蜥蜴"，全都属于"鳄鱼家族"。他们会"尽所能与你愉快相处，但同时却准备灭了你"。丘吉尔对金说，需要"继续保持美国和英国之间的联盟。这不必变成白纸黑字，但必须了然于心"。

11月，丘吉尔到巴黎和布鲁塞尔进行了一次短暂出访。他在各地都遇到了欢呼喝彩、兴高采烈的人群。"我从没见过这样的兴奋或者热情，"英国驻布鲁塞尔大使回忆说，"人们冲破警察的警戒线，就算没能成功地把花束交到丘吉尔先生手上，也把花束扔上了他的车子。一个女孩跳到了汽车的脚踏板上，伸出双臂搂住他的脖子，热情地亲吻他。"

日本战败已有3个月，德国战败已有6个月。现在丘吉尔主要思考3个问题：英国和美国密切合作，阻止苏联扩张；民主国家在联合国的领导下相互联合，避免由于力量弱小再度走向战争边缘；建立统一的欧洲。

11月30日，丘吉尔71岁了。在新年授勋榜单上，丘吉尔被授予功绩勋章。"功绩勋章由国王单独颁发，不是根据大臣的建议颁发的，"丘吉尔对一个向他表示祝贺的人解释说，"这让这块勋章对我而言更具吸引力。"1月8日，他前往白金汉宫接受勋章，第二天，他和克莱门蒂娜一起乘坐"伊丽莎白女王号"从南安普敦出发，前往美国。他的战时秘书乔·斯特迪跟随他一同前往。他的新秘书伊丽莎白·吉列特留在海德公园门的住所，处理大批信件，让丘吉尔能随时了解国内事务。丘吉尔还决定将战时秘密会议上的演讲结集出版。

1月14日晚，在纽约上岸后，丘吉尔和克莱门蒂娜立即乘火车前往迈阿密海滩。1月16日早上抵达迈阿密后，丘吉尔被邀请召开新闻发布会。发布会在北湾路5905号的院子里举行，在接下来的将近3周时间里，丘吉尔将住在这里，这栋房子有一条通往大海的通道。

当地记者被这位来访者迷倒了。一名记者写道，丘吉尔"看起来亲切友好，有点淘气"。丘吉尔告诉记者他支持工党政府向美国请求400亿美元贷款的原因。"如果不给我们机会重新站起来，"他说，"我们可能永远无法在其他国家当中找到我们的位置。"

丘吉尔到美国使得来往信件数量激增，平均每天有300封之多。在一封给他的陆军老友图德将军的信中，丘吉尔描述了6个月前竞选失利后在自我调整上遇到的困难："我发现要如此快地从充满紧张活动和责任的生活转换到除了平淡无可期待的闲暇生活一点都不容易。但是，幸运的是，我有绘画，在其中我投入了大量精力，我还有很多其他娱乐活动，于是时间在愉快中飞速地过去了。"

1 月 30 日，他与埃莫利·雷弗斯进行了一次长谈，雷弗斯曾经在战前将丘吉尔的文章传遍欧洲，这一次，丘吉尔跟他谈的是他的战争回忆录的出版事宜。"我没有忘记战前你为我做过的事，"丘吉尔对雷弗斯说，"我希望你来处理这件事。"在接下来的 20 多年里，雷弗斯让丘吉尔的回忆录得到了最广泛的传播、翻译以及经济收益。

2 月 1 日，丘吉尔和克莱门蒂娜在莎拉的陪同下从迈阿密飞往哈瓦那。这是 1895 年以后他首次访问古巴。在拜访了古巴总统后，丘吉尔召开记者发布会；当被要求对艾德礼政府进行批评时，他回答道："在出国的时候我不讨论我自己国家的政府。"当被问及大选结果的时候，他说："在我的国家，人民可以按照他们的意愿行事，不过他们常常不喜欢自己做过的事。"

在 6 天的观光、游泳和作画后，2 月 8 日，丘吉尔乘飞机从哈瓦那返回迈阿密。两天后，他飞往华盛顿，在白宫和杜鲁门共进晚餐。在那里，他为富尔顿的演讲提炼出了主题。美国国务卿詹姆斯·伯恩斯当时也在场。丘吉尔给艾德礼写信说，这两个人"看起来都很喜欢这个主题"。他还说："这里的人似乎很担心苏联在未来带来麻烦。"

2 月 12 日，丘吉尔在英国大使馆设午宴招待艾森豪威尔。第二天，他飞回迈阿密，一周后，他和他的美国朋友金融家伯纳德·巴鲁克以及伯恩斯进行了一次谈话，丘吉尔提出英国政府认为美国应该免除对英贷款的利息。

3 月 1 日，丘吉尔乘火车离开迈阿密前往华盛顿。在华盛顿，他先把富尔顿演讲的稿子给杜鲁门的高级军事顾问莱希上将看，丘吉尔告诉艾德礼和贝文，莱希对讲稿表现得很热情。丘吉尔还让伯恩斯看了讲稿，伯恩斯"对讲稿兴奋不已，建议不用做任何改动"。当天，华盛顿得到消息，苏联决定不从波斯北部撤军，这是 6 个月前贝文和莫洛托夫商定好的，这似乎为丘吉尔对英美维持牢固合作关系的主张增加了砝码。

在富尔顿对美国全国发表广播讲话时，丘吉尔说，美国民主政府以及英语世界的"最高任务和责任"是"保卫普通民众的家园，让它们不至于陷入另一场战争的恐怖和不幸之中"。必须让联合国真正起作用，成为"一股行动力，而不仅仅是空谈"。每个成员国都应该给联合国提供一支空军中队，在必要的时候由联合国自己指挥。然而英国、加拿大和美国将保守原子弹的秘密，不会和联合国分享。

丘吉尔接着说，他钦佩苏联在战争中取得的成就，他说："我们欢迎苏联在世界大国行列中占据其应有的地位。我们欢迎它的旗帜在海上飘扬。最重要的是，我们欢迎大西洋两岸的苏联人民和我们的人民保持持续、频繁、不断增加的联系。不过，把一些欧洲当前形势的事实摆到你们面前是我的责任，因为我相信你们希望我对你们说出我所看到的事实。"丘吉尔看到的"事实"是:"从波罗的海的斯德丁到亚得里亚海的布加勒斯特,一道横贯欧洲大陆的铁幕已经落下。这道铁幕后面坐落着所有中欧、东欧古老国家的首都。华沙、柏林、布拉格、维也纳、布达佩斯、贝尔格莱德、布加勒斯特和索非亚,所有这些名城和其周边的人口全都位于苏联势力范围之内,不仅以这样或那样的方式落入苏联影响之下,而且很多地方还受到莫斯科日益增强的高压控制。只有雅典放射着它不朽的光辉,在英、美、法三国的观察监督下,通过选举自由地决定它的前途。"

丘吉尔劝美国人不要低估英国和英联邦的实力。他说,如果英国及英联邦的力量加上美国的力量,"再加上这种合作关系所涉及的遍布全球的空中、海上、科学和工业各方面的合作,那就不会出现不稳定的、靠不住的力量均衡,致使野心家和冒险家情不自禁"。他相信,如果英国和美国所有"道义和物质的力量与信念"在"兄弟般的合作中"联手,"将不仅为我们、为我们的时代,而且也将为所有人、为未来的世纪带来广阔的前程,这是明确无疑的"。

丘吉尔本来打算将他的演讲起名为"世界和平",现在他将其命名为"和平的力量源泉"。然而这篇演讲很快就被人称为"铁幕"演讲,就好像它真的创造了铁幕而且要让铁幕就位一样。《华尔街日报》说:"美国不想和任何国家结成联盟或者任何类似于联盟的东西。"

3月12日,丘吉尔在纽约的时候,莫斯科的共产党报纸《真理报》抨击丘吉尔诽谤苏联有"扩张主义倾向"。丘吉尔当天还得知,两名工党下院议员在前一天要求艾德礼"批判"富尔顿演讲。艾德礼表示拒绝,93名工党议员递交了一份谴责丘吉尔的动议,他们称这篇演讲"不利于世界和平进程"。他们反对的理由是丘吉尔提议英联邦和美国建立军事联盟,"目的是防止共产主义的传播"。在动议上签名的人中包括未来的工党首相詹姆斯·卡拉汉。

然而不满的工党议员们不知道的是,在美国贷款的问题上,丘吉尔仍继续协助艾德礼和工党政府。3月1日在华盛顿举行的美国国家记者俱乐部的会议上,以及3月13日在纽约和美国几大金融家的私人午宴上,丘吉尔都请求美国能采取宽厚的态度;艾德礼对他的帮助非常感谢。

斯大林被富尔顿演讲刺痛了;3月14日在《真理报》上刊登的一篇史无前例的问答访问中,他称这篇演讲"打算在盟国政府之间播下不和的种子,让合作难以进行"。丘吉尔"现在站在好战分子的立场上",他"在英国和美国有很多朋友"。就像希特勒通过宣扬其人种理论开始发起战争进程一样,丘吉尔"也正在用人种理论发起战争进程,他宣布只有讲英语的人才是血统纯正的民族,他们的使命是掌控全世界的命运"。

丘吉尔无视斯大林的指责;不过3月15日在纽约,在访问期间的最后一次演讲中，他回应了美国人对富尔顿演讲的批评，他说："我从来没有寻求建立英美军事同盟或签订条约。我寻求的是不同的东西，在某种意义上说，我寻求的是更多的东西。我寻求兄弟般的合作——自由、自愿、兄弟般的合作。我坚信这会实现，就像我肯定太阳明天会升起一样。"

3月20日，丘吉尔夫妇乘坐"玛丽王后号"离开纽约。在"玛丽王后号"出海两天后，战列舰"密苏里号"从纽约出发驶往伊斯坦布尔。同一天，苏联宣布所有苏联军队将撤出波斯。

● 第三十七章 ●
描绘过去，指导未来

1946年3月29日，从美国返回伦敦3天后，丘吉尔邀请他在战前的写作助理比尔·迪金到海德公园门共进午餐。他要为他的战争回忆录建立研究团队并确定工作方式，这是工作的第一步；回忆录计划创作4卷或5卷，后来增多至6卷。迪金的工作是仔细查看丘吉尔存在白厅储藏室里的战时文献，摘出丘吉尔的笔记和备忘录。他也负责拟订每个章节的大纲和草稿，特别是外交和政治部分。

在军事方面，丘吉尔请蒙巴顿的前任参谋长亨利·波纳尔将军担任他的助手。海军方面由海军准将G. R. G. 艾伦负责。丘吉尔请从前他的国防办公室负责人伊斯梅将军审读稿子；伊斯梅随时准备回忆丘吉尔记不清细节的事件。还有其他很多人给丘吉尔发去与他想要描写的具体事件相关的日记摘要。

不管是在查特韦尔庄园、在伦敦，还是在出行途中，创作回忆录成了丘吉尔日常生活的主要组成部分。

当丘吉尔在查特韦尔庄园创作战争回忆录的时候，他的朋友卡姆罗斯勋爵专程前往纽约，和埃莫利·雷弗斯一起协商回忆录在美国的销售事宜。丘吉尔将得到140万美元，其价值相当于1990年的560万英镑。

7名秘书加入到回忆录的写作工作中，其中包括克莱门蒂娜的秘书格雷斯·汉布林。比尔·迪金来回于白厅和查特韦尔庄园的储藏室之间。"一切都投入到他的回忆录中，"迪金后来回忆说，"他把精力完全放到这件事上。他将其视为他的丰碑。"然而政界的召唤也一直不断；丘吉尔不打算忽略作为反对党领袖的职责。10月5日，在布莱克浦，他宣布支持分红制以及雇员和雇主之间的"密切咨商"，让雇员成为"合伙人"。他再次提倡建立欧洲联邦，在10月的一份公共声明中，他提出这个欧洲联邦应该从大西洋延伸到黑海。在此之前，工作应该从西欧开始。10月10日，他对艾德礼说，苏联不会向西前进至北海或大西洋有两个原因："第一个原因是他们的善良和自律。第二个原因是美国人拥有原子弹。"

丘吉尔的一个朋友担心建立统一的欧洲仅仅是为了挑战苏联阵营，10月19日丘吉尔给他写信说："我不喜欢将西方阵营作为最终解决方案。理想状况应该是完整的欧洲。"将欧洲划分为东西两个对立的阵营是"恶行"。11月7日，丘吉尔给一位工党下院议员写信说，没有"欧洲的复兴与和解"，"这个世界就不会有希望"。

1947 年 2 月 11 日，丘吉尔和克莱门蒂娜在威斯敏斯特的圣玛格丽特教堂参加女儿玛丽和克里斯托弗·索姆斯的婚礼。索姆斯是一名卫队军官，他在巴黎担任武官助理的时候与玛丽结识。自此之后，索姆斯成为丘吉尔的好友，帮助他管理他刚刚购置的查特韦尔农场，并陪同他多次出行海外。

小女儿结婚带给丘吉尔的喜悦很快被悲伤代替了：丘吉尔的弟弟杰克生命垂危。2 月 20 日，丘吉尔对一个朋友说："可怜的杰克，每天都离死亡更近一步，但是他面对死亡毫无畏惧。" 3 天后，杰克去世了。

为了确保英国有充分的防御，丘吉尔支持工党政府的全国兵役法案，法案规定所有年龄在 18~26 岁的男性必须服役 18 个月。不过在 3 月 31 日的辩论中，他忍不住在提到艾德礼和亚历山大时对下院说："在我们所有的敌人都无条件投降后，在度过了和平的两年后，首相和国防大臣现在在下院面前提出兵役法案，这绝对是命运的讽刺。为什么，正是这些政治家在战争爆发 4 个月前领导他们的追随者进入投票厅反对义务兵役制政策，随后还厚颜地指责保守党是'罪人'。"

在其左派的压力下，工党政府将兵役年限降低为 1 年，丘吉尔对下院说："国防大臣的头衔应该换一换。他应该被称为'不受攻击情况下的国防大臣'。他自己的表现是多么可悲。"艾德礼宣布英国将不再充当希腊和土耳其的保护者的角色，这个决定将在 38 天后生效，丘吉尔更加愤怒了。不过让丘吉尔高兴的是，杜鲁门立刻承担起保护者的角色，保护这些努力维护自身独立、"反对将极权主义政权施加在他们头上的自由人民"。这个被称为杜鲁门主义的政策将在 5 月 22 日生效。

5 月 20 日，艾德礼请求丘吉尔接受对于印度的超党派政策。工党政府的计划是将印度分成两个邦国，一个是以印度教徒为主的"印度"，另一个是以穆斯林教徒为主的"巴基斯坦"，每个国家都将授予自治领地位，有权享有永久的独立。穆斯林少数民族领袖支持这个分治计划，印度国大党领袖和总督蒙巴顿勋爵也接受这个计划。5 月 20 日，蒙巴顿和艾德礼一起去见丘吉尔，他接受了工党领导人的请求；保守党将不反对向印度授予自治领地位的法案。

丘吉尔之前一直希望在印度，至少在印度中央，以某种方式维持英国统治，他的希望破灭了。丘吉尔言出必行；7 月 4 日当印度独立法案递交下院时，法案得到了保守党的支持。

这年秋天，丘吉尔带头召集保守党和自由党的力量反对工党政府，因为工党政府现在提议将钢铁业国有化。

丘吉尔还积极说服保守党反对缅甸独立法案。11 月 5 日，他发言反对这个法案。他评论道，印度至少还留在英联邦之内，可是这项新法案的目的是"将缅甸完全切除出英帝国，让它成为另外一个不相干的国家"。对这一点，丘吉尔表示彻底反对。当支持政府的阿瑟·亨德森说需要让缅甸人民享受"和我们自己同样的民主自由"的时候，丘吉尔痛心地提到印度的印度教徒和穆斯林教徒之间的内战，对亨德森的话加以反驳："那印度 50 万人丧生呢？享受民主自由！"辩论最后，下院进行分组表决，最终 288 人投票支持缅甸独立，114 人反对。

11 月 30 日，丘吉尔 73 岁了。当晚，海德公园门举办晚宴聚会。"温斯顿情绪低沉，他认为这个国家注定要经历最痛苦的经济困难，"科尔维尔在日记里写道，"相比之下，他在大西洋海战中经历的焦虑根本不算什么。我们只有拥有精神力量和团结，消除嫉妒、怨恨和仇恨，才能度过危机，然而这些我们现在显然都十分缺乏。在他的生命中，他从来没有如此绝望过，他将其归咎于政府，能与政府'永不满足的权力欲望相匹敌的只有他们行使权力时无可救药的无能'。"

12 月 10 日，丘吉尔乘飞机从诺斯霍特出发，前去寻找阳光，他决定要在战争回忆录的创作上有所进展。他从巴黎飞往马拉喀什，在马拉喀什的一个月，他作画并撰写战争回忆录。然而对未来的担心不那么容易被忽略。12 月 12 日，他给克莱门蒂娜写信说："我仍然对未来感到沮丧。当国外有如此多的困难包围着我们，国内又有这么多敌意和分歧的时候，我真的不知道我们这个可怜的岛国如何能够生存下去。不过我希望能让所有这一切从我的脑子里消失几星期时间。"

4 月 19 日，《生活》杂志开始连载丘吉尔的战争回忆录的第一卷。这部书拥有巨大的读者数量，这一卷以及后面每卷出版的时候，读者人数都会刷新。这部书是对第二次世界大战的文献最完备的记录，它在海内外都有很大的销量。

这年夏天，丘吉尔与他领导下的保守党发生了两次冲突。在回忆录中，他严厉地批评了张伯伦的外交政策和他的软弱。在下院，他要求英国承认刚刚宣布独立的以色列国。

6 月 24 日，东德的苏军对进出柏林的公路和铁路实施全面封锁。欧内斯特·贝文大声疾呼，反对苏联的扼制；大批空运被组织起来全天候向柏林输送必需的供给品。7 月 10 日，丘吉尔对他的选区选民说，贝文"代表团结的英国发言"是正确的。不过他仍然感到不安。"事件的严重性让我感到忧虑，"7 月 18 日他给蒙哥马利写信说，"我相信我们不会走向另一个'慕尼黑'。英国政府如果犯下这样的罪行是不会受到宽恕的。"

8 月 22 日，丘吉尔和克莱门蒂娜离开英国，前往普罗旺斯的艾克斯。他们住在罗伊·雷内酒店，丘吉尔在那里创作他的战争回忆录。他还认真思考了柏林封锁的解决办法，他对一个来拜访他的朋友说："我现在会和他们讲明白。如果我们不这么做，战争可能会降临。我会非常礼貌地对他们说："我们放弃柏林那一天，你们也一定会放弃莫斯科。"他对艾登建议说，应该推迟一年摊牌，届时美国空军将拥有更多的原子弹，可以进行更有效的投递。丘吉尔不知道工党政府已经在开发英国自己的原子弹了。

1949 年 1 月 13 日，丘吉尔返回英国。6 周后，他又一次前往欧洲，在布鲁塞尔发表演讲，支持建立欧洲人权法庭。2 月 26 日，在对欧洲运动组织理事会的演讲中，他说一定要有某些措施，根据这些措施，像最近在匈牙利发生的逮捕和监禁明曾蒂红衣主教这样的事件就可以得到司法的公正评判。统一欧洲的支持者们也不会满意将欧洲划分为"自由和不自由两个部分"，"我们寻求统一的"是"整个欧洲"。

3 月，丘吉尔计划访问美国，他受到邀请去麻省理工学院发表演讲。他打算在前往美国的途中在牙买加稍做停留，与比弗布鲁克勋爵见面。不过克莱门蒂娜对他说，在这个"我们的追随者感到怀疑和失望的时候"，她反对他的这个计划。保守党的广大党员对工党统治越来越不安。保守党内部对丘吉尔的领导也感到不安，很多保守党人认为他的领导不够坚定果断。克莱门蒂娜警告说，和比弗布鲁克一起，会"增加这种怀疑和失望。这看起来愤世嫉俗，像是对保守党的侮辱"。

丘吉尔接受了妻子的建议。"这里的政治局势不稳定，"5 天后他给比弗布鲁克写信说，"我觉得我不应该离开那么长时间。"3 月 18 日，他乘坐"伊丽莎白女王号"前往纽约。3 月 25 日，他在纽约发表演讲，称赞了最近签订的大西洋公约，该公约是北大西洋公约组织的前身。他说，该公约很有必要，因为"你们让苏联政府相信你们不仅拥有优势力量——他们会遭遇优势力量——一旦问题出现，你们还不受任何道德因素的限制，可以彻底无情地使用这种力量。这是达成和平最大的机会和最确定的道路"。

4 月 7 日，丘吉尔乘坐"玛丽王后号"返回英国的时候，杜鲁门发表声明，这份声明是丘吉尔劝说他发表的。他说，如果对美国的安宁来说有必要，如果全世界民主国家的命运遭遇威胁，他会"毫不犹豫"地使用原子弹。

所有民主国家的力量需要联合起来的想法甚至影响了丘吉尔对印度的态度。在接受印度独立法案不到两年后，他又接受了工党政府的另一个建议，印度将作为一个独立的共和国留在英联邦内部。4 月 28 日，丘吉尔对保守党上院议员索尔兹伯里勋爵说："我毫不怀疑，尽我们所能让这个新体制获得成功是我们的责任。"

保守党接受了丘吉尔欢迎印度共和国加入英联邦的决定。一个月后，他给反对这个决定的陆军元帅斯穆茨写信说："当我问自己：'是让他们进来，即便有这些条件，还是让他们彻底离开？'我的心给出了答案：'我想让他们进来。'在16 年的监禁后，尼赫鲁的确展现出了宽宏大量。"甚至他曾反对独立的缅甸也可能在这个新体制中拥有一席之地。他给索尔兹伯里勋爵写信说："甚至缅甸也有可能拿到二等舱的回程票。我会对此表示欢迎。也许你还记得我在让保守党投票反对缅甸独立法案时是何等艰难。不过如今，在悲惨和不幸中，很多缅甸人一定正在回心转意，想要重回到维多利亚女王统治下的安宁生活中。"

这年夏天，丘吉尔去了意大利，他又一次带上了足够多的秘书和成箱的文件，让他可以继续创作战争回忆录的第四卷。克莱门蒂娜陪他一同前往，同行的还有伊斯梅将军和比尔·迪金。8月中，假期被打断，丘吉尔前往斯特拉斯堡参加欧洲理事会的成立典礼，他的参会身份是英国议会反对党团队的领队。而英国政府团队由赫伯特·莫里森带领。4天后，丘吉尔在他的别墅招待法国、比利时、荷兰和意大利的参会代表。在8月17日的演讲中，他呼吁欧洲理事会在联合国里扮演"欧洲团队"的角色。他环视整个会议厅，突然大声问道："德国人在哪儿？"

丘吉尔要求理事会尽快邀请西德代表团加入审议。这件事必须在月底前完成。未来的一年"太珍贵了，不能错过。一旦错过，就可能永远错过"。如丘吉尔所建议的，西德被邀请参加欧洲理事会；不过直到11月初在巴黎举行的下一次会议时理事会才做出这个决定。两年后，西德成为拥有完全投票权的完全成员国。

从斯特拉斯堡出发，丘吉尔向南前往法国的里维埃拉。他再次入住拉卡朋西纳别墅，在丹尼斯·凯利的协助下，他重新开始战争回忆录的写作。8月23日晚，丘吉尔和比弗布鲁克一起玩牌。在从桌边站起来的时候，他发现右腿有些不听使唤。他继续玩牌，可是随后发现右臂"抽筋"。当晚，他没觉得有什么不对。第二天早上，丘吉尔意识到出问题了。抽筋一直持续，他发现无法轻松地动笔写字。丘吉尔经历了一次轻微的中风。他发现自己签不了名了。再访斯特拉斯堡的计划立刻取消，前往瑞士度假作画的计划也被取消。3天里，他完全停止工作，除了练习自己的签名，他一次又一次问伊丽莎白·吉列特："这个签名行吗？"第四天，他感到好些了，做了一些口述。

丘吉尔中风的消息被严格保密，中风让他的步态受到略微的影响。8月31日，丘吉尔乘飞机返回英国，飞抵宾京山后，直接乘车返回查特韦尔庄园。9月3日，他前往埃普索姆，在那里看到了最近购买的赛马"殖民者二世"。不过直到10月13日他才开始发表公开演讲。

整个9月和10月，丘吉尔继续战争回忆录的写作。凯利和迪金仔细阅读了数十封提出建议和回答问题的来信，然后和丘吉尔一起对各章节进行相应修改。当工作最终完成的时候，丘吉尔对他的出版商德斯蒙德·弗劳尔说："你必须承认我付出了惊人的努力。"1月2日，在伦敦，丘吉尔在国际图书展上发表演讲。

"写一本书是一次历险，"他说，"一开始它是玩具和娱乐；然后它变成情人，接着成了主人，再后变为暴君。最后阶段，就在你要心甘情愿接受奴隶地位的时候，你杀死了这个怪物，把它扔到了公众面前。"

这个月，丘吉尔75岁了。战争回忆录的第四卷即将完成，阿奇博尔德·辛克莱说："他身材魁梧，和过去在内阁的时候一样活跃，讲话的时候滔滔不绝，吃饭、喝酒和抽烟都和从前一样凶。"

12月29日，丘吉尔再次离开英国，这是这年他第四次出行海外，目的地是马德拉岛。他打算住上几周时间，完成战争回忆录第四卷的写作。为了加快写作，迪金在新年的时候跟他会合。不过他们的工作开始一周后，艾德礼宣布将在2月23日举行大选。丘吉尔不得不匆匆赶回英国；1950年2月23日他返回英格兰，从第二天开始在查特韦尔庄园主持一系列磋商会议，讨论保守党的竞选宣言。丘吉尔希望特别强调两个词："激励"和"刺激"。

1月24日，丘吉尔再次感到不适。他对莫兰勋爵说："所有东西都变得模模糊糊的。"莫兰勋爵向他保证这次不是中风："好像太累的时候你会产生动脉痉挛。"竞选活动继续进行。丘吉尔得到两个年轻人的帮忙，他们为他草拟演讲稿；一位是未来的财政部部长雷金纳德·莫德林，一位是保守党每周通讯的编辑乔治·克里斯特。1月28日，丘吉尔在他的选区发表演讲，抨击了工党的一系列国有化行为：1945年，英格兰银行国有化；1946年，煤炭、民用航空和交通业国有化；1947年，电力业国有化；1948年，燃气业国有化。1948年11月，钢铁法案通过了二读，只等着工党成功实施了，丘吉尔称："我们会让它废除的。"2月4日他在利兹重申了这个誓言。

从利兹出发，丘吉尔前往加的夫，在那里他引用了劳埃德·乔治在25年前提出的警告："共产主义意味着民众被囚禁。"离开加的夫后，他前往德文波特，在伦道夫的竞选活动上演讲。接着，他返回自己的选区，之后向北抵达爱丁堡，2月14日，他在演讲中说希望能够为和平找到某种比原子弹"更高尚、更令人敬畏的基础"。他说，他禁不住再次想到"与苏联进行最高级别对话"这个想法。在表达了通过"高峰会谈"结束冷战的希望后，丘吉尔返回伦敦，接着回到查特韦尔庄园。

2月17日，在保守党的最后一次广播政治演讲中，丘吉尔呼吁英国"抬抬"肩膀，让自己"抖开"社会主义。随后，他向北前往曼彻斯特，发表选举日以前的最后一次演讲。2月23日在自己的选区投下选票后，他返回海德公园门，一早从广播中收听投票结果。到2月24日中午，看起来工党显然将继续掌权。不过如果将自由党的9个席位计算在内，工党的多数席位仅有6席。

丘吉尔的女婿邓肯·桑迪斯和克里斯托弗·索姆斯当选议员。不过伦道夫以微弱劣势失败了，这是他第四次未能进入议会。丘吉尔继续担任反对党领袖。保守党各界发起了一项动议，让某个更年轻的人取代丘吉尔担任领袖，几乎可以肯定这个替代人选是安东尼·艾登。不过丘吉尔坚信他能够在下次选举中带领保守党取胜，下一次选举不会太远。

丘吉尔返回查特韦尔庄园，决定在下次大选前完成战争回忆录的第四卷和第五卷。丘吉尔常常工作到深夜，他口述了大量章节，做记录的是新来的秘书简·波特尔。在议会，他继续言辞激烈地抨击艾德礼政府，第一次在 3 月 7 日，然后在 3 月 16 日。3 月 28 日，丘吉尔再次在下院发言，称已经到了让西德参与西方防御的时候了。他说："英国和法国应该向德国伸出友谊之手，如果成功，就能让欧洲重获活力。"

5 月 16 日，在保守党后座议员 1922 委员会举办的午餐会上，丘吉尔是主宾。他知道这次演讲将测试出他们是否愿意继续让他担任保守党领袖。他精心准备讲稿，列出他心目中保守党应该秉承的国内外政策：在国内有"个人有争取自由的权利"，不再进行国有化，与自由党合作对抗工党，寻求统一的欧洲，让德国重返欧洲，面对苏联时要强硬。"'安抚'这个词不流行了，"他说，"不过各种政策里都有安抚的成分。你一定要把它放在正确的位置上。安抚弱者，反抗强者。对像英国这样闻名的国家来说，这样完全颠倒行事是非常可怕的事情。"

丘吉尔很高兴受到了热情接待，他对后座议员们说："作为你们的领袖，我希望你们给予我所需要的信心和支持。今天在这里你们的款待已经消除了在我心中升起的障碍。"他说，他会更频繁地参加他们的聚会，也希望能定期与他们的执行委员会见面。他还会建立一个影子内阁委员会，让保守党为下次选举做好准备。两天后，在爱丁堡，丘吉尔继续批评工党政府的高税收、处罚性税收政策以及国有化的"彻底失败"。和之前一样，乔治·克里斯特帮他准备讲稿，可是他并不总会使用克里斯特给他准备的讲稿草稿。一次，在感谢克里斯特为他准备演讲稿的同时他也表示道歉。"事实上我没有用这份稿子，"他写道，"这绝不是要贬低你给予我的帮助。它给了我一条绳子爬上岸，直到我能自己走在海滩上。"

7 月 27 日，丘吉尔要求下院召开秘密会议，讨论苏联军队在全世界范围内集结的问题。艾德礼表示反对，下院进行分组表决。投票结果是 295 票对 296 票，丘吉尔的要求仅以一票之差失败。现在丘吉尔准备在斯特拉斯堡举行的欧洲理事会咨询大会的开幕会议上发表演讲，要求建立一支欧洲军队。8 月 6 日，他从宾京山飞往斯特拉斯堡，在接下来的 4 天里，他一直在准备讲稿。和他在一起的麦克米兰在 8 月 10 日的日记里写道："你不得不钦佩他对细节超乎寻常的专注和对尽善尽美的追求。"

8 月 11 日，丘吉尔发表演讲，呼吁所有西欧国家对欧洲的军事防御"参与其中。尽到全力"。他说，他"很高兴"德国人"虽然深陷自己的问题之中，还是来这里共担我们面对的危险，增强我们的力量"。

丘吉尔主张建立欧洲军队的议案以 89 票赞成、5 票反对、27 票弃权获得通过，投弃权票的大部分是英国工党代表。西德同意为欧洲军队提供 5 个或 6 个师的兵力，法国接受了。

返回英国后，丘吉尔在 8 月 26 日代表保守党发表广播演讲。在演讲中，他表示政府无视 1949 年 2 月他在爱丁堡的呼吁，即和苏联领导举行"高峰"会谈，对此他感到遗憾。他说，与共产主义的苏联相处的"唯一办法"是拥有"某种形式的优势力量，然后理性、公平地采取行动"。

10 月 1 日，丘吉尔庆祝了一个对任何一名政治家来说都很罕见的纪念日，这是他初次入选议会的 50 周年纪念日。

11 月 30 日，丘吉尔 76 岁了。这天，在下院关于外交事务的辩论中，他再次主张召开高峰会谈。两周后，在关于国际形势的辩论中，他称赞艾德礼对英美保持密切关系的支持，认同艾德礼对西德重整军备的支持。艾德礼和贝文违背众多内阁同僚的意愿，决定同意让重整军备的西德参与西欧防御；他们知道尽管工党和外交部反对，但他们可以依靠丘吉尔让占据半数选票的保守党人支持这个政策，让这个政策获得两党的支持。

在出言支持艾德礼的防御政策 3 天后，丘吉尔乘飞机离开伦敦，前往卡萨布兰卡，然后乘车前往马拉喀什，他希望在那里完成战争回忆录的第五卷。在写作回忆录的同时，他几乎每天都远足，在远足的时候作画和野餐。

1951 年 1 月 1 日，丘吉尔乘车出发，去寻找"阳光照耀的绘画天堂"；他在亚特拉斯山脉另一侧的丁奈理尔找到了这个天堂，他在那里住了两天。返回马拉喀什后，和他一起出来的凯利返回伦敦；不过 1 月 5 日，迪金和丘吉尔的女儿戴安娜一起乘飞机出发到这里。两天后，克莱门蒂娜也和他们会合，他们一起第二次穿过大山前往丁奈理尔。在这些愉快的远足当中，回忆录第五卷和第六卷都接近完成。

1 月 20 日，在享受了 7 周的阳光后，丘吉尔从马拉喀什返回伦敦，他又重新投入了政治斗争当中，不断削弱工党在下院当中不稳定的多数票。在 2 月 15 日的不信任投票中，丘吉尔带领保守党发起冲击，9 个自由党议员中有 6 人支持政府。5 天后，另一次分组表决中，政府获得 8 票的多数票。

这年夏天，工党仍然掌权。6 月 27 日，影子内阁讨论伊朗新上任的总理摩萨德将伊朗石油业国有化的问题。摩萨德国有化的资产中大部分是英国波斯石油公司在阿巴丹岛的油井和炼油厂，这是丘吉尔在 1914 年为英国买下的。

7 月 30 日，丘吉尔在下院发言，他欢迎杜鲁门派遣调停人到德黑兰的做法。

他说，他"非常愿意鼓励美国海军在地中海地区扮演领导角色"。自从战争结束后，"我一直希望美国能更加关注波斯和埃及的事务"。在发言中，他批评英国政府不愿意对抗埃及拒绝驶往以色列的船只通过苏伊士运河的决定；英国"两年前"就应该这么做，"或者两年前支持以色列这么做"，他接着问，"为什么我们不能在问题圆满解决之前拒绝所有的军品出口、以英镑结存为理由拒绝支付所有款项呢"？

克莱门蒂娜正在法国上萨瓦省的安讷西度假。8月15日，丘吉尔离开英国，前去与她会合。他花了一周时间写作和修改战争回忆录第五卷，将修改部分口述给简·波特尔。"他有这样的预感，"波特尔后来回忆说，"下次选举后他会成为首相；他有非常强烈的预感，他会重新执政。"在安讷西度过一周后，坏天气让丘吉尔前往更南的地方。他选择了威尼斯，在那里他可以在利多的温暖海水里游泳。

在威尼斯的时候，丘吉尔完成了回忆录第五卷的最后修改。9月12日，他返回英国。8天后，他接到艾德礼的一封短信："亲爱的丘吉尔，我已经决定在10月举行大选。我会在今晚9点的新闻后宣布这个消息。谨启，C. R. 艾德礼。"丘吉尔立刻开始帮助准备保守党竞选宣言。

这是1899年以来丘吉尔第16次参与选举。10月2日，他在利物浦发表了第一篇竞选演说。第二天，保守党竞选宣言发布；其中包含一项惊人的内容，承诺在重整军备期间对军备制造商征收超额利润附加税。这项征税是丘吉尔自己的主意；他记得自己在一战期间和1939年之前对武器制造商的高额利润有多反感，他不希望在自己执政期间重蹈覆辙。

当竞选活动紧锣密鼓地进行的时候，《每日镜报》说了一句让丘吉尔非常伤心的话："他们想让谁的手指扣在扳机上，艾德礼的还是丘吉尔的？"10月6日在自己选区的演讲中，丘吉尔对此做出回应："我肯定我们不希望任何人的手指扣在任何一个扳机上。我们最不想要的就是一个乱摸的手指。"他不认为第三次世界大战不可避免，不过如果大战爆发，也不会是英国人的手指最开始扣动扳机。"可能是苏联人的手指，或者美国人的手指，或者联合国组织的手指，总之不会是英国人的手指。"

丘吉尔现在几乎每天都在竞选集会上发表演讲。10月23日，他在普利茅斯对听众说，如果他当选，他会努力"做出重大贡献，避免第三次世界大战，带来每块土地都强烈渴望的和平"。他祈祷能有这样的机会。"这是我想要赢得的最后一个大奖。"

投票在10月25日进行。工党的实际投票人数略高于保守党的投票人数，但保守党赢得321个席位，工党赢得295个席位。自由党的席位从9个减少到

6 个。

在保守党候选人中，伦道夫再次失利，他之后再也没有参与过议会选举。10月 26 日晚，丘吉尔前往白金汉宫，和 1940 年 5 月以及 1945 年 5 月一样，国王再次要求他组阁。"我希望温斯顿能帮助这个国家，"克莱门蒂娜给一个朋友写信说，"这将是艰苦的工作，不过他有一颗雄鹰一般积极坚定的心。"

第三十八章

和平时期的首相

丘吉尔没有在组阁上耽误时间。和 1940 年 5 月一样，他任命自己为国防大臣。安东尼·艾登第三次担任外交大臣，他第一次担任这个职务是在 1935 年。R. A. 巴特勒担任财政大臣，他在让保守党力量在选区内复兴的过程中起到了重要作用。哈罗德·麦克米兰成为驻防大臣。

1951 年 10 月 30 日，丘吉尔的和平时期政府召开了第一次内阁会议。内阁的第一个行动是准备对钢铁业实施非国有化，这是他们竞选时的承诺。鉴于正面对严重的经济危机，内阁还决定所有大臣立刻接受降薪；首相的法定工资是 1 万英镑，丘吉尔提出自己领取 7000 英镑。在 11 月 1 日的第二次内阁会议上，他批准了巴特勒提出的大幅削减政府开支的建议。4 天后，丘吉尔在担任首相后首次谈到外交事务，他对下院说，他和艾登有一个想法，"尽最大努力沟通两个世界之间的鸿沟，这样每个世界都可以各自过生活，即便不是在友好的关系下，至少也没有'冷战'的恐惧、仇恨和可怕的浪费"。

11 月 30 日，丘吉尔 77 岁。这天他的值班私人秘书是戴维·亨特，后来他回忆说，晚饭后，丘吉尔"和往常一样到内阁办公室工作，和往常一样亲切地邀请我和他一起喝一杯"。丘吉尔对亨特说："你从前从来没见过一个 77 岁的首相吧。"亨特回答说："我没见过，不过您见过。"上一位在丘吉尔的这个年纪在职的首相是格拉德斯通。

丘吉尔会不会太老，无法承受首相工作的严酷？克莱门蒂娜对丘吉尔在这样的年纪重返首相这个职位感到非常不安。甚至丘吉尔也意识到这个职务的担子会很重；乔克·科尔维尔受邀加入丘吉尔的私人办公室担任首席私人秘书，丘吉尔向科尔维尔坦承，他打算只在首相位子上待一年，然后就把这个位子交给艾登。他解释说，他"只是想有时间重建与美国的密切关系，这是他的战时政策的基石，以及在国内恢复被战时的限制和被战后实施的社会主义措施所腐蚀的自由"。

为了达成第一个目标，12 月 11 日，丘吉尔告诉内阁他打算尽快访问美国。他在心里还有一个实际的目标，为英国国防计划寻求"设备或物资"援助。在出发前，他和艾登一起前往巴黎。12 月 18 日，在为期两天的访问结束时，他向法国人保证，英国支持建立欧洲防御共同体，即便英国无法加入其中。英国准备让自己在"政治和军事发展的各个阶段尽可能密切地"与这个共同体合作。

1951 年的最后一天，丘吉尔乘火车离开伦敦前往南安普敦，在那里他登上"玛丽女王号"。1952 年的新年他是在海上度过的。在航行途中，科尔维尔想让丘吉尔看一些为与美国的会谈预先准备的资料，丘吉尔不愿意看，他说到美国是去"重建关系的，不是做生意"。

1952 年 1 月 4 日，"玛丽女王号"抵达纽约。从纽约，丘吉尔乘坐杜鲁门的专机飞往华盛顿。当晚，他和杜鲁门在总统游艇的甲板上共进晚餐。"现在的自由世界不是赤裸裸的世界，"他说，"而是重整军备的世界。"他希望美国能够和英国一起派军队保卫苏伊士运河的航运自由。

华盛顿会议持续了两天多的时间。关于北大西洋公约组织，丘吉尔承诺英国政府会尽可能做出最大努力。在第一次正式会议上，他对杜鲁门说，他的目标是西方世界的力量现在将改变苏联对英国和美国之间友谊的担心，"这样他们会更担心我们对他们的仇视，而不是我们之间的友谊，因此会让他们寻求我们的友谊"。

在第四次会议上，丘吉尔支持建立欧洲军队，他认为这是"让德军参与西欧防御的唯一办法"。不过他警告说，目前法国正在法属印度支那像"老虎"一样作战，保卫他们的远东帝国，这意味着法国没有在欧洲军队中发挥全部作用。他说，若非如此，"法国人在欧洲会更强大，因此会乐意允许德国人更强大"。

在华盛顿会议期间，丘吉尔和杜鲁门再次证实且公布了之前杜鲁门和艾德礼达成的一项秘密协议，即没有英国的同意，美国空军基地不会向东英吉利亚发射原子弹。两个月后，在向下院汇报这项协议时，丘吉尔也提到了英国的原子弹。他说直到他就职后才知道工党政府不仅研制原子弹，还斥巨资建造了原子弹常规生产必需的工厂。他接着说，根据与澳大利亚政府达成的协议，1952 年原子弹将在"那块大陆的一个适当的地方"进行测试。

1 月 9 日，丘吉尔离开华盛顿，前往纽约。两天后，他乘坐夜班火车前往渥太华。他在加拿大政府为他举办的招待宴会上发言。他说，虽然德国和日本无条件投降，"和平不会无忧无虑地坐在自己的葡萄园里"。现在，北大西洋公约组织"不仅是防止战争最确定的保证，如果我们的希望破灭，它也是胜利最确定的保证"。

演讲完后，丘吉尔乘坐夜间火车从渥太华返回华盛顿。他在英国大使馆花了两天时间准备即将对美国国会发表的演讲。1 月 17 日，在国会山，丘吉尔的演讲主题充满希望。他说，"美国与英国和英联邦国家像兄弟一样合作，欧洲正越来越团结——没什么比法国和德国之间的团结更有希望了——这些和谐因素正在出现，也许要经过几代人才能带来所有这些因素，确定世界的命运。如果证明事实如此——最近的确证明事实如此——克里姆林宫的建筑师们也许会发现他们构建的世界格局与计划的不同，这个格局比计划的好得多"。

　　丘吉尔还谈到了中东地区，他对国会说，英国不可能再独自承担维护苏伊士运河水道畅通自由的全部重担。这个问题已经成为"国际责任而非国家责任"。在运河地区有 8 万名英军官兵。美国、法国和土耳其就算象征性地出兵，也能表明他们目标一致。

　　接着，丘吉尔谈到中东地区，"有阳光也有阴影"。他对国会说："从巴尔福宣言那个时候开始，我就希望犹太人能有自己的国家，我一直为此努力。我很高兴在这儿向以色列国建立者们的功绩致敬，他们用坚韧保卫了自己，他们为大批犹太难民提供了庇护。我希望在他们的帮助下，他们能将沙漠变成花园；不过如果他们要享受和平和繁荣，必须努力恢复和维持他们与阿拉伯世界的友好关系，否则，接下来所有人将面对全面降临的痛苦。"

　　谈到欧洲，丘吉尔提到通过"联合指挥"尽可能强大的军队防止第三次世界大战；越快做到这一点，"就能越快在勇敢、坚决和武装优良的人们身上而非科学从大自然费力取得的可怕秘密中看到我们的安全感和实际的安全"。这些秘密，原子弹的秘密，"目前"形成了他口中对抗第三次世界大战的"最大威慑"，一旦战争爆发，也是胜利"最有效的保证"。

　　丘吉尔的希望显示出他寻找办法走出冷战僵局的决心。第二天，他从华盛顿乘火车前往纽约。1 月 22 日，他乘船前往南安普敦，1 月 28 日抵达英格兰。

　　2 月 6 日，英王乔治六世逝世。伊丽莎白继位。丘吉尔的身体状况欠佳。他不得不减轻首相职务的压力，回到查特韦尔庄园休养了几日。

　　在内阁，丘吉尔关心的主要问题还是国家和帝国的防御，以及向苏联发出明确信号，表明英国并非毫无防备。在他的提议下，3 万多人登记加入自卫队。同时，所有新兵训练营的军队被组编成 500 支"机动纵队"，他后来在下院说，这些纵队能够"大显身手，他们能够杀死或抓获空降人员，对任何空降企图形成相当的威胁"。2 月 20 日，丘吉尔将眼光放远，他要求参谋长会议确保马尔维纳斯群岛能够得到妥善防御，一支皇家海军部队将乘坐护卫舰前往群岛附近区域。

　　为了减轻工作量，丘吉尔让陆军元帅亚历山大接管国防部。

　　5 月 3 日，丘吉尔在广播里发表了他执政头 6 个月的报告。他说，"坚定、沉着、果断"的政府需要三四年时间弥补工党政府这些年的"铺张浪费、过度开支和靠美国人的钱生活"造成的收支差额。他对巴特勒制定的第一年的预算给予全力支持，他还会继续支持他的财政大臣寻求节约开支的措施。5 月 7 日，丘吉尔在内阁会议上支持巴特勒提出的削减英军在德国的开支的请求，当时这笔开支约为每年 1.3 亿英镑。丘吉尔提议设法让这笔开支降到 7000 万英镑，他的建议被接受了。

尽管参与每次内阁会议，主持内阁国防委员会，丘吉尔却发现阅读递交上来的大批材料或理解某些错综复杂的讨论越来越困难。

丘吉尔会和往常一样事先细心地准备他的发言。可是 5 月 23 日晚在伦敦举行的税收检查员晚宴上讲话时，他的讲稿几乎完全是科尔维尔写的。这是半个多世纪以来，他第一次允许自己在发表公共演讲的时候这么做。

战争回忆录最后一卷的写作仍在继续。6 月 13 日，迪金来到查特韦尔庄园，他让丘吉尔放心，他的所有帮手，包括波纳尔将军、艾伦准将和丹尼斯·凯利，都不断取得进展。附录和地图现在几乎都完成了；丘吉尔很满意，他的帮手们很重视最后阶段的这些工作。3 天后，科尔维尔在日记里写道："首相心情低落，不知所措。他今晚对我说：'热情逐渐减退了。'我认为更可能是他看不到隧道顶端的亮光。我也看不见。不过现在是凌晨 1 点半，正是勇气和活力快到最低潮的时候。"

丘吉尔不知道的是，就在这一天，6 月 16 日，他的 4 名政府成员在伦敦会面，决定要求他立刻辞职或者定下辞职的日期。他们是下院领袖及掌玺大臣哈利·克鲁克香克、联邦事务大臣索尔兹伯里勋爵、苏格兰事务大臣詹姆斯·斯图亚特和总督导帕特里克·巴肯·赫伯恩。

9 月 9 日，丘吉尔和克莱门蒂娜离开伦敦，前往法国南部度假，他们住在比弗布鲁克的拉卡朋西纳别墅。他度假的时候恰逢他的战争回忆录第五卷出版。这次度假也让他有机会继续回忆录第六卷的写作，为此，伊丽莎白·吉列特和简·波特尔跟他一同出行。

9 月 25 日，丘吉尔乘飞机返回英格兰。6 天后，他飞往苏格兰，女王邀请他到巴莫拉尔宫做客。当他做客时，有个消息传到唐宁街 10 号，当天凌晨，英国的首颗原子弹在澳大利亚西北海岸的蒙特贝洛岛附近试爆成功。

11 月 4 日，艾森豪威尔将军当选美国总统。在公开场合丘吉尔对他当选表示欢迎。而私下里他并不高兴，5 天后他对科尔维尔说："我非常不安。我认为这会让战争爆发的可能性大大增加。"丘吉尔现在感到有新的使命和新的使命感：运用他作为首相的权威让美国和苏联直接达成和解。他有精力达成这样的目标吗？同一天，科尔维尔在日记里写道："他（丘吉尔）变得十分疲惫，而且显然衰老了。他发现撰写演讲稿成了件困难的工作，他不再思如泉涌了。"

和 5 月时一样，丘吉尔再次提到可能辞职。11 月 28 日，丘吉尔自己对艾登说，要让他尽可能秘密地离职，"只需说一声"。两天后，丘吉尔 78 岁；不过格拉德斯通在 87 岁时仍然是首相。

艾登要求丘吉尔说明会在何时辞职。不过丘吉尔不愿意答应或定下日期。他仍然想去拜访艾森豪威尔。他想乘飞机，不过莫兰勋爵警告这样的长途飞行会有风险；他警告说，甚至在加压舱里，丘吉尔的血液循环也可能受损。丘吉尔决定乘船，12月30日晚，他乘火车从滑铁卢出发前往南安普敦，然后再次登上"玛丽女王号"。

1月5日，"玛丽女王号"抵达纽约。因为艾森豪威尔要在两周后才举行总统就职典礼，丘吉尔决定劝说这位新当选的总统在就职后尽快和他一起去见斯大林。艾森豪威尔拒绝了；他说，丘吉尔可以去莫斯科，不过他更愿意在中立地区与苏联领导人见面，比方说斯德哥尔摩。

1月8日上午，丘吉尔乘坐总统专机飞往华盛顿。在总统任职的最后几天里，杜鲁门在白宫接待了丘吉尔，晚上丘吉尔则在英国大使馆宴请杜鲁门。

1月29日，丘吉尔不顾医生之前的担心，乘坐飞机返回英格兰。

3月5日，莫斯科电台宣布斯大林逝世。丘吉尔立刻看到和斯大林的继承者展开某种形式对话的机会，他给他们发了一封电报，对他们领袖的逝世表示"遗憾和慰问"。3月11日，他给艾森豪威尔发电报劝他趁此机会"翻开新的一页"。不过丘吉尔的电报和艾森豪威尔的来信错过了，艾森豪威尔在信里拒绝进行高峰会谈，他担心这会给苏联政府提供"另一个大肆宣传的口实"。

丘吉尔不会让艾森豪威尔的态度阻止自己的脚步。3月28日，他给艾登看了他草拟的一封信，他想着把这封信发给莫洛托夫，在信里他提出至少举行一次外长会议，他建议把维也纳作为会议地点。可是当他把这个提议告诉艾森豪威尔时，艾森豪威尔仍然表示怀疑。4月11日，丘吉尔第三次发电报给艾森豪威尔，试图说服他举行某种形式的高峰会谈。他写道："世界已经升起很大希望，人数众多、力量强大的苏联民众将改变心意，这会让他们走得很远很快，也许会进入革命。"

4月17日，在格拉斯哥的苏格兰保守党人集会上，丘吉尔公开表明他的希望，他问："是否有一袭清新的微风吹进这个处在煎熬之中的世界？"3天后，他兴致高昂，华盛顿宣布艾森豪威尔愿意考虑与苏联就实质性问题进行会谈。然而，就在外交政策出现曙光之际，艾登由于手术事故卧病在床。4月29日的第二次手术中，他差点丧命。他绝望地飞往波士顿接受第三次手术。丘吉尔决定亲自掌管外交部，就像之前艾登生病时一样。

这年春天，丘吉尔接受女王授勋，成为嘉德爵士；从此之后，他就是温斯顿"爵士"了。

5月5日，丘吉尔告诉艾森豪威尔，如果美国总统不愿意去莫斯科，他准备自己一个人去。5月11日，丘吉尔在下院说明他希望与斯大林的继承人"立即"展开对话的原因。他说，也许"不会达成严密的协定，不过会面的人当中会产生一种共识，即他们不会摧毁包括他们自己在内的人类，他们会做更好的事"。

丘吉尔的发言激怒了外交部，科尔维尔后来回忆说，"因为外交部认为与苏联交好会让参与西方联盟的欧洲大国泄气"。然而外交部国务大臣塞尔温·劳埃德对此"充满热情"。法国总理勒内·梅耶不想被排除在任何高峰会谈之外，他请求艾森豪威尔召开一次高峰会谈的会前会议。5月20日，艾森豪威尔打电话问丘吉尔法国是否能加入下一次西方领导人高层会谈。丘吉尔立刻表示同意，并且建议将会议地点设在百慕大，不过法国的政治危机让巴黎延迟了3周多才做出决定。

5月的最后一周，政治和外交事务被暂时搁在一旁，因为英国准备庆祝伊丽莎白二世的加冕典礼。加冕典礼在6月2日举行。

6月3日下午，丘吉尔在唐宁街10号主持英联邦国家总理会议的开幕会议，欢迎各国总理来到伦敦，并且为他们做了关于世界局势的报告。丘吉尔对英联邦国家的总理们说，他打算尽快与苏联领导人进行"非正式会谈"。

6月5日，由于艾登缺席，丘吉尔主持了外交部为女王在兰卡斯特宫举办的宴会。6月8日和9日，他再次主持英联邦国家总理会议。直到6月12日，他才得以返回查特韦尔庄园。不过他还必须完成百慕大会议的计划，他希望在会议上说服美国人和法国人赞成他与新任苏联领导人对话的想法，很可能是他单独一人前去对话，如有必要，对话将在莫斯科进行。

3天后，丘吉尔返回伦敦，在唐宁街10号参加为意大利总理阿尔契德·德·加斯贝利举办的晚宴。这是他动身去百慕大之前的最后一次正式活动。宾客们离开餐厅的时候，丘吉尔站起来准备带他们去客厅。走了几步之后，他突然跌坐在离他最近的一把椅子上。

丘吉尔经历了一次中风。一位宾客警觉到丘吉尔脸色苍白，他立刻把玛丽带到丘吉尔身边；玛丽后来回忆说，她的父亲"看起来很不高兴，很不稳定，相当语无伦次"。第二天上午，让身边亲友吃惊的是，他坚持主持内阁会议，尽管他嘴角下垂，很难使用左手。内阁会议在中午召开，没人注意到有什么不对。

第二天，丘吉尔的健康状况恶化了。直到最后一刻他还希望参加当天上午的内阁会议，不过到中午，他只想返回查特韦尔庄园了。晚上，科尔维尔写道："他的体能严重衰退。"

第二天，也就是6月26日，丘吉尔身体左侧部分瘫痪，左手机能丧失。当天下午检查后，莫兰勋爵怀疑丘吉尔是否能活过这个周末。不过丘吉尔还是在当晚口述了一封给艾森豪威尔的电报，告诉他要推迟百慕大会议。当晚莫兰和拉塞尔·布雷恩爵士发表媒体声明，宣布丘吉尔需要"彻底休息"，但是没有说明原因。

恢复显然要经历一段漫长艰苦的过程。恢复过程几乎立刻开始。到了周日，丘吉尔觉得已经可以坐在桌边吃午餐了。第二天，和科尔维尔聊天时，丘吉尔说他觉得这次中风一定会让他离职，不过他想看看自己能走多远，如果恢复得足够好，能在 10 月的保守党年度大会上发表演讲，他就会继续留任。

丘吉尔给自己定下了 4 个月后的目标，这似乎对他的恢复有所帮助。6 月 30日，中风一周后，他在查特韦尔庄园接待了内阁秘书诺曼·布鲁克爵士。布鲁克后来回忆说："他坐在轮椅上。晚饭后，在客厅，他说他打算站起来。科尔维尔和我劝他别这么做，他却坚持为之，我们分别走到他两边，这样如果他摔倒，我们就能扶住他。不过他用拐杖把我们挥开，让我们往后站。然后，他把脚放到地上，紧握椅子的把手，用了很大的力气，他的脸上汗如雨下，他撑着站了起来，站直了。证明他能站起来之后，他重新坐下，拿起了雪茄。"诺曼·布鲁克说："他下定决心要恢复。"

• 第三十九章 •
恢复，最后的野心，辞职

在中风后恢复的同时，丘吉尔邀请更多朋友和同事到查特韦尔庄园和他见面。1953年7月2日，哈罗德·麦克米兰到查特韦尔庄园吃午饭，他后来回忆说他"非常惊讶，一个经历了如此不幸的人竟能表现出如此的快乐和勇气"。

7月4日，丘吉尔可以独自行走一小段了。两天后，他感觉身体不错，接待了来自外交部的访客威廉·斯特朗爵士。法国希望召开三国外长会议，借此赢得他国对法国在印度支那的作战的支持，两人就此事进行了讨论。丘吉尔非常希望与苏联人会面，7月17日他给艾森豪威尔发电报，解释他希望在四国政府首脑和总理会议之前先进行四国外长会议的原因。"首先，"他解释说，"我认为你我已经形成了对马林科夫的印象，他从来没在苏联以外见过任何人。"

艾森豪威尔仍然不愿考虑高峰会议，丘吉尔同样也不愿放弃这个想法。7月24日下午，丘吉尔的身体情况好转，他经过3小时车程从查特韦尔庄园前往首相乡村别墅。

虚弱的安东尼·艾登刚刚做完第三次手术，从波士顿回来，7月27日他到首相乡间别墅见丘吉尔。这天，朝鲜战争落幕，双方签署停战协定；高峰会议似乎更有希望了。

8月8日，丘吉尔在首相乡间别墅主持部长会议，讨论苏联对三国发出的照会的回应，这份照会的目的是邀请苏联参加外长会议。"除了走路不太稳，"科尔维尔在日记里写道，"中风留在他身上的印记都消失了，尽管他仍然会很快感到疲倦。"4天后，苏联人宣布，他们研制了一颗原子弹。科尔维尔写道："首相仍然倾向于认为我们有取得谅解的机会。"丘吉尔对他说："我们不能更靠近通往战争的道路，除非确定已经没有其他通往和平的道路。"

8月18日，丘吉尔乘车前往伦敦，在中风后首次主持内阁会议。第二天上午，他与英国驻莫斯科大使见面。这一天，他也准备好进行下一步的文学创作，他打算重写《英语民族史》，本来这部书定在战争爆发前夕印刷，但是最终未能出版。

丘吉尔现在感到身体已经足够好，能让他在任何必要的时候前往伦敦。8月25日，他前往伦敦主持当天下午的内阁会议，随后，他核对回忆录第六卷校样，直到晚饭。

9月8日，丘吉尔主持内阁会议，讨论埃及在苏伊士可能采取的对抗英军的行动。有人提出进行军事上的回应，不过丘吉尔劝说他们要谨慎。他说，"不要忘记，除了诉诸英军的积极干预"，还能实施经济上和财政上的制裁。他指出，英国随时能封闭埃及的英镑结存，"限制运往开罗的石油流量"。

9月17日，丘吉尔离开英国，前往法国南部度假两周。他再次住进比弗布鲁克的别墅。9月23日，科尔维尔乘飞机出发，与丘吉尔会合。他后来回忆说，首相"花几个小时画岩石和松树"。9月25日，丘吉尔给克莱门蒂娜写信说，作画是"一种很棒的娱乐，是疲倦鸟儿的一块小小的栖息地"。第二天，再次核对过战前的《英语民族史》校样后，丘吉尔给比弗布鲁克写信，建议他在反对德军建立的时候要"小心"。"尽管军队不再是决定国家命运的工具，"他写道，"德军一定会建立，我希望这支军队是站在我们一边，而不是反对我们。这对我们和苏联人的关系不一定有妨碍，反而可能会有帮助。"

9月30日，丘吉尔飞回英国。9天后，他前往马尔盖特发表演讲，人们对演讲的反应将帮助他决定他政治生涯的未来。演讲持续了50分钟，他全程站立。在演讲中，他重申了5月11日提出的与苏联人进行高峰会谈的希望。他还对集会的保守党人说，北大西洋公约组织的存在"不是让苏联对抗德国或者让德国对抗苏联，而是让他们都感到，尽管相互之间有严重的问题和差异，他们仍能彼此生活在安全之中"。他还说，就个人而言，他欢迎德国"重回世界强国之列"。这篇演讲很成功。简·波特尔后来回忆说，这也是一次"严酷的考验"。尽管丘吉尔中风的消息是保密的，但各种关于他身体状况不佳的谣言满天飞。波特尔还说："每个人都盯着他想看出他的虚弱。完成演讲是一个壮举。"

10月16日，丘吉尔得知他荣获诺贝尔文学奖。丘吉尔理应得到这样的赞誉，他在50年前就出版了第一本书，他的五卷本一战回忆录已经成为经典，六卷本二战回忆录现在也即将完成。4天后，他到下院回答议员提问，这是他中风后首次进入下院。"他看起来很自信，"钱农评论说，"虽然戴了助听器，他仍然耳聋严重，但是他显然比原来精力更旺盛了。"不过钱农怀疑"他是否能长久坚持下去"。

现在又有人要求丘吉尔辞职。克莱门蒂娜希望他把权力转交给艾登，艾登迫不及待想要接替他的位置。不过1月3日，在议会发表中风以来的第一次演讲时，丘吉尔精力十足，这似乎给了他不必辞职的信心。钱农在日记里评论道："无与伦比，充满机巧和魅力，富于机智，非常有力，他向安静、敬畏的下院滔滔不绝地说出麦考利式的语句。这简直是奥林匹亚的奇景。我们从未见他或任何人有过如此出色的表现。18年来，在令人尊敬的下院里，我从未听过如此的演讲。"

丘吉尔离开议会大厅，没有依靠任何帮助自己走进吸烟室。人们意识到丘吉尔正从中风中恢复过来；大部分知道他中风这件事的人，包括他的医生，都曾经下结论说他不可能再在下院发表演讲了。回到他在下院的办公室后，丘吉尔对莫兰说："这是最后一个该死的障碍。"他接着说："现在，查尔斯，我们可以考虑莫斯科了。"

要去莫斯科，第一步必须要跟美国人和法国人举行预备会议；议会演讲获得成功48小时后，丘吉尔再次邀请艾森豪威尔前往百慕大。双方同意从12月4日开始在百慕大与新任法国总理约瑟夫·拉尼埃召开为期4天的会议。丘吉尔决定设法与苏联恢复关系。应他的建议，科尔维尔和索姆斯前往苏联大使馆进行私下会谈，探讨缓和关系的可能性。不过新任驻莫斯科英国大使威廉·海特的一封电报给丘吉尔的希望投下一片阴影。海特在1月24日汇报说，苏联人把双方的共存看成"蛇和兔子"的共存。新任苏联领袖马林科夫"似乎得出结论，认为斯大林的方式过于粗糙，从今以后将采取其他更细致的方法削弱西方力量"。

丘吉尔没有被马林科夫直白的评论吓退。12月1日，79岁生日的第二天，他离开伦敦，飞往百慕大。彻维尔勋爵和他一同前往，丘吉尔打算跟艾森豪威尔讨论他们两国在原子领域内的合作。10多年来，原子武器方面的问题一直由彻维尔勋爵专门负责。百慕大会议的第一次全体会议在当天下午召开。

当晚，在和丘吉尔、艾登讨论的时候，他再次提出如果休战协定被破坏，美国将在朝鲜采取行动。在艾登的鼓励下，丘吉尔现在"强烈拒绝"艾森豪威尔提出的如果再次爆发敌对事件美国将使用原子弹的建议。

第二天下午与丘吉尔再次会晤后，艾森豪威尔建议，在他将要在联合国发表的演讲中，他会提到"陈旧的殖民模式"现在正在瓦解。这天午餐后，丘吉尔说服艾森豪威尔将这些"不愉快的句子"从他的演讲中删除出去。更重要的是，丘吉尔说服艾森豪威尔将美国"有使用原子弹的自由"这句话替换成了美国"保留使用原子弹的权利"。对于艾森豪威尔的建议的中心思想，即通过国际机构控制原子能，丘吉尔表示很欢迎。

会议剩下的大部分时间都在讨论欧洲防御共同体，丘吉尔向法国人提出了一系列请求，劝说他们接受德国军队参与西欧防御。当比多激动地谈到目前法德之间的萨尔河争端时，根据会议记录所述，丘吉尔"恳求他的法国朋友不要让萨尔河谷的几块土坷"使西欧的防御体系遭到破坏。如果德国被撤下，完全没有武装，它"随时会被苏联支配"。

法国人没有被说服。美国人也不同意丘吉尔提出的由美国与英国一起维持苏伊士运河区治安的要求。对于丘吉尔提出的以高峰会议为目的的访苏提议，美国人很固执，认为这只会让苏联人获得又一次宣传上的胜利。12月8日会议结束时，丘吉尔非常失意。他克服自己的病痛，走了那么远的路来到这里，他的主张却没有达成。

这年2月，媒体两次呼吁丘吉尔辞职，一次是在《每日镜报》上，另一次是在《笨拙》上。让丘吉尔感到失望的另外一件事是，期待已久的四国外长会议这个月在柏林举行，但苏联人表现得强硬固执。不过当2月25日在下院发言的时候，他表明他仍然希望能缓和关系。他说："当世界和平面临威胁时，决不能吝惜耐心和毅力。"

丘吉尔的精力让那些知道他中风这件事的人感到吃惊。3月4日，在5小时的内阁会议后，莫兰勋爵问他是否感到疲倦。"完全不，"他说，"现在我准备和美国大使共进晚餐。"莫兰评论道："这个令人惊异的生物不服从任何法则，不承认任何规则。"但是，一周后，当丘吉尔和财政大臣巴特勒共进晚餐时，他对巴特勒说："我觉得自己像一架飞机，已经飞到旅程的末尾，在黄昏当中，汽油即将耗尽，正在寻找安全的降落地点。"丘吉尔坦承，他唯一关心的政治问题是"与苏联人的高层会谈"。

让丘吉尔辞职的呼声越来越大，而且越来越咄咄逼人。3月22日，哈利·克鲁克香克私下在日记里把丘吉尔叫作"老糊涂"。但是，4天后，几乎每天见到丘吉尔的简·波特尔对莫兰勋爵说，丘吉尔"相当自信"。他也越来越积极地设法说服艾森豪威尔再次尝试与苏联召开高层会议，以及促进西欧贸易。不过对于提高对俄贸易的要求，艾森豪威尔回答说，他不想让苏联人享用西方消费品。

丘吉尔没有放松影响美国总统的努力。美国的氢弹在这个月爆炸成功，很多人感到恐惧。但是如在3月27日给艾森豪威尔的信里写的那样，丘吉尔仍然希望"促使对苏关系缓和，鼓励和帮助苏联人改善生活，让苏联人更多地享受到大量您所说的消费品以及在英美人民生活中扮演重要角色的娱乐活动"。在冷战的氛围下，这种观点是非常有远见的。不过丘吉尔每发一封电报给艾森豪威尔，安东尼·艾登都感到自己作为外交大臣的职权被削弱了一分。他和丘吉尔之间的关系已经恶化到几乎破裂的程度。3月31日，艾登愤怒地对他的一名顾问说："这种情况真的不能继续下去了，他是老糊涂，他都没法完整地讲出句子。"

尽管身体虚弱，丘吉尔此时还是在准备一篇关于氢弹的演讲稿子。4月5日，他在下院发表这篇演讲。他警告说，对西欧的生存以及英国的安全来说，没什么比"英国和美国的巨大分歧"更糟的了。他总结说，英国政策有两个主要目标："一个目标是不要丢掉说服苏联领导人（如果我们能接触到他们的话）和苏联人民的机会，让他们相信西方民主国家对他们没有侵略的企图。另一个目标是确保目标达成前，我们拥有足够的实力，防止他们入侵，如果事情发生，我们可以抵挡住入侵。"

说这些话的时候，丘吉尔不时被工党席位上传来的"辞职"的呼喊声打断。他们的喊声非常大，甚至有时淹没了丘吉尔的声音。但是，让媒体大肆评论的不是他讲话被打断，而是他没有对打断他的人做出回应。

丘吉尔在4月5日的表现是一个转折点。丘吉尔的私人秘书安东尼·蒙塔古·布朗后来回忆说，这是"我第一次清楚明白地意识到他是多么无力。如果是在过去，他会放下笔记，力挫反对之声，因为他有最充分的根据"。

4月26日，丘吉尔战争回忆录的第六卷在伦敦出版。在给他的庆贺信里，布伦丹·布拉肯写道："以前不曾有过温斯顿·斯宾塞·丘吉尔这样的生物。"不过丘吉尔现在提出可能在7月辞职。"他正在决定或者说犹豫不决，何时应该放开权力，"阿斯奎斯的女儿维奥莱特·博纳姆·卡特在一次到查特韦尔庄园拜访过丘吉尔之后给一个朋友写信说，"我觉得他的心里非常痛苦。我劝他不管对错，留下来。他对我说：'你知道你和比弗布鲁克是仅有的两个真正希望我留下的人。'"

丘吉尔已经计划好飞往华盛顿，与艾森豪威尔讨论交换核能和平使用信息的问题。为此，他将再次带上彻维尔勋爵同行。得知丘吉尔的计划后，艾登借机在6月7日的信里向他建议，此行返回后，他应该尽快辞去首相职务。丘吉尔回信表示他不能答应艾登的请求，因为在这个关键时刻，他不能抛弃他的职责。不过，他在首相职位上不会"超过秋天"。

在收到艾登的信之后，丘吉尔与麦克米兰讨论他的辞职问题，他对麦克米兰说，他考虑留任到秋天。几天后，他收到麦克米兰的来信，麦克米兰说他认为如果要在这一年组建新政府，最好"让大臣们在夏季假期之前而不是之后到新职位就职"。丘吉尔感到不快。"我亲爱的哈罗德，"他在6月20日回信说，"昨天上午我收到了你的信。我已经明白你的想法了。谨启，温斯顿·斯宾塞·丘吉尔。"

6月24日晚，丘吉尔、艾登和彻维尔离开伦敦，乘飞机前往华盛顿。科尔维尔在飞行途中记录道，此次访问的主要目的是"让美国总统相信我们必须在原子能和氢能领域进行更加富有成效的合作，我们，美国人和英国人，必须去和苏联人谈判，避免战争，降低冷战的影响，取得10年的'缓和'期，在此期间，我们可以让我们的财富和科学知识用在更富有成效的目的上，而不是用在制造灾难性武器上"。

杜勒斯和副总统理查德·尼克松在华盛顿机场迎接丘吉尔，随后丘吉尔乘车前往白宫，在会谈期间他将住在白宫。让他吃惊的是，在当天上午的第一次会谈中，艾森豪威尔最终表示同意与苏联人举行高层会谈。随后，丘吉尔提议到莫斯科探探苏联人的底，他很可能亲自前往。艾森豪威尔打算让丘吉尔独自前往莫斯科，他自己不会到"任何目前处在苏联统治之下"的地方参加会议。丘吉尔提出艾森豪威尔、马林科夫和他可以在中立的斯德哥尔摩或者伦敦会面，艾森豪威尔表示同意。

在丘吉尔出发前往华盛顿之前，由他担任主席的内阁国防政策委员会决定英国要制造自己的氢弹。这个决定当时对所有内阁成员都是保密的。6 月 26 日，丘吉尔对艾森豪威尔说英国将要制造自己的氢弹，而且会在英国境内制造。两人也讨论了"当今世界由于氢弹的轻便性所面临的威胁"。不过，他们都认为延缓氢弹实验是"不明智"的。

6 月 29 日，华盛顿会谈结束。在当天上午发表的最后公报中，丘吉尔和艾森豪威尔宣布他们同意现在已经成为德意志联邦共和国的西德"将作为同等地位的伙伴加入西方国家阵营，它可以为保卫自由世界做出应有的贡献"。丘吉尔 8 年前在苏黎世首次提出的想法实现了。当天午餐期间讨论了英美在核领域的合作问题，讨论结果迄今为止仍是秘密。随后，丘吉尔从华盛顿飞往渥太华；在渥太华，他告诉加拿大总理和国防部部长，英国决定制造一颗氢弹。

6 月 30 日中午，丘吉尔在渥太华对加拿大人民发表广播演讲，随后与加拿大总理共进晚餐。晚餐后，他乘车前往机场，飞往纽约。他在午夜后抵达纽约，接着乘车直接前往码头，登上"伊丽莎白女王号"。第二天中午，出发回国。

艾登也在船上，他要求丘吉尔做出辞职的明确保证。丘吉尔同意了，他在 7 月 2 日上午对艾登说，他会在 8 月初前往莫斯科，在 9 月 21 日将职位移交给艾登。当天晚些时候，丘吉尔口述了一封给马林科夫的电报，提议他和苏联领导人之间进行会谈。

丘吉尔打算不咨询内阁的意见从船上直接发出这份电报，这让艾登很生气。"在经过一番对话后，"科尔维尔在日记里写道，"艾登被叫走了，他最终同意让步。"丘吉尔会如艾登所愿将这封电报发给内阁，"条件是他可以说艾登原则上同意电报内容（他当然不同意）。艾登无奈地妥协了"。让丘吉尔吃惊和满意的是，当 R. A. 巴特勒回电报对这封电报的内容做出回应时，他表示"大体上对其主要思想感到满意"。随后这封电报被发往莫斯科。然而，除了巴特勒之外，实际上没有任何其他内阁大臣看到过这封电报。

7 月 6 日，"伊丽莎白女王号"抵达南安普敦。第二天，丘吉尔告诉内阁在英国境内制造氢弹的决定。当晚丘吉尔收到莫洛托夫的回信。莫洛托夫在信里完全同意丘吉尔建议的会谈，即在莫斯科、在丘吉尔和马林科夫之间的会谈。对于丘吉尔政治家生涯的最后一次伟大行动来说，似乎一切障碍都扫除了。不过当 7 月 8 日内阁召开会议时，大部分大臣都反对丘吉尔的提议，而且对于此事没有征求他们的意见感到深恶痛绝。

索尔兹伯里勋爵和哈利·克鲁克香克都发言对丘吉尔发给莫洛托夫的电报表

示反对。随后巴特勒的话给丘吉尔的提议带来了致命一击。他说,他在 7 月 3 日星期六下午收到那封电报草稿时人在诺福克。电报是发给他个人的。"电报里没有说要询问内阁的意见。"在他发出自己对该电文的评论前,"就收到了首相的另一封电报,询问这封电报是否能发给莫斯科"。巴特勒说,这"让他确信不用询问其他内阁同事的意见——而且无论如何,在周末大臣们分散各处的时候,让他这么做是非常困难的"。

巴特勒的话让丘吉尔的大臣们感到震惊。讨论继续,显然,他们中的绝大多数人不支持访问莫斯科。丘吉尔想寻找一条出路,他对内阁说他会先与艾森豪威尔协商;这个建议被接受了。丘吉尔对艾森豪威尔说,一切都取决于"内阁是否决定继续这个计划"。不过他不打算放弃举行三国会议的想法,他在 7 月 9 日的电报里对艾森豪威尔说:"我不打算去莫斯科。我们必须平起平坐地见面,尽管在你上任前跟我提过的斯德哥尔摩或者维也纳都可以接受,但是安东尼的提议我认为最好,即在伯尔尼见面。"马林科夫可以在日内瓦会议结束后立刻前往伯尔尼,莫洛托夫从日内瓦前往,"安东尼和我可以坦诚地与他们进行几次对话"。随后 9 月可以在伦敦召开三国或四国会议。

"当然,"丘吉尔承认,"所有这些可能都是空谈。苏联人也许会拒绝在莫斯科以外的地方见面。如果是那样,目前所有这一切就都结束了,或者他们只是想徒劳地分化英美的团结。我抱有的是希望不是幻想,毕竟我是'可以牺牲的',而且非常愿意在这样一项伟大的事业里做出牺牲。"

尽管丘吉尔仍然不放弃与马林科夫会见的希望,大部分内阁成员的意见显然是反对丘吉尔的。7 月 16 日,麦克米兰去见丘吉尔夫人,告诉她内阁在这个问题上"正在分裂的边缘"。内阁有相当大的怒气,几名资深大臣认为丘吉尔从船上给莫洛托夫发电报这件事有违宪的性质。7 月 23 日的内阁会议上大家普遍认为在这样重要的电报发出前应该先咨询大臣们的意见。

内阁决定到 3 天后的下次会议上再做出决定。7 月 26 日的内阁会议上,显然绝大多数人的意见仍然是反对丘吉尔和马林科夫会见,不论地点在哪里。丘吉尔于是收回提议。7 月 29 日,下院有人对两天前在开罗签订的英埃协定提出批评,根据该协定,英军将撤出苏伊士运河区,丘吉尔恳请下院议员用更宽阔的视野看待这个问题,让他们考虑苏伊士运河与英国在埃及的驻地的重要性以及建立国家与国家之间的友好关系这两者之间孰轻孰重。

丘吉尔的话产生了效果。"在坐下之前,"莫兰在日记里写道,"他让下院议员重新有了分寸感,让他们可以在苏伊士运河的重要性与惨绝人寰的战争带来的可怕灾难之间做出衡量。"尽管丘吉尔在议会取得胜利,可是越来越多的大臣加入希望让他辞职的行列。他不是说过 6 月要离开吗,接着说 7 月,接着又说 9

月？他不能确定一个日期吗？丘吉尔是"一个奇迹，是一个谜"，他的女儿玛丽在7月29日的日记里写道，"我们没人真正知道他的意图——也许他自己也不知道"！

丘吉尔回到查特韦尔庄园。让内阁惊愕的是，他现在决定不在9月把权力转交给艾登了。艾登问交接工作是否可以在10月，这样他就能在10月以首相或者即将就任的首相的身份参加保守党大会。丘吉尔不接受这个提议。他说希望留任到1955年头几个月。当艾德礼将要访问莫斯科的消息公布时，丘吉尔感到尤其难过。"如果我见到马林科夫会非常高兴，"他在8月12日对莫兰说，"现在艾德礼做到了。"丘吉尔牢牢坚持与苏联人会面的希望。他把自己的想法先后告诉了巴特勒和麦克米兰，麦克米兰在8月24日拜访查特韦尔庄园后在日记里写道："他提出要尽可能长地留任。他有独一无二的优势。他可以和铁幕两端的任何人对话，不管是通过私人电报还是面对面。他现在完全恢复了健康，不能放弃自己的职责。"丘吉尔还对麦克米兰说，如果他在竞选前辞职，艾登就不得不领导"一盘残渣"一样的政府，这样的政府"绝不可能成功"。麦克米兰写道，丘吉尔还说，"他是首相，只要他能建立、管理政府，下院对他有信心，就没什么能让他下台。议会休息厅里和媒体喋喋不休地谈论他的辞职，让人无法忍受。这一定是由于他去年身患重病。不过现在他康复了。当然，和任何年近八十、曾经两次中风的人一样，他可能随时会死。不过他不能承受在任何一个关键时刻死去！同时，他也不打算辞职"。

丘吉尔给麦克米兰看了一封他写给艾登的信，他在信里解释他打算继续担任首相，直到1955年1月大选。虽然克莱门蒂娜不希望他继续留任首相，他还是发出了这封信。

8月27日，艾登去见丘吉尔。他们的对话表明丘吉尔至少在一年时间里不打算辞职。"你还年轻，"丘吉尔对艾登说，"60岁前，这都会是你的。为什么要这么性急呢？"两天后，丘吉尔在内阁宣布他会留下来。

10月9日，丘吉尔在布莱克浦举行的保守党大会上发言。他指出，他担任保守党领袖已经有14个年头了。他没有提到辞职的事情。《观察家报》写道："至少在这一刻，（保守党）广大党员似乎愿意他按照自己的意愿完成自己的任期。"《观察家报》不知道的是，麦克米兰在一周前给丘吉尔写信，催促他定下引退日期，而且选定的日子距离大选要有足够长的时间，让艾登能在选举日前有充分的时间参选。

从布莱克浦返回后，丘吉尔立刻邀请麦克米兰到查特韦尔庄园。在谈话后，麦克米兰在日记里写道，丘吉尔将留任首相，"没有书面或口头承诺"辞职日期。丘吉尔也提出任命麦克米兰为国防大臣，麦克米兰接受了。

11 月 30 日，丘吉尔度过了 80 岁生日。在格拉德斯通之后，还没有哪个人在这样的年纪仍然担任首相的职务。在活着的下院议员中，也只有丘吉尔是在维多利亚女王时代当选的。

12 月 21 日，艾登到唐宁街见丘吉尔，要求他定下辞职日期。丘吉尔说可能在"6 月底或 7 月"，不过没有做出承诺。第二天，一群资深内阁大臣来见他，艾登在日记里写道，丘吉尔对他们说，"显然我们希望他下台"。没人否认他的说法。他也不再希望不顾大家要求他必须辞职的一致呼声，继续留任下去，他会给艾登留出足够的时间为选举做准备。1955 年年初，他决定在复活节休假开始的时候离任，这年下院将从 4 月 7 日开始休会；他没有把这个决定告诉给艾登或麦克米兰。

丘吉尔在 4 月初辞职的决定一直是严格保密的。他仍未放弃与苏联人会面的希望。

2 月 26 日，麦克米兰前往查特韦尔庄园，丘吉尔告诉他，他打算在 4 月 5 日辞职。他还告诉麦克米兰，他希望"作为首相"听取下一年的预算报告。预算报告将在 3 月 28 日提出，这与他的辞职日期并不冲突。

丘吉尔还要做一次大型演讲。简·波特尔后来回忆说："讲稿完全是他自己口述的。"这篇演讲的主题是氢弹。"我们应该怎么做?"丘吉尔问道，"我们应该使用什么方法拯救我们的生命，拯救世界的未来?"

最好的防御措施是"真正实施全面裁军"。不过苏联政府不会接受"国际审查制度"。几个大国必须制订出"有条不紊、分阶段的裁军计划"。在此之前，对自由世界来说只有"一个明智的政策"，即通过威慑力量进行防御。

氢弹杀伤力大，污染面积广，用来对付地广人稀的国家也非常有效。这一点东西方的领袖都"很明白"。这就是为什么他"长久以来"一直希望召开高层会议，参会者可以"开诚布公地提出这些问题"。在演讲结尾，丘吉尔对下院说："这一天会到来的，公平竞争、友爱同胞、尊重公平和自由，会让受尽折磨的几代人从我们不得不生存其中的恐怖时代中沉着、胜利地走出来。与此同时，永不退缩，永不疲倦，永不绝望。"

丘吉尔的演讲持续了 45 分钟。《星期日时报》称赞他在演讲中非凡地展现出"最高层次"的说服力。然而这份报纸不知道的是丘吉尔已经做出了离任的最终决定。

6 天后，也就是 3 月 8 日，在唐宁街与艾登共进午餐的时候，丘吉尔确认他会在 4 月 5 日辞职。3 天后，他看到了一封驻华盛顿英国大使罗杰·梅金斯发来的电报。梅金斯汇报说艾森豪威尔建议他、丘吉尔和阿登纳可以在 5 月 8 日欧洲胜利日十周年的时候在巴黎见面，批准用于代替欧洲防御共同体的新的防御协定。梅金斯说，艾森豪威尔还说，在巴黎的时候他也许会准备好"定下与苏联人见面的计划，继续努力减缓紧张局势和战争风险"。

丘吉尔起初没有领会艾森豪威尔的建议里暗含的意思。然而在把电报和附在上面的外交部的评论重读了一遍之后，他突然间看到了机会，他重新拾起了召开高层会议的希望。不过5月8日在他定下的辞职日期一个月又3天之后，3月12日，他给艾登写信说，艾森豪威尔的建议"带来了新局面，可能会影响到我们的个人计划和时间表"。丘吉尔认为他在通往高峰会议的漫长隧道顶端看到了光亮，必须要让内阁看到这封来自华盛顿的电报。

艾登非常忧虑，丘吉尔想要开始新的外交计划，更不要说他还想在首相位置上多留一个月了。3月13日晚，丘吉尔从首相乡村别墅返回伦敦，他对艾登说，由于预计到要参加巴黎会议，随后还可能召开伦敦峰会，他收回之前提出的留任到4月5日的说法。

第二天中午，内阁在唐宁街10号召开会议对梅金斯的电报展开讨论。艾登认定这并不预示对苏关系将有任何新的进展。丘吉尔不同意；他认为"美国总统愿意到欧洲制订与苏联人召开四国会议的计划"，这相当重要。他说，这是"一个新的重大举措，我们应该欢迎"。

内阁开始讨论根据艾森豪威尔的建议在5月召开巴黎会议以及接下来在6月举行四国会议的可能性。丘吉尔提议，6月的会议可以在伦敦举行。是不是丘吉尔提到6月这个时间突然间激怒了艾登？艾登随后故意慢慢地问道："首相阁下，这是否意味着你跟我定下的计划结束了？"他的提问让内阁同事们摸不着头脑，他们对4月5日这个交接日期并不知情。

艾登用这样的方式提出辞职问题让丘吉尔很生气。他模糊地回答道这有关"国家利益"，"这一直是我的抱负"。艾登打断他说："我已经做了10年外交大臣。我不能信任吗？"

索尔兹伯里勋爵插话说："看起来有些事我们所有人都不知情。"索尔兹伯里勋爵对4月5日这个日期也不知情，他坚持要求应该让内阁了解丘吉尔和艾登之间发生了什么事。但是丘吉尔拒绝说明。大臣们一头雾水地离开了唐宁街。

然而事情出现了转折，3月16日，梅金斯发电报说艾森豪威尔和杜勒斯都不考虑过早地与苏联人召开四国会议。伦敦峰会不可能召开了。这对丘吉尔是打击，对艾登则是幸事。4月5日这个交接日期可以恢复了。在参加完3月17日唐宁街10号的午宴后，麦克米兰在日记里写道："首相看上去相当消沉。"他还说："现在犹豫不决的危机时刻显然已经过去了。"

这件事还没有完全结束。3月27日，丘吉尔得知苏联的布尔加宁元帅表示期待四国会谈。两天后，在白金汉宫拜见女王的时候，丘吉尔对女王说他想推迟辞职。科尔维尔在第二天的日记里写道："他问她是否介意，她说不！"几天后，伊丽莎白女王的私人秘书迈克尔·阿迪恩爵士给丘吉尔写信说，女王"完全理解"为什么"未来看起来仍然有些不确定"。这种不确定不可能也不会持续很长时间了。3月30日，情况明朗了，不管布尔加宁说过什么，近期不可能召开高层会议，特别是艾森豪威尔对这样的会面持敌对态度。丘吉尔将按原计划在4月5日辞职。

3月30日晚上6点半，丘吉尔让艾登和巴特勒来见他。"安东尼和我被邀请到内阁办公室，"巴特勒后来回忆说，"温斯顿挪了挪，让我坐在他右边，不过随后又纠正了自己，叫安东尼过来。我们向外看着皇家骑兵卫队阅兵场。然后温斯顿简略地说：'我要走了，安东尼会接我的班。我们可以稍后详细讨论。'仪式结束了。我们发现自己在过道里，安东尼和我握了握手。"

3月31日上午，丘吉尔请迈克尔·阿迪恩爵士通知女王他将在5天后辞职。丘吉尔的政治生涯即将结束。4月4日，丘吉尔和夫人在唐宁街10号设宴与女王和爱丁堡公爵告别。第二天中午，丘吉尔主持了最后一次内阁会议，祝愿他的同事们"在他们不得不面对的艰难但充满希望的局面中一切好运"。接下来他与内阁以外的大臣们见面，给他们留下一条建议："不要和美国人分开。"

随后丘吉尔乘车前往白金汉宫，向女王递交辞呈。"她问我是否愿意推荐接任者，"他在返回唐宁街后写道，"我说我更愿意把这个任务交给她。她说这件事不难，她会召唤安东尼·艾登爵士。在进行了又一番对话后，女王陛下说她相信我希望继续留在下院，否则她会提出封我为公爵。我说只要觉得身体适宜，我愿意留在下院，不过一旦我觉得这份工作过于繁重，如果她能选择重新考虑她的这个提议，我会非常荣幸。"

当天下午，在唐宁街的最后一个小时，丘吉尔在唐宁街10号设茶话会招待工作人员，大约有100人参加了茶话会，包括秘书、话务员、通信员、司机等。随后，在这些人的欢呼下，丘吉尔走出前门，乘车前往查特韦尔庄园。

辞职一周后，丘吉尔又一次踏上旅程，他和克莱门蒂娜一起飞往西西里。

第四十章

最后的岁月

丘吉尔带了两个好朋友一起去西西里：一个是他认识了35年的彻维尔勋爵，另一个是在过去15年里在他的私人办公室工作了8年的乔克·科尔维尔。一天，在和他们聊天的时候，丘吉尔表示，在1951—1955年担任首相期间，彻维尔和其他人曾提出英国无法培养足够的技术专家，他没有采纳这些意见，对此他感到非常遗憾。彻维尔和科尔维尔回答说，现在还不晚，于是他们产生了在英国建立一座与麻省理工学院类似的学院的想法。科尔维尔提出去筹钱；返回英国后，他开始了建立新学院这项艰巨的工作，5年后，丘吉尔学院在剑桥建成。

1955年4月28日返回伦敦后，丘吉尔关注并欢迎艾登领导保守党参加大选。另外一件事的公布也让他感到高兴，英、法、美、苏四国外长会谈终于要在夏天举行了。在竞选活动期间，他在自己的选区发表了几次演讲，还在贝德福德为女婿克里斯托弗·索姆斯发表了一次演讲。选举结果对保守党人来说是确定无疑的胜利。

丘吉尔在查特韦尔庄园继续《英语民族史》的写作工作，丹尼斯·凯利和艾伦·霍奇担任他的助手。6月2日，由于动脉痉挛发作，工作中止了。连续几天，他在写字、拿咖啡杯和叼雪茄的时候都很困难。不过6天后，他觉得好多了，足以让他前往伦敦参加议会的开幕会议。当他走进议会大厅的时候，一位下院议员大喊了一声"丘吉尔"，公众旁听席传来了热烈的掌声，下院议员们围在他四周，一边欢呼，一边热情地挥舞着他们的议程单。

9月15日，丘吉尔和克莱门蒂娜一起飞往法国南部，在比弗布鲁克的别墅长住。这对丘吉尔来说是一种全新的生活模式，他花越来越多的时间享受法国里维埃拉的阳光和舒适。他的很多时间都用在作画上。他还为新书口述了一篇序言。

11月14日返回英国后，丘吉尔发表了5次简短的演讲：在他的选区，对哈罗公学的学生，对年轻的保守党人，在布商会馆，在大厦之屋。11月30日，他度过了81岁生日。1956年1月的第二周，他飞回法国南部，这次没有住在比弗布鲁克的别墅，而是住在罗克布伦的拉帕莎别墅，这座别墅坐落在橄榄树林中，俯瞰滨海路，这里是埃莫利·雷弗斯和他的夫人温迪的家。这座别墅为丘吉尔提供了舒适、安静和独处的空间，还有绝佳的景色可以让他作画。

4月6日，克莱门蒂娜在结束锡兰的度假后乘船抵达马赛。丘吉尔打电话到船上问她是否愿意到拉帕莎别墅跟他会合。克莱门蒂娜回电报说打算直接回家。5 天后，克莱门蒂娜还在海上，丘吉尔意外地飞回英国等她回来。他回国的时候恰逢中东危机愈演愈烈，埃及坚持对驶往以色列港口的船只关闭苏伊士运河。

英国对以色列的施压没有得到回应。在 4 月 16 日给艾森豪威尔的信里，丘吉尔提到的诸多主题中就包括中东问题。关于当前埃及和以色列之间的对抗，丘吉尔写道："我相信如果联合行动，我们能避免以色列和埃及之间爆发真正的战争。"

这年 4 月，苏联领导人布尔加宁和赫鲁晓夫来到英国；4 月 17 日，艾登邀请丘吉尔和夫人与他们在唐宁街 10 号共进午餐。"我坐在赫鲁晓夫旁边，"丘吉尔对莫兰说，"苏联人很高兴见到我。安东尼对他们说是我赢得了这场战争。"3 周后，这场战争仍然占据丘吉尔的思绪，他从伦敦飞往亚琛领取查理曼奖，他因为对欧洲统一做出的贡献而得到这个奖。颁奖仪式在 5 月 10 日举行，16 年前的这一天，他在对德战争中就任首相。

5 月底，丘吉尔再次前往拉帕莎别墅。克莱门蒂娜和莎拉陪他一同前往。7 月，丘吉尔飞往德国，到杜塞尔多夫参加赛马会。返回英国后不久，埃及总统纳塞尔将苏伊士运河划归国有。

艾登已经开始为进攻埃及做准备，他给丘吉尔发了很多机密电报，让丘吉尔了解事情的进展。7 月 30 日，艾登在下院的首相办公室和丘吉尔见面，把更多详情告诉丘吉尔。8 月 3 日，丘吉尔给克莱门蒂娜写信说："对正在实施的有关苏伊士运河的政策，我很满意。"两天后，在查特韦尔庄园共进晚餐的时候，麦克米兰和丘吉尔讨论了英国可能对埃及发动的进攻。"如果我们登陆，"麦克米兰对丘吉尔说，"我们一定要找出埃及军队，摧毁他们，打垮纳塞尔政府吗？"麦克米兰在日记里写道，丘吉尔随后"拿出一些地图，变得非常兴奋"。

丘吉尔很想让艾登从他的意见中获益，8 月 6 日，他乘车从查特韦尔庄园出发，前往首相乡间别墅。他带上了速记员，在路上进行口述，随后在路边停车带停靠，让速记员把口述的内容用打字机打出来："军事行动看来很重要。我们的意图为人所知之前，我们应该拖延相当长的一段时间。报纸和外国记者可以自由发表他们选定发表的内容。应该实施审查制度。一个月里，至少 1000 名苏联志愿兵或类似性质的志愿兵就可能接管埃及最好的飞机和坦克。这会让我们遭遇激烈得多的抵抗。"丘吉尔还说："越想接管运河这个想法，就越觉得它不讨人喜欢。运河长长的水道很容易被一连串水雷阻隔。如果运河一直封闭到我们进攻成功，我们会因为运河停运备受指责。开罗是纳塞尔的权力中心。"

丘吉尔从艾登那里得知装甲师将在空军的辅助下得到使用，对此他感到很高兴。抵达首相乡村别墅后，他把路上的口述笔记交给艾登，在短暂交谈后，返回查特韦尔庄园。

10 月 19 日，丘吉尔感到一阵眩晕，摔倒了，而且丧失了 20 分钟的意识。这是又一次中风发作。9 天后，他状况改善，返回英国。两天后，以色列军队进入西奈沙漠，打败埃及军队，抵达距离苏伊士运河只有几英里的地方。英国和法国对埃及发出 12 小时的最后通牒，要求允许英法联军"暂时移师"苏伊士运河，之后，英国轰炸机袭击了埃及的机场，同时英军从马耳他启航前往位于运河北端的塞德港。

11 月 3 日，英军仍然在前往埃及途中，丘吉尔发表公开声明，说明了"我在埃及问题上支持政府的原因"。他写道，尽管英国、法国和美国做了诸多努力，"以色列边境仍然频频发生谋杀和武装袭击事件"。"这些事件的主要煽动者"埃及"拒绝加以控制"。"在最大程度的挑衅之下"，以色列"奋起反抗埃及"。英国打算恢复中东地区的"和平和秩序"，"我相信我们会达成目标"。他还"相信，我们的美国朋友会意识到，我们再次为了共同的利益独自采取行动"。

11 月 5 日早上，报纸发表了丘吉尔的声明，与此同时，英国和法国的伞兵部队先于仍在海上航行的部队在苏伊士运河北端登陆，占领了塞德港。艾登在这天写信对丘吉尔发表声明表示感谢，他说这份声明"产生了巨大的影响，我相信在美国甚至可能产生更大的影响"。

11 月 6 日上午，英法联军终于完成航行抵达塞德港，登陆后，他们沿运河向南推进。但是，当天晚些时候，由于一周以来美国施加了极端压力，加之很多内阁成员不支持，艾登同意停火。艾登最终接受英法联军撤军，条件是艾森豪威尔和美国继续支持英国。

1957 年 1 月 9 日，因为疾病的困扰以及人们对苏伊士运河行动的激烈批评，艾登辞职。第二天，82 岁的丘吉尔从查特韦尔庄园前往伦敦，出于礼貌，他被邀请到白金汉宫，征求他对艾登的继任者的建议。他推荐了麦克米兰，另外 3 名被征求意见的枢密院官员推荐的也是麦克米兰。当晚，麦克米兰成为首相；第二天晚上，他和丘吉尔在海德公园门共进晚餐。

丘吉尔再次离开英国寻找阳光，他的目的地还是拉帕莎别墅。《英语民族史》的最后一卷已经接近完成；凯利、霍奇和蒙塔古·布朗和他一起核实最后的史实。3 周后，工作完成。2 月 13 日，丘吉尔飞回英国，参加一系列活动——与麦克米兰共进午餐，在别人俱乐部吃晚饭，和伦道夫一起度过了一个安静的夜晚。随后他和克莱门蒂娜一起飞回拉帕莎。"他老了，"麦克米兰在日记里写道，"但是仍然消息灵通，知道正在发生的一切。"

在拉帕莎别墅度过 5 周后，丘吉尔返回英国。衰老慢慢敲响了警钟。4 月在查特韦尔庄园的一次晚餐后，麦克米兰在日记里写道："他看上去不错，不过耳朵变得很聋。他现在不多说话了，他第一次成了听众。所有这些都让人很伤感——因为斗志已经在他身上熄灭了。他是一位非常有魅力、有礼貌的老人。"不过丘吉尔仍在某些特殊场合发表公开演讲。他渴望尽可能长时间地待在法国南部；这年夏天他在拉帕莎别墅住了一个月，定期给妻子写亲笔信。他几乎每天作画，外出吃饭，读小说，不过他越来越多地陷入沉思中。

在丘吉尔剩下的岁月中，他不可避免要面对好朋友去世带来的悲痛。1957年7月，他最亲密的朋友和知己彻维尔勋爵去世了，终年71岁。丘吉尔到牛津参加了彻维尔的葬礼。

10月，《英语民族史》第三卷出版。第四卷已经完成。"我现在已经封笔了，"丘吉尔给伯纳德·巴鲁克写信说，"我要想方设法愉快地度过我的余生。"这年秋天，他和克莱门蒂娜一起到比弗布鲁克的拉卡朋西纳别墅住了3周。

离开拉卡朋西纳别墅后，丘吉尔再次前往拉帕莎别墅。"我已经开始在室内画一幅新的花卉，"他给已经返回英国的克莱门蒂娜写信说，"我马上要起来画画了。"这年10月，苏联发射了第一颗人造卫星，此时丘吉尔仍然住在拉帕莎别墅。"这颗卫星本身不让我担心，"丘吉尔给克莱门蒂娜写信说，"让我不安的是这证明与美国人相比，苏联人的科技走到了前面。"

1958年7月，伊拉克的叛乱使得伊拉克国王、他的家人以及伊拉克总理被杀。因为黎巴嫩的求助，美军前往贝鲁特。英国政府支持美国的行动，仍然为干预苏伊士争端一事感到愤怒的反对党工党对此表示反对。丘吉尔决定在下院就这些事发表演说，支持政府的立场。他告诉麦克米兰他打算参与辩论。

准备好演讲笔记后，丘吉尔犹豫了。他太虚弱、太疲惫，无法再发表议会演讲了。"我花了一两个小时想我要说些什么，"7月15日他给麦克米兰写信说，"最后得出结论，我没什么值得说的。我会在投票厅支持你。抱歉改变了计划。"

9月12日，丘吉尔和克莱门蒂娜在拉卡朋西纳别墅庆祝了他们的金婚纪念日；伦道夫和他的女儿阿拉贝拉飞来与他们相聚。10天后，丘吉尔开始一次新的冒险，作为希腊船王亚里士多德·奥纳希斯的客人乘坐"克里斯蒂娜号"游艇出游。船上的日子是一段宁静的时光。白天，丘吉尔休息或者打牌。每天晚上船上都会播放一部电影。10天后，"克里斯蒂娜号"抵达直布罗陀，丘吉尔从那里飞回英国。10月12日，他乘飞机返回拉帕莎别墅。他本来打算画画，"不过，"他对克莱门蒂娜解释说，"现在不确定，我懒洋洋的，不想动。"在信的后面他写道："人生最后的岁月灰暗沉闷，不过有你在身边，我很幸运。"

只要克莱门蒂娜不在身边，她的健康就是丘吉尔最关心的事。丘吉尔也关心3个孩子的幸福；戴安娜常常情绪抑郁，寻求撒玛利亚人的帮助；伦道夫的脾气不好，失去了很多朋友；莎拉和伦道夫一样，是酗酒的受害者，总是被媒体追逐。对丘吉尔来说,这 3 个孩子每个都很有才干,每个都与他感情深厚,可是他们的困境却是让他痛苦的根源。

11 月 6 日,丘吉尔飞往巴黎,接受戴高乐颁发给他的"解放勋章",这是授予曾在自由法国军队或抵抗组织中服役过的人的最高荣誉。

1959 年 4 月初,丘吉尔返回伦敦。一周后,他经历了又一次轻微的中风,不过他的意志再次克服了身体的衰弱;中风一周后,他前往他的选区,在一次会议上发表演讲,在此次会议上,他再次被提名为该选区的候选人。他的演讲稿是蒙塔古·布朗为他准备的,他的演讲持续 20 多分钟,他讲得很慢,声音有时几乎都听不见。他付出了巨大的努力。走下讲台后,他转身对蒙塔古·布朗说:"现在去美国。"

没什么能够阻止丘吉尔再次横跨大西洋。蒙塔古·布朗对一个朋友说:"他决心再次访美,于是他去了!"克莱门蒂娜觉得身体欠佳,没有一同前往,丘吉尔一直向她通报自己的活动,5 月 5 日,他用白宫的信纸写信说:"我最亲爱的克莱米,我到了。一切都好,总统先生真是个好朋友。我们昨晚一起享用了最愉快的一顿晚餐,我睡了 11 个小时,补充睡眠。我整个上午待在床上,午餐后我会和杜勒斯先生见面。"当他见到杜勒斯的时候,国务卿的样子让他大吃一惊;两周后,杜勒斯因为癌症去世。

丘吉尔身体虚弱但不愿屈服;9 月 29 日,他在自己的选区发表演讲,几天后,又在相邻的沃尔瑟姆斯托选区为当地的候选人发表演讲。在 10 月 3 日的大选中,保守党再次当权。11 月 30 日,丘吉尔 85 岁;为了享受阳光,他前往蒙特卡洛的巴黎酒店,他和克莱门蒂娜住在一间顶层的套间,可以俯瞰滨海路和地中海的绝佳景色。这年晚些时候,丘吉尔再次乘坐"克里斯蒂娜号"出航,前往西印度群岛。返回伦敦后,他给女儿戴安娜写信说:"我的人生过完了,不过还没有终止。"

1961 年 10 月 30 日,他参加了议会开幕典礼。一个月后,他度过了 87 岁生日;当晚,他和比弗布鲁克一起在海德公园门共进晚餐,第二天,他再次飞往蒙特卡洛。1962 年 6 月他再次前往蒙特卡洛,他在那里摔了一跤,跌断了髋关节。一家法国医院已经为他准备好床铺,可是他对蒙塔古·布朗说:"我想死在英国。"这句话传到了唐宁街,哈罗德·麦克米兰立刻派出一架皇家空军的"彗星"客机将丘吉尔接回伦敦。当丘吉尔躺在担架上被抬下飞机的时候,他向旁观人群打出了 V 字形的手势。

1963 年 4 月,丘吉尔回到蒙特卡洛的巴黎酒店住了两周。之后他飞回伦敦。由于克莱门蒂娜极力劝说,他同意不再竞选议员。6 月,他返回蒙特卡洛,又一次乘坐"克里斯蒂娜号",这次是他的最后一次航行,一路上他经过了撒丁岛、科孚岛和雅典。7 月返回伦敦后,他又一次前往议会,他的虚弱让议员们非常吃惊。两周后，他又经历了一次中风。

89 岁生日两天后，丘吉尔再次前往下院；他坐在轮椅上被人推进议会大厅。当晚，他在别人俱乐部吃晚饭。后来他还到下院去了两次，最后一次是在 1964 年 7 月 27 日。10 月中，他离开查特韦尔庄园，最后一次前往伦敦。11 月 30 日，他 90 岁了。他被带到海德公园门住所的窗户旁，向欢呼的人群表示感谢，他抬起手，摆出了 V 字形的手势。12 月 8 日，比尔·迪金和他共进午餐；两天后，他们一同前往别人俱乐部。一个月后，1965 年 1 月 10 日，丘吉尔经历了一次严重的中风。两周后，丘吉尔去世。

全国上下都在哀悼丘吉尔的逝世。威斯敏斯大厅举行了瞻仰遗容的仪式，30 万人列队走过他的灵柩；英国政府为他举行了国葬，这是惠灵顿公爵死后一个多世纪以来英国政府首次为平民举行国葬。炮车拉着灵柩通过伦敦的街道，丘吉尔的家人在克莱门蒂娜和伦道夫的带领下跟在后面，人们在灵柩经过时流泪哀悼。葬礼仪式在圣保罗教堂举行，6000 人参加了葬礼，其中包括 6 位国家君主和 15 位国家首脑。随后，灵柩由驳船沿泰晤士河运往滑铁卢车站，然后通过火车运往布拉顿的教区教堂，丘吉尔被葬在他的父母和弟弟杰克的旁边，从这里可以看到他出生的地方，布伦海姆宫。

在给议会的电报中，女王称丘吉尔为"民族英雄"。丘吉尔在二战时的副手、战后的继承人艾德礼称他是"我们这个时代最伟大的英国人——在我看来是我们这个时代最伟大的世界公民"。丘吉尔原本打算参加别人俱乐部接下来的一次聚会，这是他在 2 月的日历牌上标出的唯一活动，在这次聚会上，麦克米兰对出席的人们说："我们最好、最精彩的时光是和他共事的时光。"钱多斯勋爵，从前的奥利弗·利特尔顿，回忆丘吉尔作为政治家所表现出的品质时说："他喜欢思想与思想的碰撞，但不喜欢人与人的冲突。他的力量来自想象力、经验和宽宏大量。"

每一代人都有自己对丘吉尔职业生涯的评价。"战胜诽谤很难，"他自己在 1942 年 2 月写道，"不过真理也非常有力。"随着时间流逝，历史记录不断得到客观的评价，丘吉尔的行动和目标被证明富有同情心、极具远见。他的爱国主义、公平竞争感、对民主的信念以及对人类的希望是与他无与伦比的工作和思考能力以及远见卓识相匹配的。他在人生道路上常常遭遇争议、失望和毁谤的困扰，不过他从来没有因此丢失责任感和对英国人民的信心。

1955 年丘吉尔辞职时，伦道夫曾给他写信说："权力终会消失。在公正地行使权力的过程中获得的荣耀是靠天赋、勤奋、勇气和献身精神积累起来的，唯有它会留存下来。你的荣耀将永远铭刻在记录你成就的不朽丰碑上，永远不会被磨灭，永远不会失去光芒。它会世代流传。"